时代

CW01379079

写字字典

修订版

TIMES CHINESE CHARACTER DICTIONARY

REVISED

主编　汪惠迪

编写　范可育
高家莺
王志方

翻译　孔　敬

mc 名创

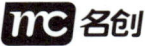

© 1998 联邦出版（新）私人有限公司
© 1998 时信媒体私人有限公司
© 2003 名创国际（新）私人有限公司

A member of Times Publishing Limited
Times Centre, 1 New Industrial Road, Singapore 536196
Customer Service Hotline: (65) 6213 9106
E-mail: fps@sg.marshallcavendish.com
Website: www.marshallcavendish.com/education/sg

1998年初版
2003年修订再版
2005年5月第二次印刷

版权所有，不准以任何方式，在世界任何地区，以中文或任何文字，
作全部或局部之翻印、仿制或转载。

ISBN 981-01-6505-6

Printed in Singapore by Times Graphics Pte Ltd

目录
Contents

说明 .... (5)—(8)
How to Use This Dictionary

笔画检字表 .... (9)—(18)
Stroke Index

音序检字表 .... (19)—(34)
Phonetic Index

正文 .... 1—501
The Dictionary

附录 .... 502—510
Appendices

    一、汉字笔形名称表 .... 502—503
    Strokes of Chinese Characters

    二、汉字偏旁名称表 .... 504—505
    Components of Chinese Characters

    三、汉字结构类型表 506
    Types of Character Structures

    四、本字典部首总表 .... 507—510
    Radical Index

说 明

一

学生学华文，从识字开始。

识字，必须记住字的形体，做到会写；识字，必须了解字的读音，做到会读；识字，必须懂得字的意思，做到会用。

教师教学生识字，要把字的形体、读音和意义告诉他们，使他们对一个字的形、音、义有一个完整而正确的认识。

一般字典大多只介绍字的读音和意义，本字典除了音义之外，主要是辨析字形，目的是指导学生写字。

本字典收了新加坡华族学生在小学阶段所学习的常用汉字2 000个，这些字分别出现在现行小学华文课本中。这2 000个字都会写了，就能触类旁通，举一反三了。

本字典辨析字形是把这2 000个字楷、宋两体的标准字形、部首、笔画数、笔顺、结构类别、结构示意、部件辨正和楷宋辨异等多项内容具体、直观、简明地集中编排在一起，使用起来，非常方便。

教师可以参考这本字典进行识字教学，家长可以利用这本字典辅导孩子写字，学生可以凭借这本字典自己解决识字时碰到的问题。本字典也可供学习基础汉语的华族成人和外族人士参考。

《时代学生写字字典》自1998年出版以来，一直深受广大读者的好评。为与时俱进，现推出最新修订版，使其更适应新加坡华语教学的需要，成为广大华文学习和使用者的良师益友。

二

　　本字典每个字都用汉语拼音注音。一个字在习惯上有两个或几个读法（异读字），或者一个字有几个读音（多音字）的，全部以新加坡教育部课程规划与发展署制定的《中小学华文字表》为依据，列出有关的读音。注音都注本调，不注变调。词语的拼写法参照中国制定的《汉语拼音正词法基本规则》。

　　每个字都在本字典所收的 2 000 个字的范围内组成两三条常用的词语，让学生从词语举例中领会字的意思。词语都加注拼音。从新加坡的实际出发，我们用英文解释词语的含义，不过只选列主要的义项。

　　有些字典采用"跟随式"（一笔接一笔地写出整字）显示笔顺，我们采用"描红式"，为的是让学生对每个笔画在字中的位置有个整体印象。有些字的笔顺有分歧，写法不止一种，我们采用新加坡教育部小学华文教材编写组所选用的写法。

三

　　读者可以利用"笔画检字表"或"音序检字表"查字。书末的四个附录：汉字笔形名称表，汉字偏旁名称表，汉字结构类型表和本字典部首总表，为指导学生识字、写字提供了许多概括而实用的资料。

下面举例说明本字典的各项具体内容。
Features of This Dictionary

* 有些字可以归属几个不同的部首，就选择一个作为代表，其余的部首或部首的变形都放在括号内。
** 可用透明纸覆盖在上面按照笔顺练习写字。

How to Use This Dictionary

Times Chinese Character Dictionary has been specially designed for primary school students as well as other learners of elementary-level Chinese. Since publication in 1998, it has received widespread support from teachers, parents and pupils for its practical helpfulness. This **Revised Edition of Times Chinese Character Dictionary** has been improved to the changing needs of Chinese language teaching and learning in the recent years.

This dictionary contains entries based on the Ministry of Education's Primary Level Chinese Character List to enable pupils to build a good foundation in the Chinese language. It focuses on a few very important aspects of the Chinese language — the structure of written Chinese characters and how to write and use them correctly.

To illustrate how each character should be written correctly, calligraphic features of Chinese characters are analysed. The analysis covers the standard forms of *Kai* and *Song* script, differences between the two scripts, radicals, number of strokes, stroke sequence, structural classification as well as diagrammatic form of the structures. Each entry is also accompanied by examples of common usage and *Hanyu Pinyin* .

This disctionary is an indispensable guide for pupils and learners to achieve a sound competence in reading and writing Chinese.

笔画检字表
Stroke Index

说 明

1. 本表按汉字笔画数的次序排列。笔画数相同的字按起笔的笔形顺序（横、竖、撇、点、折）排列。起笔相同的字，按第二笔的笔形顺序排列。依此类推。
2. 横、竖、撇、点、折以外的笔作以下规定：
   (1) 提（㇀）作为横（一）。如："埋"的偏旁"土"是一丨一；"冷"的偏旁"冫"是、一。
   (2) 捺（㇏）作为点（、）。如："又"是一、。
   (3) 竖钩（亅）作为竖（丨）。如："排"的偏旁"扌"是一丨一。
3. 单字右面的数码是本字典正文的页码。

1 画		九	190	才	32	个	117	已	438	天	363
一	435	几	157	寸	63	久	190	子	494	无	390
乙	438	儿	90	下	398	凡	93	卫	384	元	455
				大	64	丸	379	也	433	专	490
2 画		〔㇈〕		丈	468	及	160	女	268	云	458
〔一〕		了	227	与	453	夕	395	飞	97	扎	464
二	91	力	220	万	380	么	246	习	396	丏	111
十	328	刀	69					叉	38	艺	439
丁	79	又	449	〔丨〕		〔丶〕		马	241	木	259
厂	42			上	318	广	129	乡	403	五	390
七	286	**3 画**		小	406	亡	380			支	476
		〔一〕		口	205	门	249	**4 画**		厅	367
〔丨〕		三	312	巾	182	义	439	〔一〕		不	30
卜	29	干	112	山	316	之	476	丰	102	太	355
		于	451					王	380	区	301
〔㇓〕		亏	209	〔㇓〕		〔㇈〕		井	186	历	222
人	307	土	373	千	290	尸	326	开	198	歹	65
入	310	士	331	乞	289	弓	120	夫	104	尤	449
八	5	工	119	川	56	己	161				

友	449	从	61	双	342	占	465	瓜	126	永	447
匹	278	父	107	书	337	凸	371	丛	61	〔一〕	
车	44	今	182			业	434	令	231	司	344
巨	193	凶	414	**5 画**		旧	191	用	447	民	254
牙	423	分	99	〔一〕		帅	342	印	443	出	53
比	20	乏	91	玉	454	归	130	乐	216	奶	261
互	145	公	119	示	332	且	295	句	193	加	165
切	295	月	457	末	256	旦	68	匆	61	皮	277
瓦	377	欠	292	未	384	目	259	册	37	边	22
		风	101	击	158	叶	434	犯	95	发	91
〔丨〕		丹	66	打	64	甲	166	外	377	孕	458
止	479	乌	389	正	294	申	321	处	54	圣	326
少	319	勾	122	扑	473	电	76	冬	80	对	86
日	308			扒	284	号	136	鸟	265	台	354
中	482	〔丶〕		功	269	田	364	务	391	矛	245
贝	17	文	386	扔	120	由	448	包	13	纠	189
内	263	六	233	去	308	史	330	饥	158	母	258
水	343	方	95	甘	301	只	475			幼	450
见	170	火	155	世	333	央	428	〔丶〕		丝	345
		为	382	古	125	兄	414	主	487		
〔丿〕		斗	82	节	180	叫	178	市	333	**6 画**	
午	390	忆	440	本	19	另	231	立	221	〔一〕	
牛	266	订	80	术	340	叹	357	闪	317	式	334
手	335	计	163	可	202	凹	4	兰	213	刑	412
毛	245	户	146	丙	26	四	346	半	10	动	81
气	289	认	308	左	500			汁	475	扛	199
升	324	讥	156	厉	222	〔丿〕		头	370	寺	346
长	41	心	410	右	450	生	323	汉	136	吉	160
仁	307			石	328	失	327	宁	266	扣	205
什	322	〔一〕		布	30	丘	299	它	353	考	200
片	279	尺	49	龙	233	付	108	讨	360	托	375
化	148	引	442	平	282	仗	467	写	409	老	216
仇	52	丑	52	灭	253	代	66	让	306	执	477
币	21	巴	5	东	80	仙	399	礼	220	扩	157
仍	308	孔	204			们	248	训	421	扫	210
斤	183	队	86	〔丨〕		仪	437	必	20	地	313
爪	469	办	10	卡	198	白	7	议	440	扬	75
反	93	以	437	北	17	仔	494	讯	421		429
介	181		303			他	353	记	162		

场	41	尖	167	件	171	庆	299	导	70	技	164
耳	91	劣	227	任	307	齐	288	异	440	坏	148
共	121	光	129	伤	317	交	175	孙	351	拒	194
芒	244	当	69	价	166	次	60	阵	472	找	468
亚	423	早	461	份	101	衣	435	阳	428	批	277
朴	285	吐	373	华	146	产	40	收	335	址	479
机	156	吓	398	仰	430	决	196	阶	178	走	496
权	302	虫	51	仿	96	充	51	阴	441	抄	43
过	133	曲	300	伙	154	闭	22	防	96	贡	121
臣	46	团	368	自	495	问	387	奸	168	攻	120
再	460	吊	77	血	420	羊	428	如	310	赤	50
协	408	吃	48	向	405	并	27	妇	109	折	469
西	393	因	441	似	346	关	127	好	137	抓	490
压	422	吸	393	后	142	米	250	她	353	扮	11
厌	427	吗	240	行	412	灯	72	妈	241	抢	293
在	460	帆	92	舟	484	州	484	戏	396	孝	407
有	449	岁	351	全	302	汗	135	羽	452	均	197
百	7	回	152	会	153	污	389	观	127	抛	273
存	62	刚	113	杀	314	江	172	欢	148	投	370
而	90	则	462	合	138	池	48	买	242	坟	100
页	434	肉	310	众	484	汤	358	红	141	抗	199
匠	174	网	381	爷	433	忙	244	级	159	抖	82
夸	206			伞	312	兴	411	约	457	护	146
夺	88	〔丿〕		创	57	守	335	纪	162	壳	202
灰	151	年	265	肌	156	字	494	巡	420	志	480
达	64	先	399	朵	88	安	2			扭	266
列	228	丢	80	杂	459	讲	173	**7 画**		块	207
死	345	舌	319	危	381	军	197			声	324
成	46	竹	487	负	109	许	417	〔一〕		把	6
夹	165	伟	383	各	118	论	238	寿	336	报	15
轨	131	传	56	名	255	农	267	弄	267	却	304
划	147	乒	281	多	87	设	320	麦	243	劫	180
毕	21	乓	272	争	472	访	96	形	412	芽	423
至	480	休	415	色	313			进	184	花	146
		伍	105			〔丶〕		戒	182	芬	99
〔丨〕		伏	391	〔丶〕		那	420	吞	374	苍	35
此	60	优	447	壮	491	迅	261	远	456	芳	95
师	326	延	425	冲	51	尽	184	运	459	严	425
尘	45			冰	26			扶	105		

劳	216	听	366	希	393	闷	248	张	466	者	470
克	203	吟	441	坐	501	判	272	际	164	顶	79
材	32	盼	100	谷	124	灿	35	陆	235	拆	40
村	62	吹	58	妥	376	弟	75	阿	1	拥	446
极	160	吧	5	含	135	汰	355	陈	45	抵	75
巫	389	别	25	邻	229	沙	315	阻	498	势	331
李	220	岗	113	肝	112	汽	290	附	108	抱	15
求	300	帐	468	肚	84	沟	122	妙	253	垃	211
更	119	财	32	肠	42	没	246	妖	431	拉	211
束	340	〔丿〕		龟	130	沉	45	妨	96	拦	212
豆	82	针	471	免	252	怀	148	努	268	幸	413
两	225	钉	79	狂	208	忧	447	忍	307	招	468
丽	221	告	115	角	177	快	207	劲	184	坡	283
医	435	我	388	删	316	完	378	鸡	157	拨	28
励	222	乱	238	条	365	牢	216	纱	315	择	462
还	149	利	221	卵	237	究	190	纷	100	抬	354
来	212	秀	416	岛	70	穷	299	纸	478	其	288
连	223	私	345	迎	444	灾	459	纹	386	取	301
〔丨〕		每	247	饭	94	良	225			苦	206
步	31	兵	25	饮	442	证	475	**8 画**		苹	282
坚	168	体	363	系	397	评	282	〔一〕		苗	252
旱	135	何	138			补	29	奉	104	英	443
时	328	但	67	〔丶〕		初	53	玩	378	范	94
助	488	伸	322	言	424	社	320	环	149	直	477
里	219	作	500	冻	81	识	329	武	391	林	229
呆	65	伯	28	状	492	诉	349	青	297	枝	475
园	455	佣	446	况	208	诊	471	责	463	杯	16
围	382	低	73	床	58	词	59	现	401	柜	131
吠	99	你	264	疗	227			玫	247	枚	246
呀	422	住	488	吝	230	〔乛〕		表	25	板	10
足	497	位	384	应	443	君	197	规	130	松	346
邮	448	伴	11	冷	218	灵	230	抹	256	枪	293
男	262	身	321	这	470	即	161	拔	6	构	123
困	209	皂	462	序	418	层	37	担	67	杰	179
呕	269	佛	104	辛	410	屁	278	坦	357	枕	471
吵	44	近	184	弃	289	尾	383	抽	51	表	313
串	57	返	94	忘	381	迟	49	拖	375	或	155
员	456	余	451	闲	399	局	192	拍	270	画	147
				问	387	改	110				

卧	388	呻	321	迫	284	〔丶〕		怖	30	姑	124
事	332	呷	108	质	481	变	24	性	414	姐	180
刺	60	呼	143	欣	411	京	186	怕	270	姓	413
雨	452	鸣	254	征	473	享	404	怜	223	始	330
卖	243	呢	263	往	380	店	77	怪	127	驾	167
矿	208	咖	198	爬	269	夜	434	学	419	参	34
码	242	岸	3	径	187	庙	253	宝	14	艰	168
厕	37	帖	366	所	352	府	107	宗	495	线	401
奔	18	罗	239	舍	320	底	74	定	79	练	224
奇	287	帕	270	金	182	郊	176	宜	436	组	497
奋	101	败	8	命	255	废	98	审	323	细	397
态	355	贩	94	刹	314	净	188	官	128	驶	330
妻	287	购	123	斧	107	盲	244	空	204	织	477
轰	141	图	372	爸	7	放	97	实	329	终	483
转	490	〔丿〕		采	33	刻	203	试	333	驼	375
轮	238	钓	77	受	336	育	454	郎	215	绊	10
软	311	制	480	乳	310	券	263	诗	328	绍	319
到	71	知	476	贪	355	卷	303	肩	169	经	185
		牧	259	念	265	单	195	房	95		
〔丨〕		物	391	贫	281	炒	66	诚	47	9 画	
非	97	乖	127	肤	105	炎	44	视	332	〔一〕	
叔	337	刮	126	肺	99	炉	426	祈	287	奏	496
肯	203	和	137	肿	483	浅	234	话	147	春	58
齿	50	季	163	朋	276	法	292	诞	68	帮	11
些	408	佳	383	股	124	河	137	询	421	珍	471
虎	145	侍	165	肮	4	泪	217	该	110	玻	27
贤	400	供	331	肥	98	油	448			毒	83
尚	318	使	330	服	105	泊	28	〔一〕		型	413
具	193	例	222	周	484	沿	425	建	171	挂	126
果	133	侠	398	昏	153	注	488	肃	348	封	102
味	384	版	9	鱼	450	泻	409	录	235	持	49
昆	209	侄	478	兔	373	泳	446	帚	485	项	405
国	133	凭	281	狐	144	泥	264	居	192	城	47
昌	40	佩	275	忽	143	波	27	刷	341	政	474
明	254	货	155	狗	122	泼	283	承	47	挡	69
易	439	依	435	备	17	治	481	陌	258	括	210
典	76	的	74	饰	334	怯	295	降	174	拾	329
固	126			饱	14			限	401	挑	365
忠	482							妹	248		

指	479	面	252	咬	432	泉	303	疯	102	举	192
挣	473	耐	261	咳	201	鬼	131	姿	493	觉	196
挤	161	要	341	哪	260	侵	296	亲	296	宣	419
拼	280	牵	291	炭	357	追	492	音	441	室	331
挖	376	残	35	罚	92	俊	197	帝	76	宫	120
按	3	轻	298	贴	366	盾	87	施	327	突	371
挥	152	鸦	422	骨	124	待	64	闻	386	穿	56
某	258					律	237	差	38	窃	295
甚	322	〔丨〕		〔丿〕		很	139	养	429	客	203
革	117	背	16	钞	43	须	417	美	248	冠	128
巷	405	战	466	钟	482	剑	171	送	347	语	452
带	65	点	76	钢	114	逃	359	类	217	扁	23
草	36	临	229	钩	122	食	329	迷	250	祖	498
茶	39	览	214	钮	267	盆	275	前	291	神	322
荒	150	省	325	缸	114	胆	67	首	335	祝	489
荡	69	削	406	拜	8	胜	325	总	496	误	392
荣	309	尝	41	看	198	胞	14	炼	224	说	344
故	125	是	332	怎	463	胖	273	炸	464	诵	347
胡	144	盼	271	牲	324	胎	354	炮	273		
南	262	眨	464	选	419	勉	252	烂	214	〔一〕	
药	432	显	400	适	333	狮	327	洁	180	退	374
标	24	哑	423	秒	253	独	83	洪	141	既	164
柑	111	冒	246	香	402	狡	177	洒	311	屋	389
枯	206	映	445	种	483	狠	140	浇	175	费	98
柄	26	星	411	秋	299	怨	457	洞	81	眉	247
相	402	昨	500	科	200	急	159	测	37	孩	134
查	39	胃	385	重	109	饼	26	洗	396	除	53
柱	489	贵	131	复	111			活	154	险	400
栏	212	界	181	竿	85	〔丶〕		派	271	院	456
树	340	虹	142	段	23	弯	378	染	306	娃	376
要	430	虾	397	便	343	将	172	洋	429	姨	436
威	382	蚁	438	顺	415	奖	173	洲	485	娇	174
歪	377	思	344	修	15	哀	1	浓	267	怒	268
研	426	蚂	241	保	62	亭	368	恒	140	架	166
砖	490	虽	350	促	170	亮	226	恢	151	贺	139
厚	143	品	281	俭	348	度	84	恰	290	勇	446
砍	199	骂	242	俗	411	迹	162	恼	263	柔	309
		响	403	信	151	庭	367	恨	140	绑	12
		哈	133	皇		疮	57			结	179

(15)

绕	306	株	486	啊	1	航	136	畜	55	读	83
骄	175	桥	294	罢	4	途	372	阅	458	扇	316
给	118	桃	360	峰	103	拿	261	羞	416	袜	377
络	240	格	117	圆	455	爹	78	瓶	282	袍	273
骆	240	校	407	贼	463	爱	2	拳	303	被	18
绝	196	样	430			颁	8	粉	100	祥	403
统	369	根	118	〔丿〕		豹	16	料	227	课	202
		哥	116	钱	292	翁	387	益	439	谁	343
10 画		速	349	钻	498	胸	414	烤	200	调	365
〔一〕		配	275	铁	366	脏	461	烘	141	谅	226
耕	119	翅	50	铃	230	胶	176	烦	93	谈	356
珠	486	唇	58	铅	291	脑	262	烧	318	谊	440
班	8	夏	398	缺	304	狸	218	烛	487		
素	349	础	55	特	361	狼	214	烟	424	〔一〕	
顽	379	破	283	牺	395	逢	103	酒	190	剥	13
匪	98	原	455	造	462	留	232	消	406	恳	204
栽	459	套	361	乘	47	饿	90	海	134	展	466
捕	30	烈	228	敌	74			涂	372	剧	194
载	460	顾	125	租	497	〔丶〕		浮	232	弱	311
赶	112	较	178	积	157	浆	173	流	363	陶	359
起	289	顿	87	秩	480	衰	341	涕	215	陪	274
盐	425	致	481	称	46	高	114	浪	185	姬	158
埋	242			秘	251	席	395	浸	467	娱	452
捉	492	〔丨〕		透	371	斋	492	涨	359	娘	265
捐	195	柴	40	笔	20	准	501	烫	392	通	368
损	352	桌	493	笑	407	座	27	悟	153	能	264
都	83	虑	237	笆	6	病	161	悔	134	难	262
捡	170	监	168	借	181	疼	361	害	207	预	454
换	149	紧	183	值	477	疲	278	宽	165	验	427
热	306	晒	316	倒	70	效	407	家	428	继	163
恐	204	眠	251	候	143	离	218	宴	25		
壶	145	晓	406	倍	195	资	225	宾	465	**11 画**	
耻	50	鸭	422	倦	171	凉	466	窄	309	〔一〕	
恭	121	蚊	386	健	52	站	189	容	3	球	300
荷	138	蚓	442	臭	320	部	31	案	298	理	220
获	156	哭	205	射	394	旁	236	请	215	捧	276
恶	89	蚌	12	息	372			朗	485	掩	426
真	470	恩	90	般	9					捷	179

排	270	〔丨〕		偷	370	商	317	谜	250	裁	33
掉	77	雀	304	您	266	族	497	〔→〕		握	388
堆	86	堂	358	售	336	旋	419	敢	113	斯	345
推	374	常	41	停	367	望	381	屠	371	期	286
教	176	匙	49	偏	279	率	342	弹	68	欺	286
培	274	晨	45	假	166	着	493	随	350	联	223
接	178	睁	474	得	72	盖	110	蛋	67	散	312
控	205	眼	426	衔	400	粗	61	隆	233	葬	461
探	357	野	433	盘	271	粒	221	婚	154	葡	284
据	194	啦	210	船	56	断	85	姊	323	敬	188
掘	195	晚	379	斜	408	剪	169	颈	187	落	240
职	478	啡	97	盒	138	兽	337	绩	162	朝	43
基	159	距	194	鸽	116	清	297	续	418	辜	123
娶	301	略	238	彩	33	添	364	骑	288	棒	13
著	489	蚯	300	领	231	淋	229	绳	325	棋	288
黄	150	蛀	488	脚	177	淹	424	维	383	椰	432
萝	239	蛇	319	脸	224	渐	172	绿	236	植	478
菌	196	累	217	脱	375	混	154			森	314
菜	34	唱	42	象	404	渔	450	**12 画**		椅	437
萄	360	患	149	够	123	淘	360	〔一〕		椒	176
菊	192	崩	19	猜	32	液	433	琴	296	棵	201
营	444	婴	444	猪	486	淡	68	斑	9	棍	132
梦	249	圈	302	猎	228	深	321	替	363	棉	251
梃	223			猫	244	婆	283	款	208	棚	276
检	169	〔丿〕		猛	249	情	298	搭	63	棕	495
梳	337	铜	369	馆	128	惜	394	塔	354	惠	153
梯	362	银	442			惭	34	越	458	逼	19
桶	369	甜	364	〔丶〕		惊	186	趁	46	厨	53
啬	314	梨	218	减	169	惨	35	超	43	厦	315
救	191	移	436	毫	136	惯	129	提	362	硬	445
副	109	笨	19	麻	241	寄	163	堤	73	确	304
票	280	笼	233	痒	429	寂	164	博	29	裂	228
戚	286	符	106	痕	139	宿	348	喜	396	雄	415
爽	342	第	75	廊	215	密	251	搽	39		
聋	234	敏	254	康	199	谋	258	插	38	〔丨〕	
盛	326	做	501	鹿	235	谎	151	搜	347	辈	18
雪	420	袋	65	盗	72	祷	70	煮	487	悲	17
辆	226	偿	42	章	467	祸	155	援	454	紫	494
		偶	269	竟	189					辉	152

(17)

赏	318	锋	103	曾	38	**13 画**		睡	343	腿	374
掌	467	锶	324	港	114	〔一〕		眯	33	触	55
晴	298	短	85	湖	145	瑰	130	嗜	334	解	181
最	499	智	482	湿	327	摸	255	愚	451	〔、〕	
量	225	鹅	89	温	385	填	364	暖	268	酱	174
喷	275	剩	325	渴	202	鼓	125	嗅	417	痰	356
晶	185	程	48	滑	147	摆	7	暗	3	新	410
喇	211	稀	394	湾	378	搬	9	照	469	意	438
遇	453	等	73	渡	84	摇	431	跳	365	数	339
喊	135	筑	489	游	448	塘	358	跪	132	塑	349
景	187	策	36	愤	101	摊	356	路	235	慈	59
跌	78	筒	369	慌	150	勤	296	跟	118	煤	247
跑	274	答	63	惰	88	蓝	213	蜗	387	煌	150
跛	29	筝	473	愧	209	墓	260	蜂	102	满	243
遗	437	傲	4	愉	451	幕	260	置	481	漠	257
蛙	376	牌	271	割	116	蓄	418	罪	499	源	456
蛛	486	集	160	寒	134	蒙	249			滤	237
蜓	367	傍	13	富	108	蒸	474	〔丿〕		溜	232
睬	226	储	54	窝	388	献	401	错	63	滚	132
喱	219	街	179	窗	57	禁	183	锡	393	溶	309
喝	137	舒	338	遍	24	楚	55	锣	239	滩	356
喂	385	释	334	裕	453	想	403	矮	2	慎	323
喉	142	禽	297	裤	206	楼	234	辞	59	寞	257
喻	453	脾	277	裙	305	概	111	稚	479	塞	311
啼	362	猩	412	谢	409	感	113	愁	52	谨	183
幅	106	猴	142			碍	2	签	291	福	106
帽	245	然	305	〔一〕		碎	351	简	170		
赌	84			属	339	碰	276	筷	207	〔→〕	
赔	274	〔、〕		强	293	碗	379	毁	152	群	305
黑	139	装	491	粥	485	碌	236	舅	191	媳	395
		就	191	疏	338	雷	217	鼠	339	嫁	167
〔丿〕		痛	370	隔	117	零	230	催	62	缝	103
铺	284	童	368	嫂	313	雾	392	傻	315		
链	224	阔	210	婿	418	输	338	像	404	**14 画**	
销	405	善	317	登	73			躲	88	〔一〕	
锁	352	羡	402	缆	214	〔丨〕		微	382	静	188
锄	54	普	285	编	23	龄	231	遥	431	璃	219
锅	132	尊	499	骗	279	睛	185	腰	430	墙	293
锈	416	道	71			睦	259				

(18)

境 189	〔丶〕	聪 60	颜 424	辨 24	〔丿〕
摘 465	敲 294	鞋 408	糊 144	辩 23	翻 92
摔 341	膏 115	蕉 175	遵 500	糖 358	〔丶〕
聚 193	遮 469	蔬 338	潮 44	糕 115	鹰 443
慕 260	腐 107	横 140	懂 81	燃 305	糙 173
蔗 470	瘦 336	橡 404	额 89	激 158	瀑 285
模 255	辣 211	飘 280	〔一〕	懒 213	
榴 232	端 85	醉 499	慰 385	〔一〕	**19 画**
榜 12	旗 287	〔丨〕	劈 277	壁 21	〔一〕
歌 116	精 186	题 362		避 21	警 187
酸 350	歉 292	暴 16	**16 画**	缴 177	〔丨〕
碟 78	粽 496	嘻 394	〔一〕		蹲 87
愿 457	熄 392	瞎 397	操 36	**17 画**	〔丿〕
需 417	漆 285	影 445	燕 427	〔一〕	簿 31
〔丨〕	漱 340	踢 361	薪 410	戴 66	蟹 409
雌 59	漂 280	踏 353	薄 14	擦 31	〔丶〕
颗 201	滴 74	踪 495	橱 54	藏 36	爆 15
嗽 348	演 427	蝶 78	橙 48	〔丨〕	
蜻 297	漏 234	蝴 144	整 474	瞧 294	**20 画**
蜡 212	慢 243	蝌 201	醒 413	蹈 71	〔丨〕
蝇 445	赛 312	墨 257	〔丨〕	〔丿〕	耀 432
蜘 476	察 39		餐 34	繁 93	〔丿〕
赚 491	蜜 250	〔丿〕	嘴 498	鳄 89	籍 159
〔丿〕	〔一〕	镇 472	螃 200	〔丶〕	〔丶〕
锻 86	隧 351	靠 71	器 290	赢 444	魔 256
舞 390	嫩 264	稻 115	赠 464	燥 461	
稳 387	熊 415	稿 402	默 257	〔→〕	**21 画**
算 350	缩 352	箭 172	〔丿〕	臂 22	〔一〕
箩 239		篇 279	镜 188		霸 6
管 128	**15 画**	躺 359	赞 460	**18 画**	露 236
鼻 20	〔一〕	僻 278	篮 213	〔一〕	
貌 245	撕 344	德 72	篱 219	鞭 22	**23 画**
膀 12	趣 302	艘 347	邀 431		罐 129
鲜 399	播 28			〔丶〕	
疑 436	撞 491	〔丶〕	〔丶〕	覆 110	
孵 104	增 463	熟 339	磨 256		

音序检字表
Phonetic Index

说　明

1. 本表按汉语拼音字母顺序排列。同音不同调的字，按新加坡《中小学华文字表》（以下简称《字表》）所采用的排列顺序（轻声、阴平、阳平、上声、去声）排列。同音同调的字，也按照《字表》所列顺序排列。
2. 多音字按照不同的读音分别出现。
3. 单字右面的数码是本字典正文的页码。

	A								
a	啊	1	bā	吧	5	bàn	板	10	
ā	啊	1		吧	5		绊	10	
	阿	1		八	5		办	10	
á	啊	1		巴	5		半	10	
ǎ	啊	1		叭	5		伴	11	
à	啊	1		笆	6		扮	11	
āi	哀	1		扒	269	bāng	邦	11	
ái	癌	1	bá	拔	6		帮	11	
ǎi	矮	2	bǎ	把	6	bǎng	膀	12	
ài	碍	2	bà	罢	4		绑	12	
	爱	2		霸	6		榜	12	
ān	安	2		把	6	bàng	蚌	12	
àn	暗	3		爸	7		傍	13	
	岸	3	bái	白	7		棒	13	
	按	3	bǎi	百	7	bāo	剥	13	
	案	3		摆	7		包	13	
				伯	28		胞	14	
āng	肮	4	bài	败	8		炮	273	
āo	凹	4		拜	8	báo	薄	14	
ào	傲	4	bǎn	颁	8	bǎo	宝	14	
				班	8		饱	14	
				搬	9		保	15	
	B			般	9	bào	爆	15	
				斑	9		抱	15	
ba	罢	4	bǎn	版	9		报	15	
							豹	16	

	暴	16	bí	鼻	20
bei	臂	22	bǐ	比	20
bēi	杯	16		笔	20
	背	16		必	20
	悲	17	bì	壁	21
běi	北	17		避	21
bèi	背	16		毕	21
	备	17		币	21
	贝	17			
	被	18			
	倍	18			
	辈	18			
bēn	奔	18			
běn	本	19			
bèn	笨	19			
bēng	崩	19			
bī	逼	19			

	闭	22	bǔ	补	29	cēn	参	34		沉	45
	臂	22		卜	29	céng	层	37		臣	46
	秘	251		捕	30		曾	38	chèn	趁	46
biān	鞭	22	bù	怖	30	chā	插	38		称	46
	边	22		不	30		叉	38	chēng	称	46
	编	23		布	30		差	38	chéng	成	46
biǎn	扁	23		步	31	chá	搽	39		诚	47
biàn	辨	23		簿	31		茶	39		承	47
	便	23		部	31		察	39		城	47
	变	24					查	39		乘	47
	遍	24		**C**		chà	差	38		橙	48
	辨	24					刹	314		程	48
biāo	标	24				chāi	差	38	chī	吃	48
	表	25	cā	擦	31		拆	40	chí	池	48
bié	别	25	cāi	猜	32	chái	柴	40		迟	49
biè	别	25	cái	才	32	chǎn	产	40		匙	49
bīn	宾	25		财	32	chāng	昌	40		持	49
bīng	兵	25		材	32	cháng	长	41	chǐ	尺	49
	冰	26		裁	33		常	41		齿	50
bǐng	柄	26	cǎi	彩	33		尝	41		耻	50
	饼	26		采	33		场	41	chì	赤	50
	丙	26		睬	33		偿	42		翅	50
bìng	病	27	cài	莱	34		肠	42	chōng	冲	51
	并	27	cān	餐	34	chǎng	场	41		充	51
bo	卜	29		参	34		厂	42	chóng	虫	51
bō	剥	13	cán	惭	34	chàng	唱	42		重	483
	玻	27		残	35	chāo	抄	43	chòng	冲	51
	波	27	cǎn	惨	35		钞	43	chōu	抽	51
	播	28	càn	灿	35		超	43	chóu	愁	52
	拨	28	cāng	苍	35		朝	43		仇	52
bó	薄	14	cáng	藏	36	cháo	朝	43	chǒu	丑	52
	泊	28	cāo	操	36		潮	44	chòu	臭	52
	伯	28	cǎo	草	36	chǎo	吵	44	chū	出	53
	博	29	cè	策	36		炒	44		初	53
bǒ	跛	29		测	37	chē	车	44	chú	除	53
bò	薄	14		厕	37	chén	陈	45		厨	53
				册	37		晨	45		橱	54

	锄	54	cún	存	62	dāo	刀	69	diào	吊	77
chǔ	处	54	cùn	寸	63	dǎo	祷	70		掉	77
	储	54	cuò	错	63		倒	70		钓	77
	楚	55					岛	70		调	365
	础	55		**D**			导	70	diē	跌	78
chù	处	54					蹈	71		爹	78
	畜	55	dā	搭	63	dào	倒	70	dié	蝶	78
	触	55		答	63		稻	71		碟	78
chuān	川	56	dá	答	63		到	71	dīng	丁	79
	穿	56		达	64		道	71		钉	79
chuán	船	56	dǎ	打	64		盗	72	dǐng	顶	79
	传	56	dà	大	64	de	得	72	dìng	钉	79
chuàn	串	57	dāi	待	64		的	74		定	79
chuāng	疮	57		呆	65		地	75		订	80
	窗	57	dǎi	歹	65	dé	得	72	diū	丢	80
	创	57	dài	大	64		德	72	dōng	东	80
chuáng	床	58		待	64	děi	得	72		冬	80
chuàng	创	57		带	65	dēng	灯	72	dǒng	懂	81
chuī	吹	58		袋	65		登	73	dòng	动	81
chūn	春	58		代	66	děng	等	73		洞	81
chún	唇	58		戴	66	dī	堤	73		冻	81
cī	差	38		丹	66		低	73	dōu	都	83
cí	辞	59	dān	单	66		滴	74	dǒu	抖	82
	雌	59		担	67		提	362		斗	82
	词	59		胆	67	dí	敌	74		蚪	82
	慈	59	dǎn	担	67		的	74	dòu	斗	82
cǐ	此	60	dàn	蛋	67	dǐ	底	74		豆	82
cì	次	60		但	67		抵	75	dū	都	83
	刺	60		淡	68	dì	的	74	dú	读	83
cōng	聪	60		弹	68		地	75		毒	83
	匆	61		诞	68		弟	75		独	83
cóng	从	61		旦	68		第	75	dǔ	肚	84
	丛	61	dāng	当	69		帝	76		赌	84
cū	粗	61	dǎng	挡	69	diǎn	点	76	dù	肚	84
cù	促	62	dàng	当	69		典	76		度	84
cuī	催	62		荡	69	diàn	电	76		渡	84
cūn	村	62					店	77	duān	端	85

(21)

duǎn	短 85			fěn	粉 100		副 109
duàn	断 85	fǎ	罚 92	fèn	分 99		覆 110
	段 85	fà	法 92		份 101		
	锻 86	fān	发 91		愤 101	**G**	
duī	堆 86		翻 92		奋 101		
duì	队 86	fán	帆 92	fēng	风 101	gā	咖 198
	对 86		烦 93		蜂 102	gāi	该 110
dūn	蹲 87		繁 93		封 102	gǎi	改 110
dùn	顿 87	fǎn	凡 93		丰 102	gài	盖 110
	盾 87		反 93		疯 102		丐 111
duō	多 87		返 94		锋 103		概 111
duó	度 84	fàn	饭 94		峰 103	gān	柑 111
	夺 88		贩 94	féng	逢 103		竿 111
duǒ	朵 88		范 94		缝 103		干 112
	躲 88		犯 95	fèng	奉 104		肝 112
duò	惰 88		芳 95		缝 103		甘 112
		fāng	方 95	fó	佛 104	gǎn	赶 112
E		fáng	房 95	fū	孵 104		敢 113
			防 96		夫 104		感 113
ē	阿 1		妨 96		肤 105	gàn	干 112
é	额 89	fǎng	访 96	fú	伏 105	gāng	扛 199
	鹅 89		仿 96		服 105		岗 113
ě	恶 89	fàng	放 97		扶 105		刚 113
è	恶 89	fēi	飞 97		福 106		缸 114
	鳄 89		非 97		浮 106		钢 114
	饿 90		啡 97		符 106	gǎng	岗 113
ēn	恩 90	féi	肥 98		幅 106		港 114
ér	儿 90	fěi	匪 98	fǔ	府 107	gāo	高 114
	而 90	fèi	费 98		斧 107		糕 115
ěr	耳 91		废 98		腐 107		膏 115
èr	二 91		肺 99		父 107	gǎo	稿 115
			吠 99	fù	附 108	gào	告 115
F		fēn	芬 99		咐 108	gē	哥 116
			分 99		富 108		歌 116
fā	发 91		吩 100		付 108		割 116
fá	乏 91		纷 100		妇 109		鸽 116
		fén	坟 100		负 109		
					复 109		

gé	革 117		鼓 125	guò	过 133	hén	痕 139
	隔 117	gù	故 125			hěn	很 139
	格 117		顾 125		**H**		狠 140
gè	个 117		固 126			hèn	恨 140
	各 118	guā	瓜 126	hā	哈 133	héng	恒 140
gěi	给 118		刮 126	hāi	咳 201		横 140
gēn	跟 118	guà	挂 126	hái	孩 134	hèng	横 140
	根 118	guāi	乖 127		还 149	hōng	轰 141
gēng	更 119	guài	怪 127	hǎi	海 134		烘 141
	耕 119	guān	关 127	hài	害 134	hóng	洪 141
gèng	更 119		观 127	hán	寒 134		红 141
gōng	工 119		官 128		含 135		虹 142
	公 119		冠 128		汗 135	hóu	猴 142
	功 120	guǎn	管 128	hǎn	喊 135		喉 142
	弓 120		馆 128	hàn	汗 135	hòu	后 142
	攻 120	guàn	观 127		旱 135		候 143
	宫 120		冠 128		汉 136		厚 143
	恭 121		惯 129	háng	行 412	hū	呼 143
	供 121		罐 129		航 136		忽 143
gòng	供 121	guāng	光 129	háo	毫 136		糊 144
	共 121	guǎng	广 129		号 136	hú	和 137
	贡 121	gui	瑰 130	hǎo	好 137		糊 144
gōu	勾 122	guī	龟 130	hào	号 136		蝴 144
	沟 122		规 130		好 137		狐 144
	钩 122		归 130	hē	喝 137		胡 144
gǒu	狗 122		瑰 130	hé	河 137		壶 145
gòu	够 123	guǐ	轨 131		和 137		湖 145
	购 123		鬼 131		合 138	hǔ	虎 145
	构 123	guì	柜 131		盒 138	hù	糊 144
gū	辜 123		贵 131		何 138		互 145
	姑 124		跪 132		荷 138		护 146
	骨 124	gǔn	滚 132	hè	和 137		户 146
gǔ	骨 124	gùn	棍 132		喝 137	huā	花 146
	谷 124	guō	锅 132		荷 138	huá	华 146
	股 124	guó	国 133		贺 139		滑 147
	古 125	guǒ	果 133		吓 398		划 147
				hēi	黑 139	huà	华 146
							划 147

	话 147		**J**		既 164			浆 173
	画 147				寂 164	jiǎng		讲 173
	化 148	jī			系 397			奖 173
huái	怀 148		讥 156	jiā	佳 165	jiàng		将 172
huài	坏 148		肌 156		家 165			糨 173
huān	欢 148		机 156		加 165			匠 174
huán	还 149		鸡 157		夹 165			降 174
	环 149		圾 157	jiǎ	甲 166			酱 174
huàn	患 149		积 157		假 166			强 293
	换 149		几 157	jià	假 166	jiāo		娇 174
huāng	慌 150		饥 158		架 166			交 175
	荒 150		击 158		价 166			浇 175
huáng	煌 150		激 158		驾 167			蕉 175
	黄 150		姬 158		嫁 167			骄 175
	皇 151		基 159	jiān	间 167			教 176
huǎng	谎 151	jí	奇 287		尖 167			郊 176
huī	灰 151		籍 159		坚 168			胶 176
	恢 151		级 159		监 168			椒 176
	挥 152		急 159		奸 168	jiǎo		脚 177
	辉 152		极 160		艰 168			角 177
huí	回 152		及 160		肩 169			狡 177
huǐ	毁 152		集 160	jiǎn	剪 169			缴 177
	悔 153		吉 160		减 169			教 176
huì	惠 153	jǐ	即 161		检 169	jiào		叫 178
	会 153		疾 161		简 170			较 178
hūn	昏 153		几 158		捡 170			觉 196
	婚 154		己 161		俭 170			校 407
hùn	混 154		挤 161	jiàn	间 167	jiē		阶 178
huó	和 137		给 118		监 168			接 178
	活 154	jì	迹 162		见 170			街 179
huǒ	伙 154		纪 162		件 171			结 179
	火 155		绩 162		剑 171			结 179
huò	和 137		记 162		健 171	jié		杰 179
	货 155		寄 163		建 171			捷 179
	祸 155		计 163		渐 172			节 180
	或 155		继 163		箭 172			洁 180
	获 156		季 163		将 172			
			技 164	jiāng	江 172			
			际 164					

	劫 180		镜 188		军 197	kòng		空 204	
jiě	姐 180		竟 189		君 197			控 205	
	解 181		竟 189		均 197	kǒu		口 205	
jiè	解 181		境 189	jùn	俊 197	kòu		扣 205	
	界 181	jiū	纠 189			kū		哭 205	
	借 181		究 190		**K**			枯 206	
	介 181	jiǔ	九 190			kǔ		苦 206	
	戒 182		久 190	kā	咖 198	kù		裤 206	
jīn	今 182		酒 190	kǎ	卡 198	kuā		夸 206	
	巾 182	jiù	就 191	kāi	开 198	kuài		会 153	
	金 182		舅 191	kān	看 198			快 207	
	斤 183		救 191	kǎn	砍 199			块 207	
	禁 183		旧 191	kàn	看 198			筷 207	
jǐn	谨 183	jū	车 44	kāng	康 199	kuān		宽 207	
	紧 183		居 192	káng	扛 199	kuǎn		款 208	
	尽 184	jú	菊 192	kàng	抗 199	kuáng		狂 208	
jìn	禁 183		局 192	kǎo	考 200	kuàng		矿 208	
	尽 184	jǔ	举 192		烤 200			况 208	
	劲 184	jù	聚 193	kào	靠 200	kuī		亏 209	
	进 184		具 193	kē	科 200	kuì		愧 209	
	近 184		句 193		棵 201	kūn		昆 209	
	浸 185		巨 193		颗 201	kùn		困 209	
			剧 194		蝌 201	kuò		括 210	
jīng	晶 185		距 194					阔 210	
	睛 185		据 194	ké	咳 201			扩 210	
	经 185		拒 194		壳 202				
	精 186	juǎn	捐 195	kě	可 202		**L**		
	惊 186	juǎn	卷 195		渴 202				
	京 186	juàn	卷 195	kè	课 202				
jǐng	井 186		倦 195		客 203	lā		啦 210	
	景 187		圈 302		刻 203			拉 211	
	警 187		角 177		克 203			垃 211	
	颈 187	jué	掘 195			lǎ		喇 211	
jìng	劲 184		觉 196	kěn	肯 203	là		辣 211	
	径 187		决 196		恳 204			蜡 212	
	净 188		绝 196	kōng	空 204			落 240	
	敬 188	jūn	菌 196	kǒng	孔 204	lái		来 212	
	静 188				恐 204				

(25)

lán	拦 212				丽 221	líng	铃 230	lüè	略 238		
	栏 212				立 221		零 230	lún	轮 238		
	蓝 213				粒 221		灵 230	lùn	论 238		
	篮 213				利 221		龄 231	luó	锣 239		
	兰 213				历 222	lǐng	领 231		箩 239		
lǎn	懒 213				励 222	lìng	令 231		罗 239		
	览 214				厉 222		另 231		萝 239		
	缆 214				例 222	liū	溜 232	luò	骆 240		
làn	烂 214	lián	梿 223	liú	榴 232		落 240		
láng	狼 214		连 223		流 232		络 240		
	廊 215		怜 223		留 232				
	郎 215		联 223	liù	溜 232		**M**		
lǎng	朗 215	liǎn	脸 224		六 233				
làng	浪 215	liàn	链 224	lóng	隆 233	ma	吗 240		
láo	劳 216		练 224		笼 233	mā	妈 241		
	牢 216		炼 224		龙 233		抹 256		
lǎo	老 216	liáng	凉 225		聋 234	má	麻 241		
le	了 227		良 225		笼 233	mǎ	吗 240		
lè	乐 216		量 225	lǒng	笼 233		马 241		
léi	雷 217	liǎng	两 225	lòng	弄 267		蚂 241		
	累 217	liàng	量 225	lóu	楼 234		码 242		
lěi	累 217		亮 226	lòu	漏 234	mà	骂 242		
lèi	累 217		辆 226		露 236	mái	埋 242		
	泪 217		谅 226	lú	炉 234	mǎi	买 242		
	类 217		晾 226	lù	路 235	mài	卖 243		
lěng	冷 218	liáo	疗 227		鹿 235		麦 243		
lí	离 218		了 227		陆 235	mán	埋 242		
	狸 218	liǎo	料 227		录 235	mǎn	满 243		
	梨 218	liào	劣 227		碌 236	màn	慢 243		
	喱 219	liè	裂 228		露 236	máng	芒 244		
	璃 219		猎 228	lǚ	旅 236		忙 244		
	篱 219		烈 228	lǜ	绿 236		盲 244		
			列 228		律 237	māo	猫 244		
lǐ	里 219	lín	林 229		虑 237	máo	毛 245		
	礼 220		邻 229		滤 237		矛 245		
	理 220		淋 229		率 342	mào	帽 245		
	李 220		临 229	luǎn	卵 237		貌 245		
lì	力 220	lìn	吝 230	luàn	乱 238		冒 246		

(26)

me	么 246	míng	鸣 254	nán	男 262	ǒu	呕 269		
méi	枚 246		明 254		南 262		偶 269		
	没 246		名 255		难 262				
	眉 247	mìng	命 255	nàn	难 262	**P**			
	玫 247	mō	摸 255	nǎo	脑 262				
	煤 247	mó	模 255		恼 263	pá	爬 269		
měi	每 247		魔 256	nào	闹 263		扒 269		
	美 248		磨 256	ne	呢 263	pà	怕 270		
mèi	妹 248	mǒ	抹 256	né	哪 260		帕 270		
men	们 248	mò	没 246	něi	哪 260	pāi	拍 270		
mēn	闷 248		抹 256	nèi	内 263	pái	排 270		
mén	门 249		末 256	nèn	嫩 264		牌 271		
mèn	闷 248		漠 257	néng	能 264	pǎi	迫 284		
mēng	蒙 249		默 257	ní	呢 263	pài	派 271		
méng	蒙 249		墨 257		泥 264	pán	盘 271		
měng	蒙 249		寞 257				胖 273		
	猛 249		陌 258	nǐ	你 264	pàn	盼 271		
mèng	梦 249	móu	谋 258	nián	年 265		判 272		
mí	迷 250	mǒu	某 258	niàn	念 265	pāng	乒 272		
	谜 250	mú	模 255	niáng	娘 265	páng	膀 12		
mǐ	米 250	mǔ	母 258	niǎo	鸟 265		旁 272		
mì	蜜 250	mù	木 259	nín	您 266		螃 272		
	秘 251		目 259	níng	宁 266	pàng	胖 273		
	密 251		睦 259	nìng	宁 266	pāo	抛 273		
mián	棉 251		牧 259	niú	牛 266	páo	袍 273		
	眠 251		墓 260	niǔ	扭 266		炮 273		
miǎn	免 252		幕 260		钮 267	pǎo	跑 274		
	勉 252		慕 260	nóng	农 267	pào	炮 273		
miàn	面 252				浓 267	péi	陪 274		
miáo	苗 252	**N**		nòng	弄 267		培 274		
miǎo	秒 253			nǔ	努 268		赔 274		
miào	妙 253	na	哪 260	nù	怒 268	pèi	配 275		
	庙 253	ná	拿 261	nǚ	女 268		佩 275		
miè	灭 253	nǎ	哪 260	nuǎn	暖 268	pēn	喷 275		
mín	民 254	nà	那 261			pén	盆 275		
mǐn	敏 254	nǎi	奶 261	**O**		pèn	喷 275		
		nài	耐 261	ōu	区 301	péng	棚 276		
							朋 276		

(27)

pēng	捧 276		迫 284		钱 292	qiū	丘 299
pèng	碰 276	pū	铺 284	qiǎn	浅 292		秋 299
pī	劈 277		扑 284	qiàn	欠 292		蚯 300
	批 277	pú	葡 284		歉 292	qiú	仇 52
pí	皮 277	pǔ	普 285	qiāng	枪 293		球 300
	脾 277		朴 285	qiáng	墙 293		求 300
	疲 278	pù	铺 284		强 293	qū	曲 300
pǐ	匹 278		瀑 285	qiǎng	强 293		区 301
pì	屁 278				抢 293	qǔ	曲 300
	僻 278		**Q**	qiāo	敲 294		取 301
piān	扁 23			qiáo	桥 294		娶 301
	篇 279	qī	漆 285		瞧 294	qù	去 301
	片 279		七 286	qiǎo	巧 294		趣 302
	偏 279		期 286		雀 304	quān	圈 302
pián	便 23		戚 286	qiào	壳 202	quán	全 302
piàn	片 279		欺 286	qiē	切 295		权 302
	骗 279		妻 287	qiě	且 295		泉 303
piāo	飘 280	qí	祈 287	qiè	切 295		拳 303
	漂 280		旗 287		窃 295	quàn	劝 303
piǎo	漂 280		奇 287		怯 295		券 303
piào	漂 280		齐 288	qīn	亲 296	quē	缺 304
	票 280		其 288		侵 296		雀 304
pīn	拼 280		骑 288	qín	勤 296		却 304
pín	贫 281		棋 288		琴 296		确 304
pǐn	品 281	qǐ	起 289		禽 297	qún	群 305
pīng	乒 281		乞 289	qīng	蜻 297		裙 305
píng	凭 281	qì	弃 289		青 297		
	平 282		气 289		清 297		**R**
	苹 282		汽 290		轻 298		
	瓶 282		器 290	qíng	情 298	rǎn	燃 305
	评 282	qiǎ	卡 198		晴 298		然 305
		qià	恰 290	qǐng	请 298		染 306
pō	泊 28	qiān	千 290			ràng	让 306
	坡 283		铅 291	qìng	亲 296	rào	绕 306
	泼 283		牵 291		庆 299	rè	热 306
pó	婆 283		签 291	qióng	穷 299	rén	人 307
pò	破 283	qián	前 291				仁 307
							任 307

rěn	忍 307	shā	刹 314		呻 321		识 329
rèn	任 307		杀 314		身 321		实 329
	认 308		沙 315		深 321	shǐ	使 330
rēng	扔 308		纱 315		伸 322		始 330
réng	仍 308	shǎ	傻 315	shén	甚 322		史 330
rì	日 308	shà	厦 315		什 322		驶 330
róng	溶 309		色 313		神 322	shì	势 331
	容 309	shǎi			审 323		侍 331
	荣 309	shài	晒 316	shěn	婶 323		士 331
róu	柔 309	shān	山 316		慎 323		室 331
ròu	肉 310		扇 316	shèn	甚 322		是 332
rú	如 310		删 316	shēng	生 323		视 332
rǔ	乳 310	shǎn	闪 317		声 324		事 332
rù	入 310	shàn	扇 316		升 324		示 332
ruǎn	软 311		善 317		牲 324		世 333
ruò	弱 311	shāng	伤 317		甥 324		试 333
			商 317	shéng	绳 325		市 333
S		shǎng	上 318		省 325		适 333
			赏 318	shèng	乘 47		释 334
sǎ	洒 311	shàng	上 318		胜 325		式 334
sāi	塞 311		尚 318		剩 325		嗜 334
sài	塞 311	shāo	烧 318		盛 326		饰 334
	赛 312	shǎo	少 319		圣 326		似 346
sān	三 312	shào	少 319		匙 49	shōu	收 335
sǎn	伞 312		绍 319	shi		shǒu	手 335
	散 312	shé	舌 319	shī	尸 326		守 335
sàn	散 312		蛇 319		师 326		首 335
sāng	丧 313		折 469		狮 327	shòu	寿 336
sàng	丧 313	shě	舍 320		失 327		受 336
sǎo	扫 313	shè	舍 320		湿 327		瘦 336
	嫂 313		设 320		施 327		售 336
sào	扫 313		射 320		诗 328		兽 337
sè	塞 311		社 320	shí	什 322	shū	书 337
	色 313	shéi	谁 343		十 328		叔 337
	啬 314	shēn	参 34		石 328		梳 337
sēn	森 314		申 321		时 328		舒 338
					拾 329		疏 338
					食 329		输 338

(29)

	蔬 338	sòng	诵 347		太 355	tián	甜 364
shú	熟 339		送 347		态 355		田 364
shǔ	属 339	sōu	搜 347	tān	贪 355		填 364
	鼠 339		艘 347		摊 356	tiāo	挑 365
	数 339	sòu	嗽 348		滩 356	tiáo	条 365
shù	数 339	sú	俗 348	tán	谈 356		调 365
	树 340	sù	宿 348		痰 356	tiǎo	挑 365
	术 340		肃 348		弹 68	tiào	跳 365
	漱 340		诉 349	tǎn	坦 357	tiē	贴 366
	束 340		素 349	tàn	炭 357		帖 366
shuā	刷 341		速 349		探 357	tiě	帖 366
shuǎ	耍 341		塑 349		叹 357		铁 366
shuāi	衰 341	suān	酸 350	tāng	汤 358	tiè	帖 366
	摔 341	suàn	算 350	táng	塘 358	tīng	听 366
shuài	帅 342	suī	虽 350		糖 358		厅 367
	率 342	suí	随 350		堂 358	tíng	蜓 367
shuāng	双 342	suì	隧 351	tǎng	躺 359		庭 367
shuǎng	爽 342		岁 351	tàng	烫 359		停 367
shuí	谁 343		碎 351	táo	陶 359		亭 368
shuǐ	水 343	sūn	孙 351		逃 359	tōng	通 368
shuì	睡 343	sǔn	损 352		桃 360	tóng	同 368
	说 344	suō	缩 352		葡 360		童 368
shùn	顺 343	suǒ	所 352		淘 360		铜 369
shuō	说 344		锁 352	tǎo	讨 360	tǒng	桶 369
shuò	数 339			tào	套 361		统 369
sī	撕 344		**T**	tè	特 361		筒 369
	司 344			téng	疼 361	tòng	痛 370
	思 344	tā	他 353	tī	踢 361	tou	头 370
	丝 345		她 353		梯 362	tōu	偷 370
	私 345		它 353	tí	题 362	tóu	头 370
	斯 345		踏 353		提 362		投 370
sǐ	死 345	tǎ	塔 354		啼 362	tòu	透 371
sì	四 346	tà	踏 353	tǐ	体 363	tū	凸 371
	寺 346	tāi	胎 354	tì	涕 363		突 371
	似 346	tái	台 354		替 363	tú	屠 371
sōng	松 346		抬 354	tiān	天 363		图 372
		tài	汰 355		添 364		

	途 372	wáng	王 380	wū	巫 389	xiā	虾 397
	徒 372		亡 380		屋 389		瞎 397
	涂 372	wǎng	往 380		乌 389	xiá	侠 398
tǔ	土 373		网 381		污 389	xià	厦 315
	吐 373	wàng	忘 381	wú	无 390		下 398
tù	吐 373		望 381	wǔ	五 390		吓 398
	兔 373	wēi	危 381		午 390		夏 398
tuán	团 373		威 382		舞 390	xiān	先 399
tuī	推 374		微 382		伍 391		鲜 399
tuǐ	腿 374	wéi	为 382		武 391		仙 399
tuì	退 374		围 382	wù	恶 89	xián	闲 399
tūn	吞 374		维 383		物 391		衔 400
tuō	托 375	wěi	委 383		务 391		贤 400
	脱 375		尾 383		误 392	xiǎn	险 400
	拖 375		伟 383		雾 392		显 400
tuó	驼 375	wèi	为 382		悟 392	xiàn	现 401
tuǒ	妥 376		未 384				线 401
			味 384	**X**			限 401
W			卫 384				献 401
			位 384	xī	熄 392		美 402
wā	蛙 376		喂 385		锡 393	xiāng	香 402
	挖 376		胃 385		西 393		相 402
wá	娃 376		慰 385		吸 393		箱 402
wǎ	瓦 377	wēn	温 385		希 393		乡 403
wà	袜 377	wén	文 386		息 394	xiáng	降 174
wāi	歪 377		蚊 386		惜 394		祥 403
wài	外 377		闻 386		嘻 394	xiǎng	想 403
wān	湾 378		纹 386		稀 394		响 403
	弯 378	wěn	稳 387		夕 395		享 404
wán	玩 378	wèn	问 387		牺 395	xiàng	相 402
	完 378	wēng	翁 387		席 395		象 404
	丸 379	wō	蜗 387	xí	媳 395		像 404
	顽 379		窝 388		习 396		橡 404
wǎn	晚 379	wǒ	我 388	xǐ	洗 396		向 405
	碗 379	wò	卧 388		喜 396		巷 405
wàn	万 380		握 388	xì	戏 396		项 405
					细 397		
					系 397	xiāo	销 405

(31)

	消 406	xiōng	兄 414		**Y**	yāo	腰 430
	削 406		凶 414				要 430
xiǎo	小 406		胸 414	ya	呀 422		妖 431
	晓 406	xióng	雄 415	yā	呀 422		邀 431
xiào	校 407		熊 415		鸭 422	yáo	遥 431
	笑 407	xiū	休 415		鸦 422		摇 431
	孝 407		修 415		压 422	yǎo	咬 432
	效 407		羞 416	yá	牙 423	yào	要 430
xiē	些 408	xiǔ	宿 348		芽 423		药 432
xié	协 408	xiù	臭 52	yǎ	哑 423		耀 432
	鞋 408		宿 348	yà	亚 423	yē	椰 432
	斜 408		秀 416	yǎn	烟 424	yé	爷 433
xiě	写 409		袖 416		淹 424	yě	也 433
	血 420		锈 416		颜 424		野 433
xiè	解 181		嗅 417	yán	言 424		液 433
	谢 409	xū	须 417		沿 425	yè	叶 434
	泻 409		需 417		严 425		业 434
	蟹 409				盐 425		夜 434
xīn	薪 410	xǔ	许 417		延 425		页 434
	心 410	xù	畜 55		炎 426	yī	一 435
	新 410		蓄 418		研 426		衣 435
	辛 410		续 418				医 435
	欣 411		序 418	yǎn	掩 426		依 435
xìn	信 411		婿 418		眼 426	yí	姨 436
xīng	兴 411	xuān	宣 419		演 427		宜 436
	星 411	xuán	旋 419	yàn	厌 427		移 436
	猩 412	xuǎn	选 419		燕 427		疑 436
xíng	行 412	xuàn	旋 419		验 427		仪 437
	形 412	xuē	削 406		宴 428		遗 437
	刑 412	xué	学 419	yāng	央 428	yǐ	椅 437
	型 413	xuě	雪 420	yáng	羊 428		以 437
xǐng	省 325	xuè	血 420		阳 428		蚁 438
	醒 413	xún	巡 420		洋 429		乙 438
xìng	兴 411		寻 420		扬 429		已 438
	幸 413		询 421	yǎng	痒 429	yì	意 438
	姓 413	xùn	讯 421		养 429		易 439
	性 414		训 421		仰 430		益 439
			迅 421	yàng	样 430		

		yóu	游 448		愿 457	zèng	赠 464
	义 439		由 448		怨 457	zhā	查 39
	艺 439		邮 448	yuē	约 457		扎 464
	谊 440		油 448	yuè	乐 216	zhá	扎 464
	异 440		尤 449		月 457		炸 464
	忆 440	yǒu			越 458	zhǎ	眨 464
	议 440		友 449		阅 458	zhà	炸 464
yīn	因 441		有 449	yún	云 458	zhāi	斋 465
	音 441	yòu	又 449	yùn	孕 458		摘 465
	阴 441		右 450		运 459	zhǎi	窄 465
yín	吟 441		幼 450			zhān	占 465
	银 442	yú	鱼 450		**Z**	zhǎn	展 466
yǐn	引 442		渔 450			zhàn	占 465
	饮 442		愉 451	zā	扎 464		站 466
	蚓 442		于 451	zá	杂 459		战 466
yìn	印 443		余 451	zāi	栽 459	zhāng	张 466
yīng	英 443		愚 451		灾 459		章 467
	应 443		娱 452	zǎi	载 460	zhǎng	长 41
	鹰 443	yǔ	雨 452	zài	载 460		掌 467
	婴 444		语 452		在 460		涨 467
yíng	赢 444		羽 452		再 460	zhàng	涨 467
	迎 444		与 453		赞 460		仗 467
	营 444	yù	与 453	zàn	赞 460		丈 468
	蝇 445		喻 453	zāng	脏 461		帐 468
yǐng	影 445		裕 453	zàng	藏 36	zhāo	朝 43
yìng	应 443		遇 453		脏 461		招 468
	硬 445		育 454		葬 461		着 493
	映 445		预 454	zǎo	早 461	zháo	着 493
yōng	佣 446		玉 454	zào	燥 461	zhǎo	找 468
	拥 446	yuán	援 454		造 462		爪 469
yǒng	泳 446		园 455		皂 462	zhào	照 469
	勇 446		圆 455	zé	择 462	zhe	着 493
	永 447		元 455		则 462	zhē	遮 469
yòng	佣 446		原 455		责 463		折 469
	用 447		员 456	zéi	贼 463	zhé	折 469
yōu	忧 447		源 456	zěn	怎 463		
	优 447	yuǎn	远 456	zēng	曾 38		
		yuàn	院 456		增 463		

(33)

(34)

zhě	者 470		侄 478		株 486	zǐ	紫 494
zhè	这 470	zhǐ	只 475	zhú	竹 487		仔 494
	蔗 470		纸 478		烛 487	zì	字 494
zhèi	这 470		指 479	zhǔ	主 487		自 495
zhēn	真 470		止 479		煮 487	zōng	棕 495
	针 471		址 479	zhù	蛀 488		踪 495
	珍 471	zhì	识 329		住 488		宗 495
zhěn	枕 471		稚 479		助 488	zǒng	总 496
	诊 471		志 480		注 488	zòng	粽 496
zhèn	振 472		制 480		祝 489	zǒu	走 496
	阵 472		秩 480		筑 489	zòu	奏 496
	镇 472		至 480		柱 489	zū	租 497
zhēng	争 472		治 481		著 489	zú	足 497
	筝 473		致 481	zhuā	抓 490		族 497
	正 473		置 481	zhuǎ	爪 469	zǔ	组 497
	征 473		质 481	zhuān	砖 490		祖 498
	挣 473		智 482		专 490		阻 498
	睁 474	zhōng	中 482	zhuǎn	转 490	zuān	钻 498
	蒸 474		忠 482	zhuàn	传 56	zuàn	钻 498
zhěng	整 474		钟 482		转 490	zuǐ	嘴 498
zhèng	正 473		终 483		赚 491	zuì	最 499
	挣 473	zhǒng	种 483	zhuāng	装 491		罪 499
	政 474		肿 483	zhuàng	壮 491		醉 499
	证 475	zhòng	中 482		撞 491	zūn	尊 499
zhī	只 475		种 483		状 492		遵 500
	汁 475		重 483	zhuī	追 492	zuō	作 500
	枝 475		众 484	zhǔn	准 492	zuó	昨 500
	知 476	zhōu	州 484	zhuō	捉 492	zuǒ	左 500
	支 476		舟 484		桌 493	zuò	作 500
	蜘 476		周 484	zhuó	著 489		坐 501
	之 476		洲 485		着 493		做 501
	织 477		粥 485	zǎi	仔 494		座 501
zhí	执 477	zhǒu	帚 485	zi	子 494		
	直 477	zhū	诸 485	zī	姿 493		
	值 477		猪 486		资 493		
	植 478		珠 486				
	职 478		蛛 486				

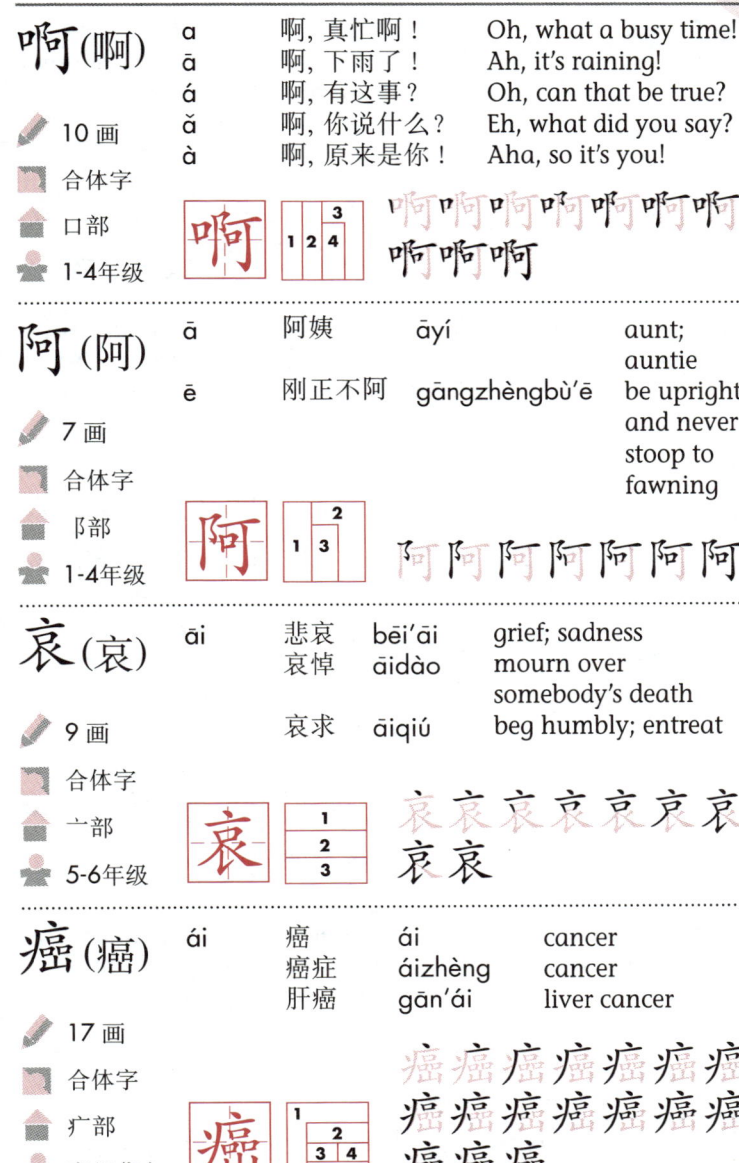

啊 (啊)

a	啊, 真忙啊!	Oh, what a busy time!
ā	啊, 下雨了!	Ah, it's raining!
á	啊, 有这事?	Oh, can that be true?
ǎ	啊, 你说什么?	Eh, what did you say?
à	啊, 原来是你!	Aha, so it's you!

- 10 画
- 合体字
- 口部
- 1-4年级

阿 (阿)

| ā | 阿姨 | āyí | aunt; auntie |
| ē | 刚正不阿 | gāngzhèngbù'ē | be upright and never stoop to fawning |

- 7 画
- 合体字
- 阝部
- 1-4年级

哀 (哀)

āi	悲哀	bēi'āi	grief; sadness
	哀悼	āidào	mourn over somebody's death
	哀求	āiqiú	beg humbly; entreat

- 9 画
- 合体字
- 亠部
- 5-6年级

癌 (癌)

ái	癌	ái	cancer
	癌症	áizhèng	cancer
	肝癌	gān'ái	liver cancer

- 17 画
- 合体字
- 疒部
- 高级华文

矮 (矮)

ǎi

矮	ǎi	short; low
矮小	ǎixiǎo	short and small
低矮	dīǎi	low

- 13 画
- 合体字
- 矢部
- 1-4年级

碍 (碍)

ài

碍事	àishì	be in the way
妨碍	fáng'ài	hinder; obstruct
碍手碍脚	àishǒu-àijiǎo	be a hindrance

- 13 画
- 合体字
- "𡗗" 不是 "寸"。
- 石部
- 高级华文

爱 (爱)

ài

爱	ài	like; love
爱护	àihù	take good care of
喜爱	xǐ'ài	love; like

- 10 画
- 合体字
- 爪(爫)部
- 1-4年级

安 (安)

ān

安定	āndìng	stable; settled
平安	píng'ān	safe and sound
治安	zhì'ān	public order

- 6 画
- 合体字
- 宀部
- 1-4年级

暗(暗)

àn

暗	àn	dark; dim
黑暗	hēi'àn	dark
暗号	ànhào	password

- 13 画
- 合体字
- 日部
- 1-4年级

暗 暗 暗 暗 暗 暗 暗 暗 暗 暗 暗 暗 暗

岸(岸)

àn

岸	àn	bank; shore
河岸	hé'àn	river bank
回头是岸	huítóushì'àn	repent and be saved

- 8 画
- 合体字
- 山部
- 1-4年级

岸 岸 岸 岸 岸 岸 岸 岸

按(按)

àn

按	àn	press; push down
按照	ànzhào	according to
按时	ànshí	on time

- 9 画
- 合体字
- 扌部
- 1-4年级

按 按 按 按 按 按 按 按 按

案(案)

àn

案子	ànzi	counter; case
方案	fāng'àn	scheme; plan
图案	tú'àn	pattern; design

- 10 画
- 合体字
- 宀(木)部
- 5-6年级

案 案 案 案 案 案 案 案 案 案

肮(肮)

āng　　肮脏　　āngzāng　　dirty; filthy

- 8 画
- 合体字
- 月部
- 1-4年级

肮肮肮肮肮肮肮肮

凹(凹)

āo　　凹　　　　　āo　　　　　hollow; sunken
　　　凹面镜　　　āomiànjìng　concave mirror
　　　凹凸不平　　āotūbùpíng　full of bumps and holes

- 5 画
- 独体字
- |(凵)部
- 5-6年级

凹凹凹凹凹

傲(傲)

ào　　傲气　　àoqì　　　arrogance
　　　骄傲　　jiāo'ào　　arrogant; proud
　　　高傲　　gāo'ào　　arrogant; haughty

- 12 画
- 合体字
- 亻部
- 1-4年级

"攵"不是"夂"。

傲傲傲傲傲傲傲傲傲傲傲傲

罢(罢)

ba　　走罢(同"吧")　zǒu ba　　Let's go.
bà　　罢休　　　　　bàxiū　　　give up
　　　罢了　　　　　bàle　　　That's all; All right.

- 10 画
- 合体字
- 罒部
- 1-4年级

罢罢罢罢罢罢罢罢罢罢

| 吧(吧) | ba | 来吧！ | lái ba | Come on! |
| | bā | 酒吧 | jiǔbā | bar |

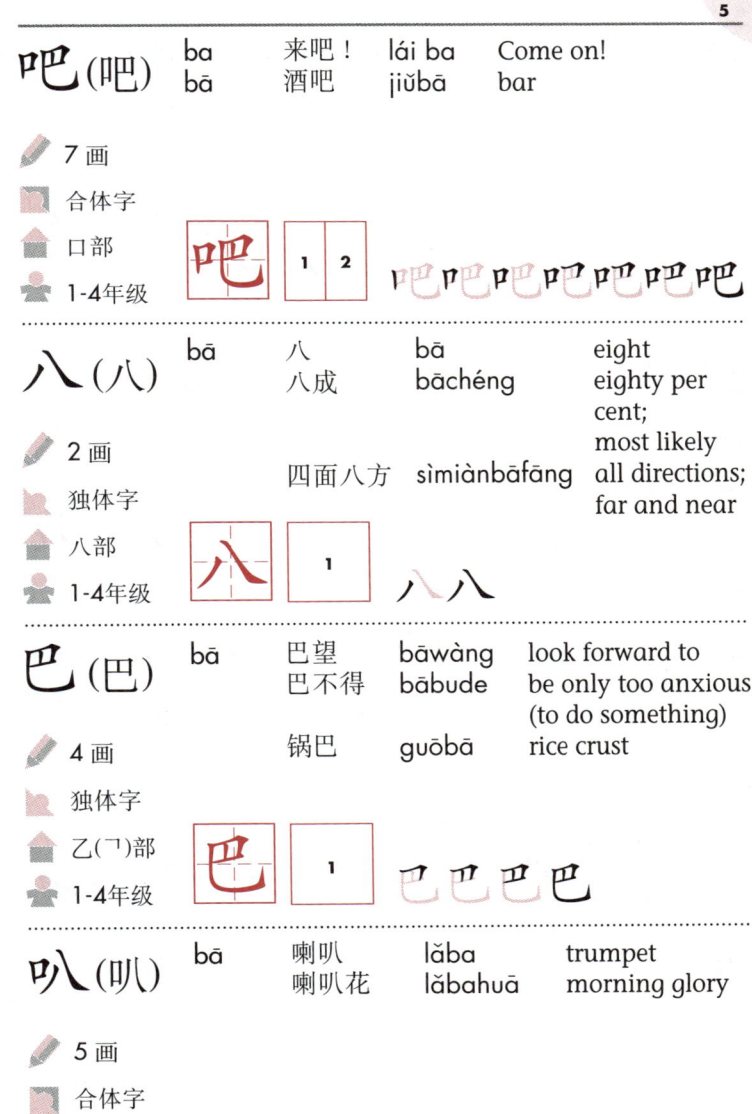

- 7 画
- 合体字
- 口部
- 1-4 年级

吧 | 1 2 | 吧吧吧吧吧吧吧

八(八)	bā	八	bā	eight
		八成	bāchéng	eighty per cent; most likely
		四面八方	sìmiànbāfāng	all directions; far and near

- 2 画
- 独体字
- 八部
- 1-4 年级

八 | 1 | 八八

巴(巴)	bā	巴望	bāwàng	look forward to
		巴不得	bābude	be only too anxious (to do something)
		锅巴	guōbā	rice crust

- 4 画
- 独体字
- 乙(㇈)部
- 1-4 年级

巴 | 1 | 巴巴巴巴

| 叭(叭) | bā | 喇叭 | lǎba | trumpet |
| | | 喇叭花 | lǎbahuā | morning glory |

- 5 画
- 合体字
- 口部
- 1-4 年级

叭 | 1 2 | 叭叭叭叭叭

笆 (笆)

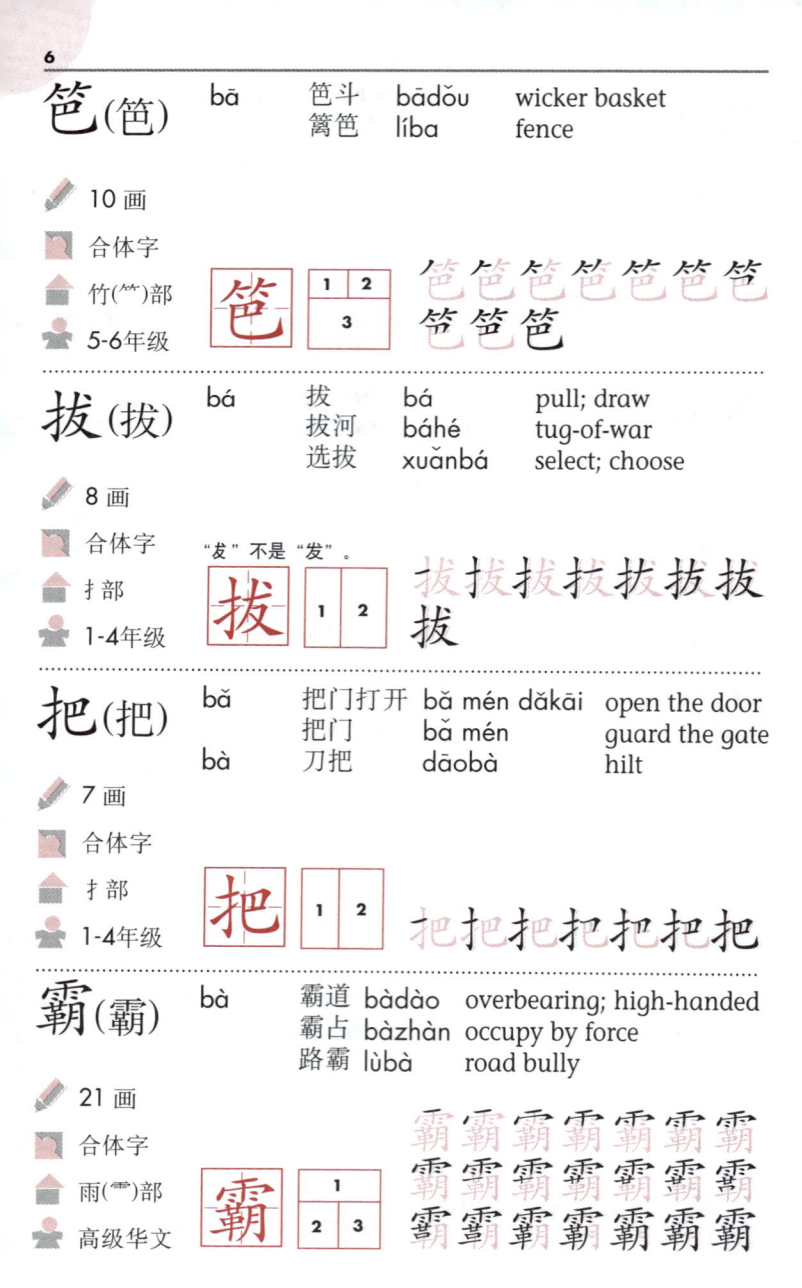

bā | 笆斗 bādǒu wicker basket
篱笆 líba fence

- 10 画
- 合体字
- 竹(⺮)部
- 5-6年级

笆笆笆笆笆笆笆笆笆笆

拔 (拔)

bá | 拔 bá pull; draw
拔河 báhé tug-of-war
选拔 xuǎnbá select; choose

- 8 画
- 合体字
- 扌部
- 1-4年级

"犮"不是"发"。

拔拔拔拔拔拔拔拔

把 (把)

bǎ | 把门打开 bǎ mén dǎkāi open the door
把门 bǎ mén guard the gate
bà | 刀把 dāobà hilt

- 7 画
- 合体字
- 扌部
- 1-4年级

把把把把把把把把

霸 (霸)

bà | 霸道 bàdào overbearing; high-handed
霸占 bàzhàn occupy by force
路霸 lùbà road bully

- 21 画
- 合体字
- 雨(⻗)部
- 高级华文

霸霸霸霸霸霸霸霸霸霸霸霸霸霸霸霸霸霸霸霸霸

爸(爸)

bà 爸爸 bàba daddy; dad

- 8 画
- 合体字
- 父部
- 1-4年级

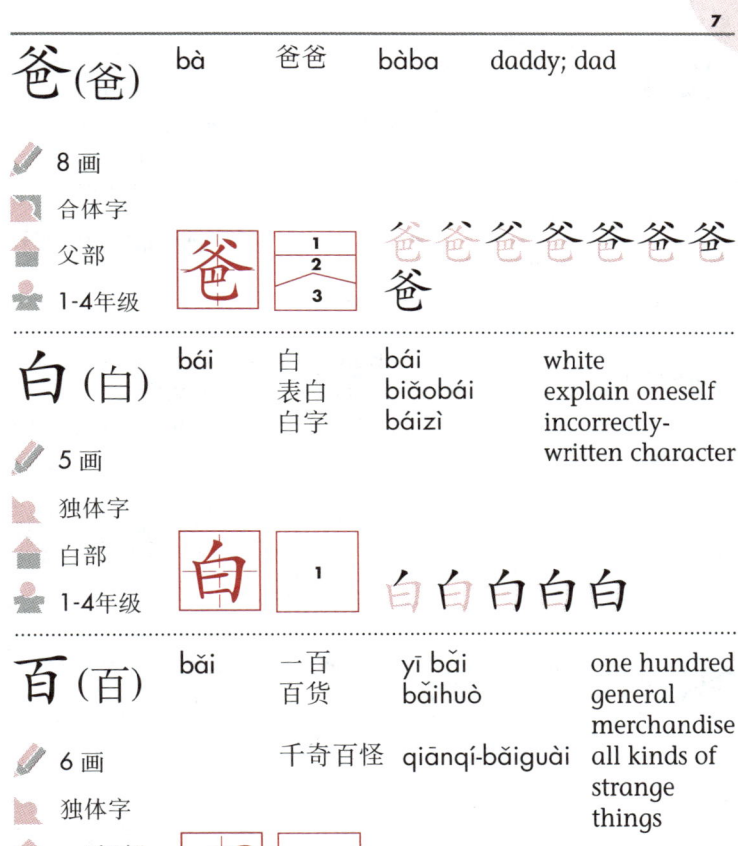

白(白)

bái 白 bái white
表白 biǎobái explain oneself
白字 báizì incorrectly-written character

- 5 画
- 独体字
- 白部
- 1-4年级

百(百)

bǎi 一百 yī bǎi one hundred
百货 bǎihuò general merchandise
千奇百怪 qiānqí-bǎiguài all kinds of strange things

- 6 画
- 独体字
- 一(白)部
- 1-4年级

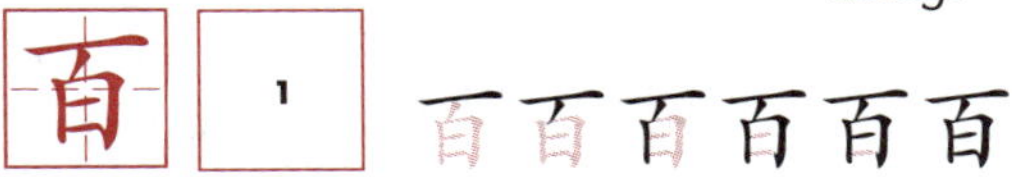

摆(摆)

bǎi 摆动 bǎidòng swing; sway
摆渡 bǎidù ferry
摇摆 yáobǎi vacillate; rock

- 13 画
- 合体字
- 扌部
- 1-4年级

败 (败) bài

败仗 bàizhàng — lost battle
腐败 fǔbài — corrupt
身败名裂 shēnbài-mínglièe — bring disgrace and ruin to oneself

- 8 画
- 合体字
- 贝部
- 1-4年级

"夂" 不是 "夊"。

拜 (拜) bài

拜年 bàinián — pay a New Year visit
拜访 bàifǎng — pay a visit
礼拜 lǐbài — religious service; week

- 9 画
- 合体字
- 手(扌)部
- 1-4年级

"手" 不是 "丰"。

颁 (颁) bān

颁布 bānbù — promulgate; publish
颁奖 bānjiǎng — award
颁发 bānfā — issue; promulgate

- 10 画
- 合体字
- 页部
- 高级华文

班 (班) bān

班级 bānjí — classes and grades in school
加班 jiābān — work overtime
接班 jiēbān — take over from; succeed

- 10 画
- 合体字
- 王部
- 1-4年级

"丿" 不是 "丨"。

搬 (搬) bān

搬	bān	take away; move
搬运	bānyùn	carry; transport
搬弄	bānnòng	fiddle with

- 13 画
- 合体字
- 扌部
- 1-4年级

般 (般) bān

一般	yībān	general; ordinary
百般	bǎibān	in every possible way
万般	wànbān	all kinds

- 10 画
- 合体字
- 舟部
- 1-4年级

斑 (斑) bān

斑点	bāndiǎn	spot; stain
汗斑	hànbān	sweat stain
斑马线	bānmǎxiàn	zebra crossing

- 12 画
- 合体字
- 王部
- 1-4年级

版 (版) bǎn

出版	chūbǎn	publish
初版	chūbǎn	first edition
版权	bǎnquán	copyright

- 8 画
- 合体字
- 片部
- 高级华文

板 (板)

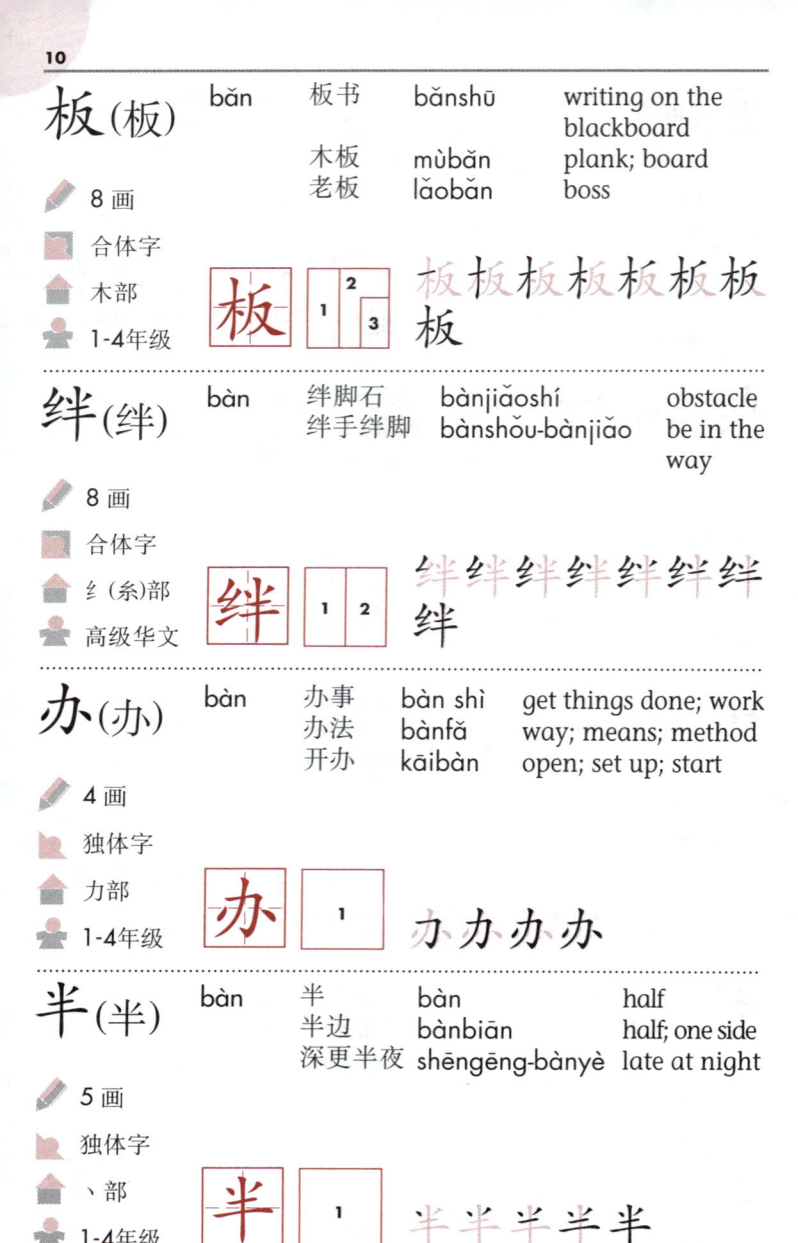

bǎn

板书	bǎnshū	writing on the blackboard
木板	mùbǎn	plank; board
老板	lǎobǎn	boss

- 8 画
- 合体字
- 木部
- 1-4年级

板板板板板板板板

绊 (绊)

bàn

| 绊脚石 | bànjiǎoshí | obstacle |
| 绊手绊脚 | bànshǒu-bànjiǎo | be in the way |

- 8 画
- 合体字
- 纟(糸)部
- 高级华文

绊绊绊绊绊绊绊绊

办 (办)

bàn

办事	bàn shì	get things done; work
办法	bànfǎ	way; means; method
开办	kāibàn	open; set up; start

- 4 画
- 独体字
- 力部
- 1-4年级

办办办办

半 (半)

bàn

半	bàn	half
半边	bànbiān	half; one side
深更半夜	shēngēng-bànyè	late at night

- 5 画
- 独体字
- 、部
- 1-4年级

半半半半半

伴 (伴)

bàn

伴奏	bànzòu	accompany (with musical instruments)
同伴	tóngbàn	companion
伙伴	huǒbàn	partner; companion

- 7 画
- 合体字
- 亻部
- 1-4年级

伴伴伴伴伴伴伴

扮 (扮)

bàn

打扮	dǎban	dress up; make up
假扮	jiǎbàn	dress up as
扮演	bànyǎn	play the part of

- 7 画
- 合体字
- 扌部
- 1-4年级

"八"不是"入"或"人"。

扮扮扮扮扮扮扮

邦 (邦)

bāng

邦交	bāngjiāo	diplomatic relations
邻邦	línbāng	neighbouring country
联邦	liánbāng	federation; commonwealth

- 6 画
- 合体字
- 阝部
- 高级华文

"㇀"不是"丰"。

邦邦邦邦邦邦

帮 (帮)

bāng

帮助	bāngzhù	help; assist
帮忙	bāngmáng	lend a hand
匪帮	fěibāng	bandit; gang

- 9 画
- 合体字
- 巾部
- 1-4年级

"阝"不是"卩"。
"㇀"不是"丰"。

帮帮帮帮帮帮帮帮帮

膀 (膀)

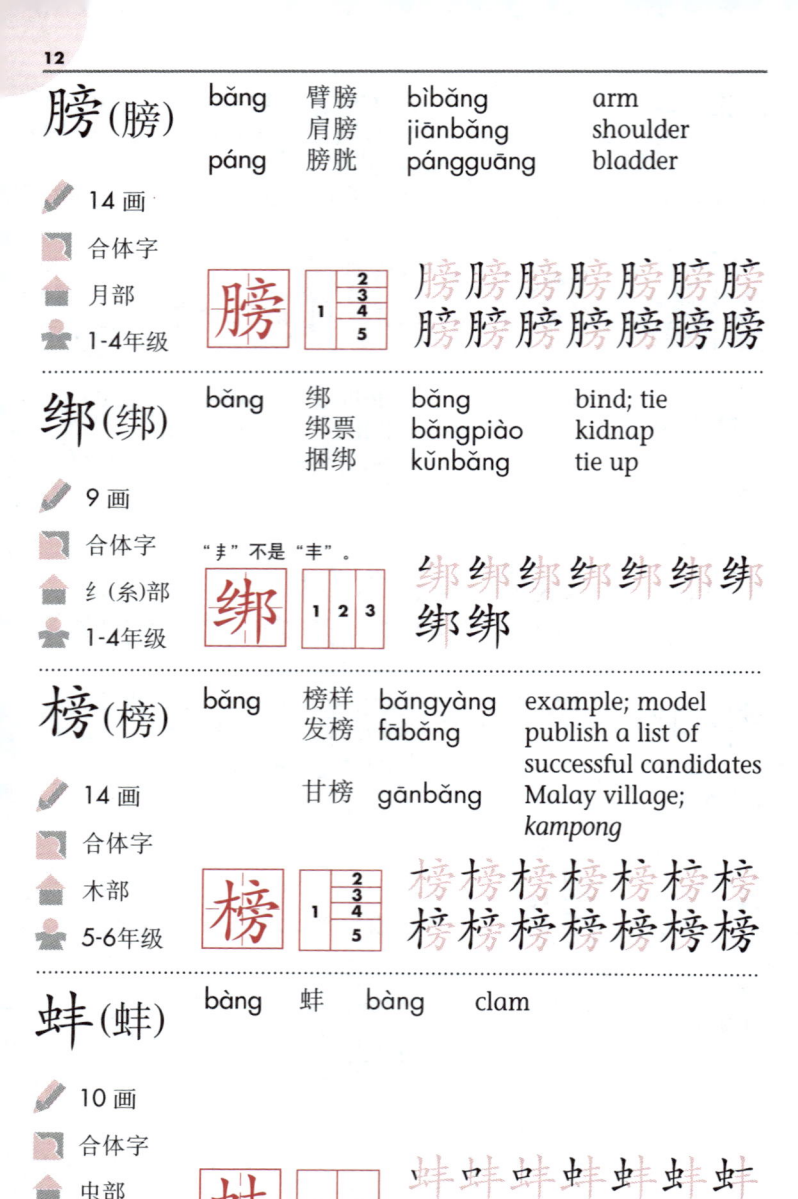

bǎng	臂膀	bìbǎng	arm
	肩膀	jiānbǎng	shoulder
páng	膀胱	pángguāng	bladder

- 14 画
- 合体字
- 月部
- 1-4年级

膀 膀 膀 膀 膀 膀 膀 膀 膀 膀 膀 膀 膀 膀

绑 (綁)

bǎng	绑	bǎng	bind; tie
	绑票	bǎngpiào	kidnap
	捆绑	kǔnbǎng	tie up

- 9 画
- 合体字
- 纟(糸)部
- 1-4年级

"纟" 不是 "丰"。

绑 绑 绑 绑 绑 绑 绑 绑 绑

榜 (榜)

bǎng	榜样	bǎngyàng	example; model
	发榜	fābǎng	publish a list of successful candidates
	甘榜	gānbǎng	Malay village; *kampong*

- 14 画
- 合体字
- 木部
- 5-6年级

榜 榜 榜 榜 榜 榜 榜 榜 榜 榜 榜 榜 榜 榜

蚌 (蚌)

bàng	蚌	bàng	clam

- 10 画
- 合体字
- 虫部
- 高级华文

蚌 蚌 蚌 蚌 蚌 蚌 蚌 蚌 蚌 蚌

傍(傍) bàng 傍晚 bàngwǎn at dusk
 依傍 yībàng near
 依山傍水 yīshān-bàngshuǐ near mountains and waters

- 12 画
- 合体字
- 亻部
- 1-4年级

棒(棒) bàng 棒 bàng stick; club
 木棒 mùbàng wooden cudgel
 棒球 bàngqiú baseball

- 12 画
- 合体字
- 木部
- 5-6年级

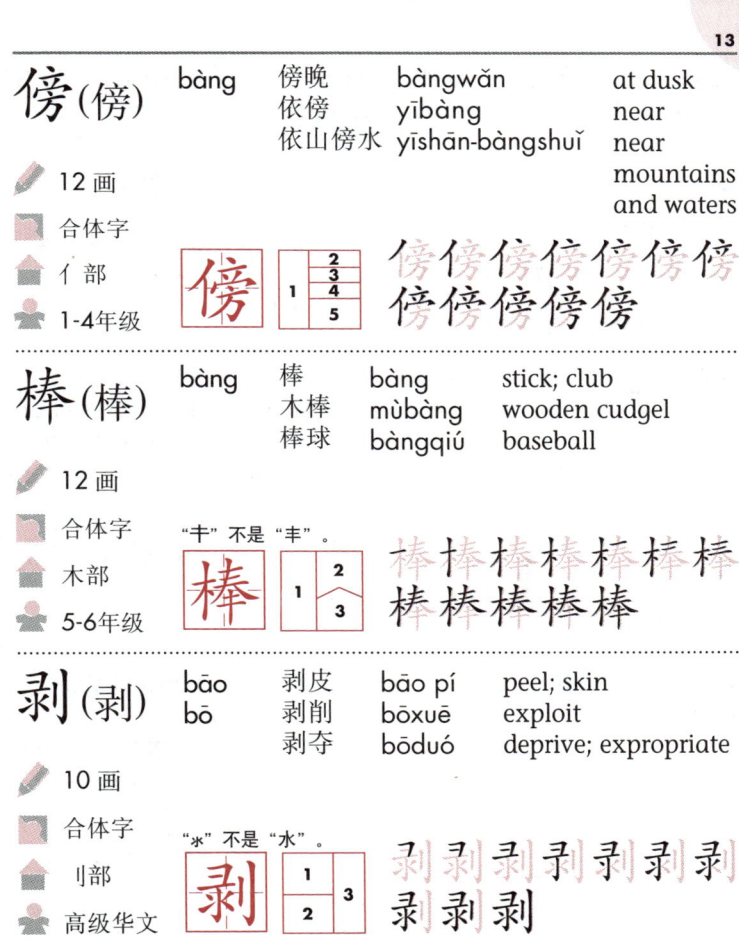

"丰" 不是 "丰"。

剥(剥) bāo 剥皮 bāo pí peel; skin
 bō 剥削 bōxuē exploit
 剥夺 bōduó deprive; expropriate

- 10 画
- 合体字
- 刂部
- 高级华文

"氺" 不是 "水"。

包(包) bāo 包 bāo wrap; bundle; package
 包含 bāohán contain; embody
 书包 shūbāo satchel; school bag

- 5 画
- 合体字
- 勹部
- 1-4年级

胞 (胞) bāo

- 9 画
- 合体字
- 月部
- 5-6年级

胞兄	bāoxiōng	blood brothers
同胞	tóngbāo	born of the same parents; compatriot
双胞胎	shuāngbāotāi	twins

胞胞胞胞胞胞胞胞

薄 (薄) báo / bó / bò

- 16 画
- 合体字
- 艹部
- 1-4年级

薄纸	báo zhǐ	thin paper
薄利多销	bólìduōxiāo	small profits but quick turnover
薄荷糖	bòhetáng	peppermint drops

薄薄薄薄薄薄薄薄薄薄薄薄薄薄薄薄

宝 (宝) bǎo

- 8 画
- 合体字
- 宀部
- 1-4年级

宝贝	bǎobèi	treasured object; baby
宝贵	bǎoguì	valuable; precious
传家宝	chuánjiābǎo	family heirloom

宝宝宝宝宝宝宝宝

饱 (饱) bǎo

- 8 画
- 合体字
- 饣(食)部
- 1-4年级

饱	bǎo	full (from eating)
饱满	bǎomǎn	plump
饱读诗书	bǎodúshīshū	learned; erudite

饱饱饱饱饱饱饱饱

保(保) bǎo

保护	bǎohù	protect; safeguard
保存	bǎocún	preserve; keep
担保	dānbǎo	assure; guarantee

- 9 画
- 合体字
- 亻部
- 1-4年级

保保保保保保保保保

爆(爆) bào

爆	bào	burst; quick-fry
爆炸	bàozhà	explode; blow up
引爆	yǐnbào	ignite; detonate

- 19 画
- 合体字
- 火部
- 高级华文

"氺"不是"小"。

爆爆爆爆爆爆爆爆爆爆爆爆爆爆爆爆爆爆爆

抱(抱) bào

抱	bào	carry in the arms
抱怨	bàoyuàn	complain; grumble
拥抱	yōngbào	embrace; hug

- 8 画
- 合体字
- 扌部
- 1-4年级

抱抱抱抱抱抱抱抱

报(报) bào

报纸	bàozhǐ	newspaper
报名	bàomíng	enter one's name for; sign up
画报	huàbào	pictorial

- 7 画
- 合体字
- 扌部
- 1-4年级

"𠬝"不是"及"。

报报报报报报报

豹(豹)	bào	豹子	bàozi	panther; puma
		雪豹	xuěbào	snow leopard
		金钱豹	jīnqiánbào	leopard

- 10 画
- 合体字
- 豸部
- 5-6年级

豹豹豹豹豹豹豹豹豹

暴(暴)	bào	暴行	bàoxíng	savage act; atrocity
		暴露	bàolù	expose; reveal
		粗暴	cūbào	rude; brutal

- 15 画
- 合体字
- 日部
- 5-6年级

"氺"不是"小"。

暴暴暴暴暴暴暴暴暴暴暴暴暴暴暴

杯(杯)	bēi	杯子	bēizi	cup; glass
		酒杯	jiǔbēi	wine glass
		奖杯	jiǎngbēi	cup (as a prize)

- 8 画
- 合体字
- 木部
- 1-4年级

杯杯杯杯杯杯杯杯

背(背)	bēi	背带	bēidài	braces; suspenders
	bèi	背	bèi	the back of the body; the back of an object
		背诵	bèisòng	repeat from memory; recite

- 9 画
- 合体字
- 月部
- 1-4年级

背背背背背背背背背

17

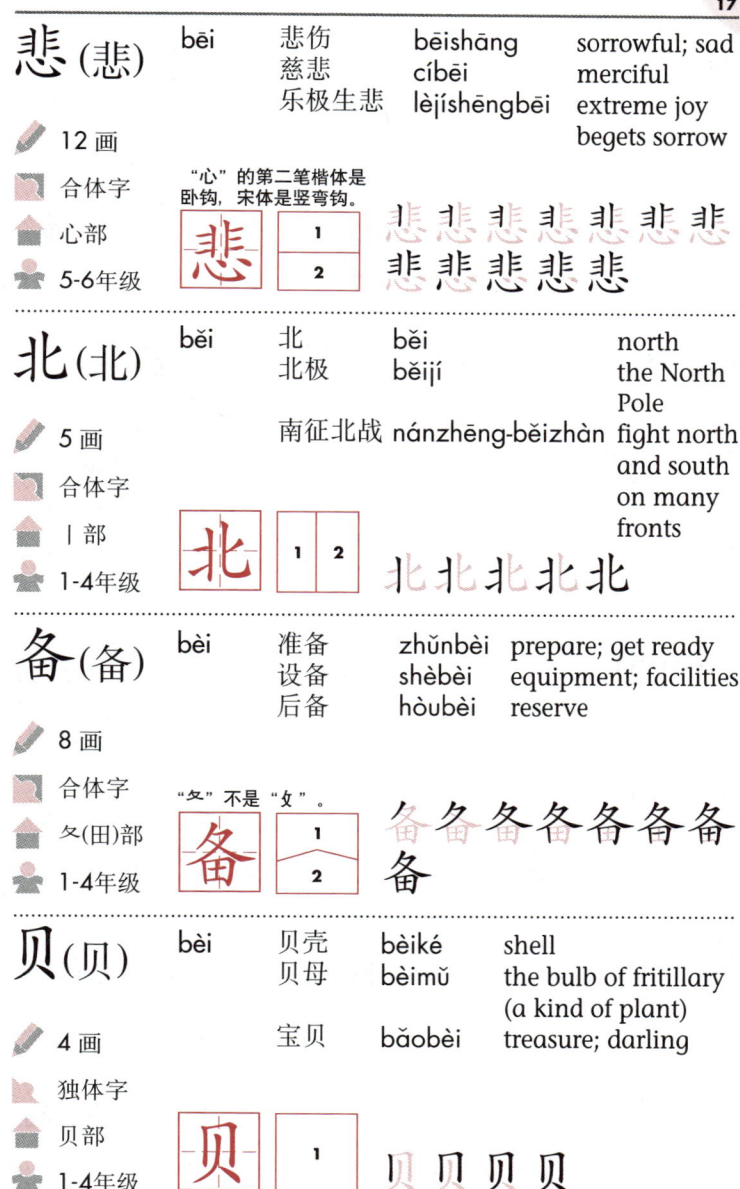

悲 (悲)

bēi

悲伤	bēishāng	sorrowful; sad
慈悲	cíbēi	merciful
乐极生悲	lèjíshēngbēi	extreme joy begets sorrow

- 12 画
- 合体字
- 心部
- 5-6年级

"心"的第二笔楷体是卧钩，宋体是竖弯钩。

悲 悲 悲 悲 悲 悲 悲 悲 悲 悲 悲 悲

北 (北)

běi

北	běi	north
北极	běijí	the North Pole
南征北战	nánzhēng-běizhàn	fight north and south on many fronts

- 5 画
- 合体字
- 丨部
- 1-4年级

北 北 北 北 北

备 (备)

bèi

准备	zhǔnbèi	prepare; get ready
设备	shèbèi	equipment; facilities
后备	hòubèi	reserve

- 8 画
- 合体字
- 夂(田)部
- 1-4年级

"夂"不是"夂"。

备 备 备 备 备 备 备 备

贝 (贝)

bèi

贝壳	bèiké	shell
贝母	bèimǔ	the bulb of fritillary (a kind of plant)
宝贝	bǎobèi	treasure; darling

- 4 画
- 独体字
- 贝部
- 1-4年级

贝 贝 贝 贝

被 (被) bèi

被选	bèi xuǎn	be elected
被子	bèizi	quilt
毛巾被	máojīnbèi	towelling coverlet

- 10 画
- 合体字
- 衤 部
- 1-4年级

"衤" 不是 "礻"。

倍 (倍) bèi

倍数	bèishù	multiple
加倍	jiābèi	double
事半功倍	shìbàn-gōngbèi	get twice the result with half the effort

- 10 画
- 合体字
- 亻 部
- 5-6年级

辈 (辈) bèi

| 长辈 | zhǎngbèi | senior |
| 人才辈出 | réncáibèichū | people of talent coming forth in large numbers |

- 12 画
- 合体字
- 车部
- 5-6年级

奔 (奔) bēn

奔跑	bēnpǎo	run
奔放	bēnfàng	bold; untrammelled
飞奔	fēibēn	dash; run at full speed

- 8 画
- 合体字
- 大部
- 5-6年级

本(本)	běn	根本	gēnběn	essential; fundamental
		课本	kèběn	textbook
		本质	běnzhì	essence; nature

- 5 画
- 独体字
- 一(木)部
- 1-4年级

本本木木本

笨(笨)	bèn	笨	bèn	silly; slow-witted
		笨重	bènzhòng	cumbersome; clumsy
		愚笨	yúbèn	foolish; stupid

- 11 画
- 合体字
- 竹(⺮)部
- 1-4年级

笨笨笨笨笨笨笨笨笨笨笨

崩(崩)	bēng	崩溃	bēngkuì	collapse; fall apart
		雪崩	xuě bēng	snowslide; avalanche
		土崩瓦解	tǔbēng-wǎjiě	disintegrate; crumble

- 11 画
- 合体字
- 山部
- 高级华文

崩崩崩崩崩崩崩崩崩崩

逼(逼)	bī	逼	bī	force; compel
		逼迫	bīpò	coerce; threaten
		威逼	wēibī	intimidate; threaten by force

- 12 画
- 合体字
- 辶部
- 高级华文

"辶"楷体比宋体多一个弯曲。

逼逼逼逼逼逼逼逼逼逼逼逼

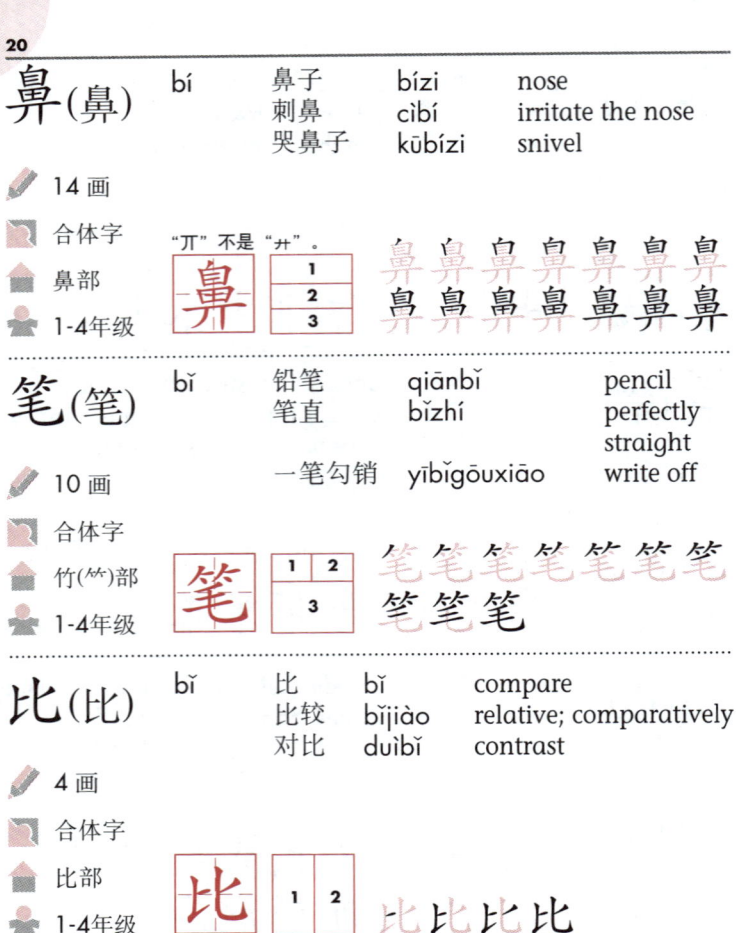

鼻(鼻)

bí

鼻子	bízi	nose
刺鼻	cìbí	irritate the nose
哭鼻子	kūbízi	snivel

- 14 画
- 合体字
- 鼻部
- 1-4年级

"丌" 不是 "卝"。

鼻 鼻 鼻 鼻 鼻 鼻 鼻 鼻 鼻 鼻 鼻 鼻 鼻 鼻

笔(笔)

bǐ

铅笔	qiānbǐ	pencil
笔直	bǐzhí	perfectly straight
一笔勾销	yībǐgōuxiāo	write off

- 10 画
- 合体字
- 竹(⺮)部
- 1-4年级

笔 笔 笔 笔 笔 笔 笔 笔 笔 笔

比(比)

bǐ

比	bǐ	compare
比较	bǐjiào	relative; comparatively
对比	duìbǐ	contrast

- 4 画
- 合体字
- 比部
- 1-4年级

比 比 比 比

必(必)

bì

必须	bìxū	must; have to
何必	hébì	there is no need; why
分秒必争	fēnmiǎobìzhēng	every second counts

- 5 画
- 独体字
- 心(丶)部
- 1-4年级

必 必 必 必 必

壁 (壁)

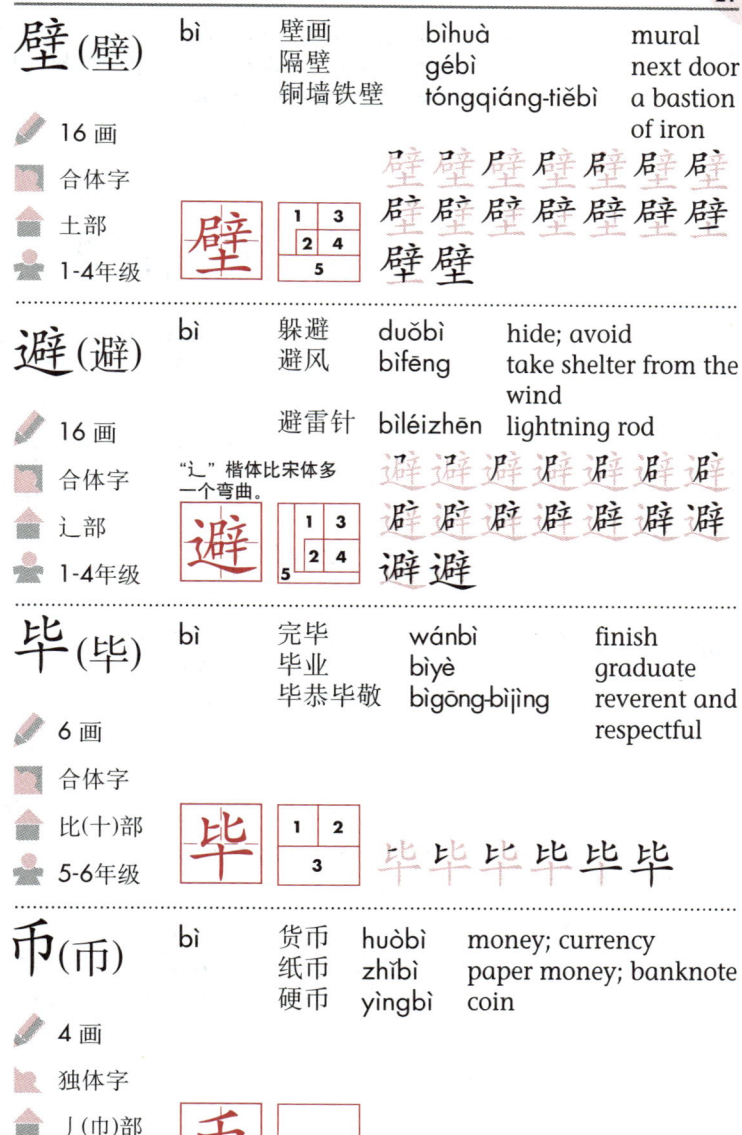

bì

壁画	bìhuà	mural
隔壁	gébì	next door
铜墙铁壁	tóngqiáng-tiěbì	a bastion of iron

- 16 画
- 合体字
- 土部
- 1-4年级

避 (避)

bì

躲避	duǒbì	hide; avoid
避风	bìfēng	take shelter from the wind
避雷针	bìléizhēn	lightning rod

- 16 画
- 合体字
- 辶部
- 1-4年级

"辶"楷体比宋体多一个弯曲。

毕 (畢)

bì

完毕	wánbì	finish
毕业	bìyè	graduate
毕恭毕敬	bìgōng-bìjìng	reverent and respectful

- 6 画
- 合体字
- 比(十)部
- 5-6年级

币 (幣)

bì

货币	huòbì	money; currency
纸币	zhǐbì	paper money; banknote
硬币	yìngbì	coin

- 4 画
- 独体字
- 丿(巾)部
- 5-6年级

闭(闭)

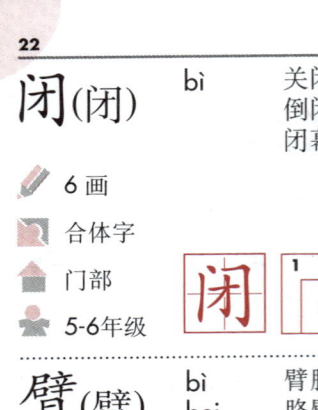

bì

关闭	guānbì	close; shut
倒闭	dǎobì	close down; go bankrupt
闭幕	bìmù	lower the curtain; conclude

- 6 画
- 合体字
- 门部
- 5-6年级

闭闭闭闭闭闭

臂(臂)

bì
bei

| 臂膀 | bìbǎng | upper arm |
| 胳臂 | gēbei | arm |

- 17 画
- 合体字
- 月部
- 5-6年级

臂臂臂

鞭(鞭)

biān

鞭子	biānzi	whip; lash
鞭刑	biānxíng	caning
马鞭	mǎbiān	horsewhip

- 18 画
- 合体字
- 革部
- 高级华文

鞭鞭鞭鞭

边(边)

biān

旁边	pángbiān	side
江边	jiāngbiān	river bank
边界	biānjiè	boundary; border

- 5 画
- 合体字
- 辶部
- 1-4年级

"辶" 楷体比宋体多一个弯曲。

边边边边边

23

编 (编)

biān

编号	biānhào	number
编造	biānzào	compile; concoct
新编	xīnbiān	new version; new edition

- 12 画
- 合体字
- 纟(糸)部
- 5-6年级

扁 (扁)

biǎn

| 扁 | biǎn | flat |
| 扁担 | biǎndan | carrying pole; shoulder pole |

piān

| 扁舟 | piānzhōu | small boat; skiff |

- 9 画
- 合体字
- 户部
- 高级华文

辩 (辩)

biàn

辩论	biànlùn	debate; argue
辩护	biànhù	defend; plead
争辩	zhēngbiàn	contend; wrangle

- 16 画
- 合体字
- "讠" 不是 "辛"。
- 辛(讠)部
- 高级华文

便 (便)

biàn

| 方便 | fāngbiàn | convenient |
| 大便 | dàbiàn | defecate; shit |

pián

| 便宜 | piányi | cheap; inexpensive |

- 9 画
- 合体字
- 亻部
- 1-4年级

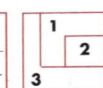

变 (变)

biàn

变	biàn	change; become
变动	biàndòng	change; alternation
演变	yǎnbiàn	develop; evolve

- 8 画
- 合体字
- 亠部
- 1-4年级

"亦"不是"亦"。
"亦"第五笔楷体是点，宋体是撇。

遍 (遍)

biàn

遍地	biàndì	everywhere; all over
遍布	biànbù	be found everywhere; spread all over
普遍	pǔbiàn	common; general

- 12 画
- 合体字
- 辶部
- 1-4年级

"辶"楷体比宋体多一个弯曲。

辨 (辨)

biàn

辨别	biànbié	distinguish; discriminate
辨认	biànrèn	identify; recognise
分辨	fēnbiàn	differentiate; tell apart

- 16 画
- 合体字
- 辛(辛)部
- 5-6年级

"丨"不是"刂"。

标 (标)

biāo

标记	biāojì	sign; mark
标准	biāozhǔn	standard; criterion
目标	mùbiāo	goal; aim

- 9 画
- 合体字
- 木部
- 1-4年级

"小"第二笔楷体是点，宋体是撇。

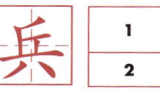

| 表(表) | biǎo | 表格
表演
手表 | biǎogé
biǎoyǎn
shǒubiǎo | form; table
perform; act
wristwatch |

- 8 画
- 合体字
- 一部
- 1-4年级

表表表表表表表表

| 别(别) | bié
biè | 分别
别处
别扭 | fēnbié
biéchù
bièniu | part; differentiate
elsewhere
awkward;
uncomfortable |

- 7 画
- 合体字
- 刂部
- 1-4年级

"力"不是"刀"。

别别别别别别别

| 宾(宾) | bīn | 宾客
宾馆
来宾 | bīnkè
bīnguǎn
láibīn | guest; visitor
guesthouse
guest; visitor |

- 10 画
- 合体字
- 宀部
- 5-6年级

宾宾宾宾宾宾宾宾宾宾

| 兵(兵) | bīng | 兵器
士兵
练兵 | bīngqì
shìbīng
liàn bīng | weapon; arms
soldier; private
troop training |

- 7 画
- 合体字
- 丿(八)部
- 1-4年级

兵兵兵兵兵兵兵

冰 (冰)

bīng

冰	bīng	ice
冰箱	bīngxiāng	icebox; refrigerator
溜冰	liū bīng	skating

- 6 画
- 合体字
- 冫部
- 1-4年级

柄 (柄)

bǐng

刀柄	dāo bǐng	the handle of a knife
把柄	bǎbǐng	handle
话柄	huàbǐng	subject for ridicule

- 9 画
- 合体字
- 木部
- 高级华文

饼 (饼)

bǐng

饼干	bǐnggān	biscuit; cracker
肉饼	ròubǐng	meat pie
月饼	yuèbǐng	moon cake

- 9 画
- 合体字
- 饣(食)部
- 1-4年级

丙 (丙)

bǐng

甲乙丙丁	jiǎ yǐ bǐng dīng	A, B, C and D; first, second, third and fourth

- 5 画
- 独体字
- 一部
- 1-4年级

病 (病)

bìng

病人	bìngrén	patient
疾病	jíbìng	disease
治病救人	zhìbìngjiùrén	cure a patient of a disease

- 10 画
- 合体字
- 疒部
- 1-4年级

病病病病病病病病病病

并 (并)

bìng

并且	bìngqiě	moreover; furthermore
合并	hébìng	merge; amalgamate
并肩	bìngjiān	shoulder to shoulder; side by side

- 6 画
- 合体字
- 八(ʻʻ)部
- 1-4年级

并并并并并并

玻 (玻)

bō

玻璃	bōlí	glass
玻璃纸	bōlizhǐ	cellophane
毛玻璃	máobōlí	frosted glass

- 9 画
- 合体字
- 王部
- 1-4年级

玻玻玻玻玻玻玻玻玻

波 (波)

bō

波浪	bōlàng	wave
风波	fēngbō	disturbance; incident
短波	duǎnbō	short-wave

- 8 画
- 合体字
- 氵部
- 1-4年级

波波波波波波波波

播(播)

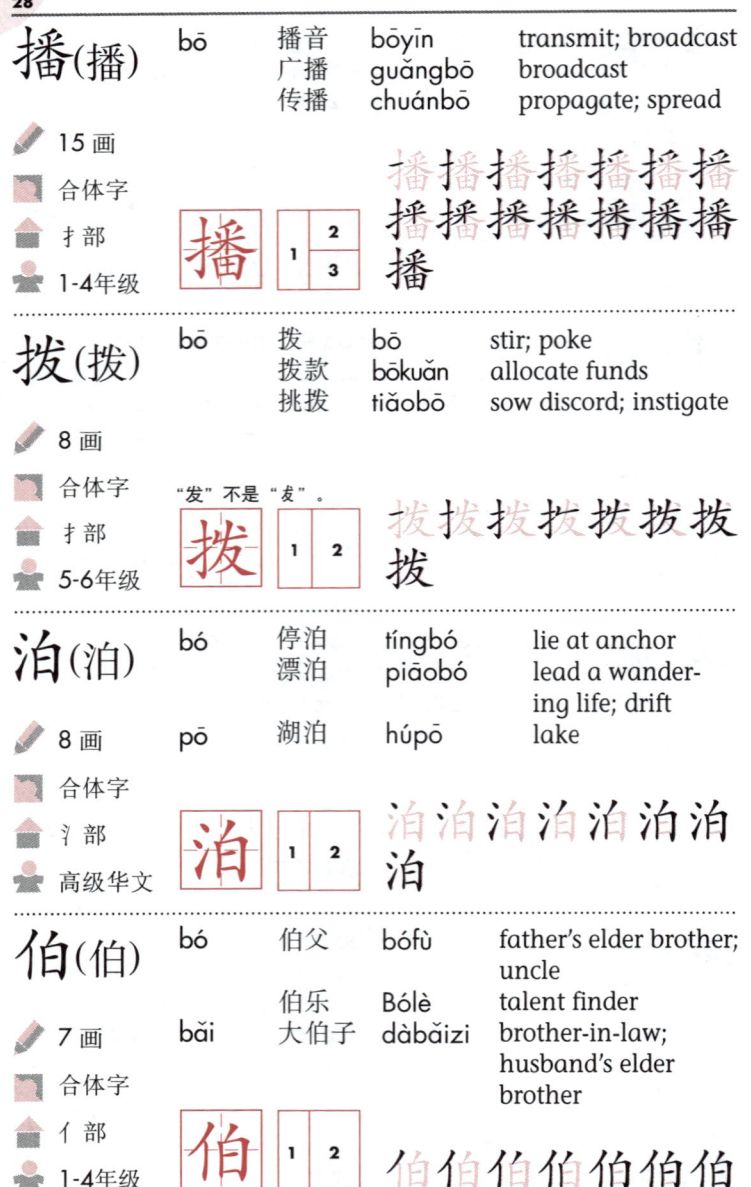

bō

播音	bōyīn	transmit; broadcast
广播	guǎngbō	broadcast
传播	chuánbō	propagate; spread

- 15 画
- 合体字
- 扌部
- 1-4年级

拨(拨)

bō

拨	bō	stir; poke
拨款	bōkuǎn	allocate funds
挑拨	tiǎobō	sow discord; instigate

- 8 画
- 合体字
- "发"不是"友"。
- 扌部
- 5-6年级

泊(泊)

bó

| 停泊 | tíngbó | lie at anchor |
| 漂泊 | piāobó | lead a wandering life; drift |

pō

| 湖泊 | húpō | lake |

- 8 画
- 合体字
- 氵部
- 高级华文

伯(伯)

bó

| 伯父 | bófù | father's elder brother; uncle |

bǎi

| 伯乐 | Bólè | talent finder |
| 大伯子 | dàbǎizi | brother-in-law; husband's elder brother |

- 7 画
- 合体字
- 亻部
- 1-4年级

博 (博)

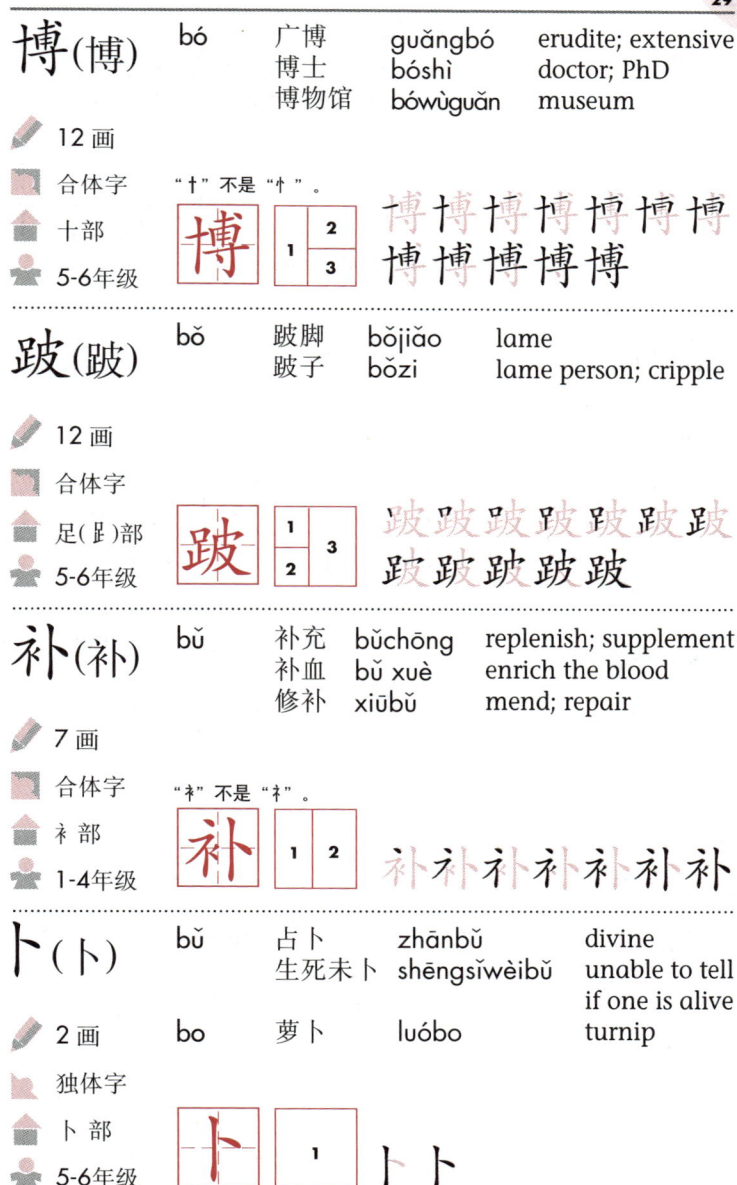

bó

广博	guǎngbó	erudite; extensive
博士	bóshì	doctor; PhD
博物馆	bówùguǎn	museum

- 12 画
- 合体字
- 十 部
- 5-6年级

"十" 不是 "忄"。

博博博博博博博博博博博博

跛 (跛)

bǒ

跛脚	bǒjiǎo	lame
跛子	bǒzi	lame person; cripple

- 12 画
- 合体字
- 足(⻊)部
- 5-6年级

跛跛跛跛跛跛跛跛跛跛跛跛

补 (補)

bǔ

补充	bǔchōng	replenish; supplement
补血	bǔ xuè	enrich the blood
修补	xiūbǔ	mend; repair

- 7 画
- 合体字
- 衤 部
- 1-4年级

"衤" 不是 "礻"。

补补补补补补补

卜 (卜)

bǔ

占卜	zhānbǔ	divine
生死未卜	shēngsǐwèibǔ	unable to tell if one is alive

bo

| 萝卜 | luóbo | turnip |

- 2 画
- 独体字
- 卜 部
- 5-6年级

卜卜

捕 (捕) bǔ

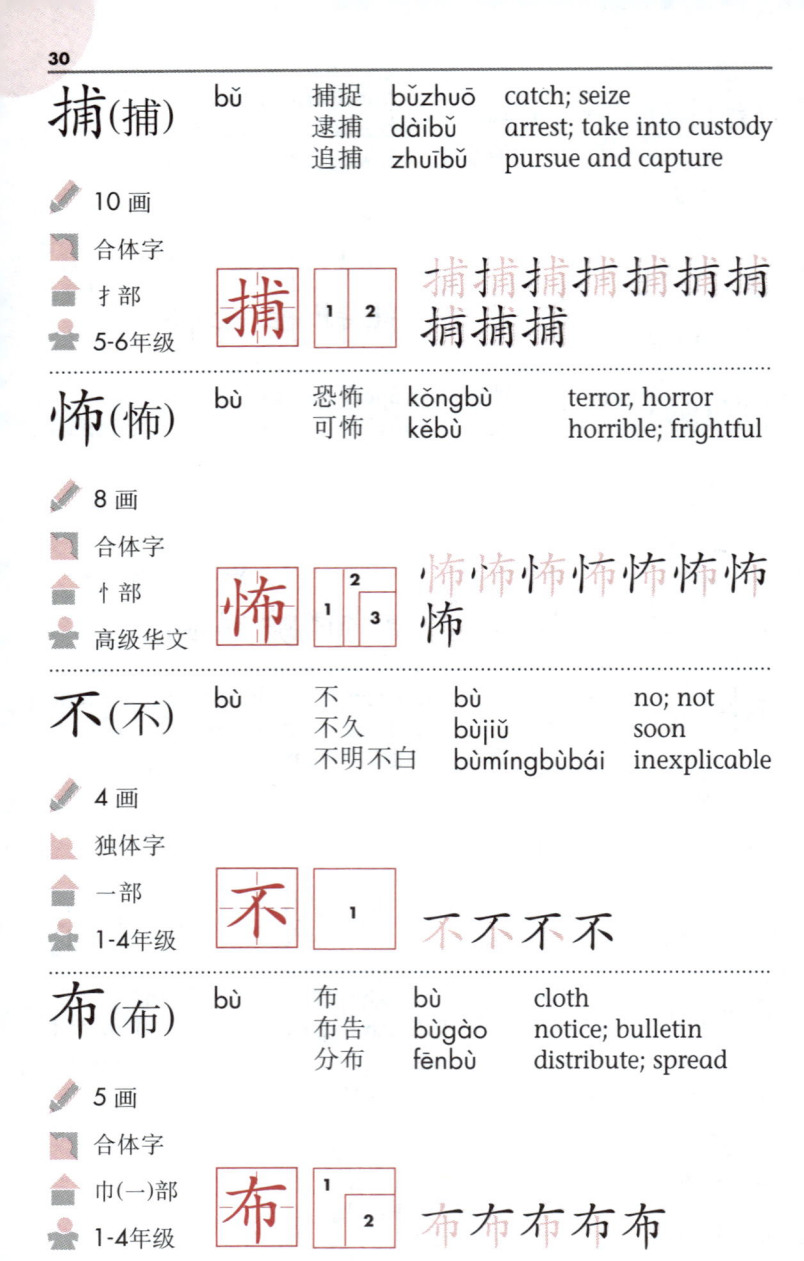

捕捉	bǔzhuō	catch; seize
逮捕	dàibǔ	arrest; take into custody
追捕	zhuībǔ	pursue and capture

- 10 画
- 合体字
- 扌部
- 5-6年级

捕捕捕捕捕捕捕捕捕捕

怖 (怖) bù

| 恐怖 | kǒngbù | terror, horror |
| 可怖 | kěbù | horrible; frightful |

- 8 画
- 合体字
- 忄部
- 高级华文

怖怖怖怖怖怖怖怖

不 (不) bù

不	bù	no; not
不久	bùjiǔ	soon
不明不白	bùmíngbùbái	inexplicable

- 4 画
- 独体字
- 一部
- 1-4年级

不不不不不

布 (布) bù

布	bù	cloth
布告	bùgào	notice; bulletin
分布	fēnbù	distribute; spread

- 5 画
- 合体字
- 巾(一)部
- 1-4年级

布布布布布布

步 (步)

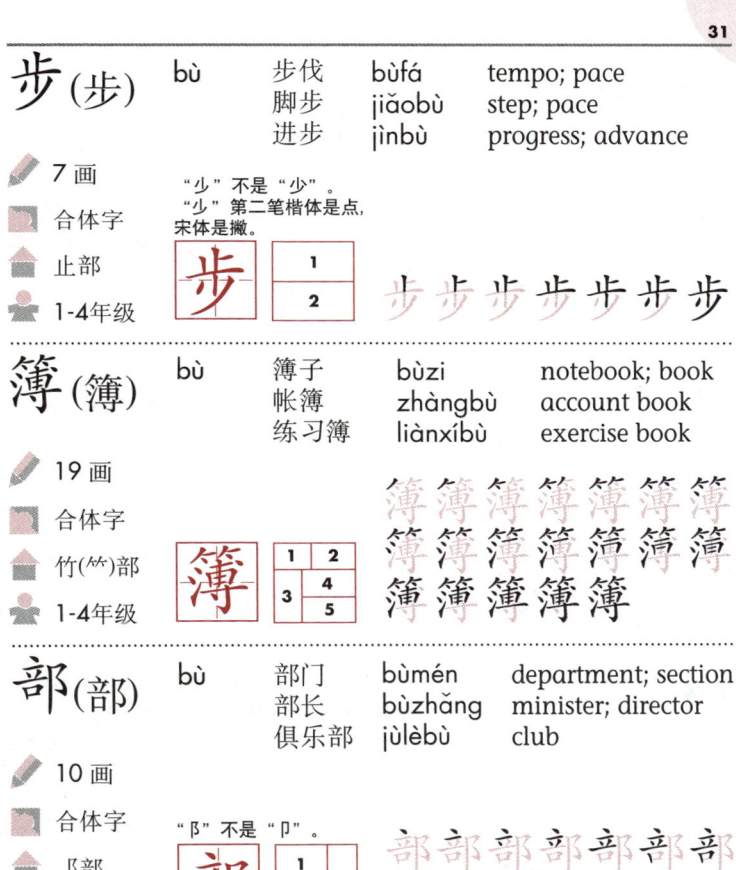

bù

步伐	bùfá	tempo; pace
脚步	jiǎobù	step; pace
进步	jìnbù	progress; advance

- 7 画
- 合体字
- 止部
- 1-4年级

"少"不是"少"。
"少"第二笔楷体是点,宋体是撇。

簿 (簿)

bù

簿子	bùzi	notebook; book
帐簿	zhàngbù	account book
练习簿	liànxíbù	exercise book

- 19 画
- 合体字
- 竹(⺮)部
- 1-4年级

部 (部)

bù

部门	bùmén	department; section
部长	bùzhǎng	minister; director
俱乐部	jùlèbù	club

- 10 画
- 合体字
- 阝部
- 1-4年级

"阝"不是"卩"。

擦 (擦)

cā

| 擦 | cā | wipe; brush |
| 擦板球 | cābǎnqiú | touch ball; edge ball |

- 17 画
- 合体字
- 扌部
- 1-4年级

"⺈"不是"亠"。
"示"第四笔楷体是点,宋体是撇。

猜 (猜) cāi

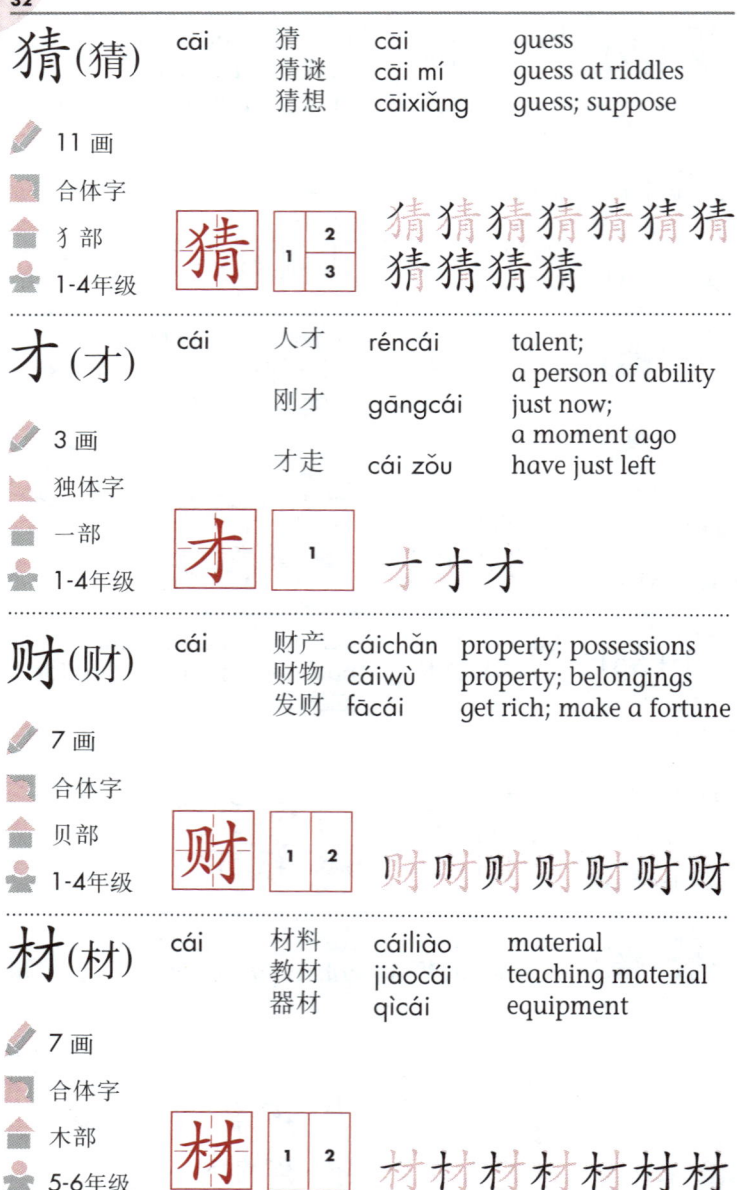

猜	cāi	guess
猜谜	cāi mí	guess at riddles
猜想	cāixiǎng	guess; suppose

- 11 画
- 合体字
- 犭部
- 1-4年级

猜猜猜猜猜猜猜猜猜猜

才 (才) cái

人才	réncái	talent; a person of ability
刚才	gāngcái	just now; a moment ago
才走	cái zǒu	have just left

- 3 画
- 独体字
- 一部
- 1-4年级

才才才

财 (财) cái

财产	cáichǎn	property; possessions
财物	cáiwù	property; belongings
发财	fācái	get rich; make a fortune

- 7 画
- 合体字
- 贝部
- 1-4年级

财财财财财财财

材 (材) cái

材料	cáiliào	material
教材	jiàocái	teaching material
器材	qìcái	equipment

- 7 画
- 合体字
- 木部
- 5-6年级

材材材材材材材

裁 (裁)

cái

裁	cái	cut
裁缝	cáifeng	tailor
体裁	tǐcái	genre; form of literary works

- 12 画
- 合体字
- 衣(戈)部
- 5-6年级

彩 (彩)

cǎi

彩色	cǎisè	colour
云彩	yúncai	cloud
光彩	guāngcǎi	brilliance; splendour

- 11 画
- 合体字
- 彡(龸)部
- 1-4年级

"采" 不是 "采"。

采 (采)

cǎi

采花	cǎi huā	pluck a flower
风采	fēngcǎi	elegance; grace
兴高采烈	xìnggāo-cǎiliè	in high spirits

- 8 画
- 合体字
- 爪(龸)部
- 1-4年级

"采" 不是 "采"。

睬 (睬)

cǎi

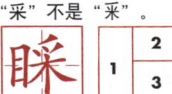

| 睬 | cǎi | give heed to; take notice of |
| 理睬 | lǐcǎi | pay attention to |

- 13 画
- 合体字
- 目部
- 5-6年级

"采" 不是 "采"。

菜 (菜)

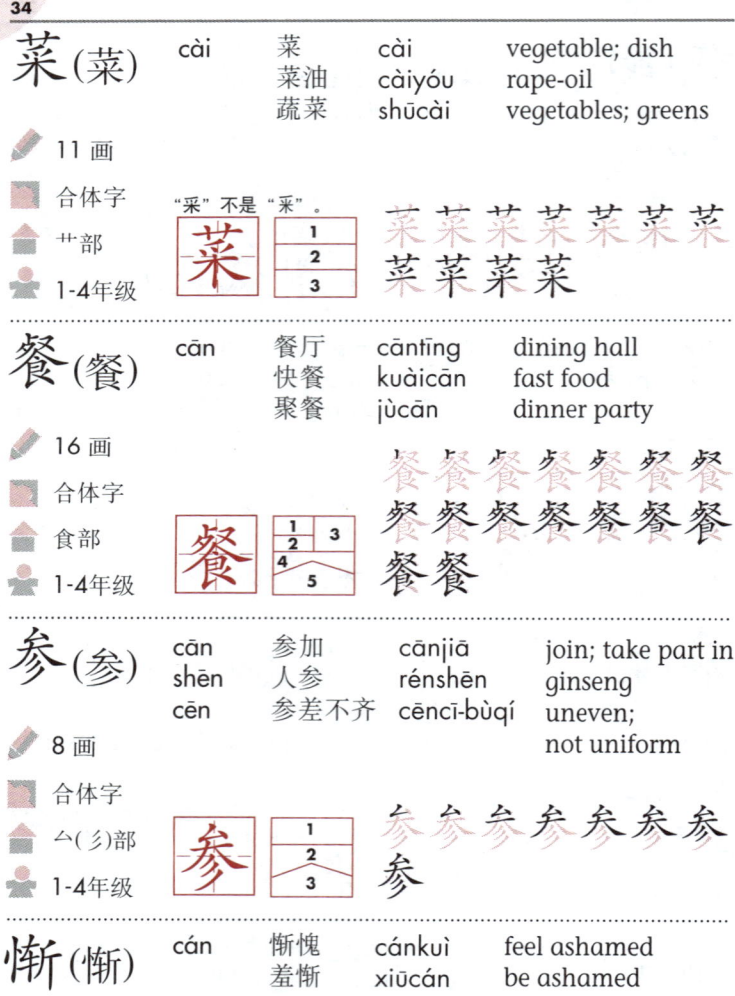

cài

菜	cài	vegetable; dish
菜油	càiyóu	rape-oil
蔬菜	shūcài	vegetables; greens

- 11 画
- 合体字
- 艹部
- 1-4年级

"采" 不是 "采"。

餐 (餐)

cān

餐厅	cāntīng	dining hall
快餐	kuàicān	fast food
聚餐	jùcān	dinner party

- 16 画
- 合体字
- 食部
- 1-4年级

参 (参)

cān
shēn
cēn

参加	cānjiā	join; take part in
人参	rénshēn	ginseng
参差不齐	cēncī-bùqí	uneven; not uniform

- 8 画
- 合体字
- 厶(彡)部
- 1-4年级

惭 (惭)

cán

| 惭愧 | cánkuì | feel ashamed |
| 羞惭 | xiūcán | be ashamed |

- 11 画
- 合体字
- 忄部
- 5-6年级

残 (残)

cán

残废	cánfèi	disabled; maimed
残暴	cánbào	brutal; savage
伤残	shāngcán	disabled in an injury; seriously hurt and not fully recovered

- 9 画
- 合体字
- 歹部
- 5-6年级

惨 (惨)

cǎn

惨痛	cǎntòng	painful; bitter
惨败	cǎnbài	crushing defeat
悲惨	bēicǎn	tragic; miserable

- 11 画
- 合体字
- 忄部
- 5-6年级

灿 (灿)

càn

灿烂	cànlàn	bright; brilliant
光灿灿	guāngcàncàn	glossy; lustrous
金灿灿	jīncàncàn	golden shiny; splendid

- 7 画
- 合体字
- 火部
- 高级华文

苍 (苍)

cāng

苍蝇	cāngying	fly; housefly
苍白	cāngbái	pale; pallid
苍天	cāngtiān	Heaven; the blue sky

- 7 画
- 合体字
- 艹部
- 5-6年级

"巳" 不是 "匕"。

藏 (藏)

cáng　藏　cáng　hide; store up
　　　躲藏　duǒcáng　conceal; hide
zàng　宝藏　bǎozàng　treasure

- 17 画
- 合体字
- 艹 部
- 1-4年级

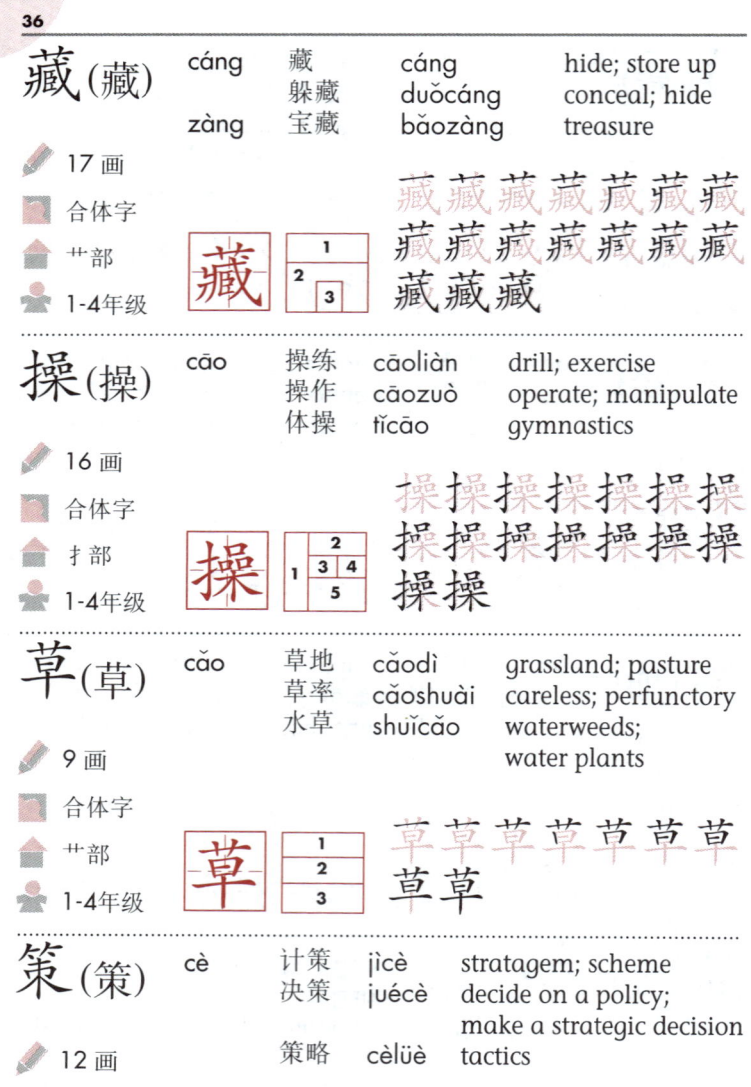

操 (操)

cāo　操练　cāoliàn　drill; exercise
　　　操作　cāozuò　operate; manipulate
　　　体操　tǐcāo　gymnastics

- 16 画
- 合体字
- 扌 部
- 1-4年级

草 (草)

cǎo　草地　cǎodì　grassland; pasture
　　　草率　cǎoshuài　careless; perfunctory
　　　水草　shuǐcǎo　waterweeds; water plants

- 9 画
- 合体字
- 艹 部
- 1-4年级

策 (策)

cè　计策　jìcè　stratagem; scheme
　　决策　juécè　decide on a policy; make a strategic decision
　　策略　cèlüè　tactics

- 12 画
- 合体字
- 竹(⺮) 部
- 高级华文

"朿" 不是 "束"。

测 (測)

cè

测	cè	survey; measure
测验	cèyàn	test; quiz
推测	tuīcè	infer; conjecture

- 9 画
- 合体字
- 氵部
- 1-4年级

厕 (廁)

cè

| 厕所 | cèsuǒ | water closet (W.C.); toilet |
| 公厕 | gōngcè | public toilet |

- 8 画
- 合体字
- 厂部
- 5-6年级

册 (冊)

cè

手册	shǒucè	handbook; manual
画册	huàcè	album of pictures
注册	zhùcè	register

- 5 画
- 独体字
- 丿(一)部
- 5-6年级

层 (層)

céng

层	céng	layer; stratum
层次	céngcì	administrative structure; order
高层	gāocéng	multi-storey; high-level

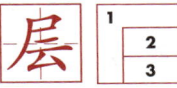

- 7 画
- 合体字
- 尸部
- 1-4年级

曾 (曾)

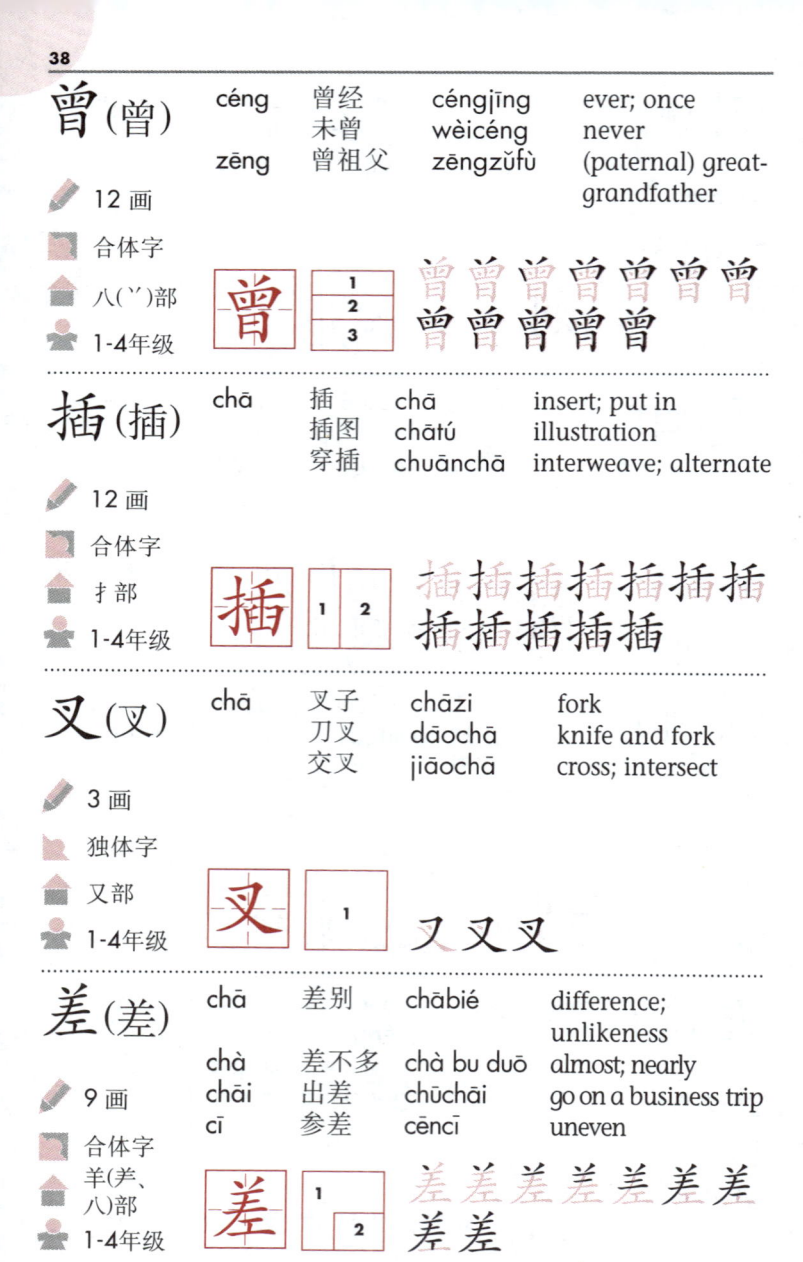

céng	曾经	céngjīng	ever; once
	未曾	wèicéng	never
zēng	曾祖父	zēngzǔfù	(paternal) great-grandfather

- 12 画
- 合体字
- 八(丷)部
- 1-4年级

曾 曾 曾 曾 曾 曾 曾 曾 曾 曾 曾 曾

插 (插)

chā	插	chā	insert; put in
	插图	chātú	illustration
	穿插	chuānchā	interweave; alternate

- 12 画
- 合体字
- 扌部
- 1-4年级

插 插 插 插 插 插 插 插 插 插 插 插

叉 (叉)

chā	叉子	chāzi	fork
	刀叉	dāochā	knife and fork
	交叉	jiāochā	cross; intersect

- 3 画
- 独体字
- 又部
- 1-4年级

叉 叉 叉

差 (差)

chā	差别	chābié	difference; unlikeness
chà	差不多	chà bu duō	almost; nearly
chāi	出差	chūchāi	go on a business trip
cī	参差	cēncī	uneven

- 9 画
- 合体字
- 羊(𦍌、八)部
- 1-4年级

差 差 差 差 差 差 差 差 差

搽 (搽)

chá	搽	chá	apply; rub
	搽药	chá yào	apply ointment to; rub ointment on

- 12 画
- 合体字
- 扌部
- 高级华文

"朩" 不是 "木"。
"朩" 第三笔楷体是点，宋体是撇。

茶 (茶)

chá	茶馆	cháguǎn	teahouse
	茶花	cháhuā	camellia
	奶茶	nǎichá	tea with milk

- 9 画
- 合体字
- 艹部
- 1-4年级

"朩" 不是 "木"。
"朩" 第三笔楷体是点，宋体是撇。

察 (察)

chá	察看	chákàn	inspect; look over
	警察	jǐngchá	police; policeman
	观察	guānchá	observe

- 14 画
- 合体字
- 宀部
- 1-4年级

"癶" 不是 "癶"。
"小" 第二笔楷体是点，宋体是撇。

查 (查)

chá	查	chá	check; examine
	调查	diàochá	look into; investigate
zhā	查(姓氏)	Zhā	Zha (a Chinese surname)

- 9 画
- 合体字
- 木部
- 1-4年级

拆(拆)

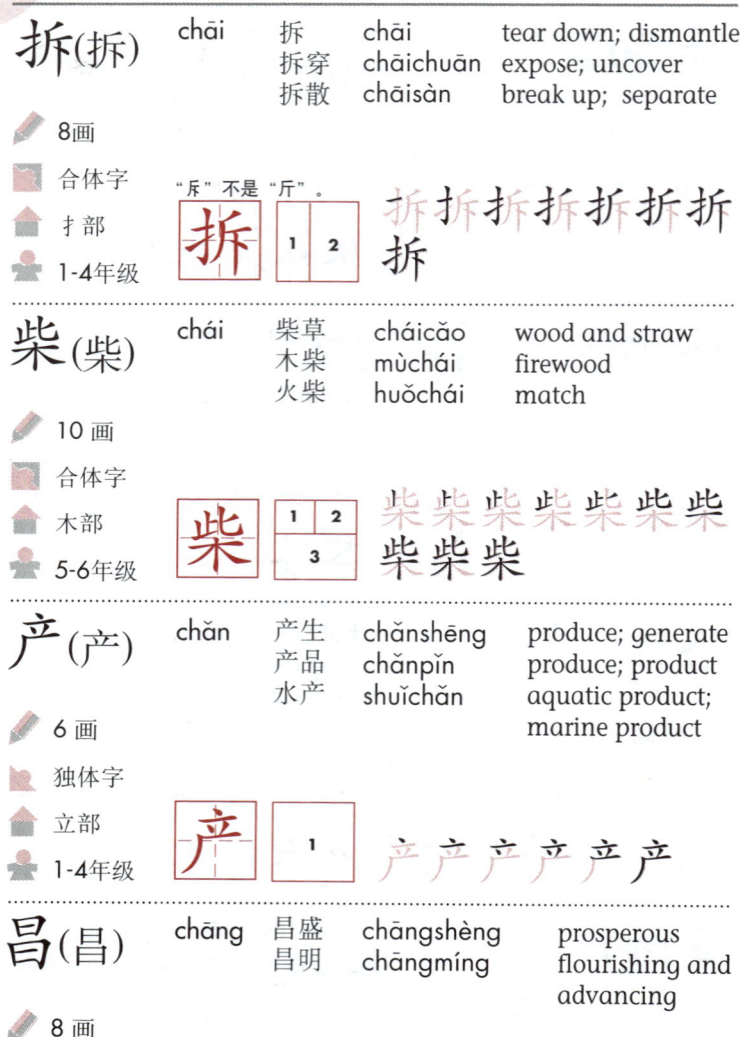

chāi

拆	chāi	tear down; dismantle
拆穿	chāichuān	expose; uncover
拆散	chāisàn	break up; separate

- 8画
- 合体字
- 扌部
- 1-4年级

"斥"不是"斤"。

拆 | 1 | 2

拆 拆 拆 拆 拆 拆 拆

柴(柴)

chái

柴草	cháicǎo	wood and straw
木柴	mùchái	firewood
火柴	huǒchái	match

- 10 画
- 合体字
- 木部
- 5-6年级

柴 | 1 | 2 | 3

柴 柴 柴 柴 柴 柴 柴 柴 柴 柴

产(产)

chǎn

产生	chǎnshēng	produce; generate
产品	chǎnpǐn	produce; product
水产	shuǐchǎn	aquatic product; marine product

- 6 画
- 独体字
- 立部
- 1-4年级

产 | 1

产 产 产 产 立 产

昌(昌)

chāng

| 昌盛 | chāngshèng | prosperous |
| 昌明 | chāngmíng | flourishing and advancing |

- 8画
- 合体字
- 日部
- 高级华文

昌 | 1 | 2

昌 昌 昌 昌 昌 昌 昌 昌

长 (长)

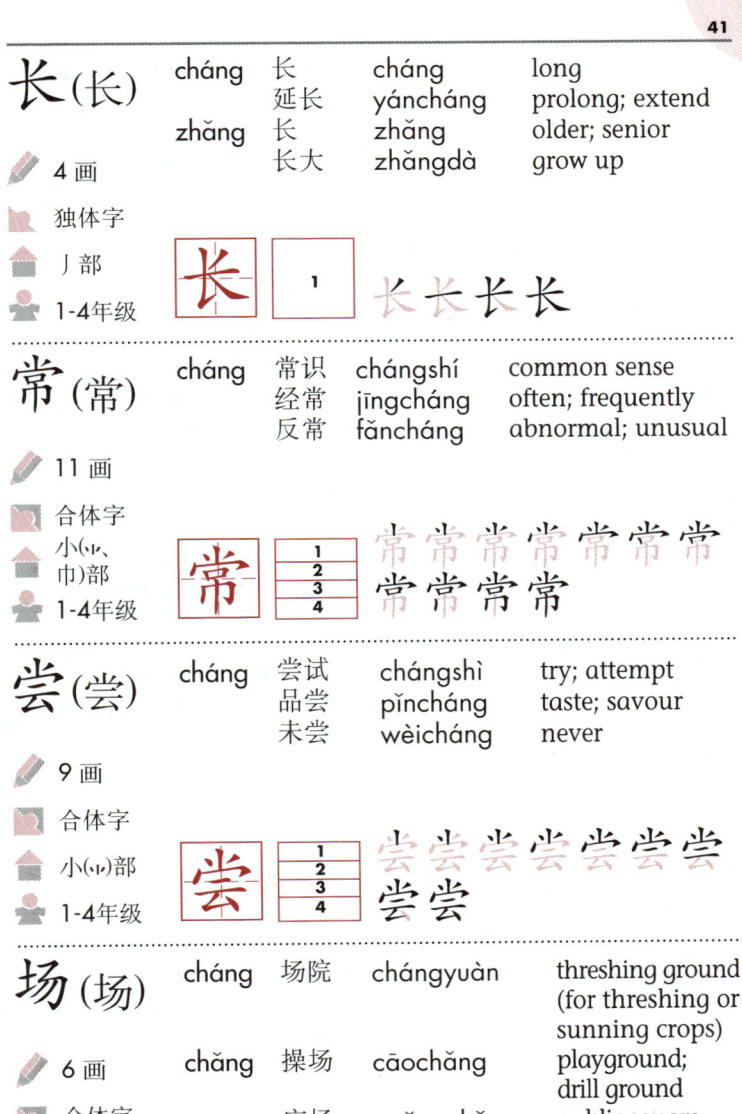

	cháng	长	cháng	long
		延长	yáncháng	prolong; extend
	zhǎng	长	zhǎng	older; senior
		长大	zhǎngdà	grow up

- 4 画
- 独体字
- 丿部
- 1-4年级

长 长 长 长 长

常 (常)

	cháng	常识	chángshí	common sense
		经常	jīngcháng	often; frequently
		反常	fǎncháng	abnormal; unusual

- 11 画
- 合体字
- 小(⺌、巾)部
- 1-4年级

常 常 常 常 常 常 常 常 常 常 常

尝 (尝)

	cháng	尝试	chángshì	try; attempt
		品尝	pǐncháng	taste; savour
		未尝	wèicháng	never

- 9 画
- 合体字
- 小(⺌)部
- 1-4年级

尝 尝 尝 尝 尝 尝 尝 尝 尝

场 (场)

	cháng	场院	chángyuàn	threshing ground (for threshing or sunning crops)
	chǎng	操场	cāochǎng	playground; drill ground
		广场	guǎngchǎng	public square

- 6 画
- 合体字
- 土部
- 1-4年级

场 场 场 场 场 场

偿 (償)

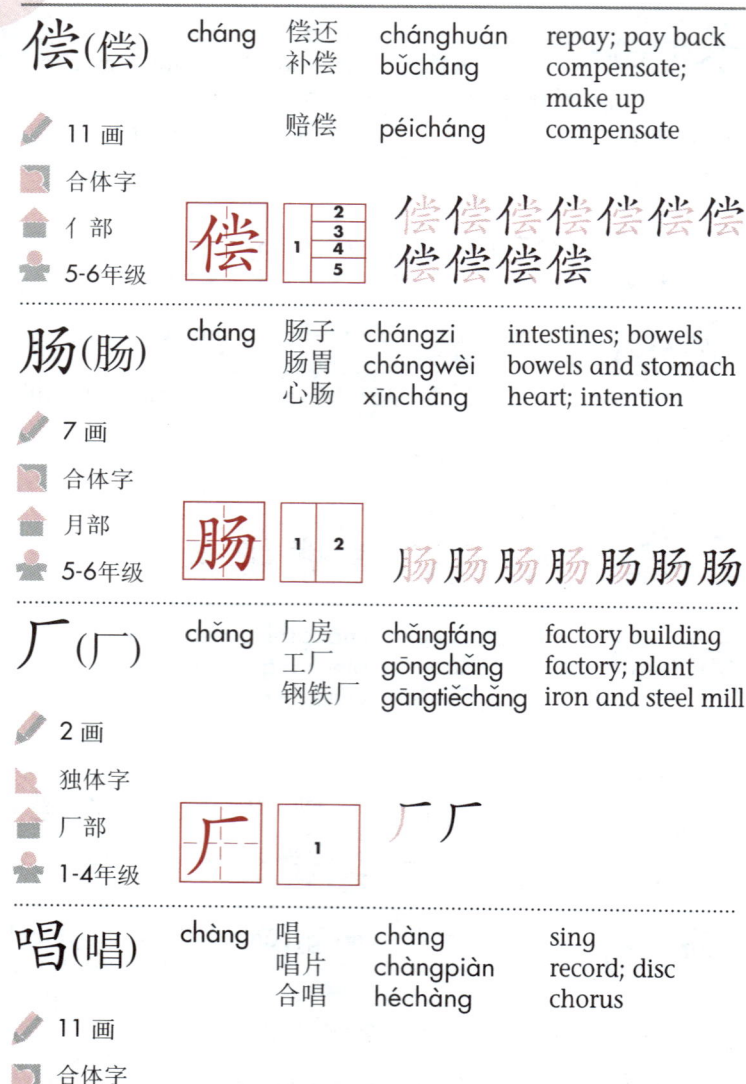

cháng

偿还	chánghuán	repay; pay back
补偿	bǔcháng	compensate; make up
赔偿	péicháng	compensate

- 11 画
- 合体字
- 亻部
- 5-6年级

偿偿偿偿偿偿偿偿偿偿偿

肠 (腸)

cháng

肠子	chángzi	intestines; bowels
肠胃	chángwèi	bowels and stomach
心肠	xīncháng	heart; intention

- 7 画
- 合体字
- 月部
- 5-6年级

肠肠肠肠肠肠肠

厂 (厂)

chǎng

厂房	chǎngfáng	factory building
工厂	gōngchǎng	factory; plant
钢铁厂	gāngtiěchǎng	iron and steel mill

- 2 画
- 独体字
- 厂部
- 1-4年级

厂厂

唱 (唱)

chàng

唱	chàng	sing
唱片	chàngpiàn	record; disc
合唱	héchàng	chorus

- 11 画
- 合体字
- 口部
- 1-4年级

唱唱唱唱唱唱唱唱唱唱唱

抄 (抄)

chāo	抄	chāo	copy
	抄身	chāoshēn	search a person
	摘抄	zhāichāo	extract; excerpt

- 7 画
- 合体字
- 扌部
- 1-4年级

"少"第二笔楷体是点，宋体是撇。

抄抄抄抄抄抄抄

钞 (钞)

| chāo | 钞票 | chāopiào | banknote; bill |
| | 现钞 | xiànchāo | cash |

- 9 画
- 合体字
- 钅(金)部
- 5-6年级

"少"第二笔楷体是点，宋体是撇。

钞钞钞钞钞钞钞钞钞

超 (超)

chāo	超出	chāochū	overstep; exceed
	超等	chāoděng	superior grade
	高超	gāochāo	superb; excellent

- 12 画
- 合体字
- 走部
- 5-6年级

超超超超超超超超超超超超

朝 (朝)

cháo	朝	cháo	face; towards
	朝代	cháodài	dynasty
zhāo	朝气	zhāoqì	vigour; vitality

- 12 画
- 合体字
- 月部
- 5-6年级

朝朝朝朝朝朝朝朝朝朝朝朝

潮 (潮)

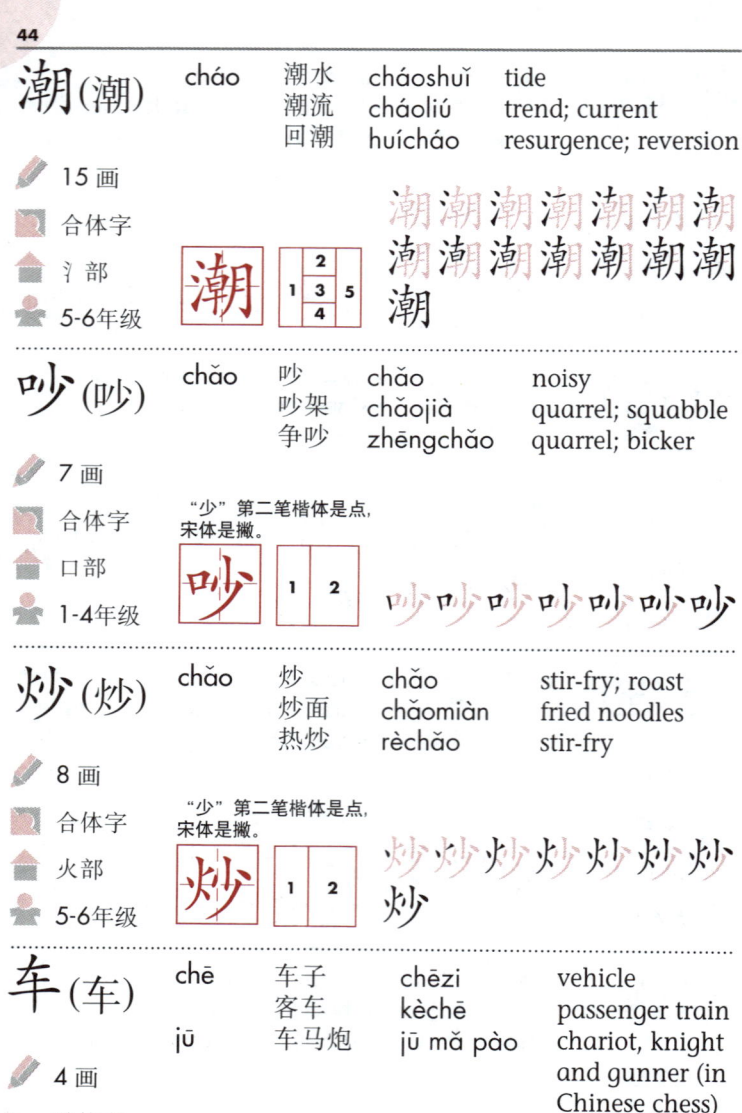

cháo

潮水	cháoshuǐ	tide
潮流	cháoliú	trend; current
回潮	huícháo	resurgence; reversion

- 15 画
- 合体字
- 氵部
- 5-6年级

吵 (吵)

chǎo

吵	chǎo	noisy
吵架	chǎojià	quarrel; squabble
争吵	zhēngchǎo	quarrel; bicker

- 7 画
- 合体字
- 口部
- 1-4年级

"少"第二笔楷体是点，宋体是撇。

炒 (炒)

chǎo

炒	chǎo	stir-fry; roast
炒面	chǎomiàn	fried noodles
热炒	rèchǎo	stir-fry

- 8 画
- 合体字
- 火部
- 5-6年级

"少"第二笔楷体是点，宋体是撇。

车 (车)

chē

jū

车子	chēzi	vehicle
客车	kèchē	passenger train
车马炮	jū mǎ pào	chariot, knight and gunner (in Chinese chess)

- 4 画
- 独体字
- 车部
- 1-4年级

陈 (陈)

chén

陈列	chénliè	display
陈旧	chénjiù	out of date
推陈出新	tuīchén-chūxīn	weed through the old to bring forth the new

- 7 画
- 合体字
- 阝 部
- 1-4年级

"东"不是"东"。
"东"第四笔楷体是点，宋体是撇。

陈 | 1 | 2

陈陈陈陈陈陈陈

晨 (晨)

chén

早晨	zǎochén	morning
清晨	qīngchén	early morning
晨星	chénxīng	morning star

- 11 画
- 合体字
- 日(辰)部
- 1-4年级

晨 | 1 / 2 / 3 / 4

晨晨晨晨晨晨晨晨晨晨晨

尘 (尘)

chén

尘土	chéntǔ	dirt
灰尘	huīchén	dust
吸尘器	xīchénqì	dust collector; vacuum cleaner

- 6 画
- 合体字
- 小(土)部
- 1-4年级

"小"不是"小"。
"小"第二笔楷体是点，宋体是撇。

尘 | 1 / 2

尘尘尘尘尘尘

沉 (沉)

chén

沉	chén	sink; heavy
沉重	chénzhòng	heavy; weighty
低沉	dīchén	gloomy; depressed

- 7 画
- 合体字
- 氵部
- 1-4年级

"冗"不是"尤"。

沉 | 1 | 2 / 3

沉沉沉沉沉沉沉

臣 (臣)

chén | 臣子 chénzǐ — subject; courtier
| 大臣 dàchén — (king's) minister
| 忠臣 zhōngchén — loyal official

- 6 画
- 独体字
- 臣部
- 5-6年级

臣 | 1

臣 臣 臣 臣 臣 臣

趁 (趁)

chèn | 趁早 chènzǎo — as early as possible
| 趁热打铁 chènrèdǎtiě — strike while the iron is hot

- 12 画
- 合体字
- 走部
- 5-6年级

趁 趁 趁 趁 趁 趁 趁 趁 趁 趁 趁 趁

称 (称)

chēng | 称 chēng — call; address
| 称呼 chēnghu — call; address
chèn | 称心 chènxīn — be content; satisfactory

- 10 画
- 合体字
- 禾部
- 1-4年级

"小"第二笔楷体是点，宋体是撇。

称 称 称 称 称 称 称 称 称 称

成 (成)

chéng | 成功 chénggōng — succeed
| 成绩 chéngjì — achievement; school record
| 三成 sān chéng — thirty per cent

- 6 画
- 独体字
- 戈部
- 1-4年级

成 | 1

成 成 成 成 成 成

诚 (诚) chéng

诚恳	chéngkěn	sincere
诚实	chéngshí	honest
忠诚	zhōngchéng	loyal; faithful

- 8 画
- 合体字
- 讠(言)部
- 1-4年级

承 (承) chéng

承认	chéngrèn	acknowledge
承担	chéngdān	undertake; assume
继承	jìchéng	inherit; carry on

- 8 画
- 独体字
- 乙(一)部
- 1-4年级

城 (城) chéng

城市	chéngshì	city; town
京城	jīngchéng	capital city
名城	míngchéng	well-known city

- 9 画
- 合体字
- 土部
- 1-4年级

乘 (乘) chéng / shèng

乘车	chéng chē	by car/bus
乘法	chéngfǎ	multiplication
千乘之国	qiānshèngzhīguó	state with a thousand chariots

- 10 画
- 合体字
- 禾(丿)部
- 1-4年级

橙 (橙)

chéng　橙　chéng　orange
　　　　橙黄　chénghuáng　orange (colour)

- 16 画
- 合体字
- 木部
- 1-4年级

"癶" 不是 "夊"。

橙橙橙橙橙橙橙
橙橙橙橙橙橙橙
橙橙

程 (程)

chéng　程度　chéngdù　level; extent
　　　　课程　kèchéng　course; curriculum
　　　　工程　gōngchéng　engineering; project

- 12 画
- 合体字
- 禾部
- 5-6年级

程程程程程程程
程程程程程

吃 (吃)

chī　吃　chī　eat
　　　吃力　chīlì　hard; laborious
　　　口吃　kǒuchī　stammer

- 6 画
- 合体字
- 口部
- 1-4年级

"乞" 不是 "气"。

吃吃吃吃吃吃

池 (池)

chí　池塘　chítáng　pond; pool
　　　电池　diànchí　battery; electric cell
　　　游泳池　yóuyǒngchí　swimming pool

- 6 画
- 合体字
- 氵部
- 1-4年级

池池池池池池

迟 (迟)

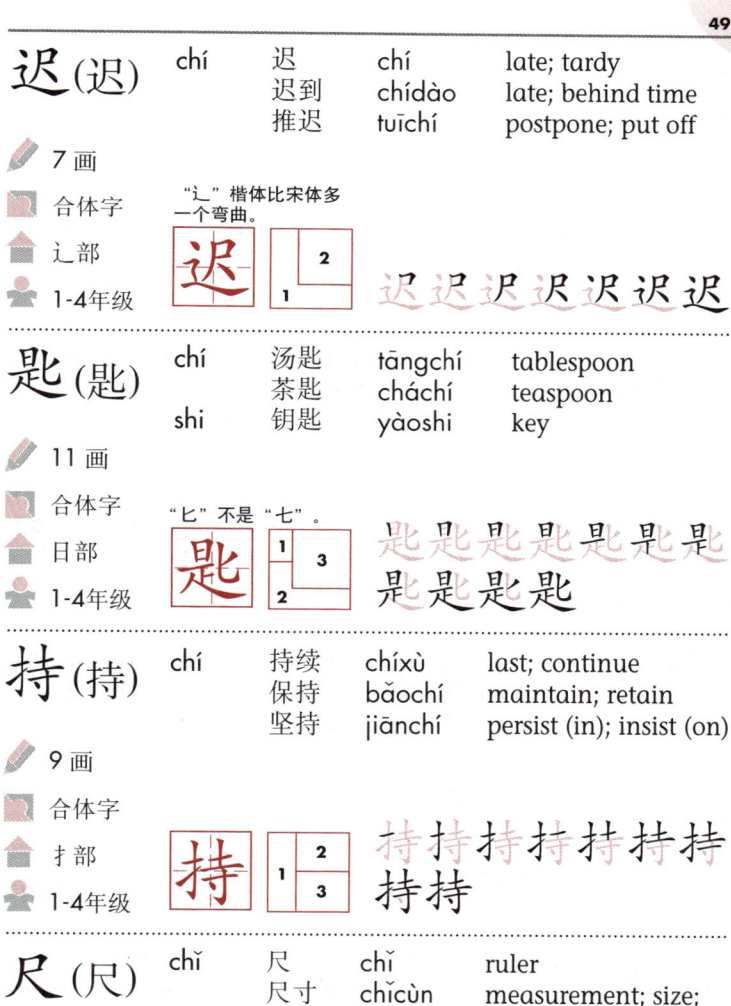

chí

迟	chí	late; tardy
迟到	chídào	late; behind time
推迟	tuīchí	postpone; put off

- 7 画
- 合体字
- 辶部
- 1-4年级

"辶" 楷体比宋体多一个弯曲。

迟 迟 迟 迟 迟 迟 迟

匙 (匙)

chí
shi

汤匙	tāngchí	tablespoon
茶匙	cháchí	teaspoon
钥匙	yàoshi	key

- 11 画
- 合体字
- 日部
- 1-4年级

"匕" 不是 "七"。

匙 匙 匙 匙 匙 匙 匙 匙 匙 匙 匙

持 (持)

chí

持续	chíxù	last; continue
保持	bǎochí	maintain; retain
坚持	jiānchí	persist (in); insist (on)

- 9 画
- 合体字
- 扌部
- 1-4年级

持 持 持 持 持 持 持 持 持

尺 (尺)

chǐ

尺	chǐ	ruler
尺寸	chǐcùn	measurement; size; dimension
公尺	gōngchǐ	metre

- 4 画
- 独体字
- 尸部
- 1-4年级

尺 尺 尺 尺

齿 (齒) chǐ

牙齿	yáchǐ	tooth; teeth
齿轮	chǐlún	gear
咬牙切齿	yǎoyá-qièchǐ	gnash one's teeth

- 8 画
- 合体字
- 止(齒)部
- 1-4年级

齿 齿 齿 齿 齿 齿 齿 齿

耻 (恥) chǐ

耻笑	chǐxiào	scoff (at); sneer (at)
羞耻	xiūchǐ	shame
可耻	kěchǐ	ignominious; disgraceful

- 10 画
- 合体字
- 耳部
- 5-6年级

耻 耻 耻 耻 耻 耻 耻 耻 耻 耻

赤 (赤) chì

赤脚	chìjiǎo	bare-footed
赤字	chìzì	deficit
面红耳赤	miànhóng-ěrchì	blush

- 7 画
- 合体字
- 赤部
- 高级华文

"赤"第六笔楷体是点，宋体是撇。

赤 赤 赤 赤 赤 赤 赤

翅 (翅) chì

翅膀	chìbǎng	wing
展翅	zhǎnchì	spread the wings
插翅难飞	chāchìnánfēi	unable to escape even if given wings

- 10 画
- 合体字
- 羽部
- 1-4年级

翅 翅 翅 翅 翅 翅 翅 翅 翅 翅

冲 (冲)

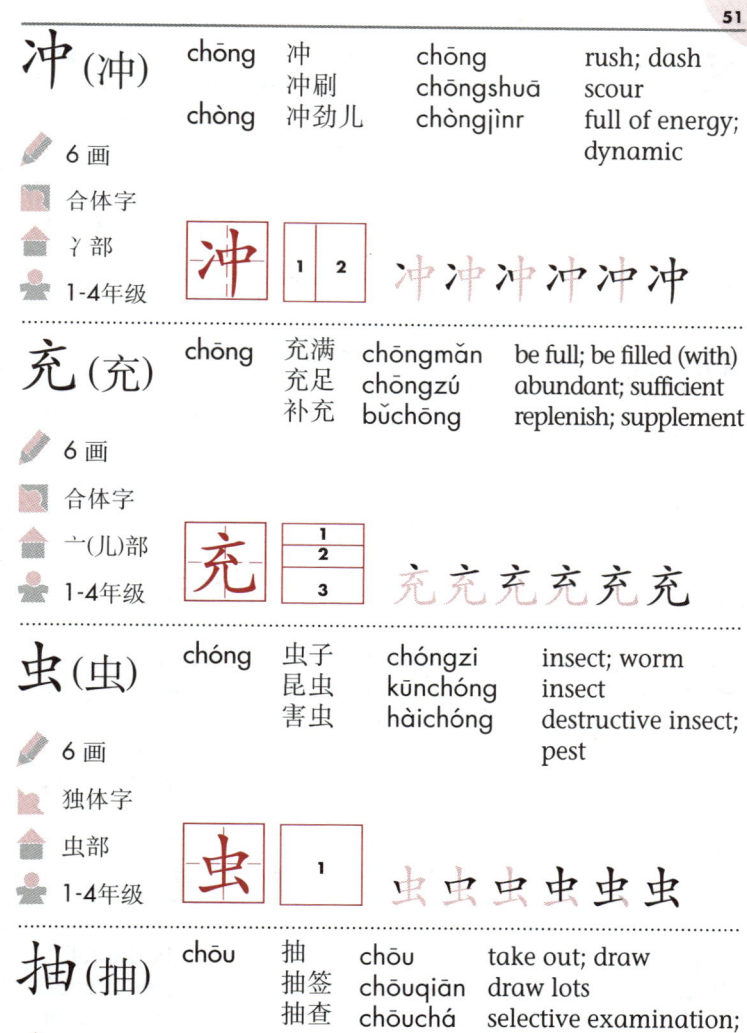

chōng	冲	chōng	rush; dash
	冲刷	chōngshuā	scour
chòng	冲劲儿	chòngjìnr	full of energy; dynamic

- 6 画
- 合体字
- 冫部
- 1-4年级

冲冲冲冲冲冲

充 (充)

chōng	充满	chōngmǎn	be full; be filled (with)
	充足	chōngzú	abundant; sufficient
	补充	bǔchōng	replenish; supplement

- 6 画
- 合体字
- 亠(儿)部
- 1-4年级

充充充充充充

虫 (虫)

chóng	虫子	chóngzi	insect; worm
	昆虫	kūnchóng	insect
	害虫	hàichóng	destructive insect; pest

- 6 画
- 独体字
- 虫部
- 1-4年级

虫虫虫虫虫虫

抽 (抽)

chōu	抽	chōu	take out; draw
	抽签	chōuqiān	draw lots
	抽查	chōuchá	selective examination; spot check

- 8 画
- 合体字
- 扌部
- 1-4年级

抽抽抽抽抽抽抽抽

| 愁(愁) | chóu | 愁
愁闷
忧愁 | chóu
chóumèn
yōuchóu | worry; be anxious
feel gloomy;
be in low spirits
sad; worried |

- 13 画
- 合体字
- 心部
- 1-4年级

| 仇(仇) | chóu
qiú | 仇恨
报仇
仇(姓氏) | chóuhèn
bàochóu
Qiú | hatred; enmity
revenge; avenge
Qiu (a Chinese
surname) |

- 4画
- 合体字
- 亻部
- 1-4年级

| 丑(丑) | chǒu | 丑恶
小丑
献丑 | chǒu'è
xiǎochǒu
xiànchǒu | ugly; repulsive
clown; buffoon
show one's
incompetence;
show oneself up |

- 4 画
- 独体字
- 乙(乛、一)部
- 5-6年级

| 臭(臭) | chòu
xiù | 臭气
乳臭 | chòuqì
rǔxiù | bad smell
smelling of
milk (childish) |

- 10 画
- 合体字
- 自(犬)部
- 1-4年级

出 (出)

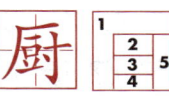

chū

出生	chūshēng	be born; birth
出动	chūdòng	set out; dispatch
退出	tuìchū	secede; withdraw

- 5 画
- 独体字
- 乙(一、丨、凵)部
- 1-4年级

出 出 出 出 出

初 (初)

chū

初步	chūbù	initial; preliminary
初级	chūjí	elementary; primary
当初	dāngchū	at that time; originally

- 7 画
- 合体字
- 衤部
- 5-6年级

"衤"不是"礻"。

初 初 初 初 初 初

除 (除)

chú

除外	chúwài	except; not including
除法	chúfǎ	division
清除	qīngchú	clear away; get rid of

- 9 画
- 合体字
- 阝部
- 1-4年级

"余"第六笔楷体是点，宋体是撇。

除 除 除 除 除 除 除 除

厨 (厨)

chú

厨房	chúfáng	kitchen
厨师	chúshī	cook; chef
名厨	míngchú	famous chef

- 12 画
- 合体字
- 厂部
- 1-4年级

厨 厨 厨 厨 厨 厨 厨 厨 厨 厨 厨

橱 (橱) chú

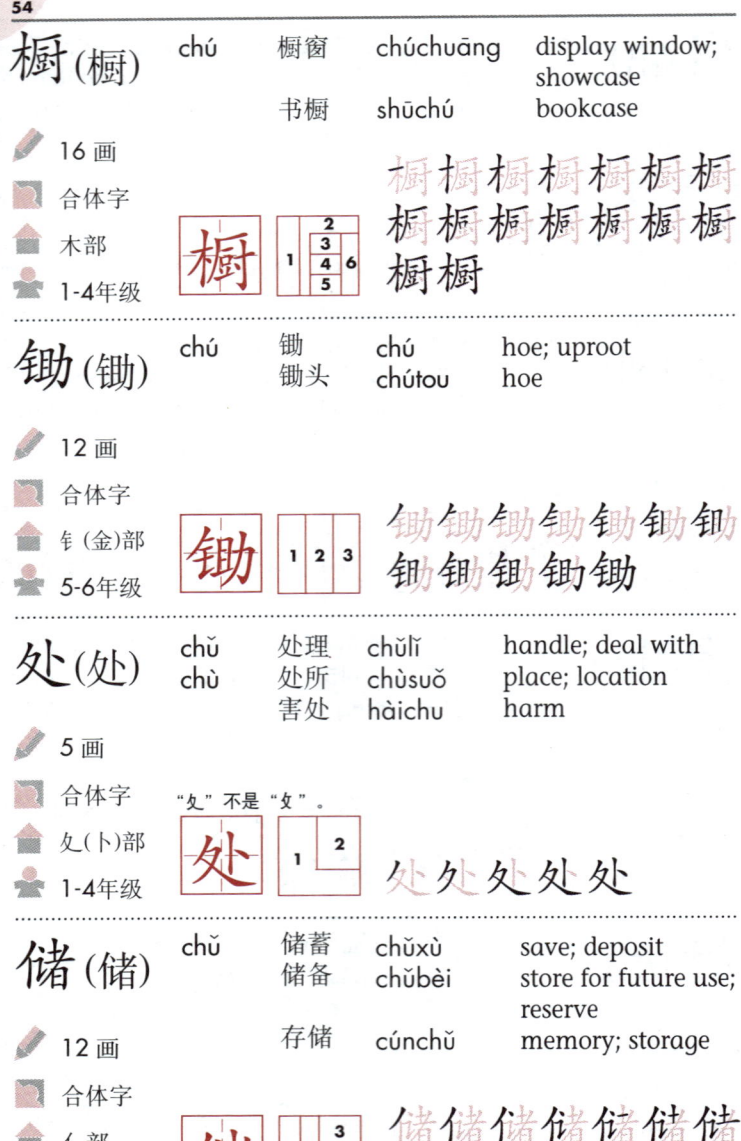

橱窗 chúchuāng display window; showcase
书橱 shūchú bookcase

- 16 画
- 合体字
- 木部
- 1-4 年级

锄 (鋤) chú

锄 chú hoe; uproot
锄头 chútou hoe

- 12 画
- 合体字
- 钅(金)部
- 5-6 年级

处 (處) chǔ / chù

处理 chǔlǐ handle; deal with
处所 chùsuǒ place; location
害处 hàichu harm

- 5 画
- 合体字
- 夂(卜)部
- 1-4 年级

"夂"不是"夊"。

储 (儲) chǔ

储蓄 chǔxù save; deposit
储备 chǔbèi store for future use; reserve
存储 cúnchǔ memory; storage

- 12 画
- 合体字
- 亻部
- 1-4 年级

楚 (楚)

chǔ

清楚	qīngchu	clear
苦楚	kǔchǔ	misery
衣冠楚楚	yīguānchǔchǔ	neat and trim in appearance

- 13 画
- 合体字
- 疋(木)部
- 1-4年级

础 (礎)

chǔ

| 基础 | jīchǔ | foundation; basis |

- 10 画
- 合体字
- 石部
- 5-6年级

畜 (畜)

chù

| 牲畜 | shēngchù | livestock |
| 家畜 | jiāchù | livestock |

xù

| 畜牧 | xùmù | raise livestock or poultry |

- 10 画
- 合体字
- 田部
- 高级华文

触 (觸)

chù

触	chù	touch; hit
触角	chùjiǎo	antenna
抵触	dǐchù	conflict; contradict

- 13 画
- 合体字
- 角部
- 5-6年级

川 (川)

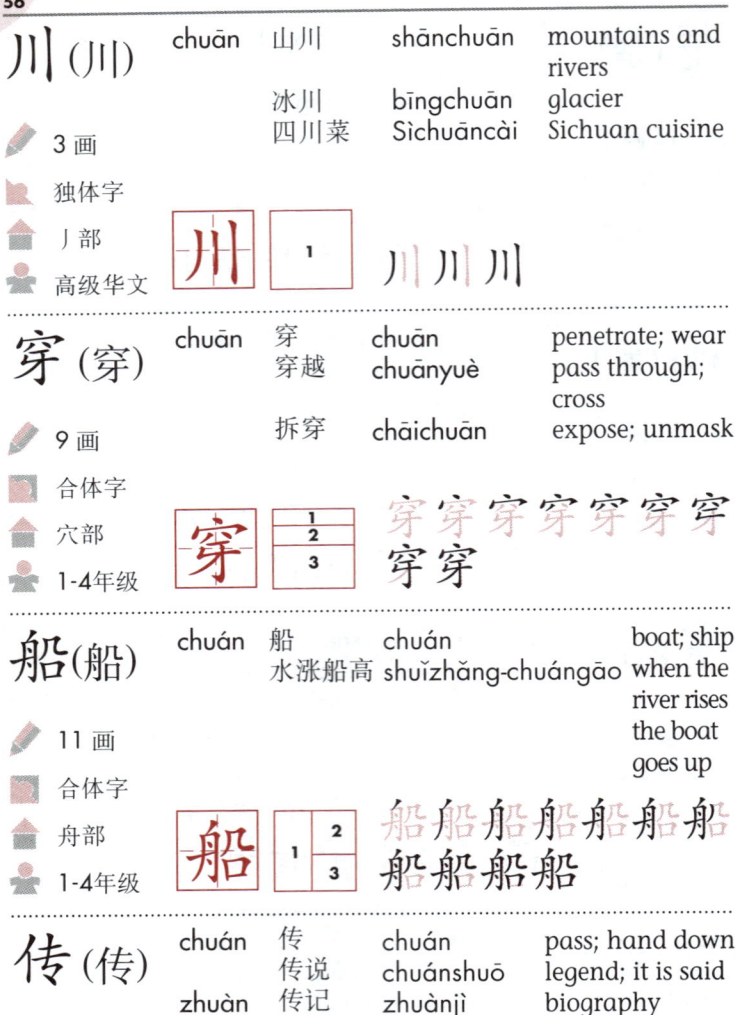

	chuān	山川	shānchuān	mountains and rivers
		冰川	bīngchuān	glacier
		四川菜	Sìchuāncài	Sichuan cuisine

- 3 画
- 独体字
- 丿部
- 高级华文

川　川川川

穿 (穿)

	chuān	穿	chuān	penetrate; wear
		穿越	chuānyuè	pass through; cross
		拆穿	chāichuān	expose; unmask

- 9 画
- 合体字
- 穴部
- 1-4年级

穿　穿穿穿穿穿穿穿穿穿

船 (船)

	chuán	船	chuán	boat; ship when the river rises the boat goes up
		水涨船高	shuǐzhǎng-chuángāo	

- 11 画
- 合体字
- 舟部
- 1-4年级

船　船船船船船船船船船

传 (传)

	chuán	传	chuán	pass; hand down legend; it is said biography
		传说	chuánshuō	
	zhuàn	传记	zhuànjì	

- 6 画
- 合体字
- 亻部
- 1-4年级

传　传传传传传传

串 (串)

chuàn	串通	chuàntōng	collaborate; collude
	一连串	yīliánchuàn	a succession of; a series of

- 7 画
- 独体字
- ｜部
- 1-4年级

串 串 串 串 串 串 串 串

疮 (瘡)

chuāng	疮	chuāng	sore
	百孔千疮	bǎikǒng-qiānchuāng	riddled with ailments

- 9 画
- 合体字
- 疒部
- 高级华文

"巳"不是"仑"。

疮 疮 疮 疮 疮 疮 疮 疮 疮

窗 (窗)

chuāng	窗户	chuānghu	window
	同窗	tóngchuāng	schoolmate; classmate

- 12 画
- 合体字
- 穴部
- 1-4年级

窗 窗 窗 窗 窗 窗 窗 窗 窗 窗 窗 窗

创 (創)

chuāng	创伤	chuāngshāng	wound; trauma
chuàng	创造	chuàngzào	create; produce
	独创	dúchuàng	original creation

- 6 画
- 合体字
- 刂部
- 1-4年级

"巳"不是"仑"。

创 创 创 创 创 创

床 (床)

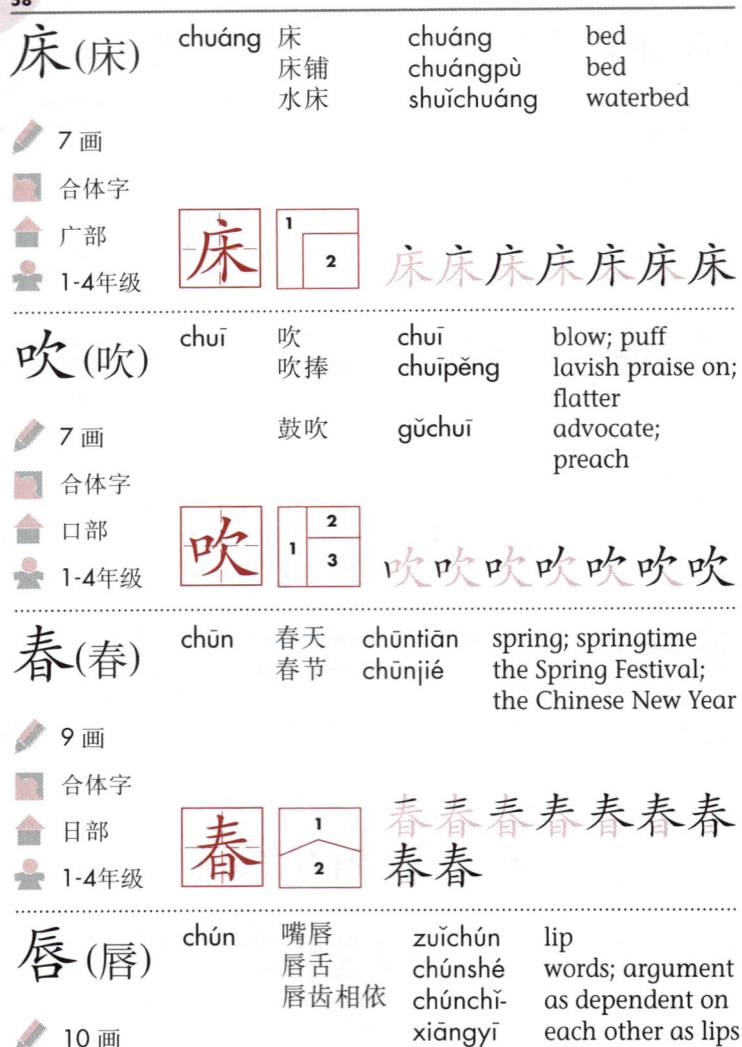

chuáng

床	chuáng	bed
床铺	chuángpù	bed
水床	shuǐchuáng	waterbed

- 7 画
- 合体字
- 广部
- 1-4年级

床床床床床床床

吹 (吹)

chuī

吹	chuī	blow; puff
吹捧	chuīpěng	lavish praise on; flatter
鼓吹	gǔchuī	advocate; preach

- 7 画
- 合体字
- 口部
- 1-4年级

吹吹吹吹吹吹吹

春 (春)

chūn

| 春天 | chūntiān | spring; springtime |
| 春节 | chūnjié | the Spring Festival; the Chinese New Year |

- 9 画
- 合体字
- 日部
- 1-4年级

春春春春春春春春春

唇 (唇)

chún

嘴唇	zuǐchún	lip
唇舌	chúnshé	words; argument
唇齿相依	chúnchǐxiāngyī	as dependent on each other as lips and teeth

- 10 画
- 合体字
- 辰(口)部
- 1-4年级

唇唇唇唇唇唇唇唇唇唇

辞 (辞)

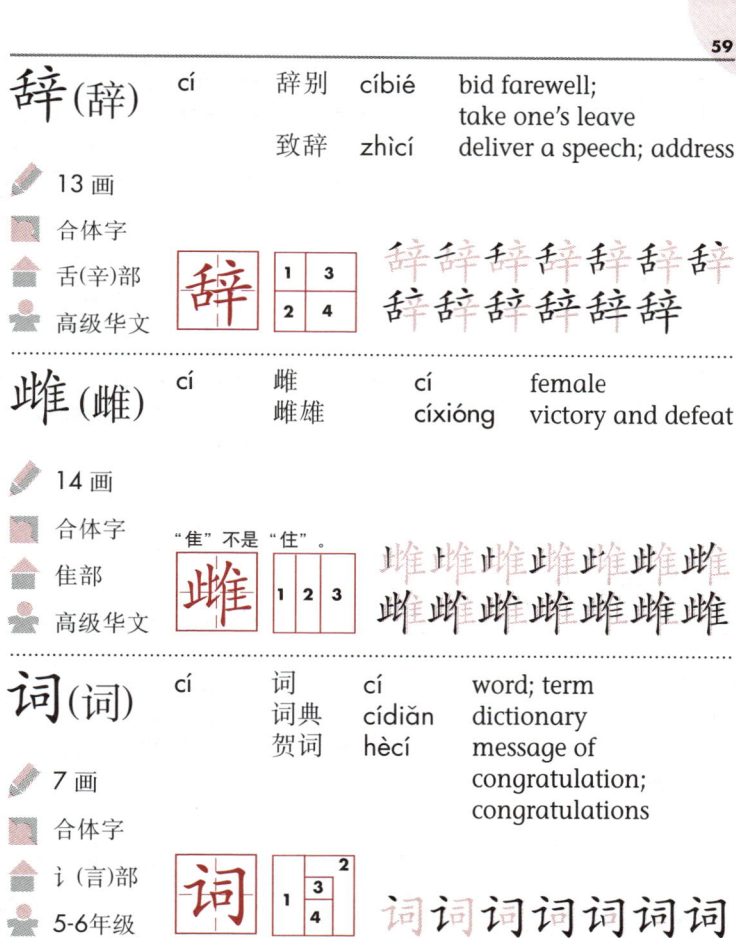

cí　　辞别　cíbié　bid farewell; take one's leave
　　　致辞　zhìcí　deliver a speech; address

- 13 画
- 合体字
- 舌(辛)部
- 高级华文

雌 (雌)

cí　　雌　　cí　　female
　　　雌雄　cíxióng　victory and defeat

- 14 画
- 合体字
- "隹"不是"住"。
- 隹部
- 高级华文

词 (词)

cí　　词　　cí　　word; term
　　　词典　cídiǎn　dictionary
　　　贺词　hècí　message of congratulation; congratulations

- 7 画
- 合体字
- 讠(言)部
- 5-6年级

慈 (慈)

cí　　慈祥　cíxiáng　kindly
　　　慈善　císhàn　charitable; charity
　　　仁慈　réncí　benevolent; merciful

- 13 画
- 合体字
- 心部
- 5-6年级

此 (此) cǐ

此刻　cǐkè　the moment; now
从此　cóngcǐ　henceforth; from this time on
因此　yīncǐ　therefore; consequently

- 6 画
- 合体字
- 止部
- 1-4年级

此 | 1 | 2

此 此 此 此 此 此

次 (次) cì

次序　cìxù　order; sequence
次要　cìyào　subordinate; secondary
初次　chūcì　the first time

- 6 画
- 合体字
- 冫(欠)部
- 1-4年级

次 | 1 | 2 / 3

次 次 次 次 次 次

刺 (刺) cì

刺　cì　stab; thorn
刺刀　cìdāo　bayonet
挑刺　tiāocì　find fault; pick holes

- 8 画
- 合体字
- "朿"不是"束"。
- 刂部
- 1-4年级

刺 | 1 | 2

刺 刺 刺 刺 刺 刺 刺 刺

聪 (聪) cōng

聪明　cōngmíng　clever
耳聪目明　ěrcōng-mùmíng　can see and hear clearly

- 15 画
- 合体字
- 耳部
- 1-4年级

聪 | 1 | 2 / 3 / 4

聪 聪 聪 聪 聪 聪 聪 聪 聪 聪 聪 聪 聪 聪 聪

匆 (匆)

cōng

匆忙	cōngmáng	hastily; in a hurry
匆促	cōngcù	hastily; in a rush
匆匆	cōngcōng	hurriedly; in a hurry

- 5 画
- 独体字
- 勹部
- 1-4年级

匆 匆 匆 匆 匆 匆

从 (从)

cóng

| 从来 | cónglái | at all times; all along |
| 听从 | tīngcóng | heed; comply with |

- 4 画
- 合体字
- 人部
- 1-4年级

从 从 从 从

丛 (丛)

cóng

| 草丛 | cǎocóng | a thick growth of grass |
| 丛书 | cóngshū | a series of books; collection |

- 5 画
- 合体字
- 一(人)部
- 5-6年级

丛 丛 丛 丛 丛

粗 (粗)

cū

粗	cū	thick
粗心	cūxīn	careless
粗枝大叶	cūzhī-dàyè	crude and careless

- 11 画
- 合体字
- 米部
- 1-4年级

粗 粗 粗 粗 粗 粗 粗 粗 粗 粗

促 (促)

cù

促进	cùjìn	promote; accelerate
促销	cùxiāo	sales promotion
急促	jícù	hurried; rapid

- 9 画
- 合体字
- 亻部
- 高级华文

催 (催)

cuī

催	cuī	urge; hurry
催促	cuīcù	urge; hasten
催眠	cuīmián	hypnotise; mesmerise

- 13 画
- 合体字
- 亻部
- 5-6年级

村 (村)

cūn

| 村庄 | cūnzhuāng | village; hamlet |
| 农村 | nóngcūn | countryside; village |

- 7 画
- 合体字
- 木部
- 1-4年级

存 (存)

cún

存款	cúnkuǎn	deposit; bank savings
存亡	cúnwáng	live or die; survive or perish
保存	bǎocún	preserve; conserve

- 6 画
- 合体字
- 子部
- 1-4年级

寸 (寸)

cùn

尺寸　chǐcùn　measurement
得寸进尺　décùnjìnchǐ　give him an inch and he'll take a foot

- 3 画
- 独体字
- 寸部
- 1-4年级

寸寸寸

错 (错)

cuò

错　cuò　fault; wrong
错误　cuòwù　mistake; error
差错　chācuò　mishap; slip

- 13 画
- 合体字
- 钅(金)部
- 1-4年级

错错错错错错错错错错错错错

搭 (搭)

dā

搭乘　dāchéng　travel by
搭配　dāpèi　arrange in pairs
勾搭　gōudā　gang up with; seduce

- 12 画
- 合体字
- 扌部
- 1-4年级

搭搭搭搭搭搭搭搭搭搭搭搭

答 (答)

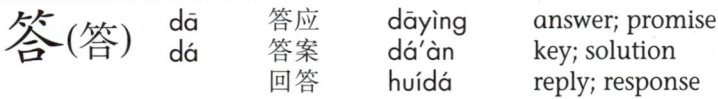

dā
dá

答应　dāying　answer; promise
答案　dá'àn　key; solution
回答　huídá　reply; response

- 12 画
- 合体字
- 竹(⺮)部
- 1-4年级

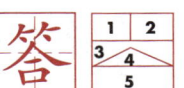

答答答答答答答答答答答答

达(达)

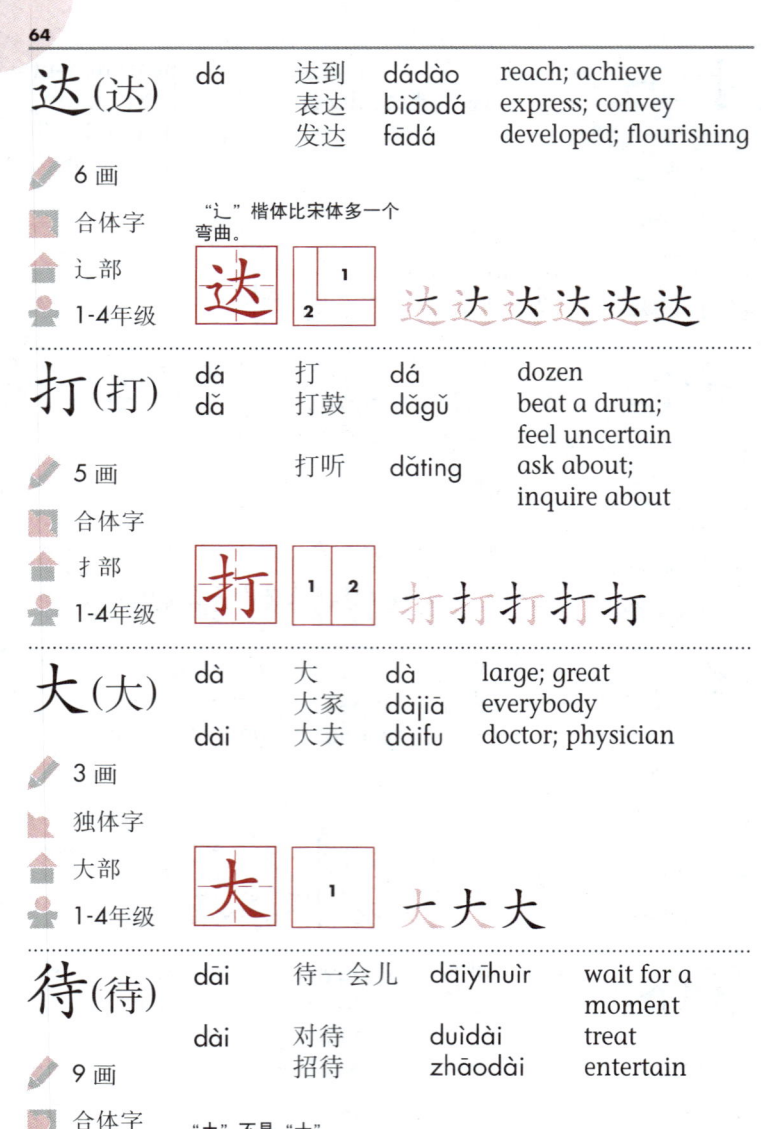

dá

达到	dádào	reach; achieve
表达	biǎodá	express; convey
发达	fādá	developed; flourishing

- 6 画
- 合体字
- 辶部
- 1-4年级

"辶"楷体比宋体多一个弯曲。

达达达达达达

打(打)

dá
dǎ

打	dá	dozen
打鼓	dǎgǔ	beat a drum; feel uncertain
打听	dǎting	ask about; inquire about

- 5 画
- 合体字
- 扌部
- 1-4年级

打打打打打

大(大)

dà
dài

大	dà	large; great
大家	dàjiā	everybody
大夫	dàifu	doctor; physician

- 3 画
- 独体字
- 大部
- 1-4年级

大大大

待(待)

dāi

dài

待一会儿	dāiyīhuìr	wait for a moment
对待	duìdài	treat
招待	zhāodài	entertain

- 9 画
- 合体字
- 彳部
- 1-4年级

"土"不是"士"。

待待待待待待待待待

呆 (呆)

dāi

发呆	fādāi	stare blankly
书呆子	shūdāizi	bookworm; nerd
呆头呆脑	dāitóu-dāinǎo	dull-looking

- 7 画
- 合体字
- 口部
- 5-6年级

呆呆呆呆呆呆呆

歹 (歹)

dǎi

歹徒	dǎitú	scoundrel; ruffian
好歹	hǎodǎi	anyhow
为非作歹	wéifēi-zuòdǎi	do evil; commit crimes

- 4 画
- 独体字
- 歹部
- 5-6年级

歹歹歹歹

带 (带)

dài

带	dài	take; lead
带领	dàilǐng	lead; guide
连带	liándài	related

- 9 画
- 合体字
- 巾部
- 1-4年级

"艹" 不是 "艹"。

带带带带带带带带带

袋 (袋)

dài

袋鼠	dàishǔ	kangaroo
口袋	kǒudài	bag; pocket
脑袋	nǎodài	head

- 11 画
- 合体字
- 衣部
- 1-4年级

袋袋袋袋袋袋袋袋袋袋袋

代 (代)

dài

代替	dàitì	replace; substitute for
代表	dàibiǎo	representative; stand for
时代	shídài	times; epoch

- 5 画
- 合体字
- 亻部
- 1-4 年级

代代代代代

戴 (戴)

dài

戴	dài	wear; put on
佩戴	pèidài	wear; put on
爱戴	àidài	love and respect

- 17 画
- 合体字
- 戈部
- 1-4 年级

戴戴戴戴戴戴戴戴戴戴戴戴戴戴戴戴戴

丹 (丹)

dān

丹心	dānxīn	loyalty
牡丹	mǔdan	peony
灵丹妙药	língdān-miàoyào	miraculous cure; panacea

- 4 画
- 独体字
- 丿部
- 1-4 年级

丹丹丹丹

单 (單)

dān

单纯	dānchún	pure; merely
单独	dāndú	single-handed; on one's own
名单	míngdān	name list

- 8 画
- 独体字
- 八(丷)部
- 1-4 年级

单单单单单单单单

担(担)	dān	担当	dāndāng	undertake; assume
		担心	dānxīn	worry; feel anxious
	dàn	重担	zhòngdàn	heavy burden; difficult task

- 8 画
- 合体字
- 扌部
- 1-4年级

担担担担担担担

胆(胆)	dǎn	胆量	dǎnliàng	guts; courage
		大胆	dàdǎn	bold; audacious
		瓶胆	píngdǎn	glass liner (of a thermos flask)

- 9 画
- 合体字
- 月部
- 1-4年级

胆胆胆胆胆胆胆胆胆

蛋(蛋)	dàn	蛋糕	dàngāo	cake
		鸡蛋	jīdàn	egg
		坏蛋	huàidàn	bad egg; bastard

- 11 画
- 合体字
- 疋(虫)部
- 1-4年级

蛋蛋蛋蛋蛋蛋蛋蛋蛋蛋

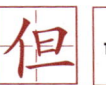

| 但(但) | dàn | 但是 | dànshì | but; nevertheless |
| | | 非但 | fēidàn | not only |

- 7 画
- 合体字
- 亻部
- 1-4年级

但但但但但但但

淡 (淡)

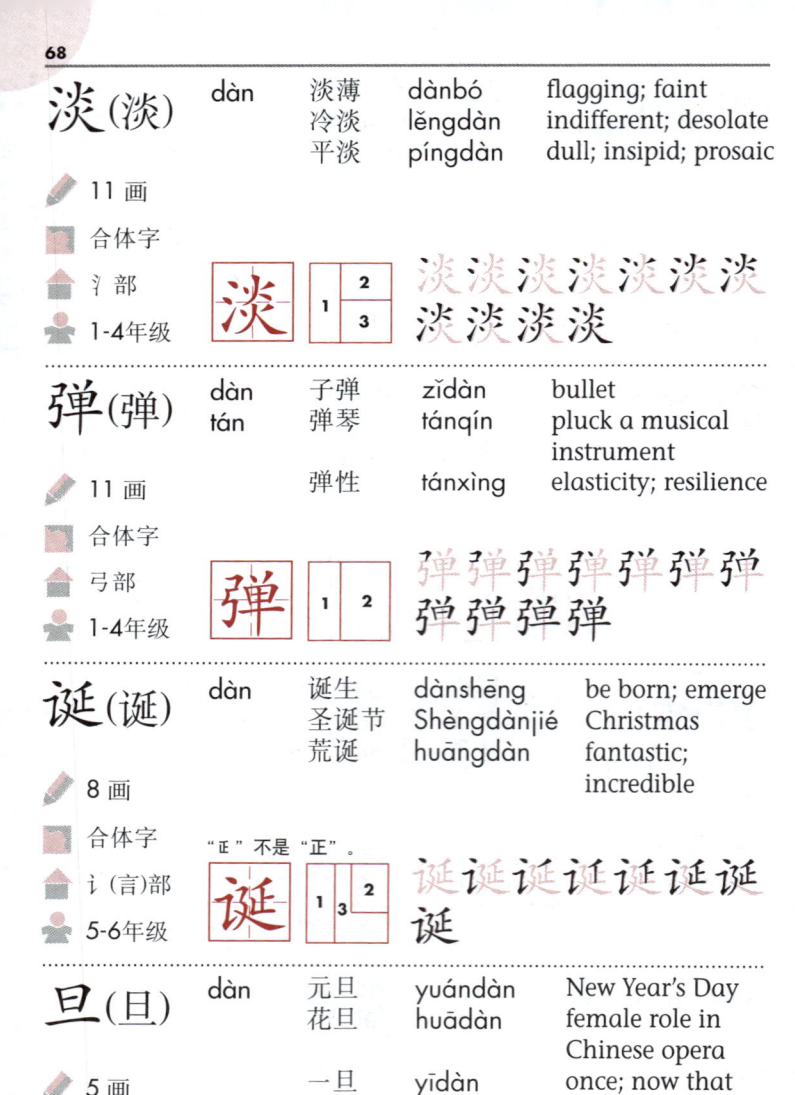

dàn

淡薄	dànbó	flagging; faint
冷淡	lěngdàn	indifferent; desolate
平淡	píngdàn	dull; insipid; prosaic

- 11 画
- 合体字
- 氵部
- 1-4年级

淡淡淡淡淡淡淡淡淡淡淡

弹 (弹)

dàn
tán

子弹	zǐdàn	bullet
弹琴	tánqín	pluck a musical instrument
弹性	tánxìng	elasticity; resilience

- 11 画
- 合体字
- 弓部
- 1-4年级

弹弹弹弹弹弹弹弹弹弹弹

诞 (诞)

dàn

诞生	dànshēng	be born; emerge
圣诞节	Shèngdànjié	Christmas
荒诞	huāngdàn	fantastic; incredible

- 8 画
- 合体字
- "延"不是"正"。
- 讠(言)部
- 5-6年级

诞诞诞诞诞诞诞诞

旦 (日)

dàn

元旦	yuándàn	New Year's Day
花旦	huādàn	female role in Chinese opera
一旦	yīdàn	once; now that

- 5 画
- 合体字
- 日部
- 5-6年级

旦旦旦旦旦

当 (當)

dāng — 当时 dāngshí — then; at that time
　　　　充当 chōngdāng — serve as; act as
dàng — 恰当 qiàdàng — proper; appropriate

- 6 画
- 合体字
- 小(ⱽ、彐)部
- 1-4年级

当当当当当当

挡 (擋)

dǎng — 挡 dǎng — ward off; block
　　　　阻挡 zǔdǎng — resist; obstruct

- 9 画
- 合体字
- 扌部
- 5-6年级

挡挡挡挡挡挡挡挡挡

荡 (蕩)

dàng — 荡秋千 dàngqiūqiān — play on a swing
　　　　摇荡 yáodàng — rock; sway
　　　　动荡 dòngdàng — upheaval; unrest

- 9 画
- 合体字
- 艹部
- 5-6年级

荡荡荡荡荡荡荡荡荡

刀 (刀)

dāo — 刀 dāo — knife
　　　　巴冷刀 bālěngdāo — Malay knife; *parang*
　　　　两面三刀 liǎngmiàn-sāndāo — double-faced tactics

- 2 画
- 独体字
- 刀部
- 1-4年级

刀刀

祷(祷)

dǎo

| 祷告 | dǎogào | pray; say one's prayers |
| 祈祷 | qídǎo | pray; say one's prayers |

- 11 画
- 合体字
- 礻(示)部
- 高级华文

祷 祷 祷 祷 祷 祷 祷 祷 祷 祷

倒(倒)

dǎo
| 倒闭 | dǎobì | close down; go bankrupt |
| 跌倒 | diēdǎo | fall; tumble |

dào
| 倒影 | dàoyǐng | inverted image; inverted reflection |

- 10 画
- 合体字
- 亻部
- 1-4年级

倒 倒 倒 倒 倒 倒 倒 倒 倒 倒

岛(岛)

dǎo

岛	dǎo	island
半岛	bàndǎo	peninsula
群岛	qúndǎo	archipelago

- 7 画
- 合体字
- 山部
- 1-4年级

岛 岛 岛 岛 岛 岛 岛

导(导)

dǎo

导游	dǎoyóu	conduct a sightseeing tour; guide
导师	dǎoshī	teacher; supervisor
教导	jiàodǎo	instruct; teaching

- 6 画
- 合体字
- 己(巳、寸)部
- 1-4年级

导 导 导 导 导 导

蹈 (蹈)

dǎo

舞蹈　　　wǔdǎo　　　dance
手舞足蹈　shǒuwǔ-zúdǎo　dance for joy

- 17 画
- 合体字
- 足(⻊)部
- 5-6年级

"臼" 不是 "白"。

稻 (稻)

dào

稻田　dàotián　paddy field; rice field
水稻　shuǐdào　paddy; rice

- 15 画
- 合体字
- 禾部
- 高级华文

"臼" 不是 "白"。

到 (到)

dào

到　　dào　　　arrive; reach
来到　láidào　　arrive; come
周到　zhōudào　attentive and satisfactory; considerate

- 8 画
- 合体字
- 刂部
- 1-4年级

道 (道)

dào

道喜　dàoxǐ　　congratulate somebody on a happy occasion
过道　guòdào　　passageway; corridor
知道　zhīdào　　know; realise

- 12 画
- 合体字
- 辶部
- 1-4年级

"辶" 楷体比宋体多一个弯曲。

盗 (盗) dào

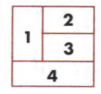

盗贼 dàozéi — robber
强盗 qiángdào — bandit
欺世盗名 qīshì-dàomíng — win popularity by dishonest means

- 11 画
- 合体字
- 皿部
- 1-4年级

得 (得)

dé / děi

得到 dédào — get; obtain
得注意 děi zhùyì — require attention; worthy of notice

de

跑得快 pǎo de kuài — run fast

- 11 画
- 合体字
- 彳部
- 1-4年级

德 (德) dé

道德 dàodé — morality; ethics
品德 pǐndé — moral character
功德 gōngdé — merits and virtues

- 15 画
- 合体字
- 彳部
- 1-4年级

"心"第二笔楷体是卧钩，宋体是竖弯钩。

灯 (灯) dēng

灯火 dēnghuǒ — lights
路灯 lùdēng — street lamp
交通灯 jiāotōngdēng — traffic lights

- 6 画
- 合体字
- 火部
- 1-4年级

登 (登)

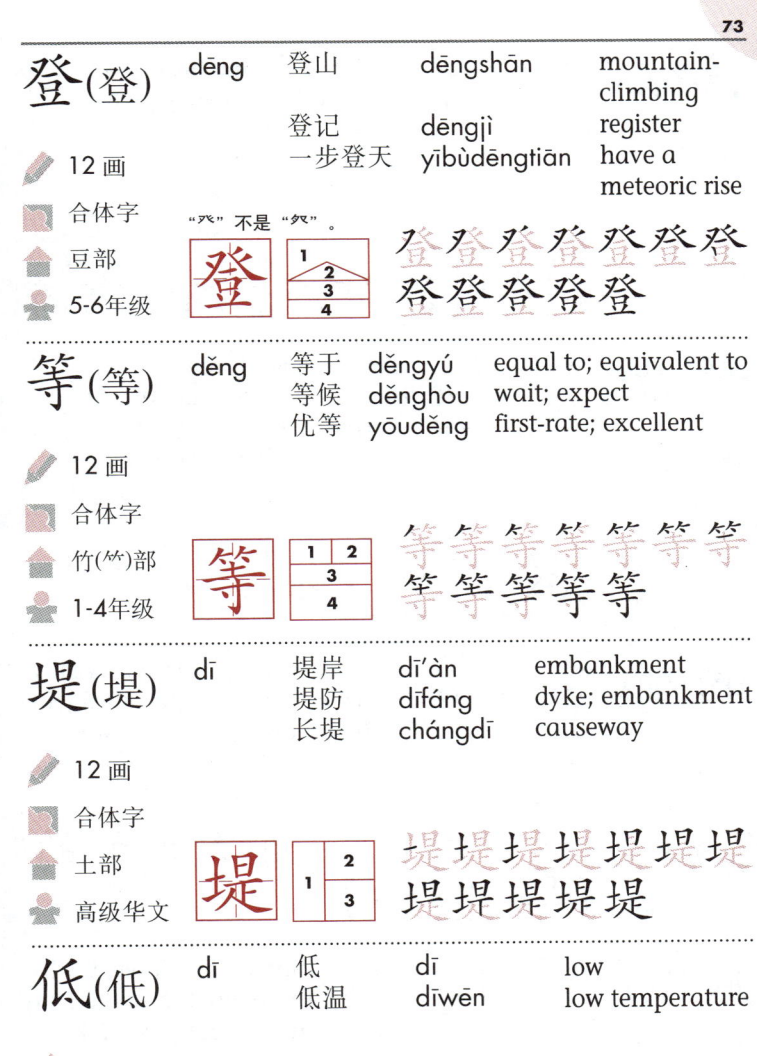

děng | 登山 | dēngshān | mountain-climbing
| 登记 | dēngjì | register
| 一步登天 | yībùdēngtiān | have a meteoric rise

- 12 画
- 合体字
- 豆部
- 5-6年级

"癶" 不是 "癶"。

等 (等)

děng | 等于 | děngyú | equal to; equivalent to
| 等候 | děnghòu | wait; expect
| 优等 | yōuděng | first-rate; excellent

- 12 画
- 合体字
- 竹(⺮)部
- 1-4年级

堤 (堤)

dī | 堤岸 | dī'àn | embankment
| 堤防 | dīfáng | dyke; embankment
| 长堤 | chángdī | causeway

- 12 画
- 合体字
- 土部
- 高级华文

低 (低)

dī | 低 | dī | low
| 低温 | dīwēn | low temperature

- 7 画
- 合体字
- 亻部
- 1-4年级

右边是 "氐", 不是 "氏"。

滴(滴)

dī

| 点滴 | diǎndī | a bit; intravenous drip |
| 娇滴滴 | jiāodīdī | delicately pretty; affectedly sweet |

- 14 画
- 合体字
- 氵部
- 1-4年级

"商" 不是 "啇"。

滴滴滴滴滴滴滴滴滴滴滴滴滴滴

敌(敵)

dí

敌人	dírén	enemy; foe
敌视	díshì	hostile; antagonistic
轻敌	qīngdí	take the enemy lightly; underestimate the enemy

- 10 画
- 合体字
- 攵(攴)部
- 1-4年级

"攵" 不是 "夂"。

敌敌敌敌敌敌敌敌敌敌

的(的)

dí
dì
de

的确	díquè	indeed; really
目的	mùdì	purpose; goal
红的花	hóng de huā	red flower

- 8 画
- 合体字
- 白部
- 1-4年级

的的的的的的的的

底(底)

dǐ

谜底	mídǐ	answer to a riddle; truth
彻底	chèdǐ	thorough; thoroughgoing
底细	dǐxì	ins and outs; exact detail

- 8 画
- 合体字
- 广部
- 1-4年级

"氐" 不是 "氏"。

底底底底底底底底

抵 (抵)

dǐ

抵达	dǐdá	arrive; reach
抵消	dǐxiāo	offset; counteract
抵制	dǐzhì	resist; boycott

- 8 画
- 合体字
- 扌部
- 1-4年级

右边是"氐"，不是"氏"。

抵 抵 抵 抵 抵 抵 抵 抵

地 (地)

dì

| 地面 | dìmiàn | ground; area |

de

| 荒地 | huāngdì | wasteland |
| 慢慢地走 | mànmànde zǒu | walk slowly |

- 6 画
- 合体字
- 土部
- 1-4年级

地 地 地 地 地 地 地

弟 (弟)

dì

| 弟弟 | dìdi | younger brother |
| 称兄道弟 | chēngxiōng-dàodì | fraternise with; be on friendly terms with |

- 7 画
- 合体字
- 八(丷)部
- 1-4年级

弟 弟 弟 弟 弟 弟 弟

第 (第)

dì

| 第一 | dìyī | the first; the best |
| 等第 | děngdì | class; rank |

- 11 画
- 合体字
- 竹(⺮)部
- 1-4年级

第 第 第 第 第 第 第 第 第 第 第

帝 (帝)

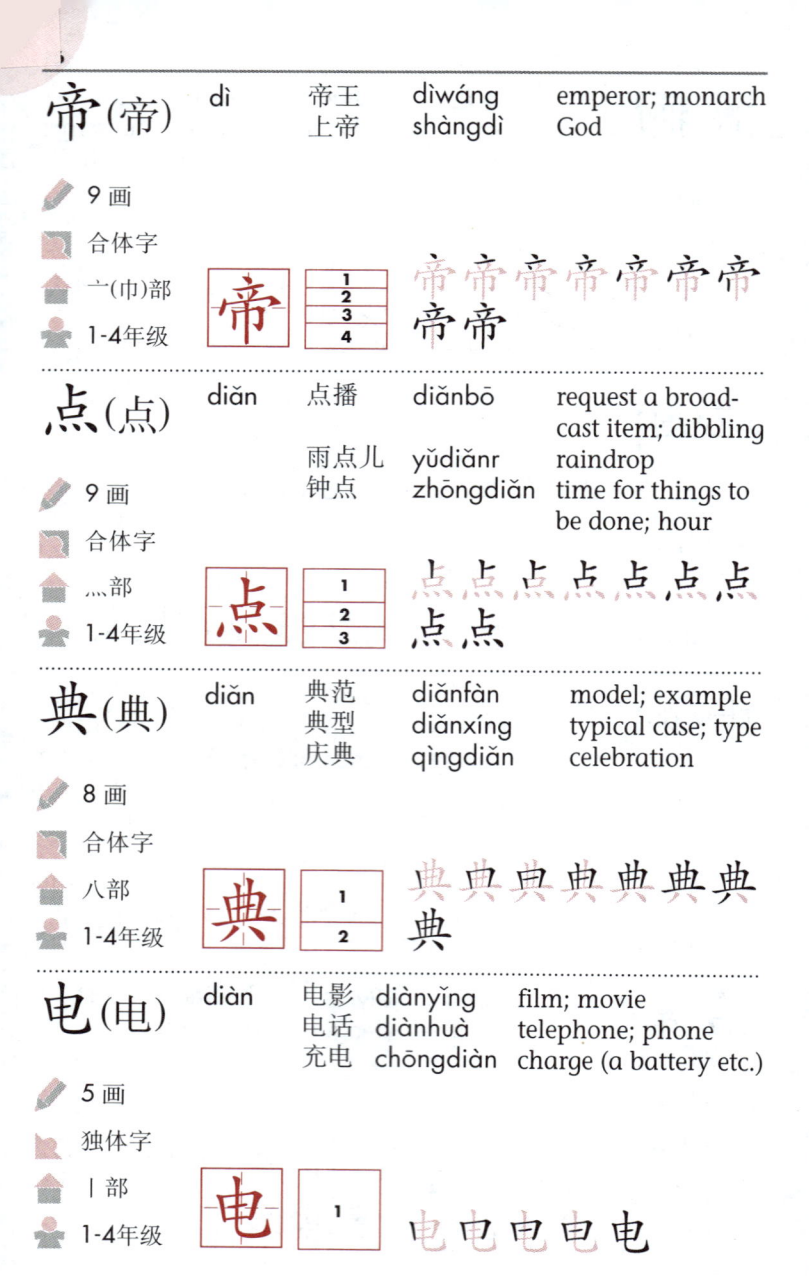

dì

| 帝王 | dìwáng | emperor; monarch |
| 上帝 | shàngdì | God |

- 9 画
- 合体字
- 亠(巾)部
- 1-4年级

帝帝帝帝帝帝帝帝帝

点 (点)

diǎn

点播	diǎnbō	request a broadcast item; dibbling
雨点儿	yǔdiǎnr	raindrop
钟点	zhōngdiǎn	time for things to be done; hour

- 9 画
- 合体字
- 灬部
- 1-4年级

点点点点点点点点点

典 (典)

diǎn

典范	diǎnfàn	model; example
典型	diǎnxíng	typical case; type
庆典	qìngdiǎn	celebration

- 8 画
- 合体字
- 八部
- 1-4年级

典典典典典典典典

电 (电)

diàn

电影	diànyǐng	film; movie
电话	diànhuà	telephone; phone
充电	chōngdiàn	charge (a battery etc.)

- 5 画
- 独体字
- 丨部
- 1-4年级

电电电电电

店 (店)

diàn

店铺	diànpù	shop; store
商店	shāngdiàn	shop; store
书店	shūdiàn	bookshop; bookstore

- 8 画
- 合体字
- 广部
- 1-4年级

店 店 店 店 店 店 店 店

吊 (吊)

diào

吊车	diàochē	crane
吊灯	diàodēng	pendent lamp
提心吊胆	tíxīn-diàodǎn	filled with anxiety or fear

- 6 画
- 合体字
- 口部
- 高级华文

吊 吊 吊 吊 吊 吊

掉 (掉)

diào

掉换	diàohuàn	exchange; swap
掉队	diàoduì	drop out; fall behind
忘掉	wàngdiào	let slip from one's mind; forget

- 11 画
- 合体字
- 扌部
- 1-4年级

掉 掉 掉 掉 掉 掉 掉 掉 掉 掉

钓 (钓)

diào

钓鱼	diào yú	fish with a hook and line
钓竿	diàogān	fishing rod
钓钩	diàogōu	fish-hook

- 8 画
- 合体字
- 钅(金)部
- 1-4年级

"勺" 不是 "勾"。

钓 钓 钓 钓 钓 钓 钓 钓

跌(跌) — diē

跌	diē	tumble; drop
跌倒	diēdǎo	fall; tumble
暴跌	bàodiē	steep fall; slump

- 12 画
- 合体字
- 足(⻊)部
- 1-4年级

爹(爹) — diē

| 爹爹 | diēdie | dad; father |
| 干爹 | gāndiē | godfather |

- 10 画
- 合体字
- 父部
- 1-4年级

蝶(蝶) — dié

蝴蝶	húdié	butterfly
粉蝶	fěndié	white butterfly
蝶泳	diéyǒng	butterfly stroke

- 15 画
- 合体字
- 虫部
- 1-4年级

碟(碟) — dié

| 碟子 | diézi | small dish; plate |
| 光碟 | guāngdié | compact disc (CD) |

- 14 画
- 合体字
- 石部
- 1-4年级

| 丁(丁) | dīng | 甲乙丙丁 jiǎ yǐ bǐng dīng | A, B, C and D; the first, the second, the third and the fourth |

- 2 画
- 独体字
- 一部
- 1-4年级

丁 | 1 | 丁丁

钉(钉)	dīng	钉子 dīngzi	nail
		图钉 túdīng	thumbtack; drawing pin
	dìng	钉 dìng	nail; drive a nail into

- 7 画
- 合体字
- 钅(金)部
- 1-4年级

钉 | 1 | 2 | 钉钉钉钉钉钉钉

顶(顶)	dǐng	屋顶 wūdǐng	roof; housetop
		顶替 dǐngtì	replace; substitute
		顶峰 dǐngfēng	peak; summit

- 8 画
- 合体字
- 页部
- 1-4年级

顶 | 1 | 2 | 顶顶顶顶顶顶顶顶

定(定)	dìng	定做 dìngzuò	have something made; made-to-order
		一定 yīdìng	definite
		指定 zhǐdìng	assign

- 8 画
- 合体字
- 宀部
- 1-4年级

定 | 1 | 2 | 定定定定定定定定

订 (订)

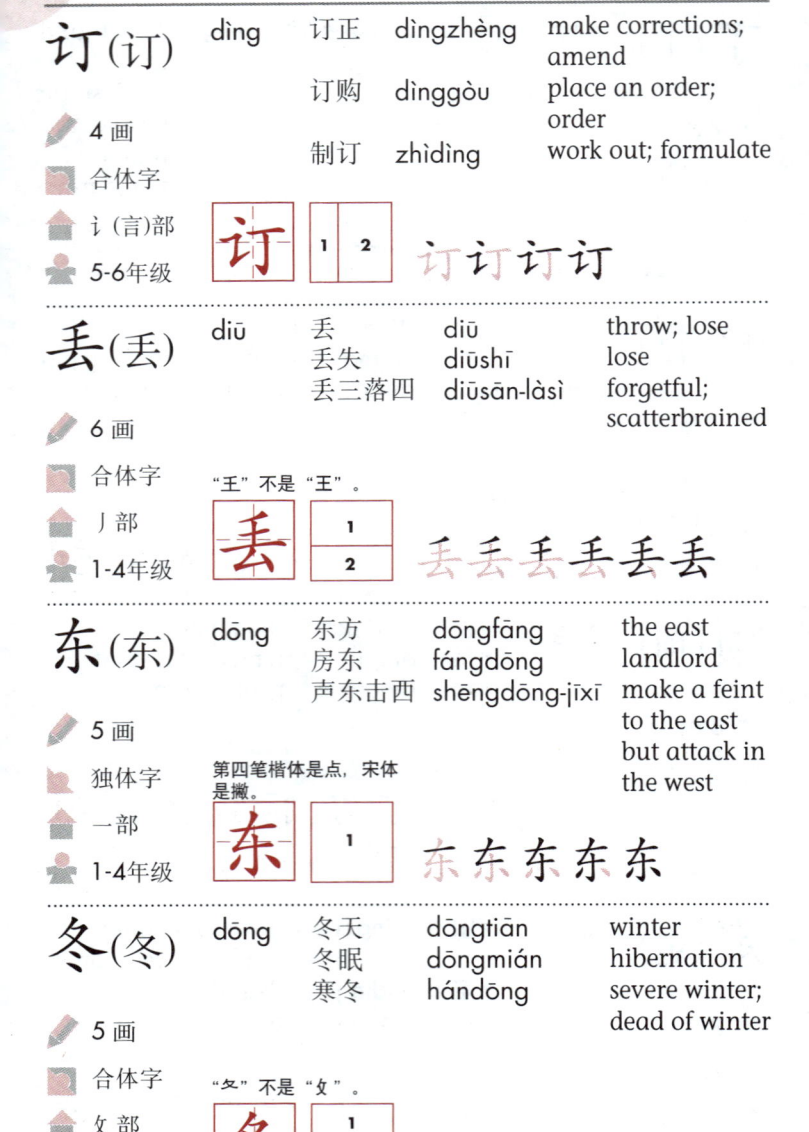

dìng

订正	dìngzhèng	make corrections; amend
订购	dìnggòu	place an order; order
制订	zhìdìng	work out; formulate

- 4 画
- 合体字
- 讠(言)部
- 5-6年级

订 | 1 2

订订订订

丢 (丢)

diū

丢	diū	throw; lose
丢失	diūshī	lose
丢三落四	diūsān-làsì	forgetful; scatterbrained

- 6 画
- 合体字
- 丿部
- 1-4年级

"𡈼" 不是 "王"。

丢 | 1 / 2

丢丢丢丢丢丢

东 (东)

dōng

东方	dōngfāng	the east
房东	fángdōng	landlord
声东击西	shēngdōng-jīxī	make a feint to the east but attack in the west

- 5 画
- 独体字
- 一部
- 1-4年级

第四笔楷体是点，宋体是撇。

东 | 1

东东东东东

冬 (冬)

dōng

冬天	dōngtiān	winter
冬眠	dōngmián	hibernation
寒冬	hándōng	severe winter; dead of winter

- 5 画
- 合体字
- 夂部
- 1-4年级

"夂" 不是 "夂"。

冬 | 1 / 2

冬冬冬冬冬

懂 (懂)

dǒng

| 懂 | dǒng | understand; know |
| 懂事 | dǒngshì | sensible |

- 15 画
- 合体字
- 忄部
- 1-4年级

动 (动)

dòng

动	dòng	move; use
动听	dòngtīng	interesting; pleasant
运动	yùndòng	sports

- 6 画
- 合体字
- 力部
- 1-4年级

洞 (洞)

dòng

洞	dòng	hole; cavity
山洞	shāndòng	cave; cavern
洞察	dòngchá	have an insight into; see clearly

- 9 画
- 合体字
- 氵部
- 1-4年级

冻 (冻)

dòng

冻结	dòngjié	freeze; congeal
冻冰	dòngbīng	freeze
解冻	jiědòng	thaw; unfreeze

- 7 画
- 合体字
- 冫部
- 5-6年级

"东"第四笔楷体是点，宋体是撇。

抖 (抖)

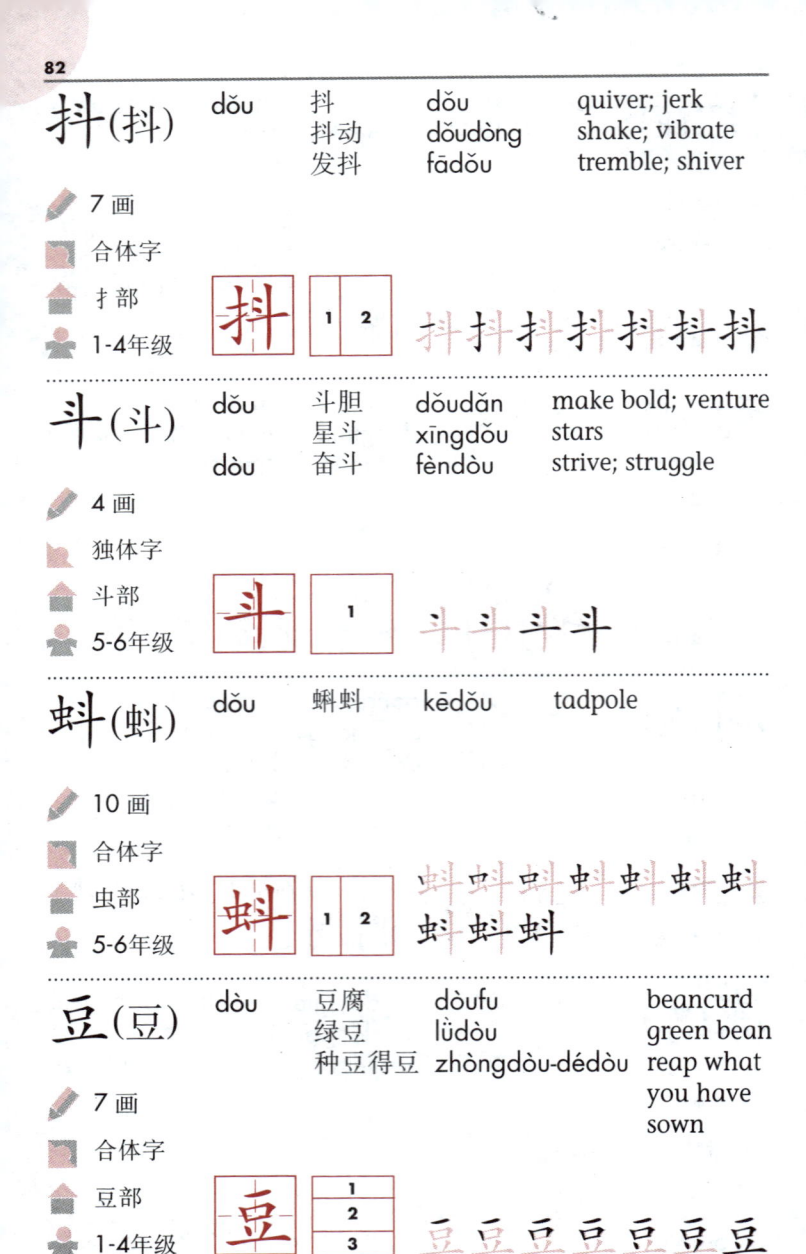

dǒu

抖	dǒu	quiver; jerk
抖动	dǒudòng	shake; vibrate
发抖	fādǒu	tremble; shiver

- 7 画
- 合体字
- 扌部
- 1-4年级

抖 抖 抖 抖 抖 抖 抖

斗 (斗)

dǒu

| 斗胆 | dǒudǎn | make bold; venture |
| 星斗 | xīngdǒu | stars |

dòu

| 奋斗 | fèndòu | strive; struggle |

- 4 画
- 独体字
- 斗部
- 5-6年级

斗 斗 斗 斗

蚪 (蚪)

dǒu

| 蝌蚪 | kēdǒu | tadpole |

- 10 画
- 合体字
- 虫部
- 5-6年级

蚪 蚪 蚪 蚪 蚪 蚪 蚪 蚪 蚪

豆 (豆)

dòu

豆腐	dòufu	beancurd
绿豆	lǜdòu	green bean
种豆得豆	zhòngdòu-dédòu	reap what you have sown

- 7 画
- 合体字
- 豆部
- 1-4年级

豆 豆 豆 豆 豆 豆 豆

都 (都)

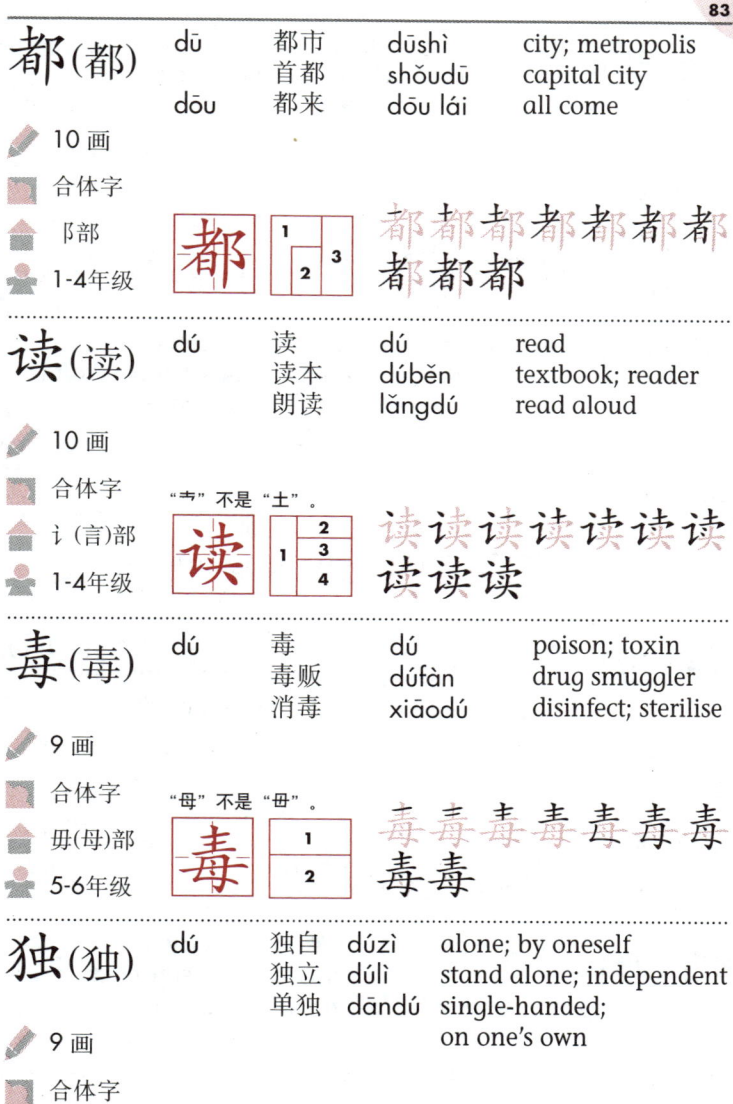

dū	都市	dūshì	city; metropolis
	首都	shǒudū	capital city
dōu	都来	dōu lái	all come

- 10 画
- 合体字
- 阝部
- 1-4年级

都都都都都都者者者都

读 (读)

dú	读	dú	read
	读本	dúběn	textbook; reader
	朗读	lǎngdú	read aloud

- 10 画
- 合体字
- "卖"不是"士"。
- 讠(言)部
- 1-4年级

读读读读读读读读读读

毒 (毒)

dú	毒	dú	poison; toxin
	毒贩	dúfàn	drug smuggler
	消毒	xiāodú	disinfect; sterilise

- 9 画
- 合体字
- "母"不是"毋"。
- 毋(母)部
- 5-6年级

毒毒毒毒毒毒毒毒毒

独 (独)

dú	独自	dúzì	alone; by oneself
	独立	dúlì	stand alone; independent
	单独	dāndú	single-handed; on one's own

- 9 画
- 合体字
- 犭部
- 5-6年级

独独独独独独独独独

肚 (肚)

dǔ　牛肚　niúdǔ　tripe
dù　肚子　dùzi　belly; abdomen
　　肚量　dùliàng　tolerance; magnanimity

- 7 画
- 合体字
- 月部
- 1-4年级

肚 | 1 2 | 肚 肚 肚 肚 肚 肚 肚

赌 (賭)

dǔ　赌　dǔ　gamble
　　赌气　dǔqì　feel wronged and act rashly
　　打赌　dǎdǔ　bet

- 12 画
- 合体字
- 贝部
- 5-6年级

赌 | 1 2 / 3 | 赌 赌 赌 赌 赌 赌 赌 赌 赌 赌 赌 赌

度 (度)

dù　度量　dùliàng　tolerance; magnanimity
　　制度　zhìdù　system; institution
duó　测度　cèduó　estimate; infer

- 9 画
- 合体字
- 广部
- 1-4年级

度 | 1 / 2 / 3 | 度 度 度 度 度 度 度 度 度

渡 (渡)

dù　渡口　dùkǒu　ferry
　　轮渡　lúndù　(steam) ferry
　　引渡　yǐndù　extradite

- 12 画
- 合体字
- 氵部
- 5-6年级

渡 | 1 2 / 3 / 4 | 渡 渡 渡 渡 渡 渡 渡 渡 渡 渡 渡 渡

端(端)

duān

端正	duānzhèng	upright; proper
端详	duānxiáng	examine
尖端	jiānduān	pointed end; most advanced

- 14 画
- 合体字
- 立部
- 5-6年级

端端端端端端端
端端端端端端端

短(短)

duǎn

短期	duǎnqī	short-term
短途	duǎntú	short-distance
简短	jiǎnduǎn	brief; concise

- 12 画
- 合体字
- 矢部
- 1-4年级

短短短短短短短
短短短短短

断(断)

duàn

断	duàn	snap; break off
断绝	duànjué	sever; cut off
果断	guǒduàn	resolute; decisive

- 11 画
- 合体字
- 斤部
- 1-4年级

断断断断断断断
断断断断

段(段)

duàn

段落	duànluò	paragraph; stage
阶段	jiēduàn	stage; phase
手段	shǒuduàn	means; method

- 9 画
- 合体字
- 殳部
- 5-6年级

"段"不是"叚"。

段段段段段段段
段段

锻(鍛)

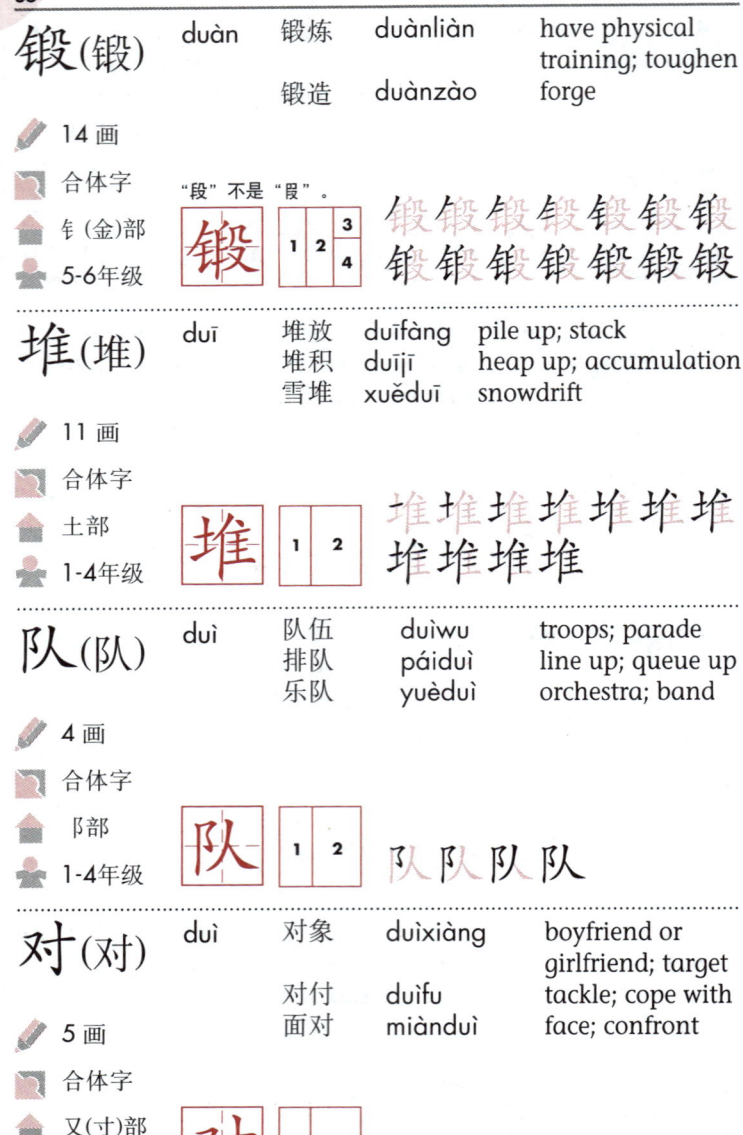

duàn

| 锻炼 | duànliàn | have physical training; toughen |
| 锻造 | duànzào | forge |

- 14 画
- 合体字
- 钅(金)部
- 5-6年级

"段"不是"叚"。

堆(堆)

duī

堆放	duīfàng	pile up; stack
堆积	duījī	heap up; accumulation
雪堆	xuěduī	snowdrift

- 11 画
- 合体字
- 土部
- 1-4年级

队(隊)

duì

队伍	duìwu	troops; parade
排队	páiduì	line up; queue up
乐队	yuèduì	orchestra; band

- 4 画
- 合体字
- 阝部
- 1-4年级

对(對)

duì

对象	duìxiàng	boyfriend or girlfriend; target
对付	duìfu	tackle; cope with
面对	miànduì	face; confront

- 5 画
- 合体字
- 又(寸)部
- 1-4年级

蹲 (蹲) dūn 蹲 dūn squat; crouch down

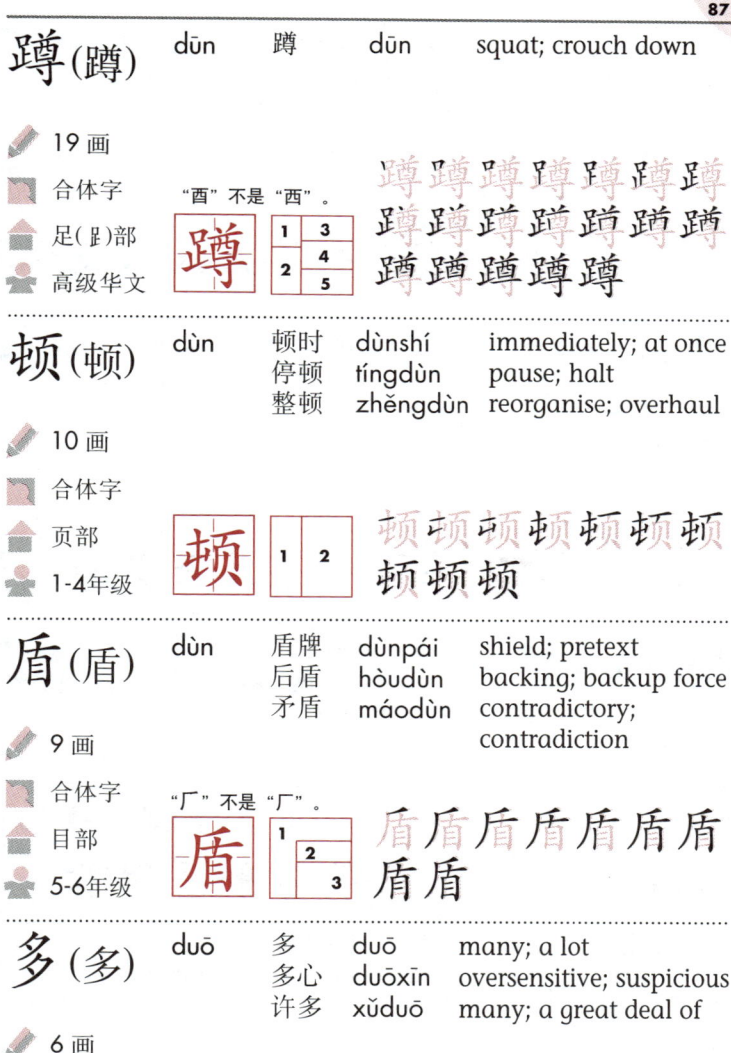

- 19 画
- 合体字
- 足(⻊)部
- 高级华文

"酋" 不是 "西"。

顿 (頓) dùn

顿时	dùnshí	immediately; at once
停顿	tíngdùn	pause; halt
整顿	zhěngdùn	reorganise; overhaul

- 10 画
- 合体字
- 页部
- 1-4年级

盾 (盾) dùn

盾牌	dùnpái	shield; pretext
后盾	hòudùn	backing; backup force
矛盾	máodùn	contradictory; contradiction

- 9 画
- 合体字
- 目部
- 5-6年级

"丆" 不是 "厂"。

多 (多) duō

多	duō	many; a lot
多心	duōxīn	oversensitive; suspicious
许多	xǔduō	many; a great deal of

- 6 画
- 合体字
- 夕部
- 1-4年级

夺 (夺)

duó

夺取	duóqǔ	strive for; seize
夺目	duómù	dazzling
争夺	zhēngduó	fight for

- 6 画
- 合体字
- 大部
- 5-6年级

夺 夺 夺 夺 夺 夺

朵 (朵)

duǒ

| 花朵 | huāduǒ | flower |
| 耳朵 | ěrduo | ear |

- 6 画
- 合体字
- 几(木)部
- 1-4年级

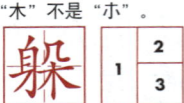

"木"不是"朩"。

朵 朵 朵 朵 朵 朵

躲 (躲)

duǒ

躲避	duǒbì	avoid; dodge
躲藏	duǒcáng	go into hiding; conceal
躲闪	duǒshǎn	dodge; evade

- 13 画
- 合体字
- 身部
- 1-4年级

"木"不是"朩"。

躲 躲 躲 躲 躲 躲 躲 躲 躲 躲 躲 躲

惰 (惰)

duò

| 懒惰 | lǎnduò | lazy |
| 惰性 | duòxìng | inertia |

- 12 画
- 合体字
- 忄部
- 1-4年级

惰 惰 惰 惰 惰 惰 惰 惰 惰 惰 惰 惰

额 (额)

é

额头	étóu	forehead
额外	éwài	extra; additional
名额	míng'é	quota of people

- 15 画
- 合体字
- 页部
- 高级华文

鹅 (鹅)

é

| 鹅 | é | goose |
| 鹅毛 | émáo | goose feather |

- 12 画
- 合体字
- 鸟部
- 1-4年级

"鸟" 不是 "乌"。

恶 (恶)

ě
è
wù

恶心	ěxīn	nauseating; feel sick
凶恶	xiōng'è	ferocious; fiendish
可恶	kěwù	detestable; abominable

- 10 画
- 合体字
- 心部
- 1-4年级

"心" 第二笔楷体是卧钩，宋体是竖弯钩。

鳄 (鳄)

è

| 鳄鱼 | èyú | crocodile; alligator |

- 17 画
- 合体字
- 鱼(鱼)部
- 高级华文

饿 (饿)

è   饥饿   jī'è   hungry; starvation
      挨饿   ái'è   go hungry; starve

- 10 画
- 合体字
- 饣(食)部
- 1-4年级

饿 饿 饿 饿 饿 饿 饿 饿 饿 饿

恩 (恩)

ēn   恩情   ēnqíng   loving kindness
      恩人   ēnrén   benefactor
      感恩   gǎn'ēn   feel grateful; be thankful

- 10 画
- 合体字
- 心部
- 5-6年级

恩 恩 恩 恩 恩 恩 恩 恩 恩 恩

儿 (儿)

ér   儿童   értóng   child; children
     儿歌   érgē   children's song; nursery rhymes
     混血儿   hùnxuè'ér   a person of mixed blood

- 2 画
- 独体字
- 儿部
- 1-4年级

儿 儿

而 (而)

ér   而且   érqiě   and; but also
     反而   fǎn'ér   on the contrary; instead

- 6 画
- 独体字
- 一部
- 1-4年级

而 而 而 而 而 而

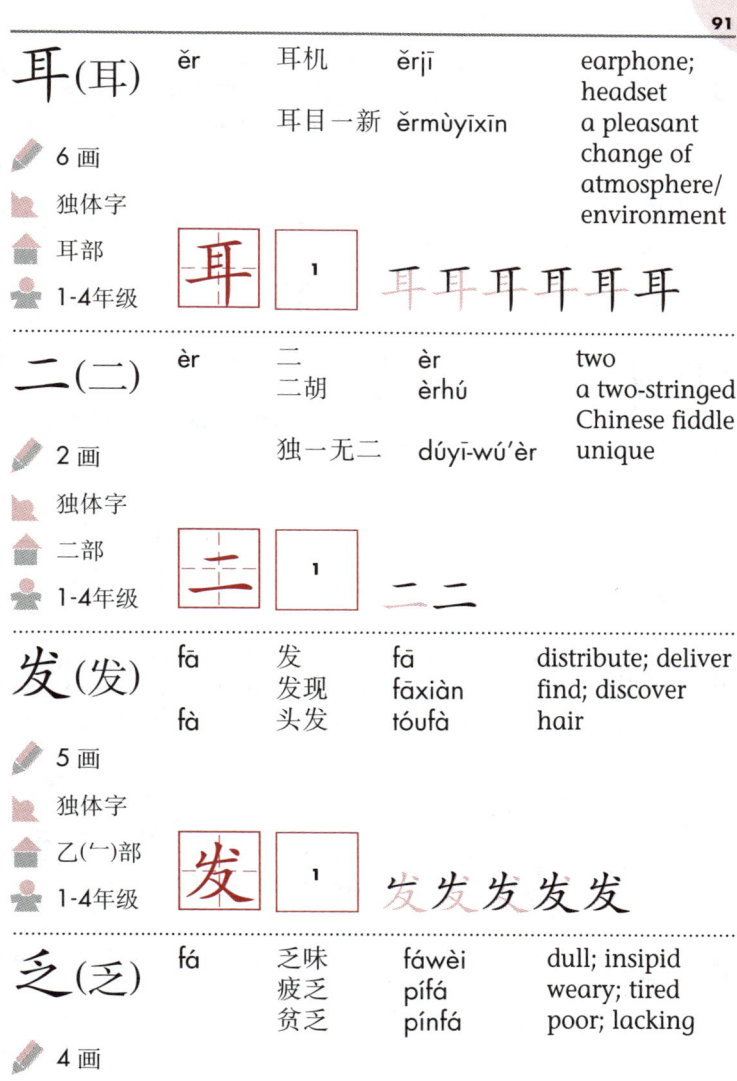

耳(耳)	ěr	耳机	ěrjī	earphone; headset
		耳目一新	ěrmùyīxīn	a pleasant change of atmosphere/ environment

- 6 画
- 独体字
- 耳部
- 1-4年级

耳耳耳耳耳耳

二(二)	èr	二	èr	two
		二胡	èrhú	a two-stringed Chinese fiddle
		独一无二	dúyī-wú'èr	unique

- 2 画
- 独体字
- 二部
- 1-4年级

二二

发(发)	fā	发	fā	distribute; deliver
		发现	fāxiàn	find; discover
	fà	头发	tóufà	hair

- 5 画
- 独体字
- 乙(丶)部
- 1-4年级

发发发发发

乏(乏)	fá	乏味	fáwèi	dull; insipid
		疲乏	pífá	weary; tired
		贫乏	pínfá	poor; lacking

- 4 画
- 独体字
- 丿部
- 高级华文

乏乏乏乏

罚 (罚) fá

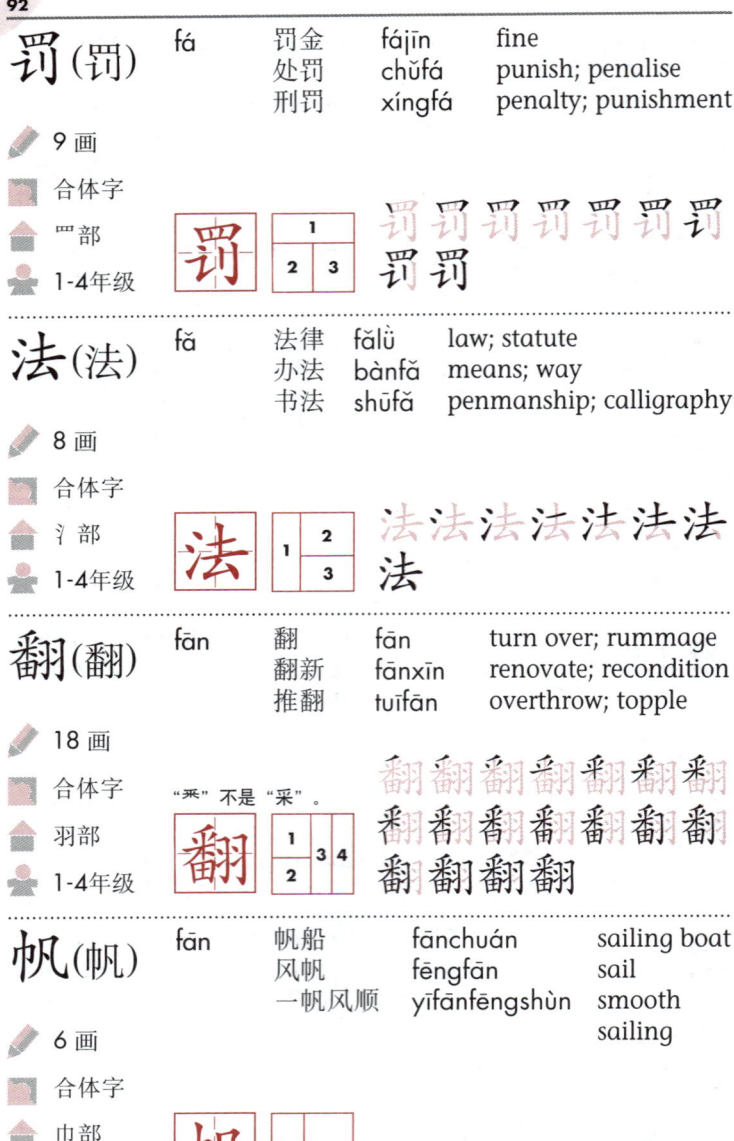

罚金	fájīn	fine
处罚	chǔfá	punish; penalise
刑罚	xíngfá	penalty; punishment

- 9 画
- 合体字
- 罒部
- 1-4年级

法 (法) fǎ

法律	fǎlǜ	law; statute
办法	bànfǎ	means; way
书法	shūfǎ	penmanship; calligraphy

- 8 画
- 合体字
- 氵部
- 1-4年级

翻 (翻) fān

翻	fān	turn over; rummage
翻新	fānxīn	renovate; recondition
推翻	tuīfān	overthrow; topple

- 18 画
- 合体字
- "釆" 不是 "采"。
- 羽部
- 1-4年级

帆 (帆) fān

帆船	fānchuán	sailing boat
风帆	fēngfān	sail
一帆风顺	yīfānfēngshùn	smooth sailing

- 6 画
- 合体字
- 巾部
- 5-6年级

烦 (烦) fán

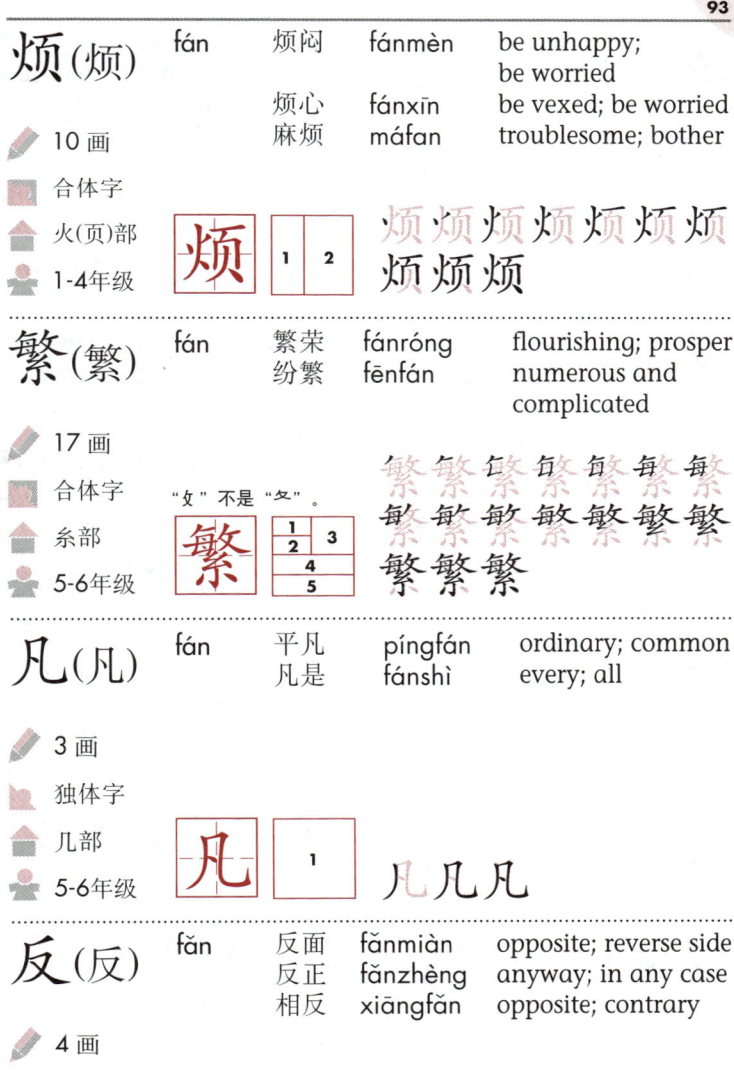

烦闷	fánmèn	be unhappy; be worried
烦心	fánxīn	be vexed; be worried
麻烦	máfan	troublesome; bother

- 10 画
- 合体字
- 火(页)部
- 1-4年级

烦烦烦烦烦烦烦烦烦烦

繁 (繁) fán

| 繁荣 | fánróng | flourishing; prosper |
| 纷繁 | fēnfán | numerous and complicated |

- 17 画
- 合体字
- "攵"不是"夂"。
- 糸部
- 5-6年级

繁繁繁繁繁繁繁繁繁繁繁繁繁繁繁繁繁

凡 (凡) fán

| 平凡 | píngfán | ordinary; common |
| 凡是 | fánshì | every; all |

- 3 画
- 独体字
- 几部
- 5-6年级

凡凡凡

反 (反) fǎn

反面	fǎnmiàn	opposite; reverse side
反正	fǎnzhèng	anyway; in any case
相反	xiāngfǎn	opposite; contrary

- 4 画
- 合体字
- 丿(又)部
- 1-4年级

反反反反

返(返)

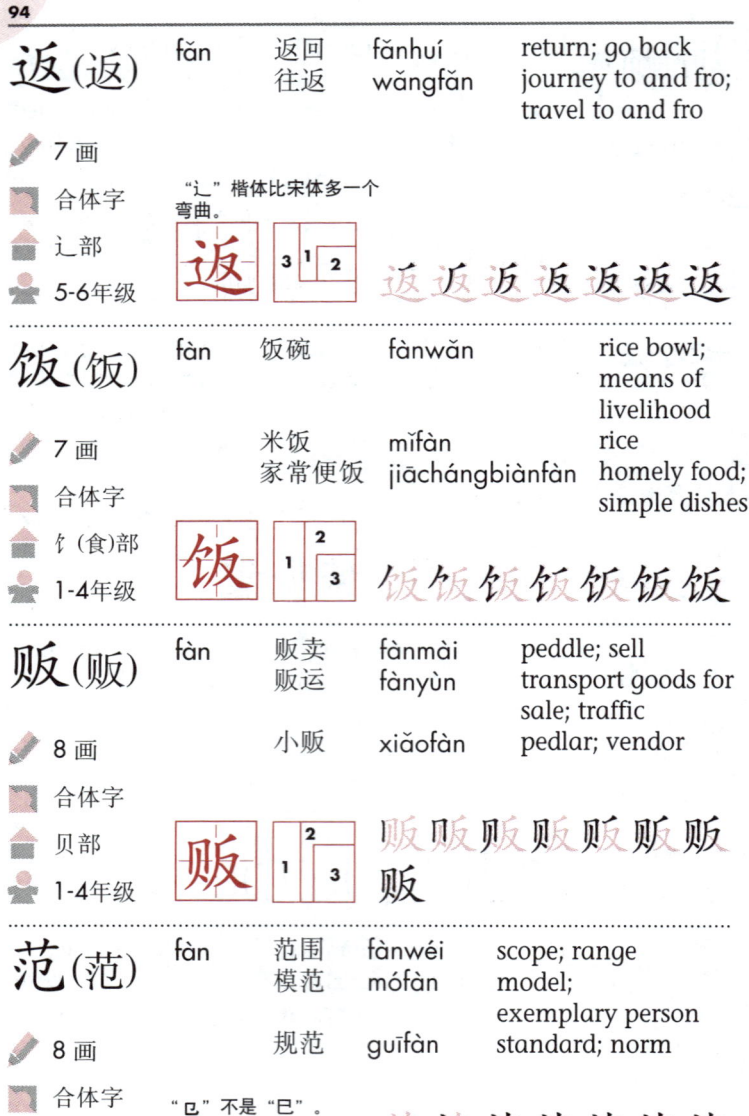

fǎn

返回 fǎnhuí return; go back
往返 wǎngfǎn journey to and fro; travel to and fro

- 7 画
- 合体字
- 辶 部
- 5-6年级

"辶" 楷体比宋体多一个弯曲。

返返返返返返返

饭(饭)

fàn

饭碗 fànwǎn rice bowl; means of livelihood
米饭 mǐfàn rice
家常便饭 jiāchángbiànfàn homely food; simple dishes

- 7 画
- 合体字
- 饣(食)部
- 1-4年级

饭饭饭饭饭饭饭

贩(贩)

fàn

贩卖 fànmài peddle; sell
贩运 fànyùn transport goods for sale; traffic
小贩 xiǎofàn pedlar; vendor

- 8 画
- 合体字
- 贝部
- 1-4年级

贩贩贩贩贩贩贩

范(范)

fàn

范围 fànwéi scope; range
模范 mófàn model; exemplary person
规范 guīfàn standard; norm

- 8 画
- 合体字
- 艹部
- 1-4年级

"㔾" 不是 "巳"。

范范范范范范范范

犯(犯)	fàn	犯罪	fànzuì	commit a crime; be guilty of a criminal offense
5画		罪犯	zuìfàn	criminal; culprit
合体字		侵犯	qīnfàn	encroach on; infringe
犭部				
5-6年级				

"㔾" 不是 "巳"。

芳(芳)	fāng	芳香	fāngxiāng	fragrant
7画		流芳百世	liúfāngbǎishì	leave a good name for posterity
合体字				
艹部				
高级华文				

方(方)	fāng	方	fāng	square
4画		方法	fāngfǎ	method; means
独体字		对方	duìfāng	the other side; the other party
方部				
1-4年级				

房(房)	fáng	房屋	fángwū	house; building
8画		住房	zhùfáng	housing; lodgings
合体字		乳房	rǔfáng	breast
户部				
1-4年级				

防(防)

fáng

防备	fángbèi	guard against; take precautions against
防卫	fángwèi	defend
国防	guófáng	national defence

- 6 画
- 合体字
- 阝部
- 1-4年级

防防防防防防防

妨(妨)

fáng

妨碍	fáng'ài	hinder; hamper
妨害	fánghài	impair; jeopardise
不妨	bùfáng	there is no harm in; might as well

- 7 画
- 合体字
- 女部
- 5-6年级

妨妨妨妨妨妨妨

访(訪)

fǎng

访问	fǎngwèn	visit; call on
采访	cǎifǎng	cover; interview
回访	huífǎng	pay a return visit

- 6 画
- 合体字
- 讠(言)部
- 1-4年级

访访访访访访

仿(仿)

fǎng

仿佛	fǎngfú	seem; be alike
仿照	fǎngzhào	imitate; follow
模仿	mófǎng	imitate; mimic; model oneself on

- 6 画
- 合体字
- 亻部
- 5-6年级

仿仿仿仿仿仿

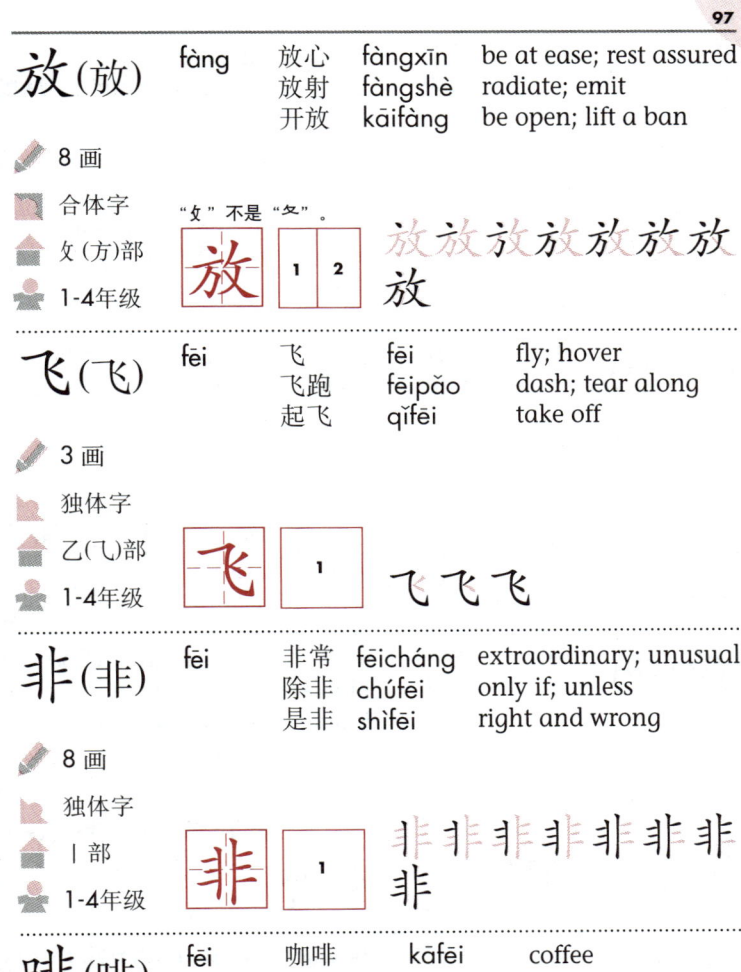

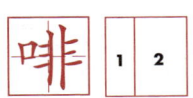

放(放)	fàng	放心 fàngxīn	be at ease; rest assured
		放射 fàngshè	radiate; emit
		开放 kāifàng	be open; lift a ban

- 8 画
- 合体字
- 攵(方)部
- 1-4年级

"攵"不是"夂"。

放 放 放 放 放 放 放 放

飞(飞)	fēi	飞 fēi	fly; hover
		飞跑 fēipǎo	dash; tear along
		起飞 qǐfēi	take off

- 3 画
- 独体字
- 乙(乙)部
- 1-4年级

飞 飞 飞

非(非)	fēi	非常 fēicháng	extraordinary; unusual
		除非 chúfēi	only if; unless
		是非 shìfēi	right and wrong

- 8 画
- 独体字
- 丨部
- 1-4年级

非 非 非 非 非 非 非 非

| 啡(啡) | fēi | 咖啡 kāfēi | coffee |

- 11 画
- 合体字
- 口部
- 1-4年级

啡 啡 啡 啡 啡 啡 啡 啡 啡 啡 啡

肥 (肥)

féi

| 肥胖 | féipàng | fat; corpulent |
| 减肥 | jiǎnféi | be on a slimming diet; lose weight; slim |

- 8 画
- 合体字
- 月部
- 1-4年级

肥 肥 肥 肥 肥 肥 肥 肥

匪 (匪)

fěi

| 匪徒 | fěitú | gangster; bandit |
| 劫匪 | jiéfěi | kidnapper; robber |

- 10 画
- 合体字
- 匚部
- 高级华文

匪 匪 匪 匪 匪 匪 匪 匪 匪 匪

费 (费)

fèi

费力	fèilì	use great effort
消费	xiāofèi	consume
浪费	làngfèi	waste; squander

- 9 画
- 合体字
- 贝部
- 1-4年级

费 费 费 费 费 费 费 费 费

废 (废)

fèi

废物	fèiwù	waste material; trash
废除	fèichú	abolish; repeal
作废	zuòfèi	become invalid

- 8 画
- 合体字
- 广部
- 1-4年级

"发" 不是 "发"。

废 废 废 废 废 废 废 废

肺 (肺)

fèi	肺	fèi	lungs
	肺病	fèibìng	pulmonary tuberculosis; TB
	狼心狗肺	lángxīn-gǒufèi	cruel and unscrupulous

- 8 画
- 合体字
- 月部
- 5-6年级

"巿" 不是 "市"。

肺 肺 肺 肺 肺 肺 肺 肺

吠 (吠)

fèi	狂吠	kuángfèi	bark furiously; howl

- 7 画
- 合体字
- 口部
- 5-6年级

吠 吠 吠 吠 吠 吠 吠

芬 (芬)

fēn	芬芳	fēnfāng	sweet-smelling; fragrant

- 7 画
- 合体字
- 艹部
- 高级华文

"八" 不是 "人" 或 "入"。

芬 芬 芬 芬 芬 芬 芬

分 (分)

fēn	分	fēn	divide; separate
	分散	fēnsàn	disperse; scatter
fèn	身分	shēnfèn	status; identity

- 4 画
- 合体字
- 八(刀)部
- 1-4年级

"八" 不是 "人" 或 "入"。

分 分 分 分

吩(吩)

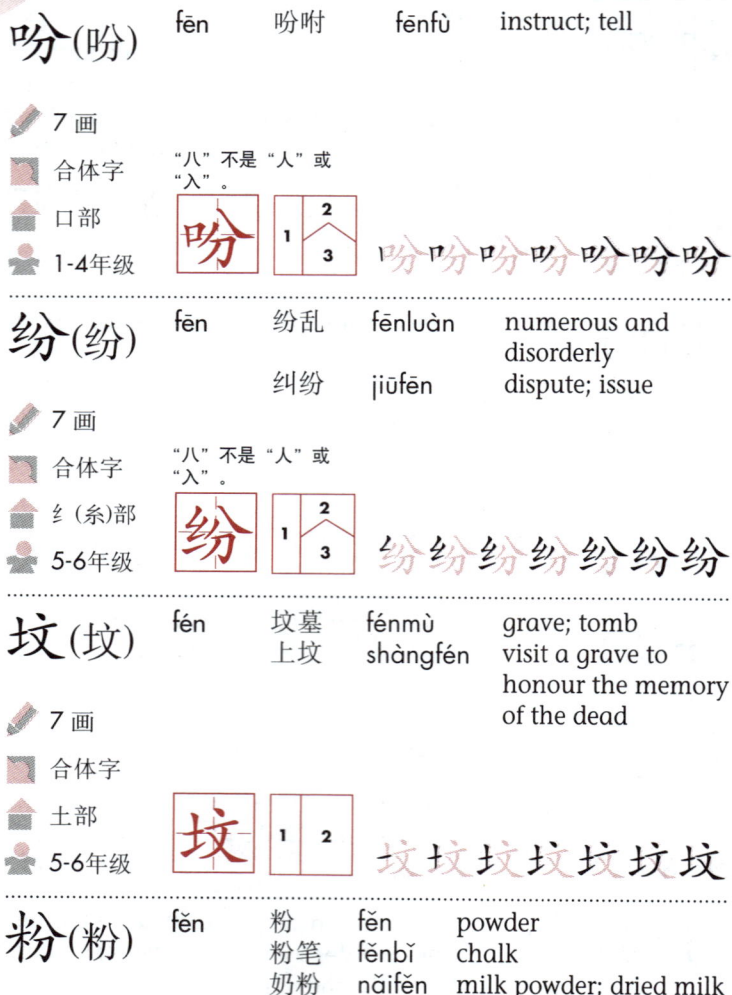

fēn 吩咐 fēnfù instruct; tell

- 7 画
- 合体字
- 口部
- 1-4年级

"八"不是"人"或"入"。

吩 吩 吩 吩 吩 吩 吩

纷(纷)

fēn 纷乱 fēnluàn numerous and disorderly
纠纷 jiūfēn dispute; issue

- 7 画
- 合体字
- 纟(糸)部
- 5-6年级

"八"不是"人"或"入"。

纷 纷 纷 纷 纷 纷 纷

坟(坟)

fén 坟墓 fénmù grave; tomb
上坟 shàngfén visit a grave to honour the memory of the dead

- 7 画
- 合体字
- 土部
- 5-6年级

坟 坟 坟 坟 坟 坟 坟

粉(粉)

fěn 粉 fěn powder
粉笔 fěnbǐ chalk
奶粉 nǎifěn milk powder; dried milk

- 10 画
- 合体字
- 米部
- 1-4年级

"八"不是"人"或"入"。

粉 粉 粉 粉 粉 粉 粉 粉 粉

份 (份)

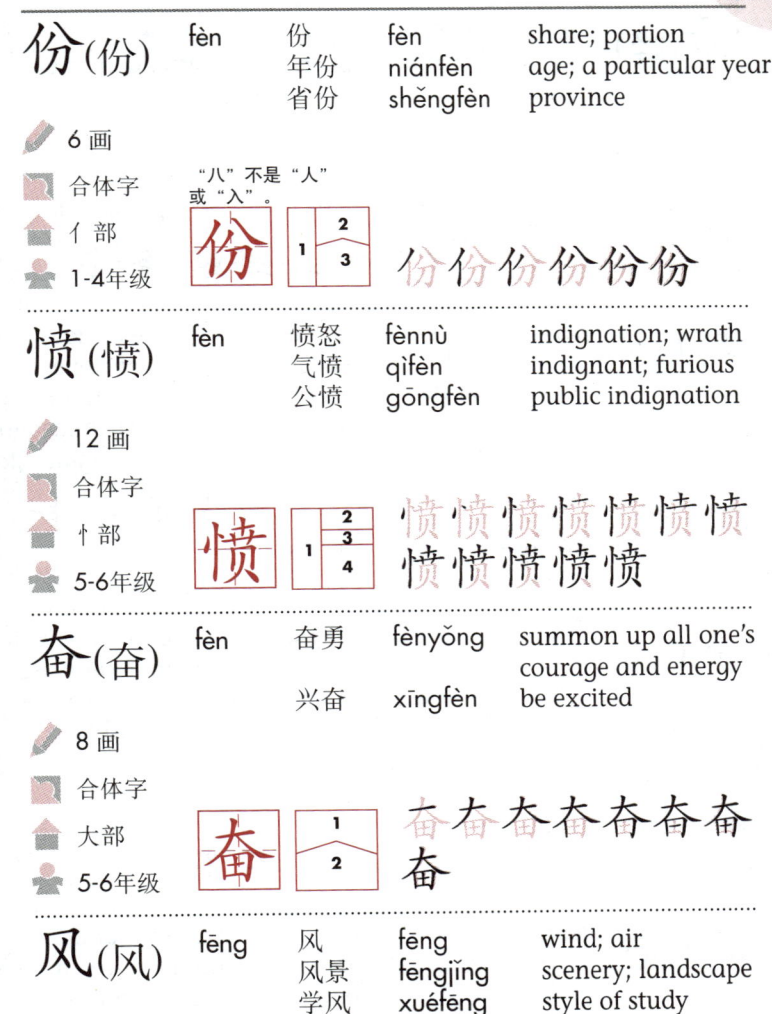

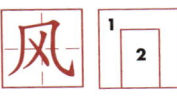

fèn

份	fèn	share; portion
年份	niánfèn	age; a particular year
省份	shěngfèn	province

- 6 画
- 合体字
- 亻部
- 1-4年级

"八"不是"人"或"入"。

份 份 份 份 份 份

愤 (憤)

fèn

愤怒	fènnù	indignation; wrath
气愤	qìfèn	indignant; furious
公愤	gōngfèn	public indignation

- 12 画
- 合体字
- 忄部
- 5-6年级

愤 愤 愤 愤 愤 愤 愤 愤 愤 愤 愤

奋 (奮)

fèn

| 奋勇 | fènyǒng | summon up all one's courage and energy |
| 兴奋 | xīngfèn | be excited |

- 8 画
- 合体字
- 大部
- 5-6年级

奋 奋 奋 奋 奋 奋 奋 奋

风 (風)

fēng

风	fēng	wind; air
风景	fēngjǐng	scenery; landscape
学风	xuéfēng	style of study

- 4 画
- 合体字
- 几(风)部
- 1-4年级

风 风 风 风

蜂(蜂)	fēng	蜂蜜 蜜蜂	fēngmì mìfēng	honey bee; honeybee

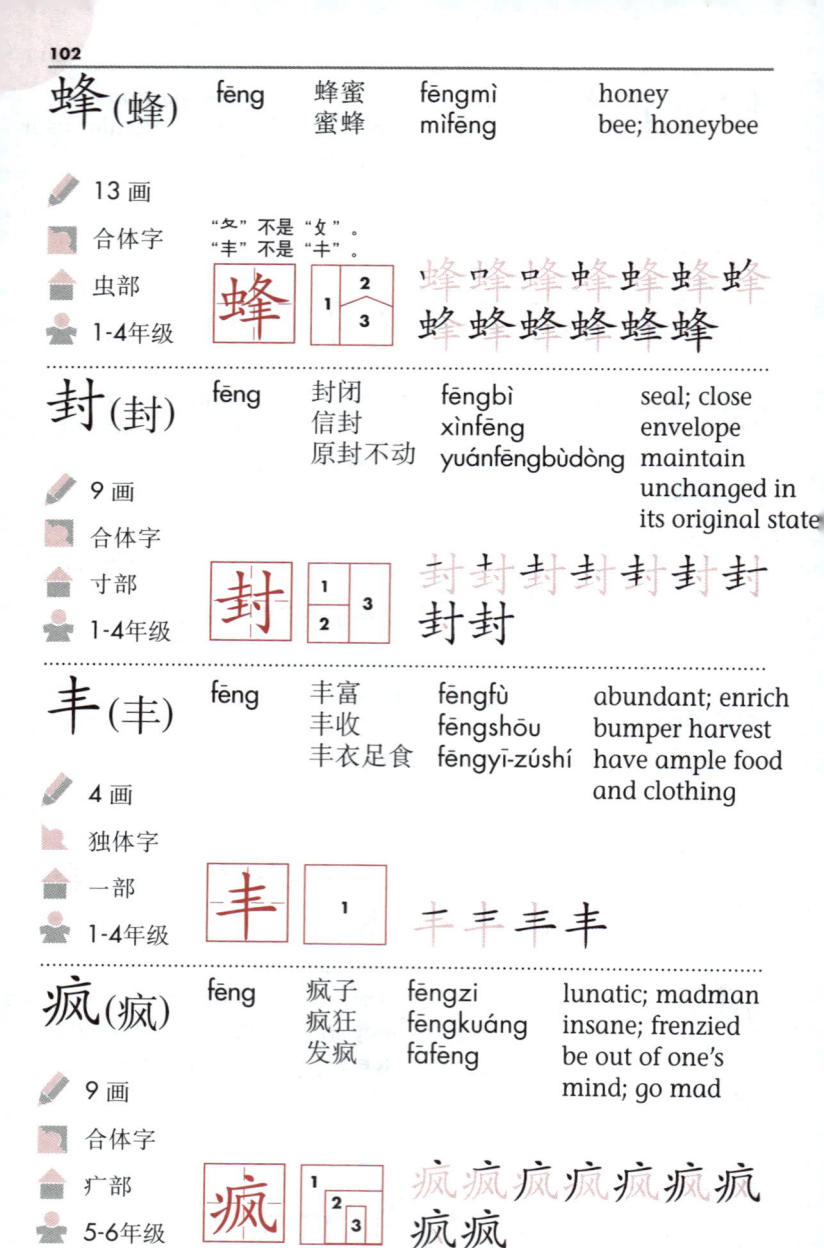

- 13 画
- 合体字
- 虫部
- 1-4年级

"夆" 不是 "夆"。
"丰" 不是 "丯"。

封(封)	fēng	封闭 信封 原封不动	fēngbì xìnfēng yuánfēngbùdòng	seal; close envelope maintain unchanged in its original state

- 9 画
- 合体字
- 寸部
- 1-4年级

丰(丰)	fēng	丰富 丰收 丰衣足食	fēngfù fēngshōu fēngyī-zúshí	abundant; enrich bumper harvest have ample food and clothing

- 4 画
- 独体字
- 一部
- 1-4年级

疯(疯)	fēng	疯子 疯狂 发疯	fēngzi fēngkuáng fāfēng	lunatic; madman insane; frenzied be out of one's mind; go mad

- 9 画
- 合体字
- 疒部
- 5-6年级

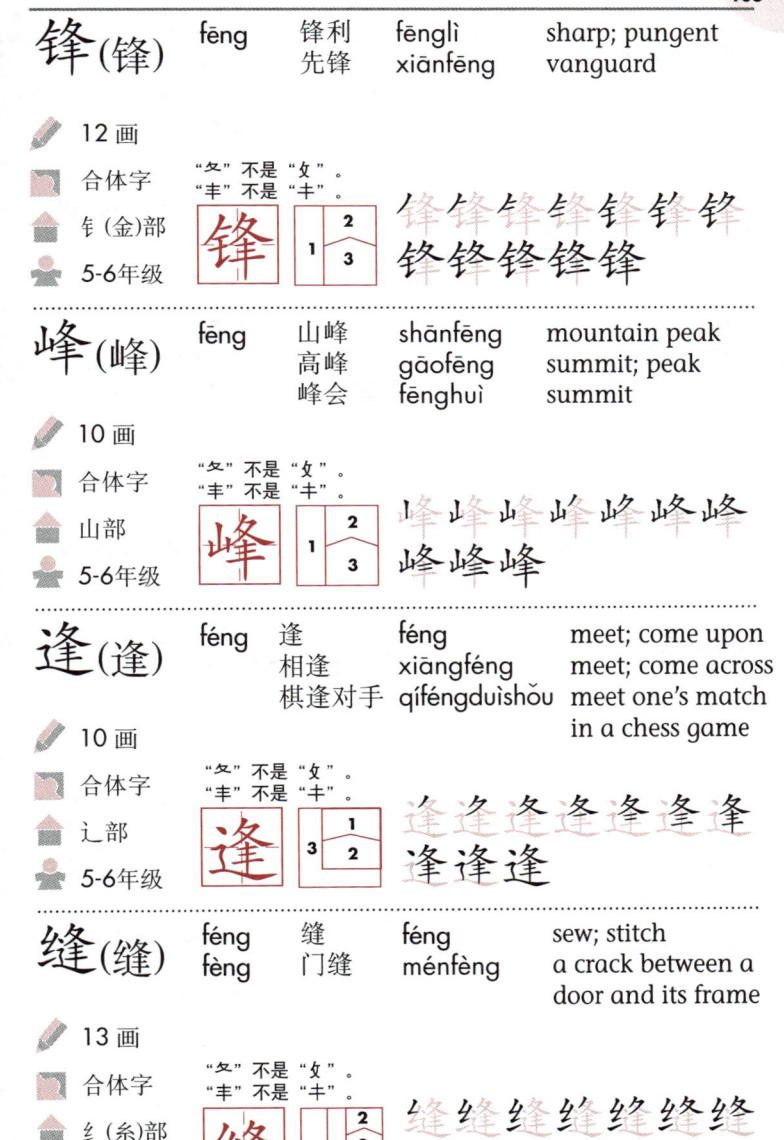

| 锋(鋒) | fēng | 锋利 先锋 | fēnglì xiānfēng | sharp; pungent vanguard |

- 12 画
- 合体字
- 钅(金)部
- 5-6年级

"夂"不是"攵"。
"丰"不是"丰"。

| 峰(峰) | fēng | 山峰 高峰 峰会 | shānfēng gāofēng fēnghuì | mountain peak summit; peak summit |

- 10 画
- 合体字
- 山部
- 5-6年级

"夂"不是"攵"。
"丰"不是"丰"。

| 逢(逢) | féng | 逢 相逢 棋逢对手 | féng xiāngféng qíféngduìshǒu | meet; come upon meet; come across meet one's match in a chess game |

- 10 画
- 合体字
- 辶部
- 5-6年级

"夂"不是"攵"。
"丰"不是"丰"。

| 缝(縫) | féng fèng | 缝 门缝 | féng ménfèng | sew; stitch a crack between a door and its frame |

- 13 画
- 合体字
- 纟(糸)部
- 1-4年级

"夂"不是"攵"。
"丰"不是"丰"。

奉(奉)

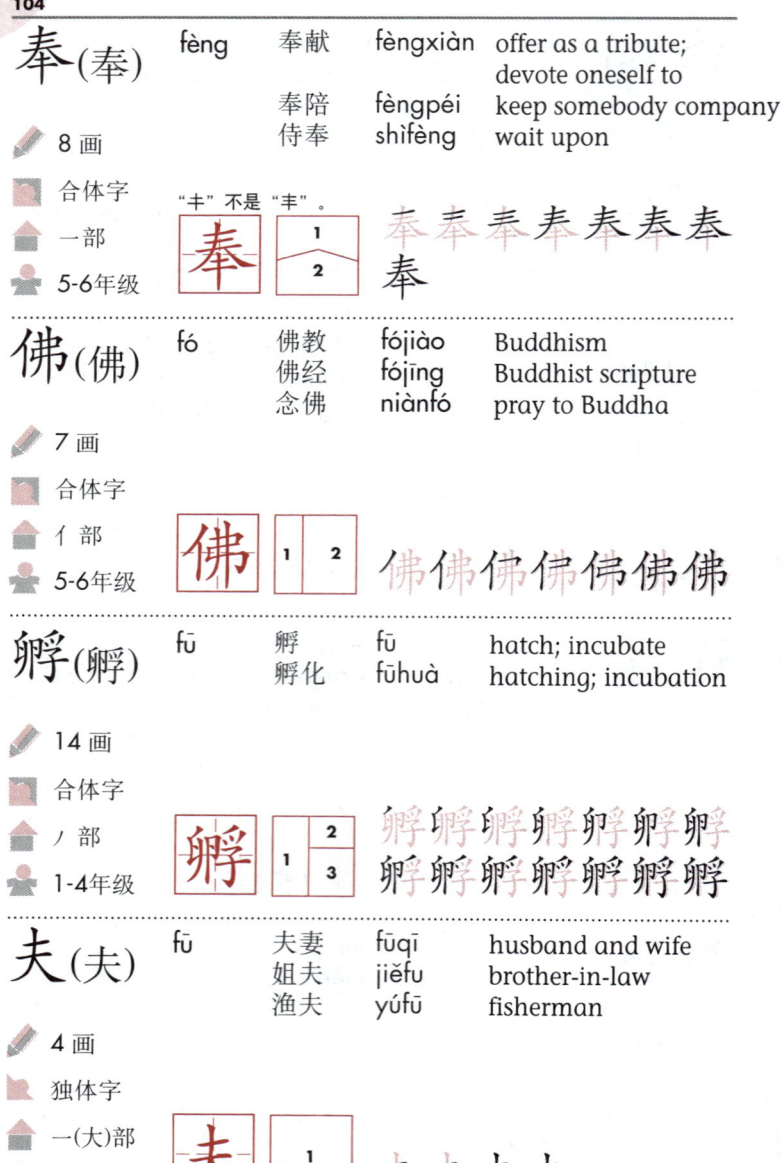

fèng

奉献	fèngxiàn	offer as a tribute; devote oneself to
奉陪	fèngpéi	keep somebody company
侍奉	shìfèng	wait upon

- 8 画
- 合体字
- 一部
- 5-6年级

"龶"不是"丰"。

佛(佛)

fó

佛教	fójiào	Buddhism
佛经	fójīng	Buddhist scripture
念佛	niànfó	pray to Buddha

- 7 画
- 合体字
- 亻部
- 5-6年级

孵(孵)

fū

| 孵 | fū | hatch; incubate |
| 孵化 | fūhuà | hatching; incubation |

- 14 画
- 合体字
- 丿部
- 1-4年级

夫(夫)

fū

夫妻	fūqī	husband and wife
姐夫	jiěfu	brother-in-law
渔夫	yúfū	fisherman

- 4 画
- 独体字
- 一(大)部
- 1-4年级

肤 (肤)

fū　皮肤　pífū　skin
　　肤浅　fūqiǎn　superficial; shallow

- 8 画
- 合体字
- 月部
- 1-4年级

肤肤肤肤肤肤肤肤

伏 (伏)

fú　伏兵　fúbīng　soldiers lying in ambush; ambush
　　埋伏　máifú　ambush

- 6 画
- 合体字
- 亻部
- 高级华文

伏伏伏伏伏伏

服 (服)

fú　服装　fúzhuāng　clothing; costume
　　服药　fúyào　take medicine
　　心服口服　xīnfú-kǒufú　fully convinced

- 8 画
- 合体字
- 月部
- 1-4年级

服服服服服服服服

扶 (扶)

fú　扶　fú　support with the hand
　　扶养　fúyǎng　foster; bring up
　　救死扶伤　jiùsǐ-fúshāng　heal the wounded and rescue the dying

- 7 画
- 合体字
- 扌部
- 1-4年级

扶扶扶扶扶扶扶

福 (福)

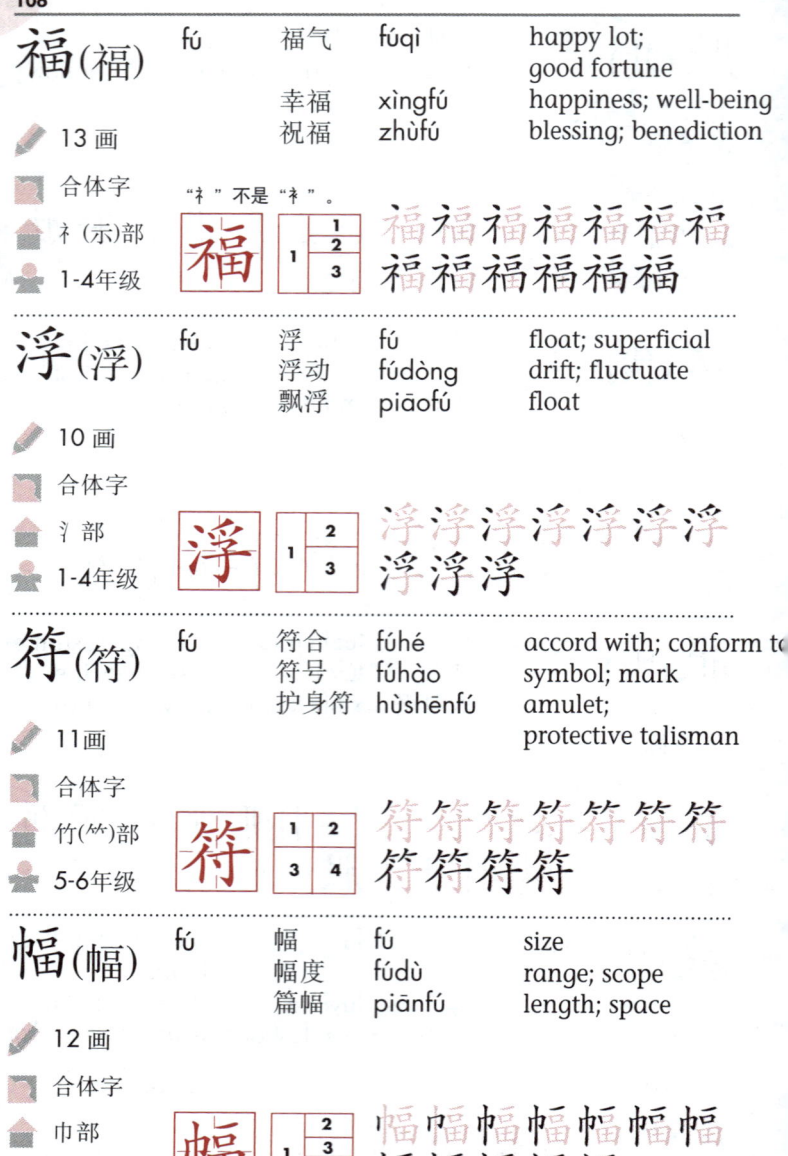

fú

福气	fúqì	happy lot; good fortune
幸福	xìngfú	happiness; well-being
祝福	zhùfú	blessing; benediction

- 13 画
- 合体字
- 礻(示)部
- 1-4年级

"礻"不是"衤"。

福福福福福福福福福福福福福

浮 (浮)

fú

浮	fú	float; superficial
浮动	fúdòng	drift; fluctuate
飘浮	piāofú	float

- 10 画
- 合体字
- 氵部
- 1-4年级

浮浮浮浮浮浮浮浮浮浮

符 (符)

fú

符合	fúhé	accord with; conform to
符号	fúhào	symbol; mark
护身符	hùshēnfú	amulet; protective talisman

- 11画
- 合体字
- 竹(⺮)部
- 5-6年级

符符符符符符符符符符符

幅 (幅)

fú

幅	fú	size
幅度	fúdù	range; scope
篇幅	piānfú	length; space

- 12 画
- 合体字
- 巾部
- 5-6年级

幅幅幅幅幅幅幅幅幅幅幅幅

府 (府)

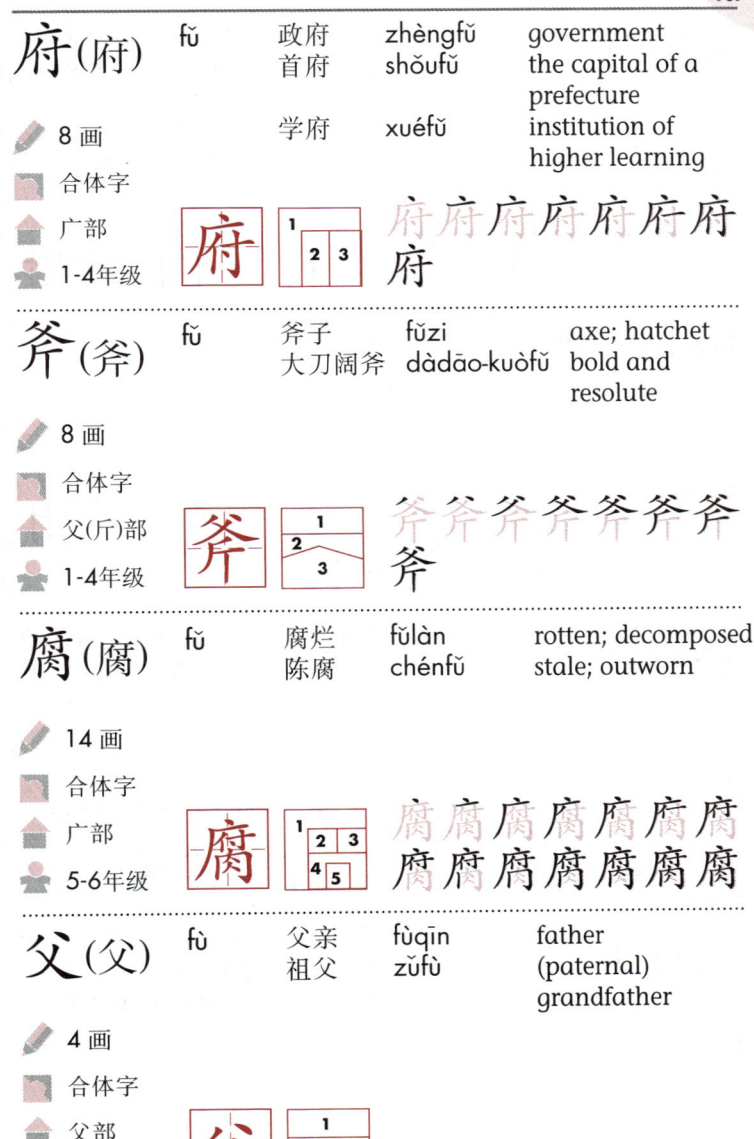

fǔ

政府	zhèngfǔ	government
首府	shǒufǔ	the capital of a prefecture
学府	xuéfǔ	institution of higher learning

- 8 画
- 合体字
- 广部
- 1-4年级

府 府 府 府 府 府 府 府

斧 (斧)

fǔ

| 斧子 | fǔzi | axe; hatchet |
| 大刀阔斧 | dàdāo-kuòfǔ | bold and resolute |

- 8 画
- 合体字
- 父(斤)部
- 1-4年级

斧 斧 斧 斧 斧 斧 斧 斧

腐 (腐)

fǔ

| 腐烂 | fǔlàn | rotten; decomposed |
| 陈腐 | chénfǔ | stale; outworn |

- 14 画
- 合体字
- 广部
- 5-6年级

腐 腐 腐 腐 腐 腐 腐 腐 腐 腐 腐 腐

父 (父)

fù

| 父亲 | fùqin | father |
| 祖父 | zǔfù | (paternal) grandfather |

- 4 画
- 合体字
- 父部
- 1-4年级

父 父 父 父

附 (附) fù

	附加	fùjiā	attach; appended
	附近	fùjìn	nearby; neighbouring
	依附	yīfù	depend on; become an appendage to

- 7 画
- 合体字
- 阝 部
- 1-4年级

咐 (咐) fù

	吩咐	fēnfù	instruct; tell

- 8 画
- 合体字
- 口 部
- 1-4年级

富 (富) fù

	富裕	fùyù	prosperous; well-off
	财富	cáifù	wealth; riches

- 12 画
- 合体字
- 宀 部
- 1-4年级

付 (付) fù

	付款	fùkuǎn	pay a sum of money
	偿付	chángfù	pay; compensate
	应付	yìngfù	cope with; handle

- 5 画
- 合体字
- 亻 部
- 1-4年级

妇 (妇)

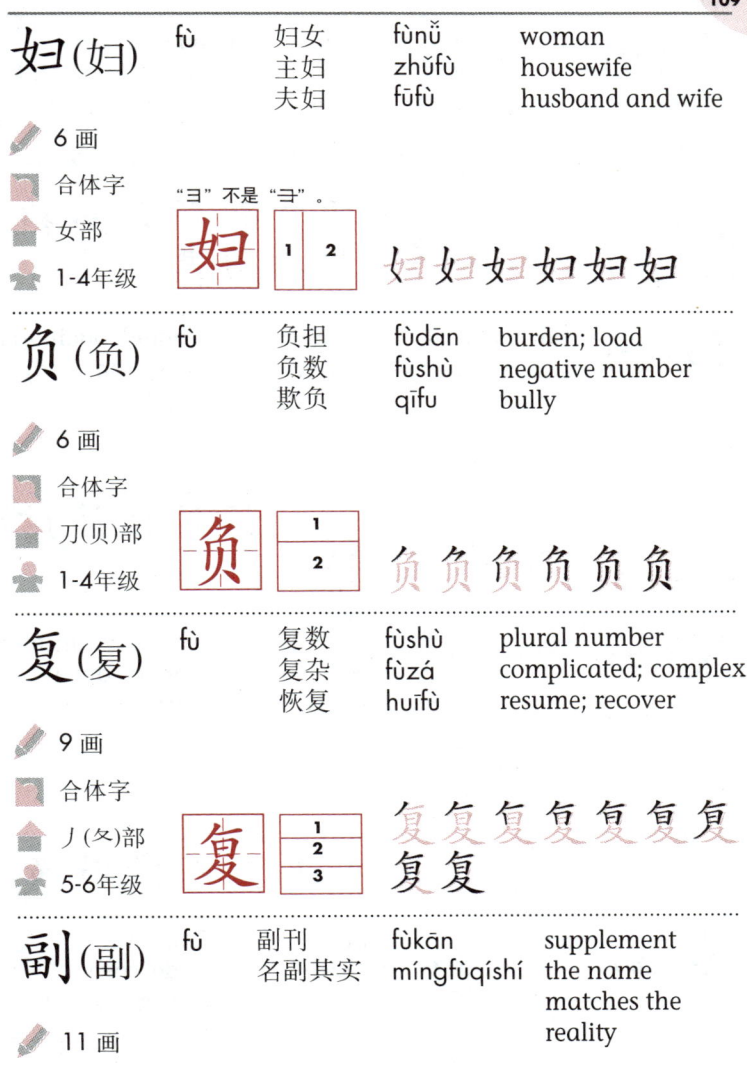

fù
妇女	fùnǚ	woman
主妇	zhǔfù	housewife
夫妇	fūfù	husband and wife

- 6 画
- 合体字
- 女部
- 1-4年级

"ヨ" 不是 "ヨ"。

妇 妇 妇 妇 妇 妇

负 (负)

fù
负担	fùdān	burden; load
负数	fùshù	negative number
欺负	qīfu	bully

- 6 画
- 合体字
- 刀(贝)部
- 1-4年级

负 负 负 负 负 负

复 (复)

fù
复数	fùshù	plural number
复杂	fùzá	complicated; complex
恢复	huīfù	resume; recover

- 9 画
- 合体字
- 丿(夂)部
- 5-6年级

复 复 复 复 复 复 复 复

副 (副)

fù
| 副刊 | fùkān | supplement |
| 名副其实 | míngfùqíshí | the name matches the reality |

- 11 画
- 合体字
- 刂部
- 5-6年级

副 副 副 副 副 副 副 副 副 副

覆(覆)

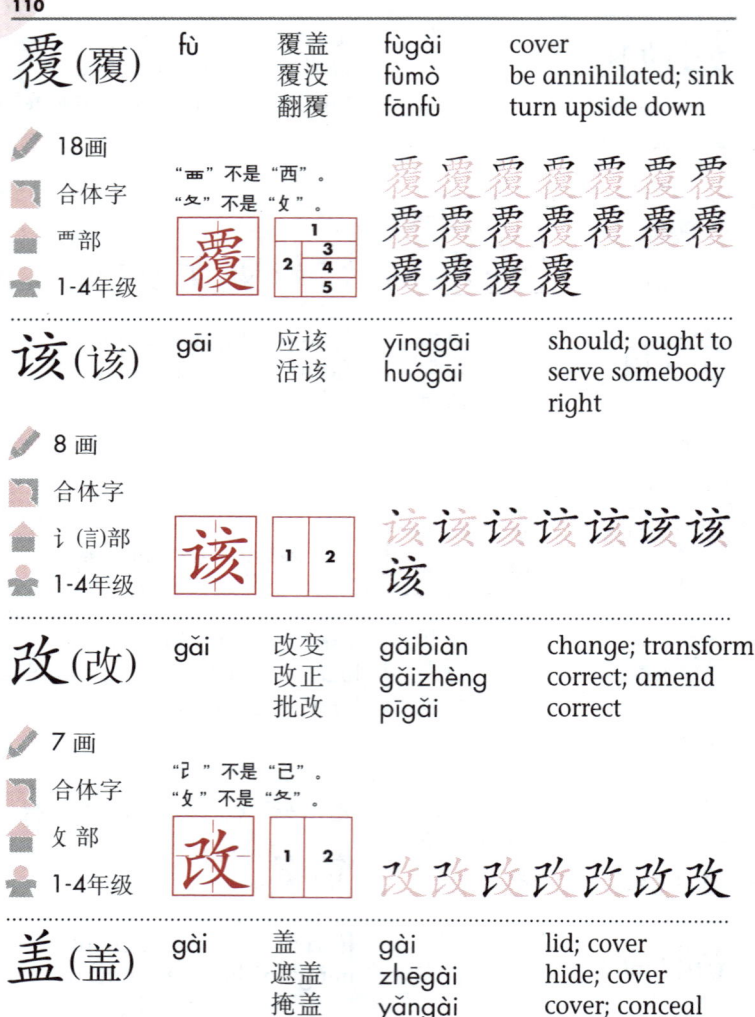

fù

覆盖	fùgài	cover
覆没	fùmò	be annihilated; sink
翻覆	fānfù	turn upside down

- 18画
- 合体字
- 覀部
- 1-4年级

"覀"不是"西"。
"夂"不是"攵"。

该(该)

gāi

| 应该 | yīnggāi | should; ought to |
| 活该 | huógāi | serve somebody right |

- 8画
- 合体字
- 讠(言)部
- 1-4年级

改(改)

gǎi

改变	gǎibiàn	change; transform
改正	gǎizhèng	correct; amend
批改	pīgǎi	correct

- 7画
- 合体字
- 攵部
- 1-4年级

"己"不是"已"。
"攵"不是"夂"。

盖(盖)

gài

盖	gài	lid; cover
遮盖	zhēgài	hide; cover
掩盖	yǎngài	cover; conceal

- 11画
- 合体字
- 皿部
- 1-4年级

丐(丐)

gài　　乞丐　　qǐgài　　beggar

- 4画
- 独体字
- 一部
- 1-4年级

丐丐丐丐

概(概)

gài
- 概况　gàikuàng　general situation
- 概念　gàiniàn　concept; notion
- 大概　dàgài　general idea

- 13画
- 合体字　"旡"不是"无"。
- 木部
- 5-6年级

概概概概概概概概概概概概概

柑(柑)

gān　　柑　　gān　　mandarin orange

- 9画
- 合体字
- 木部
- 高级华文

柑柑柑柑柑柑柑柑柑

竿(竿)

gān
- 竹竿　　　zhúgān　　　bamboo pole
- 百尺竿头　bǎichǐgāntóu　make further progress

- 9画
- 合体字
- 竹(⺮)
- 高级华文

竿竿竿竿竿竿竿竿竿

干 (干)

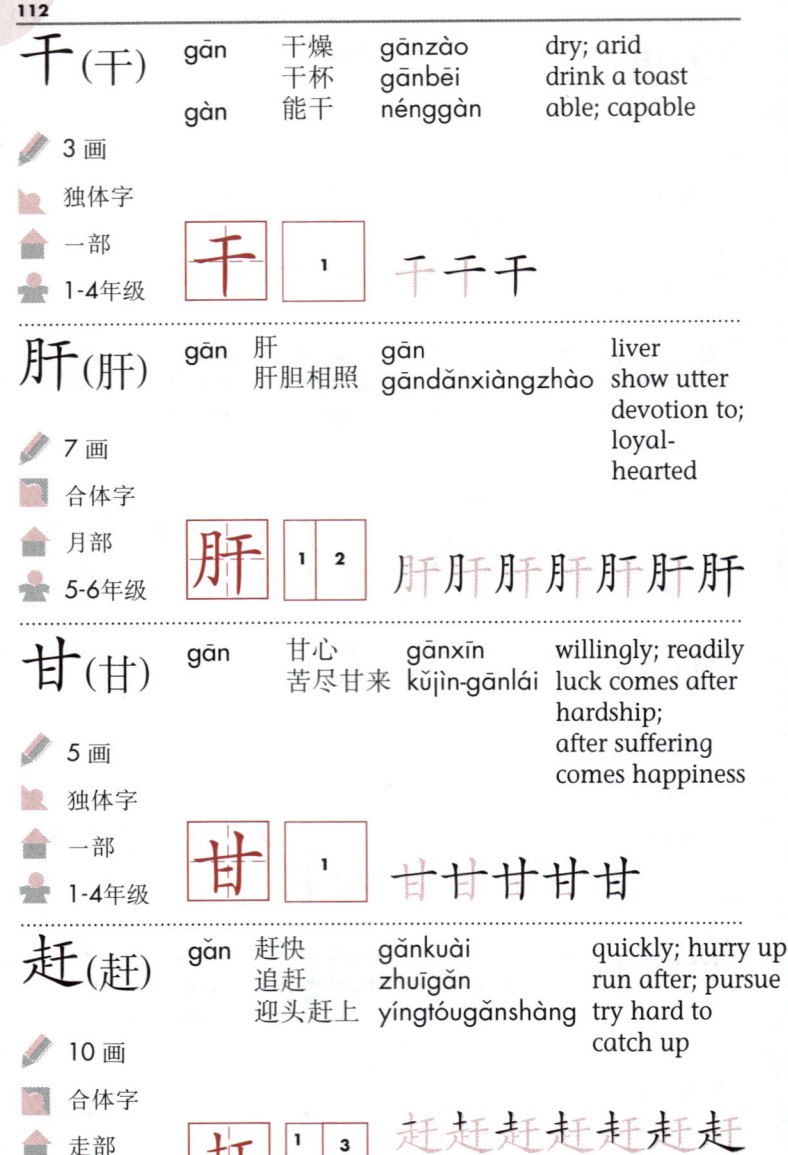

gān	干燥	gānzào	dry; arid
	干杯	gānbēi	drink a toast
gàn	能干	nénggàn	able; capable

- 3 画
- 独体字
- 一部
- 1-4年级

干 | 1 | 干 干 干

肝 (肝)

gān	肝	gān	liver
	肝胆相照	gāndǎnxiàngzhào	show utter devotion to; loyal-hearted

- 7 画
- 合体字
- 月部
- 5-6年级

肝 | 1 2 | 肝 肝 肝 肝 肝 肝 肝

甘 (甘)

gān	甘心	gānxīn	willingly; readily
	苦尽甘来	kǔjìn-gānlái	luck comes after hardship; after suffering comes happiness

- 5 画
- 独体字
- 一部
- 1-4年级

甘 | 1 | 甘 甘 甘 甘 甘

赶 (赶)

gǎn	赶快	gǎnkuài	quickly; hurry up
	追赶	zhuīgǎn	run after; pursue
	迎头赶上	yíngtóugǎnshàng	try hard to catch up

- 10 画
- 合体字
- 走部
- 5-6年级

赶 | 1 3 / 2 | 赶 赶 赶 赶 赶 赶 赶 赶 赶 赶

| 敢(敢) | gǎn | 勇敢
胆敢 | yǒnggǎn
dǎngǎn | brave; courageous
have the audacity to do; dare |

- 11 画
- 合体字
- 攵 部
- 1-4年级

"攵"不是"夂"。

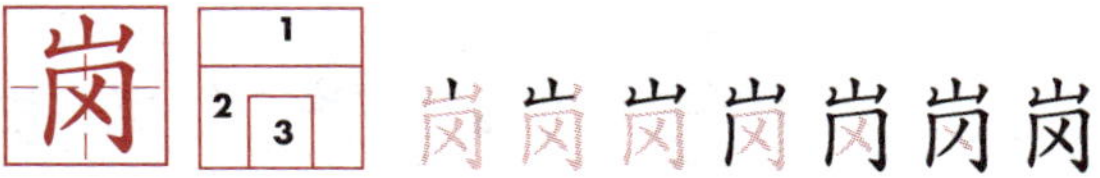

| 感(感) | gǎn | 感动
感冒
情感 | gǎndòng
gǎnmào
qínggǎn | move; touch
cold; have a cold
emotion; feeling |

- 13 画
- 合体字
- 心部
- 1-4年级

| 岗(崗) | gāng
gǎng | 山岗
岗位
站岗 | shāngāng
gǎngwèi
zhàngǎng | low hill; hillock
post; position
stand guard;
stand sentry |

- 7 画
- 合体字
- 山部
- 高级华文

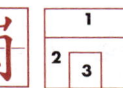

| 刚(剛) | gāng | 刚巧
刚强
金刚 | gāngqiǎo
gāngqiáng
Jīngāng | exactly; happen to
firm; unyielding
Buddha's warrior attendant |

- 6 画
- 合体字
- 刂部
- 1-4年级

缸 (缸)

gāng　缸子　gāngzi　mug
　　　水缸　shuǐgāng　water vat

- 9 画
- 合体字
- 缶部
- 1-4 年级

"缶"不是"缶"。

钢 (钢)

gāng　钢铁　gāngtiě　iron and steel
　　　钢笔　gāngbǐ　pen; fountain pen
　　　不锈钢　bùxiùgāng　stainless steel

- 9 画
- 合体字
- 钅部
- 1-4 年级

港 (港)

gǎng　港湾　gǎngwān　harbour
　　　海港　hǎigǎng　seaport; harbour
　　　自由港　zìyóugǎng　free port

- 12 画
- 合体字
- 氵部
- 5-6 年级

高 (高)

gāo　高　gāo　of a high level or degree; high
　　　高兴　gāoxìng　glad; cheerful

- 10 画
- 合体字
- 亠部
- 1-4 年级

糕 (糕)

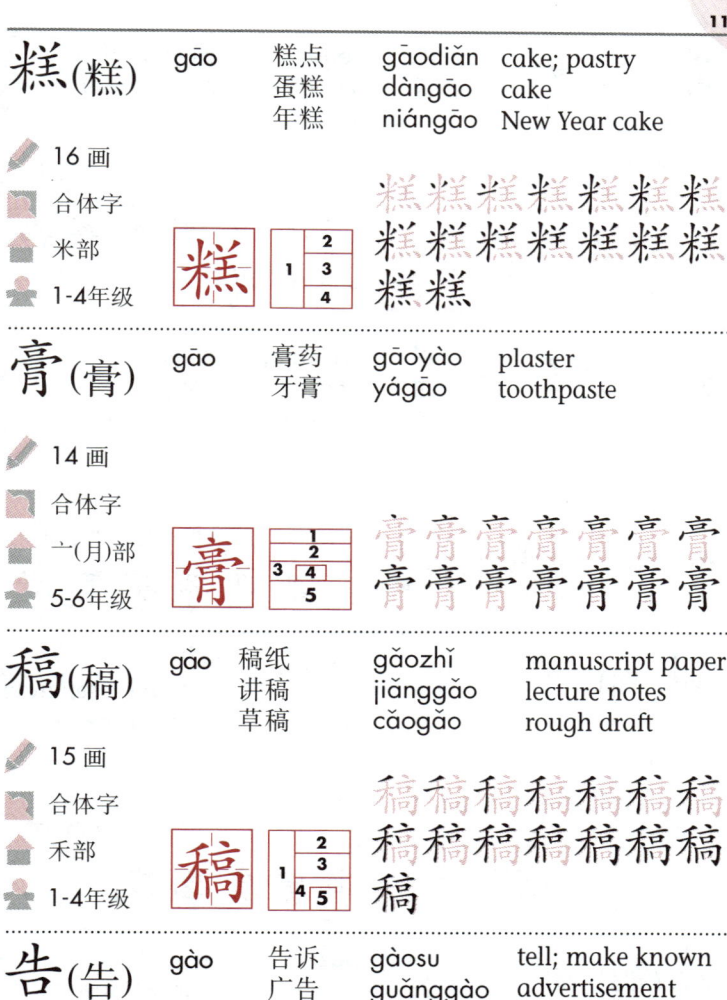

gāo

糕点	gāodiǎn	cake; pastry
蛋糕	dàngāo	cake
年糕	niángāo	New Year cake

- 16 画
- 合体字
- 米部
- 1-4年级

膏 (膏)

gāo

| 膏药 | gāoyào | plaster |
| 牙膏 | yágāo | toothpaste |

- 14 画
- 合体字
- 亠(月)部
- 5-6年级

稿 (稿)

gāo

稿纸	gǎozhǐ	manuscript paper
讲稿	jiǎnggǎo	lecture notes
草稿	cǎogǎo	rough draft

- 15 画
- 合体字
- 禾部
- 1-4年级

告 (告)

gào

告诉	gàosu	tell; make known
广告	guǎnggào	advertisement
布告	bùgào	notice; bulletin

- 7 画
- 合体字
- 口部
- 1-4年级

哥 (哥) gē

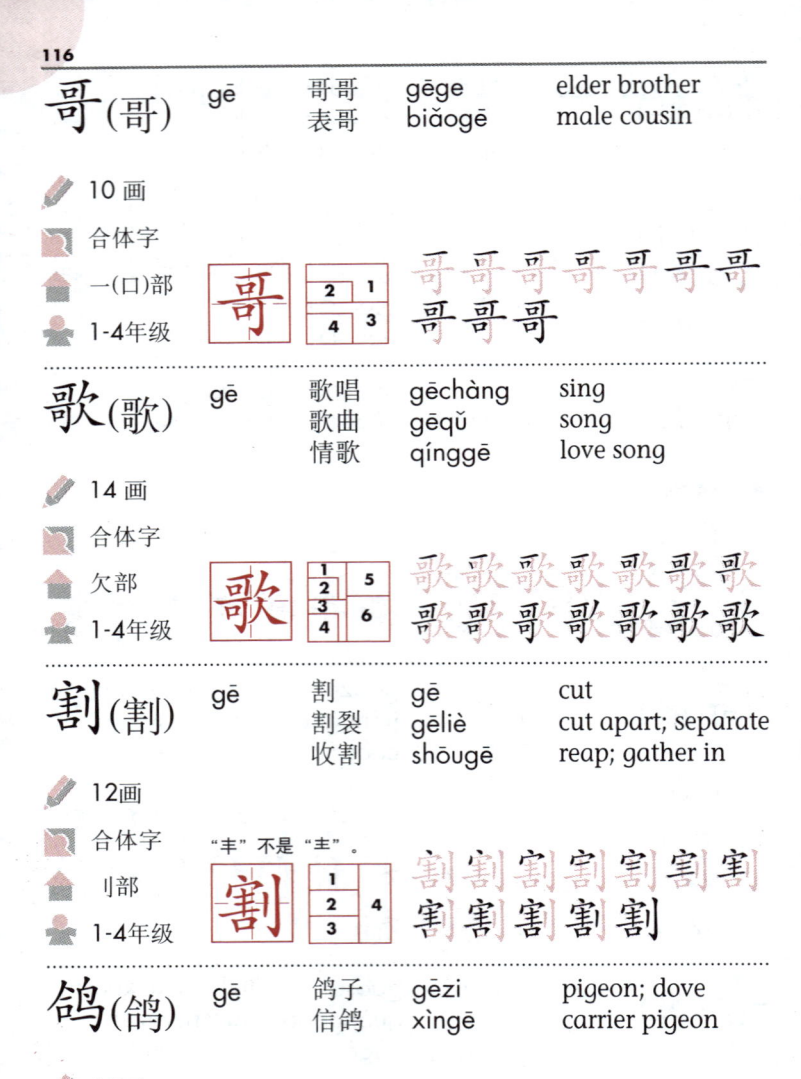

| 哥哥 | gēge | elder brother |
| 表哥 | biǎogē | male cousin |

- 10 画
- 合体字
- 一(口)部
- 1-4年级

歌 (歌) gē

歌唱	gēchàng	sing
歌曲	gēqǔ	song
情歌	qínggē	love song

- 14 画
- 合体字
- 欠部
- 1-4年级

割 (割) gē

割	gē	cut
割裂	gēliè	cut apart; separate
收割	shōugē	reap; gather in

- 12画
- 合体字
- "丰"不是"丰"。
- 刂部
- 1-4年级

鸽 (鸽) gē

| 鸽子 | gēzi | pigeon; dove |
| 信鸽 | xìngē | carrier pigeon |

- 11画
- 合体字
- 鸟部
- 1-4年级

革(革) gé

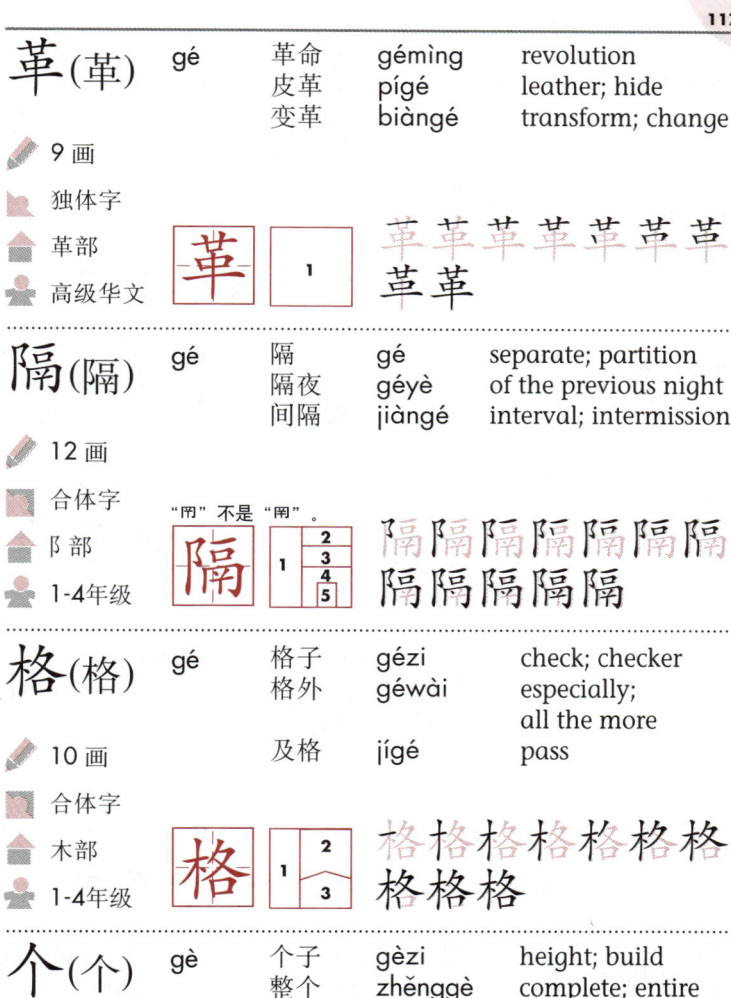

革命	gémìng	revolution
皮革	pígé	leather; hide
变革	biàngé	transform; change

- 9 画
- 独体字
- 革部
- 高级华文

革草草草草草草草草

隔(隔) gé

隔	gé	separate; partition
隔夜	géyè	of the previous night
间隔	jiàngé	interval; intermission

- 12 画
- 合体字
- 阝部
- 1-4年级

"鬲"不是"鬲"。

隔隔隔隔隔隔隔隔隔隔隔隔

格(格) gé

格子	gézi	check; checker
格外	géwài	especially; all the more
及格	jígé	pass

- 10 画
- 合体字
- 木部
- 1-4年级

格格格格格格格格格格

个(個) gè / gě

个子	gèzi	height; build
整个	zhěnggè	complete; entire
自个儿	zìgěr	oneself; by oneself

- 3 画
- 合体字
- 人部
- 1-4年级

个个个

各(各)

gè

各	gè	each; various
各自	gèzì	each; respective
各得其所	gèdéqísuǒ	each is in his proper place

- 6 画
- 合体字
- 夂(口)部
- 1-4年级

"夂"不是"夂"。

各 各 各 各 各 各

给(给)

gěi
jǐ

给	gěi	give; grant
给予	jǐyǔ	give; render
供给	gōngjǐ	supply; furnish

- 9 画
- 合体字
- 纟(糸)部
- 1-4年级

给 给 给 给 给 给 给 给 给

跟(跟)

gēn

跟	gēn	follow; and
跟随	gēnsuí	follow; come after
脚跟	jiǎogēn	heel

- 13 画
- 合体字
- 足(𧾷)部
- 1-4年级

跟 跟 跟 跟 跟 跟 跟 跟 跟 跟 跟 跟 跟

根(根)

gēn

根本	gēnběn	basic; fundamental
根源	gēnyuán	source; origin
命根子	mìnggēnzi	one's very life; lifeblood

- 10 画
- 合体字
- 木部
- 1-4年级

根 根 根 根 根 根 根 根 根 根

119

更 (更)

gēng　更换　gēnghuàn　change; replace
　　　　变更　biàngēng　change; alter
gèng　更加　gèngjiā　still more; even more

- 7 画
- 独体字
- 一部
- 1-4年级

更 | 1

更 更 更 更 更 更 更

耕 (耕)

gēng　耕种　gēngzhòng　till; cultivate
　　　　笔耕　bǐgēng　engage in writing

- 10 画
- 合体字
- 耒 部
- 1-4年级

耕 | 1 | 2

耕 耕 耕 耕 耕 耕 耕 耕 耕

工 (工)

gōng　工人　gōngrén　worker; workman
　　　　工业　gōngyè　industry
　　　　分工　fēngōng　divide the work; division of labour

- 3 画
- 独体字
- 工部
- 1-4年级

工 | 1

工 工 工

公 (公)

gōng　办公　bàngōng　handle office business
　　　　公德　gōngdé　social ethics; social morality

- 4 画
- 合体字

"八"不是"人"或"入"。

- 八部
- 1-4年级

公 | 1 / 2

公 公 公 公

功 (功) gōng

功课　gōngkè　schoolwork; homework
成功　chénggōng　succeed
事半功倍　shìbàn-gōngbèi　get twice the result with half the effort

- 5画
- 合体字
- 工部
- 1-4年级

| 1 | 2 |

功功功功功

弓 (弓) gōng

弓　gōng　bow; arch
弹弓　dàngōng　catapult
左右开弓　zuǒyòukāigōng　hit with both hands; kick with both feet

- 3画
- 独体字
- 弓部
- 1-4年级

| 1 |

弓弓弓

攻 (攻) gōng

攻击　gōngjī　attack; assault
攻读　gōngdú　diligently study
进攻　jìngōng　attack

- 7画
- 合体字
- "攵"不是"夂"。
- 工(攵)部
- 1-4年级

| 1 | 2 |

攻攻攻攻攻攻攻

宫 (宫) gōng

宫灯　gōngdēng　palace lantern
皇宫　huánggōng　royal palace

- 9画
- 合体字
- 宀部
- 1-4年级

| 1 |
| 2 |
| 3 |

宫宫宫宫宫宫宫宫宫

恭 (恭)

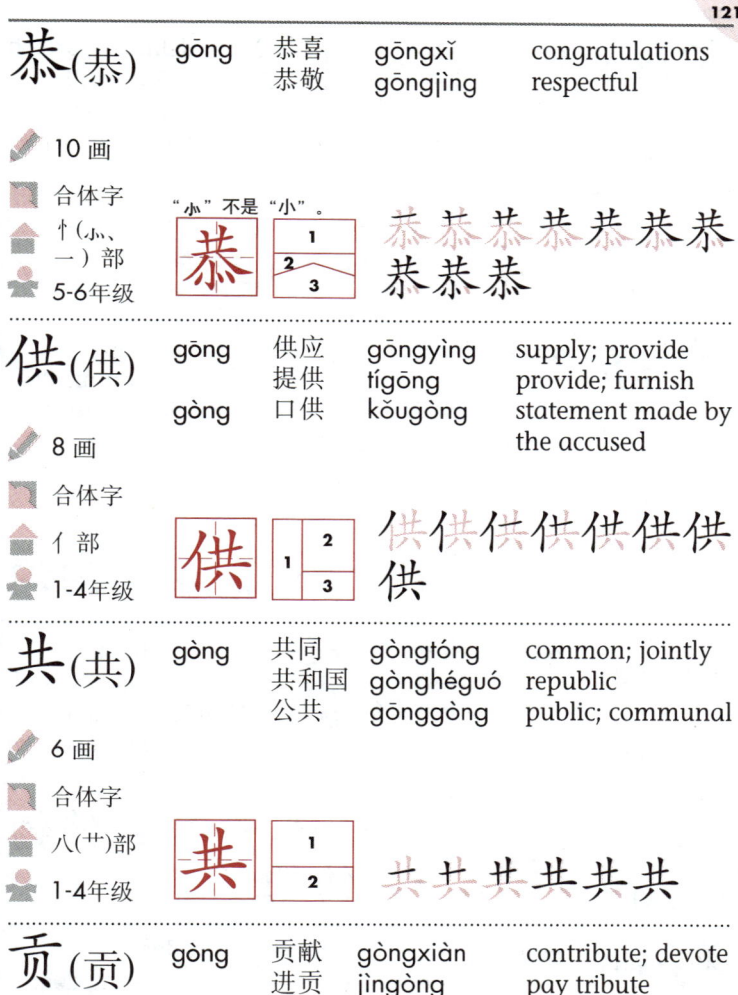

gōng | 恭喜 gōngxǐ | congratulations
      | 恭敬 gōngjìng | respectful

- 10 画
- 合体字
- 忄(small, 一)部
- 5-6年级

"小"不是"小"。

恭 恭 恭 恭 恭 恭 恭 恭 恭 恭

供 (供)

gōng | 供应 gōngyìng | supply; provide
     | 提供 tígōng | provide; furnish
gòng | 口供 kǒugòng | statement made by the accused

- 8 画
- 合体字
- 亻部
- 1-4年级

供 供 供 供 供 供 供 供

共 (共)

gòng | 共同 gòngtóng | common; jointly
     | 共和国 gònghéguó | republic
     | 公共 gōnggòng | public; communal

- 6 画
- 合体字
- 八(艹)部
- 1-4年级

共 共 共 共 共 共

贡 (貢)

gòng | 贡献 gòngxiàn | contribute; devote
     | 进贡 jìngòng | pay tribute

- 7 画
- 合体字
- 工(贝)部
- 5-6年级

贡 贡 贡 贡 贡 贡 贡

勾 (勾)

gōu

勾画	gōuhuà	delineate; sketch
勾结	gōujié	collude with; gang up with
勾引	gōuyǐn	entice; seduce

- 4 画
- 合体字
- 勹部
- 高级华文

沟 (沟)

gōu

| 沟通 | gōutōng | link up; communicate |
| 水沟 | shuǐgōu | ditch; gutter |

- 7 画
- 合体字
- 氵部
- 1-4年级

钩 (钩)

gōu

钩子	gōuzi	hook
衣钩	yīgōu	clothes-hook
钩心斗角	gōuxīn-dòujiǎo	intrigue against each other

- 9 画
- 合体字
- 钅部
- 1-4年级

狗 (狗)

gǒu

| 狗 | gǒu | dog |
| 走狗 | zǒugǒu | running dog; servile follower |

- 8 画
- 合体字
- 犭部
- 1-4年级

够(夠)

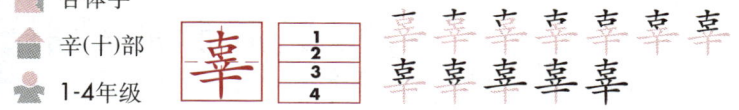

gòu

够	gòu	enough; sufficient
够格	gòugé	be qualified
能够	nénggòu	be able to; be capable of

- 11 画
- 合体字
- 勹(夕)部
- 1-4年级

购(購)

gòu

购买	gòumǎi	purchase; buy
定购	dìnggòu	place an order for something; order
收购	shōugòu	buy; purchase

- 8 画
- 合体字
- 贝部
- 1-4年级

构(構)

gòu

构造	gòuzào	structure; construction
结构	jiégòu	structure; composition
机构	jīgòu	mechanism; organisation

- 8 画
- 合体字
- 木部
- 5-6年级

辜(辜)

gū

| 辜负 | gūfù | let down; fail to live up to |
| 无辜 | wúgū | innocent |

- 12 画
- 合体字
- 辛(十)部
- 1-4年级

姑(姑)

gū

姑夫	gūfu	uncle
姑息	gūxī	appease; tolerate
尼姑	nígū	Buddhist nun

- 8 画
- 合体字
- 女部
- 1-4年级

骨(骨)

gū
gǔ

骨朵儿	gūduor	flower bud
骨肉	gǔròu	kindred
露骨	lùgǔ	undisguised; barefaced

- 9 画
- 合体字
- 骨部
- 1-4年级

谷(谷)

gǔ

谷物	gǔwù	cereal; grain
稻谷	dàogǔ	paddy
山谷	shāngǔ	mountain valley

- 7 画
- 合体字
- 谷(口、八)部
- 5-6年级

股(股)

gǔ

股票	gǔpiào	shares; stocks
股东	gǔdōng	shareholder
合股	hégǔ	form a partnership

- 8 画
- 合体字
- 月部
- 高级华文

古(古)

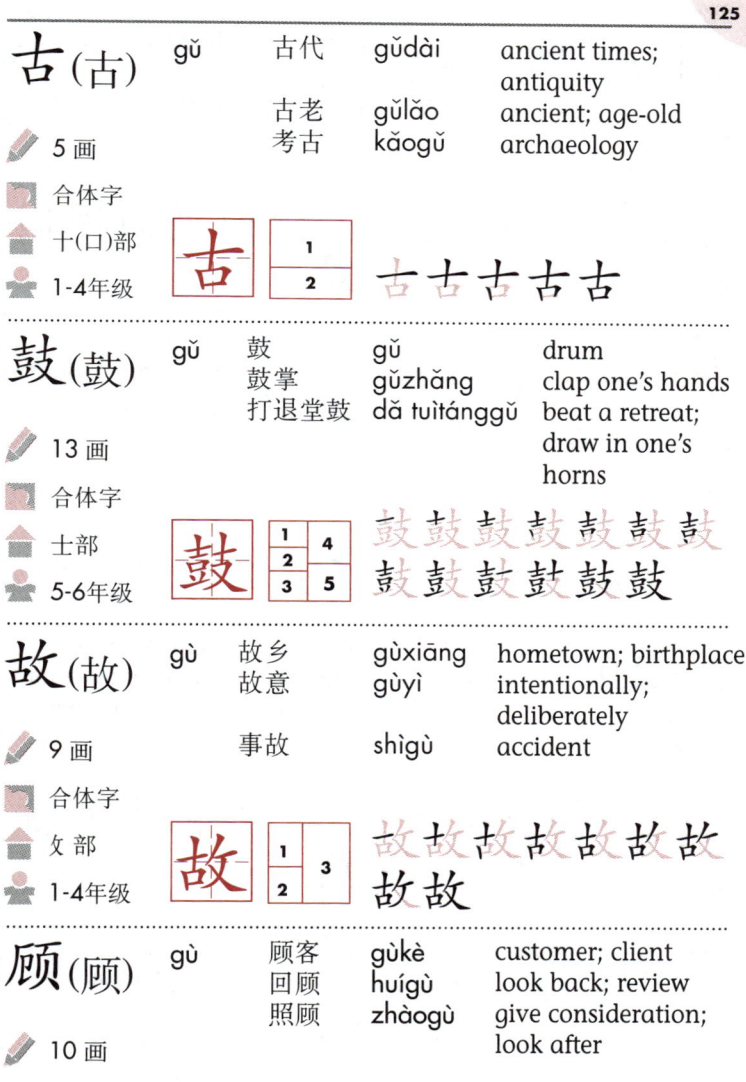

gǔ

古代	gǔdài	ancient times; antiquity
古老	gǔlǎo	ancient; age-old
考古	kǎogǔ	archaeology

- 5 画
- 合体字
- 十(口)部
- 1-4年级

古古古古古

鼓(鼓)

gǔ

鼓	gǔ	drum
鼓掌	gǔzhǎng	clap one's hands
打退堂鼓	dǎ tuìtánggǔ	beat a retreat; draw in one's horns

- 13 画
- 合体字
- 士部
- 5-6年级

鼓鼓鼓鼓鼓鼓鼓鼓鼓鼓鼓鼓鼓

故(故)

gù

故乡	gùxiāng	hometown; birthplace
故意	gùyì	intentionally; deliberately
事故	shìgù	accident

- 9 画
- 合体字
- 攵部
- 1-4年级

故故故故故故故故

顾(顾)

gù

顾客	gùkè	customer; client
回顾	huígù	look back; review
照顾	zhàogù	give consideration; look after

- 10 画
- 合体字
- 页部
- 1-4年级

"厄" 不是 "厄"。

顾顾顾顾顾顾顾顾顾

固 (固)

gù

固定	gùdìng	fixed; regular
牢固	láogù	firm; secure
顽固	wángù	obstinate; stubborn

- 8 画
- 合体字
- 囗部
- 5-6年级

固固固困固固固固

瓜 (瓜)

guā

西瓜	xīguā	watermelon
瓜分	guāfēn	carve up; divide up
瓜子脸	guāzǐliǎn	an oval face

- 5 画
- 独体字
- 瓜部
- 1-4年级

瓜瓜瓜瓜瓜

刮 (刮)

guā

刮	guā	scrape; blow
刮风	guāfēng	blow (of the wind)
搜刮	sōuguā	extort; plunder

- 8 画
- 合体字
- 刂部
- 1-4年级

刮刮刮刮刮刮刮刮

挂 (挂)

guà

挂	guà	hang; hitch
挂念	guàniàn	worry about; miss
牵挂	qiānguà	worry; care

- 9 画
- 合体字
- 扌部
- 1-4年级

挂挂挂挂挂挂挂挂挂

乖 (乖) guāi

乖	guāi	well-behaved
乖巧	guāiqiǎo	clever; cute

- 8 画
- 合体字
- 丿 部
- 高级华文

怪 (怪) guài

奇怪	qíguài	strange; odd
鬼怪	guǐguài	ghosts and monsters
怪罪	guàizuì	blame

- 8 画
- 合体字
- "圣" 不是 "圣"。
- 忄 部
- 1-4年级

关 (关) guān

关	guān	shut; close down
关系	guānxì	relation; relationship
公关	gōngguān	public relations

- 6 画
- 合体字
- 八(丷)部
- 1-4年级

观 (观) guān / guàn

观看	guānkàn	watch; view
观众	guānzhòng	audience; spectator
道观	dàoguàn	Taoist temple

- 6 画
- 合体字
- 又 部
- 1-4年级

官 (官)

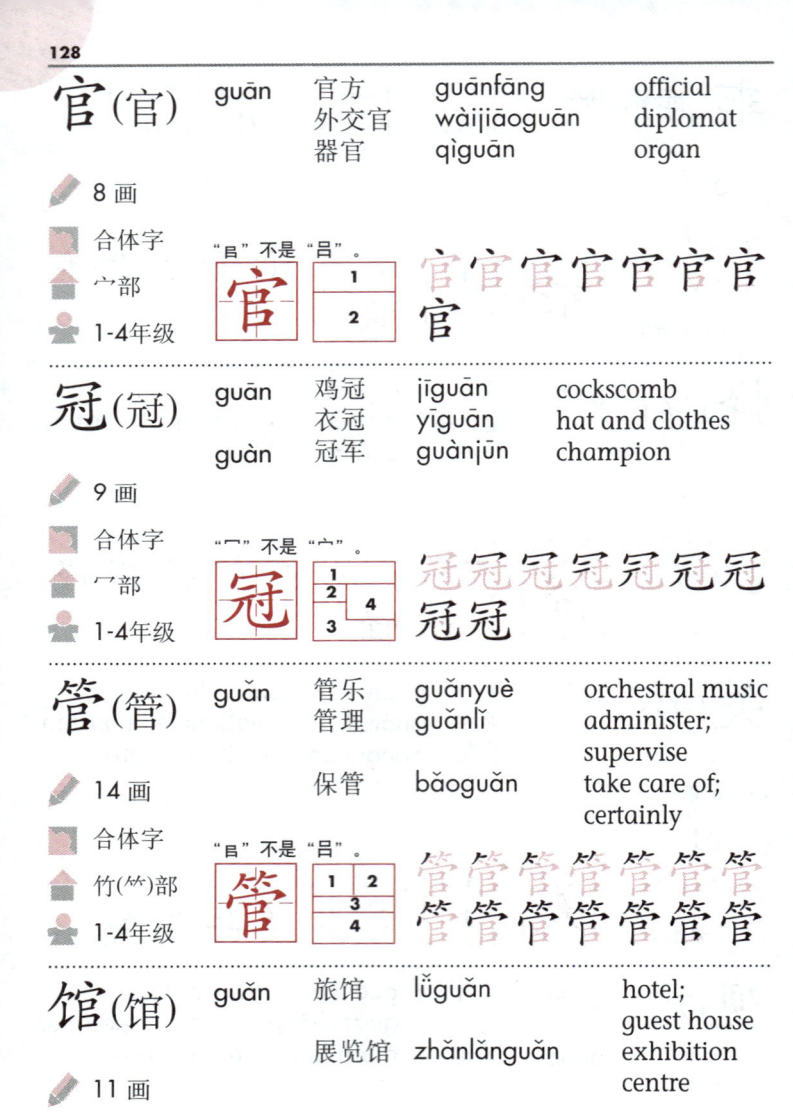

guān | 官方 guānfāng official
| 外交官 wàijiāoguān diplomat
| 器官 qìguān organ

- 8 画
- 合体字
- 宀部
- 1-4年级

"㠯" 不是 "吕"。

官 官 官 官 官 官 官 官

冠 (冠)

guān | 鸡冠 jīguān cockscomb
| 衣冠 yīguān hat and clothes
guàn | 冠军 guànjūn champion

- 9 画
- 合体字
- 冖部
- 1-4年级

"冖" 不是 "宀"。

冠 冠 冠 冠 冠 冠 冠 冠

管 (管)

guǎn | 管乐 guǎnyuè orchestral music
| 管理 guǎnlǐ administer; supervise
| 保管 bǎoguǎn take care of; certainly

- 14 画
- 合体字
- 竹(⺮)部
- 1-4年级

"㠯" 不是 "吕"。

管 管 管 管 管 管 管 管 管 管 管 管 管 管

馆 (馆)

guǎn | 旅馆 lǚguǎn hotel; guest house
| 展览馆 zhǎnlǎnguǎn exhibition centre

- 11 画
- 合体字
- 饣(食)部
- 1-4年级

"㠯" 不是 "吕"。

馆 馆 馆 馆 馆 馆 馆 馆 馆 馆 馆

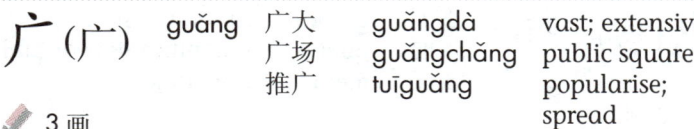

| 惯(慣) | guàn | 习惯
惯例 | xíguàn
guànlì | habit; be used to
convention;
usual practice |

- 11 画
- 合体字
- 忄部
- 1-4年级

惯惯惯惯惯惯惯惯惯惯惯

| 罐(罐) | guàn | 罐头
水罐 | guàntou
shuǐguàn | tin; can
water pitcher |

- 23 画
- 合体字
- 缶部
- 5-6年级

"缶"不是"钅"。

罐罐罐罐罐罐罐罐罐罐罐罐罐罐罐罐罐罐罐罐

| 光(光) | guāng | 光
观光
光临 | guāng
guānguāng
guānglín | light; ray
go sightseeing
presence;
the honour of
your presence |

- 6 画
- 合体字
- 小(⺌)部
- 1-4年级

光光光光光光

| 广(廣) | guǎng | 广大
广场
推广 | guǎngdà
guǎngchǎng
tuīguǎng | vast; extensive
public square
popularise;
spread |

- 3 画
- 独体字
- 广部
- 1-4年级

广广广

龟 (龟)

- 7 画
- 独体字
- 刀(⺈)部
- 1-4年级

guī	乌龟	wūguī	tortoise; turtle huddle up like a turtle drawing in its head and legs; withdraw into passive defence
	龟缩	guīsuō	

龟 龟 龟 龟 龟 龟 龟 龟

规 (规)

- 8 画
- 合体字
- 见部
- 1-4年级

guī	规定	guīdìng	stipulate; formulate rule; regulation compasses
	规则	guīzé	
	圆规	yuánguī	

规 规 规 规 规 规 规 规

归 (归)

- 5 画
- 合体字
- 丨(彐)部
- 1-4年级

"丨"不是"丨"。
"彐"不是"彐"。

guī	归	guī	return; turn over to incorporate into go back to; return
	归并	guībìng	
	回归	huíguī	

归 归 归 归 归

瑰 (瑰)

- 13 画
- 合体字
- 王部
- 5-6年级

guī	瑰宝	guībǎo	rarity; treasure magnificent; beautiful rose; rugosa rose
	瑰丽	guīlì	
gui	玫瑰	méigui	

瑰 瑰 瑰 瑰 瑰 瑰 瑰 瑰 瑰 瑰 瑰 瑰 瑰

轨 (轨) guǐ

轨道	guǐdào	track; orbit
常轨	chángguǐ	normal practice
越轨	yuèguǐ	exceed the bounds; transgress

- 6 画
- 合体字
- 车部
- 高级华文

"九"不是"丸"。

轨 轨 轨 轨 轨 轨 轨

鬼 (鬼) guǐ

鬼	guǐ	ghost; apparition
酒鬼	jiǔguǐ	drunkard
活见鬼	huójiànguǐ	sheer fantasy; utter nonsense

- 9 画
- 独体字
- 鬼部
- 1-4年级

鬼 鬼 鬼 鬼 鬼 鬼 鬼 鬼 鬼

柜 (柜) guì

柜子	guìzi	cupboard; cabinet
柜台	guìtái	counter; bar
按柜金	ànguìjīn	cash pledge; security deposit

- 8 画
- 合体字
- 木部
- 高级华文

柜 柜 柜 柜 柜 柜 柜 柜

贵 (贵) guì

贵重	guì	costly; noble
贵重	guìzhòng	valuable; expensive
珍贵	zhēnguì	valuable; precious

- 9 画
- 合体字
- 贝部
- 1-4年级

贵 贵 贵 贵 贵 贵 贵 贵 贵

跪 (跪)

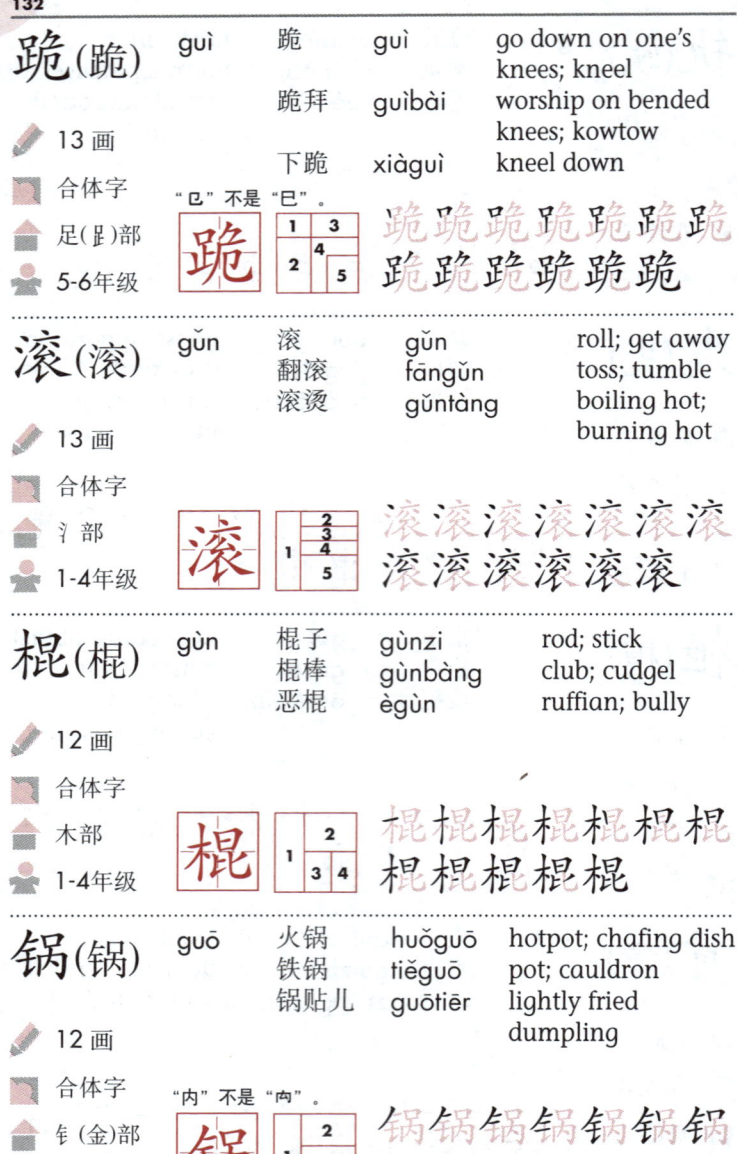

guì

- 13 画
- 合体字
- 足(⻊)部
- 5-6年级

跪	guì	go down on one's knees; kneel
跪拜	guìbài	worship on bended knees; kowtow
下跪	xiàguì	kneel down

"㔾" 不是 "巳"。

滚 (滚)

gǔn

- 13 画
- 合体字
- 氵部
- 1-4年级

滚	gǔn	roll; get away
翻滚	fāngǔn	toss; tumble
滚烫	gǔntàng	boiling hot; burning hot

棍 (棍)

gùn

- 12 画
- 合体字
- 木部
- 1-4年级

棍子	gùnzi	rod; stick
棍棒	gùnbàng	club; cudgel
恶棍	ègùn	ruffian; bully

锅 (锅)

guō

- 12 画
- 合体字
- 钅(金)部
- 5-6年级

火锅	huǒguō	hotpot; chafing dish
铁锅	tiěguō	pot; cauldron
锅贴儿	guōtiēr	lightly fried dumpling

"内" 不是 "内"。

国 (国) guó

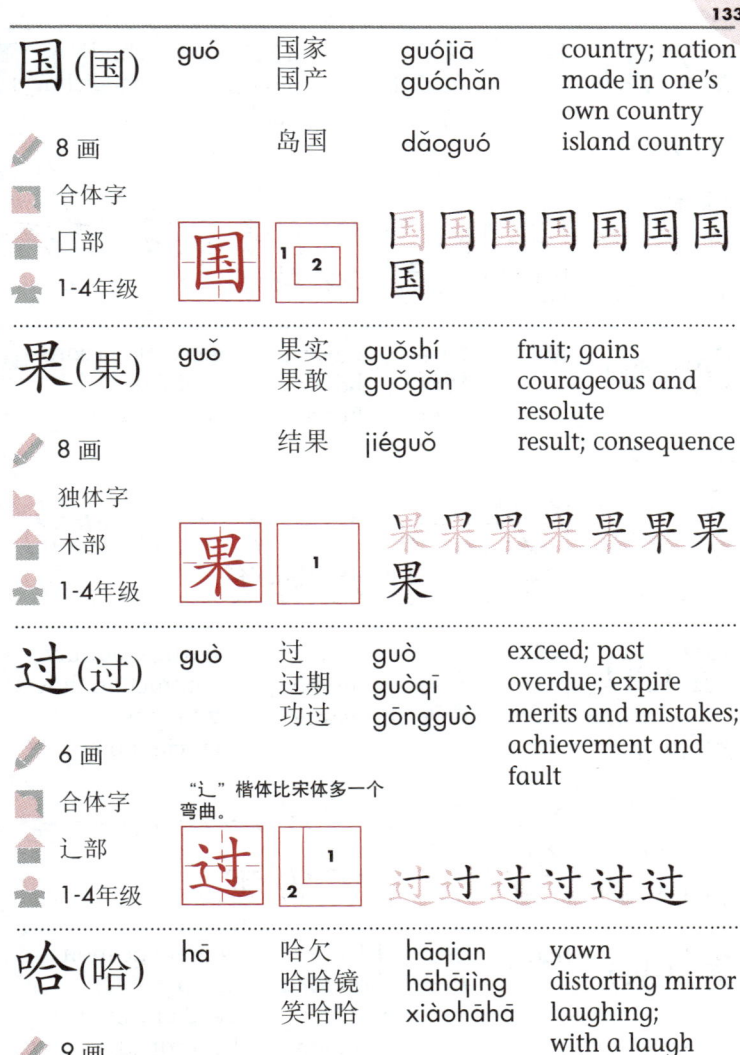

国家　guójiā　country; nation
国产　guóchǎn　made in one's own country
岛国　dǎoguó　island country

- 8 画
- 合体字
- 口部
- 1-4年级

国国国国国国国国

果 (果) guǒ

果实　guǒshí　fruit; gains
果敢　guǒgǎn　courageous and resolute
结果　jiéguǒ　result; consequence

- 8 画
- 独体字
- 木部
- 1-4年级

果果果果果果果果

过 (过) guò

过　guò　exceed; past
过期　guòqī　overdue; expire
功过　gōngguò　merits and mistakes; achievement and fault

- 6 画
- 合体字
- 辶部
- 1-4年级

"辶"楷体比宋体多一个弯曲。

过过过过过过

哈 (哈) hā

哈欠　hāqian　yawn
哈哈镜　hāhājìng　distorting mirror
笑哈哈　xiàohāhā　laughing; with a laugh

- 9 画
- 合体字
- 口部
- 1-4年级

哈哈哈哈哈哈哈哈

孩(孩)	hái	孩子 孩子气 男孩	háizi háiziqì nánhái	child childishness boy

- 9 画
- 合体字
- 子部
- 1-4年级

| 海(海) | hǎi | 海洋
海鲜
火海 | hǎiyáng
hǎixiān
huǒhǎi | seas and oceans
seafood
a sea of fire |

- 10 画
- 合体字
- 氵部
- 1-4年级

"母"不是"毋"。

| 害(害) | hài | 害
害病
要害 | hài
hàibìng
yàohài | harm; calamity
contract an illness
vital part;
crucial point |

- 10 画
- 合体字
- 宀部
- 1-4年级

"丰"不是"丯"。

| 寒(寒) | hán | 寒假
寒冬
胆寒 | hánjià
hándōng
dǎnhán | winter vacation
severe winter;
dead of winter
be terrified;
lose one's nerve |

- 12 画
- 合体字
- 宀部
- 1-4年级

含(含)

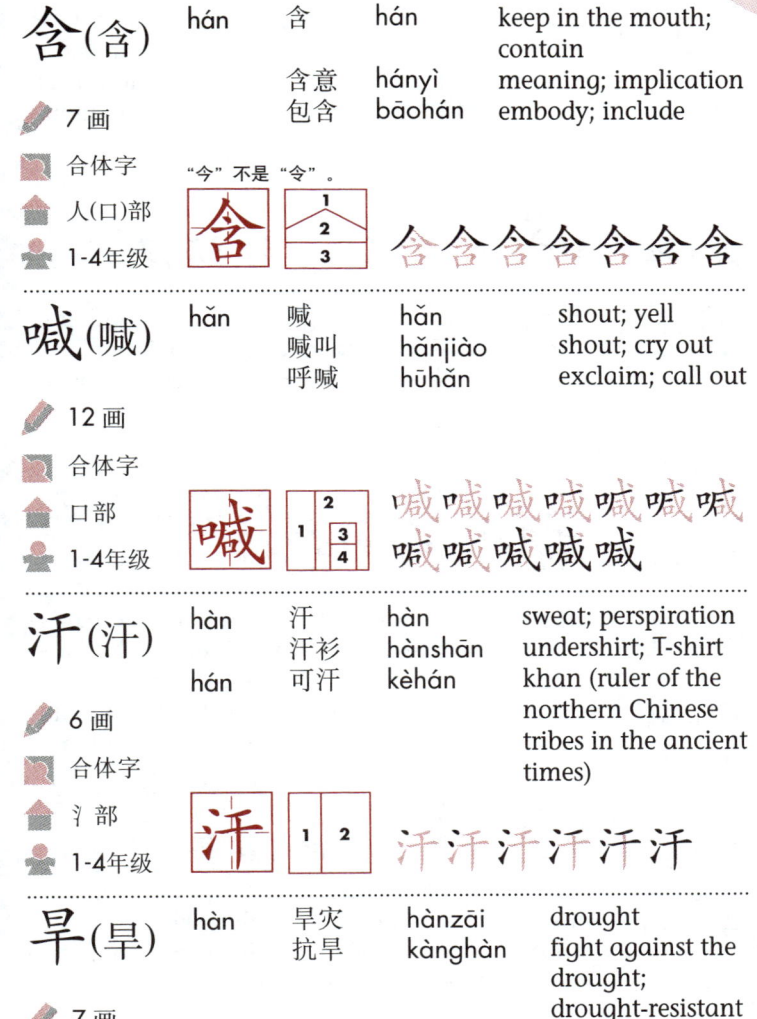

hán

含	hán	keep in the mouth; contain
含意	hányì	meaning; implication
包含	bāohán	embody; include

- 7 画
- 合体字
- 人(口)部
- 1-4年级

"今"不是"令"。

含含含含含含含

喊(喊)

hǎn

喊	hǎn	shout; yell
喊叫	hǎnjiào	shout; cry out
呼喊	hūhǎn	exclaim; call out

- 12 画
- 合体字
- 口部
- 1-4年级

喊喊喊喊喊喊喊喊喊喊喊喊

汗(汗)

hàn
hán

汗	hàn	sweat; perspiration
汗衫	hànshān	undershirt; T-shirt
可汗	kèhán	khan (ruler of the northern Chinese tribes in the ancient times)

- 6 画
- 合体字
- 氵部
- 1-4年级

汗汗汗汗汗汗

旱(旱)

hàn

| 旱灾 | hànzāi | drought |
| 抗旱 | kànghàn | fight against the drought; drought-resistant |

- 7 画
- 合体字
- 日部
- 高级华文

旱旱旱旱旱旱旱

汉 (汉) hàn

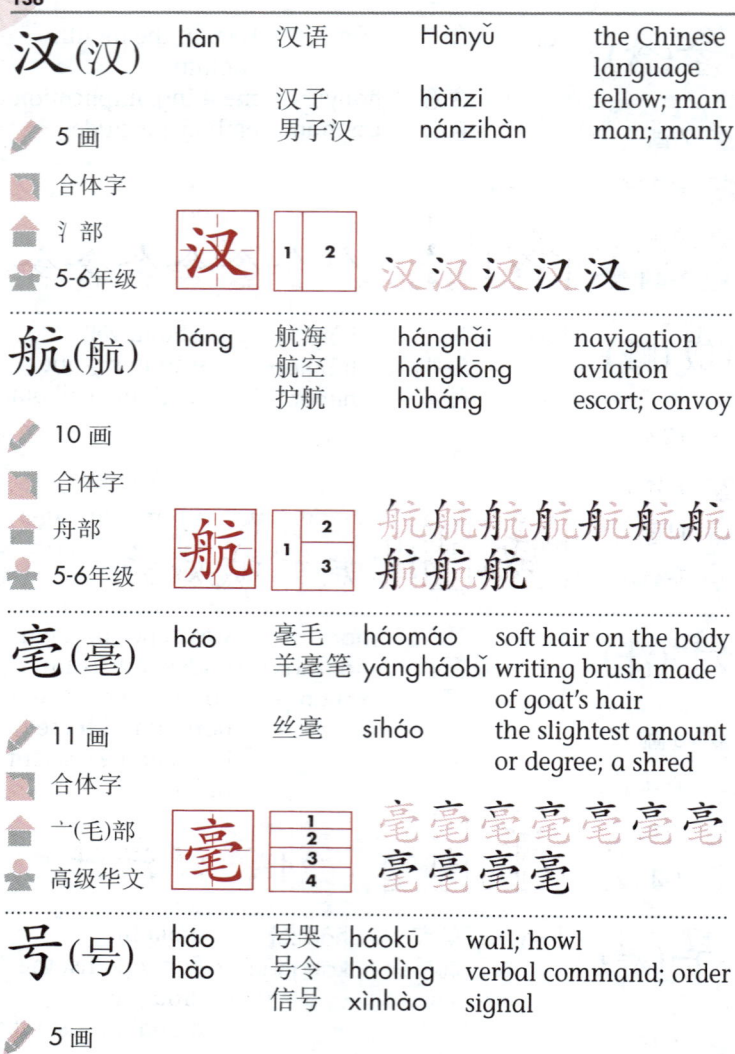

汉语	Hànyǔ	the Chinese language
汉子	hànzi	fellow; man
男子汉	nánzǐhàn	man; manly

- 5 画
- 合体字
- 氵部
- 5-6年级

汉 | 1 | 2

汉汉汉汉汉

航 (航) háng

航海	hánghǎi	navigation
航空	hángkōng	aviation
护航	hùháng	escort; convoy

- 10 画
- 合体字
- 舟部
- 5-6年级

航 | 1 | 2 / 3

航航航航航航航航航

毫 (毫) háo

毫毛	háomáo	soft hair on the body
羊毫笔	yángháobǐ	writing brush made of goat's hair
丝毫	sīháo	the slightest amount or degree; a shred

- 11 画
- 合体字
- 亠(毛)部
- 高级华文

毫 | 1 / 2 / 3 / 4

毫毫毫毫毫毫毫毫毫毫毫

号 (号) háo / hào

号哭	háokū	wail; howl
号令	hàolìng	verbal command; order
信号	xìnhào	signal

- 5 画
- 合体字
- 口部
- 1-4年级

号 | 1 / 2

号号号号号

好(好)

hǎo	好	hǎo	good; friendly
	好像	hǎoxiàng	seem; be like
hào	好奇	hàoqí	be curious; be full of curiosity

- 6 画
- 合体字
- 女部
- 1-4年级

好 | 1 | 2

好好好好好好

喝(喝)

hē	喝	hē	drink
	喝茶	hēchá	drink tea
hè	喝彩	hècǎi	acclaim; cheer

- 12 画
- 合体字
- 口部
- 1-4年级

喝喝喝喝喝喝喝喝喝喝喝喝

河(河)

hé	河	hé	river
	河流	héliú	rivers and streams
	山河	shānhé	mountains and rivers; the land of one's country

- 8 画
- 合体字
- 氵部
- 1-4年级

河河河河河河河河

和(和)

hé	和	hé	and
hè	和诗	hèshī	compose poems in reply
hú	和	hú	win and complete a set in mahjong
huó	和面	huómiàn	knead dough
huò	和弄	huònong	stir; mix

- 8 画
- 合体字
- 禾(口)部
- 1-4年级

和和和和和和和和

合(合) hé

合并	hébìng	merge; amalgamate
合格	hégé	qualified; up to standard
配合	pèihé	co-operate; co-ordinate

- 6 画
- 合体字
- 人(口)部
- 1-4年级

合合合合合合合

盒(盒) hé

盒子	hézi	box; casket
饭盒	fànhé	lunch box
铅笔盒	qiānbǐhé	pencil case

- 11 画
- 合体字
- 皿部
- 1-4年级

盒盒盒盒盒盒盒盒盒盒

何(何) hé

| 何人 | hé rén | who; whom |
| 何必 | hébì | there is no need; why |

- 7 画
- 合体字
- 亻部
- 1-4年级

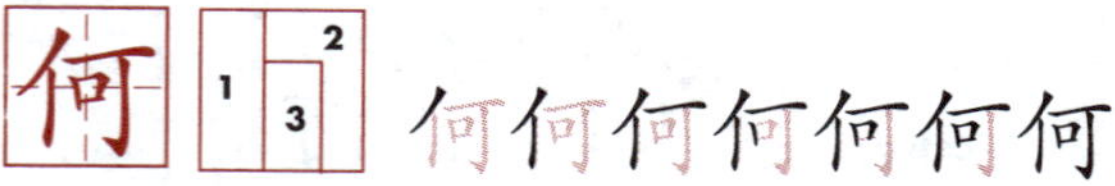

何何何何何何何

荷(荷) hé / hè

荷花	héhuā	lotus
荷包	hébāo	pouch; small bag
负荷	fùhè	load

- 10 画
- 合体字
- 艹部
- 5-6年级

荷荷荷荷荷荷荷荷荷荷

贺 (贺)

hè

- 9 画
- 合体字
- 贝部
- 5-6年级

贺年	hènián	extend New Year greetings; pay a New Year call
贺电	hèdiàn	congratulatory telegram
庆贺	qìnghè	congratulate; celebrate

黑 (黑)

hēi

- 12 画
- 合体字
- 黑部
- 1-4年级

"里" 不是 "里"。

黑	hēi	black; secret
黑板	hēibǎn	blackboard
漆黑	qīhēi	pitch-dark; pitch-black

痕 (痕)

hén

- 11 画
- 合体字
- 疒部
- 高级华文

"艮" 不是 "良"。

痕迹	hénjì	trace; sign
泪痕	lèihén	tear stain
伤痕	shānghén	scar; bruise

很 (很)

hěn

- 9 画
- 合体字
- 彳部
- 1-4年级

"艮" 不是 "良"。

| 很 | hěn | very; quite |

狠 (狠)

hěn

狠心	hěnxīn	cruel-hearted; heartless
狠毒	hěndú	vicious; venomous
发狠	fāhěn	make a determined effort; turn angry

- 9 画
- 合体字
- 犭部
- 5-6年级

"艮"不是"良"。

恨 (恨)

hèn

仇恨	chóuhèn	hatred; enmity
解恨	jiěhèn	vent one's hatred
痛恨	tònghèn	hate bitterly; utterly detest

- 9 画
- 合体字
- 忄部
- 5-6年级

"艮"不是"良"。

恒 (恒)

héng

恒心	héngxīn	perseverance
恒温	héngwēn	constant temperature
永恒	yǒnghéng	eternal; perpetual

- 9 画
- 合体字
- 忄部
- 5-6年级

横 (横)

héng
hèng

| 横排 | héngpái | horizontal line |
| 骄横 | jiāohèng | arrogant and imperious; overbearing |

- 15 画
- 合体字
- 木部
- 5-6年级

"由"不是"田"。

轰 (轰)

hōng　轰动　hōngdòng　cause a sensation
　　　轰轰烈烈　hōnghōnglièliè　vigorous; dynamically

- 8 画
- 合体字
- 车部
- 5-6年级

烘 (烘)

hōng　烘托　hōngtuō　set off by contrast
　　　烘箱　hōngxiāng　oven
　　　热烘烘　rèhōnghōng　very warm

- 10 画
- 合体字
- 火部
- 5-6年级

洪 (洪)

hóng　洪水　hóngshuǐ　flood; floodwater
　　　洪亮　hóngliàng　loud and clear; sonorous
　　　防洪　fánghóng　prevent flood; flood-control

- 9 画
- 合体字
- 氵部
- 高级华文

红 (红)

hóng　红　hóng　red; revolutionary
　　　红利　hónglì　bonus; extra dividend
　　　眼红　yǎnhóng　covet; jealous

- 6 画
- 合体字
- 纟(糸)部
- 1-4年级

虹(虹)

hóng | 彩虹 | cǎihóng | rainbow
 | 气贯长虹 | qìguànchánghóng | full of noble aspiration and daring

- 9 画
- 合体字
- 虫部
- 5-6年级

虹虹虹虹虹虹虹虹虹

猴(猴)

hóu | 猴子 | hóuzi | monkey
 | 猴王 | hóuwáng | monkey king
 | 金丝猴 | jīnsīhóu | golden monkey; snub-nosed monkey

- 12 画
- 合体字
- 犭部
- 1-4年级

"犭"不是"彳"。

猴猴猴猴猴猴猴猴猴猴

喉(喉)

hóu | 喉舌 | hóushé | mouthpiece
 | 歌喉 | gēhóu | singing voice

- 12 画
- 合体字
- 口部
- 5-6年级

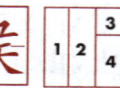

"亻"不是"彳"。

喉喉喉喉喉喉喉喉喉喉喉

后(后)

hòu | 后面 | hòumian | at the back; in the rear
 | 后来 | hòulái | afterwards; later
 | 王后 | wánghòu | queen

- 6 画
- 合体字
- 丿(口)部
- 1-4年级

后后后后后后

候 (候)

hòu
- 候补 hòubǔ — be a reserve candidate
- 时候 shíhou — time
- 气候 qìhòu — weather; climate

- 10 画
- 合体字
- 亻部
- 1-4年级

"亻" 不是 "亻"。

厚 (厚)

hòu
- 厚 hòu — thick; profound
- 忠厚 zhōnghòu — honest and tolerant
- 得天独厚 détiāndúhòu — be richly endowed by nature

- 9 画
- 合体字
- 厂部
- 1-4年级

"日" 不是 "白"。

呼 (呼)

hū
- 呼吸 hūxī — breathe; respire
- 呼唤 hūhuàn — call; shout
- 气呼呼 qìhūhū — in a huff; panting with rage

- 8 画
- 合体字
- 口部
- 1-4年级

忽 (忽)

hū
- 忽然 hūrán — suddenly; all of a sudden
- 忽视 hūshì — ignore; overlook
- 疏忽 shūhu — carelessness; negligence

- 8 画
- 合体字
- 心部
- 1-4年级

"心" 的第二笔楷体是卧钩，宋体是竖弯钩。

糊(糊)

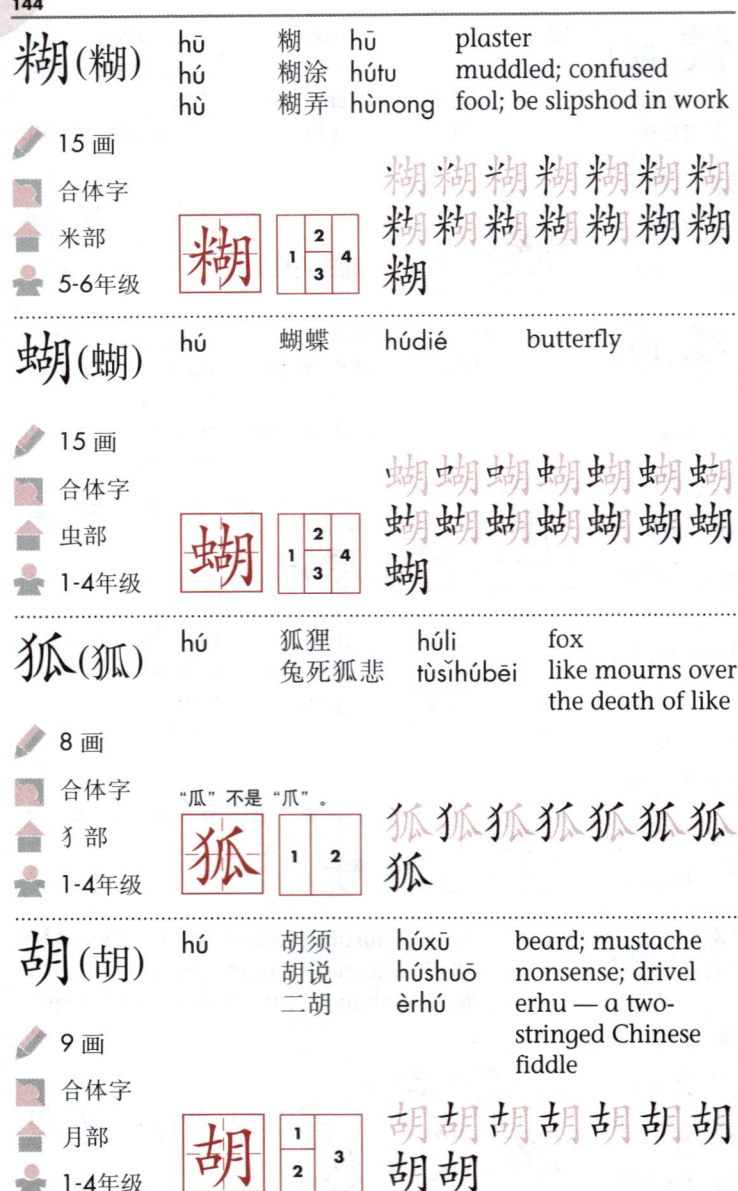

hū	糊	hū	plaster
hú	糊涂	hútu	muddled; confused
hù	糊弄	hùnong	fool; be slipshod in work

- 15 画
- 合体字
- 米部
- 5-6年级

1	2
	4
3	

蝴(蝴)

hú	蝴蝶	húdié	butterfly

- 15 画
- 合体字
- 虫部
- 1-4年级

1	2
	4
3	

狐(狐)

hú	狐狸	húli	fox
	兔死狐悲	tùsǐhúbēi	like mourns over the death of like

- 8 画
- 合体字
- 犭部
- 1-4年级

"瓜"不是"爪"。

| 1 | 2 |

胡(胡)

hú	胡须	húxū	beard; mustache
	胡说	húshuō	nonsense; drivel
	二胡	èrhú	erhu — a two-stringed Chinese fiddle

- 9 画
- 合体字
- 月部
- 1-4年级

1	2
2	3

壶 (壶)

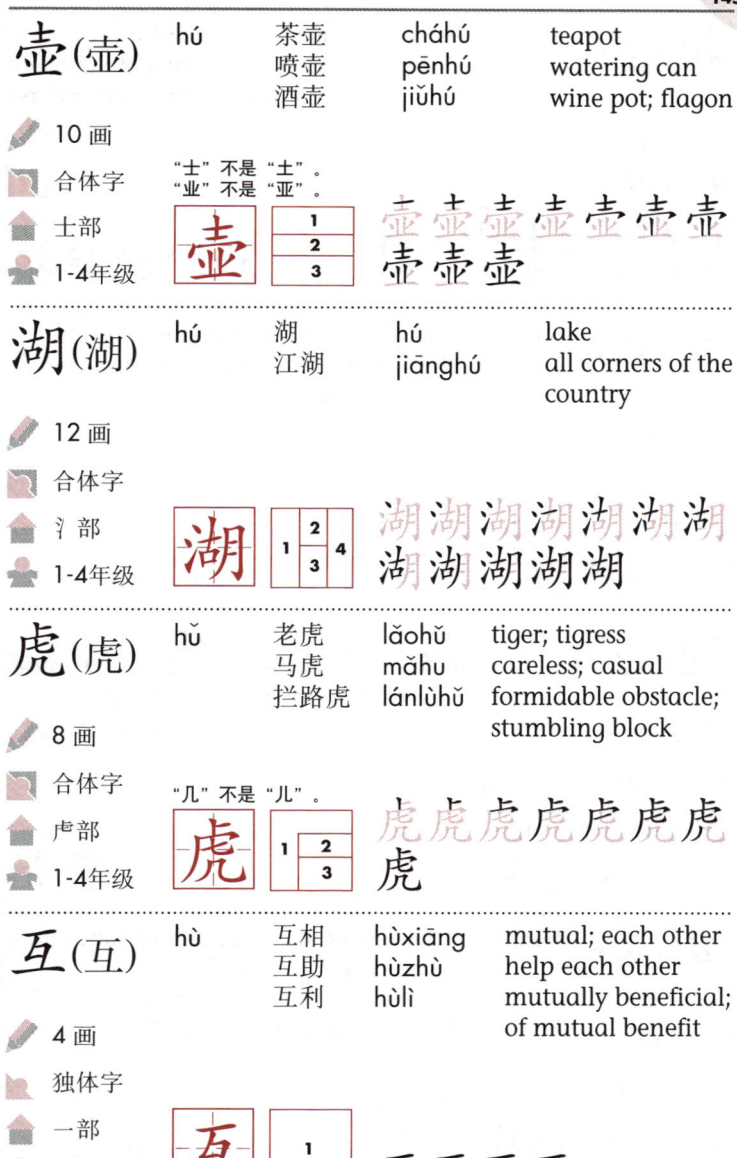

hú
- 茶壶 cháhú teapot
- 喷壶 pēnhú watering can
- 酒壶 jiǔhú wine pot; flagon

- 10 画
- 合体字
- 士部
- 1-4年级

"士"不是"土"。
"业"不是"亚"。

湖 (湖)

hú
- 湖 hú lake
- 江湖 jiānghú all corners of the country

- 12 画
- 合体字
- 氵部
- 1-4年级

虎 (虎)

hǔ
- 老虎 lǎohǔ tiger; tigress
- 马虎 mǎhu careless; casual
- 拦路虎 lánlùhǔ formidable obstacle; stumbling block

- 8 画
- 合体字
- 虍部
- 1-4年级

"几"不是"儿"。

互 (互)

hù
- 互相 hùxiāng mutual; each other
- 互助 hùzhù help each other
- 互利 hùlì mutually beneficial; of mutual benefit

- 4 画
- 独体字
- 一部
- 1-4年级

护 (护) hù

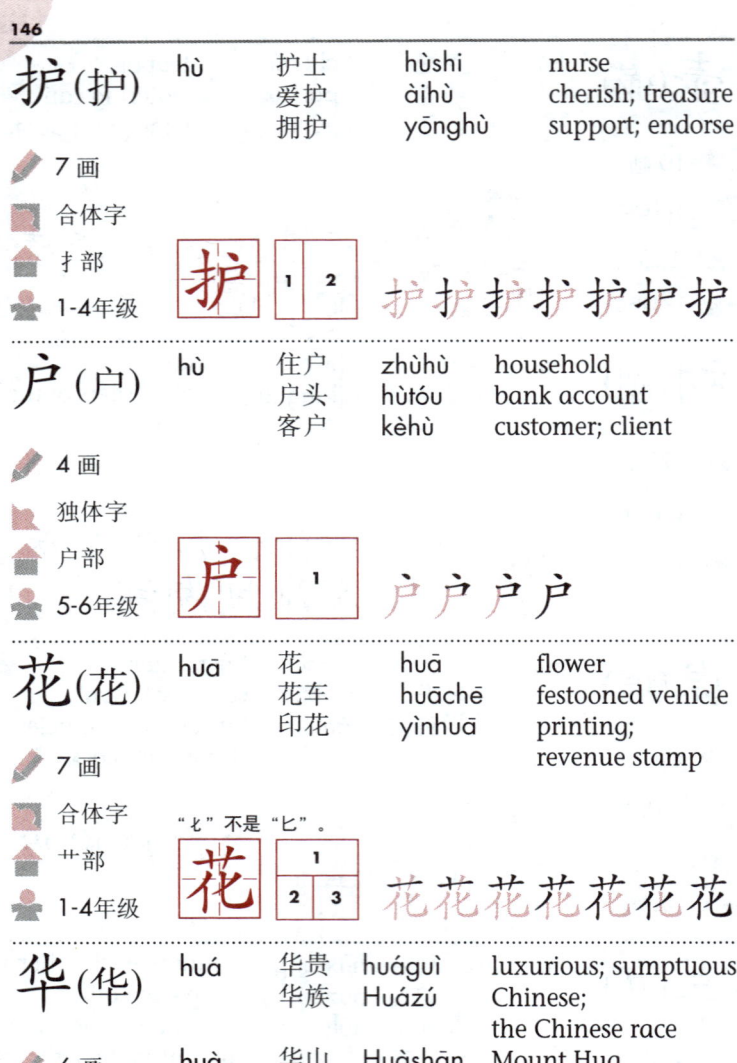

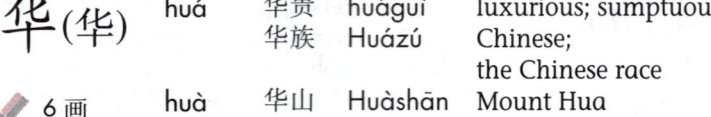

护士	hùshi	nurse
爱护	àihù	cherish; treasure
拥护	yōnghù	support; endorse

- 7 画
- 合体字
- 扌部
- 1-4年级

护 护 护 护 护 护 护

户 (户) hù

住户	zhùhù	household
户头	hùtóu	bank account
客户	kèhù	customer; client

- 4 画
- 独体字
- 户部
- 5-6年级

户 户 户 户

花 (花) huā

花	huā	flower
花车	huāchē	festooned vehicle
印花	yìnhuā	printing; revenue stamp

- 7 画
- 合体字
- 艹部
- 1-4年级

"艹" 不是 "艹"。

花 花 花 花 花 花 花

华 (华) huá

| 华贵 | huáguì | luxurious; sumptuous |
| 华族 | Huázú | Chinese; the Chinese race |

huà

| 华山 | Huàshān | Mount Hua |

- 6 画
- 合体字
- 亻(十)部
- 1-4年级

"艹" 不是 "艹"。

华 华 华 华 华 华

滑 (滑)

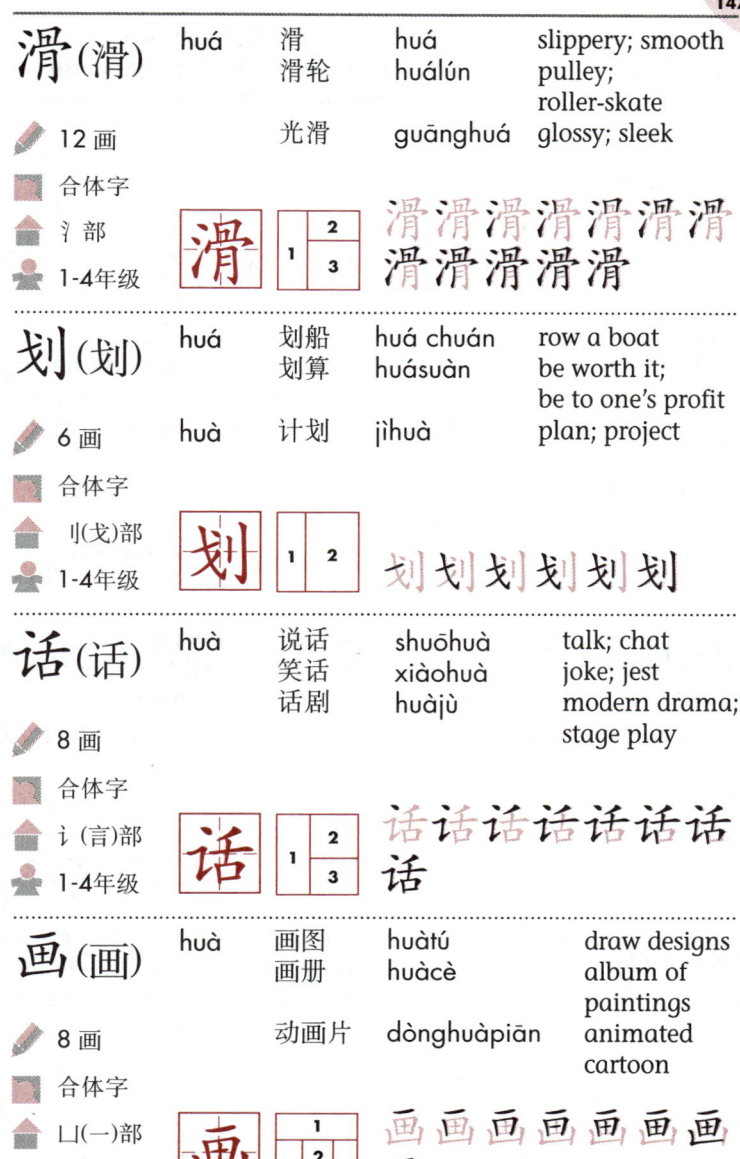

- 12 画
- 合体字
- 氵部
- 1-4年级

huá	滑	huá	slippery; smooth
	滑轮	huálún	pulley; roller-skate
	光滑	guānghuá	glossy; sleek

滑 滑 滑 滑 滑 滑 滑 滑 滑 滑 滑 滑

划 (划)

- 6 画
- 合体字
- 刂(戈)部
- 1-4年级

huá	划船	huá chuán	row a boat
	划算	huásuàn	be worth it; be to one's profit
huà	计划	jìhuà	plan; project

划 划 划 划 划 划

话 (话)

- 8 画
- 合体字
- 讠(言)部
- 1-4年级

huà	说话	shuōhuà	talk; chat
	笑话	xiàohuà	joke; jest
	话剧	huàjù	modern drama; stage play

话 话 话 话 话 话 话 话

画 (画)

- 8 画
- 合体字
- 凵(一)部
- 1-4年级

huà	画图	huàtú	draw designs
	画册	huàcè	album of paintings
	动画片	dònghuàpiān	animated cartoon

画 画 画 画 画 画 画 画

化(化)

huà

变化	biànhuà	change; vary
美化	měihuà	beautify; embellish
化合	huàhé	chemical combination

- 4 画
- 合体字
- 亻部
- 1-4年级

"匕" 不是 "匕"。

化 | 1 | 2 | 化化化化

怀(怀)

huái

胸怀	xiōnghuái	mind; heart
关怀	guānhuái	show loving care for; show solicitude for
怀念	huáiniàn	cherish the memory of; think of

- 7 画
- 合体字
- 忄部
- 1-4年级

怀 | 1 | 2 | 怀怀怀怀怀怀怀

坏(坏)

huài

坏	huài	bad; spoil
坏人	huàirén	evildoer; scoundrel
破坏	pòhuài	destroy; do great damage to

- 7 画
- 合体字
- 土部
- 1-4年级

坏 | 1 | 2 | 坏坏坏坏坏坏坏

欢(欢)

huān

欢呼	huānhū	hail; cheer
欢送	huānsòng	see off; send off
喜欢	xǐhuan	like; be fond of

- 6 画
- 合体字
- 又(欠)部
- 1-4年级

欢 | 1 / 2 / 3 | 欢欢欢欢欢欢

还(還)

huán	还	huán	return; repay
	发还	fāhuán	return; give back
hái	还	hái	still; yet

- 7 画
- 合体字
- 辶部
- 1-4年级

"辶"楷体比宋体多一个弯曲。

还还还还还还还

环(環)

huán	花环	huāhuán	garland; floral hoop
	循环	xúnhuán	circulate; cycle
	环境	huánjìng	environment; circumstances

- 8 画
- 合体字
- 王部
- 5-6年级

环环环环环环环环

患(患)

huàn	患病	huànbìng	suffer from an illness; fall ill
	患难	huànnàn	trials and tribulations
	后患	hòuhuàn	future trouble

- 11 画
- 合体字
- 心部
- 高级华文

"心"的第二笔楷体是卧钩,宋体是竖弯钩。

患患患患患患患患患患

换(換)

huàn	换	huàn	exchange; change
	换钱	huànqián	change money; sell
	交换	jiāohuàn	exchange; swap

- 10 画
- 合体字
- 扌部
- 1-4年级

换换换换换换换换换换

慌 (慌)

huāng

慌张	huāngzhāng	flurried; flustered
恐慌	kǒnghuāng	panic; panic-stricken
慌忙	huāngmáng	hurriedly; in a great rush

- 12 画
- 合体字
- 忄部
- 1-4年级

"亡"不是"亡"。

慌慌慌慌慌慌慌慌慌慌慌慌

荒 (荒)

huāng

荒凉	huāngliáng	bleak and desolate
开荒	kāihuāng	open up wasteland; reclaim wasteland
饥荒	jīhuāng	famine

- 9 画
- 合体字
- 艹部
- 5-6年级

"亡"不是"亡"。

荒荒荒荒荒荒荒荒荒

煌 (煌)

huáng

辉煌	huīhuáng	brilliant; splendid

- 13 画
- 合体字
- 火部
- 高级华文

煌煌煌煌煌煌煌煌煌煌煌煌煌

黄 (黃)

huáng

黄	huáng	yellow
黄金	huángjīn	gold
炎黄	Yán-Huáng	glorious Chinese emperors in the ancient times

- 11 画
- 合体字
- 艹部
- 1-4年级

"由"不是"田"。

黄黄黄黄黄黄黄黄黄黄黄

皇(皇)

huáng 皇帝 huángdì emperor
堂皇 tánghuáng grand; stately

- 9 画
- 合体字
- 白部
- 1-4年级

皇皇皇皇皇皇皇皇皇

谎(谎)

huǎng 谎话 huǎnghuà lie; falsehood
谎报 huǎngbào start a canard; give false information
说谎 shuōhuǎng tell a lie; lie

- 11 画
- 合体字
- 讠(言)部
- 1-4年级

"亡"不是"云"。

谎谎谎谎谎谎谎谎谎谎谎

灰(灰)

huī 灰尘 huīchén dust; dirt
银灰 yínhuī silver grey
死灰复燃 sǐhuīfùrán dying embers glowing again; resurgence; revival

- 6 画
- 合体字
- 火部
- 1-4年级

灰灰灰灰灰灰

恢(恢)

huī 恢复 huīfù resume; recover
恢恢 huīhuī extensive; vast

- 9 画
- 合体字
- 忄部
- 5-6年级

恢恢恢恢恢恢恢恢恢

挥 (揮)

huī

挥舞	huīwǔ	wave; brandish
发挥	fāhuī	give free rein to; bring into play
指挥	zhǐhuī	command; direct

- 9 画
- 合体字
- 扌部
- 5-6年级

辉 (輝)

huī

| 光辉 | guānghuī | radiance; glory |
| 辉映 | huīyìng | shine; reflect |

- 12 画
- 合体字
- 小(⺌)部
- 5-6年级

回 (回)

huí

回去	huíqù	return; go back
回电	huídiàn	return a phone call
收回	shōuhuí	take back; withdraw

- 6 画
- 合体字
- 口部
- 1-4年级

毁 (毀)

huǐ

毁坏	huǐhuài	destroy; damage
毁灭	huǐmiè	exterminate; destroy
烧毁	shāohuǐ	burn down; destroy by fire

- 13 画
- 合体字
- 殳部
- 高级华文

"臼" 不是 "白"。

悔 (悔)

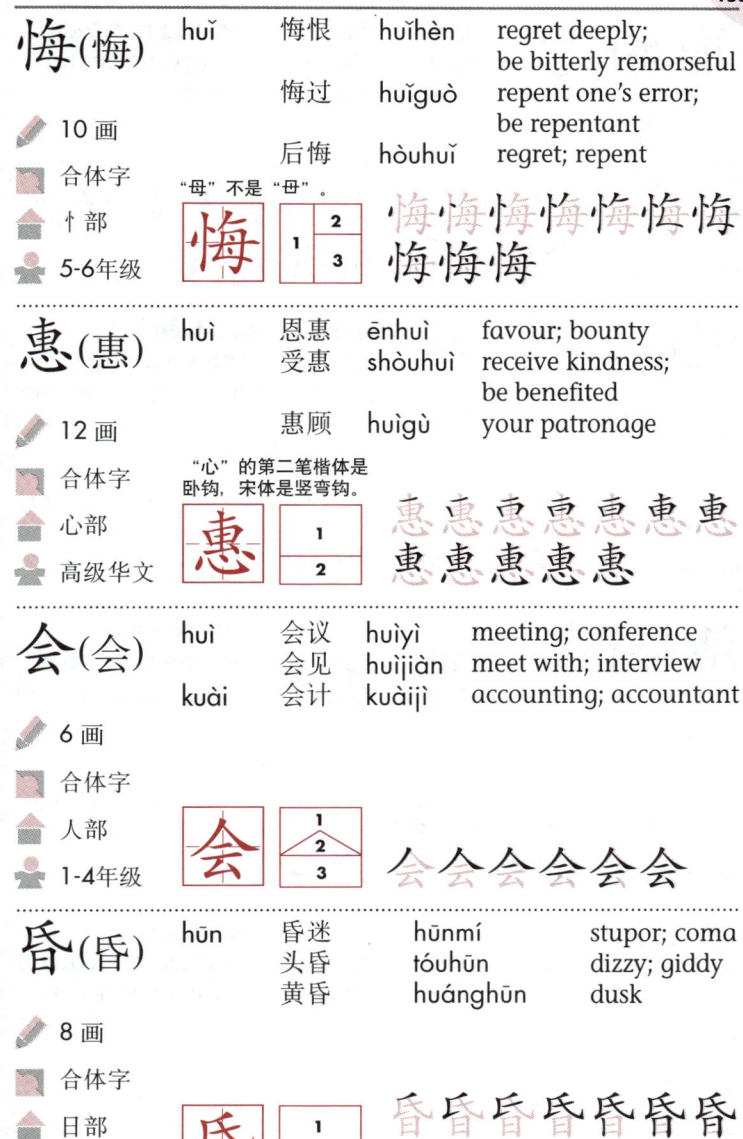

huǐ

悔恨	huǐhèn	regret deeply; be bitterly remorseful
悔过	huǐguò	repent one's error; be repentant
后悔	hòuhuǐ	regret; repent

- 10 画
- 合体字
- 忄部
- 5-6年级

"母" 不是 "毋"。

悔 悔 悔 悔 悔 悔 悔 悔 悔

惠 (惠)

huì

恩惠	ēnhuì	favour; bounty
受惠	shòuhuì	receive kindness; be benefited
惠顾	huìgù	your patronage

- 12 画
- 合体字
- 心部
- 高级华文

"心" 的第二笔楷体是卧钩, 宋体是竖弯钩。

惠 惠 惠 惠 惠 惠 惠 惠 惠 惠 惠

会 (会)

huì
kuài

会议	huìyì	meeting; conference
会见	huìjiàn	meet with; interview
会计	kuàijì	accounting; accountant

- 6 画
- 合体字
- 人部
- 1-4年级

会 会 会 会 会 会

昏 (昏)

hūn

昏迷	hūnmí	stupor; coma
头昏	tóuhūn	dizzy; giddy
黄昏	huánghūn	dusk

- 8 画
- 合体字
- 日部
- 1-4年级

昏 昏 昏 昏 昏 昏 昏 昏

婚 (婚)

hūn

婚事	hūnshì	marriage; wedding
结婚	jiéhūn	marry; get married
离婚	líhūn	divorce

- 11 画
- 合体字
- 女部
- 1-4年级

婚 婚 婚 婚 婚 婚 婚 婚 婚 婚 婚

混 (混)

hùn

混合	hùnhé	mix; blend
混乱	hùnluàn	confusion; chaos
含混	hánhùn	indistinct; ambiguous

- 11 画
- 合体字
- 氵部
- 5-6年级

混 混 混 混 混 混 混 混 混 混 混

活 (活)

huó

活	huó	live; work
活跃	huóyuè	enliven; dynamic
干活	gànhuó	work; work on a job

- 9 画
- 合体字
- 氵部
- 1-4年级

活 活 活 活 活 活 活 活 活

伙 (伙)

huǒ

伙食	huǒshí	food; meals
伙伴	huǒbàn	partner; companion
合伙	héhuǒ	form a partnership

- 6 画
- 合体字
- 亻部
- 高级华文

伙 伙 伙 伙 伙 伙

火 (火) huǒ

火	huǒ	fire; anger
火患	huǒhuàn	fire
恼火	nǎohuǒ	annoyed; vexed

- 4 画
- 独体字
- 火部
- 1-4年级

火火火火

货 (貨) huò

货物	huòwù	goods; commodity
货币	huòbì	money; currency
百货	bǎihuò	general merchandise

- 8 画
- 合体字 ("匕"不是"七"。)
- 贝部
- 1-4年级

货货货货货货货货

祸 (禍) huò

祸害	huòhài	disaster; scourge
闯祸	chuǎnghuò	get into trouble; bring disaster
车祸	chēhuò	traffic accident

- 11 画
- 合体字 ("礻"不是"衤"。"内"不是"冈"。)
- 礻(示)部
- 1-4年级

祸祸祸祸祸祸祸祸祸祸祸

或 (或) huò

或	huò	or; perhaps; maybe
或者	huòzhě	or; perhaps
或许	huòxǔ	probably; maybe

- 8 画
- 合体字
- 戈部
- 1-4年级

或或或或或或或或

获 (獲)

huò

获得	huòdé	gain; obtain
获胜	huòshèng	win victory; triumph
收获	shōuhuò	harvest; gather in the crops

- 10 画
- 合体字
- 艹部
- 5-6年级

"犬"不是"大"。

获获获获获获获获获获

讥 (譏)

jī

讥笑	jīxiào	mock; jeer
讥刺	jīcì	deride; ridicule
反唇相讥	fǎnchúnxiāngjī	answer back sarcastically

- 4 画
- 合体字
- 讠(言)部
- 高级华文

讥讥讥讥

肌 (肌)

jī

肌肉	jīròu	muscle
肌体	jītǐ	human body; organism
面黄肌瘦	miànhuáng-jīshòu	sallow and emaciated

- 6 画
- 合体字
- 月部
- 高级华文

肌肌肌肌肌肌

机 (機)

jī

机器	jīqì	machinery; apparatus
机会	jīhuì	chance; opportunity
飞机	fēijī	aeroplane; aircraft

- 6 画
- 合体字
- 木部
- 1-4年级

机机机机机机

鸡 (鷄) jī

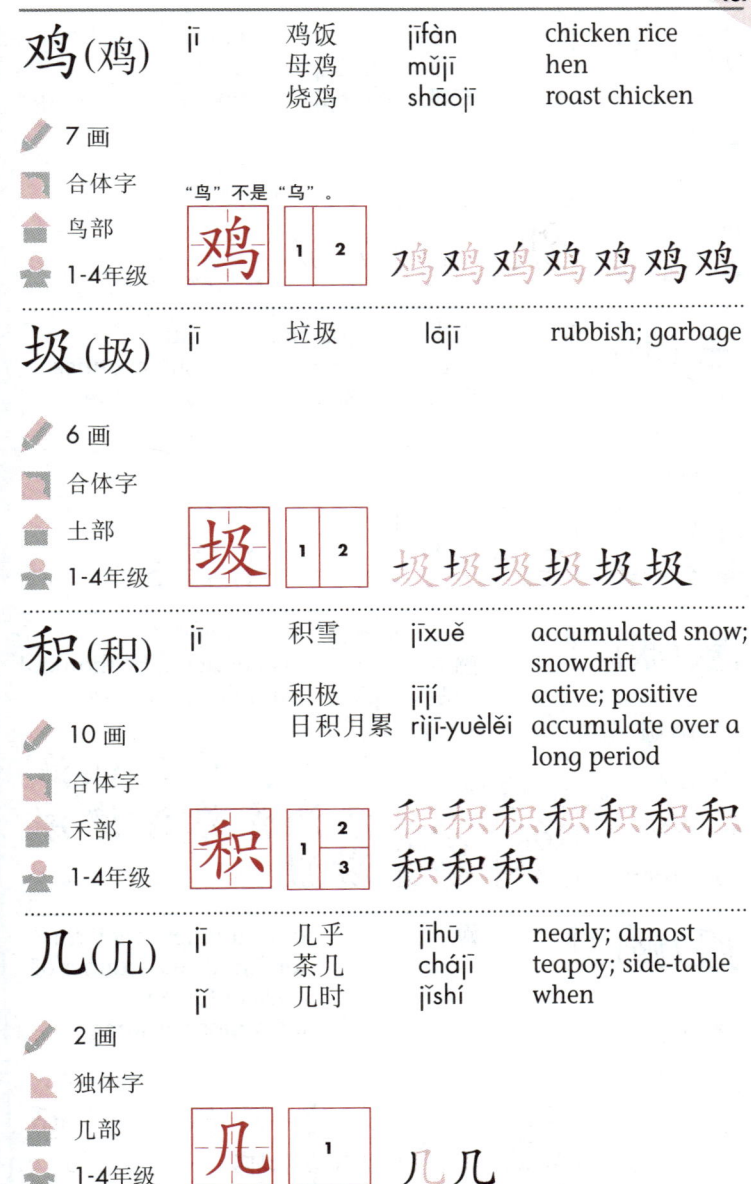

鸡饭	jīfàn	chicken rice
母鸡	mǔjī	hen
烧鸡	shāojī	roast chicken

- 7 画
- 合体字
- 鸟部
- 1-4年级

"鸟"不是"乌"。

鸡 鸡 鸡 鸡 鸡 鸡 鸡

圾 (圾) jī

| 垃圾 | lājī | rubbish; garbage |

- 6 画
- 合体字
- 土部
- 1-4年级

圾 圾 圾 圾 圾 圾

积 (積) jī

积雪	jīxuě	accumulated snow; snowdrift
积极	jījí	active; positive
日积月累	rìjī-yuèlěi	accumulate over a long period

- 10 画
- 合体字
- 禾部
- 1-4年级

积 积 积 积 积 积 积 积 积 积

几 (幾)

jī
| 几乎 | jīhū | nearly; almost |
| 茶几 | chájī | teapoy; side-table |

jǐ
| 几时 | jǐshí | when |

- 2 画
- 独体字
- 几部
- 1-4年级

几 几

饥 (饥) jī

饥饿	jī'è	hunger; starvation
饥荒	jīhuāng	famine
充饥	chōngjī	appease one's hunger

- 5 画
- 合体字
- 饣(食)部
- 5-6年级

饥 | 1 2 | 饥 饥 饥 饥 饥

击 (击) jī

击中	jīzhòng	hit
打击	dǎjī	strike; attack
射击	shèjī	shoot; fire

- 5 画
- 独体字
- 凵(一)部
- 5-6年级

击 | 1 | 击 击 击 击 击

激 (激) jī

激动	jīdòng	excite; agitate
感激	gǎnjī	feel grateful; be thankful
刺激	cìjī	stimulate; provoke

- 16 画
- 合体字 — "夊" 不是 "夂"。
- 氵部
- 5-6年级

激 | 1 2 / 3 4 | 激 激 激 激 激 激 激 激 激 激 激 激 激 激

姬 (姬) jī

| 姬 | jī | a complimentary term for female entertainer of ancient China; a Chinese surname |

- 10 画
- 合体字
- 女部
- 5-6年级

姬 | 1 2 | 姬 姬 姬 姬 姬 姬 姬 姬 姬

基 (基) jī

基本	jīběn	fundamental
基础	jīchǔ	foundation; basis
路基	lùjī	roadbed

- 11 画
- 合体字
- 土(其)部
- 5-6年级

基基基基基基基基基基基基

籍 (籍) jí

籍贯	jíguàn	native place
书籍	shūjí	books
祖籍	zǔjí	ancestral home

- 20 画
- 合体字
- 竹(⺮)部
- 高级华文

籍籍籍籍籍籍籍籍籍籍籍籍籍籍籍籍籍籍籍

级 (级) jí

级别	jíbié	rank; level
年级	niánjí	grade; year
上级	shàngjí	higher level; higher authorities

- 6 画
- 合体字
- 纟(糸)部
- 1-4年级

级级级级级级

急 (急) jí

急性	jíxìng	acute
急忙	jímáng	in a hurry; in haste
着急	zháojí	worry; feel anxious

- 9 画
- 合体字
- 刀(⺈、心)部
- 1-4年级

"心"的第二笔楷体是卧钩，宋体是竖弯钩。"彐"不是"ヨ"。

急急急急急急急急急

极 (極) jí

极其	jíqí	extremely; exceedingly
积极	jījí	active; positive
北极	běijí	the North Pole; the Arctic Pole

- 7 画
- 合体字
- 木部
- 1-4年级

极 极极极极极极极

及 (及) jí

及格	jígé	pass; pass an examination
及时	jíshí	timely; in time
普及	pǔjí	popularise; popular

- 3 画
- 独体字
- 丿部
- 1-4年级

及 及及及

集 (集) jí

集合	jíhé	assemble; muster
集市	jíshì	market; country fair
诗集	shījí	collection of poems; poetry anthology

- 12 画
- 合体字
- 隹(木)部
- 1-4年级

"隹"不是"住"。

集 集集集集集集集 集集集集集

吉 (吉) jí

| 吉祥 | jíxiáng | lucky |
| 吉人天相 | jíréntiānxiàng | lucky people are always blessed |

- 6 画
- 合体字
- 士(口)部
- 5-6年级

吉 吉吉吉吉吉吉

即 (即)

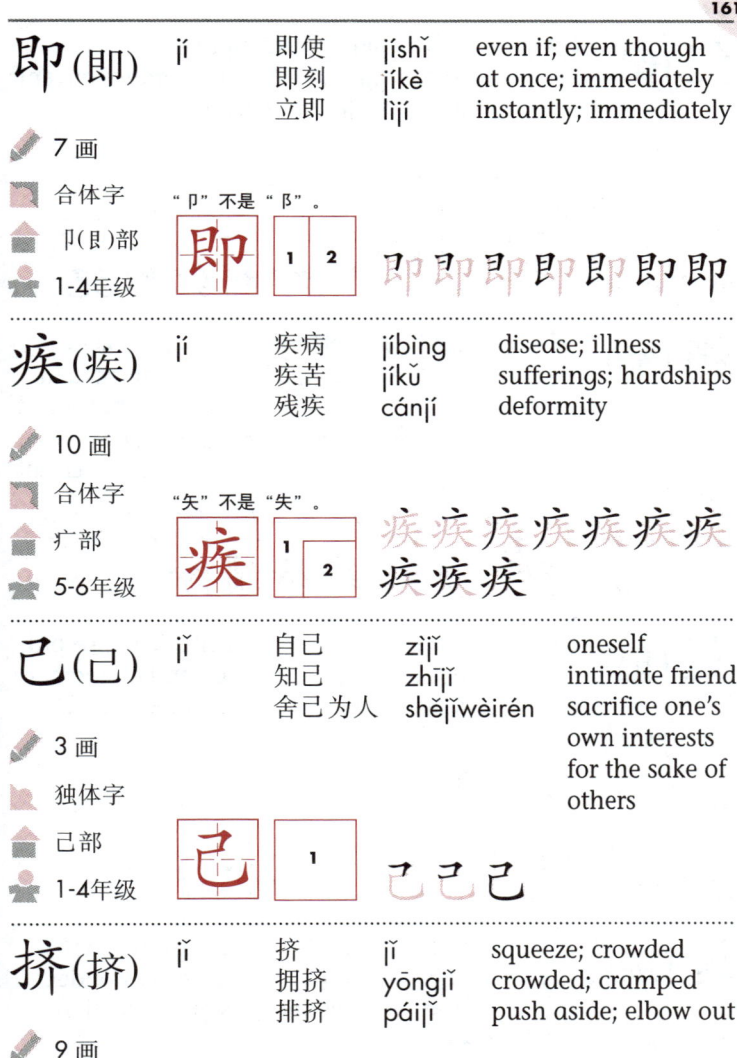

jí

即使	jíshǐ	even if; even though
即刻	jíkè	at once; immediately
立即	lìjí	instantly; immediately

- 7 画
- 合体字
- 卩(㔾)部
- 1-4年级

"卩"不是"阝"。

即即即即即即即

疾 (疾)

jí

疾病	jíbìng	disease; illness
疾苦	jíkǔ	sufferings; hardships
残疾	cánjí	deformity

- 10 画
- 合体字
- 疒部
- 5-6年级

"矢"不是"失"。

疾疾疾疾疾疾疾疾疾疾

己 (己)

jǐ

自己	zìjǐ	oneself
知己	zhījǐ	intimate friend
舍己为人	shějǐwèirén	sacrifice one's own interests for the sake of others

- 3 画
- 独体字
- 己部
- 1-4年级

己己己

挤 (挤)

jǐ

挤	jǐ	squeeze; crowded
拥挤	yōngjǐ	crowded; cramped
排挤	páijǐ	push aside; elbow out

- 9 画
- 合体字
- 扌部
- 1-4年级

"文"不是"夂"。

挤挤挤挤挤挤挤挤

纪(纪) jì

纪律	jìlǜ	discipline
纪念	jìniàn	commemorate; souvenir
世纪	shìjì	century

- 6画
- 合体字
- 纟(糸)部
- 1-4年级

"己"不是"已"或"巳"。

纪纪纪纪纪纪

绩(绩) jì

成绩	chéngjì	result
功绩	gōngjì	merits and achievement
丰功伟绩	fēnggōng-wěijì	great achievement

- 11画
- 合体字
- 纟(糸)部
- 1-4年级

绩绩绩绩绩绩绩绩绩绩绩

记(记) jì

记	jì	write down; record
记忆	jìyì	remember; memory
忘记	wàngjì	forget; overlook

- 5画
- 合体字
- 讠(言)部
- 1-4年级

"己"不是"已"或"巳"。

记记记记记

迹(迹) jì

足迹	zújì	footprint; track
奇迹	qíjì	miracle; wonder
迹象	jìxiàng	sign; indication

- 9画
- 合体字
- 辶部
- 高级华文

"亦"第五笔楷体是点,宋体是撇。
"辶"楷体比宋体多一个弯曲。

迹迹迹迹迹迹迹迹迹

寄 (寄) jì

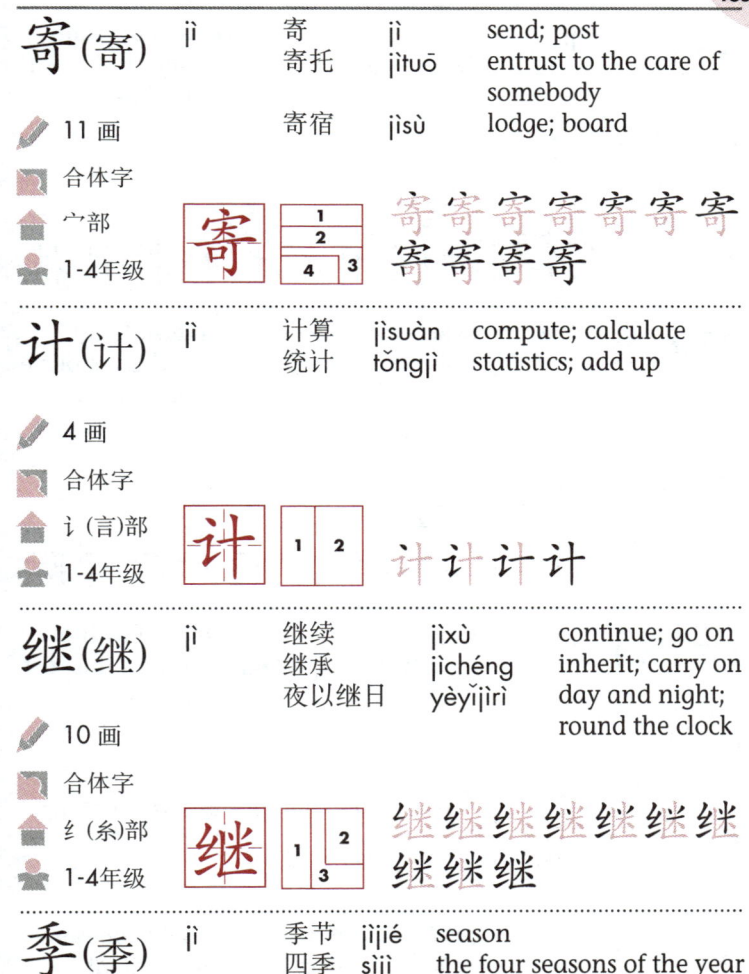

寄	jì — send; post
寄托	jìtuō — entrust to the care of somebody
寄宿	jìsù — lodge; board

- 11 画
- 合体字
- 宀部
- 1-4年级

计 (计) jì

计算	jìsuàn — compute; calculate
统计	tǒngjì — statistics; add up

- 4 画
- 合体字
- 讠(言)部
- 1-4年级

继 (继) jì

继续	jìxù — continue; go on
继承	jìchéng — inherit; carry on
夜以继日	yèyǐjìrì — day and night; round the clock

- 10 画
- 合体字
- 纟(糸)部
- 1-4年级

季 (季) jì

季节	jìjié — season
四季	sìjì — the four seasons of the year
月季	yuèjì — Chinese rose

- 8 画
- 合体字
- 禾部
- 5-6年级

技 (技) jì

技术	jìshù	technology; skill
技巧	jìqiǎo	craftsmanship; skill
特技	tèjì	stunt; trick

- 7 画
- 合体字
- 扌部
- 5-6年级

技 技 技 技 技 技 技

际 (际) jì

国际	guójì	international
交际	jiāojì	social intercourse
边际	biānjì	limit; boundary

- 7 画
- 合体字
- 阝部
- 5-6年级

"示"第四笔楷体是点，宋体是撇。

际 际 际 际 际 际 际

既 (既) jì

| 既然 | jìrán | since; now that |
| 一如既往 | yīrújìwǎng | just as in the past; as always |

- 9 画
- 合体字
- 旡部
- 5-6年级

"旡"不是"无"。

既 既 既 既 既 既 既 既 既

寂 (寂) jì

寂寞	jìmò	lonely; lonesome
寂静	jìjìng	quiet; silent
沉寂	chénjì	quiet; still

- 11画
- 合体字
- 宀部
- 1-4年级

"尗"第五笔楷体是点，宋体是撇。

寂 寂 寂 寂 寂 寂 寂 寂 寂 寂 寂

佳(佳) jiā

佳节	jiājié	happy festival time; festival
佳句	jiājù	beautiful line
佳人	jiārén	beautiful woman

- 8 画
- 合体字
- 亻部
- 1-4年级

佳佳佳佳佳佳佳佳

家(家) jiā

家	jiā	family
国家	guójiā	country
白手起家	báishǒuqǐjiā	start from scratch

- 10 画
- 合体字
- 宀部
- 1-4年级

家家家家家家家家家家

加(加) jiā

加	jiā	add; augment
加班	jiābān	work overtime; work extra hours
参加	cānjiā	take part in; attend

- 5 画
- 合体字
- 力部
- 1-4年级

加加加加加

夹(夾) jiā

夹	jiā	press from both sides; mix
夹心	jiāxīn	with filling
皮夹子	píjiāzi	wallet

- 6 画
- 独体字
- 一(大)部
- 1-4年级

夹夹夹夹夹夹

甲 (甲) jiǎ

甲乙丙丁	jiǎ yǐ bǐng dīng	A, B, C and D
甲板	jiǎbǎn	deck
指甲	zhǐjia	fingernail

- 5 画
- 独体字
- 丨(田)部
- 1-4年级

甲甲甲甲甲

假 (假) jiǎ / jià

假	jiǎ	false; artificial
假设	jiǎshè	suppose; presume
假期	jiàqī	vacation; period of leave

- 11 画
- 合体字
- 亻部
- 1-4年级

"段"不是"段"。

假假假假假假假假假假假

架 (架) jià

架设	jiàshè	erect; build
架子	jiàzi	frame; shelf
吵架	chǎojià	quarrel; have a row

- 9 画
- 合体字
- 木部
- 1-4年级

架架架架架架架架架

价 (价) jià

价钱	jiàqián	price
物价	wùjià	(commodity) prices
大减价	dàjiǎnjià	sell at a reduced price

- 6 画
- 合体字
- 亻部
- 1-4年级

价价价价价价

驾(驾)	jià	驾驶 劳驾	jiàshǐ láojià	drive; pilot Excuse me; Would you mind

- 8 画
- 合体字
- 马部
- 5-6年级

驾 驾 驾 驾 驾 驾 驾 驾

嫁(嫁)	jià	嫁 嫁接 出嫁	jià jiàjiē chūjià	marry; transfer grafting (of girls) get married

- 13 画
- 合体字
- 女部
- 5-6年级

嫁 嫁 嫁 嫁 嫁 嫁 嫁 嫁 嫁 嫁 嫁 嫁 嫁

间(间)	jiān jiàn	房间 时间 间接	fángjiān shíjiān jiànjiē	room time indirect

- 7 画
- 合体字
- 门部
- 1-4年级

间 间 间 间 间 间 间

尖(尖)	jiān	尖 尖端 笔尖	jiān jiānduān bǐjiān	point; piercing pointed end; most advanced nib; pen point

"小"不是"小"。
"小"第二笔楷体是点，宋体是撇。

- 6 画
- 合体字
- 小(大)部
- 1-4年级

尖 尖 尖 尖 尖 尖

坚(堅) jiān

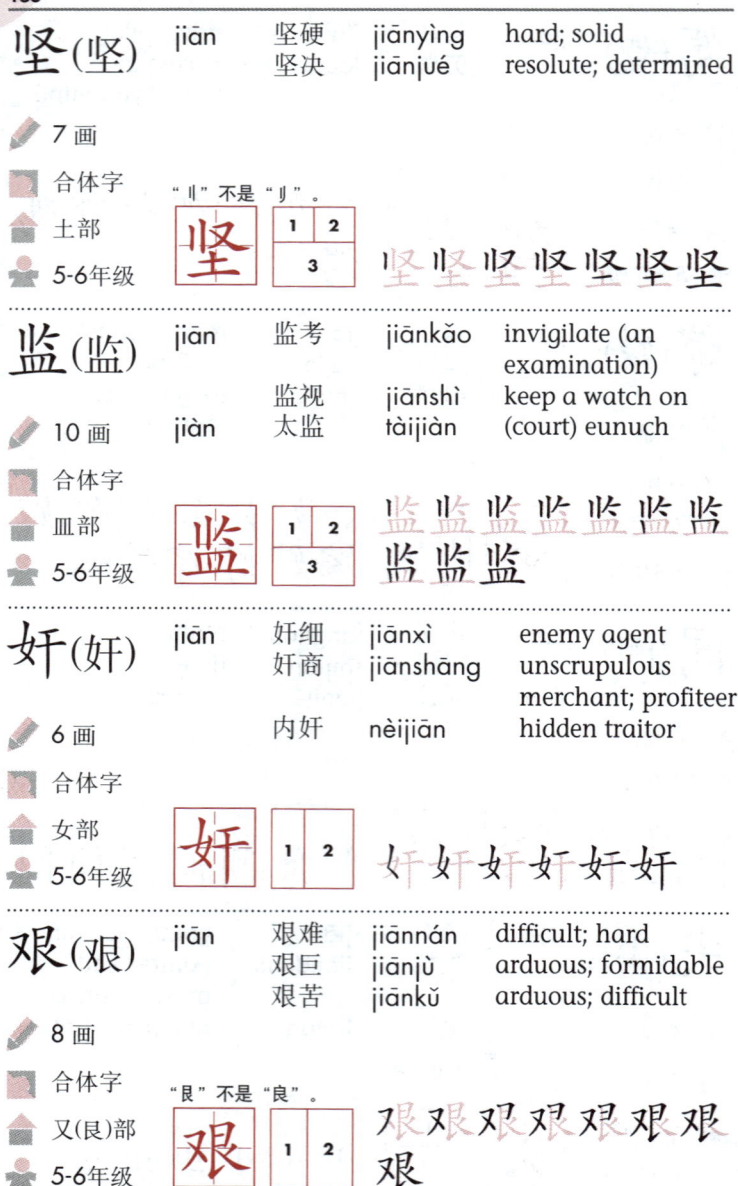

| 坚硬 | jiānyìng | hard; solid |
| 坚决 | jiānjué | resolute; determined |

- 7 画
- 合体字
- 土部
- 5-6年级

"⺌" 不是 "⺍"。

坚坚坚坚坚坚坚

监(監)

jiān	监考	jiānkǎo	invigilate (an examination)
	监视	jiānshì	keep a watch on
jiàn	太监	tàijiàn	(court) eunuch

- 10 画
- 合体字
- 皿部
- 5-6年级

监监监监监监监监监监

奸(奸) jiān

奸细	jiānxì	enemy agent
奸商	jiānshāng	unscrupulous merchant; profiteer
内奸	nèijiān	hidden traitor

- 6 画
- 合体字
- 女部
- 5-6年级

奸奸奸奸奸奸

艰(艱) jiān

艰难	jiānnán	difficult; hard
艰巨	jiānjù	arduous; formidable
艰苦	jiānkǔ	arduous; difficult

- 8 画
- 合体字
- 又(艮)部
- 5-6年级

"⺀" 不是 "良"。

艰艰艰艰艰艰艰艰

肩 (肩)

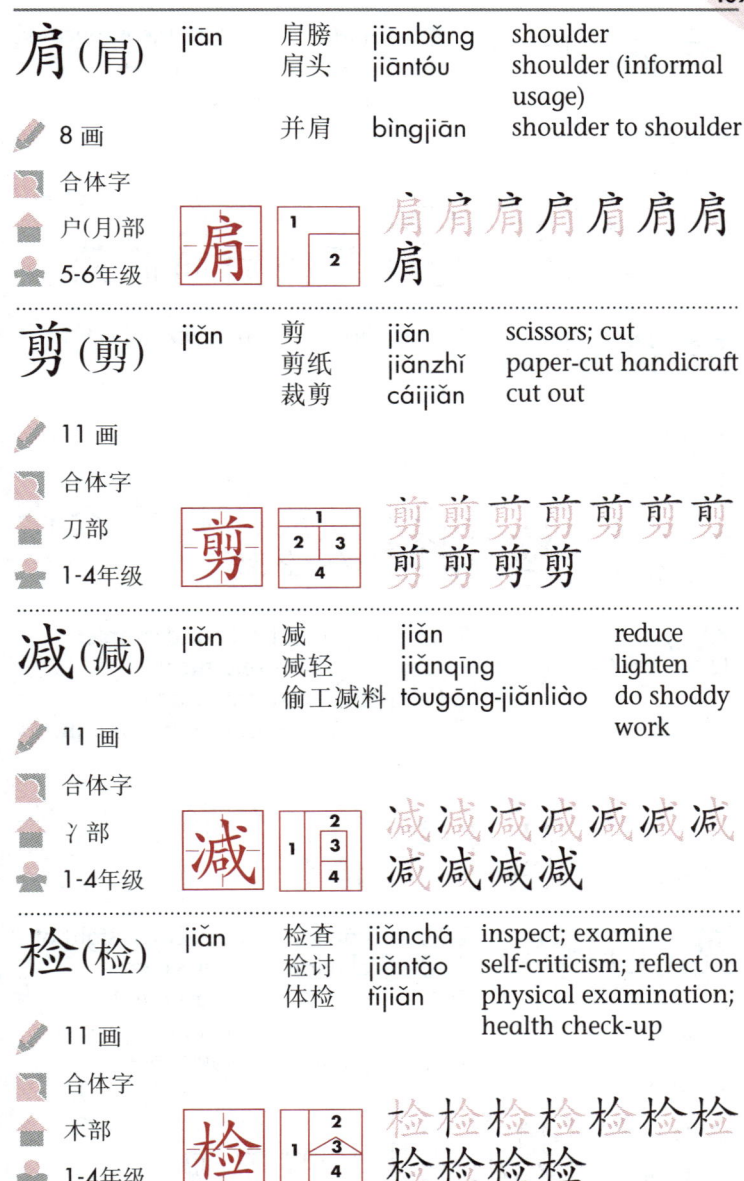

jiān

肩膀	jiānbǎng	shoulder
肩头	jiāntóu	shoulder (informal usage)
并肩	bìngjiān	shoulder to shoulder

- 8 画
- 合体字
- 户(月)部
- 5-6年级

肩 肩 肩 肩 肩 肩 肩 肩

剪 (剪)

jiǎn

剪	jiǎn	scissors; cut
剪纸	jiǎnzhǐ	paper-cut handicraft
裁剪	cáijiǎn	cut out

- 11 画
- 合体字
- 刀部
- 1-4年级

剪 剪 剪 剪 剪 剪 剪 剪 剪 剪 剪

减 (減)

jiǎn

减	jiǎn	reduce
减轻	jiǎnqīng	lighten
偷工减料	tōugōng-jiǎnliào	do shoddy work

- 11 画
- 合体字
- 冫部
- 1-4年级

减 减 减 减 减 减 减 减 减 减 减

检 (檢)

jiǎn

检查	jiǎnchá	inspect; examine
检讨	jiǎntǎo	self-criticism; reflect on
体检	tǐjiǎn	physical examination; health check-up

- 11 画
- 合体字
- 木部
- 1-4年级

检 检 检 检 检 检 检 检 检 检 检

简 (简) jiǎn

简单	jiǎndān	simple; uncomplicated
简短	jiǎnduǎn	brief; concise
精简	jīngjiǎn	retrench; streamline

- 13 画
- 合体字
- 竹(⺮)部
- 1-4年级

捡 (撿) jiǎn

| 捡 | jiǎn | pick up; collect |

- 10 画
- 合体字
- 扌部
- 5-6年级

俭 (儉) jiǎn

俭朴	jiǎnpǔ	thrifty and simple; economical
节俭	jiéjiǎn	thrifty; frugal
勤俭	qínjiǎn	hardworking and thrifty

- 9 画
- 合体字
- 亻部
- 5-6年级

见 (見) jiàn

看见	kànjiàn	see; catch sight of
主见	zhǔjiàn	one's own judgement; definite view
见面	jiànmiàn	meet; see

- 4 画
- 独体字
- 见部
- 1-4年级

件 (件)

jiàn

件	jiàn	piece
部件	bùjiàn	part; component
条件	tiáojiàn	condition; term

- 6 画
- 合体字
- 亻部
- 1-4年级

件件件件件件件

剑 (剑)

jiàn

| 宝剑 | bǎojiàn | double-edged sword |
| 舞剑 | wǔjiàn | perform a sword-dance |

- 9 画
- 合体字
- 刂部
- 1-4年级

剑剑剑剑剑剑剑剑

健 (健)

jiàn

健康	jiànkāng	health; healthy
健忘	jiànwàng	forgetful; bad memory
稳健	wěnjiàn	firm; steady

- 10 画
- 合体字
- 亻部
- 1-4年级

健健健健健健健健健健

建 (建)

jiàn

建立	jiànlì	establish; set up
建设	jiànshè	construct; build
修建	xiūjiàn	build; erect

- 8 画
- 合体字
- 廴部
- 1-4年级

建建建建建建建建

渐 (渐) jiàn

渐渐	jiànjiàn	little by little
逐渐	zhújiàn	gradually; by degrees
渐变	jiànbiàn	gradual change

- 11 画
- 合体字
- 氵部
- 1-4年级

箭 (箭) jiàn

| 箭 | jiàn | arrow |
| 挡箭牌 | dǎngjiànpái | shield; pretext |

- 15 画
- 合体字
- 竹(⺮)部
- 1-4年级

将 (将)

jiāng

| 将来 | jiānglái | future |
| 即将 | jíjiāng | be about to; be on the point of |

jiàng

| 将领 | jiànglǐng | high-ranking military officer; general |

- 9 画
- 合体字
- 丬(寸)部
- 1-4年级

"夕" 不是 "夕"。

江 (江) jiāng

| 江 | jiāng | river |
| 江山 | jiāngshān | rivers and mountains; landscape |

- 6 画
- 合体字
- 氵部
- 5-6年级

173

浆 (漿) jiāng

豆浆 dòujiāng soya bean milk
泥浆 níjiāng mud; slurry

- 10 画
- 合体字
- 水部
- 5-6年级

"夕"不是"夕"。

讲 (講) jiǎng

讲 jiǎng speak; explain
讲话 jiǎnghuà speech; talk
演讲 yǎnjiǎng make a speech; give a lecture

- 6 画
- 合体字
- 讠(言)部
- 1-4年级

奖 (獎) jiǎng

奖 jiǎng reward; prize
奖品 jiǎngpǐn prize; award
颁奖 bānjiǎng bestow an award on; award

- 9 画
- 合体字
- 大部
- 1-4年级

"夕"不是"夕"。

糨 (糨) jiàng

糨糊 jiànghu paste

- 18 画
- 合体字
- 米部
- 高级华文

匠 (匠)

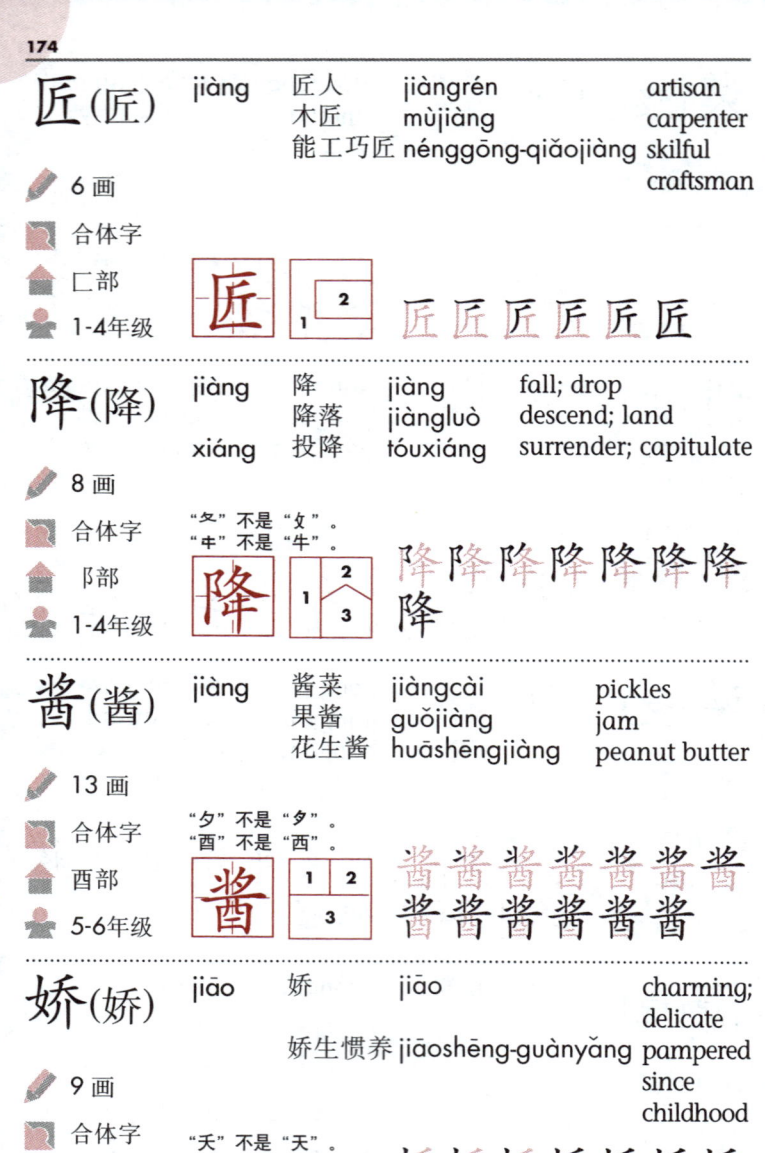

jiàng

匠人 jiàngrén artisan
木匠 mùjiàng carpenter
能工巧匠 nénggōng-qiǎojiàng skilful craftsman

- 6 画
- 合体字
- 匚部
- 1-4年级

匠 匠 匠 匠 匠 匠

降 (降)

jiàng

降 jiàng fall; drop
降落 jiàngluò descend; land

xiáng

投降 tóuxiáng surrender; capitulate

- 8 画
- 合体字　"夂"不是"夊"。"⺕"不是"牛"。
- 阝部
- 1-4年级

降 降 降 降 降 降 降 降

酱 (酱)

jiàng

酱菜 jiàngcài pickles
果酱 guǒjiàng jam
花生酱 huāshēngjiàng peanut butter

- 13 画
- 合体字　"夕"不是"夕"。"酉"不是"西"。
- 酉部
- 5-6年级

酱 酱 酱 酱 酱 酱 酱 酱 酱 酱 酱 酱 酱

娇 (娇)

jiāo

娇 jiāo charming; delicate
娇生惯养 jiāoshēng-guànyǎng pampered since childhood

- 9 画
- 合体字　"夭"不是"天"。
- 女部
- 高级华文

娇 娇 娇 娇 娇 娇 娇 娇 娇

交 (交) jiāo

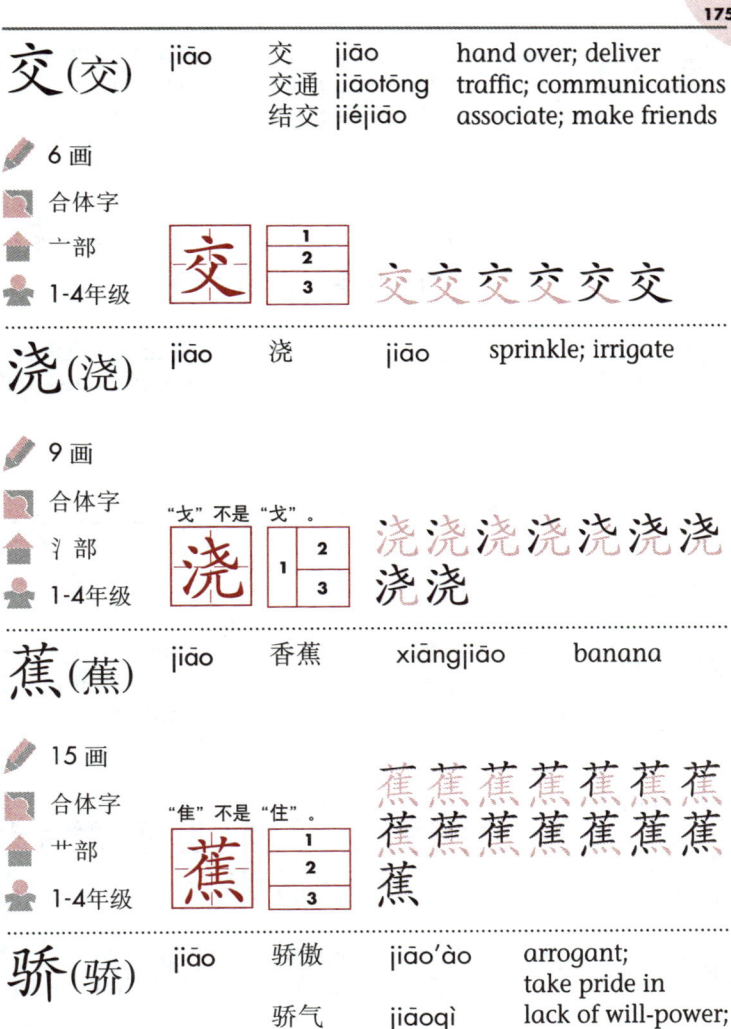

交	jiāo	hand over; deliver
交通	jiāotōng	traffic; communications
结交	jiéjiāo	associate; make friends

- 6 画
- 合体字
- 亠部
- 1-4年级

交交交交交交

浇 (浇) jiāo

浇	jiāo	sprinkle; irrigate

- 9 画
- 合体字
- 氵部
- 1-4年级

"戈" 不是 "戈"。

浇浇浇浇浇浇浇浇浇

蕉 (蕉) jiāo

香蕉	xiāngjiāo	banana

- 15 画
- 合体字
- 艹部
- 1-4年级

"隹" 不是 "住"。

蕉蕉蕉蕉蕉蕉蕉蕉蕉蕉蕉蕉蕉蕉蕉

骄 (骄) jiāo

骄傲	jiāo'ào	arrogant; take pride in
骄气	jiāoqì	lack of will-power; delicate

- 9 画
- 合体字
- 马部
- 1-4年级

"夭" 不是 "天"。

骄骄骄骄骄骄骄骄骄

教(教)

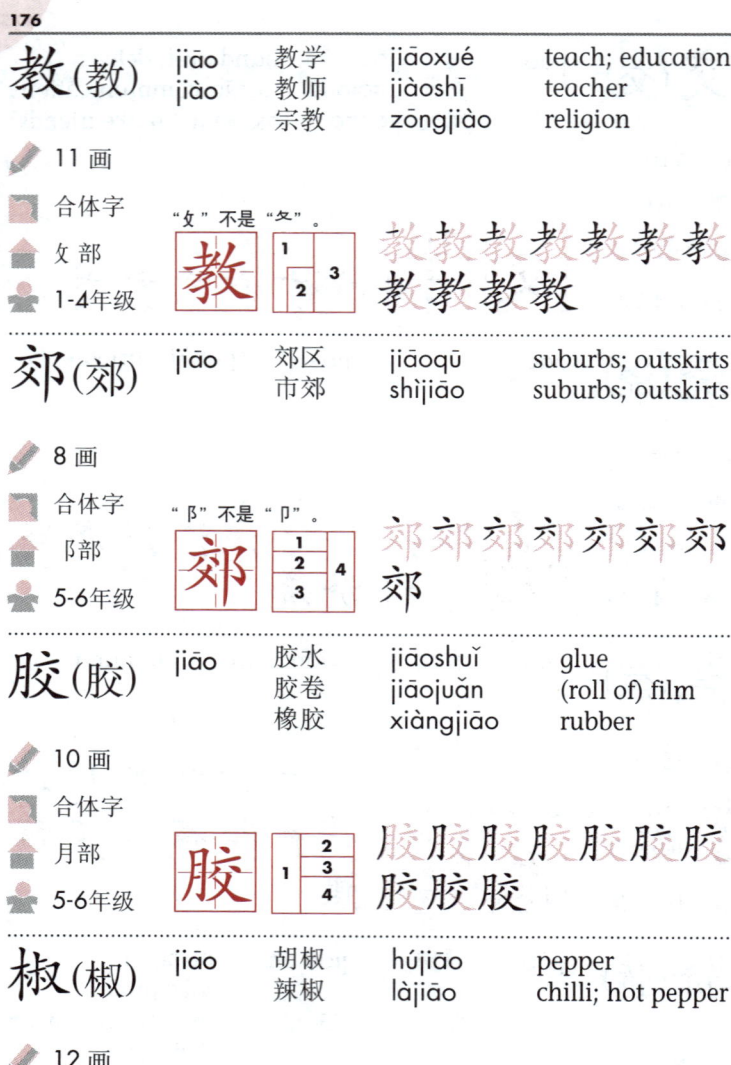

jiāo / jiào

教学	jiāoxué	teach; education
教师	jiàoshī	teacher
宗教	zōngjiào	religion

- 11 画
- 合体字
- 攵 部
- 1-4年级

"攵"不是"夂"。

郊(郊)

jiāo

| 郊区 | jiāoqū | suburbs; outskirts |
| 市郊 | shìjiāo | suburbs; outskirts |

- 8 画
- 合体字
- 阝部
- 5-6年级

"阝"不是"卩"。

胶(胶)

jiāo

胶水	jiāoshuǐ	glue
胶卷	jiāojuǎn	(roll of) film
橡胶	xiàngjiāo	rubber

- 10 画
- 合体字
- 月部
- 5-6年级

椒(椒)

jiāo

| 胡椒 | hújiāo | pepper |
| 辣椒 | làjiāo | chilli; hot pepper |

- 12 画
- 合体字
- 木部
- 5-6年级

"朩"第五笔楷体是点，宋体是撇。

脚 (腳)

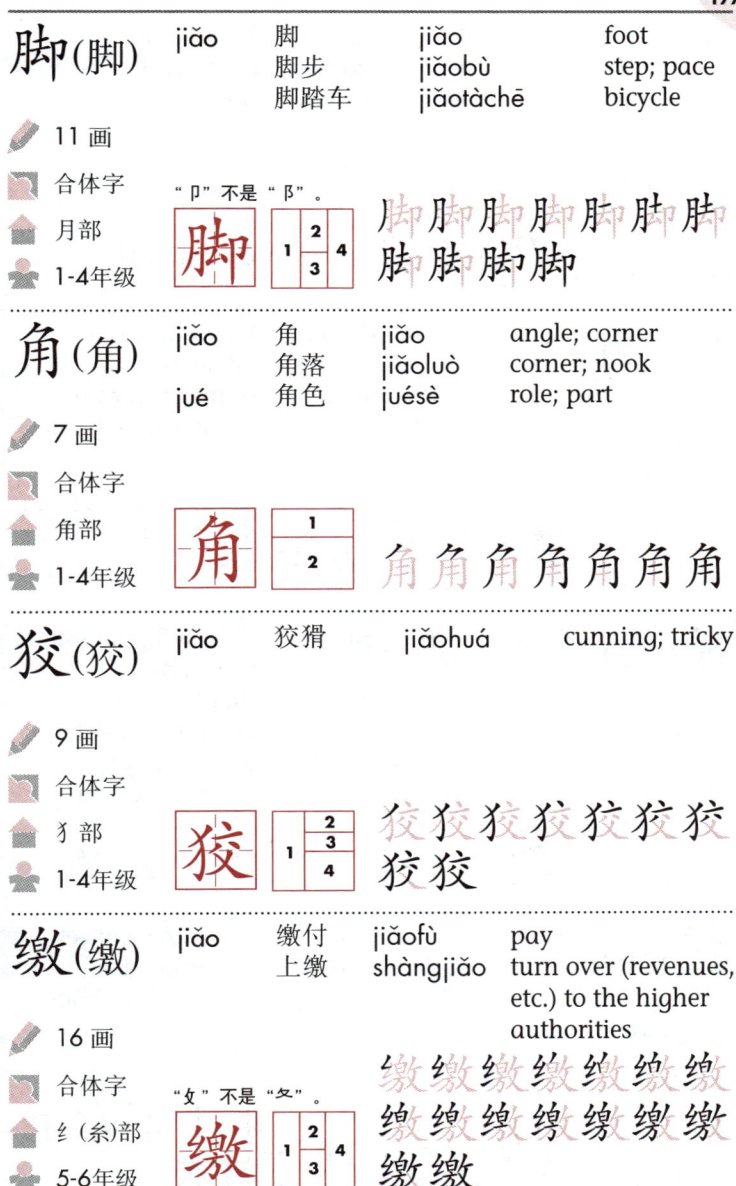

jiǎo	脚	jiǎo	foot
	脚步	jiǎobù	step; pace
	脚踏车	jiǎotàchē	bicycle

- 11 画
- 合体字
- 月部
- 1-4年级

"卩"不是"阝"。

角 (角)

jiǎo	角	jiǎo	angle; corner
	角落	jiǎoluò	corner; nook
jué	角色	juésè	role; part

- 7 画
- 合体字
- 角部
- 1-4年级

狡 (狡)

jiǎo	狡猾	jiǎohuá	cunning; tricky

- 9 画
- 合体字
- 犭部
- 1-4年级

缴 (繳)

jiǎo	缴付	jiǎofù	pay
	上缴	shàngjiǎo	turn over (revenues, etc.) to the higher authorities

- 16 画
- 合体字
- 纟(糸)部
- 5-6年级

"攵"不是"夂"。

叫 (叫) jiào

叫	jiào	shout; name
叫好	jiào hǎo	applaud; shout "Bravo"
喊叫	hǎnjiào	shout; cry out

- 5 画
- 合体字
- 口部
- 1-4年级

较 (较) jiào

较量	jiàoliàng	have a contest; pit against
比较	bǐjiào	compare; contrast
计较	jìjiào	be fussy about; argue

- 10 画
- 合体字
- 车部
- 1-4年级

阶 (阶) jiē

阶梯	jiētī	ladder; a flight of stairs
阶段	jiēduàn	stage; phase
台阶	táijiē	a flight of steps; chance to extricate oneself from an awkward position

- 6 画
- 合体字
- 阝部
- 高级华文

接 (接) jiē

接	jiē	receive; meet
接近	jiējìn	approach; near
迎接	yíngjiē	greet; welcome

- 11 画
- 合体字
- 扌部
- 1-4年级

街 (街) jiē

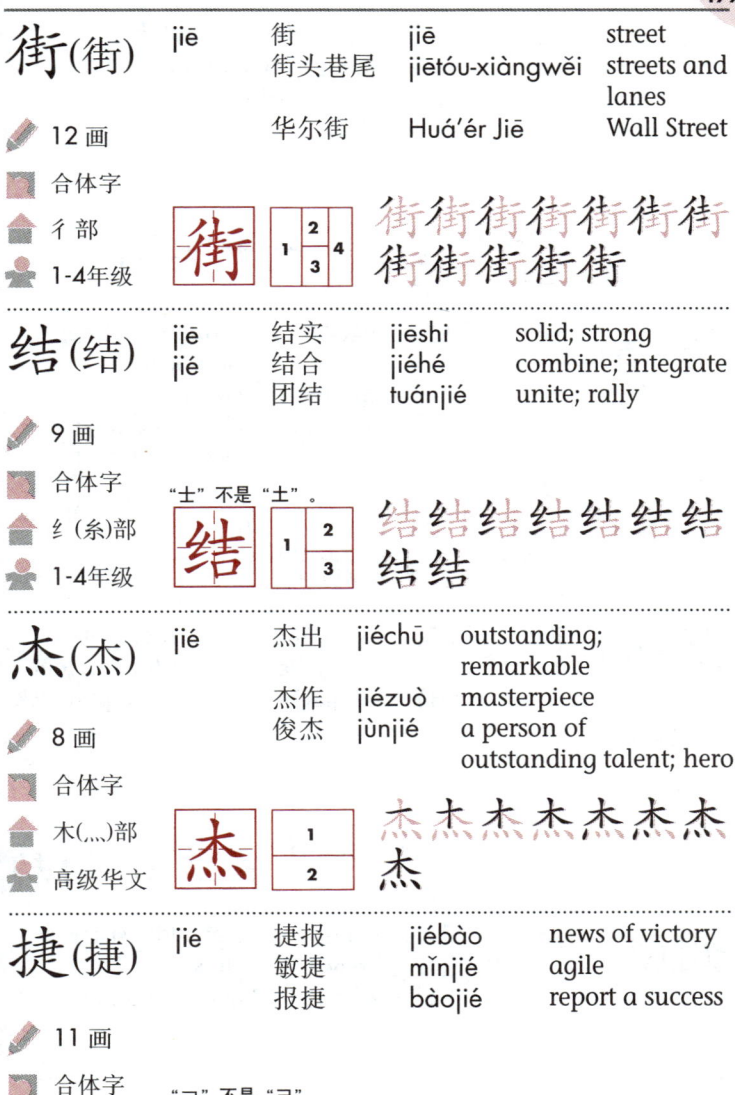

街	jiē	street
街头巷尾	jiētóu-xiàngwěi	streets and lanes
华尔街	Huá'ér Jiē	Wall Street

- 12 画
- 合体字
- 彳部
- 1-4年级

街街街街街街街
街街街街街

结 (结)

jiē
jié

结实	jiēshi	solid; strong
结合	jiéhé	combine; integrate
团结	tuánjié	unite; rally

- 9 画
- 合体字
- 纟(糸)部
- 1-4年级

"土"不是"士"。

结结结结结结结
结结

杰 (杰) jié

杰出	jiéchū	outstanding; remarkable
杰作	jiézuò	masterpiece
俊杰	jùnjié	a person of outstanding talent; hero

- 8 画
- 合体字
- 木(灬)部
- 高级华文

杰 十 木 木 杰 杰
杰

捷 (捷) jié

捷报	jiébào	news of victory
敏捷	mǐnjié	agile
报捷	bàojié	report a success

- 11 画
- 合体字
- 扌部
- 高级华文

"彐"不是"彐"。

捷捷捷捷捷捷捷
捷捷捷捷

节 (节) jié

节日	jiérì — festival; holiday
节约	jiéyuē — practise thrift; save
细节	xìjié — details

- 5 画
- 合体字
- 艹部
- 1-4年级

洁 (洁) jié

洁白	jiébái — spotlessly white; pure white
清洁	qīngjié — clean
整洁	zhěngjié — clean and tidy; clean and neat

- 9 画
- 合体字
- 氵部
- 1-4年级

"士" 不是 "土"。

劫 (劫) jié

抢劫	qiǎngjié — rob; loot
拦劫	lánjié — plunder; loot
劫持	jiéchí — kidnap; hijack

- 7 画
- 合体字
- 力部
- 5-6年级

姐 (姐) jiě

姐姐	jiějie — sister; elder sister
姐妹	jiěmèi — sisters
小姐	xiǎojiě — Miss; young lady

- 8 画
- 合体字
- 女部
- 1-4年级

解(解)

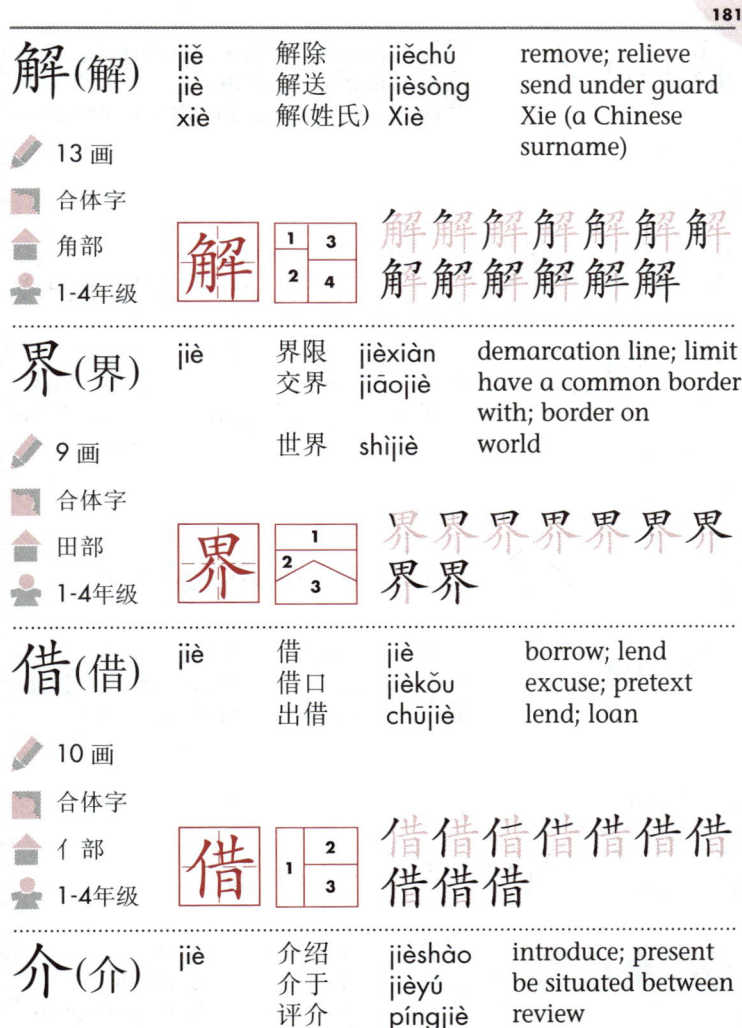

jiě / jiè / xiè

解除	jiěchú	remove; relieve
解送	jièsòng	send under guard
解(姓氏)	Xiè	Xie (a Chinese surname)

- 13 画
- 合体字
- 角部
- 1-4年级

界(界)

jiè

界限	jièxiàn	demarcation line; limit
交界	jiāojiè	have a common border with; border on
世界	shìjiè	world

- 9 画
- 合体字
- 田部
- 1-4年级

借(借)

jiè

借	jiè	borrow; lend
借口	jièkǒu	excuse; pretext
出借	chūjiè	lend; loan

- 10 画
- 合体字
- 亻部
- 1-4年级

介(介)

jiè

介绍	jièshào	introduce; present
介于	jièyú	be situated between
评介	píngjiè	review

- 4 画
- 合体字
- 人部
- 1-4年级

戒(戒) jiè

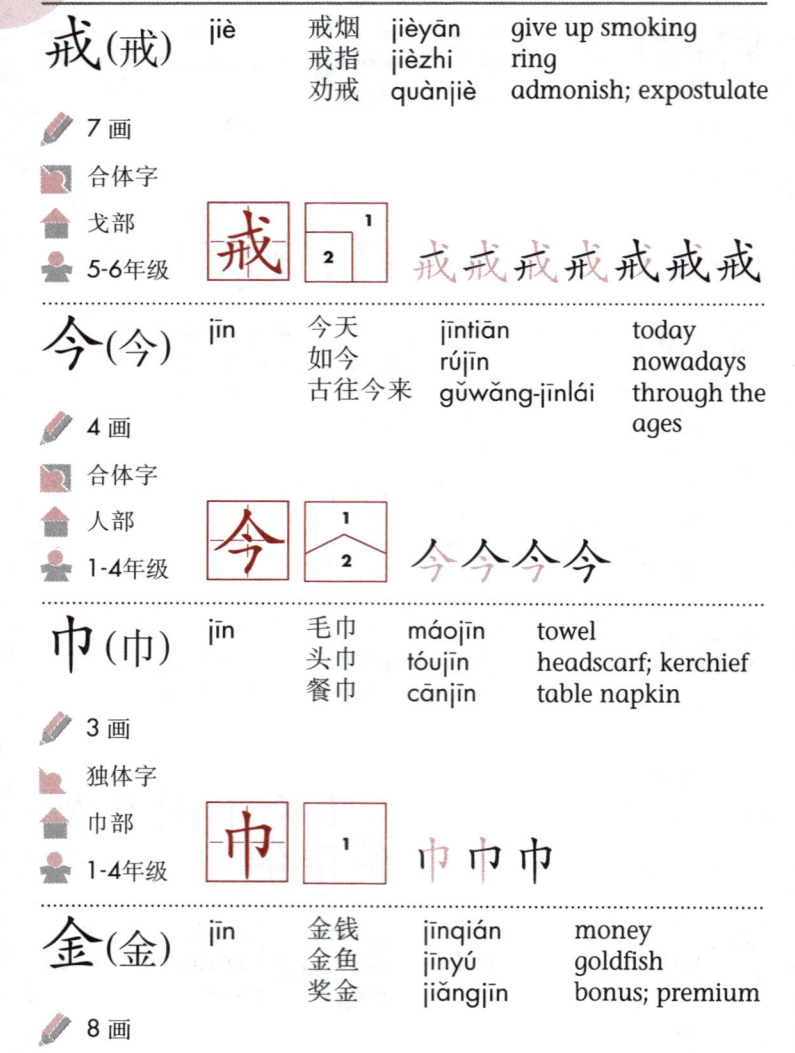

戒烟	jièyān	give up smoking
戒指	jièzhi	ring
劝戒	quànjiè	admonish; expostulate

- 7 画
- 合体字
- 戈部
- 5-6年级

戒 戒 戒 戒 戒 戒 戒

今(今) jīn

今天	jīntiān	today
如今	rújīn	nowadays
古往今来	gǔwǎng-jīnlái	through the ages

- 4 画
- 合体字
- 人部
- 1-4年级

今 今 今 今

巾(巾) jīn

毛巾	máojīn	towel
头巾	tóujīn	headscarf; kerchief
餐巾	cānjīn	table napkin

- 3 画
- 独体字
- 巾部
- 1-4年级

巾 巾 巾

金(金) jīn

金钱	jīnqián	money
金鱼	jīnyú	goldfish
奖金	jiǎngjīn	bonus; premium

- 8 画
- 合体字
- 金部
- 1-4年级

金 金 金 金 金 金 金 金

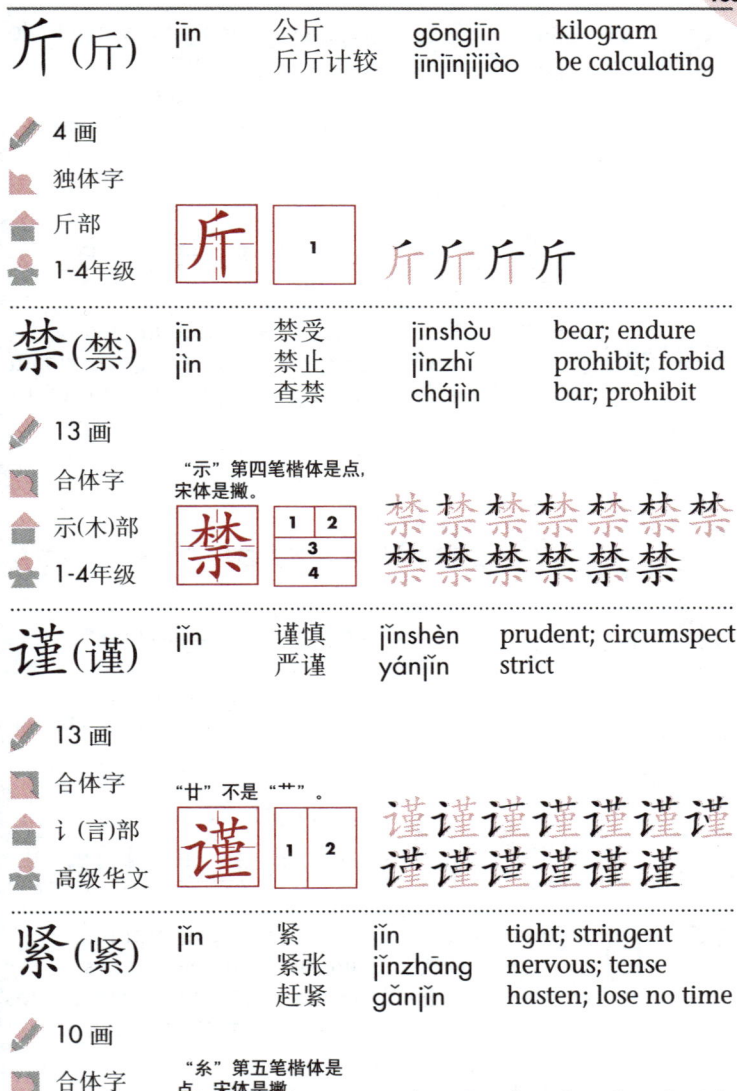

斤(斤)	jīn	公斤 斤斤计较	gōngjīn jīnjīnjìjiào	kilogram be calculating

- 4 画
- 独体字
- 斤部
- 1-4年级

斤　1　斤斤斤斤

禁(禁)	jìn jìn	禁受 禁止 查禁	jīnshòu jìnzhǐ chájìn	bear; endure prohibit; forbid bar; prohibit

- 13 画
- 合体字
- 示(木)部
- 1-4年级

"示"第四笔楷体是点,宋体是撇。

禁　1 2 / 3 / 4

禁禁禁禁禁禁禁禁禁禁禁禁禁

谨(谨)	jǐn	谨慎 严谨	jǐnshèn yánjǐn	prudent; circumspect strict

- 13 画
- 合体字
- 讠(言)部
- 高级华文

"廿"不是"艹"。

谨　1 2

谨谨谨谨谨谨谨谨谨谨谨谨谨

紧(紧)	jǐn	紧 紧张 赶紧	jǐn jǐnzhāng gǎnjǐn	tight; stringent nervous; tense hasten; lose no time

- 10 画
- 合体字
- 糸(纟)部
- 1-4年级

"糸"第五笔楷体是点,宋体是撇。

紧　1 2 / 3 / 4

紧紧紧紧紧紧紧紧紧紧

尽 (盡)

jǐn / jìn

尽管	jǐnguǎn	though; feel free to do
尽力	jìnlì	try one's best; do all one can
详尽	xiángjìn	detailed; exhaustive

- 6 画
- 合体字
- 尸部
- 1-4年级

劲 (勁)

jìn / jìng

劲头	jìntóu	strength; vigour
干劲	gànjìn	enthusiasm; vigour
强劲	qiángjìng	powerful; forceful

- 7 画
- 合体字
- 力部
- 高级华文

"圣"不是"圣"。

进 (進)

jìn

进	jìn	advance; enter
进行	jìnxíng	be in progress; be underway
改进	gǎijìn	improve; make better

- 7 画
- 合体字
- 辶部
- 1-4年级

"辶"楷体比宋体多一个弯曲。

近 (近)

jìn

近	jìn	close; intimate
近代	jìndài	modern times
亲近	qīnjìn	be on intimate terms with; be close to

- 7 画
- 合体字
- 辶部
- 1-4年级

"辶"楷体比宋体多一个弯曲。

浸 (浸)

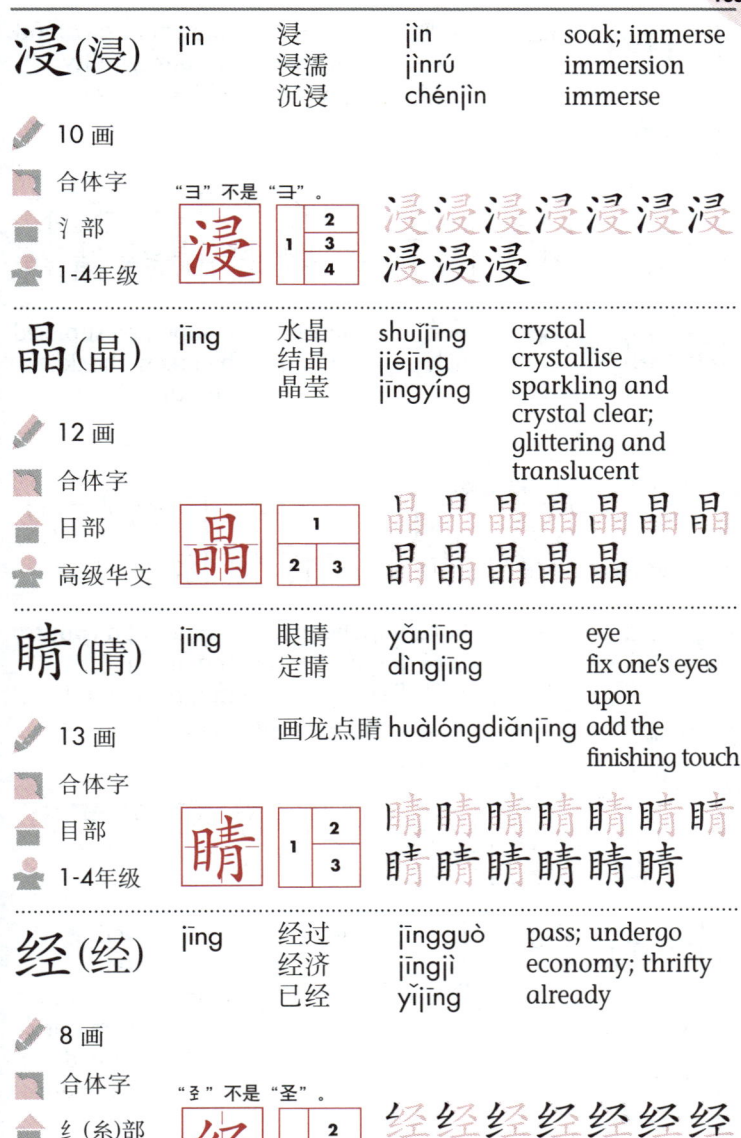

jìn

浸	jìn	soak; immerse
浸濡	jìnrú	immersion
沉浸	chénjìn	immerse

- 10 画
- 合体字
- 氵部
- 1-4年级

"彐" 不是 "ヨ"。

晶 (晶)

jīng

水晶	shuǐjīng	crystal
结晶	jiéjīng	crystallise
晶莹	jīngyíng	sparkling and crystal clear; glittering and translucent

- 12 画
- 合体字
- 日部
- 高级华文

睛 (睛)

jīng

眼睛	yǎnjīng	eye
定睛	dìngjīng	fix one's eyes upon
画龙点睛	huàlóngdiǎnjīng	add the finishing touch

- 13 画
- 合体字
- 目部
- 1-4年级

经 (經)

jīng

经过	jīngguò	pass; undergo
经济	jīngjì	economy; thrifty
已经	yǐjīng	already

- 8 画
- 合体字
- 纟(糸)部
- 1-4年级

"𢎨" 不是 "圣"。

精(精) jīng

精细	jīngxì	meticulous; careful
精神	jīngshen	vigour; vitality
鸡精	jījīng	chicken essence

- 14 画
- 合体字
- 米部
- 1-4年级

精 精 精 精 精 精 精 精 精 精 精 精

惊(惊) jīng

| 惊奇 | jīngqí | wonder; be suprised |
| 吃惊 | chījīng | be taken aback; be startled |

- 11 画
- 合体字
- 忄部
- 1-4年级

"京"第七笔楷体是点，宋体是撇。

惊 惊 惊 惊 惊 惊 惊 惊 惊 惊 惊

京(京) jīng

京城	jīngchéng	the capital of a country
京剧	jīngjù	Beijing opera
北京	Běijīng	Beijing, the capital city of China

- 8 画
- 合体字
- 亠部
- 5-6年级

第七笔楷体是点，宋体是撇。

京 京 京 京 京 京 京 京

井(井) jǐng

井	jǐng	well
水井	shuǐjǐng	well
坐井观天	zuòjǐngguāntiān	view things from one's limited experience

- 4 画
- 独体字
- 一(二)部
- 1-4年级

井 井 井 井

景(景)

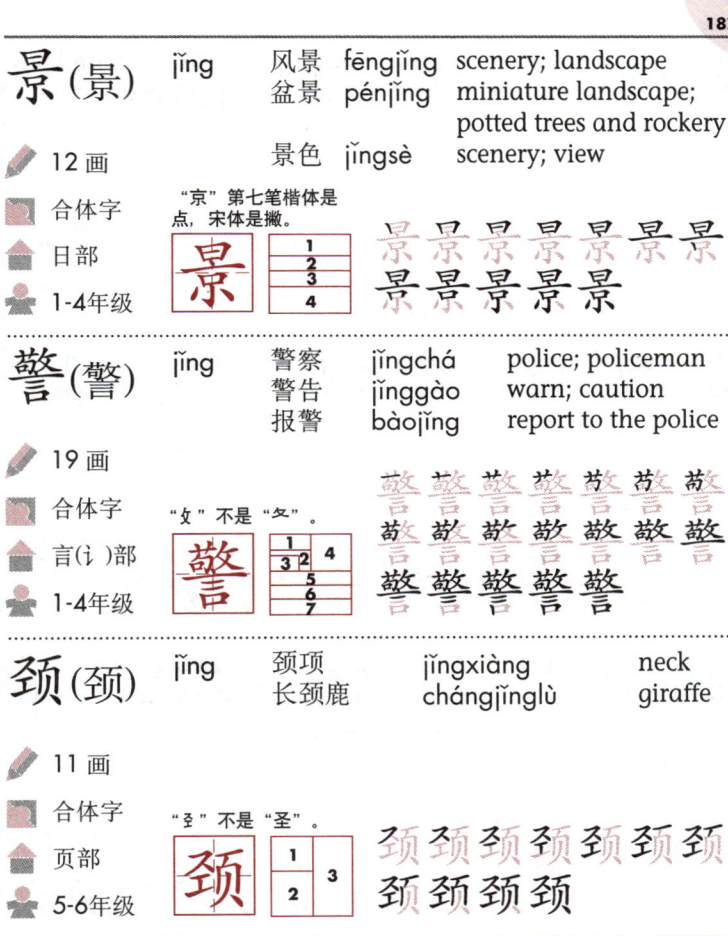

jǐng

风景	fēngjǐng	scenery; landscape
盆景	pénjǐng	miniature landscape; potted trees and rockery
景色	jǐngsè	scenery; view

- 12 画
- 合体字
- 日部
- 1-4年级

"京"第七笔楷体是点,宋体是撇。

警(警)

jǐng

警察	jǐngchá	police; policeman
警告	jǐnggào	warn; caution
报警	bàojǐng	report to the police

- 19 画
- 合体字
- 言(讠)部
- 1-4年级

"攵"不是"夂"。

颈(颈)

jǐng

| 颈项 | jǐngxiàng | neck |
| 长颈鹿 | chángjǐnglù | giraffe |

- 11 画
- 合体字
- 页部
- 5-6年级

"圣"不是"圣"。

径(径)

jìng

径直	jìngzhí	straight away; directly
途径	tújìng	way; channel
捷径	jiéjìng	shortcut

- 8 画
- 合体字
- 彳部
- 高级华文

"圣"不是"圣"。

净 (净)

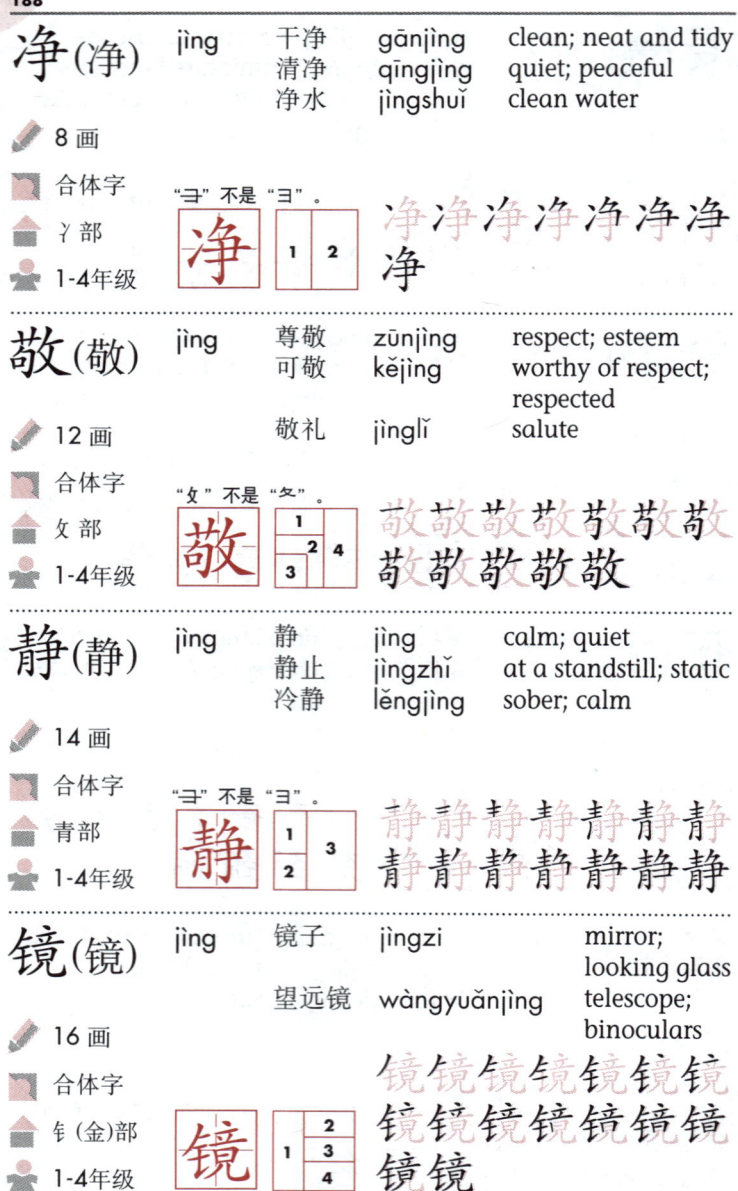

jìng

干净	gānjìng	clean; neat and tidy
清净	qīngjìng	quiet; peaceful
净水	jìngshuǐ	clean water

- 8 画
- 合体字
- 冫部
- 1-4年级

"ヨ" 不是 "彐"。

净净净净净净净净

敬 (敬)

jìng

尊敬	zūnjìng	respect; esteem
可敬	kějìng	worthy of respect; respected
敬礼	jìnglǐ	salute

- 12 画
- 合体字
- 攵部
- 1-4年级

"攵" 不是 "夂"。

敬敬敬敬敬敬敬敬敬敬敬敬

静 (静)

jìng

静	jìng	calm; quiet
静止	jìngzhǐ	at a standstill; static
冷静	lěngjìng	sober; calm

- 14 画
- 合体字
- 青部
- 1-4年级

"ヨ" 不是 "彐"。

静静静静静静静静静静静静静静

镜 (镜)

jìng

| 镜子 | jìngzi | mirror; looking glass |
| 望远镜 | wàngyuǎnjìng | telescope; binoculars |

- 16 画
- 合体字
- 钅(金)部
- 1-4年级

镜镜镜镜镜镜镜镜镜镜镜镜镜镜镜镜

竞(竞) jìng

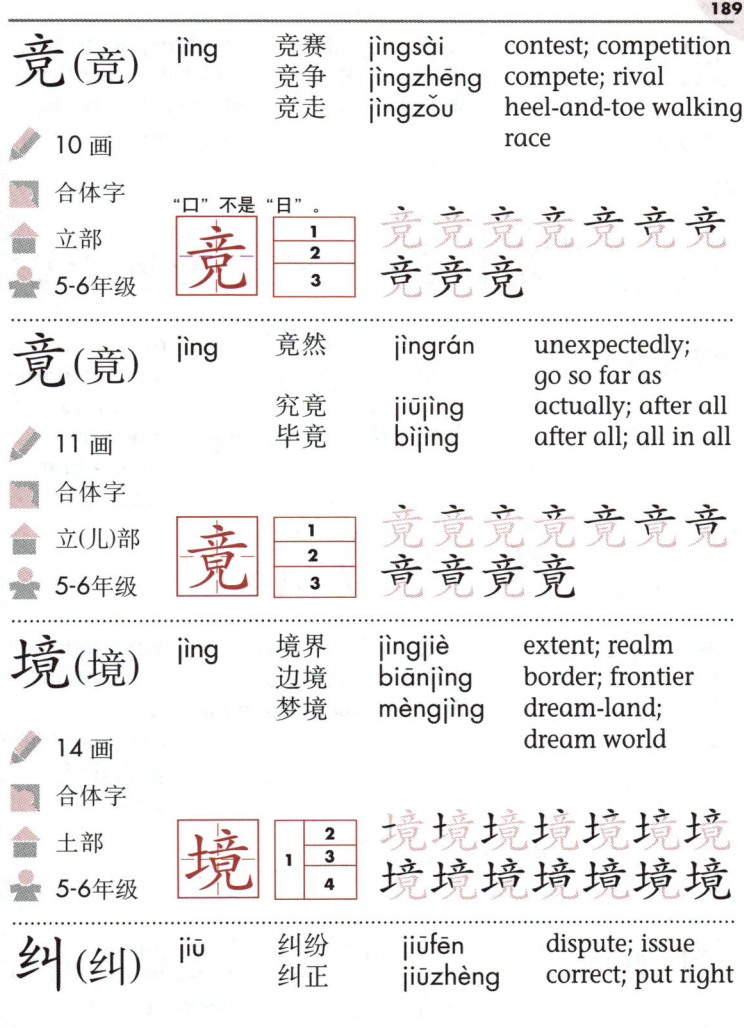

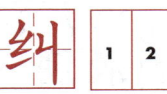

竞赛	jìngsài	contest; competition
竞争	jìngzhēng	compete; rival
竞走	jìngzǒu	heel-and-toe walking race

- 10 画
- 合体字
- 立部
- 5-6年级

"口"不是"日"。

竞竞竞竞竞竞竞竞竞竞

竟(竟) jìng

竟然	jìngrán	unexpectedly; go so far as
究竟	jiūjìng	actually; after all
毕竟	bìjìng	after all; all in all

- 11 画
- 合体字
- 立(儿)部
- 5-6年级

竟竟竟竟竟竟竟竟竟竟

境(境) jìng

境界	jìngjiè	extent; realm
边境	biānjìng	border; frontier
梦境	mèngjìng	dream-land; dream world

- 14 画
- 合体字
- 土部
- 5-6年级

境境境境境境境境境境境境境

纠(纠) jiū

| 纠纷 | jiūfēn | dispute; issue |
| 纠正 | jiūzhèng | correct; put right |

- 5 画
- 合体字
- 纟(糸)部
- 高级华文

纠纠纠纠纠

究 (究)

jiū

究竟	jiūjìng	outcome; actually
追究	zhuījiū	look into; investigate
考究	kǎojiu	observe and study; exquisite

- 7 画
- 合体字
- 穴部
- 5-6年级

究究究究究究究

九 (九)

jiǔ

九	jiǔ	nine
九州	jiǔzhōu	a poetic name for China
九死一生	jiǔsǐyīshēng	a narrow escape from death

- 2 画
- 独体字
- 丿部
- 1-4年级

九九

久 (久)

jiǔ

久远	jiǔyuǎn	long ago
永久	yǒngjiǔ	permanent
天长日久	tiāncháng-rìjiǔ	after a considerable period of time

- 3 画
- 独体字
- 丿部
- 1-4年级

久久久

酒 (酒)

jiǔ

酒	jiǔ	wine; liquor
酒店	jiǔdiàn	hotel; wine shop
喜酒	xǐjiǔ	wedding feast

- 10 画
- 合体字
- 氵部
- 1-4年级

"酉" 不是 "西"。

酒酒酒酒酒酒酒酒酒酒

就(就)

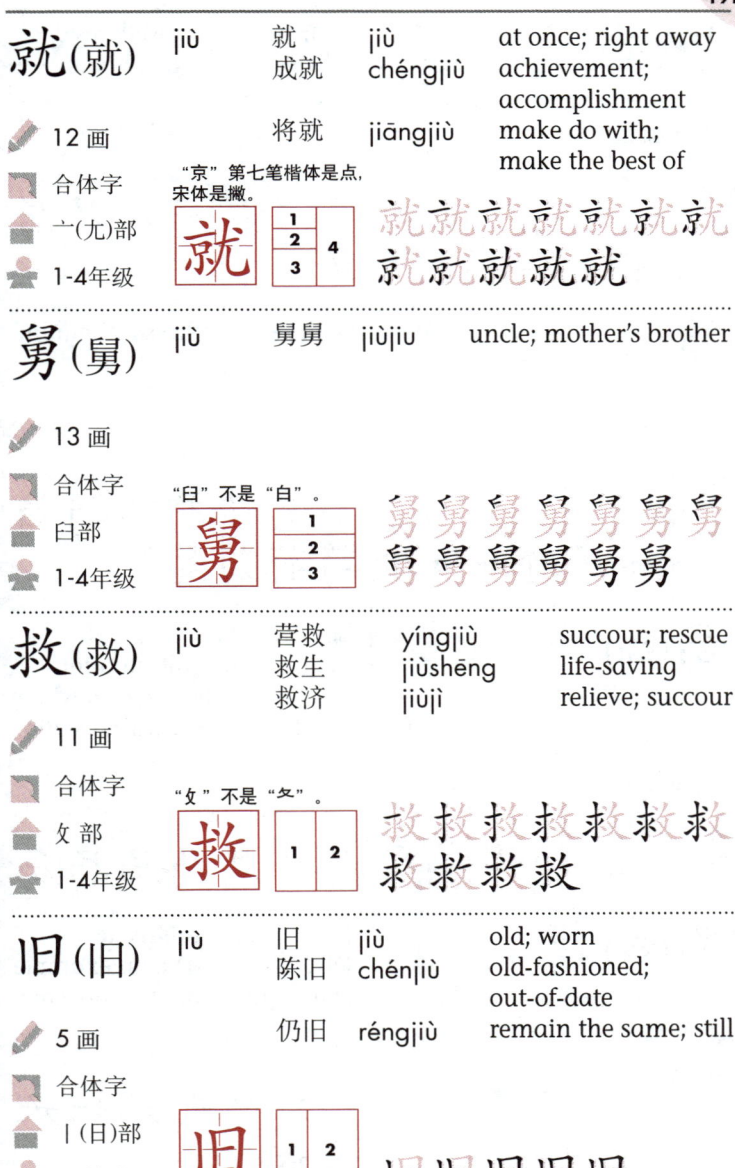

jiù

就	jiù	at once; right away
成就	chéngjiù	achievement; accomplishment
将就	jiāngjiu	make do with; make the best of

- 12 画
- 合体字
- 亠(尢)部
- 1-4年级

"京"第七笔楷体是点，宋体是撇。

舅(舅)

jiù

| 舅舅 | jiùjiu | uncle; mother's brother |

- 13 画
- 合体字
- 白部
- 1-4年级

"臼"不是"白"。

救(救)

jiù

营救	yíngjiù	succour; rescue
救生	jiùshēng	life-saving
救济	jiùjì	relieve; succour

- 11 画
- 合体字
- 攵部
- 1-4年级

"攵"不是"夂"。

旧(舊)

jiù

旧	jiù	old; worn
陈旧	chénjiù	old-fashioned; out-of-date
仍旧	réngjiù	remain the same; still

- 5 画
- 合体字
- 丨(日)部
- 1-4年级

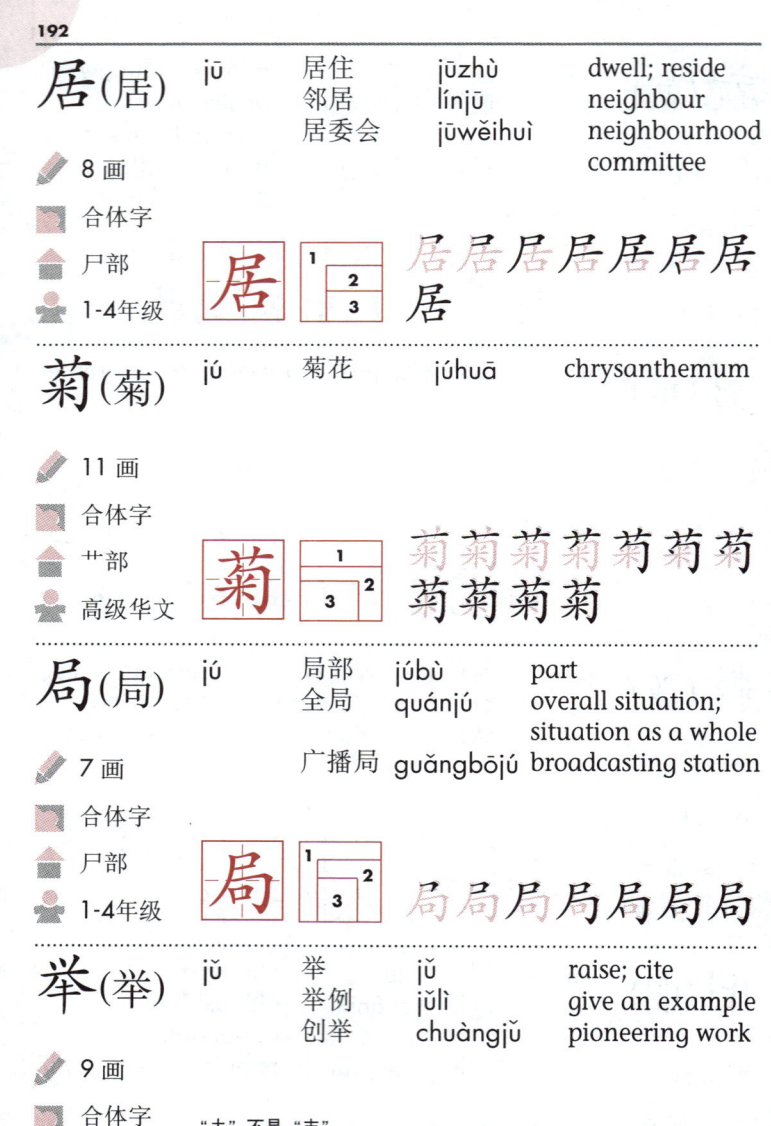

| 居(居) | jū | 居住
邻居
居委会 | jūzhù
línjū
jūwěihuì | dwell; reside
neighbour
neighbourhood committee |

- 8 画
- 合体字
- 尸部
- 1-4年级

居 居居居居居居居居

| 菊(菊) | jú | 菊花 | júhuā | chrysanthemum |

- 11 画
- 合体字
- 艹部
- 高级华文

菊 菊菊菊菊菊菊菊菊菊菊菊

| 局(局) | jú | 局部
全局
广播局 | júbù
quánjú
guǎngbōjú | part
overall situation; situation as a whole
broadcasting station |

- 7 画
- 合体字
- 尸部
- 1-4年级

局 局局局局局局局

| 举(舉) | jǔ | 举
举例
创举 | jǔ
jǔlì
chuàngjǔ | raise; cite
give an example
pioneering work |

- 9 画
- 合体字
- 丶部
- 1-4年级

"龶" 不是 "丰"。

举 举举举举举举举举举

聚 (聚) jù

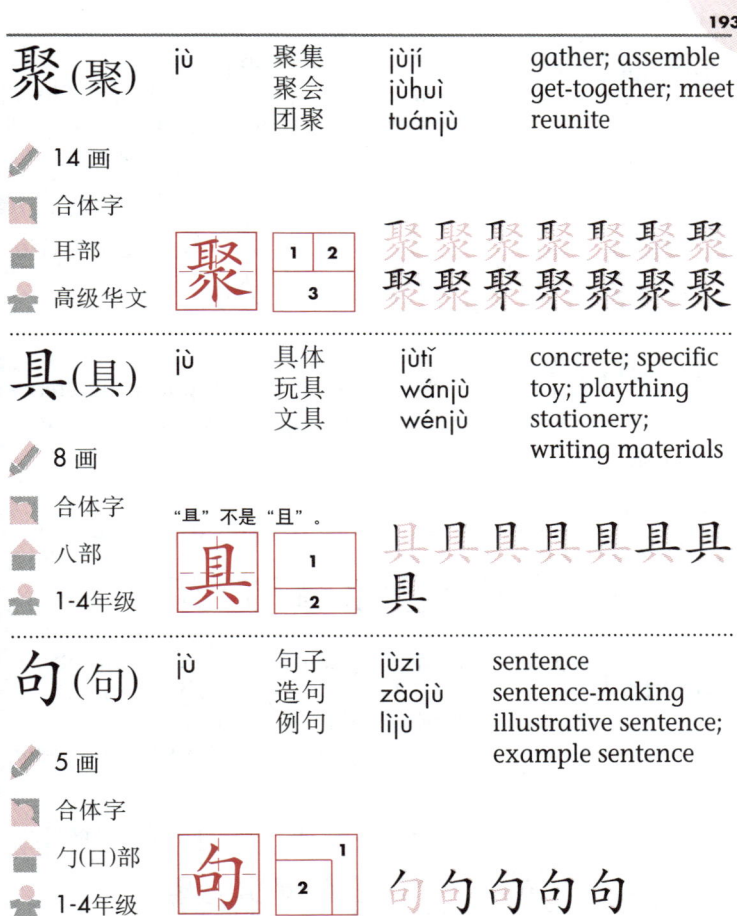

聚集	jùjí	gather; assemble
聚会	jùhuì	get-together; meet
团聚	tuánjù	reunite

- 14 画
- 合体字
- 耳部
- 高级华文

聚 聚 聚 聚 聚 聚 聚 聚 聚 聚 聚 聚 聚 聚

具 (具) jù

具体	jùtǐ	concrete; specific
玩具	wánjù	toy; plaything
文具	wénjù	stationery; writing materials

- 8 画
- 合体字
- 八部
- 1-4年级

"且" 不是 "且"。

具 具 具 具 具 具 具 具

句 (句) jù

句子	jùzi	sentence
造句	zàojù	sentence-making
例句	lìjù	illustrative sentence; example sentence

- 5 画
- 合体字
- 勹(口)部
- 1-4年级

句 句 句 句 句

巨 (巨) jù

巨大	jùdà	huge; tremendous
巨人	jùrén	giant; colossus
艰巨	jiānjù	arduous; formidable

- 4 画
- 独体字
- 匚部
- 1-4年级

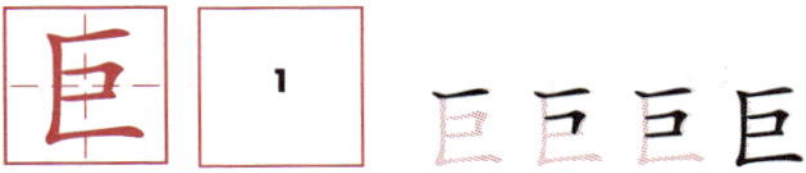

巨 巨 巨 巨

剧 (剧)

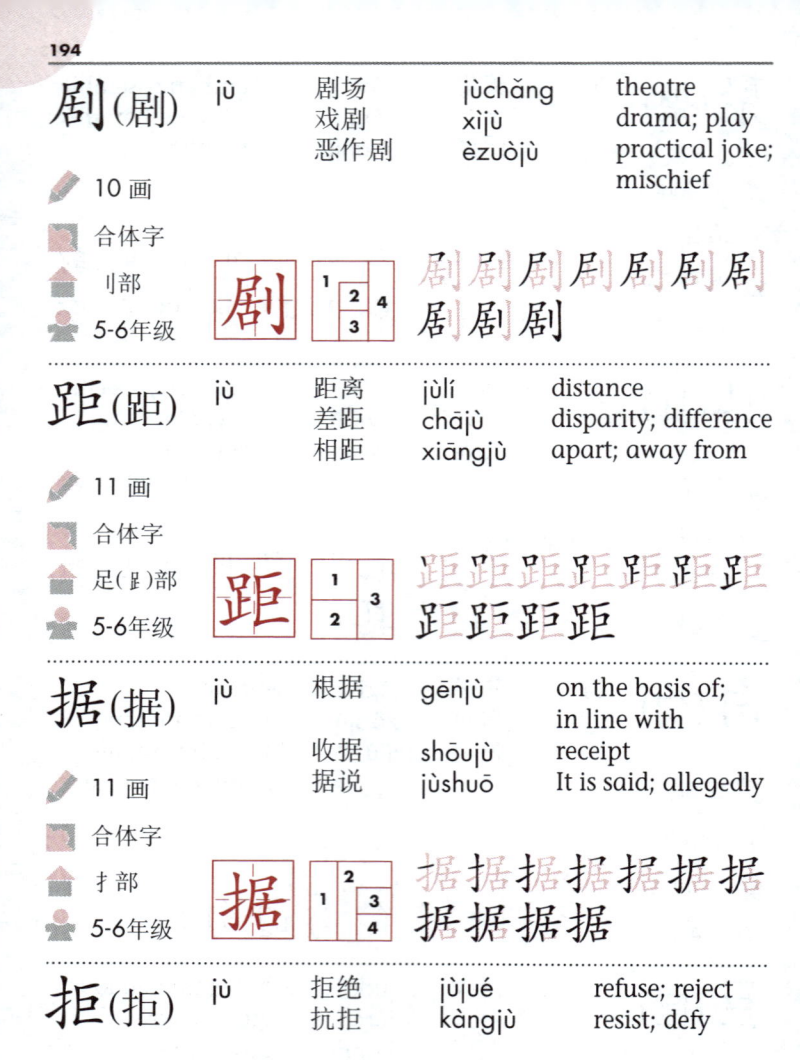

jù

剧场	jùchǎng	theatre
戏剧	xìjù	drama; play
恶作剧	èzuòjù	practical joke; mischief

- 10 画
- 合体字
- 刂部
- 5-6年级

距 (距)

jù

距离	jùlí	distance
差距	chājù	disparity; difference
相距	xiāngjù	apart; away from

- 11 画
- 合体字
- 足(⻊)部
- 5-6年级

据 (据)

jù

根据	gēnjù	on the basis of; in line with
收据	shōujù	receipt
据说	jùshuō	It is said; allegedly

- 11 画
- 合体字
- 扌部
- 5-6年级

拒 (拒)

jù

| 拒绝 | jùjué | refuse; reject |
| 抗拒 | kàngjù | resist; defy |

- 7 画
- 合体字
- 扌部
- 5-6年级

195

捐(捐)

juān	捐	juān	contribute; donate
	捐献	juānxiàn	contribute; donate

- 10 画
- 合体字
- 扌部
- 5-6年级

捐捐捐捐捐捐捐捐捐捐

卷(卷)

juǎn	卷	juǎn	roll up; roll
	蛋卷	dànjuǎn	egg roll
juàn	考卷	kǎojuàn	examination paper

- 8 画
- 合体字
- 卩(八)部
- 1-4年级

"巳"不是"巳"。

卷卷卷卷卷卷卷卷

倦(倦)

juàn	倦意	juànyì	tiredness; weariness
	疲倦	píjuàn	tired; weary
	厌倦	yànjuàn	be weary of; be tired of

- 10 画
- 合体字
- 亻部
- 5-6年级

"巳"不是"巳"。

倦倦倦倦倦倦倦倦倦倦

掘(掘)

jué	掘	jué	dig
	挖掘	wājué	excavate; unearth

- 11 画
- 合体字
- 扌部
- 高级华文

掘掘掘掘掘掘掘掘掘掘掘

觉 (觉)

	jué	觉得	juéde	feel; think
		觉悟	juéwù	consciousness; awareness
9画	jiào	睡觉	shuìjiào	sleep

- 合体字
- 见部
- 1-4年级

觉觉觉觉觉觉觉觉觉

决 (决)

	jué	决心	juéxīn	determination; resolution
		决定	juédìng	make up one's mind; decide
		裁决	cáijué	ruling; adjudication

- 6画
- 合体字
- "夬"不是"央"。
- 冫部
- 1-4年级

决决决决决决

绝 (绝)

	jué	绝对	juéduì	absolute; definitely
		绝望	juéwàng	despair; give up all hope
		隔绝	géjué	isolate; cut off

- 9画
- 合体字
- 纟(糸)部
- 5-6年级

绝绝绝绝绝绝绝绝绝

菌 (菌)

	jūn	细菌	xìjūn	germ; bacterium
		病菌	bìngjūn	pathogenic bacteria; germs
		抗菌素	kàngjūnsù	antibiotic

- 11画
- 合体字
- 艹部
- 高级华文

菌菌菌菌菌菌菌菌菌菌菌

军 (軍) jūn

军人	jūnrén	soldier
海军	hǎijūn	navy
千军万马	qiānjūn-wànmǎ	thousands and thousands of soldiers and horses

- 6 画
- 合体字
- 冖(车)部
- 1-4年级

军军军军军军

君 (君) jūn

君子	jūnzǐ	a man of noble character; gentleman
君王	jūnwáng	monarch; sovereign
暴君	bàojūn	tyrant; despot

- 7 画
- 合体字
- 口部
- 5-6年级

君君君君君君君

均 (均) jūn

均匀	jūnyún	even; well distributed
均分	jūnfēn	divide equally; share out
平均	píngjūn	average; mean

- 7 画
- 合体字
- 土部
- 5-6年级

均均均均均均均

俊 (俊) jùn

英俊	yīngjùn	handsome and spirited; brilliant
俊美	jùnměi	pretty; handsome

- 9 画
- 合体字
- 亻部
- 高级华文

"夂"不是"攵"。

俊俊俊俊俊俊俊俊俊

咖 (咖)

kā 咖啡 kāfēi coffee
gā 咖喱 gālí curry

- 8 画
- 合体字
- 口部
- 1-4年级

咖 | 1 2 3 | 咖 咖 咖 叻 咖 咖 咖

卡 (卡)

kǎ 卡车 kǎchē lorry; truck
　　信用卡 xìnyòngkǎ credit card
qiǎ 关卡 guānqiǎ outpost; checkpoint

- 5 画
- 合体字
- 丨(卜)部
- 1-4年级

卡 | 1 / 2 | 卡 卡 卡 卡 卡

开 (开)

kāi 开 kāi open; turn on
　　开发 kāifā develop; open up
　　公开 gōngkāi make known to the public

- 4 画
- 独体字
- 一(卅)部
- 1-4年级

开 | 1 | 开 开 开 开

看 (看)

kān 看守 kānshǒu watch; guard; warder
kàn 看见 kànjiàn see; catch sight of
　　好看 hǎokàn good-looking; nice

- 9 画
- 合体字
- 目部
- 1-4年级

看 | 1 / 2 | 看 看 看 看 看 看 看 看 看

砍(砍)

kǎn　　砍　　kǎn　　cut; chop

- 9 画
- 合体字
- 石部
- 5-6年级

砍砍砍砍砍砍砍砍砍

康(康)

kāng
健康　　jiànkāng　　healthy; sound
康复　　kāngfù　　restore to health; recover
康乐　　kānglè　　peace and happiness

- 11 画
- 合体字
- 广部
- 1-4年级

"ヨ" 不是 "ヨ"。

康康康康康康康康康康康

扛(扛)

káng　　扛　　káng　　carry on the shoulder
gāng　　扛　　gāng　　lift with both hands

- 6 画
- 合体字
- 扌部
- 高级华文

扛扛扛扛扛扛

抗(抗)

kàng
抗辩　　kàngbiàn　　contradict; demur
抗拒　　kàngjù　　resist; defy
抵抗　　dǐkàng　　resist; stand up to

- 7 画
- 合体字
- 扌部
- 1-4年级

抗抗抗抗抗抗抗

考 (考)

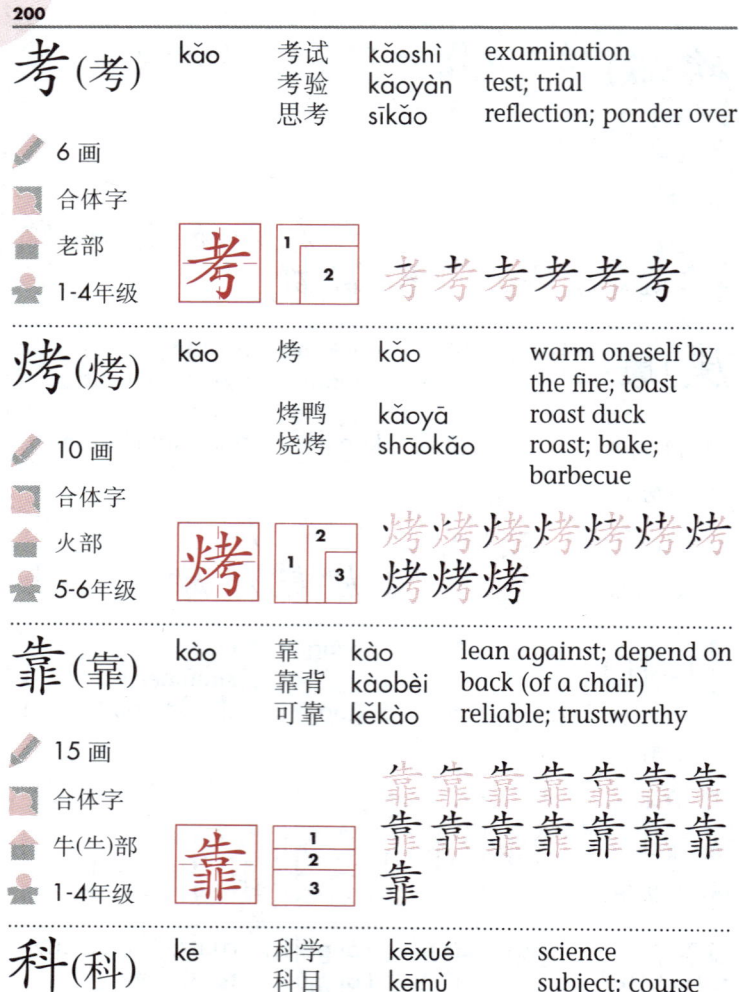

kǎo

考试	kǎoshì	examination
考验	kǎoyàn	test; trial
思考	sīkǎo	reflection; ponder over

- 6 画
- 合体字
- 老部
- 1-4年级

考 考 考 考 考 考 考

烤 (烤)

kǎo

烤	kǎo	warm oneself by the fire; toast
烤鸭	kǎoyā	roast duck
烧烤	shāokǎo	roast; bake; barbecue

- 10 画
- 合体字
- 火部
- 5-6年级

烤 烤 烤 烤 烤 烤 烤 烤 烤 烤

靠 (靠)

kào

靠	kào	lean against; depend on
靠背	kàobèi	back (of a chair)
可靠	kěkào	reliable; trustworthy

- 15 画
- 合体字
- 牛(牛)部
- 1-4年级

靠 靠 靠 靠 靠 靠 靠 靠 靠 靠 靠 靠 靠 靠 靠

科 (科)

kē

科学	kēxué	science
科目	kēmù	subject; course
教科书	jiàokēshū	textbook

- 9 画
- 合体字
- 禾部
- 1-4年级

科 科 科 科 科 科 科 科 科

棵(棵) kē 棵 kē classifier for plants

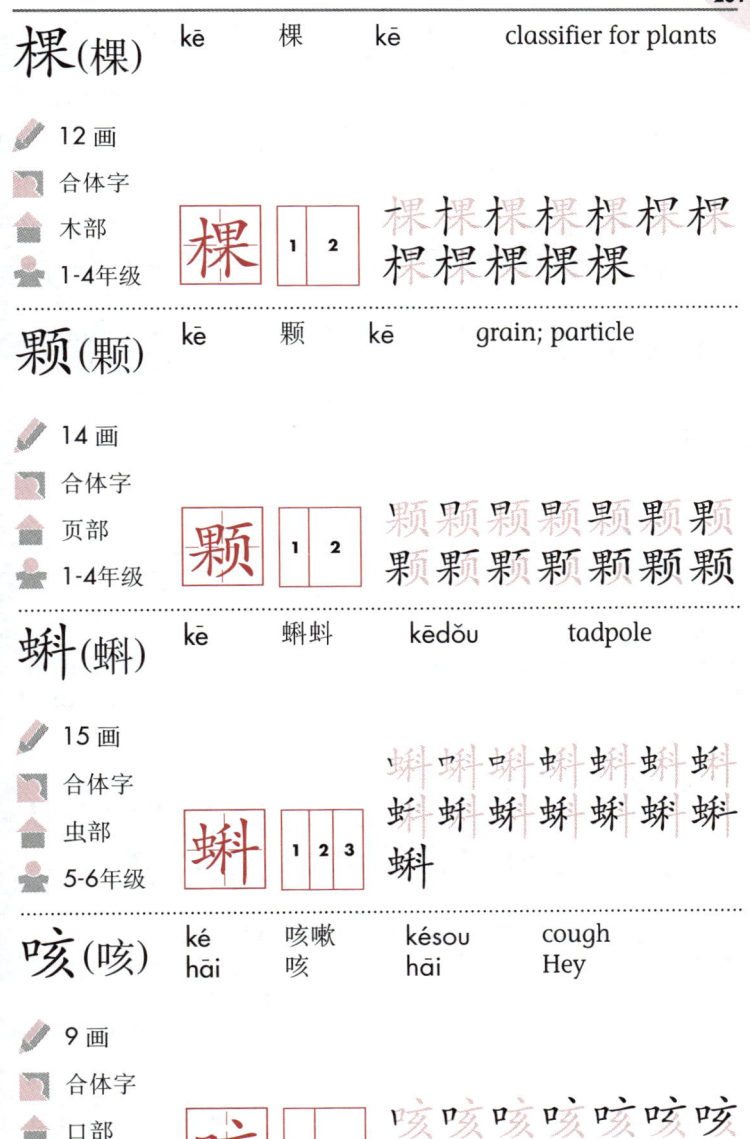

- 12 画
- 合体字
- 木部
- 1-4年级

颗(颗) kē 颗 kē grain; particle

- 14 画
- 合体字
- 页部
- 1-4年级

蝌(蝌) kē 蝌蚪 kēdǒu tadpole

- 15 画
- 合体字
- 虫部
- 5-6年级

咳(咳) ké 咳嗽 késou cough
hāi 咳 hāi Hey

- 9 画
- 合体字
- 口部
- 1-4年级

壳 (壳)

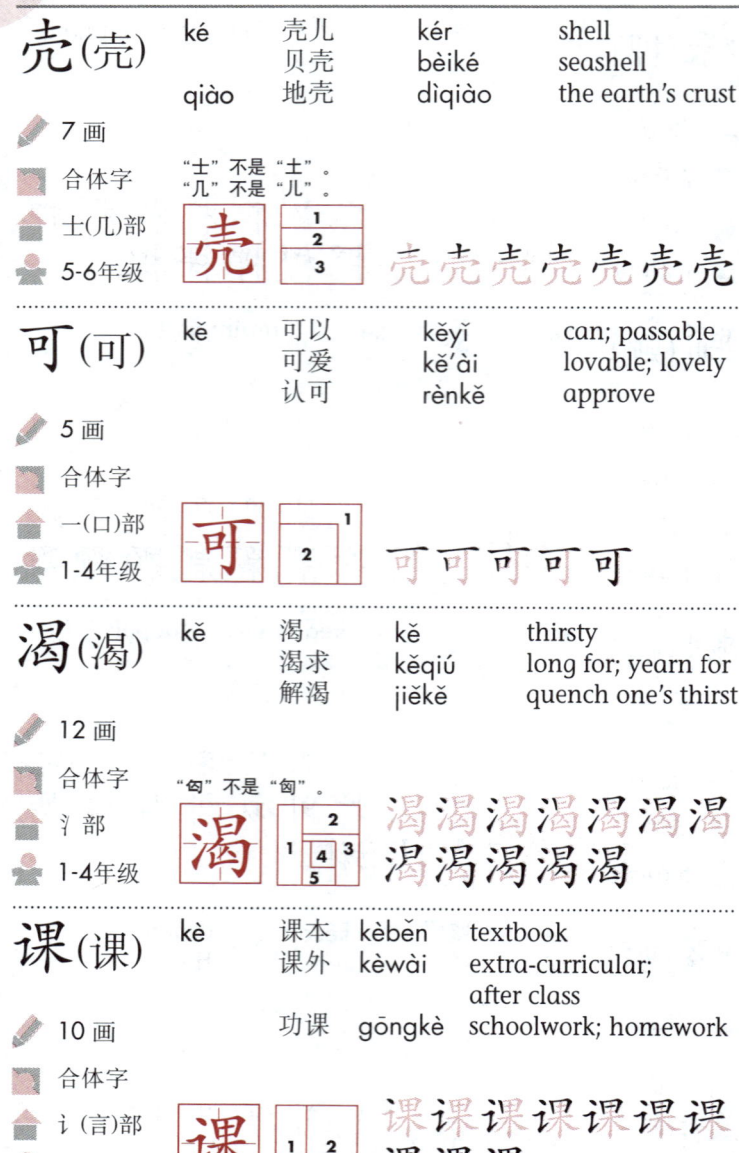

ké	壳儿	kér	shell
	贝壳	bèiké	seashell
qiào	地壳	dìqiào	the earth's crust

- 7 画
- 合体字
- 士(几)部
- 5-6年级

"士"不是"土"。
"几"不是"儿"。

壳壳壳壳壳壳壳

可 (可)

kě	可以	kěyǐ	can; passable
	可爱	kě'ài	lovable; lovely
	认可	rènkě	approve

- 5 画
- 合体字
- 一(口)部
- 1-4年级

可可可可可

渴 (渴)

kě	渴	kě	thirsty
	渴求	kěqiú	long for; yearn for
	解渴	jiěkě	quench one's thirst

- 12 画
- 合体字
- 氵部
- 1-4年级

"匃"不是"匈"。

渴渴渴渴渴渴渴渴渴渴渴

课 (课)

kè	课本	kèběn	textbook
	课外	kèwài	extra-curricular; after class
	功课	gōngkè	schoolwork; homework

- 10 画
- 合体字
- 讠(言)部
- 1-4年级

课课课课课课课课课课

客 (客) kè

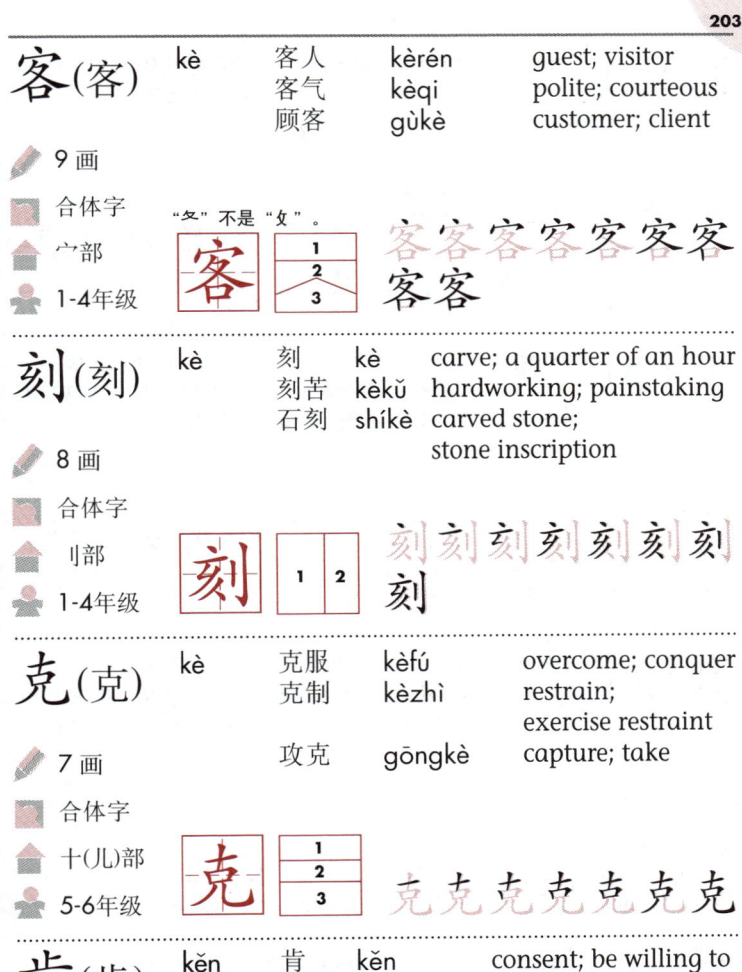

客人	kèrén	guest; visitor
客气	kèqi	polite; courteous
顾客	gùkè	customer; client

- 9 画
- 合体字
- 宀部
- 1-4年级

"夂" 不是 "夊"。

客客客客客客客客客

刻 (刻) kè

刻	kè	carve; a quarter of an hour
刻苦	kèkǔ	hardworking; painstaking
石刻	shíkè	carved stone; stone inscription

- 8 画
- 合体字
- 刂部
- 1-4年级

刻刻刻刻刻刻刻刻

克 (克) kè

克服	kèfú	overcome; conquer
克制	kèzhì	restrain; exercise restraint
攻克	gōngkè	capture; take

- 7 画
- 合体字
- 十(儿)部
- 5-6年级

克克克克克克克

肯 (肯) kěn

肯	kěn	consent; be willing to
肯定	kěndìng	confirm; certainly
中肯	zhòngkěn	pertinent; to the point

- 8 画
- 合体字
- 止(月)部
- 1-4年级

肯肯肯肯肯肯肯肯

恳(懇) kěn 勤恳 qínkěn diligent and conscientious

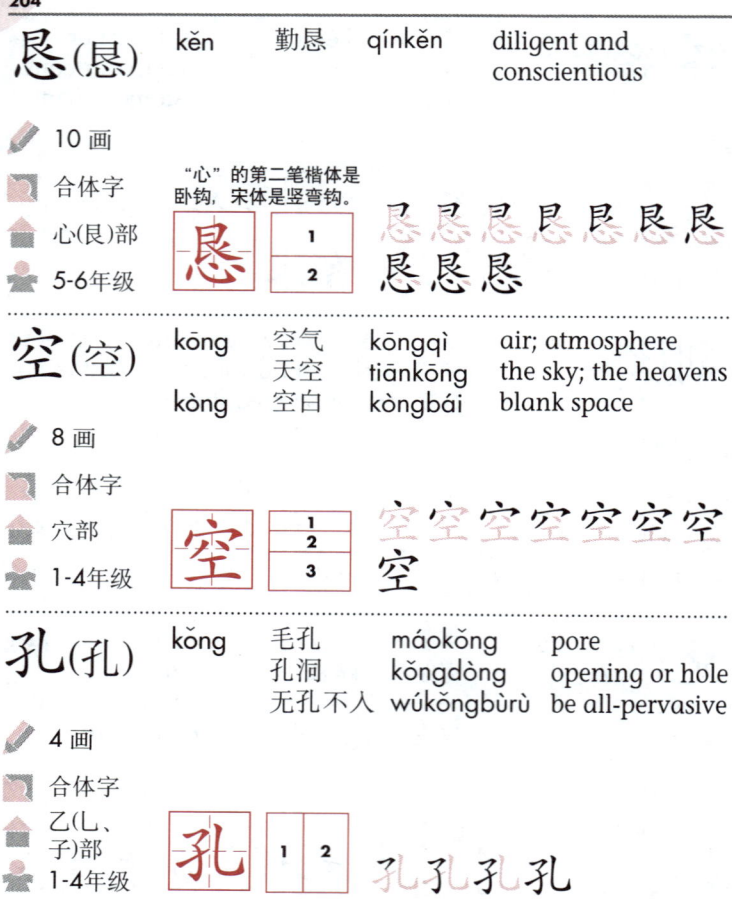

- 10 画
- 合体字
- 心(艮)部
- 5-6年级

"心"的第二笔楷体是卧钩，宋体是竖弯钩。

空(空) kōng 空气 kōngqì air; atmosphere
　　　　　　天空 tiānkōng the sky; the heavens
　　　　kòng 空白 kòngbái blank space

- 8 画
- 合体字
- 穴部
- 1-4年级

孔(孔) kǒng 毛孔 máokǒng pore
　　　　　　孔洞 kǒngdòng opening or hole
　　　　　　无孔不入 wúkǒngbùrù be all-pervasive

- 4 画
- 合体字
- 乙(乚、子)部
- 1-4年级

恐(恐) kǒng 恐慌 kǒnghuāng panic
　　　　　　恐龙 kǒnglóng dinosaur

- 10 画
- 合体字
- 心部
- 5-6年级

"心"第二笔楷体是卧钩，宋体是竖弯钩。

控 (控)

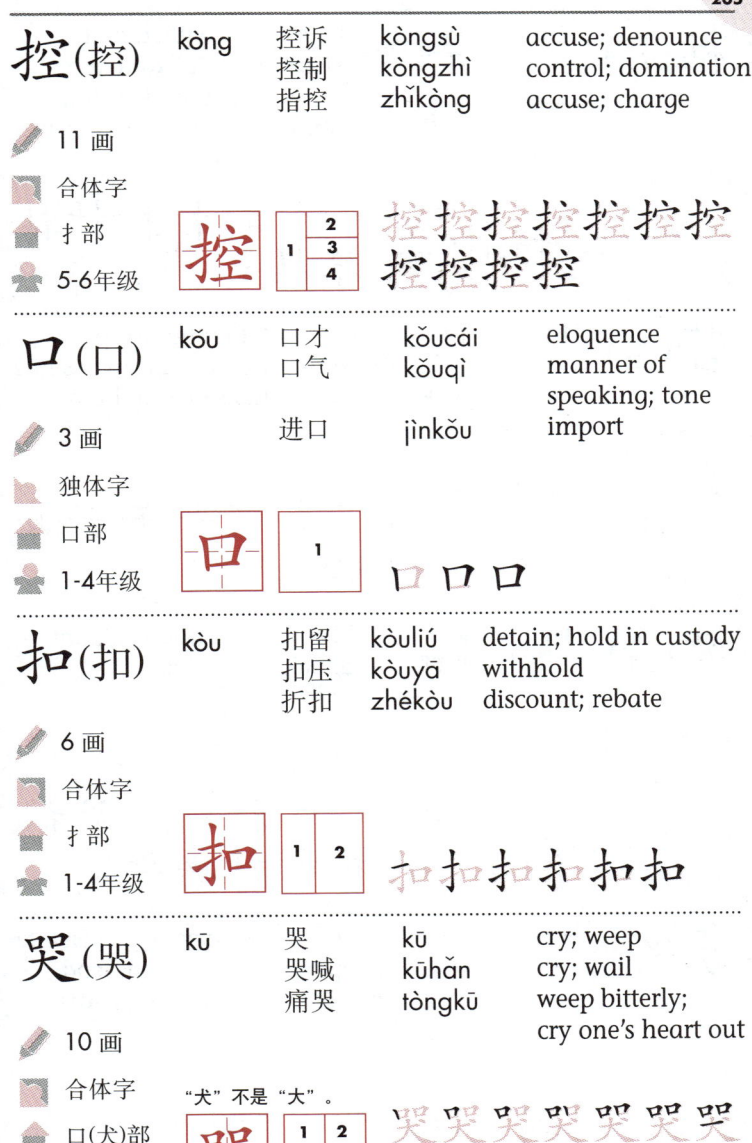

kòng

控诉	kòngsù	accuse; denounce
控制	kòngzhì	control; domination
指控	zhǐkòng	accuse; charge

- 11 画
- 合体字
- 扌部
- 5-6年级

控控控控控控控控控控控

口 (口)

kǒu

口才	kǒucái	eloquence
口气	kǒuqì	manner of speaking; tone
进口	jìnkǒu	import

- 3 画
- 独体字
- 口部
- 1-4年级

口口口

扣 (扣)

kòu

扣留	kòuliú	detain; hold in custody
扣压	kòuyā	withhold
折扣	zhékòu	discount; rebate

- 6 画
- 合体字
- 扌部
- 1-4年级

扣扣扣扣扣扣

哭 (哭)

kū

哭	kū	cry; weep
哭喊	kūhǎn	cry; wail
痛哭	tòngkū	weep bitterly; cry one's heart out

- 10 画
- 合体字
- 口(犬)部
- 1-4年级

"犬"不是"大"。

哭哭哭哭哭哭哭哭哭哭

枯 (枯)

kū

枯	kū	wither; dull
枯燥	kūzào	dull and dry; uninteresting
干枯	gānkū	dried-up; wizened

- 9 画
- 合体字
- 木部
- 1-4年级

枯枯枯枯枯枯枯枯枯

苦 (苦)

kǔ

苦	kǔ	bitter; hardship
苦笑	kǔxiào	forced smile; wry smile
辛苦	xīnkǔ	laborious; toilsome

- 8 画
- 合体字
- 艹部
- 1-4年级

"古"不是"右"。

苦苦苦苦苦苦苦苦

裤 (褲)

kù

| 裤子 | kùzi | trousers; pants |
| 短裤 | duǎnkù | shorts |

- 12 画
- 合体字
- 衤部
- 1-4年级

"衤"不是"衤"。

裤裤裤裤裤裤裤裤裤裤裤裤

夸 (夸)

kuā

夸大	kuādà	exaggerate; overstate
夸奖	kuājiǎng	praise; commend
浮夸	fúkuā	boast; exaggerate

- 6 画
- 合体字
- 大部
- 5-6年级

夸夸夸夸夸夸

207

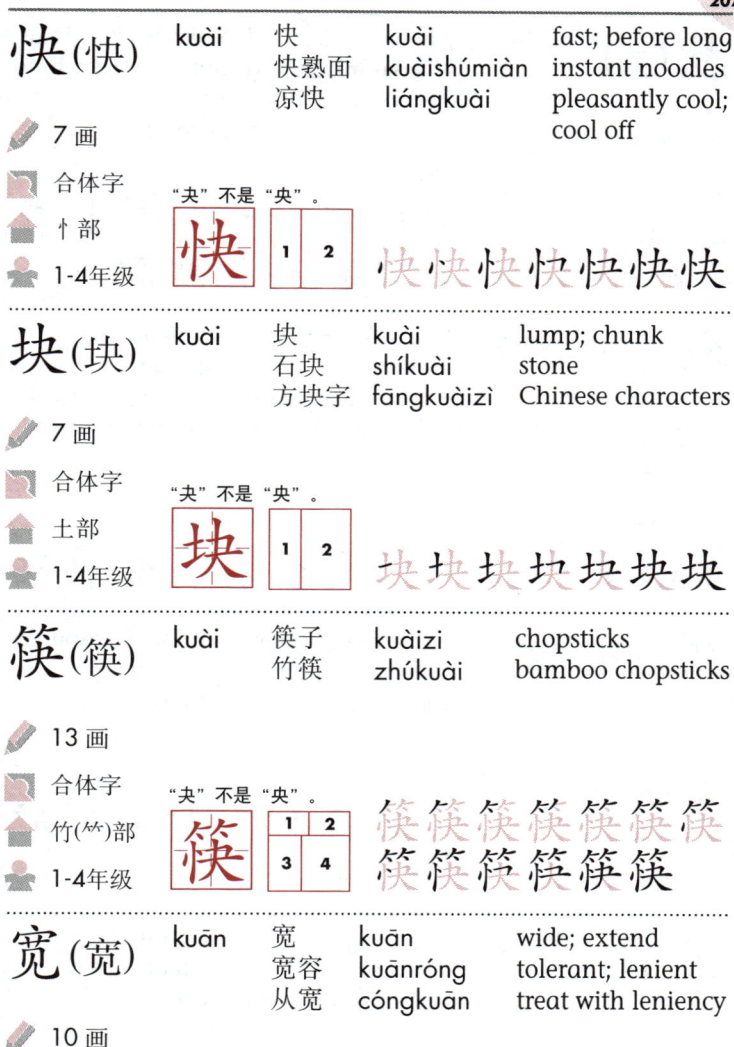

快 (快)

kuài

快	kuài	fast; before long
快熟面	kuàishúmiàn	instant noodles
凉快	liángkuài	pleasantly cool; cool off

- 7 画
- 合体字
- 忄部
- 1-4年级

"夬" 不是 "央"。

快快快快快快快

块 (块)

kuài

块	kuài	lump; chunk
石块	shíkuài	stone
方块字	fāngkuàizì	Chinese characters

- 7 画
- 合体字
- 土部
- 1-4年级

"夬" 不是 "央"。

块块块块块块块

筷 (筷)

kuài

| 筷子 | kuàizi | chopsticks |
| 竹筷 | zhúkuài | bamboo chopsticks |

- 13 画
- 合体字
- 竹(⺮)部
- 1-4年级

"夬" 不是 "央"。

筷筷筷筷筷筷筷筷筷筷筷筷筷

宽 (宽)

kuān

宽	kuān	wide; extend
宽容	kuānróng	tolerant; lenient
从宽	cóngkuān	treat with leniency

- 10 画
- 合体字
- 宀部
- 1-4年级

宽宽宽宽宽宽宽宽宽宽

款 (款) kuǎn

存款	cúnkuǎn	deposit; bank savings
款项	kuǎnxiàng	a sum of money; fund
款待	kuǎndài	entertain; treat cordially

- 12 画
- 合体字
- 欠部
- 高级华文

"士"不是"土"。
"示"第四笔楷体是点，宋体是撇。

款款款款款款款款款款款款

狂 (狂) kuáng

狂风	kuángfēng	violent gale; fierce wind
狂欢	kuánghuān	revelry; carnival
疯狂	fēngkuáng	insane; frenzied

- 7 画
- 合体字
- 犭部
- 5-6年级

狂狂狂狂狂狂狂

矿 (矿) kuàng

矿藏	kuàngcáng	mineral resources
矿湖	kuànghú	quarry
锡矿	xīkuàng	tin ore

- 8 画
- 合体字
- 石部
- 高级华文

矿矿矿矿矿矿矿矿

况 (况) kuàng

境况	jìngkuàng	condition; circumstances
状况	zhuàngkuàng	condition; state of affairs
况且	kuàngqiě	moreover; besides

- 7 画
- 合体字
- 氵部
- 5-6年级

况况况况况况况

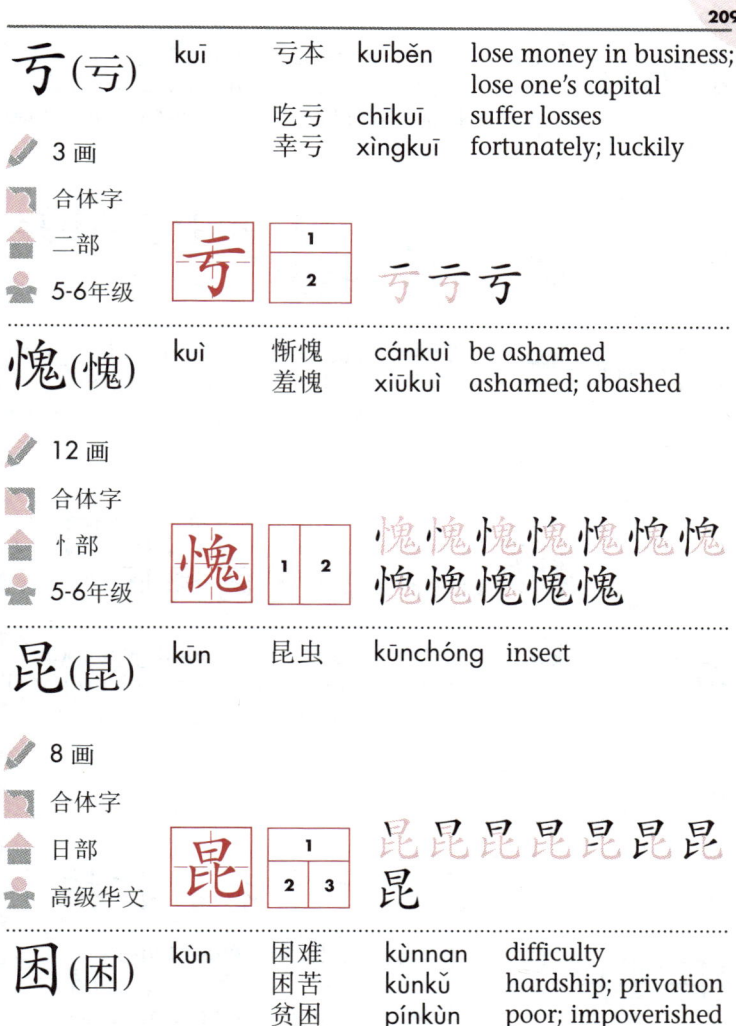

亏(亏)	kuī	亏本	kuīběn	lose money in business; lose one's capital
		吃亏	chīkuī	suffer losses
		幸亏	xìngkuī	fortunately; luckily

- 3画
- 合体字
- 二部
- 5-6年级

亏亏亏

| 愧(愧) | kuì | 惭愧 | cánkuì | be ashamed |
| | | 羞愧 | xiūkuì | ashamed; abashed |

- 12画
- 合体字
- 忄部
- 5-6年级

愧愧愧愧愧愧愧愧愧愧愧愧

| 昆(昆) | kūn | 昆虫 | kūnchóng | insect |

- 8画
- 合体字
- 日部
- 高级华文

昆昆昆昆昆昆昆昆

困(困)	kùn	困难	kùnnan	difficulty
		困苦	kùnkǔ	hardship; privation
		贫困	pínkùn	poor; impoverished

- 7画
- 合体字
- 口部
- 1-4年级

困困困困困困困

括(括)

kuò

括号	kuòhào	brackets
包括	bāokuò	include; comprise
概括	gàikuò	summarise; epitomise

- 9 画
- 合体字
- 扌部
- 高级华文

括括括括括括括括括

阔(阔)

kuò

宽阔	kuānkuò	broad; wide
开阔	kāikuò	open; tolerant
阔气	kuòqi	extravagant; lavish

- 12 画
- 合体字
- 门部
- 1-4年级

阔阔阔阔阔阔阔阔阔阔阔阔

扩(扩)

kuò

扩大	kuòdà	enlarge; expand
扩充	kuòchōng	expand; augment
扩散	kuòsàn	spread; diffuse

- 6 画
- 合体字
- 扌部
- 5-6年级

扩扩扩扩扩扩

啦(啦)

lā

| 啦啦队 | lālāduì | cheer team; cheering squad |
| 哗啦 | huālā | clattering noise |

- 11 画
- 合体字
- 口部
- 1-4年级

啦啦啦啦啦啦啦啦啦啦

拉(拉)

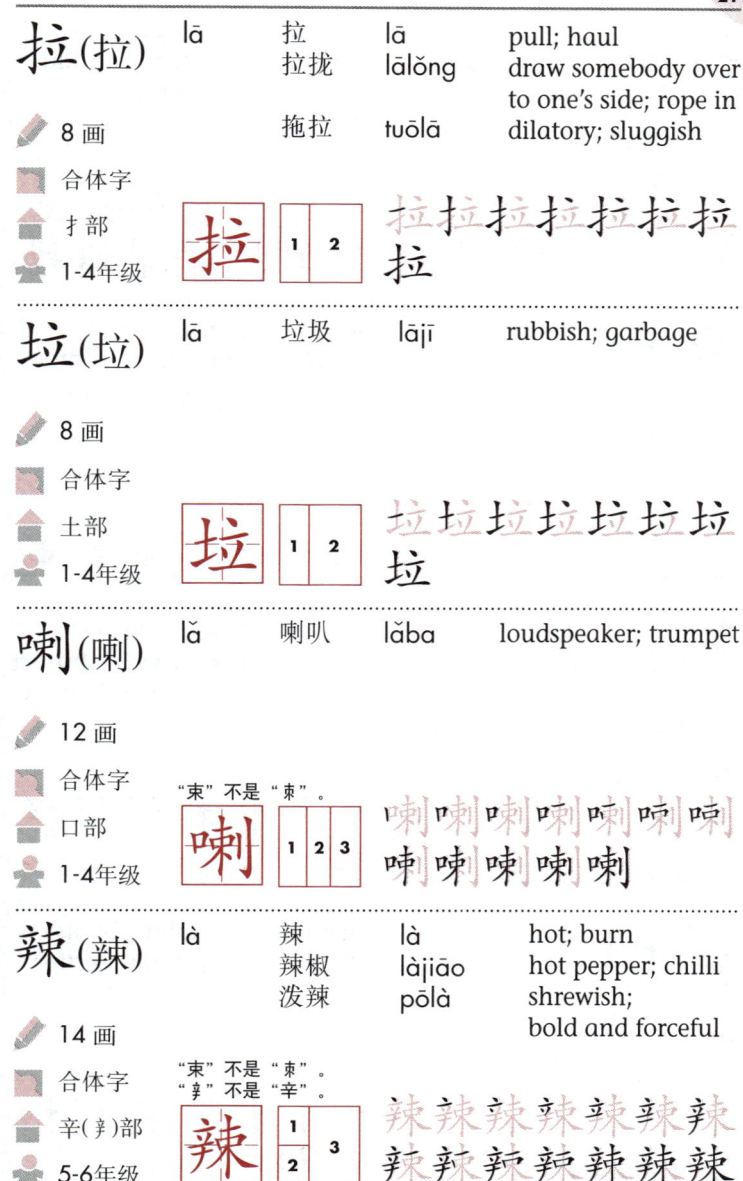

lā 拉 lā pull; haul
　　 拉拢 lālǒng draw somebody over to one's side; rope in
　　 拖拉 tuōlā dilatory; sluggish

- 8 画
- 合体字
- 扌部
- 1-4年级

拉 拉 拉 拉 拉 拉 拉 拉

垃(垃)

lā 垃圾 lājī rubbish; garbage

- 8 画
- 合体字
- 土部
- 1-4年级

垃 垃 垃 垃 垃 垃 垃 垃

喇(喇)

lǎ 喇叭 lǎba loudspeaker; trumpet

- 12 画
- 合体字
- 口部
- 1-4年级

"束"不是"朿"。

喇 喇 喇 喇 喇 喇 喇 喇 喇 喇 喇 喇

辣(辣)

là 辣 là hot; burn
　　 辣椒 làjiāo hot pepper; chilli
　　 泼辣 pōlà shrewish; bold and forceful

- 14 画
- 合体字
- 辛(辛)部
- 5-6年级

"束"不是"朿"。
"辛"不是"辛"。

辣 辣 辣 辣 辣 辣 辣 辣 辣 辣 辣 辣 辣 辣

蜡(蠟)	là	蜡烛 蜡染	làzhú làrǎn	candle wax printing; batik

- 14 画
- 合体字
- 虫部
- 5-6年级

- 来(來) lái 来 lái come; arrive
- 来往 láiwǎng dealings; contacts
- 原来 yuánlái original; former

- 7 画
- 独体字
- 一部
- 1-4年级

拦(攔)	lán	拦 阻拦 拦击	lán zǔlán lánjī	block; hold back bar the way; obstruct intercept and attack

- 8 画
- 合体字
- 扌部
- 高级华文

栏(欄)	lán	栏杆 栏目	lángān lánmù	railing; banisters column; section

- 9 画
- 合体字
- 木部
- 高级华文

蓝 (蓝)

lán

蓝	lán	blue
蓝天	lántiān	blue sky
蓝图	lántú	blueprint

- 13 画
- 合体字
- 艹部
- 1-4年级

"⼁⼁" 不是 "⼃⼁"。

篮 (篮)

lán

篮子	lánzi	basket
篮球	lánqiú	basketball
摇篮	yáolán	cradle

- 16 画
- 合体字
- 竹(⺮)部
- 1-4年级

"⼁⼁" 不是 "⼃⼁"。

兰 (兰)

lán

| 兰花 | lánhuā | orchid |
| 兰草 | láncǎo | fragrant thoroughwort (a kind of plant) |

- 5 画
- 合体字
- 八(丷)部
- 5-6年级

懒 (懒)

lǎn

懒	lǎn	lazy; sluggish
懒惰	lǎnduò	lazy
偷懒	tōulǎn	loaf on the job

- 16 画
- 合体字
- 忄部
- 1-4年级

"束" 不是 "朿"。

览 (览) lǎn

游览	yóulǎn	go sightseeing; tour
展览	zhǎnlǎn	exhibit; put on display
博览会	bólǎnhuì	fair

- 9 画
- 合体字
- 见部
- 5-6年级

"⺜" 不是 "⺁"。

缆 (缆) lǎn

缆车	lǎnchē	cable car
缆绳	lǎnshéng	cable; hawser
电缆	diànlǎn	cable; electric cable

- 12 画
- 合体字
- 纟(糸)部
- 5-6年级

"⺜" 不是 "⺁"。

烂 (烂) làn

烂	làn	rotten; worn-out
破烂	pòlàn	tattered; ragged
腐烂	fǔlàn	decomposed; rotten

- 9 画
- 合体字
- 火部
- 1-4年级

狼 (狼) láng

狼	láng	wolf
色狼	sèláng	sex offender

- 10 画
- 合体字
- 犭部
- 1-4年级

廊 (廊)

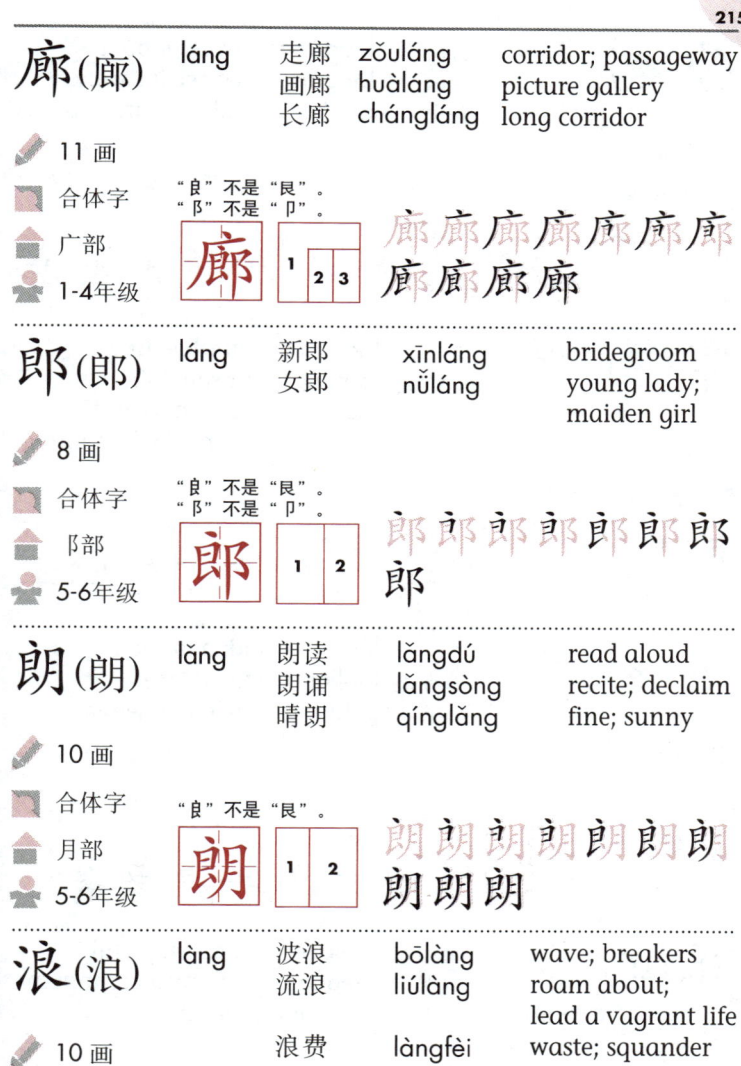

láng

走廊	zǒuláng	corridor; passageway
画廊	huàláng	picture gallery
长廊	chángláng	long corridor

- 11 画
- 合体字
- 广部
- 1-4年级

"良"不是"艮"。
"阝"不是"卩"。

廊 廊廊廊廊廊廊廊廊廊廊

郎 (郎)

láng

| 新郎 | xīnláng | bridegroom |
| 女郎 | nǚláng | young lady; maiden girl |

- 8 画
- 合体字
- 阝部
- 5-6年级

"良"不是"艮"。
"阝"不是"卩"。

郎 郎郎郎郎郎郎郎

朗 (朗)

lǎng

朗读	lǎngdú	read aloud
朗诵	lǎngsòng	recite; declaim
晴朗	qínglǎng	fine; sunny

- 10 画
- 合体字
- 月部
- 5-6年级

"良"不是"艮"。

朗 朗朗朗朗朗朗朗朗朗

浪 (浪)

làng

波浪	bōlàng	wave; breakers
流浪	liúlàng	roam about; lead a vagrant life
浪费	làngfèi	waste; squander

- 10 画
- 合体字
- 氵部
- 1-4年级

"良"不是"艮"。

浪 浪浪浪浪浪浪浪浪浪

劳 (劳) láo

劳动	láodòng	work; labour
劳改	láogǎi	corrective work
勤劳	qínláo	diligent; industrious

- 7 画
- 合体字
- 艹(力)部
- 1-4年级

劳劳劳劳劳劳劳

牢 (牢) láo

牢	láo	durable; firm
牢房	láofáng	prison; jail
牢记	láojì	remember well; keep firmly in mind

- 7 画
- 合体字
- 宀部
- 5-6年级

牢牢牢牢牢牢牢

老 (老) lǎo

老	lǎo	old; outdated
老练	lǎoliàn	experienced
古老	gǔlǎo	ancient; age-old

- 6 画
- 合体字
- 老部
- 1-4年级

老老老老老老

乐 (乐) lè / yuè

快乐	kuàilè	happy; joyful
乐观	lèguān	optimistic; sanguine
音乐	yīnyuè	music

- 5 画
- 独体字
- 丿部
- 1-4年级

第四笔楷体是点，宋体是撇。

乐乐乐乐乐

雷 (雷)

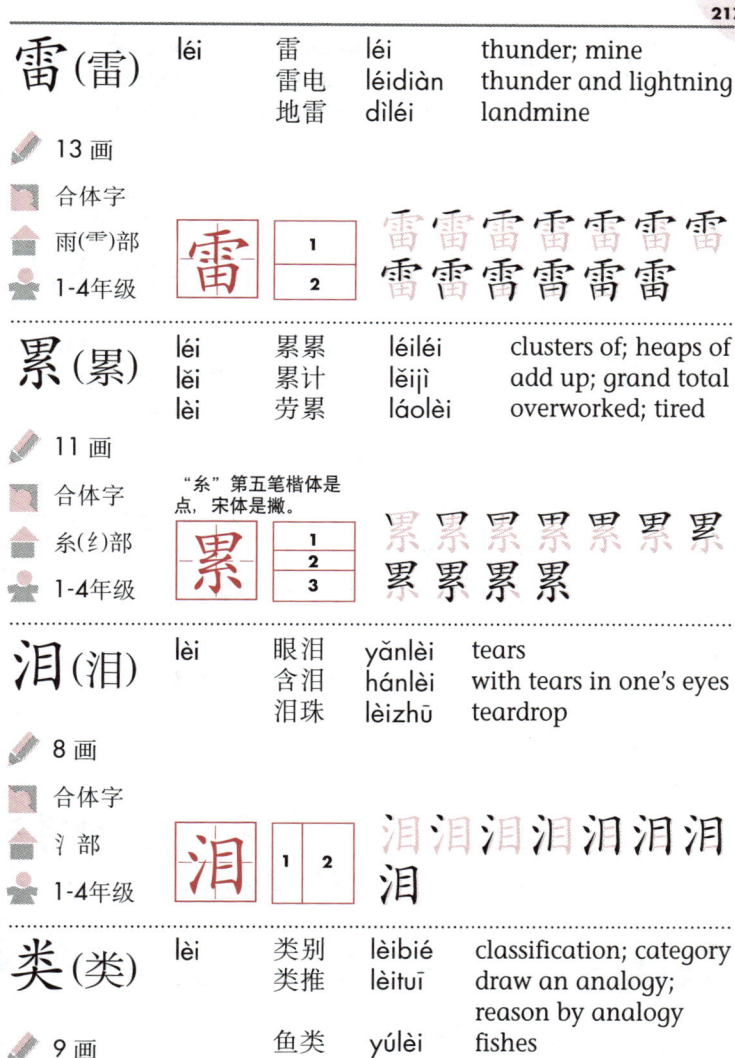

léi	雷	léi	thunder; mine
	雷电	léidiàn	thunder and lightning
	地雷	dìléi	landmine

- 13 画
- 合体字
- 雨(⻗)部
- 1-4年级

累 (累)

léi	累累	léiléi	clusters of; heaps of
lěi	累计	lěijì	add up; grand total
lèi	劳累	láolèi	overworked; tired

- 11 画
- 合体字
- 糸(纟)部
- 1-4年级

"糸"第五笔楷体是点,宋体是撇。

泪 (泪)

lèi	眼泪	yǎnlèi	tears
	含泪	hánlèi	with tears in one's eyes
	泪珠	lèizhū	teardrop

- 8 画
- 合体字
- 氵部
- 1-4年级

类 (类)

lèi	类别	lèibié	classification; category
	类推	lèituī	draw an analogy; reason by analogy
	鱼类	yúlèi	fishes

- 9 画
- 合体字
- 米部
- 1-4年级

冷 (冷)

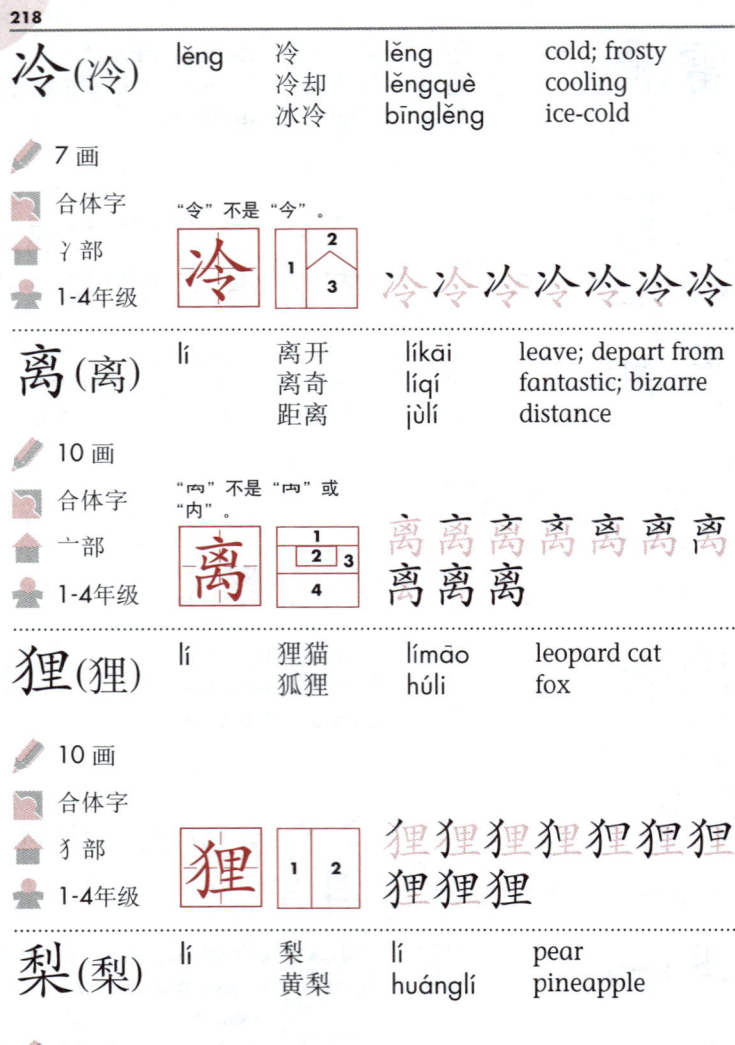

lěng

冷	lěng	cold; frosty
冷却	lěngquè	cooling
冰冷	bīnglěng	ice-cold

- 7 画
- 合体字
- 冫部
- 1-4年级

"令"不是"今"。

冷冷冷冷冷冷冷

离 (离)

lí

离开	líkāi	leave; depart from
离奇	líqí	fantastic; bizarre
距离	jùlí	distance

- 10 画
- 合体字
- 亠部
- 1-4年级

"肉"不是"冈"或"内"。

离离离离离离离离离离

狸 (狸)

lí

| 狸猫 | límāo | leopard cat |
| 狐狸 | húli | fox |

- 10 画
- 合体字
- 犭部
- 1-4年级

狸狸狸狸狸狸狸狸狸

梨 (梨)

lí

| 梨 | lí | pear |
| 黄梨 | huánglí | pineapple |

- 11 画
- 合体字
- 木部
- 1-4年级

梨梨梨梨梨梨梨梨梨梨梨

喱(喱) lí 咖喱 gālí curry

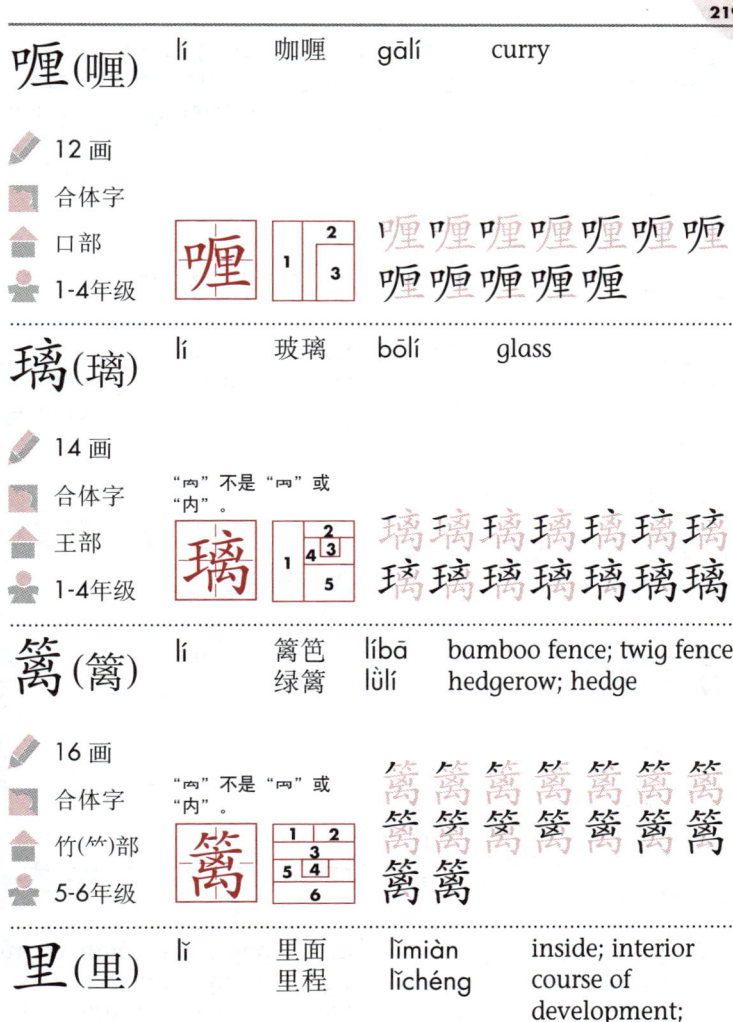

- 12画
- 合体字
- 口部
- 1-4年级

璃(璃) lí 玻璃 bōlí glass

- 14画
- 合体字
- 王部
- 1-4年级

"禸"不是"冂"或"内"。

篱(篱) lí 篱笆 líbā bamboo fence; twig fence
绿篱 lǜlí hedgerow; hedge

- 16画
- 合体字
- 竹(⺮)部
- 5-6年级

"禸"不是"冂"或"内"。

里(里) lǐ 里面 lǐmiàn inside; interior
里程 lǐchéng course of development; mileage

- 7画
- 独体字
- 里部
- 1-4年级

礼(礼) lǐ

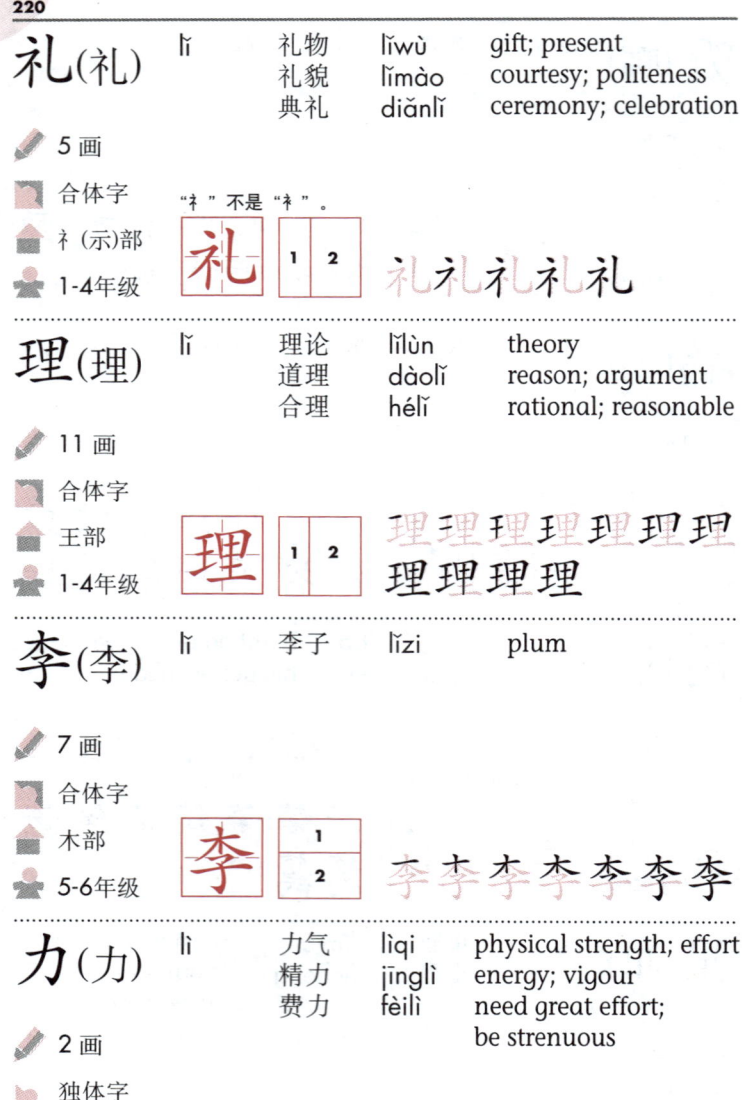

礼物	lǐwù	gift; present
礼貌	lǐmào	courtesy; politeness
典礼	diǎnlǐ	ceremony; celebration

- 5 画
- 合体字
- 礻(示)部
- 1-4年级

"礻"不是"衤"。

礼 礼礼礼礼礼

理(理) lǐ

理论	lǐlùn	theory
道理	dàolǐ	reason; argument
合理	hélǐ	rational; reasonable

- 11 画
- 合体字
- 王部
- 1-4年级

理 理理理理理理理理理理理

李(李) lǐ

| 李子 | lǐzi | plum |

- 7 画
- 合体字
- 木部
- 5-6年级

李 李李李李李李李

力(力) lì

力气	lìqi	physical strength; effort
精力	jīnglì	energy; vigour
费力	fèilì	need great effort; be strenuous

- 2 画
- 独体字
- 力部
- 1-4年级

力 力力

丽 (麗) lì

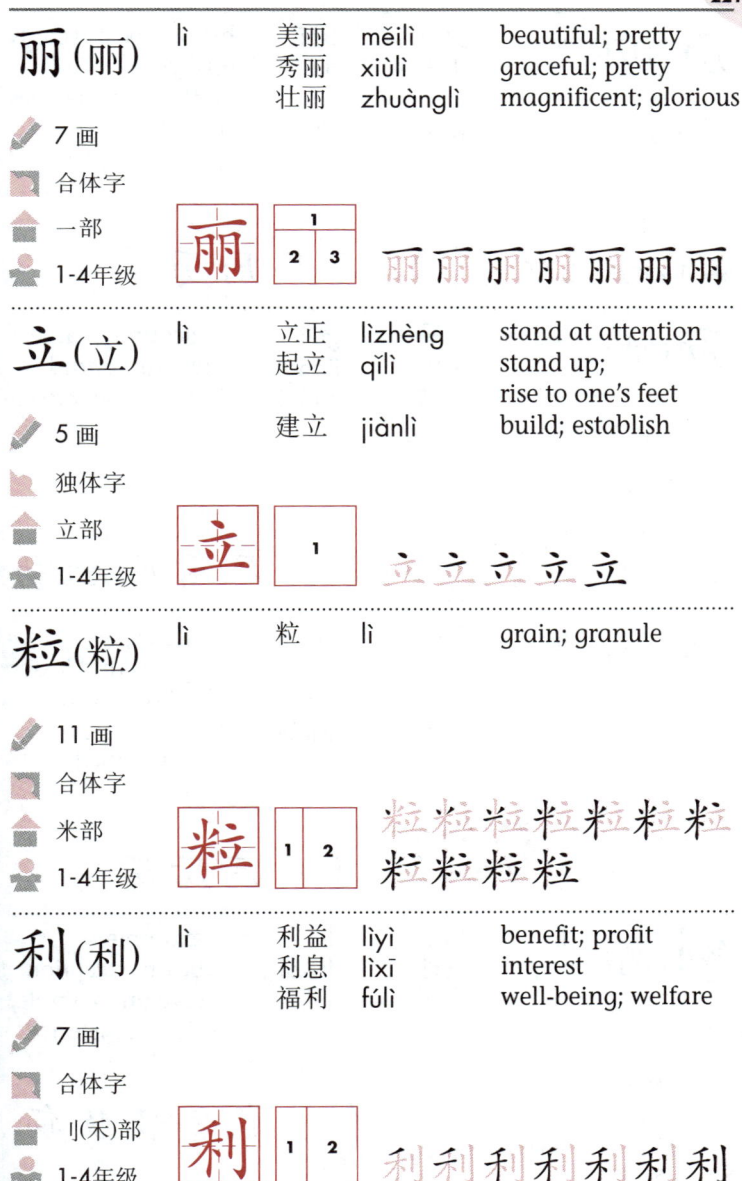

美丽	měilì	beautiful; pretty
秀丽	xiùlì	graceful; pretty
壮丽	zhuànglì	magnificent; glorious

- 7 画
- 合体字
- 一部
- 1-4年级

丽 丽 丽 丽 丽 丽 丽

立 (立) lì

立正	lìzhèng	stand at attention
起立	qǐlì	stand up; rise to one's feet
建立	jiànlì	build; establish

- 5 画
- 独体字
- 立部
- 1-4年级

立 立 立 立 立

粒 (粒) lì

| 粒 | lì | grain; granule |

- 11 画
- 合体字
- 米部
- 1-4年级

粒 粒 粒 粒 粒 粒 粒 粒 粒 粒 粒

利 (利) lì

利益	lìyì	benefit; profit
利息	lìxī	interest
福利	fúlì	well-being; welfare

- 7 画
- 合体字
- 刂(禾)部
- 1-4年级

利 利 利 利 利 利 利

历(歷)

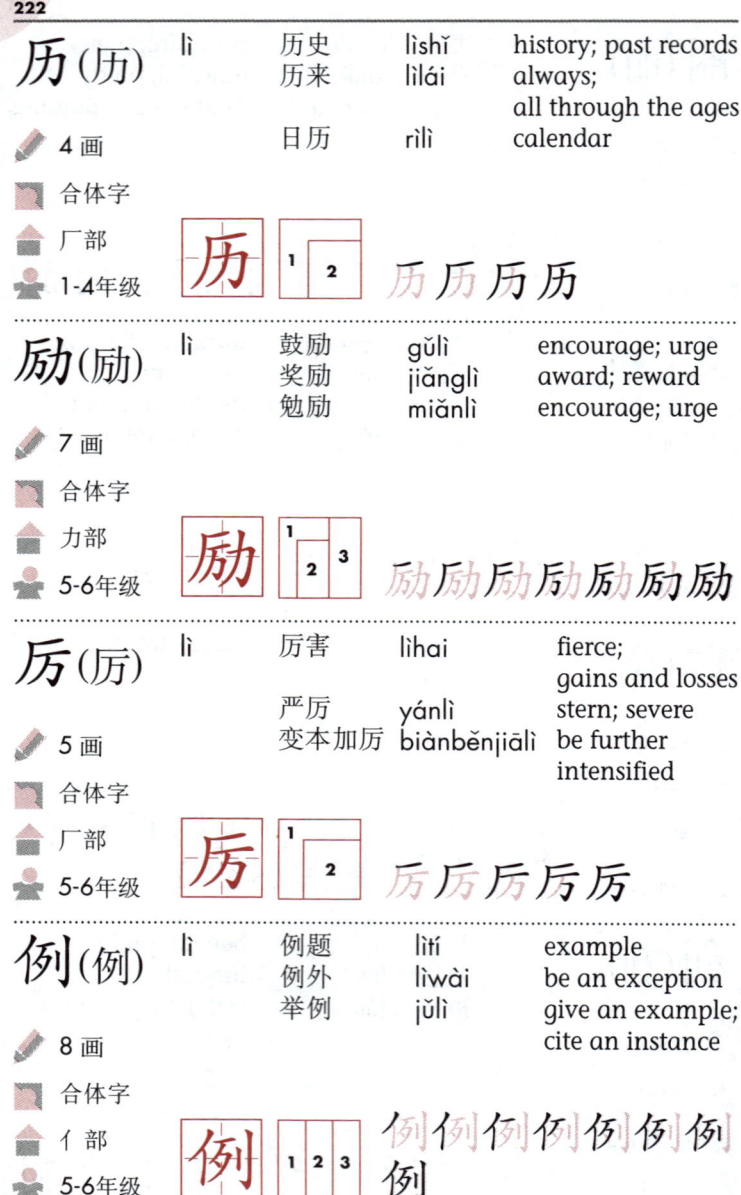

lì

历史	lìshǐ	history; past records
历来	lìlái	always; all through the ages
日历	rìlì	calendar

- 4 画
- 合体字
- 厂部
- 1-4年级

历 历 历 历

励(勵)

lì

鼓励	gǔlì	encourage; urge
奖励	jiǎnglì	award; reward
勉励	miǎnlì	encourage; urge

- 7 画
- 合体字
- 力部
- 5-6年级

励 励 励 励 励 励 励

厉(厲)

lì

厉害	lìhai	fierce; gains and losses
严厉	yánlì	stern; severe
变本加厉	biànběnjiālì	be further intensified

- 5 画
- 合体字
- 厂部
- 5-6年级

厉 厉 厉 厉 厉

例(例)

lì

例题	lìtí	example
例外	lìwài	be an exception
举例	jǔlì	give an example; cite an instance

- 8 画
- 合体字
- 亻部
- 5-6年级

例 例 例 例 例 例 例 例

榴(榴)

lián 榴梿 liúlián durian

- 11 画
- 合体字
- 木部
- 1-4年级

"辶"楷体比宋体多一个弯曲。

连(連)

lián
连同　liántóng　together with; along with
连接　liánjiē　join; link

- 7 画
- 合体字
- 辶部
- 1-4年级

"辶"楷体比宋体多一个弯曲。

怜(憐)

lián
可怜　kělián
怜贫惜老　liánpín-xīlǎo
have pity on cherish the old and care for the poor

- 8 画
- 合体字
- 忄部
- 1-4年级

"令"不是"今"。

联(聯)

lián
联合　liánhé　unite; ally
联系　liánxì　contact; relation
春联　chūnlián　New Year couplets

- 12 画
- 合体字
- 耳部
- 5-6年级

脸 (脸)

脸	liǎn	face; countenance
脸色	liǎnsè	complexion; look
嘴脸	zuǐliǎn	look; features

- 11 画
- 合体字
- 月部
- 1-4年级

脸脸脸脸脸脸脸脸脸脸脸

链 (链)

链条	liàntiáo	chain
拉链	lāliàn	zipper
项链	xiàngliàn	necklace

- 12 画
- 合体字
- 钅(金)部
- 高级华文

"辶"楷体比宋体多一个弯曲。

链链链链链链链链链链链链

练 (练)

练习	liànxí	practise; exercise
练兵	liànbīng	troop training; training
磨练	móliàn	temper

- 8 画
- 合体字
- 纟(糸)部
- 1-4年级

"东"第四笔楷体是点，宋体是撇。

练练练练练练练练

炼 (炼)

炼钢	liàngāng	steel making; steel smelting
锻炼	duànliàn	have physical training
精炼	jīngliàn	refine; purify

- 9 画
- 合体字
- 火部
- 5-6年级

"东"第四笔楷体是点，宋体是撇。

炼炼炼炼炼炼炼炼炼

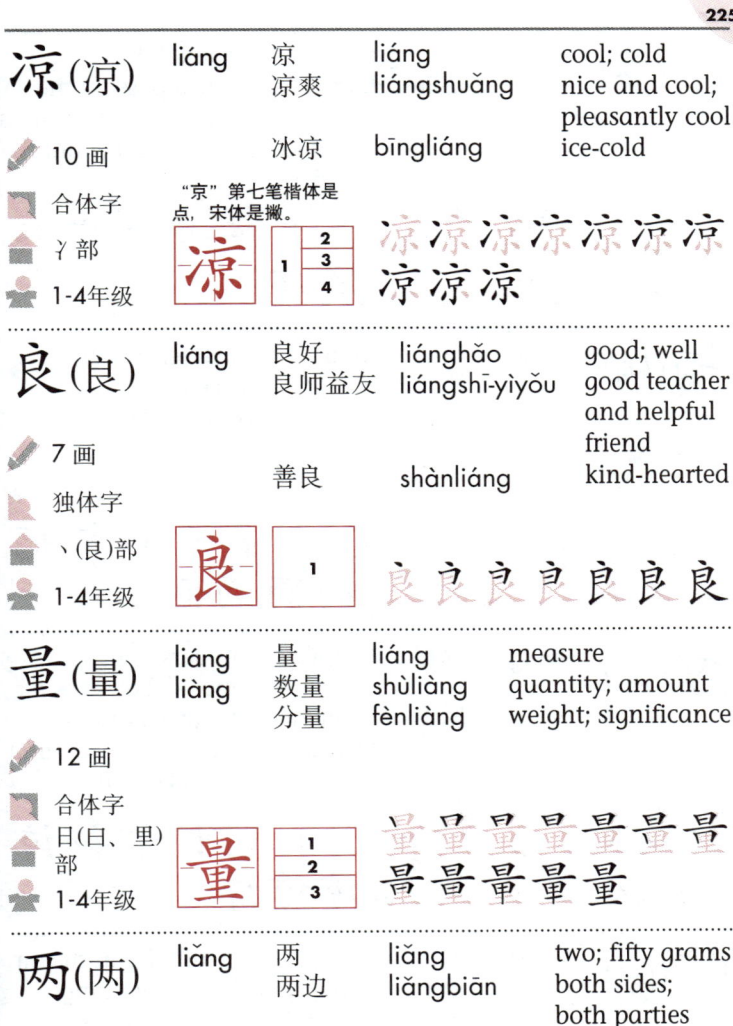

| 凉(涼) | liáng | 凉
凉爽
冰凉 | liáng
liángshuǎng
bīngliáng | cool; cold
nice and cool;
pleasantly cool
ice-cold |

- 10 画
- 合体字
- 冫部
- 1-4年级

"京"第七笔楷体是点，宋体是撇。

| 良(良) | liáng | 良好
良师益友
善良 | liánghǎo
liángshī-yìyǒu
shànliáng | good; well
good teacher and helpful friend
kind-hearted |

- 7 画
- 独体字
- 、(艮)部
- 1-4年级

| 量(量) | liáng
liàng | 量
数量
分量 | liáng
shùliàng
fènliàng | measure
quantity; amount
weight; significance |

- 12 画
- 合体字
- 日(日、里)部
- 1-4年级

| 两(兩) | liǎng | 两
两边
斤两 | liǎng
liǎngbiān
jīnliǎng | two; fifty grams
both sides; both parties
weight |

- 7 画
- 独体字
- 一部
- 1-4年级

亮(亮)

liàng

亮	liàng	bright; light
亮相	liàngxiàng	strike a pose on the stage; state one's views
漂亮	piàoliang	handsome; beautiful

- 9 画
- 合体字
- 亠部
- 1-4年级

"几"不是"儿"。

亮亮亮亮亮亮亮亮亮

辆(輛)

liàng

辆	liàng	classifier for car, bus etc.
车辆	chēliàng	vehicle; car

- 11 画
- 合体字
- 车部
- 1-4年级

辆辆辆辆辆辆辆辆辆辆

谅(諒)

liàng

谅解	liàngjiě	understand; make allowance for
原谅	yuánliàng	forgive; pardon
体谅	tǐliàng	show understanding and sympathy for

- 10 画
- 合体字
- 讠(言)部
- 1-4年级

"京"第七笔楷体是点,宋体是撇。

谅谅谅谅谅谅谅谅谅谅

晾(晾)

liàng

晾	liàng	air; dry in the air
晾干	liànggān	dry by airing
晾晒	liàngshài	dry in the sun

- 12 画
- 合体字
- 日部
- 5-6年级

"京"第七笔楷体是点,宋体是撇。

晾晾晾晾晾晾晾晾晾晾晾晾

疗 (疗)

liáo

疗养	liáoyǎng	recuperate; convalesce
医疗	yīliáo	medical treatment
治疗	zhìliáo	treat; cure

- 7 画
- 合体字
- 疒部
- 5-6年级

疗疗疗疗疗疗疗

了 (了)

liǎo

| 了结 | liǎojié | settle; bring to an end |
| 明了 | míngliǎo | understand; be clear about |

le

| 来了 | lái le | be here already |

- 2 画
- 独体字
- 乙(乛)部
- 1-4年级

了了

料 (料)

liào

料想	liàoxiǎng	expect; presume
材料	cáiliào	material; data
饮料	yǐnliào	drink; beverage

- 10 画
- 合体字
- 米(斗)部
- 1-4年级

料料料料料料料料料

劣 (劣)

liè

劣等	lièděng	of inferior quality; low-grade
恶劣	èliè	odious; abominable
低劣	dīliè	inferior; low-grade

- 6 画
- 合体字
- 小(力)部
- 高级华文

"少" 第二笔楷体是点，宋体是撇。

劣劣劣劣劣劣

裂 (裂)

liè

裂	liè	split; crack
裂缝	lièfèng	crevice; fissure
破裂	pòliè	rupture; crack

- 12 画
- 合体字
- 衣部
- 高级华文

猎 (猎)

liè

猎人	lièrén	hunter
猎奇	lièqí	hunt for novelty; seek novelty
打猎	dǎliè	hunting

- 11 画
- 合体字
- 犭部
- 1-4年级

烈 (烈)

liè

烈性	lièxìng	of strong character; strong
烈日	lièrì	burning sun; scorching sun
猛烈	měngliè	fierce; violent

- 10 画
- 合体字
- 灬部
- 1-4年级

列 (列)

liè

列车	lièchē	train
排列	páiliè	arrange; put in order
并列	bìngliè	stand side by side; be juxtaposed

- 6 画
- 合体字
- 刂(歹)部
- 5-6年级

林 (林) lín

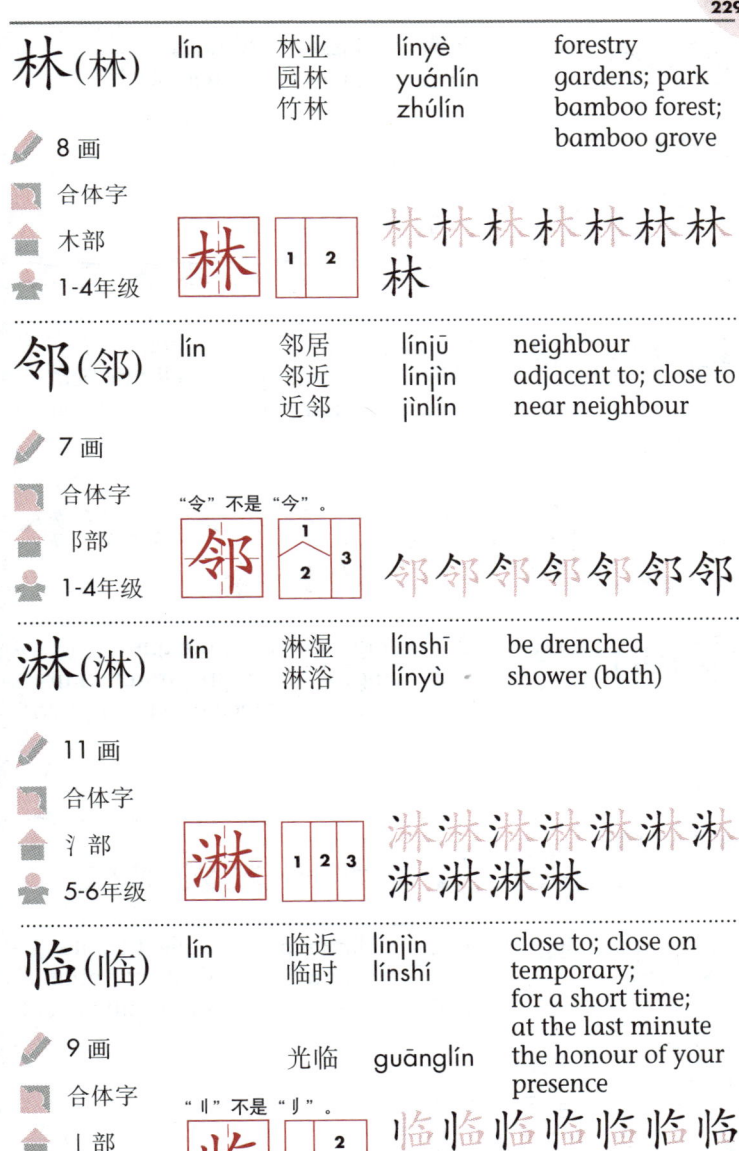

林业	línyè	forestry
园林	yuánlín	gardens; park
竹林	zhúlín	bamboo forest; bamboo grove

- 8 画
- 合体字
- 木部
- 1-4年级

林林林林林林林林

邻 (鄰) lín

邻居	línjū	neighbour
邻近	línjìn	adjacent to; close to
近邻	jìnlín	near neighbour

- 7 画
- 合体字
- 阝部
- 1-4年级

"令"不是"今"。

邻邻邻邻令邻邻

淋 (淋) lín

| 淋湿 | línshī | be drenched |
| 淋浴 | línyù | shower (bath) |

- 11 画
- 合体字
- 氵部
- 5-6年级

淋淋淋淋汁淋淋淋淋淋淋

临 (臨) lín

临近	línjìn	close to; close on
临时	línshí	temporary; for a short time; at the last minute
光临	guānglín	the honour of your presence

- 9 画
- 合体字
- 丨部
- 5-6年级

"刂"不是"刂"。

临临临临临临临临

吝(吝) lìn

| 吝啬 | lìnsè | stingy; miserly |
| 吝惜 | lìnxī | grudge; stint |

- 7 画
- 合体字
- 口(文)部
- 5-6年级

"文"不是"攵"。

吝吝吝吝吝吝吝

铃(铃) líng

铃	líng	bell
电铃	diànlíng	electric bell
风铃	fēnglíng	aeolian bells

- 10 画
- 合体字
- 钅(金)部
- 1-4年级

"令"不是"今"。

铃铃铃铃铃铃铃铃铃铃

零(零) líng

零	líng	zero; nought
零碎	língsuì	scrappy; fragmentary
飘零	piāolíng	faded and fallen; adrift

- 13 画
- 合体字
- 雨(⻗)部
- 1-4年级

"令"不是"今"。

零零零零零零零零零零零零零

灵(靈) líng

灵活	línghuó	agile; flexible
灵巧	língqiǎo	dextrous; nimble
机灵	jīling	smart; intelligent

- 7 画
- 合体字
- ⺕(火)部
- 5-6年级

"⺕"不是"⺕"。

灵灵灵灵灵灵灵

龄(龄)

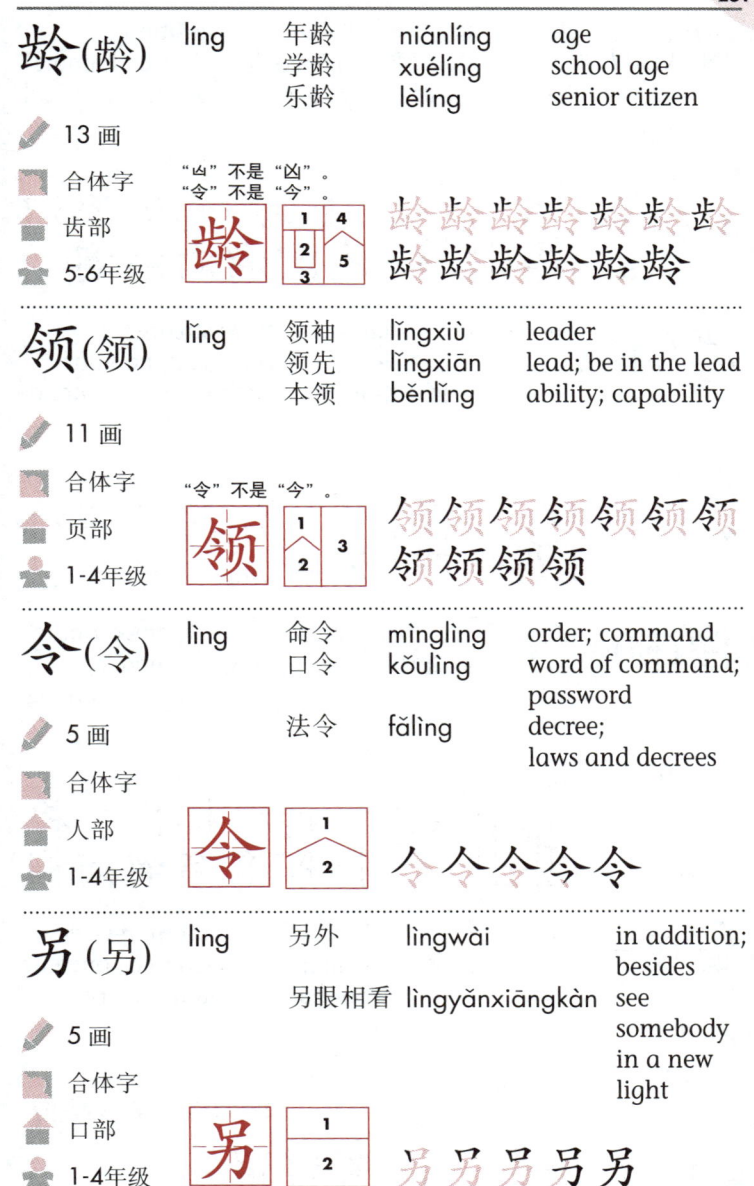

líng

年龄	niánlíng	age
学龄	xuélíng	school age
乐龄	lèlíng	senior citizen

- 13 画
- 合体字
- 齿部
- 5-6年级

"凶"不是"凶"。
"令"不是"今"。

龄 龄 龄 龄 龄 龄 龄 龄 龄 龄 龄 龄 龄

领(领)

lǐng

领袖	lǐngxiù	leader
领先	lǐngxiān	lead; be in the lead
本领	běnlǐng	ability; capability

- 11 画
- 合体字
- 页部
- 1-4年级

"令"不是"今"。

领 领 领 领 领 领 领 领 领 领 领

令(令)

lìng

命令	mìnglìng	order; command
口令	kǒulìng	word of command; password
法令	fǎlìng	decree; laws and decrees

- 5 画
- 合体字
- 人部
- 1-4年级

令 令 令 令 令

另(另)

lìng

| 另外 | lìngwài | in addition; besides |
| 另眼相看 | lìngyǎnxiāngkàn | see somebody in a new light |

- 5 画
- 合体字
- 口部
- 1-4年级

另 另 另 另 另

溜 (溜)

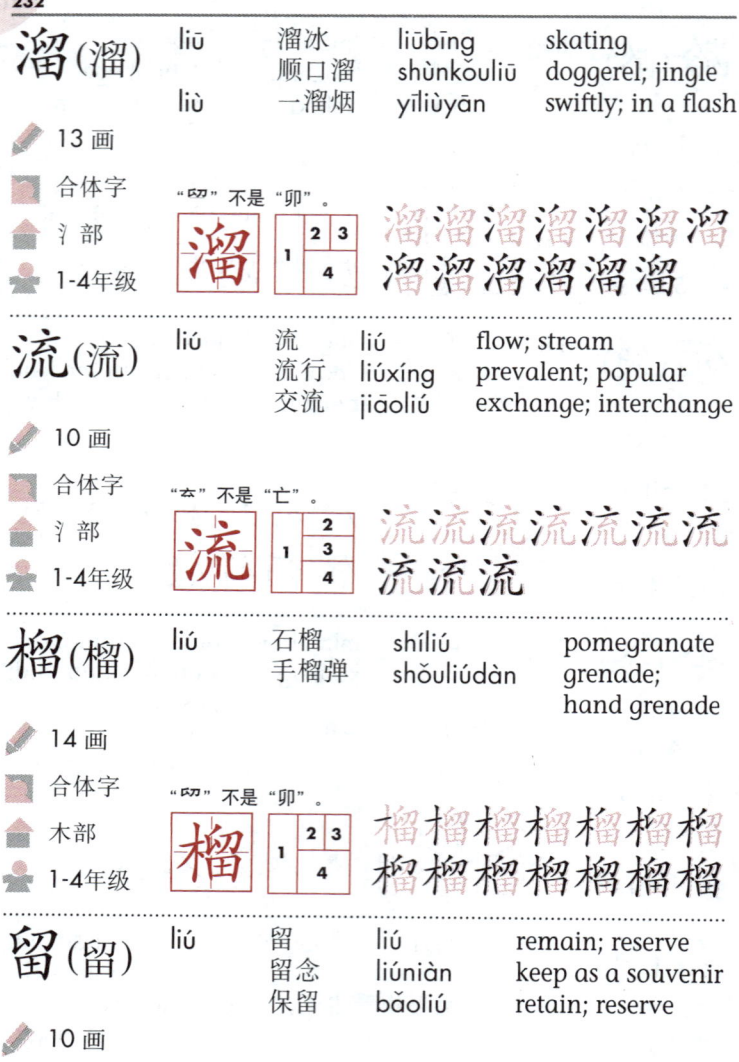

liū	溜冰	liūbīng	skating
	顺口溜	shùnkǒuliū	doggerel; jingle
liù	一溜烟	yīliùyān	swiftly; in a flash

- 13 画
- 合体字
- 氵部
- 1-4年级

"留"不是"卯"。

流 (流)

liú	流	liú	flow; stream
	流行	liúxíng	prevalent; popular
	交流	jiāoliú	exchange; interchange

- 10 画
- 合体字
- 氵部
- 1-4年级

"云"不是"亡"。

榴 (榴)

liú	石榴	shíliú	pomegranate
	手榴弹	shǒuliúdàn	grenade; hand grenade

- 14 画
- 合体字
- 木部
- 1-4年级

"留"不是"卯"。

留 (留)

liú	留	liú	remain; reserve
	留念	liúniàn	keep as a souvenir
	保留	bǎoliú	retain; reserve

- 10 画
- 合体字
- 田部
- 1-4年级

"留"不是"卯"。

233

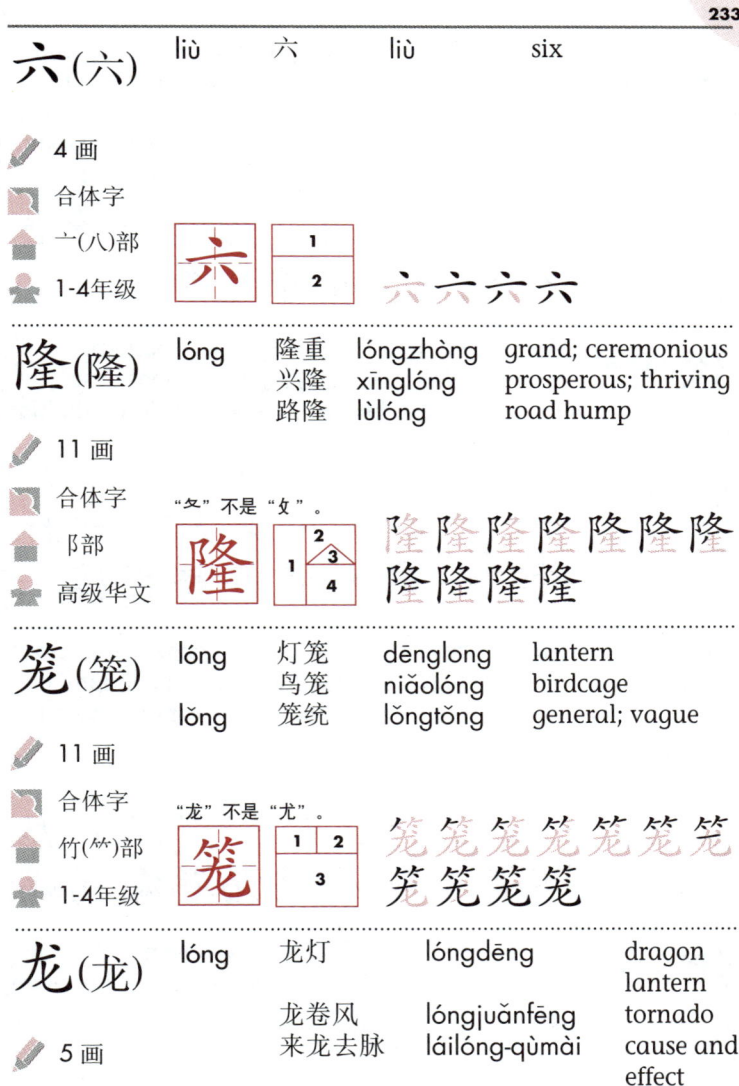

六(六) liù 六 liù six

- 4 画
- 合体字
- 亠(八)部
- 1-4年级

六六六六

隆(隆) lóng

隆重	lóngzhòng	grand; ceremonious
兴隆	xīnglóng	prosperous; thriving
路隆	lùlóng	road hump

- 11 画
- 合体字 "夂"不是"女"。
- 阝部
- 高级华文

隆隆隆隆隆隆隆隆隆隆隆

笼(笼)

lóng	灯笼	dēnglong	lantern
	鸟笼	niǎolóng	birdcage
lǒng	笼统	lǒngtǒng	general; vague

- 11 画
- 合体字 "龙"不是"尤"。
- 竹(⺮)部
- 1-4年级

笼笼笼笼笼笼笼笼笼笼笼

龙(龙) lóng

龙灯	lóngdēng	dragon lantern
龙卷风	lóngjuǎnfēng	tornado
来龙去脉	láilóng-qùmài	cause and effect

- 5 画
- 独体字
- 龙(尢)部
- 1-4年级

龙龙龙龙龙

聋 (聾)

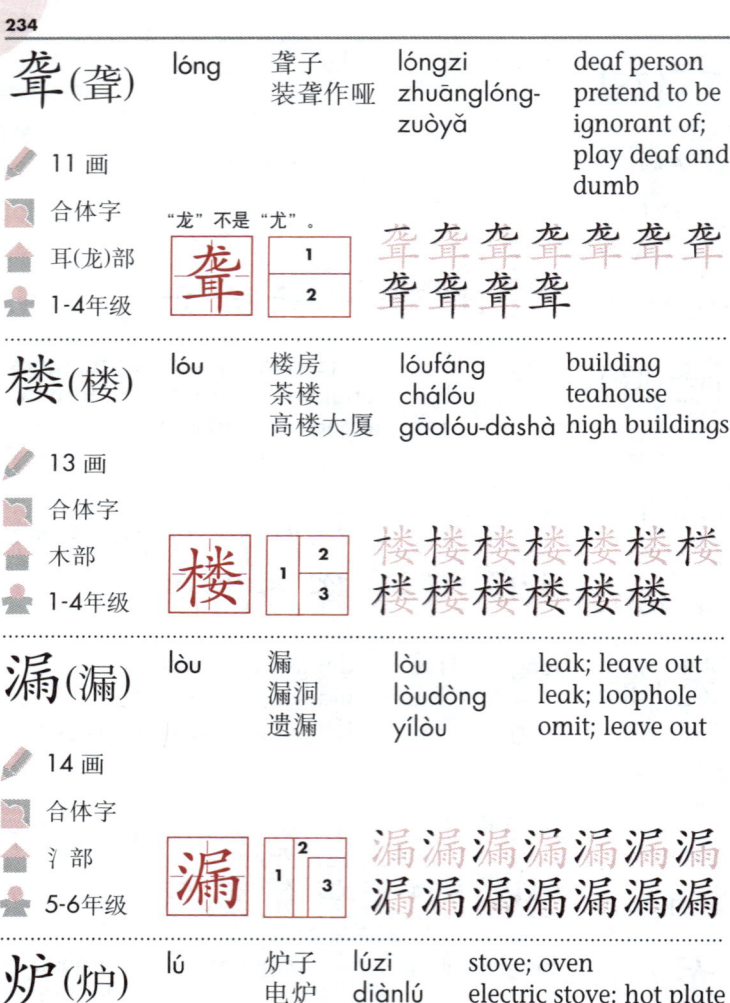

lóng

聋子 lóngzi — deaf person
装聋作哑 zhuānglóng-zuòyǎ — pretend to be ignorant of; play deaf and dumb

- 11 画
- 合体字
- 耳(龙)部
- 1-4年级

"龙"不是"尤"。

楼 (楼)

lóu

楼房 lóufáng — building
茶楼 chálóu — teahouse
高楼大厦 gāolóu-dàshà — high buildings

- 13 画
- 合体字
- 木部
- 1-4年级

漏 (漏)

lòu

漏 lòu — leak; leave out
漏洞 lòudòng — leak; loophole
遗漏 yílòu — omit; leave out

- 14 画
- 合体字
- 氵部
- 5-6年级

炉 (炉)

lú

炉子 lúzi — stove; oven
电炉 diànlú — electric stove; hot plate

- 8 画
- 合体字
- 火部
- 5-6年级

"户"不是"卢"。

路(路)

lù

路	lù	road; path
路途	lùtú	way; journey
思路	sīlù	train of thought; thinking

- 13 画
- 合体字
- 足(⻊)部
- 1-4年级

"夂"不是"攵"。

路路路路路路路路路路路路路

鹿(鹿)

lù

| 鹿 | lù | deer |
| 鹿死谁手 | lùsǐshéishǒu | the outcome remains to be seen |

- 11 画
- 合体字
- 鹿部
- 1-4年级

鹿鹿鹿鹿鹿鹿鹿鹿鹿鹿鹿

陆(陆)

lù

陆地	lùdì	land
陆续	lùxù	one after another
大陆	dàlù	continent; mainland

- 7 画
- 合体字
- 阝部
- 5-6年级

陆陆陆陆陆陆陆

录(录)

lù

录音	lùyīn	sound-recording
记录	jìlù	take notes
收录	shōulù	employ; include

- 8 画
- 合体字
- ⺕(彐)部
- 5-6年级

"彐"不是"彐"或"彐"。
"氺"不是"水"。

录录录录录录录录

碌 (碌)

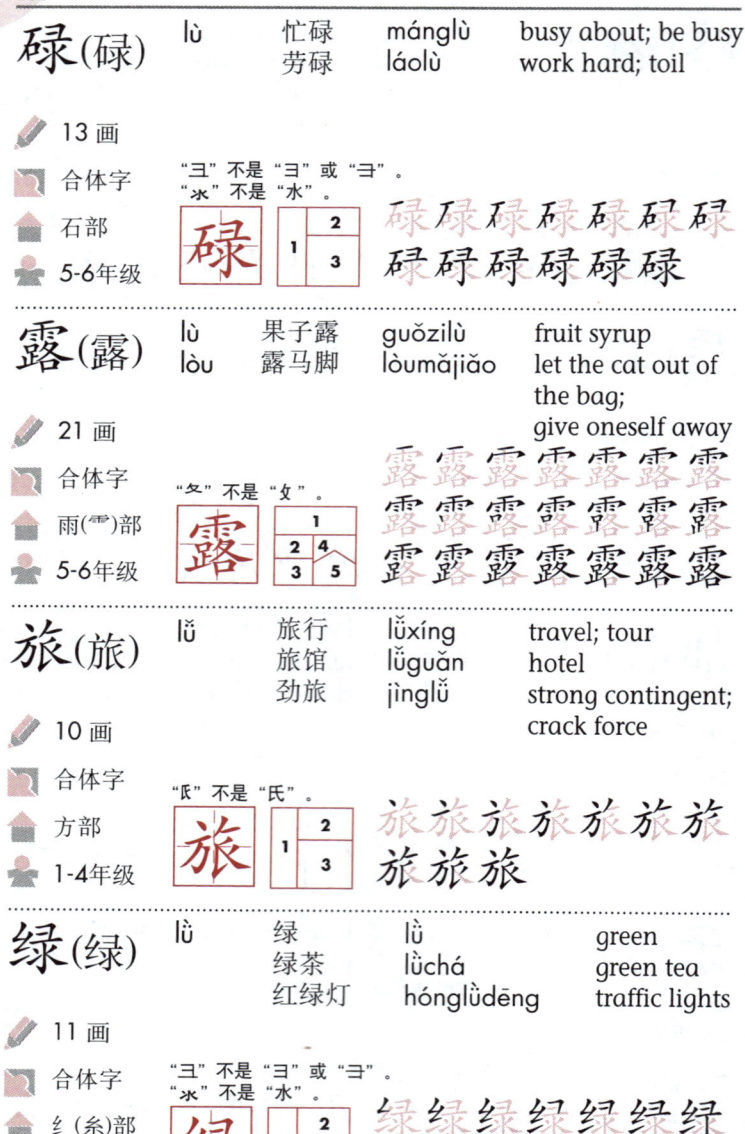

lù　　忙碌　mánglù　　busy about; be busy
　　　劳碌　láolù　　　work hard; toil

- 13 画
- 合体字
- 石部
- 5-6年级

"ヨ"不是"ヨ"或"ヨ"。
"氺"不是"水"。

露 (露)

lù　　果子露　guǒzilù　　fruit syrup
lòu　露马脚　lòumǎjiǎo　let the cat out of the bag; give oneself away

- 21 画
- 合体字
- 雨(⻗)部
- 5-6年级

"夂"不是"夊"。

旅 (旅)

lǚ　　旅行　lǚxíng　　travel; tour
　　　旅馆　lǚguǎn　　hotel
　　　劲旅　jìnglǚ　　strong contingent; crack force

- 10 画
- 合体字
- 方部
- 1-4年级

"⺆"不是"氏"。

绿 (綠)

lǜ　　绿　　lǜ　　　　green
　　　绿茶　lǜchá　　　green tea
　　　红绿灯　hónglǜdēng　traffic lights

- 11 画
- 合体字
- 纟(糸)部
- 1-4年级

"ヨ"不是"ヨ"或"ヨ"。
"氺"不是"水"。

237

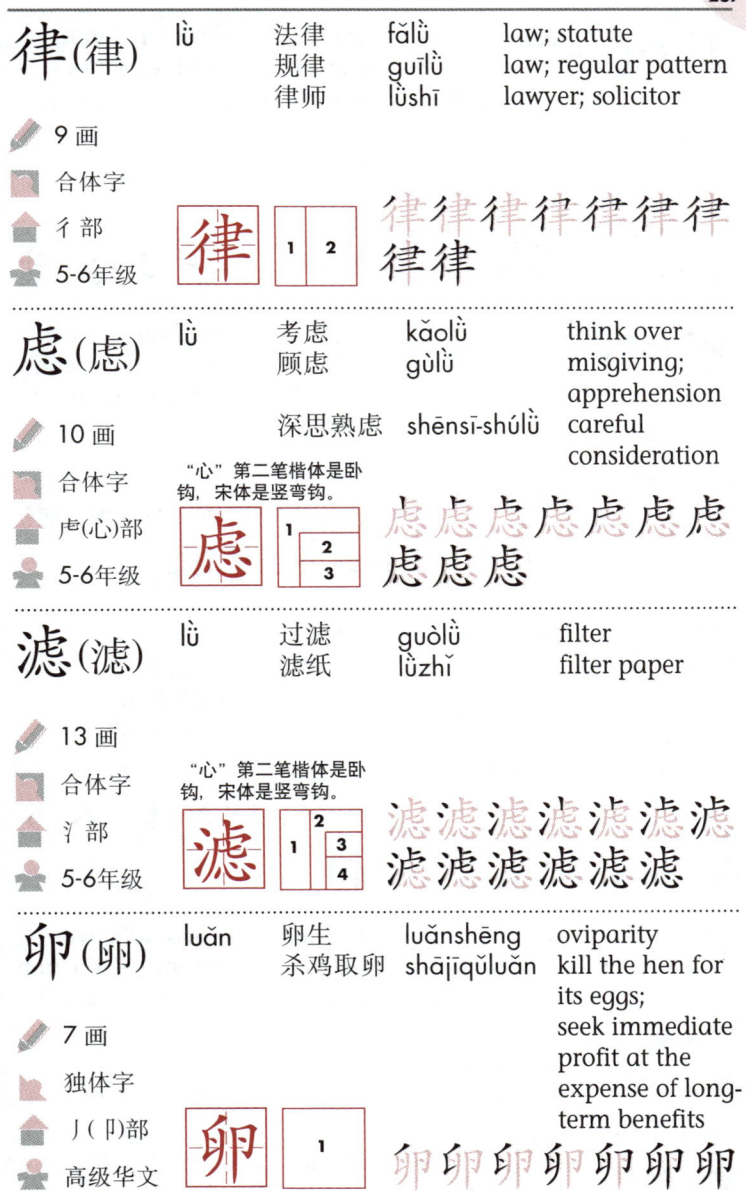

律 (律) lǜ

法律	fǎlǜ	law; statute
规律	guīlǜ	law; regular pattern
律师	lǜshī	lawyer; solicitor

- 9 画
- 合体字
- 彳部
- 5-6年级

虑 (慮) lǜ

考虑	kǎolǜ	think over
顾虑	gùlǜ	misgiving; apprehension
深思熟虑	shēnsī-shúlǜ	careful consideration

- 10 画
- 合体字
- 虍(心)部
- 5-6年级

"心"第二笔楷体是卧钩，宋体是竖弯钩。

滤 (濾) lǜ

| 过滤 | guòlǜ | filter |
| 滤纸 | lǜzhǐ | filter paper |

- 13 画
- 合体字
- 氵部
- 5-6年级

"心"第二笔楷体是卧钩，宋体是竖弯钩。

卵 (卵) luǎn

| 卵生 | luǎnshēng | oviparity |
| 杀鸡取卵 | shājīqǔluǎn | kill the hen for its eggs; seek immediate profit at the expense of long-term benefits |

- 7 画
- 独体字
- 丿(卩)部
- 高级华文

乱 (亂)

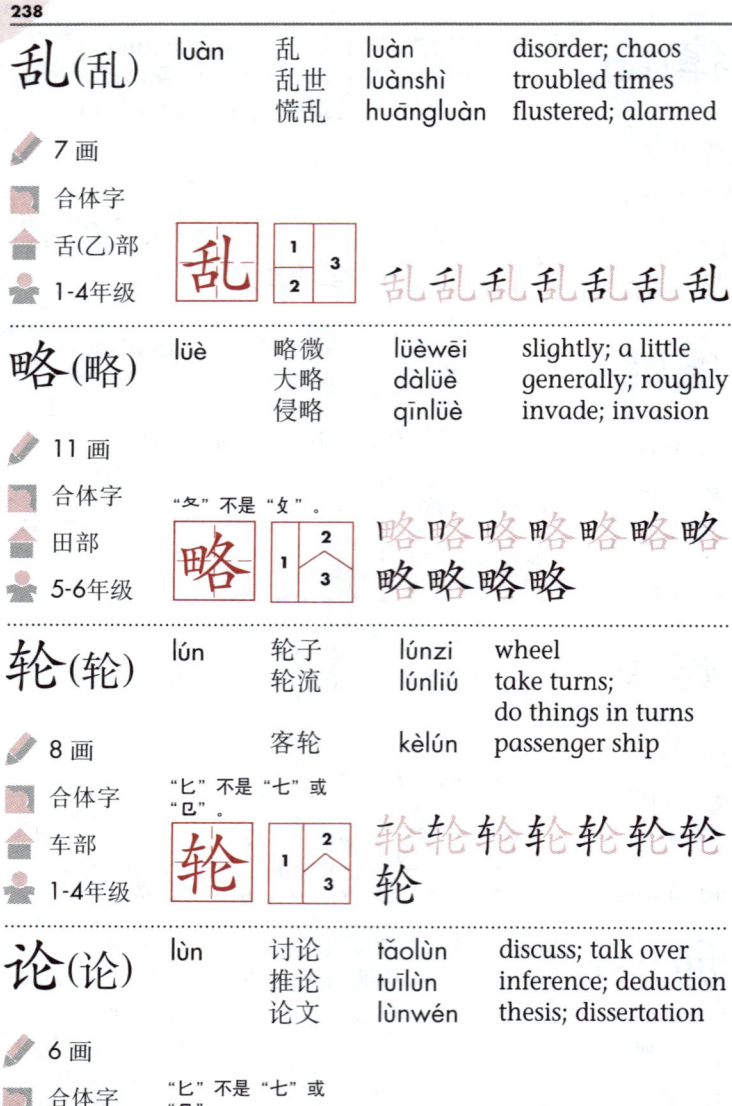

luàn

乱	luàn	disorder; chaos
乱世	luànshì	troubled times
慌乱	huāngluàn	flustered; alarmed

- 7 画
- 合体字
- 舌(乙)部
- 1-4年级

乱乱乱乱乱乱乱

略 (略)

lüè

略微	lüèwēi	slightly; a little
大略	dàlüè	generally; roughly
侵略	qīnlüè	invade; invasion

- 11 画
- 合体字 "夂"不是"夊"。
- 田部
- 5-6年级

略略略略略略略略略略略

轮 (輪)

lún

轮子	lúnzi	wheel
轮流	lúnliú	take turns; do things in turns
客轮	kèlún	passenger ship

- 8 画
- 合体字 "匕"不是"七"或"巳"。
- 车部
- 1-4年级

轮轮轮轮轮轮轮轮

论 (論)

lùn

讨论	tǎolùn	discuss; talk over
推论	tuīlùn	inference; deduction
论文	lùnwén	thesis; dissertation

- 6 画
- 合体字 "匕"不是"七"或"巳"。
- 讠(言)部
- 1-4年级

论论论论论论

锣 (鑼)

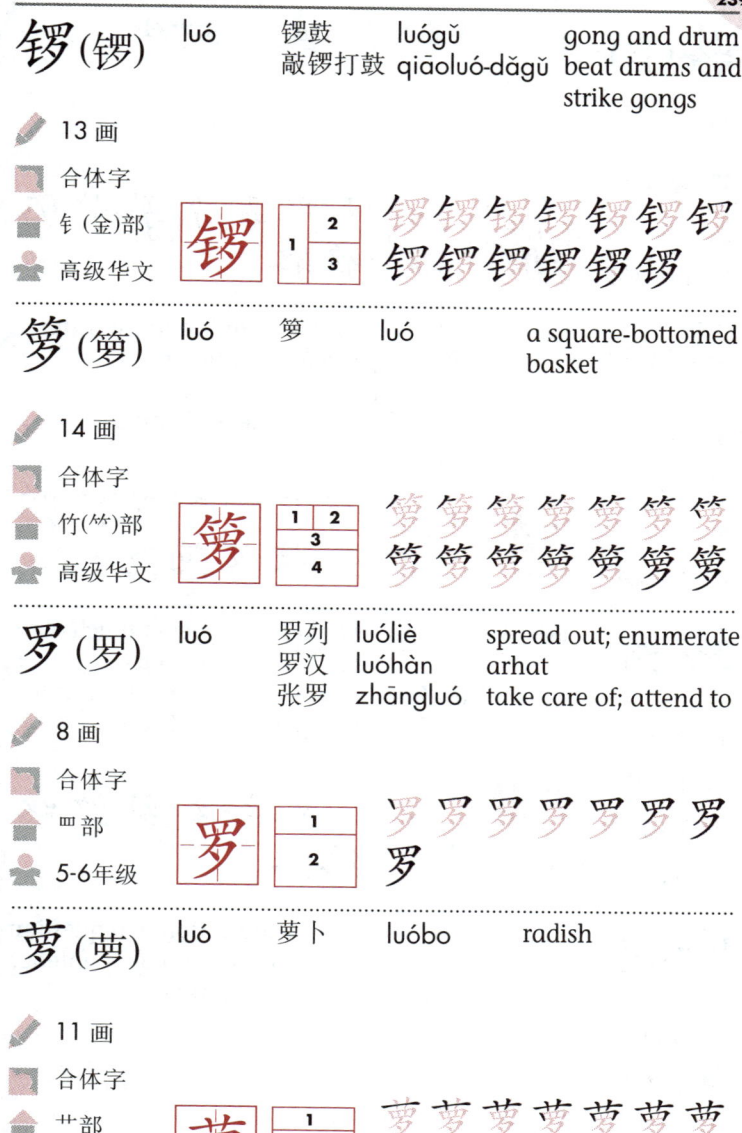

luó 锣鼓 luógǔ gong and drum
敲锣打鼓 qiāoluó-dǎgǔ beat drums and strike gongs

- 13 画
- 合体字
- 钅(金)部
- 高级华文

箩 (籮)

luó 箩 luó a square-bottomed basket

- 14 画
- 合体字
- 竹(⺮)部
- 高级华文

罗 (羅)

luó 罗列 luóliè spread out; enumerate
罗汉 luóhàn arhat
张罗 zhāngluó take care of; attend to

- 8 画
- 合体字
- 罒部
- 5-6年级

萝 (蘿)

luó 萝卜 luóbo radish

- 11 画
- 合体字
- 艹部
- 5-6年级

骆(骆) luò 骆驼 luòtuo camel

- 9 画
- 合体字
- 马部
- 高级华文

"夂" 不是 "夊"。

骆骆骆骆骆骆骆骆骆

落(落)

luò 落实 luòshí carry out; ascertain
　　 角落 jiǎoluò corner; nook
là 落 là leave out; leave behind

- 12 画
- 合体字
- 艹部
- 1-4年级

"夂" 不是 "夊"。

落落落落落落落落落落落落

络(络)

luò 联络 liánluò get in touch with; contact
　　 活络 huóluò loose; indefinite
　　 网络 wǎngluò network

- 9 画
- 合体字
- 纟(糹)部
- 5-6年级

"夂" 不是 "夊"。

络络络络络络络络络

吗(吗)

ma 吗 ma indication of a question at the end of a sentence
mǎ 吗啡 mǎfēi morphine

- 6 画
- 合体字
- 口部
- 1-4年级

吗吗吗吗吗吗

241

妈 (媽)

mā　妈妈　māma　mummy; mum

- 6 画
- 合体字
- 女部
- 1-4年级

| 妈 | 1 | 2 |

妈妈妈妈妈妈

麻 (麻)

má
- 麻木　mámù　numb; insensitive
- 肉麻　ròumá　disgusting; nauseating
- 芝麻　zhīma　sesame; sesame seed

- 11 画
- 合体字
- 麻部
- 1-4年级

| 麻 | 1 | 2 | 3 |

麻麻麻麻麻麻麻麻麻麻麻

马 (馬)

mǎ
- 马　mǎ　horse
- 马路　mǎlù　road; avenue
- 拍马　pāimǎ　flatter; fawn on

- 3 画
- 独体字
- 马部
- 1-4年级

| 马 | 1 |

马马马

蚂 (螞)

mǎ　蚂蚁　mǎyǐ　ant

- 9 画
- 合体字
- 虫部
- 1-4年级

| 蚂 | 1 | 2 |

蚂蚂蚂蚂蚂蚂蚂蚂蚂

码 (码) mǎ

码头	mǎtou	wharf; dock
尺码	chǐmǎ	size; measures
号码	hàomǎ	number

- 8 画
- 合体字
- 石部
- 1-4年级

码 | 1 | 2

码码码码码码码码

骂 (骂) mà

| 骂 | mà | abuse; curse |
| 叫骂 | jiàomà | shout curses |

- 9 画
- 合体字
- 口(马)部
- 1-4年级

骂 | 1 2 / 3

骂骂骂骂骂骂骂骂骂

埋 (埋)

mái 埋藏 máicáng lie hidden in the earth; bury

埋没 máimò cover up; stifle
mán 埋怨 mányuàn blame; complain

- 10 画
- 合体字
- 土部
- 5-6年级

埋 | 1 | 2

埋埋埋埋埋埋埋埋埋埋

买 (买) mǎi

买	mǎi	buy; purchase
买主	mǎizhǔ	buyer; customer
购买	gòumǎi	purchase; buy

- 6 画
- 合体字
- 乙(二、大)部
- 1-4年级

"㇇" 不是 "㇖"。

买 | 1 / 2

买买买买买买

卖 (賣)

mài

卖	mài	sell; betray
卖力	màilì	do one's utmost; exert all one's strength
小卖部	xiǎomàibù	snack counter

- 8 画
- 合体字
- 十(大)部
- 1-4年级

"ㄎ"不是"冖"。

麦 (麥)

mài

麦子	màizi	wheat
麦片	màipiàn	oatmeal
小麦	xiǎomài	wheat

- 7 画
- 合体字
- 麦部
- 5-6年级

"夂"不是"夕"。

满 (滿)

mǎn

| 满 | mǎn | full; expire |
| 美满 | měimǎn | perfectly satisfactory; happy |

- 13 画
- 合体字
- 氵部
- 1-4年级

"两"不是"雨"。

慢 (慢)

màn

慢	màn	slow; postpone
快慢	kuàimàn	speed
傲慢	àomàn	arrogant; haughty

- 14 画
- 合体字
- 忄部
- 1-4年级

芒(芒)

máng

芒果	mángguǒ	mango
光芒	guāngmáng	rays of light; radiance
锋芒	fēngmáng	spearhead; abilities

- 6 画
- 合体字
- 艹部
- 高级华文

芒芒芒芒芒芒芒

忙(忙)

máng

忙	máng	busy; fully occupied
忙乱	mángluàn	in a rush and a muddle
急忙	jímáng	in a hurry; in a haste

- 6 画
- 合体字
- 忄部
- 1-4年级

忙忙忙忙忙忙忙

盲(盲)

máng

盲人	mángrén	blind person
盲从	mángcóng	follow blindly
文盲	wénmáng	illiterate person

- 8 画
- 合体字
- 目部
- 5-6年级

盲盲盲盲盲盲盲盲

猫(猫)

māo

猫	māo	cat
猫头鹰	māotóuyīng	owl
熊猫	xióngmāo	panda

- 11 画
- 合体字
- 犭部
- 1-4年级

猫猫猫猫猫猫猫猫猫猫

毛 (毛)

	máo	毛	máo	hair; feather
		毛利	máolì	gross profit
		羽毛球	yǔmáoqiú	badminton; shuttlecock

- 4 画
- 独体字
- 毛部
- 1-4年级

毛毛毛毛

矛 (矛)

	máo	长矛	chángmáo	lance; spear
		矛头	máotóu	spearhead
		矛盾	máodùn	contradict; disunity

- 5 画
- 独体字
- 矛部
- 5-6年级

矛矛矛矛矛

帽 (帽)

	mào	帽子	màozi	hat; cap
		草帽	cǎomào	straw hat
		乌纱帽	wūshāmào	official post

- 12 画
- 合体字
- 巾部
- 1-4年级

"冃"不是"日"。

帽帽帽帽帽帽帽帽帽帽帽帽

貌 (貌)

	mào	面貌	miànmào	look; appearance
		相貌	xiàngmào	facial features; looks
		美貌	měimào	beautiful looks

- 14 画
- 合体字
- 豸部
- 1-4年级

"白"不是"臼"。

貌貌貌貌貌貌貌貌貌貌貌貌貌貌

冒 (冒)

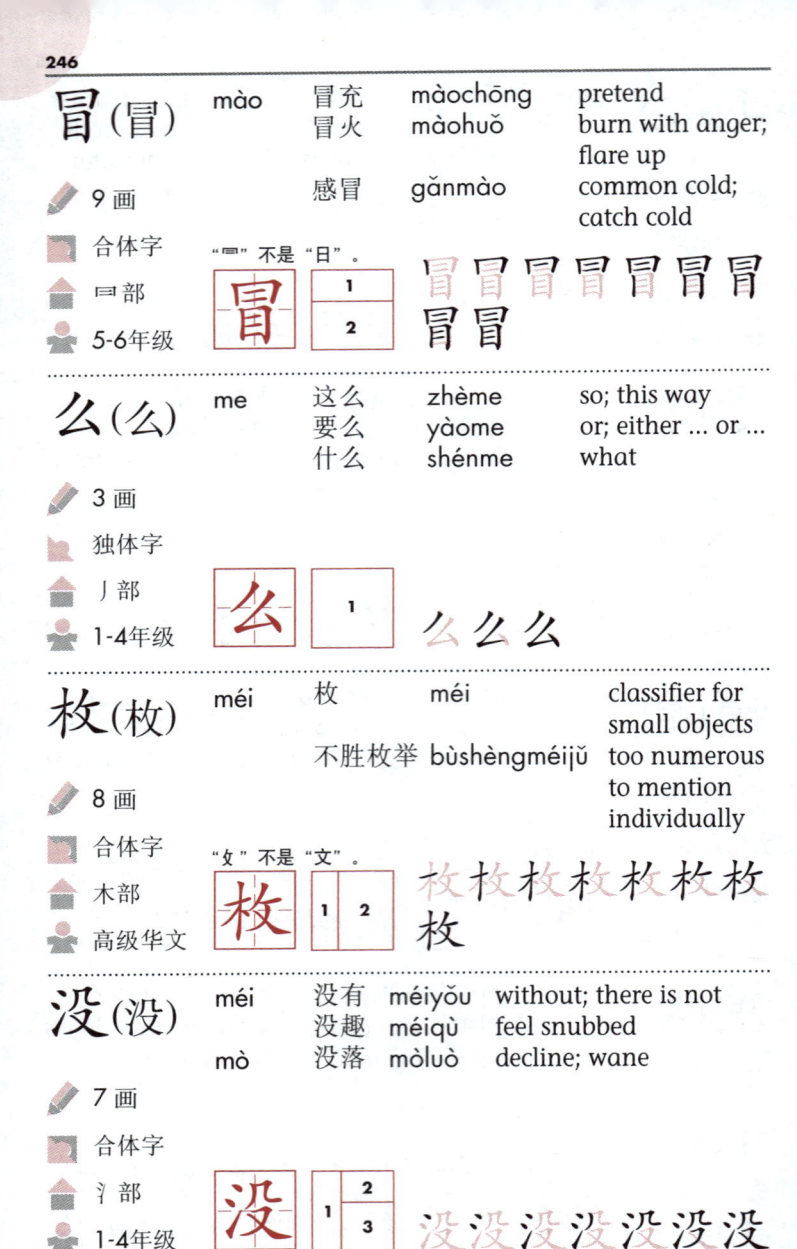

mào	冒充	màochōng	pretend
	冒火	màohuǒ	burn with anger; flare up
	感冒	gǎnmào	common cold; catch cold

- 9 画
- 合体字
- 冂 部
- 5-6年级

"冂" 不是 "日"。

么 (么)

me	这么	zhème	so; this way
	要么	yàome	or; either ... or ...
	什么	shénme	what

- 3 画
- 独体字
- 丿 部
- 1-4年级

枚 (枚)

méi	枚	méi	classifier for small objects
	不胜枚举	bùshèngméijǔ	too numerous to mention individually

- 8 画
- 合体字
- 木 部
- 高级华文

"攵" 不是 "文"。

没 (没)

méi	没有	méiyǒu	without; there is not
	没趣	méiqù	feel snubbed
mò	没落	mòluò	decline; wane

- 7 画
- 合体字
- 氵 部
- 1-4年级

247

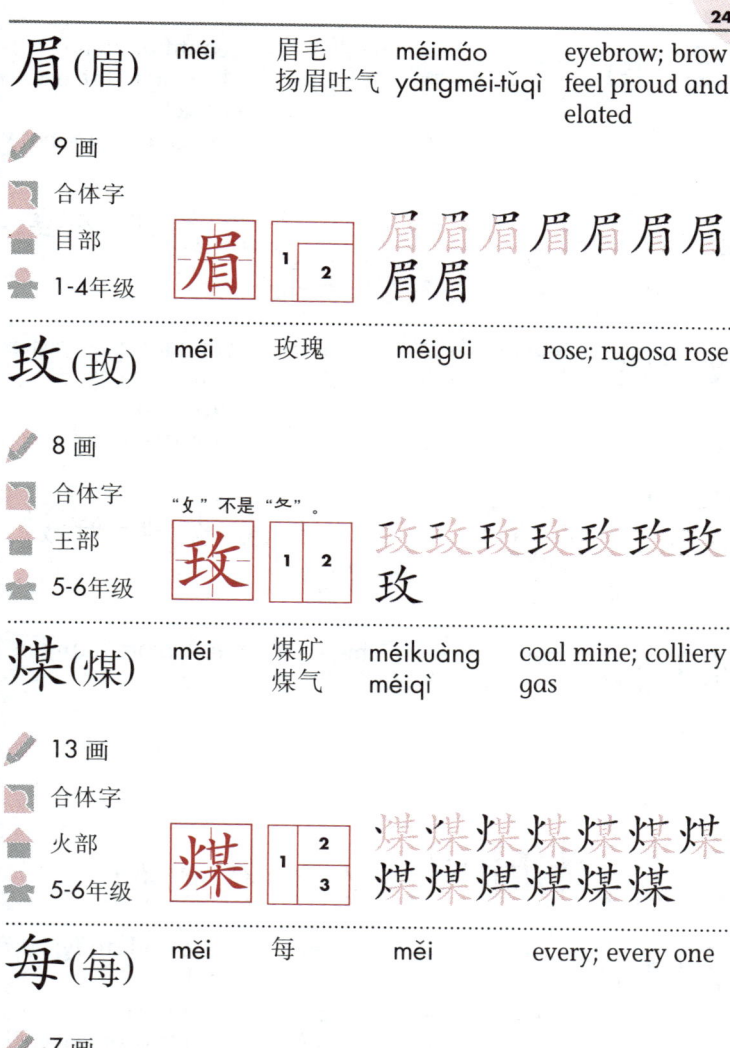

眉(眉)

méi　眉毛　méimáo　eyebrow; brow
　　　扬眉吐气　yángméi-tǔqì　feel proud and elated

- 9 画
- 合体字
- 目部
- 1-4年级

眉 眉 眉 眉 眉 眉 眉 眉 眉

玫(玫)

méi　玫瑰　méigui　rose; rugosa rose

- 8 画
- 合体字　"攵"不是"夂"。
- 王部
- 5-6年级

玫 玫 玫 玫 玫 玫 玫 玫

煤(煤)

méi　煤矿　méikuàng　coal mine; colliery
　　　煤气　méiqì　gas

- 13 画
- 合体字
- 火部
- 5-6年级

煤 煤 煤 煤 煤 煤 煤 煤 煤 煤 煤 煤 煤

每(每)

měi　每　měi　every; every one

- 7 画
- 合体字
- 毋(母)部
- 1-4年级

每 每 每 每 每 每 每

美 (美)

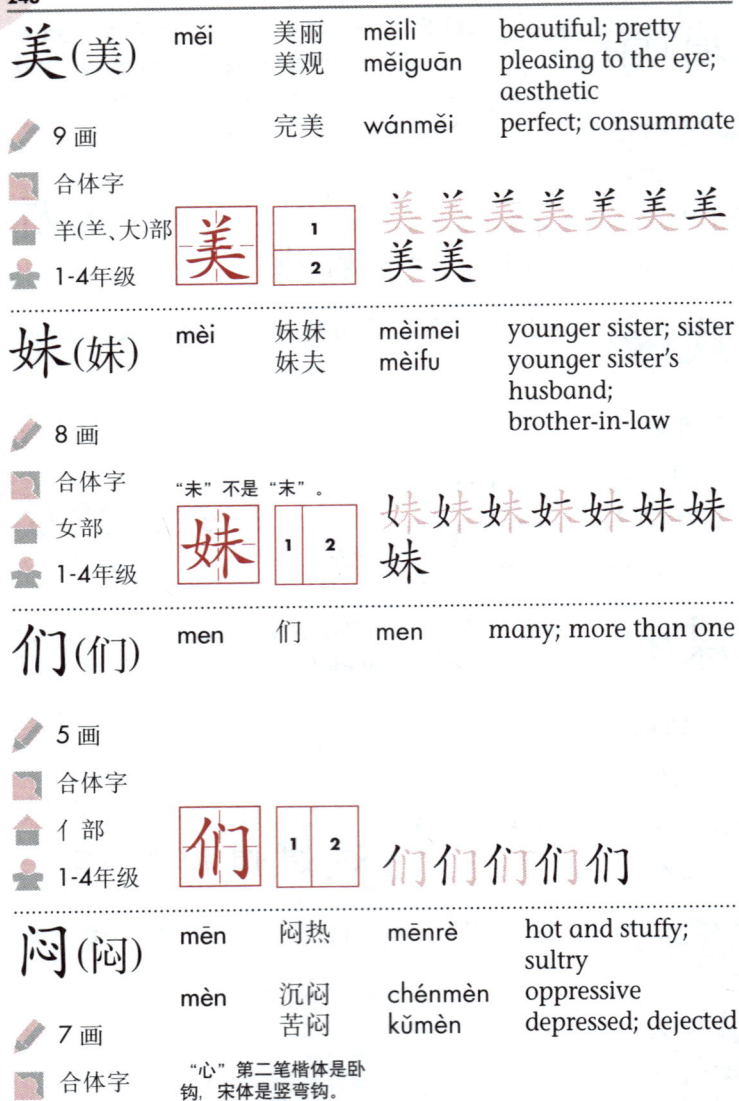

měi

美丽	měilì	beautiful; pretty
美观	měiguān	pleasing to the eye; aesthetic
完美	wánměi	perfect; consummate

- 9 画
- 合体字
- 羊(𦍌、大)部
- 1-4年级

美 | 1 |
　 | 2 |

美 美 美 美 美 美 美 美 美

妹 (妹)

mèi

| 妹妹 | mèimei | younger sister; sister |
| 妹夫 | mèifu | younger sister's husband; brother-in-law |

- 8 画
- 合体字
- 女部
- 1-4年级

"未"不是"末"。

妹 | 1 | 2 |

妹 妹 妹 妹 妹 妹 妹 妹

们 (们)

men

| 们 | men | many; more than one |

- 5 画
- 合体字
- 亻部
- 1-4年级

们 | 1 | 2 |

们 们 们 们 们

闷 (悶)

mēn

| 闷热 | mēnrè | hot and stuffy; sultry |

mèn

| 沉闷 | chénmèn | oppressive |
| 苦闷 | kǔmèn | depressed; dejected |

- 7 画
- 合体字
- 门部
- 5-6年级

"心"第二笔楷体是卧钩,宋体是竖弯钩。

闷 | 1 |
　 | 2 |

闷 闷 闷 闷 闷 闷 闷

249

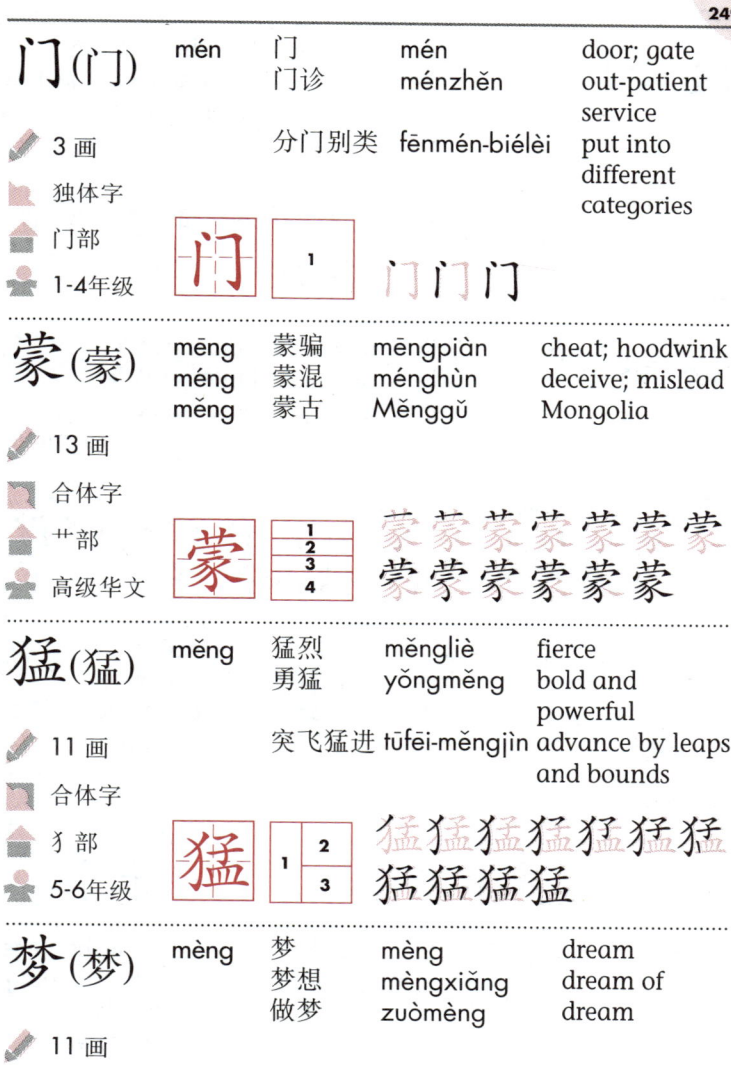

门 (门)

- 3 画
- 独体字
- 门部
- 1-4年级

mén	门	mén	door; gate
	门诊	ménzhěn	out-patient service
	分门别类	fēnmén-biélèi	put into different categories

门门门

蒙 (蒙)

- 13 画
- 合体字
- 艹部
- 高级华文

mēng	蒙骗	mēngpiàn	cheat; hoodwink
méng	蒙混	ménghùn	deceive; mislead
měng	蒙古	Měnggǔ	Mongolia

蒙蒙蒙蒙蒙蒙蒙蒙蒙蒙蒙蒙蒙

猛 (猛)

- 11 画
- 合体字
- 犭部
- 5-6年级

měng	猛烈	měngliè	fierce
	勇猛	yǒngměng	bold and powerful
	突飞猛进	tūfēi-měngjìn	advance by leaps and bounds

猛猛猛猛猛猛猛猛猛猛猛

梦 (梦)

- 11 画
- 合体字
- 夕部
- 1-4年级

mèng	梦	mèng	dream
	梦想	mèngxiǎng	dream of
	做梦	zuòmèng	dream

梦梦梦梦梦梦梦梦梦梦梦

迷(迷)

mí

迷宫	mígōng	labyrinth; maze
迷路	mílù	lose one's way; get lost
球迷	qiúmí	(ball game) fan

- 9 画
- 合体字
- 辶部
- 1-4年级

"辶"楷体比宋体多一个弯曲。

迷 迷 迷 迷 迷 迷 迷 迷 迷

谜(谜)

mí

谜语	míyǔ	riddle; puzzle
灯谜	dēngmí	lantern riddle
字谜	zìmí	riddle about a character; word puzzle

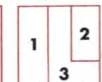

- 11 画
- 合体字
- 讠(言)部
- 1-4年级

"辶"楷体比宋体多一个弯曲。

谜 谜 谜 谜 谜 谜 谜 谜 谜 谜 谜

米(米)

mǐ

米	mǐ	rice; metre
米酒	mǐjiǔ	rice wine
虾米	xiāmi	dried and shelled shrimps

- 6 画
- 独体字
- 米部
- 1-4年级

米 米 米 米 米 米

蜜(蜜)

mì

| 蜜蜂 | mìfēng | honeybee; bee |
| 甜言蜜语 | tiányán-mìyǔ | fine-sounding words; sweet words |

- 14 画
- 合体字
- 宀部
- 1-4年级

"必"第二笔楷体是卧钩，宋体是竖弯钩。

蜜 蜜 蜜 蜜 蜜 蜜 蜜 蜜 蜜 蜜 蜜 蜜 蜜 蜜

秘 (秘)

mì	秘密	mìmì	secret; clandestine
	秘书	mìshū	secretary
bì	秘鲁	Bìlǔ	Peru

- 10 画
- 合体字
- 禾部
- 1-4年级

"必"第二笔楷体是卧钩，宋体是竖弯钩。

秘秘秘秘秘秘秘秘秘秘

密 (密)

mì	密	mì	dense; thick
	严密	yánmì	tight; close
	保密	bǎomì	maintain secrecy; keep something secret

- 11 画
- 合体字
- 宀部
- 1-4年级

"必"第二笔楷体是卧钩，宋体是竖弯钩。

密密密密密密密密密密密

棉 (棉)

mián	棉花	miánhuā	cotton
	药棉	yàomián	absorbent cotton

- 12 画
- 合体字
- 木部
- 高级华文

棉棉棉棉棉棉棉棉棉棉棉棉

眠 (眠)

mián	失眠	shīmián	insomnia
	安眠药	ānmiányào	sleeping pill; soporific

- 10 画
- 合体字
- 目部
- 5-6年级

眠眠眠眠眠眠眠眠眠眠

免 (免)

miǎn

免费	miǎnfèi	free; gratis
避免	bìmiǎn	avoid; refrain from
难免	nánmiǎn	hard to avoid

- 7 画
- 独体字
- 刀(⺈)部
- 1-4年级

勉 (勉)

miǎn

| 慰勉 | wèimiǎn | comfort and encourage; be relieved |
| 勉强 | miǎnqiǎng | manage with an effort; do with difficulty |

- 9 画
- 合体字
- 力部
- 5-6年级

面 (面)

miàn

面孔	miànkǒng	face
面包	miànbāo	bread
前面	qiánmian	in front; ahead

- 9 画
- 独体字
- 一部
- 1-4年级

苗 (苗)

miáo

| 禾苗 | hémiáo | seedlings of cereal crops |
| 苗条 | miáotiao | slender; slim |

- 8 画
- 合体字
- 艹部
- 1-4年级

秒 (秒)

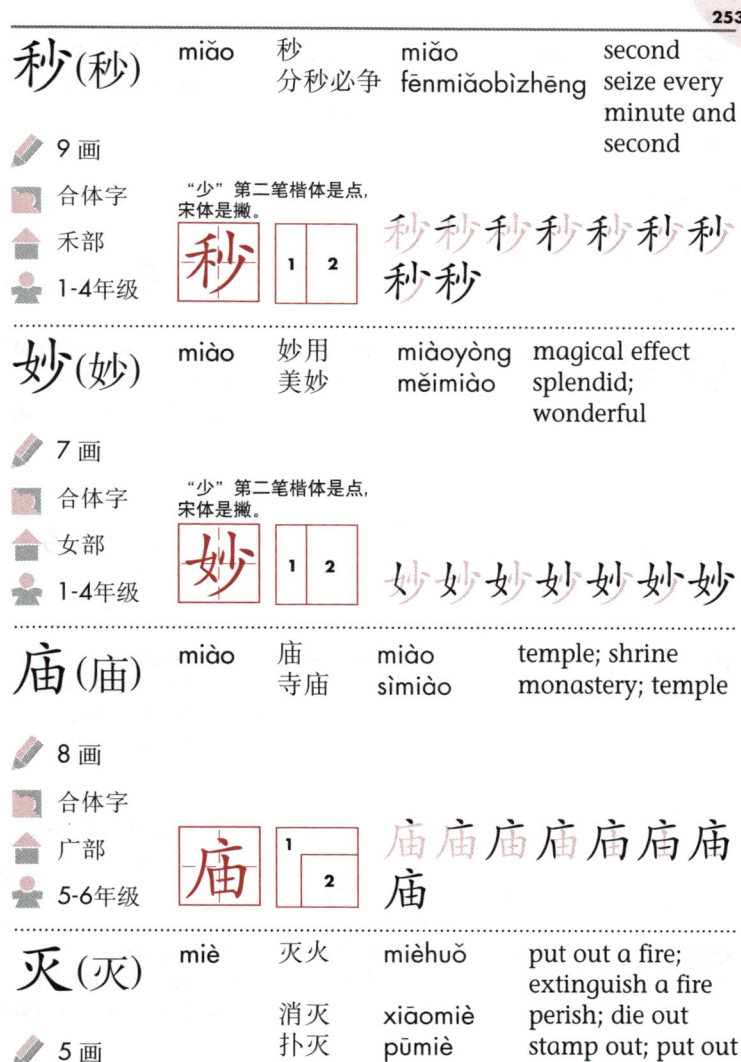

miǎo 秒 miǎo second
分秒必争 fēnmiǎobìzhēng seize every minute and second

- 9 画
- 合体字
- 禾部
- 1-4年级

"少"第二笔楷体是点，宋体是撇。

妙 (妙)

miào 妙用 miàoyòng magical effect
美妙 měimiào splendid; wonderful

- 7 画
- 合体字
- 女部
- 1-4年级

"少"第二笔楷体是点，宋体是撇。

庙 (庙)

miào 庙 miào temple; shrine
寺庙 sìmiào monastery; temple

- 8 画
- 合体字
- 广部
- 5-6年级

灭 (灭)

miè 灭火 mièhuǒ put out a fire; extinguish a fire
消灭 xiāomiè perish; die out
扑灭 pūmiè stamp out; put out

- 5 画
- 合体字
- 火部
- 1-4年级

民 (民) mín

民用	mínyòng	civil; for civil use
民族	mínzú	nation; race
人民	rénmín	people

- 5 画
- 独体字
- 乙(乛)部
- 1-4年级

民 民 民 民 民

敏 (敏) mǐn

敏感	mǐngǎn	sensitive; susceptible
灵敏	língmǐn	agile; sensitive
机敏	jīmǐn	alert and resourceful

- 11 画
- 合体字
- "攵"不是"夂"。
- 攵部
- 高级华文

敏 敏 敏 每 每 每 每 敏 敏 敏

鸣 (鳴) míng

| 鸣 | míng | ring; the cry of birds |
| 共鸣 | gòngmíng | resonance; empathetic |

- 8 画
- 合体字
- "鸟"不是"乌"。
- 口(鸟)部
- 高级华文

鸣 鸣 鸣 鸣 鸣 鸣 鸣 鸣

明 (明) míng

明天	míngtiān	tomorrow
发明	fāmíng	invent; invention
文明	wénmíng	civilisation; culture

- 8 画
- 合体字
- 日部
- 1-4年级

明 明 明 明 明 明 明 明

名 (名)

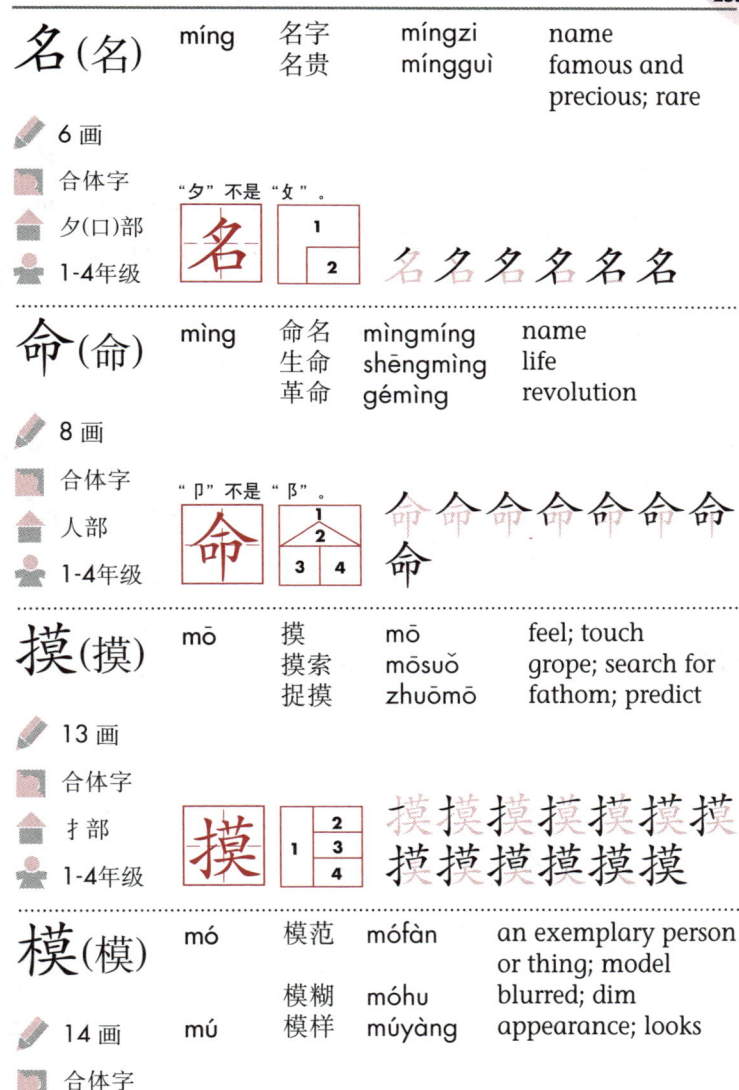

míng

| 名字 | míngzi | name |
| 名贵 | míngguì | famous and precious; rare |

- 6 画
- 合体字
- 夕(口)部
- 1-4年级

"夕"不是"夂"。

名 夕 夕 名 名 名

命 (命)

mìng

命名	mìngmíng	name
生命	shēngmìng	life
革命	gémìng	revolution

- 8 画
- 合体字
- 人部
- 1-4年级

"卩"不是"阝"。

命 命 命 命 命 命 命 命

摸 (摸)

mō

摸	mō	feel; touch
摸索	mōsuǒ	grope; search for
捉摸	zhuōmō	fathom; predict

- 13 画
- 合体字
- 扌部
- 1-4年级

摸 摸 摸 摸 摸 摸 摸 摸 摸 摸 摸 摸 摸

模 (模)

mó

| 模范 | mófàn | an exemplary person or thing; model |

mú

| 模糊 | móhu | blurred; dim appearance; looks |
| 模样 | múyàng | |

- 14 画
- 合体字
- 木部
- 1-4年级

模 模 模 模 模 模 模 模 模 模 模 模 模 模

魔 (魔)

mó

魔鬼	móguǐ	devil; demon
魔术	móshù	magic
病魔	bìngmó	serious illness

- 20 画
- 合体字
- 麻(鬼)部
- 5-6年级

磨 (磨)

mó

磨	mó	rub; polish
磨灭	mómiè	efface; obliterate
折磨	zhémó	torment

- 16 画
- 合体字
- 麻(石)部
- 5-6年级

抹 (抹)

mǒ
mò
mā

抹	mǒ	apply; wipe
抹墙	mò qiáng	plaster a wall
抹布	mābù	rag

- 8 画
- 合体字
- 扌部
- 1-4年级

"末"不是"未"。

末 (末)

mò

末尾	mòwěi	end
期末	qīmò	end of the term
粉末	fěnmò	powder

- 5 画
- 独体字
- 一(木)部
- 高级华文

漠(漠)

mò

| 沙漠 | shāmò | desert |
| 漠不关心 | mòbùguānxīn | indifferent; unconcerned |

- 13 画
- 合体字
- 氵部
- 高级华文

默(默)

mò

默写	mòxiě	write from memory
默哀	mò'āi	stand in silent tribute
沉默	chénmò	reticent; taciturn

- 16 画
- 合体字
- 黑部
- 1-4年级

"黑"不是"里"。

墨(墨)

mò

| 墨 | mò | ink |
| 笔墨 | bǐmò | pen and ink; writing |

- 15 画
- 合体字
- 土(黑)部
- 5-6年级

"黑"不是"里"。

寞(寞)

mò

| 寂寞 | jìmò | lonely; lonesome |

- 13 画
- 合体字
- 宀部
- 5-6年级

陌(陌) mò 陌生 mòshēng strange; unfamiliar

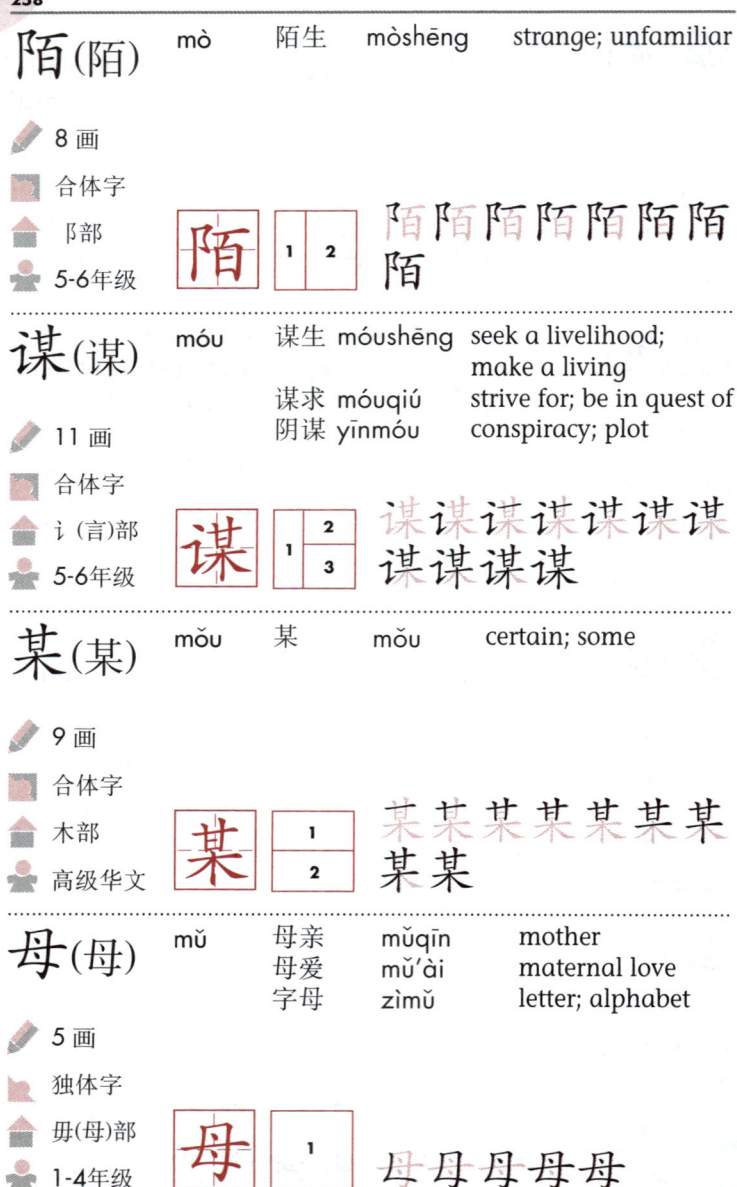

- 8 画
- 合体字
- 阝部
- 5-6年级

谋(谋) móu 谋生 móushēng seek a livelihood; make a living
谋求 móuqiú strive for; be in quest of
阴谋 yīnmóu conspiracy; plot

- 11 画
- 合体字
- 讠(言)部
- 5-6年级

某(某) mǒu 某 mǒu certain; some

- 9 画
- 合体字
- 木部
- 高级华文

母(母) mǔ 母亲 mǔqīn mother
母爱 mǔ'ài maternal love
字母 zìmǔ letter; alphabet

- 5 画
- 独体字
- 毋(母)部
- 1-4年级

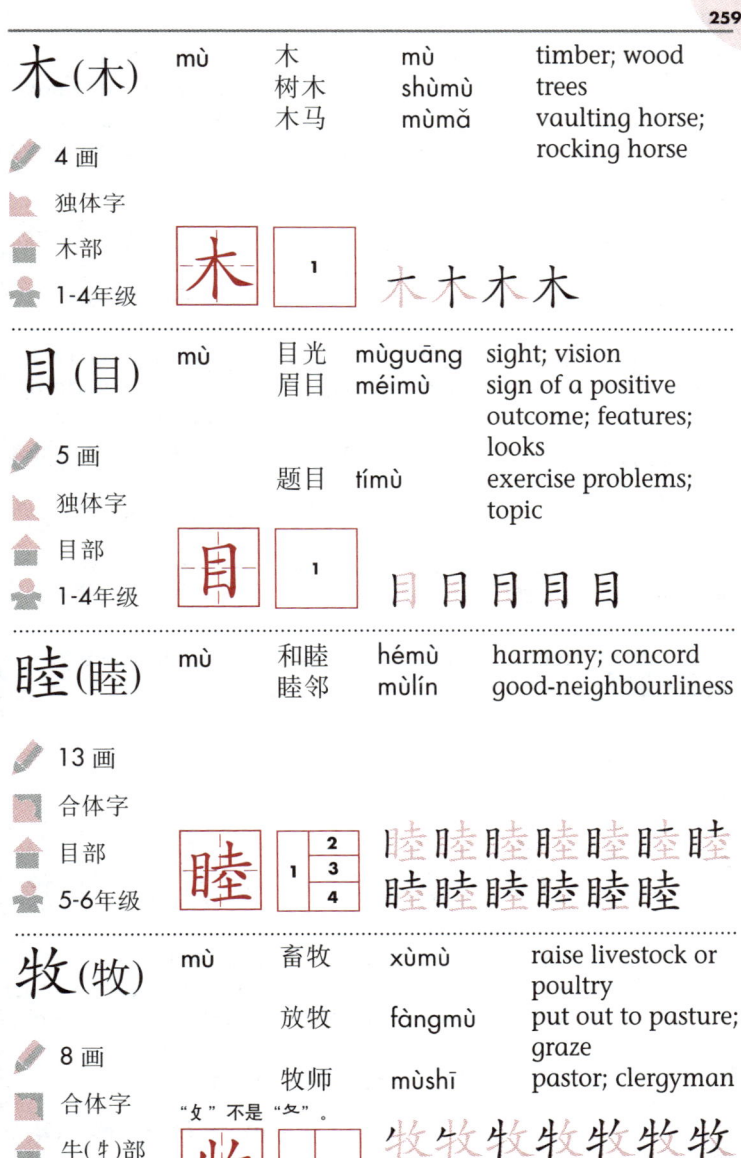

木(木)	mù	木	mù	timber; wood
		树木	shùmù	trees
		木马	mùmǎ	vaulting horse; rocking horse

- 4 画
- 独体字
- 木部
- 1-4年级

木 | 1

木 木 木 木

目(目)	mù	目光	mùguāng	sight; vision
		眉目	méimù	sign of a positive outcome; features; looks
		题目	tímù	exercise problems; topic

- 5 画
- 独体字
- 目部
- 1-4年级

目 | 1

目 目 目 目 目

睦(睦)	mù	和睦	hémù	harmony; concord
		睦邻	mùlín	good-neighbourliness

- 13 画
- 合体字
- 目部
- 5-6年级

睦 | 1 2 / 3 / 4

睦 睦 睦 睦 睦 睦 睦 睦 睦 睦 睦 睦 睦

牧(牧)	mù	畜牧	xùmù	raise livestock or poultry
		放牧	fàngmù	put out to pasture; graze
		牧师	mùshī	pastor; clergyman

- 8 画
- 合体字
- 牛(牛)部
- 5-6年级

"攵"不是"夂"。

牧 | 1 2

牧 牧 牧 牧 牧 牧 牧 牧

墓(墓)

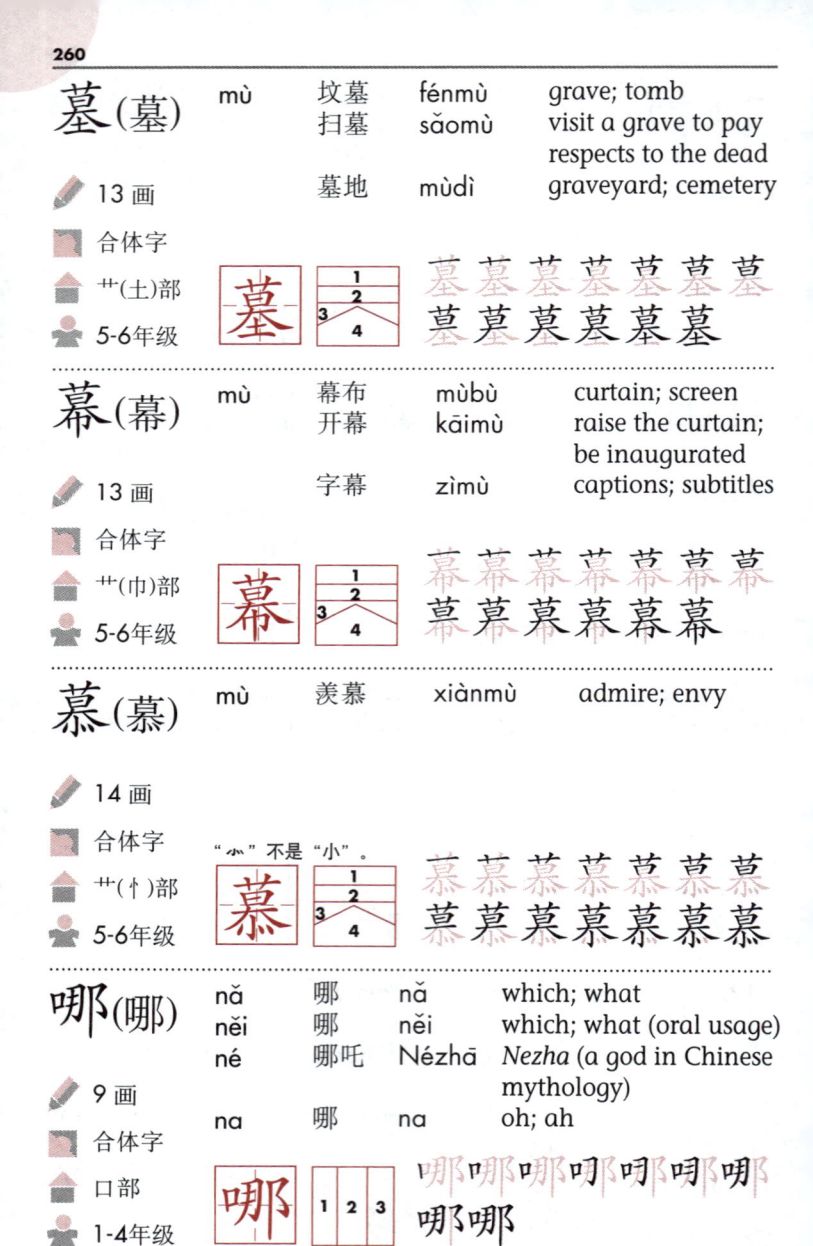

mù

坟墓	fénmù	grave; tomb
扫墓	sǎomù	visit a grave to pay respects to the dead
墓地	mùdì	graveyard; cemetery

- 13 画
- 合体字
- 艹(土)部
- 5-6年级

幕(幕)

mù

幕布	mùbù	curtain; screen
开幕	kāimù	raise the curtain; be inaugurated
字幕	zìmù	captions; subtitles

- 13 画
- 合体字
- 艹(巾)部
- 5-6年级

慕(慕)

mù

| 羡慕 | xiànmù | admire; envy |

- 14 画
- 合体字
- "⺗" 不是 "小"。
- 艹(忄)部
- 5-6年级

哪(哪)

	nǎ	哪	nǎ	which; what
	něi	哪	něi	which; what (oral usage)
	né	哪吒	Nézhā	Nezha (a god in Chinese mythology)
	na	哪	na	oh; ah

- 9 画
- 合体字
- 口部
- 1-4年级

拿 (拿) ná

拿	ná	seize; hold
拿手	náshǒu	good at; expert
拿主意	ná zhǔyi	make a decision; make up one's mind

- 10 画
- 合体字
- 人(手)部
- 1-4年级

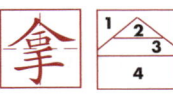

拿拿拿拿拿拿拿拿拿拿

那 (那) nà

| 那 | nà | that; in that case |
| 那些 | nàxiē | those |

- 6 画
- 合体字
- 阝部
- 1-4年级

那那那那那那

奶 (奶) nǎi

奶	nǎi	breast; milk
奶妈	nǎimā	wet nurse
牛奶	niúnǎi	cow's milk

- 5 画
- 合体字
- 女部
- 1-4年级

奶奶奶奶奶

耐 (耐) nài

耐心	nàixīn	patient; patience
耐用	nàiyòng	durable
忍耐	rěnnài	exercise patience; restrain oneself

- 9 画
- 合体字
- 寸部
- 1-4年级

耐耐耐耐耐耐耐耐耐

男 (男)

nán

男	nán	male
男装	nánzhuāng	men's clothing
男子汉	nánzǐhàn	man

- 7 画
- 合体字
- 田(力)部
- 1-4 年级

南 (南)

nán

南	nán	south
南极	nánjí	the South Pole
天南地北	tiānnán-dìběi	from different places; far apart

- 9 画
- 合体字
- 十部
- 1-4 年级

"𢆶" 不是 "冂"。

难 (难)

nán

| 难受 | nánshòu | feel unwell; feel ill |
| 艰难 | jiānnán | difficult; hard |

nàn

| 苦难 | kǔnàn | suffering; misery |

- 10 画
- 合体字
- 又(隹)部
- 1-4 年级

"隹" 不是 "住"。

脑 (脑)

nǎo

脑子	nǎozi	brain; head
脑力	nǎolì	brains
电脑	diànnǎo	computer

- 10 画
- 合体字
- 月部
- 1-4 年级

263

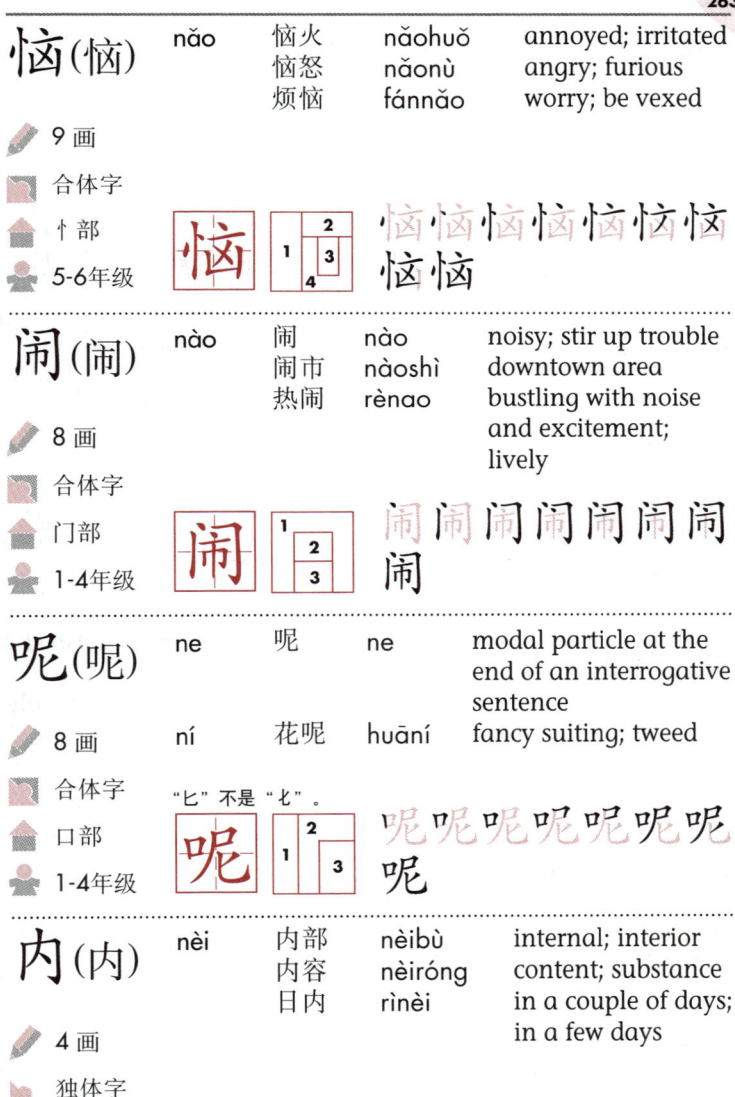

恼 (惱)　nǎo

恼火	nǎohuǒ	annoyed; irritated
恼怒	nǎonù	angry; furious
烦恼	fánnǎo	worry; be vexed

- 9 画
- 合体字
- 忄部
- 5-6年级

恼恼恼恼恼恼恼恼恼

闹 (鬧)　nào

闹	nào	noisy; stir up trouble
闹市	nàoshì	downtown area
热闹	rènao	bustling with noise and excitement; lively

- 8 画
- 合体字
- 门部
- 1-4年级

闹闹闹闹闹闹闹闹

呢 (呢)

| ne | 呢 | ne | modal particle at the end of an interrogative sentence |
| ní | 花呢 | huāní | fancy suiting; tweed |

- 8 画
- 合体字
- 口部
- 1-4年级

"匕"不是"㇌"。

呢呢呢呢呢呢呢呢

内 (內)　nèi

内部	nèibù	internal; interior
内容	nèiróng	content; substance
日内	rìnèi	in a couple of days; in a few days

- 4 画
- 独体字
- 冂部
- 5-6年级

内内内内

嫩(嫩)

nèn

嫩芽	nèn yá	tender shoot
细嫩	xìnèn	delicate; tender
鲜嫩	xiānnèn	fresh and tender

- 14 画
- 合体字
- 女部
- 高级华文

"束"不是"束"。
"攵"不是"夂"。

能(能)

néng

能	néng	can; be able to
能力	nénglì	ability; capability
功能	gōngnéng	function

- 10 画
- 合体字
- 厶(月)部
- 1-4年级

泥(泥)

ní

泥	ní	mud; mashed
烂泥	lànní	slush
拖泥带水	tuōní-dàishuǐ	messy; slovenly

- 8 画
- 合体字
- 氵部
- 1-4年级

"匕"不是"乚"。

你(你)

nǐ

| 你 | nǐ | you |

- 7 画
- 合体字
- 亻部
- 1-4年级

"尔"第四笔楷体是点,宋体是撇。

年(年)

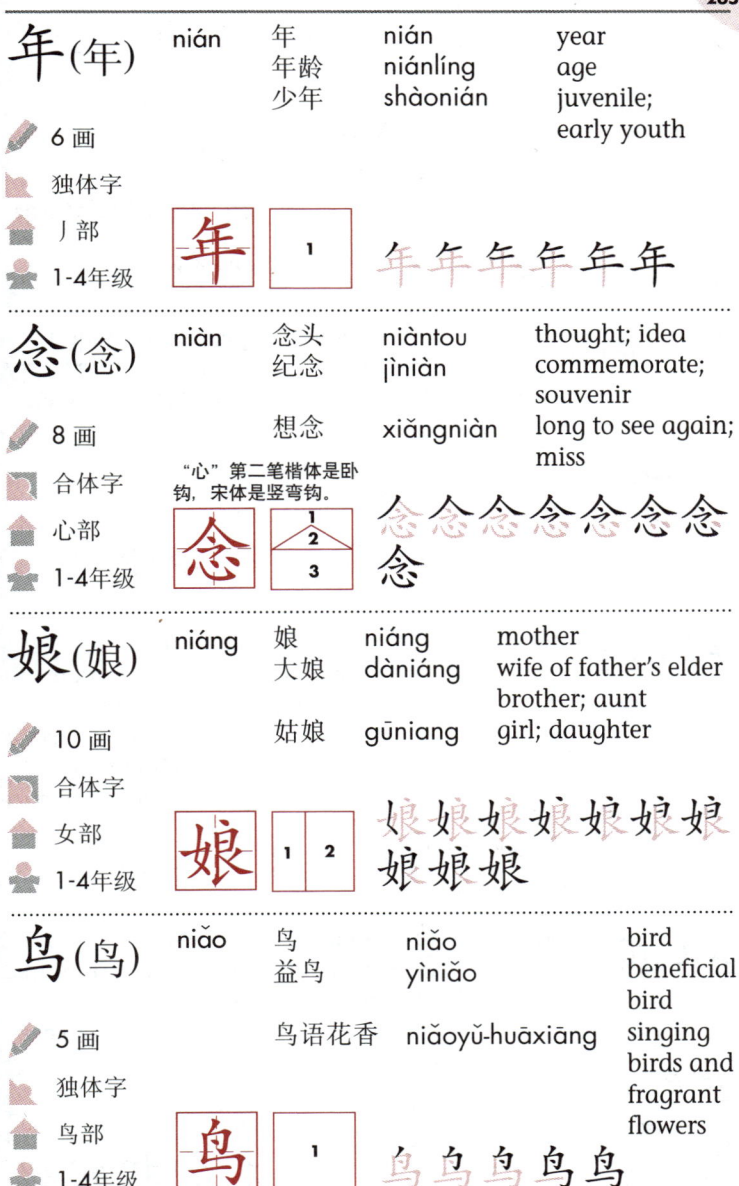

nián

年	nián	year
年龄	niánlíng	age
少年	shàonián	juvenile; early youth

- 6 画
- 独体字
- 丿部
- 1-4年级

年 年 年 年 年 年

念(念)

niàn

念头	niàntou	thought; idea
纪念	jìniàn	commemorate; souvenir
想念	xiǎngniàn	long to see again; miss

- 8 画
- 合体字
- 心部
- 1-4年级

"心"第二笔楷体是卧钩，宋体是竖弯钩。

念 念 念 念 念 念 念 念

娘(娘)

niáng

娘	niáng	mother
大娘	dàniáng	wife of father's elder brother; aunt
姑娘	gūniang	girl; daughter

- 10 画
- 合体字
- 女部
- 1-4年级

娘 娘 娘 娘 娘 娘 娘 娘 娘 娘

鸟(鸟)

niǎo

鸟	niǎo	bird
益鸟	yìniǎo	beneficial bird
鸟语花香	niǎoyǔ-huāxiāng	singing birds and fragrant flowers

- 5 画
- 独体字
- 鸟部
- 1-4年级

鸟 鸟 鸟 鸟 鸟

您(您)

nín 您 nín you

- 11 画
- 合体字
- 心部
- 1-4年级

"尔"第四笔楷体是点，宋体是撇。
"心"第二笔楷体是卧钩，宋体是竖弯钩。

您您您您您您您您您您您

宁(宁)

nín	宁静	níngjìng	peaceful; tranquil
	安宁	ānníng	calm; free from worry
nìng	宁可	nìngkě	would rather; better

- 5 画
- 合体字
- 宀部
- 高级华文

宁宁宁宁宁

牛(牛)

niú	牛	niú	ox
	吹牛	chuīniú	boast; brag
	对牛弹琴	duìniútánqín	play the lute before an ox — choose the wrong audience

- 4 画
- 独体字
- 牛部
- 1-4年级

牛牛牛牛

扭(扭)

niǔ	扭动	niǔdòng	turn; twist
	扭转	niǔzhuǎn	turn back; turn round
	别扭	bièniu	awkward; cannot see eye to eye

- 7 画
- 合体字
- 扌部
- 高级华文

扭扭扭扭扭扭扭

钮 (钮)

niǔ 电钮 diànniǔ electric button; push button

- 9 画
- 合体字
- 钅(金)部
- 5-6年级

农 (农)

nóng 农民 nóngmín peasant; farmer
农作物 nóngzuòwù crops
菜农 càinóng vegetable grower

- 6 画
- 独体字
- 、(亠)部
- 1-4年级

浓 (浓)

nóng 浓 nóng dense; thick
浓度 nóngdù density; concentration
浓缩 nóngsuō condense; enrich

- 9 画
- 合体字
- 氵部
- 5-6年级

弄 (弄)

nòng 弄 nòng play with; handle
搬弄 bānnòng fiddle with; move something about

lòng 弄 lòng lane; alley

- 7 画
- 合体字
- 王(廾)部
- 1-4年级

努(努)

nǔ

| 努力 | nǔlì | make great efforts; try hard |
| 努嘴 | nǔzuǐ | pout one's lips as a signal |

- 7 画
- 合体字
- 力部
- 1-4年级

努努努努努努努

怒(怒)

nù

发怒	fānù	get angry; fly into a rage
愤怒	fènnù	indignation; wrath
喜怒哀乐	xǐnù'āilè	joy, anger, grief and happiness—the gamut of human feeling

- 9 画
- 合体字
- 心部
- 5-6年级

"心"第二笔楷体是卧钩，宋体是竖弯钩。

怒怒怒怒怒怒怒怒怒

女(女)

nǚ

女	nǚ	female; woman
美女	měinǚ	beautiful woman; beauty
子女	zǐnǚ	sons and daughters; children

- 3 画
- 独体字
- 女部
- 1-4年级

女女女

暖(暖)

nuǎn

暖	nuǎn	warm
暖和	nuǎnhuo	warm; warm up
温暖	wēnnuǎn	warm

- 13 画
- 合体字
- 日部
- 1-4年级

"爰"不是"友"。

暖暖暖暖暖暖暖暖暖暖暖暖暖

269

呕 (呕)

ǒu　　呕吐　　ǒutù　　vomit; throw up

- 7 画
- 合体字
- 口部
- 1-4年级

呕呕呕呕呕呕呕

偶 (偶)

ǒu
- 偶然　ǒurán　accidental; fortuitous
- 偶数　ǒushù　even number
- 木偶　mù'ǒu　puppet

- 11 画
- 合体字　"禺"不是"内"或"内"。
- 亻部
- 5-6年级

偶偶偶偶偶偶偶偶偶偶偶

爬 (爬)

pá
- 爬　pá　climb; crawl
- 爬行　páxíng　crawl; creep
- 爬山　pá shān　climb a mountain

- 8 画
- 合体字　"爪"不是"瓜"。
- 爪部
- 1-4年级

爬爬爬爬爬爬爬

扒 (扒)

pá / bā
- 扒手　páshǒu　pickpocket
- 扒　bā　cling to; hold onto

- 5 画
- 合体字　"八"不是"人"或"入"。
- 扌部
- 5-6年级

扒扒扒扒扒

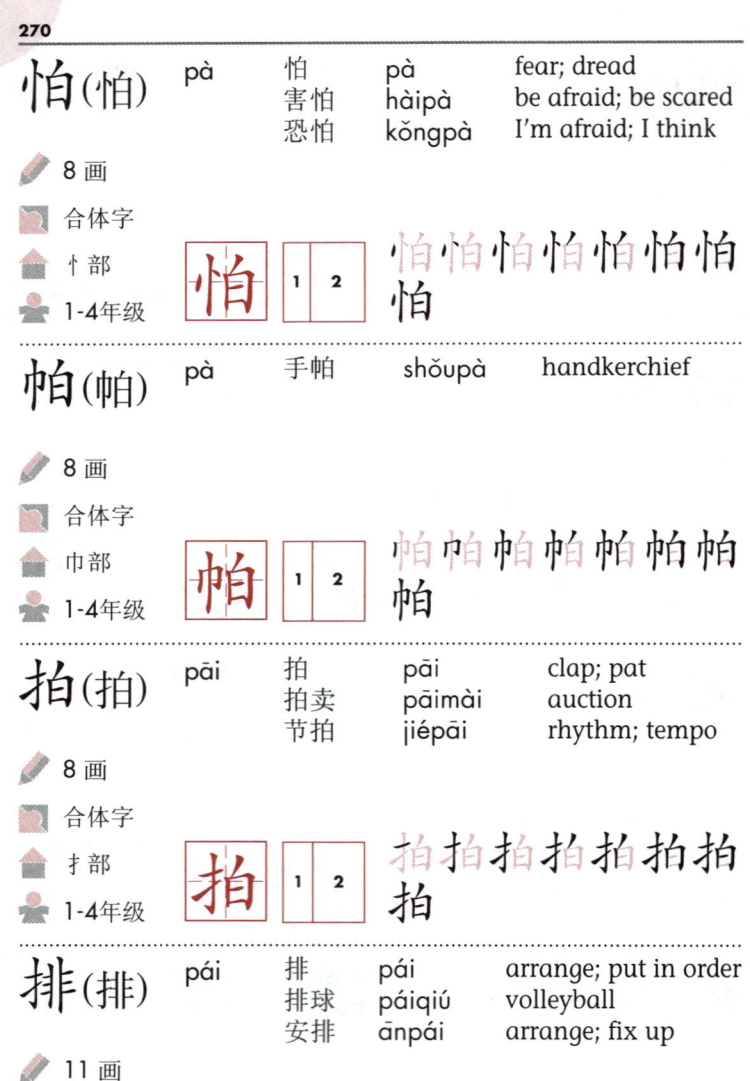

| 怕(怕) | pà | 怕
害怕
恐怕 | pà
hàipà
kǒngpà | fear; dread
be afraid; be scared
I'm afraid; I think |

- 8 画
- 合体字
- 忄部
- 1-4年级

怕怕怕怕怕怕怕怕

| 帕(帕) | pà | 手帕 | shǒupà | handkerchief |

- 8 画
- 合体字
- 巾部
- 1-4年级

帕帕帕帕帕帕帕帕

| 拍(拍) | pāi | 拍
拍卖
节拍 | pāi
pāimài
jiépāi | clap; pat
auction
rhythm; tempo |

- 8 画
- 合体字
- 扌部
- 1-4年级

拍拍拍拍拍拍拍拍

| 排(排) | pái | 排
排球
安排 | pái
páiqiú
ānpái | arrange; put in order
volleyball
arrange; fix up |

- 11 画
- 合体字
- 扌部
- 1-4年级

排排排排排排排排排排排

牌 (牌)

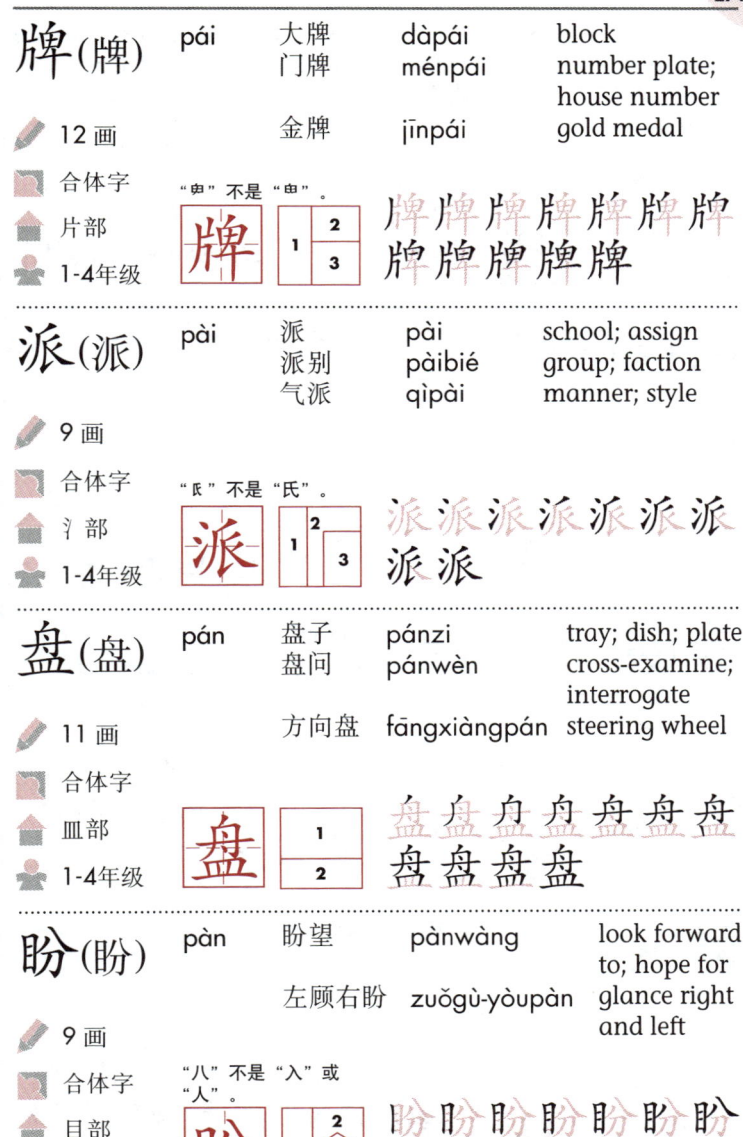

pái

大牌	dàpái	block
门牌	ménpái	number plate; house number
金牌	jīnpái	gold medal

- 12 画
- 合体字
- 片部
- 1-4年级

"卑"不是"申"。

派 (派)

pài

派	pài	school; assign
派别	pàibié	group; faction
气派	qìpài	manner; style

- 9 画
- 合体字
- 氵部
- 1-4年级

"⺄"不是"氏"。

盘 (盘)

pán

盘子	pánzi	tray; dish; plate
盘问	pánwèn	cross-examine; interrogate
方向盘	fāngxiàngpán	steering wheel

- 11 画
- 合体字
- 皿部
- 1-4年级

盼 (盼)

pàn

| 盼望 | pànwàng | look forward to; hope for |
| 左顾右盼 | zuǒgù-yòupàn | glance right and left |

- 9 画
- 合体字
- 目部
- 高级华文

"八"不是"入"或"人"。

判 (判)

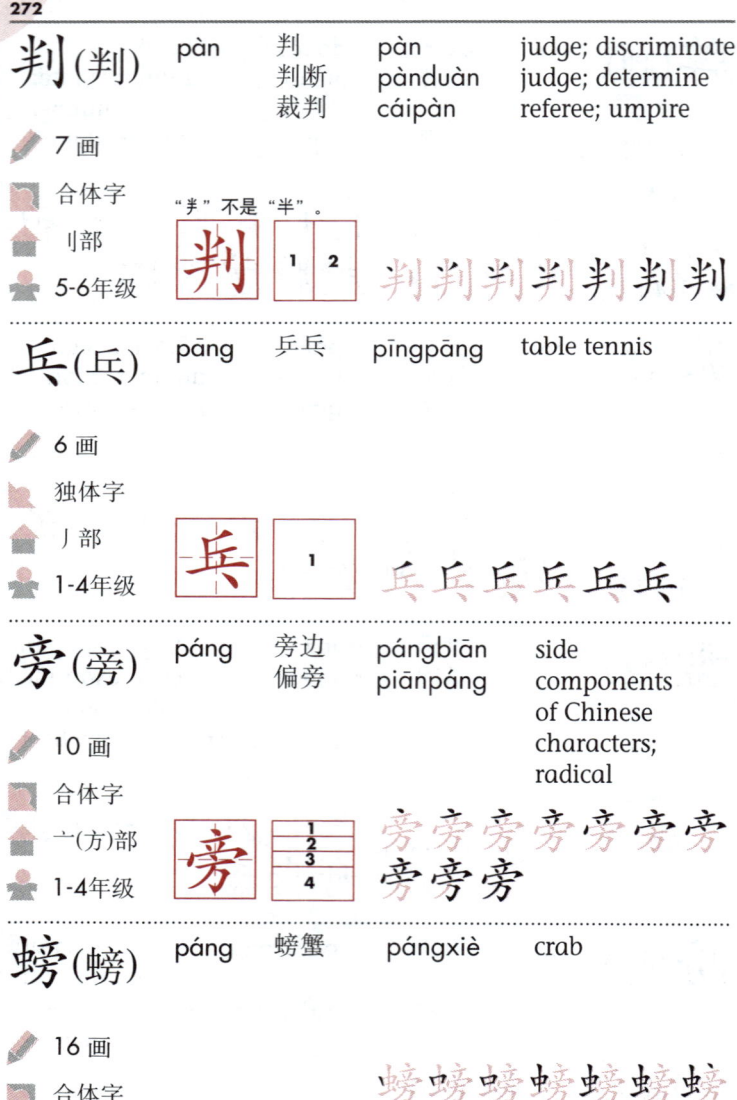

pàn

判	pàn	judge; discriminate
判断	pànduàn	judge; determine
裁判	cáipàn	referee; umpire

- 7 画
- 合体字
- 刂部
- 5-6年级

"⺷" 不是 "半"。

判 判 判 判 判 判 判

兵 (兵)

pāng

| 乒乓 | pīngpāng | table tennis |

- 6 画
- 独体字
- 丿部
- 1-4年级

乓 乓 乓 乓 乓 乓

旁 (旁)

páng

| 旁边 | pángbiān | side |
| 偏旁 | piānpáng | components of Chinese characters; radical |

- 10 画
- 合体字
- 亠(方)部
- 1-4年级

旁 旁 旁 旁 旁 旁 旁 旁 旁 旁

螃 (螃)

páng

| 螃蟹 | pángxiè | crab |

- 16 画
- 合体字
- 虫部
- 5-6年级

螃 螃 螃 螃 螃 螃 螃 螃 螃 螃 螃 螃 螃 螃 螃 螃

胖 (胖)

pàng — 胖 — pàng — fat; stout
— 肥胖 — féipàng — fat; corpulent
pán — 心广体胖 — xīnguǎng-tǐpán — carefree and contented

- 9 画
- 合体字
- 月部
- 1-4年级

抛 (抛)

pāo — 抛 — pāo — throw; toss
— 抛弃 — pāoqì — abandon; forsake
— 抛头露面 — pāotóu-lùmiàn — appear in public; show one's face in public

- 7 画
- 合体字
- 扌部
- 5-6年级

袍 (袍)

páo — 袍子 — páozi — robe; gown
— 旗袍 — qípáo — Chinese-style close-fitting woman's gown; cheongsam

- 10 画
- 合体字
- "衤"不是"礻"。
- 衤部
- 高级华文

炮 (炮)

páo — 炮制 — páozhì — concoct; cook up
pào — 礼炮 — lǐpào — salvo; gun salute
bāo — 炮羊肉 — bāoyángròu — quick-fried mutton

- 9 画
- 合体字
- 火部
- 5-6年级

跑 (跑) pǎo

跑	pǎo	run; flee
跑道	pǎodào	runway; track
逃跑	táopǎo	run away; take flight

- 12 画
- 合体字
- 足(⻊)部
- 1-4年级

跑跑跑跑跑跑跑跑跑跑跑跑

陪 (陪) péi

陪	péi	accompany
陪伴	péibàn	keep somebody company
失陪	shīpéi	Excuse me, but I must be leaving now.

- 10 画
- 合体字
- 阝部
- 1-4年级

陪陪陪陪陪陪陪陪陪陪

培 (培) péi

培养	péiyǎng	foster; develop
培训	péixùn	cultivate; train
栽培	zāipéi	cultivate; educate

- 11 画
- 合体字
- 土部
- 1-4年级

培培培培培培培培培培培

赔 (赔) péi

赔偿	péicháng	compensate; pay for
退赔	tuìpéi	return what one has unlawfully taken and pay compensation for it

- 12 画
- 合体字
- 贝部
- 5-6年级

赔赔赔赔赔赔赔赔赔赔赔赔

275

配(配)

pèi

配	pèi	match; blend; allot
配备	pèibèi	provide; equipment
支配	zhīpèi	control; arrange

- 10 画
- 合体字
- 酉部
- 1-4年级

"酉"不是"西"。
"己"不是"已"或"巳"。

佩(佩)

pèi

佩带	pèidài	wear
佩服	pèifú	admire
敬佩	jìngpèi	esteem; admire

- 8 画
- 合体字
- 亻部
- 5-6年级

"巾"不是"帀"。

喷(噴)

pēn

| 喷 | pēn | spurt; spray |
| 喷水池 | pēnshuǐchí | fountain |

pèn

| 喷香 | pènxiāng | fragrant; delicious |

- 12 画
- 合体字
- 口部
- 1-4年级

盆(盆)

pén

盆子	pénzi	tub; pot; basin
盆地	péndì	basin
聚宝盆	jùbǎopén	cornucopia; place rich in natural resources

- 9 画
- 合体字
- 皿部
- 1-4年级

"八"不是"入"或"人"。

棚 (棚)

péng　棚　péng　canopy; shed

- 12 画
- 合体字
- 木部
- 高级华文

朋 (朋)

péng　朋友　péngyou　friend; acquaintance
　　　亲朋　qīnpéng　relatives and friends; kith and kin

- 8 画
- 合体字
- 月部
- 1-4年级

捧 (捧)

pěng　捧　pěng　hold in both hands; flatter
　　　捧场　pěngchǎng　sing the praises of
　　　吹捧　chuīpěng　lavish praise on; laud to the skies

- 11 画
- 合体字
- 扌部
- 5-6年级

"龵" 不是 "丰"。

碰 (碰)

pèng　碰　pèng　bump; run into
　　　碰巧　pèngqiǎo　by chance; by coincidence
　　　碰钉子　pèngdīngzi　meet with a rebuff

- 13 画
- 合体字
- 石部
- 1-4年级

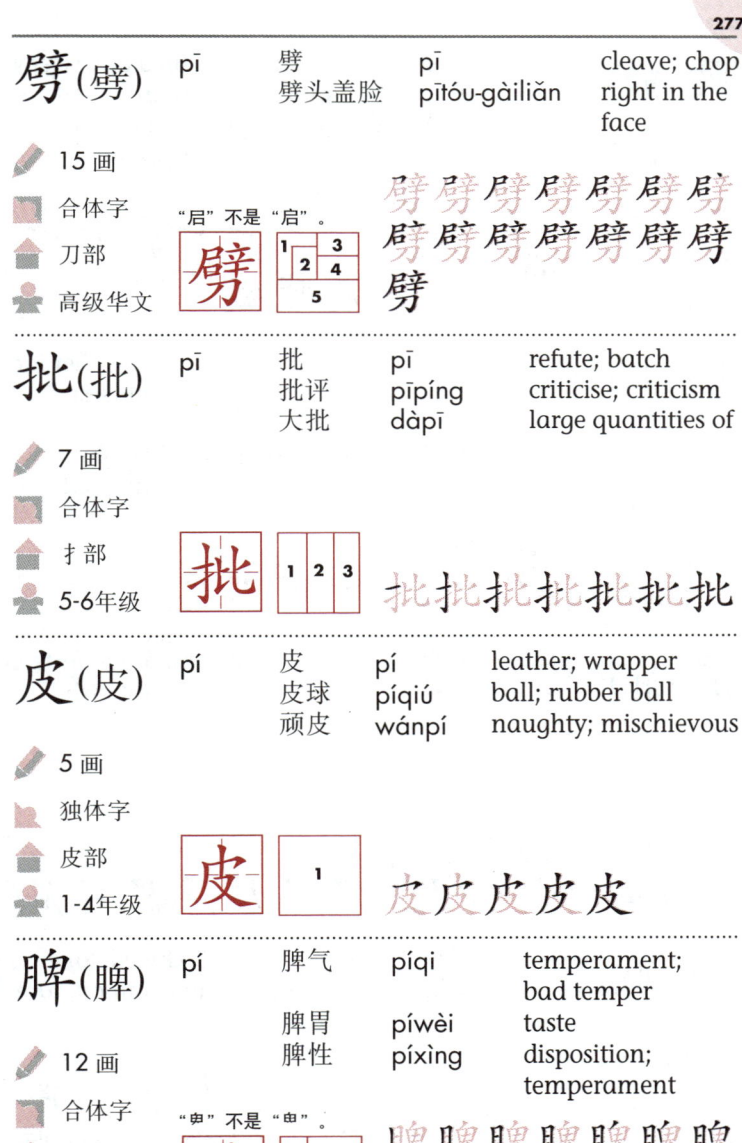

| 劈(劈) | pī | 劈
劈头盖脸 | pī
pītóu-gàiliǎn | cleave; chop right in the face |

- 15 画
- 合体字
- 刀部
- 高级华文

"启"不是"启"。

| 批(批) | pī | 批
批评
大批 | pī
pīpíng
dàpī | refute; batch
criticise; criticism
large quantities of |

- 7 画
- 合体字
- 扌部
- 5-6年级

| 皮(皮) | pí | 皮
皮球
顽皮 | pí
píqiú
wánpí | leather; wrapper
ball; rubber ball
naughty; mischievous |

- 5 画
- 独体字
- 皮部
- 1-4年级

| 脾(脾) | pí | 脾气
脾胃
脾性 | píqi
píwèi
píxìng | temperament; bad temper
taste
disposition; temperament |

- 12 画
- 合体字
- 月部
- 1-4年级

"甶"不是"由"。

疲 (疲) pí

疲倦	píjuàn	tired and sleepy
疲乏	pífá	weary; tired
精疲力尽	jīngpí-lìjìn	exhausted; worn-out

- 10 画
- 合体字
- 疒部
- 5-6年级

疲疲疲疲疲疲疲疲疲疲

匹 (匹) pǐ

| 匹 | pǐ | classifier for horses, mules etc. |
| 单枪匹马 | dānqiāng-pǐmǎ | single-handed |

- 4 画
- 合体字
- 匚部
- 1-4年级

匹匹匹匹

屁 (屁) pì

| 屁股 | pìgu | buttocks; hindquarters |
| 狗屁 | gǒupì | horseshit; rubbish |

- 7 画
- 合体字
- 尸部
- 高级华文

屁屁屁屁屁屁屁

僻 (僻) pì

| 僻静 | pìjìng | secluded; lonely |
| 生僻 | shēngpì | uncommon; rare |

- 15 画
- 合体字
- 亻部
- 5-6年级

"启" 不是 "启"。

僻僻僻僻僻僻僻僻僻僻僻僻僻僻僻

篇 (篇)

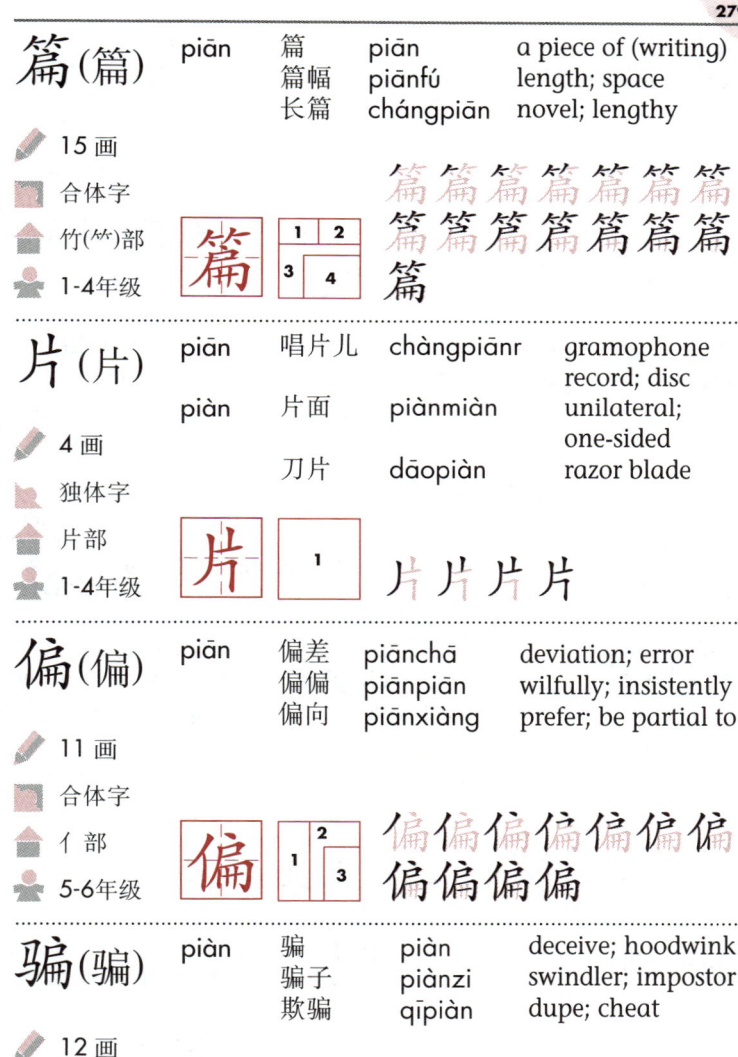

piān

篇	piān	a piece of (writing)
篇幅	piānfú	length; space
长篇	chángpiān	novel; lengthy

- 15 画
- 合体字
- 竹(⺮)部
- 1-4年级

片 (片)

piān — 唱片儿 chàngpiānr — gramophone record; disc

piàn
| 片面 | piànmiàn | unilateral; one-sided |
| 刀片 | dāopiàn | razor blade |

- 4 画
- 独体字
- 片部
- 1-4年级

偏 (偏)

piān

偏差	piānchā	deviation; error
偏偏	piānpiān	wilfully; insistently
偏向	piānxiàng	prefer; be partial to

- 11 画
- 合体字
- 亻部
- 5-6年级

骗 (骗)

piàn

骗	piàn	deceive; hoodwink
骗子	piànzi	swindler; impostor
欺骗	qīpiàn	dupe; cheat

- 12 画
- 合体字
- 马部
- 1-4年级

飘(飘) piāo

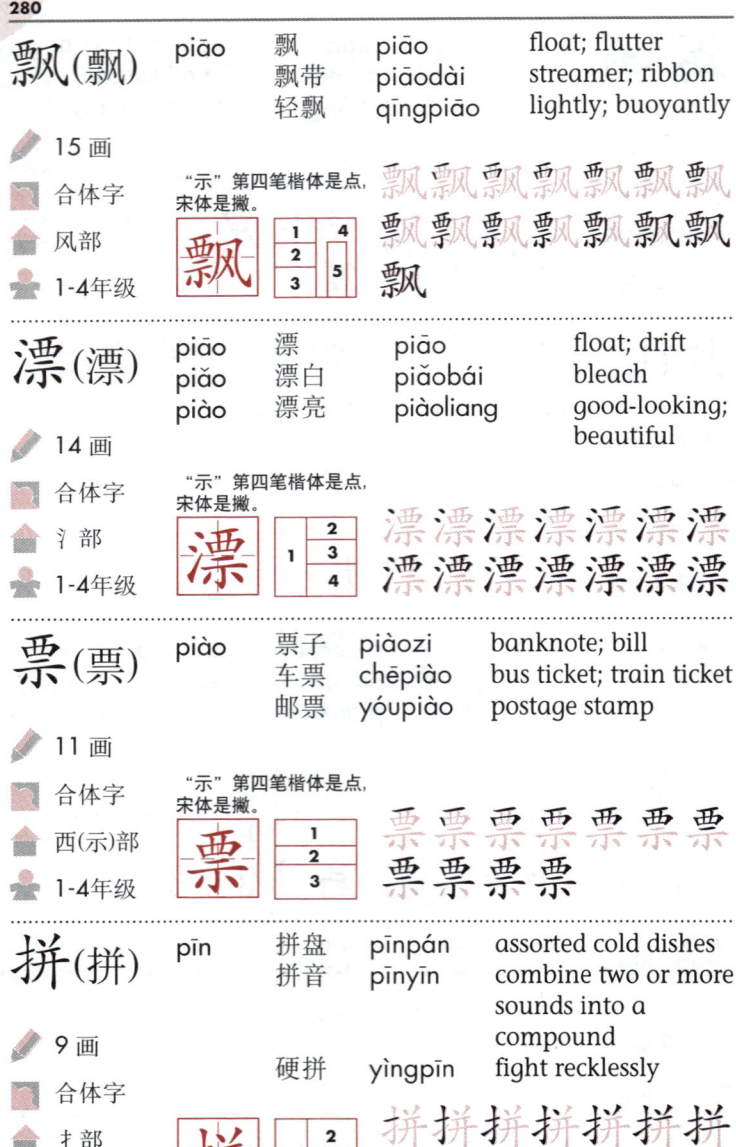

飘	piāo	float; flutter
飘带	piāodài	streamer; ribbon
轻飘	qīngpiāo	lightly; buoyantly

- 15 画
- 合体字
- 风部
- 1-4年级

"示"第四笔楷体是点，宋体是撇。

漂(漂) piāo / piǎo / piào

漂	piāo	float; drift
漂白	piǎobái	bleach
漂亮	piàoliang	good-looking; beautiful

- 14 画
- 合体字
- 氵部
- 1-4年级

"示"第四笔楷体是点，宋体是撇。

票(票) piào

票子	piàozi	banknote; bill
车票	chēpiào	bus ticket; train ticket
邮票	yóupiào	postage stamp

- 11 画
- 合体字
- 西(示)部
- 1-4年级

"示"第四笔楷体是点，宋体是撇。

拼(拼) pīn

拼盘	pīnpán	assorted cold dishes
拼音	pīnyīn	combine two or more sounds into a compound
硬拼	yìngpīn	fight recklessly

- 9 画
- 合体字
- 扌部
- 5-6年级

贫 (贫)

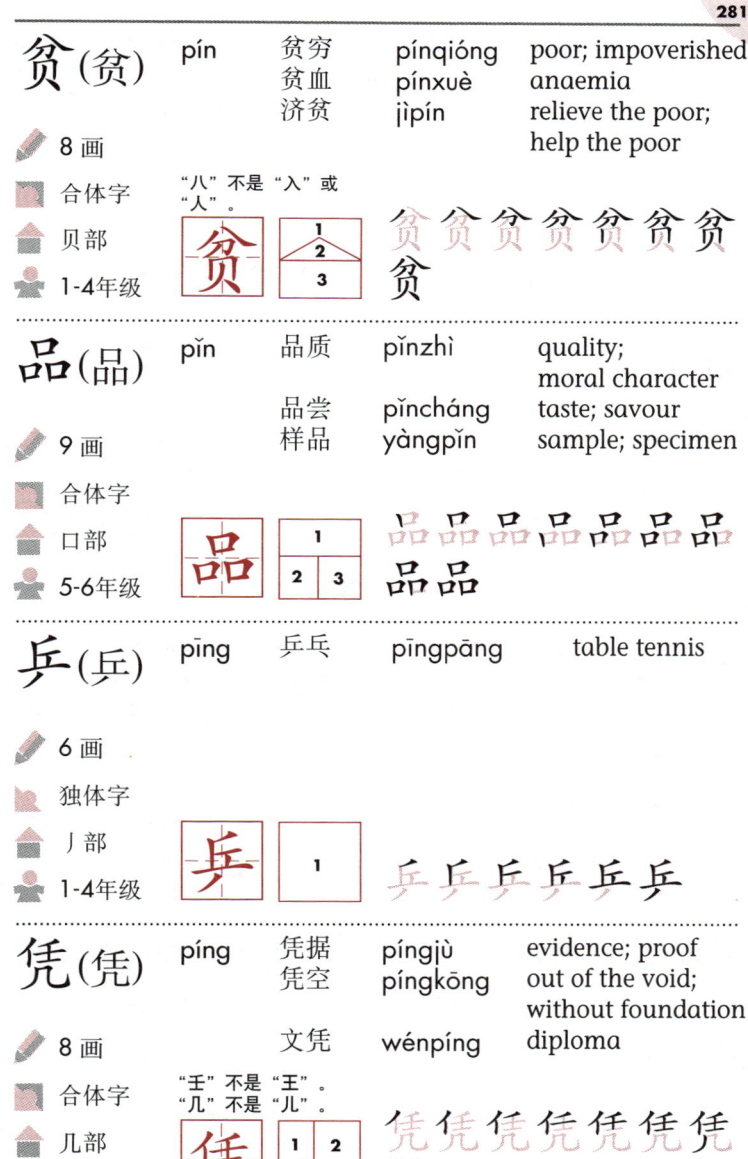

pín

贫穷	pínqióng	poor; impoverished
贫血	pínxuè	anaemia
济贫	jìpín	relieve the poor; help the poor

- 8 画
- 合体字
- 贝部
- 1-4年级

"八"不是"入"或"人"。

贫 贫 贫 贫 贫 贫 贫 贫

品 (品)

pǐn

品质	pǐnzhì	quality; moral character
品尝	pǐncháng	taste; savour
样品	yàngpǐn	sample; specimen

- 9 画
- 合体字
- 口部
- 5-6年级

品 品 品 品 品 品 品 品

兵 (兵)

pīng

| 乒乓 | pīngpāng | table tennis |

- 6 画
- 独体字
- 丿部
- 1-4年级

乒 乒 乒 乒 乒 乒

凭 (凭)

píng

凭据	píngjù	evidence; proof
凭空	píngkōng	out of the void; without foundation
文凭	wénpíng	diploma

- 8 画
- 合体字
- 几部
- 高级华文

"任"不是"王"。
"几"不是"儿"。

凭 凭 凭 凭 凭 凭 凭

平(平) píng

平淡	píngdàn	insipid; dull
平日	píngrì	ordinary day; usually
公平	gōngpíng	fair; just

- 5 画
- 独体字
- 一部
- 1-4年级

平 平 平 平 平

苹(苹) píng

| 苹果 | píngguǒ | apple |

- 8 画
- 合体字
- 艹部
- 1-4年级

苹 苹 苹 苹 苹 苹 苹 苹

瓶(瓶) píng

瓶子	píngzi	bottle
瓶颈	píngjǐng	bottleneck
花瓶	huāpíng	vase; flower vase

- 10 画
- 合体字
- 瓦部
- 1-4年级

瓶 瓶 瓶 瓶 瓶 瓶 瓶 瓶 瓶

评(评) píng

评理	pínglǐ	judge between right and wrong
评语	píngyǔ	comment; remark
书评	shūpíng	book review

- 7 画
- 合体字
- 讠(言)部
- 5-6年级

评 评 评 评 评 评 评

坡 (坡)

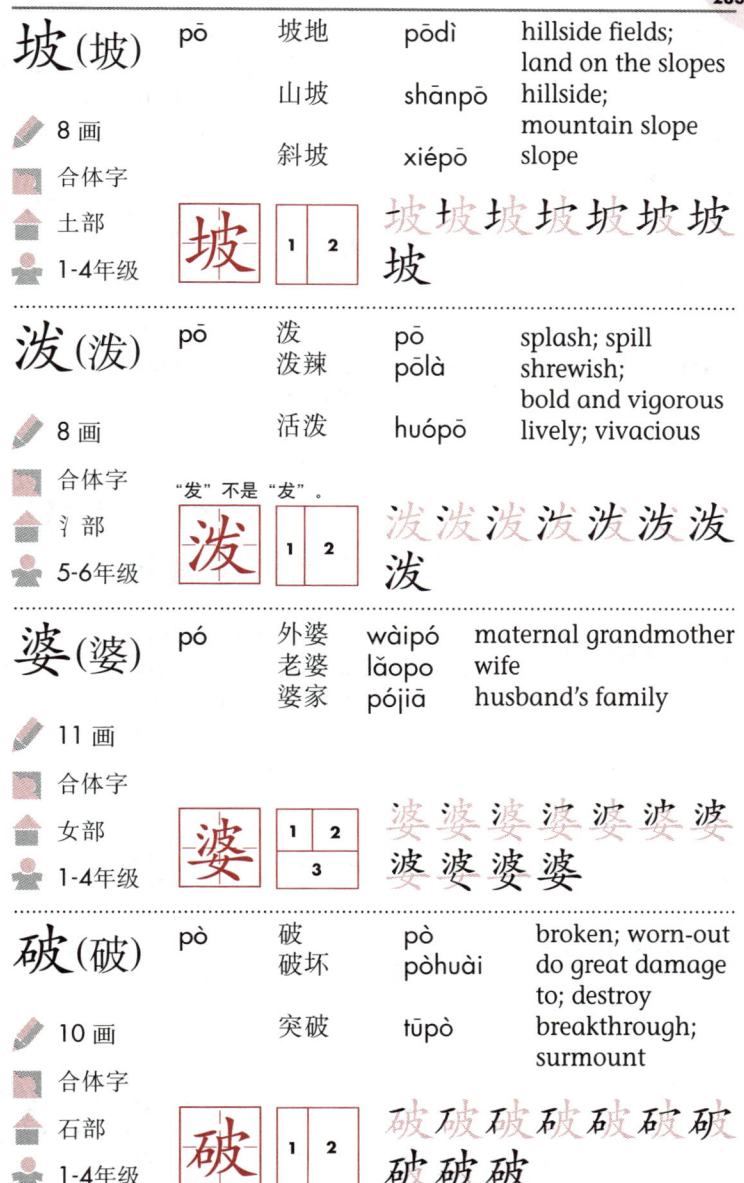

pō

坡地	pōdì	hillside fields; land on the slopes
山坡	shānpō	hillside; mountain slope
斜坡	xiépō	slope

- 8 画
- 合体字
- 土部
- 1-4年级

坡坡坡坡坡坡坡坡

泼 (潑)

pō

泼	pō	splash; spill
泼辣	pōlà	shrewish; bold and vigorous
活泼	huópō	lively; vivacious

- 8 画
- 合体字
- 氵部
- 5-6年级

"发"不是"发"。

泼泼泼泼泼泼泼泼

婆 (婆)

pó

外婆	wàipó	maternal grandmother
老婆	lǎopo	wife
婆家	pójiā	husband's family

- 11 画
- 合体字
- 女部
- 1-4年级

婆婆婆婆婆婆婆婆婆婆婆

破 (破)

pò

破	pò	broken; worn-out
破坏	pòhuài	do great damage to; destroy
突破	tūpò	breakthrough; surmount

- 10 画
- 合体字
- 石部
- 1-4年级

破破破破破破破破破破

迫 (迫)

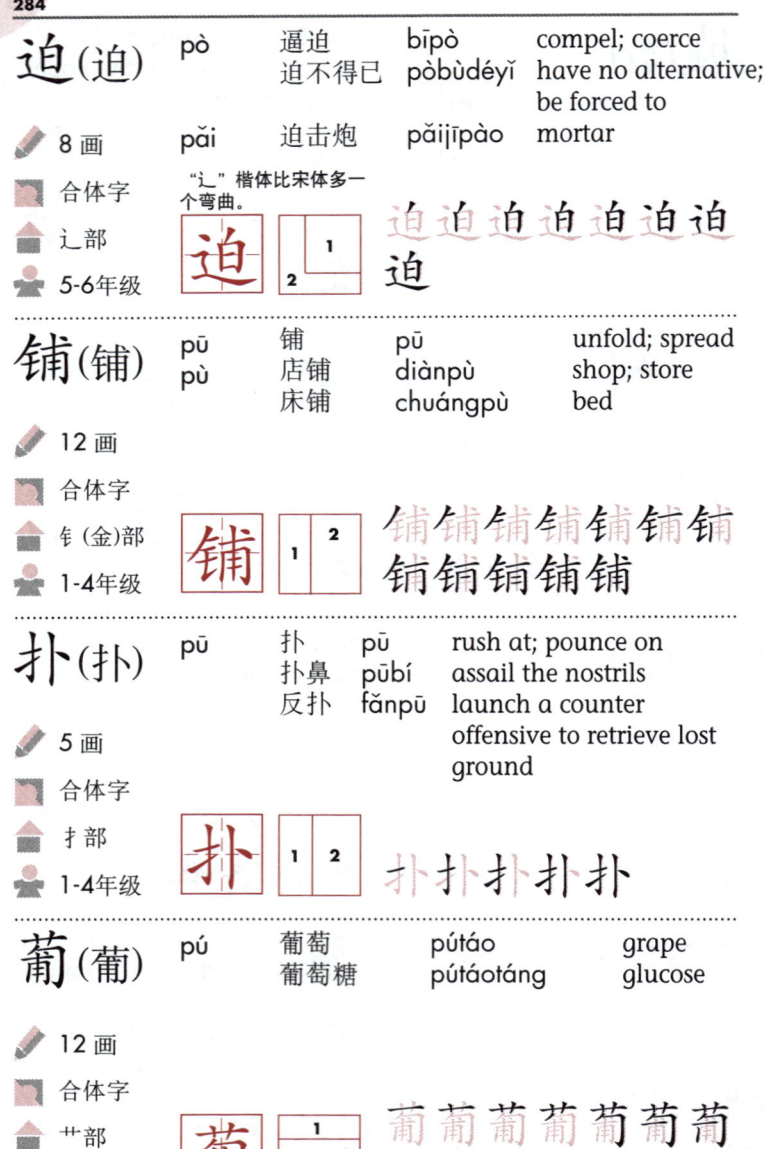

- pò
- pǎi

逼迫	bīpò	compel; coerce
迫不得已	pòbùdéyǐ	have no alternative; be forced to
迫击炮	pǎijīpào	mortar

- 8 画
- 合体字
- 辶部
- 5-6年级

"辶" 楷体比宋体多一个弯曲。

迫 迫 迫 迫 迫 迫 迫 迫

铺 (铺)

- pū
- pù

铺	pū	unfold; spread
店铺	diànpù	shop; store
床铺	chuángpù	bed

- 12 画
- 合体字
- 钅(金)部
- 1-4年级

铺 铺 铺 铺 铺 铺 铺 铺 铺 铺 铺 铺

扑 (扑)

- pū

扑	pū	rush at; pounce on
扑鼻	pūbí	assail the nostrils
反扑	fǎnpū	launch a counter offensive to retrieve lost ground

- 5 画
- 合体字
- 扌部
- 1-4年级

扑 扑 扑 扑 扑

葡 (葡)

- pú

| 葡萄 | pútáo | grape |
| 葡萄糖 | pútáotáng | glucose |

- 12 画
- 合体字
- 艹部
- 5-6年级

葡 葡 葡 葡 葡 葡 葡 葡 葡 葡 葡

285

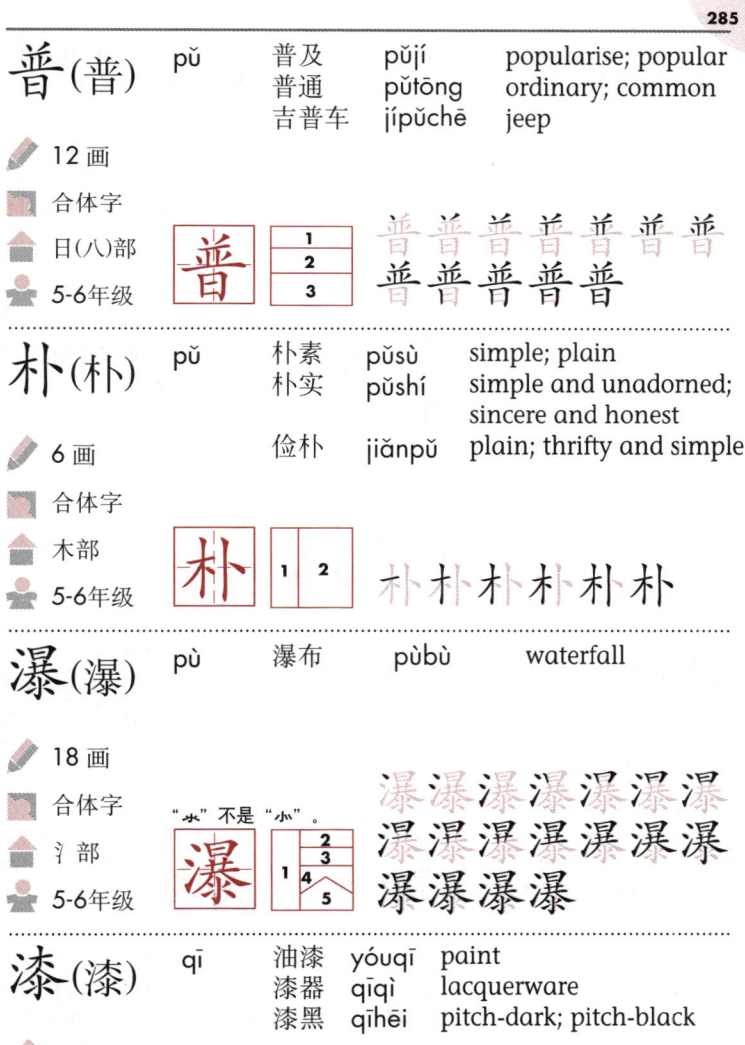

普(普) pǔ

普及	pǔjí	popularise; popular
普通	pǔtōng	ordinary; common
吉普车	jípǔchē	jeep

- 12 画
- 合体字
- 日(八)部
- 5-6年级

普普普普普普普
普普普普普

朴(朴) pǔ

朴素	pǔsù	simple; plain
朴实	pǔshí	simple and unadorned; sincere and honest
俭朴	jiǎnpǔ	plain; thrifty and simple

- 6 画
- 合体字
- 木部
- 5-6年级

朴朴朴朴朴朴

瀑(瀑) pù

| 瀑布 | pùbù | waterfall |

- 18 画
- 合体字
- 氵部
- 5-6年级

"氺"不是"小"。

瀑瀑瀑瀑瀑瀑瀑
瀑瀑瀑瀑瀑瀑瀑
瀑瀑瀑瀑

漆(漆) qī

油漆	yóuqī	paint
漆器	qīqì	lacquerware
漆黑	qīhēi	pitch-dark; pitch-black

- 14 画
- 合体字
- 氵部
- 高级华文

"氺"不是"小"。

漆漆漆漆漆漆漆
漆漆漆漆漆漆漆

七(七)

qī

七 qī
七手八脚 qīshǒu-bājiǎo

seven
with everybody lending a hand; in a bustle

- 2 画
- 独体字
- 一部
- 1-4年级

七 七

期(期)

qī

期望 qīwàng hope; expectation
星期 xīngqī week
日期 rìqī date

- 12 画
- 合体字
- 月(其)部
- 1-4年级

期 期 期 期 期 期 其 其 其 期 期 期 期

戚(戚)

qī

亲戚 qīnqi relative
休戚相关 xiūqīxiāngguān share joys and sorrows

- 11 画
- 合体字
- 戈部
- 1-4年级

"朮"第五笔楷体是点，宋体是撇。

戚 戚 戚 戚 戚 戚 戚 戚 戚 戚 戚

欺(欺)

qī

欺负 qīfu bully
欺骗 qīpiàn deceive; dupe
自欺欺人 zìqīqīrén deceive oneself as well as others

- 12 画
- 合体字
- 欠(其)部
- 1-4年级

欺 欺 欺 欺 欺 欺 其 欺 欺 欺 欺 欺

妻 (妻) qī

妻子	qīzi	wife
夫妻	fūqī	man and wife

- 8 画
- 合体字
- 合部
- 5-6年级

祈 (祈) qí

祈祷	qídǎo	pray; say one's prayers
祈求	qíqiú	earnestly hope; pray for

- 8 画
- 合体字
- 礻(示)部
- 高级华文

旗 (旗) qí

旗子	qízi	flag; banner
旗手	qíshǒu	standard bearer
国旗	guóqí	national flag

- 14 画
- 合体字
- 方部
- 1-4年级

奇 (奇) qí

奇怪	qíguài	strange; odd
好奇	hàoqí	be curious; be full of curiosity

jī

奇数	jīshù	odd number

- 8 画
- 合体字
- 大部
- 1-4年级

齐(齐)

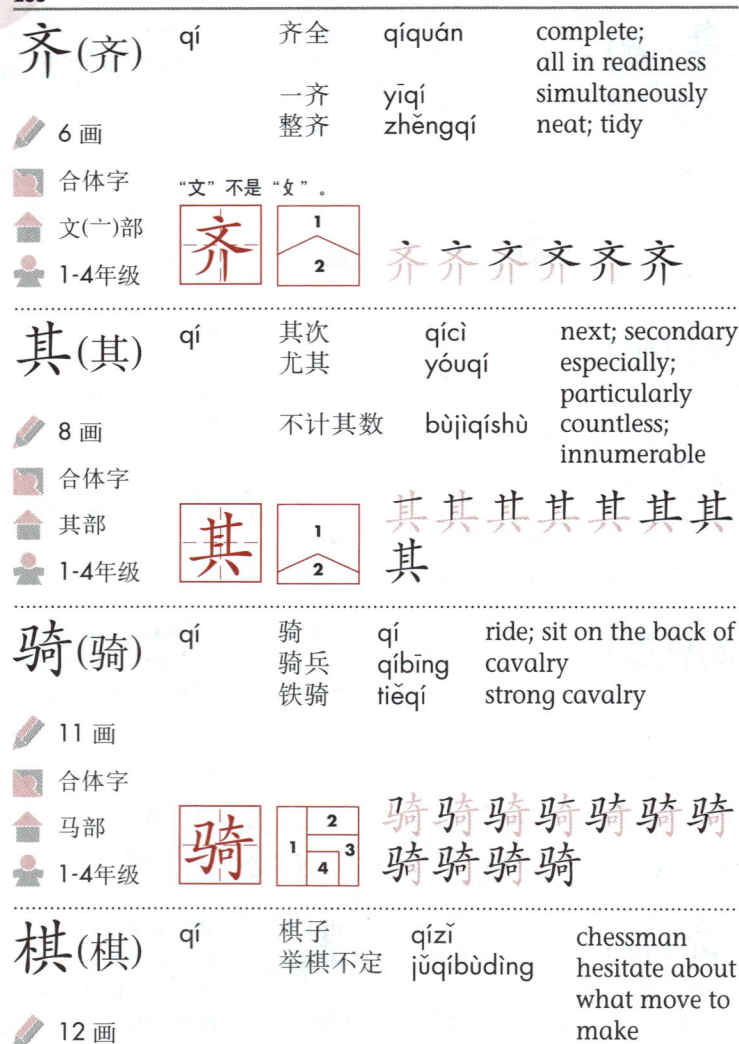

qí

齐全	qíquán	complete; all in readiness
一齐	yīqí	simultaneously
整齐	zhěngqí	neat; tidy

- 6 画
- 合体字
- 文(亠)部
- 1-4年级

"文"不是"夂"。

齐 齐 齐 文 齐 齐

其(其)

qí

其次	qícì	next; secondary
尤其	yóuqí	especially; particularly
不计其数	bùjìqíshù	countless; innumerable

- 8 画
- 合体字
- 其部
- 1-4年级

其 其 其 其 其 其 其 其

骑(骑)

qí

骑	qí	ride; sit on the back of
骑兵	qíbīng	cavalry
铁骑	tiěqí	strong cavalry

- 11 画
- 合体字
- 马部
- 1-4年级

骑 骑 骑 骑 骑 骑 骑 骑 骑 骑

棋(棋)

qí

| 棋子 | qízǐ | chessman |
| 举棋不定 | jǔqíbùdìng | hesitate about what move to make |

- 12 画
- 合体字
- 木部
- 5-6年级

棋 棋 棋 棋 棋 棋 棋 棋 棋 棋

起(起)

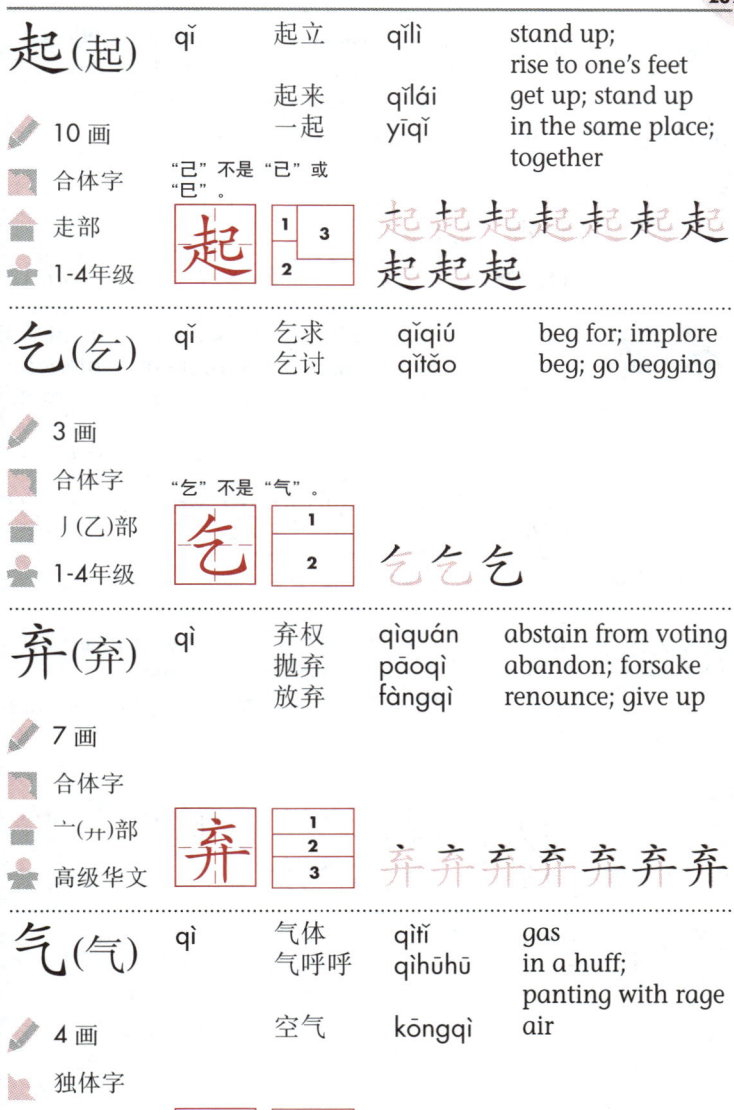

qǐ

起立	qǐlì	stand up; rise to one's feet
起来	qǐlái	get up; stand up
一起	yīqǐ	in the same place; together

- 10 画
- 合体字
- 走部
- 1-4年级

"己"不是"已"或"巳"。

起起起起起起起起起起

乞(乞)

qǐ

乞求	qǐqiú	beg for; implore
乞讨	qǐtǎo	beg; go begging

- 3 画
- 合体字
- 丿(乙)部
- 1-4年级

"乞"不是"气"。

乞乞乞

弃(弃)

qì

弃权	qìquán	abstain from voting
抛弃	pāoqì	abandon; forsake
放弃	fàngqì	renounce; give up

- 7 画
- 合体字
- 亠(廾)部
- 高级华文

弃弃弃弃弃弃弃

气(气)

qì

气体	qìtǐ	gas
气呼呼	qìhūhū	in a huff; panting with rage
空气	kōngqì	air

- 4 画
- 独体字
- 气部
- 1-4年级

气气气气

汽 (汽) qì

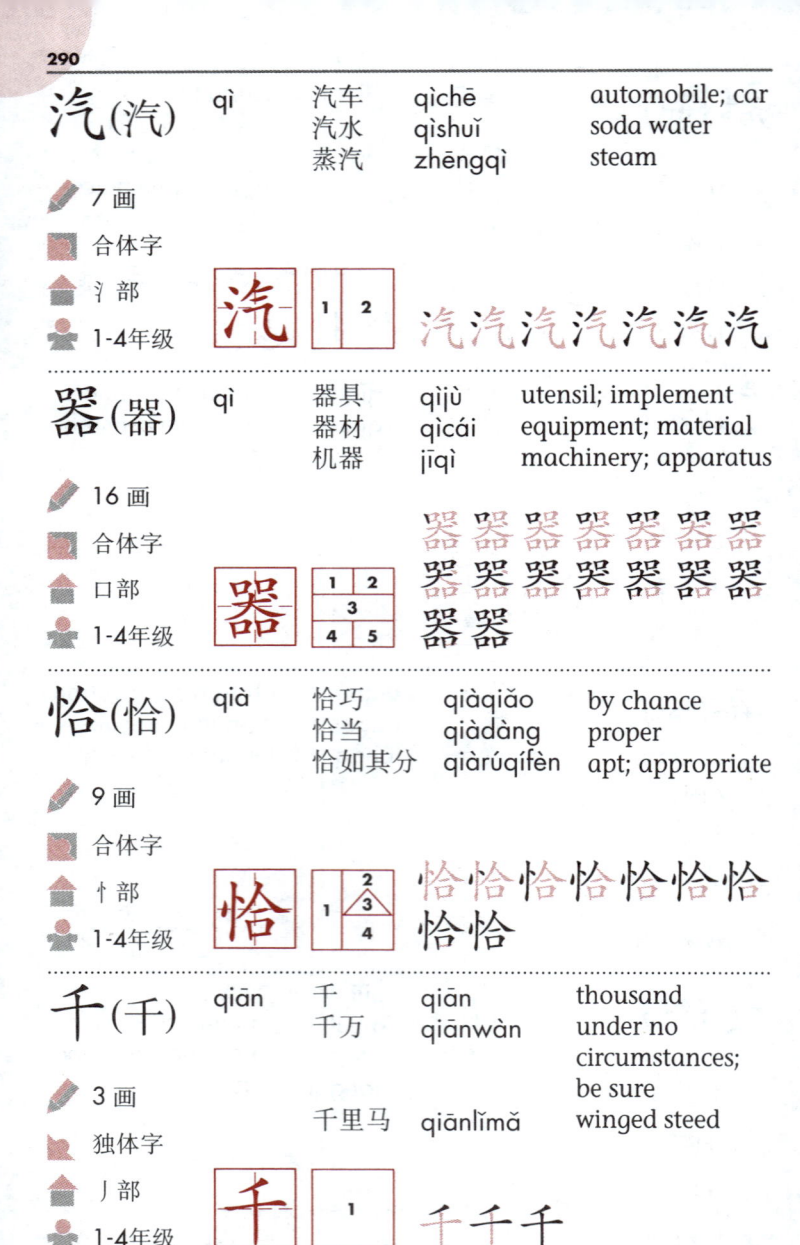

汽车	qìchē	automobile; car
汽水	qìshuǐ	soda water
蒸汽	zhēngqì	steam

- 7 画
- 合体字
- 氵部
- 1-4年级

汽汽汽汽汽汽汽

器 (器) qì

器具	qìjù	utensil; implement
器材	qìcái	equipment; material
机器	jīqì	machinery; apparatus

- 16 画
- 合体字
- 口部
- 1-4年级

器器器器器器器器器器器器器器器器

恰 (恰) qià

恰巧	qiàqiǎo	by chance
恰当	qiàdàng	proper
恰如其分	qiàrúqífèn	apt; appropriate

- 9 画
- 合体字
- 忄部
- 1-4年级

恰恰恰恰恰恰恰恰恰

千 (千) qiān

千	qiān	thousand
千万	qiānwàn	under no circumstances; be sure
千里马	qiānlǐmǎ	winged steed

- 3 画
- 独体字
- 丿部
- 1-4年级

千千千

铅 (铅)

qiān

| 铅笔 | qiānbǐ | pencil |
| 铅球 | qiānqiú | shot |

- 10 画
- 合体字
- 钅(金)部
- 1-4年级

铅铅铅铅铅铅铅铅铅铅

牵 (牵)

qiān

| 牵 | qiān | lead along |
| 顺手牵羊 | shùnshǒuqiānyáng | walk off with something |

- 9 画
- 合体字
- 大(牛)部
- 5-6年级

牵牵牵牵牵牵牵牵牵

签 (签)

qiān

签名	qiānmíng	sign one's name; autograph; signature
牙签	yáqiān	toothpick
抽签	chōuqiān	draw lots

- 13 画
- 合体字
- 竹(⺮)部
- 5-6年级

签签签签签签签签签签签签签

前 (前)

qián

前	qián	front; ago
从前	cóngqián	before
一往无前	yīwǎngwúqián	press forward with indomitable will

- 9 画
- 合体字
- 八(丷)部
- 1-4年级

前前前前前前前前前

钱 (钱)

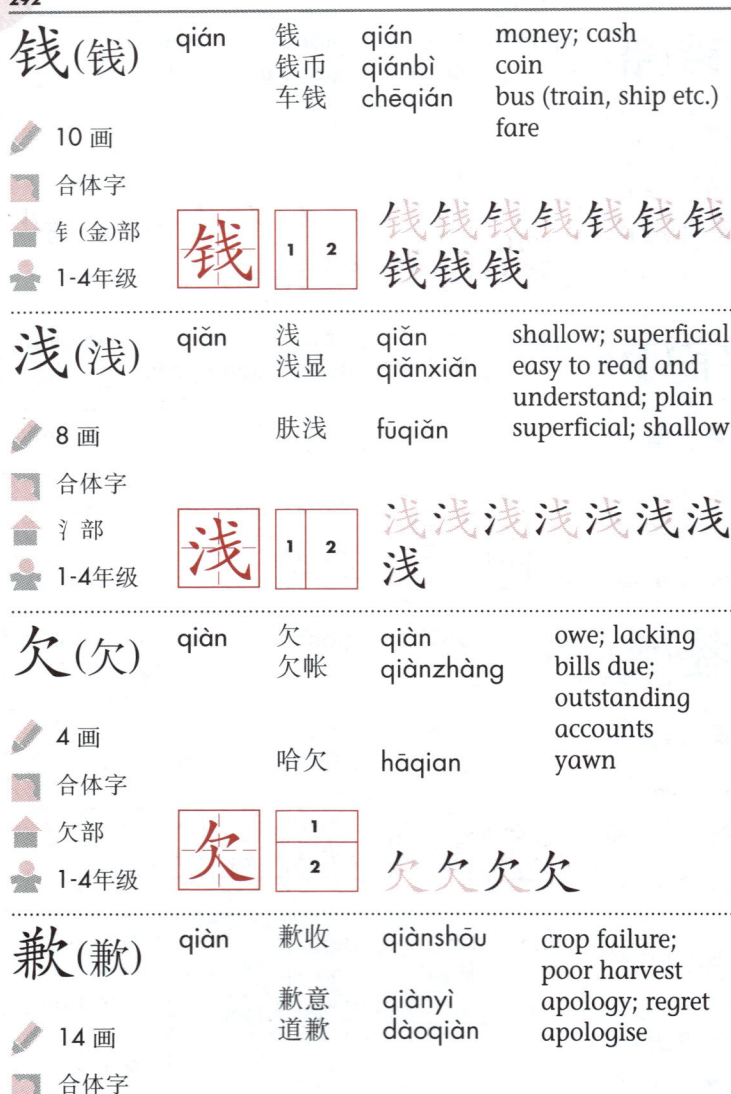

qián

钱	qián	money; cash
钱币	qiánbì	coin
车钱	chēqián	bus (train, ship etc.) fare

- 10 画
- 合体字
- 钅(金)部
- 1-4年级

钱钱钱钱钱钱钱钱钱钱

浅 (浅)

qiǎn

浅	qiǎn	shallow; superficial
浅显	qiǎnxiǎn	easy to read and understand; plain
肤浅	fūqiǎn	superficial; shallow

- 8 画
- 合体字
- 氵部
- 1-4年级

浅浅浅浅浅浅浅浅

欠 (欠)

qiàn

欠	qiàn	owe; lacking
欠帐	qiànzhàng	bills due; outstanding accounts
哈欠	hāqian	yawn

- 4 画
- 合体字
- 欠部
- 1-4年级

欠欠欠欠

歉 (歉)

qiàn

歉收	qiànshōu	crop failure; poor harvest
歉意	qiànyì	apology; regret
道歉	dàoqiàn	apologise

- 14 画
- 合体字
- 欠部
- 5-6年级

歉歉歉歉歉歉歉歉歉歉歉歉歉歉

293

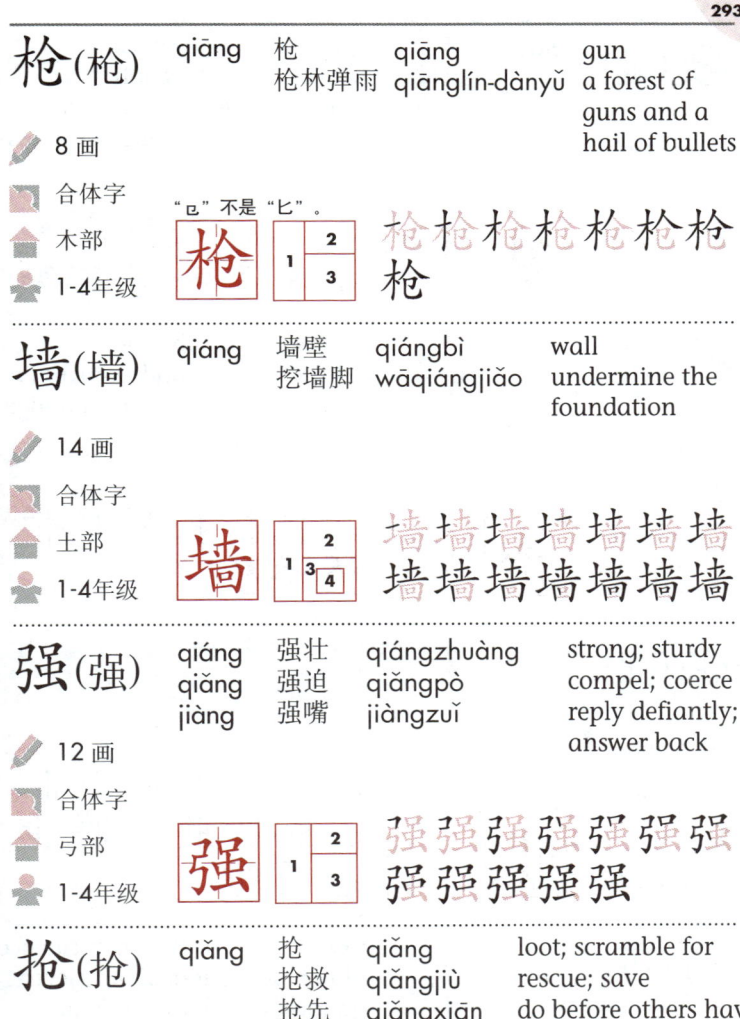

枪 (槍)
qiāng

枪　qiāng
枪林弹雨　qiānglín-dànyǔ

gun
a forest of guns and a hail of bullets

- 8 画
- 合体字
- 木部
- 1-4年级

"ㄹ"不是"匕"。

枪枪枪枪枪枪枪枪

墙 (牆)
qiáng

墙壁　qiángbì
挖墙脚　wāqiángjiǎo

wall
undermine the foundation

- 14 画
- 合体字
- 土部
- 1-4年级

墙墙墙墙墙墙墙墙墙墙墙墙

强 (強)
qiáng
qiǎng
jiàng

强壮　qiángzhuàng
强迫　qiǎngpò
强嘴　jiàngzuǐ

strong; sturdy
compel; coerce
reply defiantly; answer back

- 12 画
- 合体字
- 弓部
- 1-4年级

强强强强强强强强强强强强

抢 (搶)
qiǎng

抢　qiǎng
抢救　qiǎngjiù
抢先　qiǎngxiān

loot; scramble for
rescue; save
do before others have a chance

- 7 画
- 合体字
- 扌部
- 1-4年级

"ㄹ"不是"匕"。

抢抢抢抢抢抢抢

敲 (敲) qiāo

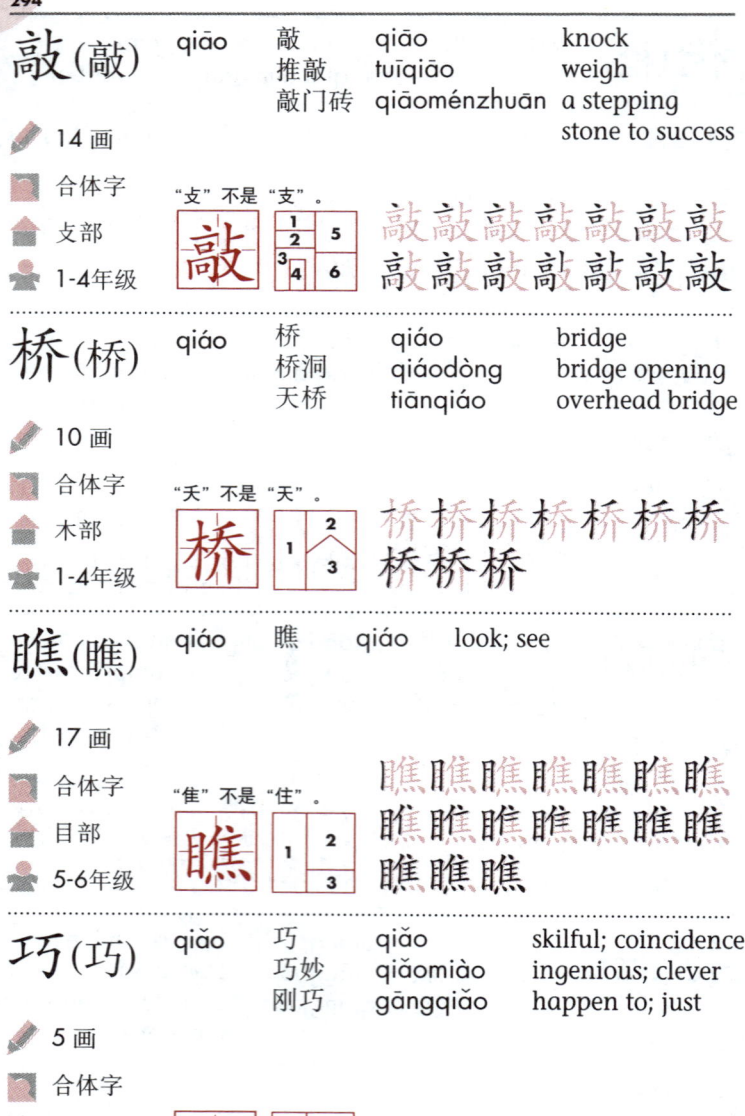

敲	qiāo	knock
推敲	tuīqiāo	weigh
敲门砖	qiāoménzhuān	a stepping stone to success

- 14 画
- 合体字
- 攴部
- 1-4年级

"攴"不是"支"。

桥 (橋) qiáo

桥	qiáo	bridge
桥洞	qiáodòng	bridge opening
天桥	tiānqiáo	overhead bridge

- 10 画
- 合体字
- 木部
- 1-4年级

"夭"不是"天"。

瞧 (瞧) qiáo

瞧	qiáo	look; see

- 17 画
- 合体字
- 目部
- 5-6年级

"隹"不是"住"。

巧 (巧) qiǎo

巧	qiǎo	skilful; coincidence
巧妙	qiǎomiào	ingenious; clever
刚巧	gāngqiǎo	happen to; just

- 5 画
- 合体字
- 工部
- 1-4年级

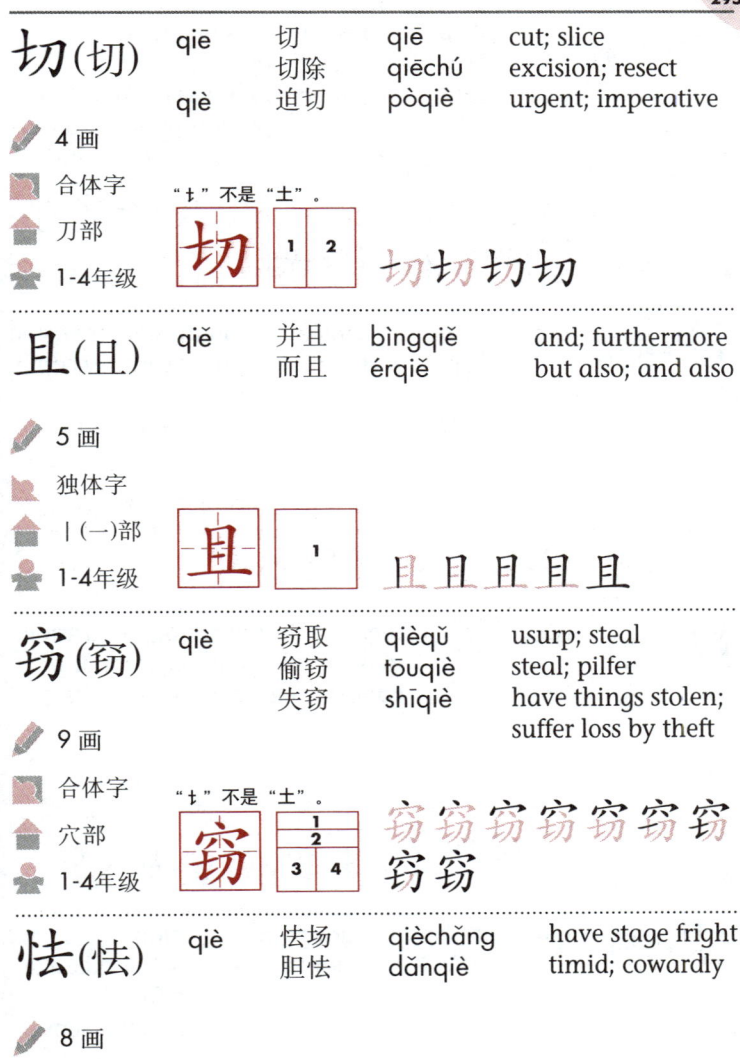

切(切)	qiē	切	qiē	cut; slice
		切除	qiēchú	excision; resect
	qiè	迫切	pòqiè	urgent; imperative

- 4 画
- 合体字
- 刀部
- 1-4年级

"㇇" 不是 "土"。

切切切切

| 且(且) | qiě | 并且 | bìngqiě | and; furthermore |
| | | 而且 | érqiě | but also; and also |

- 5 画
- 独体字
- ｜(一)部
- 1-4年级

且且且且且

窃(竊)	qiè	窃取	qièqǔ	usurp; steal
		偷窃	tōuqiè	steal; pilfer
		失窃	shīqiè	have things stolen; suffer loss by theft

- 9 画
- 合体字
- 穴部
- 1-4年级

"㇇" 不是 "土"。

窃窃窃窃窃窃窃窃窃

| 怯(怯) | qiè | 怯场 | qièchǎng | have stage fright |
| | | 胆怯 | dǎnqiè | timid; cowardly |

- 8 画
- 合体字
- 忄部
- 1-4年级

怯怯怯怯怯怯怯怯

亲 (亲)

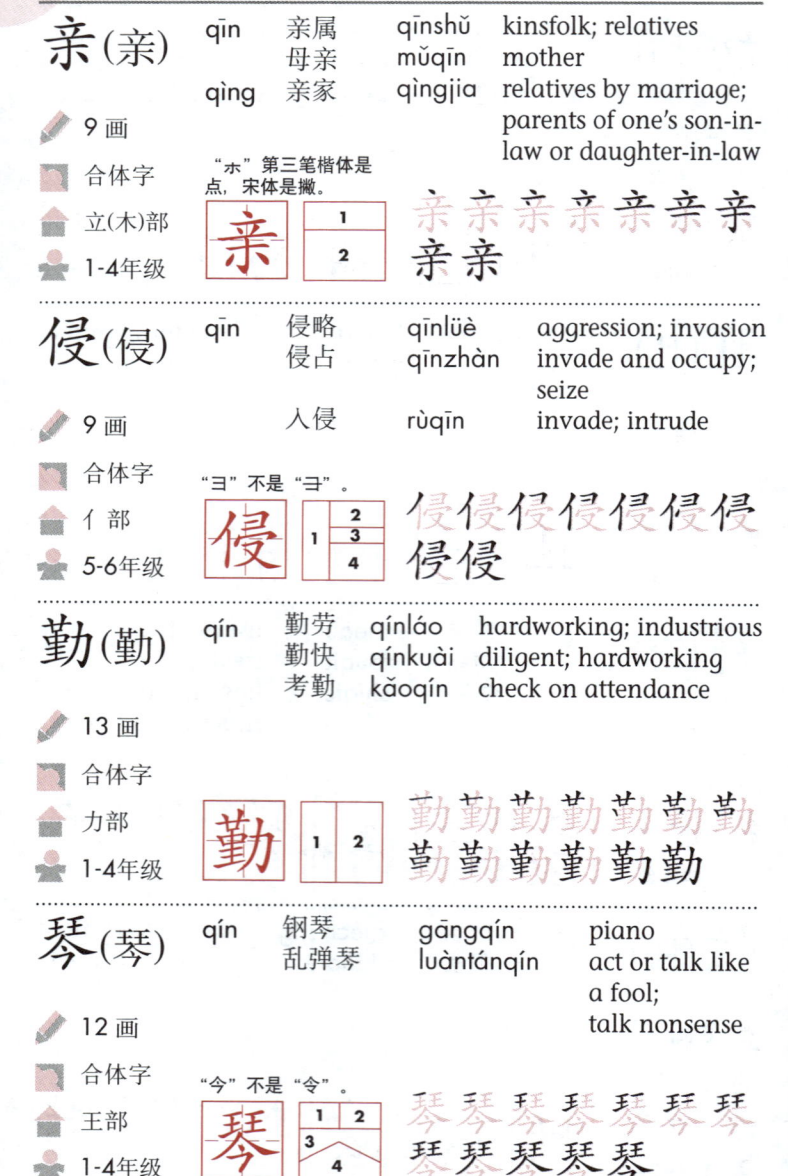

qīn	亲属	qīnshǔ	kinsfolk; relatives
	母亲	mǔqīn	mother
qìng	亲家	qìngjia	relatives by marriage; parents of one's son-in-law or daughter-in-law

- 9 画
- 合体字
- 立(木)部
- 1-4年级

"朩"第三笔楷体是点，宋体是撇。

侵 (侵)

qīn	侵略	qīnlüè	aggression; invasion
	侵占	qīnzhàn	invade and occupy; seize
	入侵	rùqīn	invade; intrude

- 9 画
- 合体字
- 亻部
- 5-6年级

"彐" 不是 "彐"。

勤 (勤)

qín	勤劳	qínláo	hardworking; industrious
	勤快	qínkuài	diligent; hardworking
	考勤	kǎoqín	check on attendance

- 13 画
- 合体字
- 力部
- 1-4年级

琴 (琴)

qín	钢琴	gāngqín	piano
	乱弹琴	luàntánqín	act or talk like a fool; talk nonsense

- 12 画
- 合体字
- 王部
- 1-4年级

"今" 不是 "令"。

297

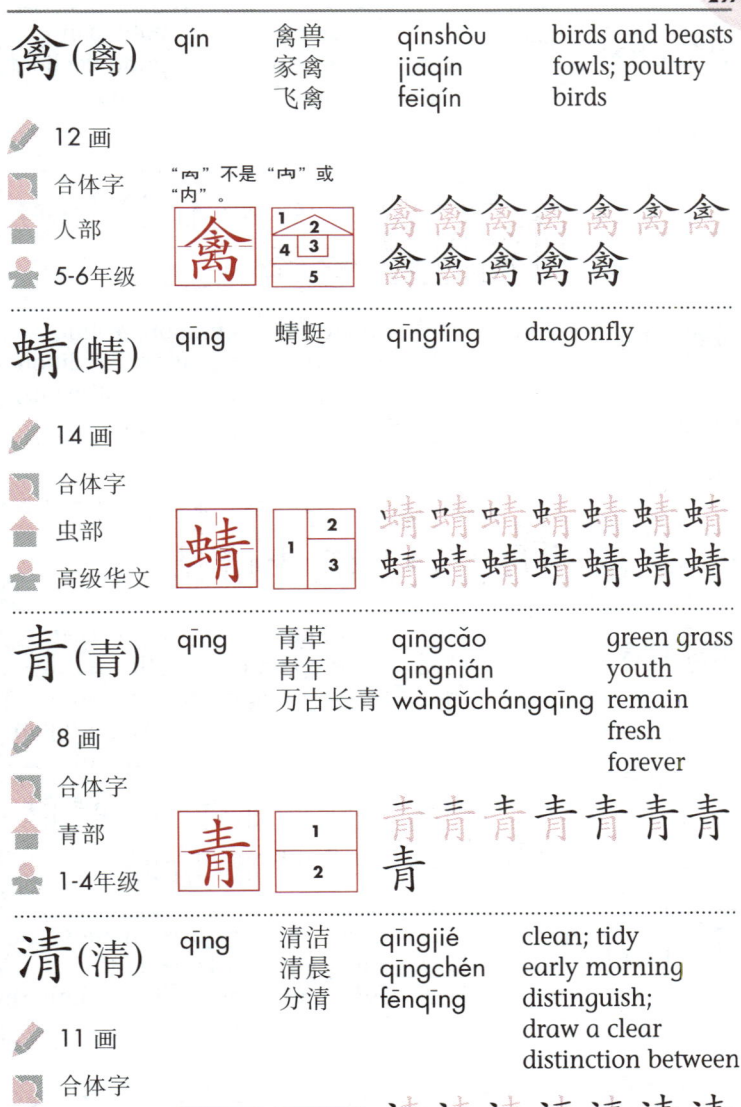

禽 (禽) qín

禽兽	qínshòu	birds and beasts
家禽	jiāqín	fowls; poultry
飞禽	fēiqín	birds

- 12 画
- 合体字
- 人部
- 5-6年级

"禸"不是"内"或"内"。

蜻 (蜻) qīng

| 蜻蜓 | qīngtíng | dragonfly |

- 14 画
- 合体字
- 虫部
- 高级华文

青 (青) qīng

青草	qīngcǎo	green grass
青年	qīngnián	youth
万古长青	wàngǔchángqīng	remain fresh forever

- 8 画
- 合体字
- 青部
- 1-4年级

清 (清) qīng

清洁	qīngjié	clean; tidy
清晨	qīngchén	early morning
分清	fēnqīng	distinguish; draw a clear distinction between

- 11 画
- 合体字
- 氵部
- 1-4年级

轻 (輕)

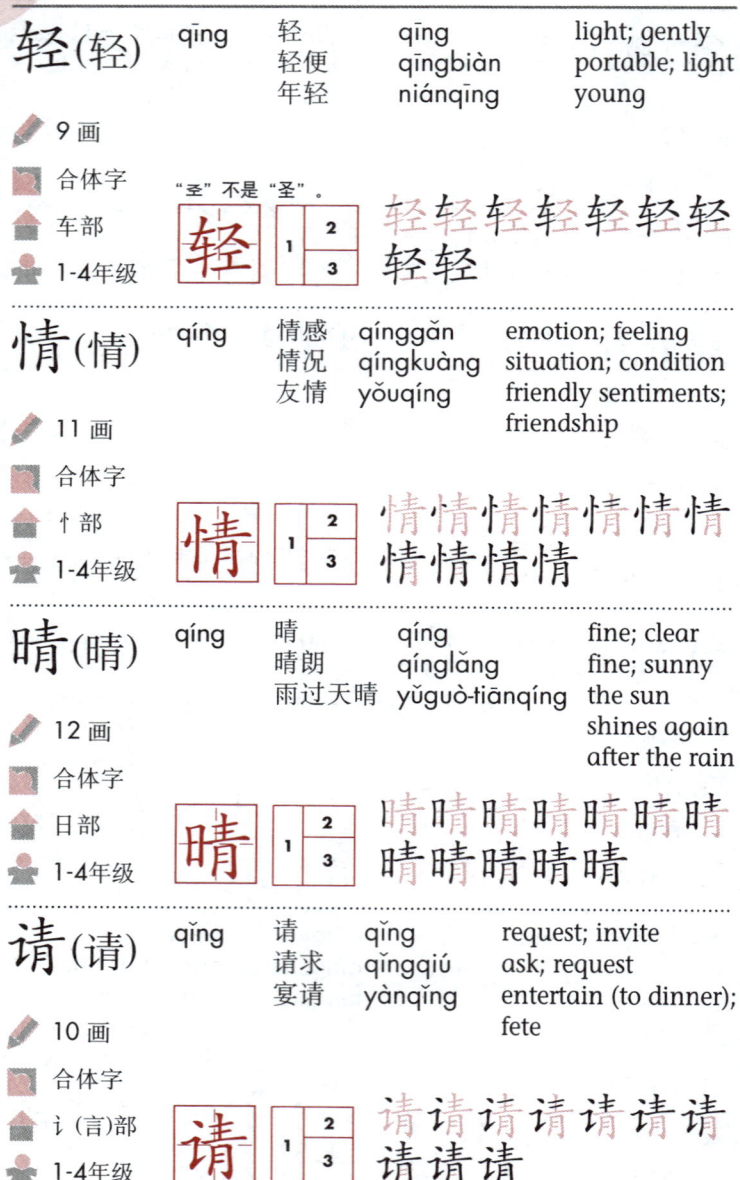

qīng

轻	qīng	light; gently
轻便	qīngbiàn	portable; light
年轻	niánqīng	young

- 9 画
- 合体字
- 车部
- 1-4年级

"圣"不是"圣"。

轻轻轻轻轻轻轻轻轻

情 (情)

qíng

情感	qínggǎn	emotion; feeling
情况	qíngkuàng	situation; condition
友情	yǒuqíng	friendly sentiments; friendship

- 11 画
- 合体字
- 忄部
- 1-4年级

情情情情情情情情情情情

晴 (晴)

qíng

晴	qíng	fine; clear
晴朗	qínglǎng	fine; sunny
雨过天晴	yǔguò-tiānqíng	the sun shines again after the rain

- 12 画
- 合体字
- 日部
- 1-4年级

晴晴晴晴晴晴晴晴晴晴晴晴

请 (請)

qǐng

请	qǐng	request; invite
请求	qǐngqiú	ask; request
宴请	yànqǐng	entertain (to dinner); fete

- 10 画
- 合体字
- 讠(言)部
- 1-4年级

请请请请请请请请请请

庆 (庆)

qìng

庆祝	qìngzhù	celebrate
庆贺	qìnghè	congratulate; celebrate
校庆	xiàoqìng	anniversary of the founding of a school

- 6 画
- 合体字
- 广部
- 1-4年级

"大"不是"犬"。

庆庆庆庆庆庆庆

穷 (穷)

qióng

穷	qióng	poor; poverty-stricken
穷尽	qióngjìn	limit; end
无穷	wúqióng	infinite; endless

- 7 画
- 合体字
- 穴部
- 1-4年级

穷穷穷穷穷穷穷

丘 (丘)

qiū

土丘	tǔqiū	hillock; mound
荒丘	huāngqiū	barren hillock
沙丘	shāqiū	sand dune

- 5 画
- 独体字
- 丿部
- 高级华文

丘丘丘丘丘

秋 (秋)

qiū

秋天	qiūtiān	autumn
秋千	qiūqiān	swing
中秋	zhōngqiū	the Mid-Autumn Festival

- 9 画
- 合体字
- 禾部
- 1-4年级

秋秋秋秋秋秋秋秋秋

蚯(蚯)

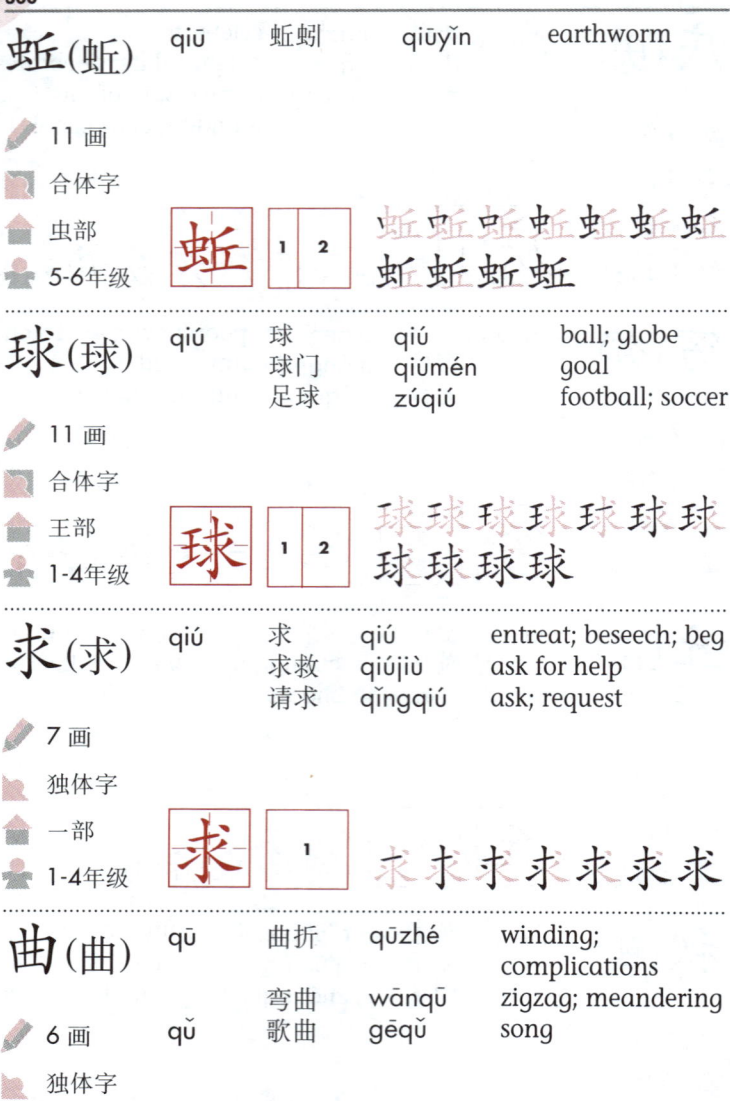

qiū 蚯蚓 qiūyǐn earthworm

- 11 画
- 合体字
- 虫部
- 5-6年级

球(球)

qiú 球   qiú   ball; globe
     球门 qiúmén goal
     足球 zúqiú football; soccer

- 11 画
- 合体字
- 王部
- 1-4年级

求(求)

qiú 求   qiú   entreat; beseech; beg
     求救 qiújiù ask for help
     请求 qǐngqiú ask; request

- 7 画
- 独体字
- 一部
- 1-4年级

曲(曲)

qū   曲折 qūzhé   winding; complications
     弯曲 wānqū   zigzag; meandering
qǔ   歌曲 gēqǔ   song

- 6 画
- 独体字
- 丨部
- 1-4年级

301

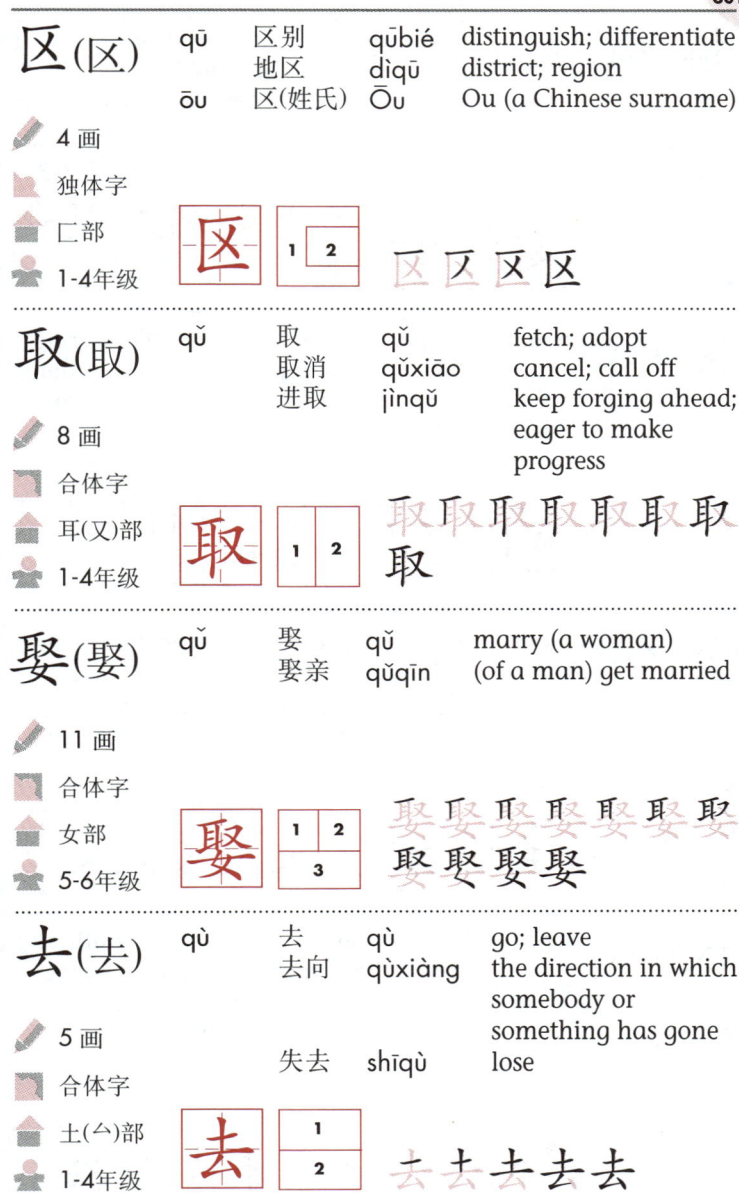

区(区)

qū	区别	qūbié	distinguish; differentiate
	地区	dìqū	district; region
ōu	区(姓氏)	Ōu	Ou (a Chinese surname)

- 4 画
- 独体字
- 匚部
- 1-4年级

区 区 区 区

取(取)

qǔ	取	qǔ	fetch; adopt
	取消	qǔxiāo	cancel; call off
	进取	jìnqǔ	keep forging ahead; eager to make progress

- 8 画
- 合体字
- 耳(又)部
- 1-4年级

取 取 取 取 取 取 取 取

娶(娶)

qǔ	娶	qǔ	marry (a woman)
	娶亲	qǔqīn	(of a man) get married

- 11 画
- 合体字
- 女部
- 5-6年级

娶 娶 娶 娶 娶 娶 娶 娶 娶 娶

去(去)

qù	去	qù	go; leave
	去向	qùxiàng	the direction in which somebody or something has gone
	失去	shīqù	lose

- 5 画
- 合体字
- 土(厶)部
- 1-4年级

去 去 去 去 去

趣(趣) qù

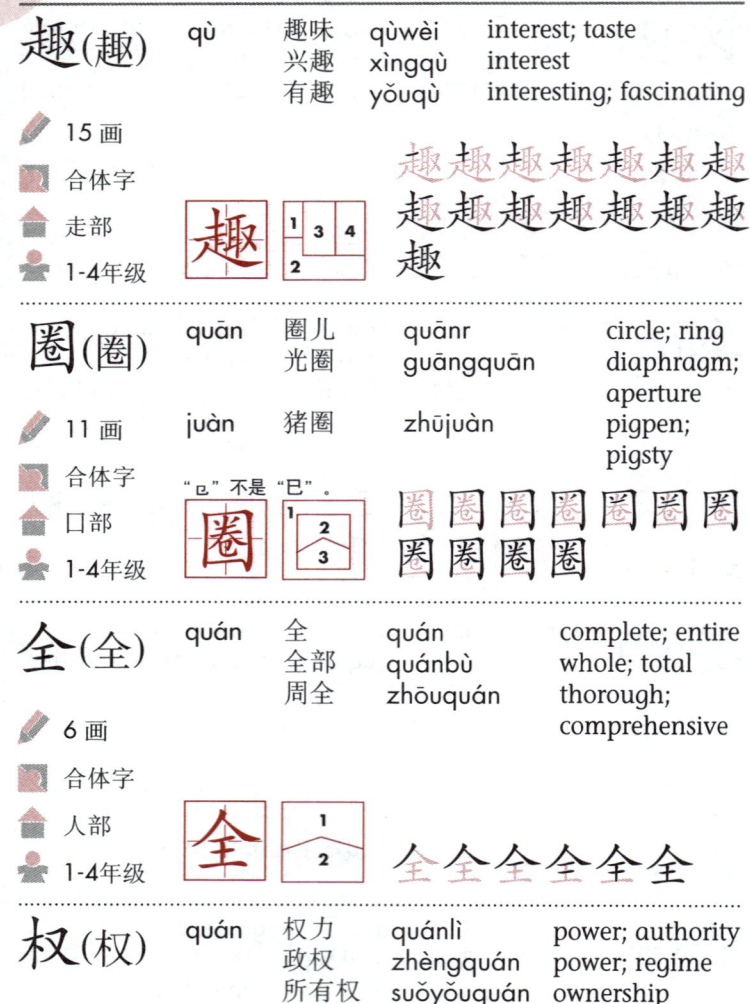

趣味	qùwèi	interest; taste
兴趣	xìngqù	interest
有趣	yǒuqù	interesting; fascinating

- 15 画
- 合体字
- 走部
- 1-4年级

趣趣趣趣趣趣趣趣趣趣趣趣趣

圈(圈) quān / juàn

圈儿	quānr	circle; ring
光圈	guāngquān	diaphragm; aperture
猪圈	zhūjuàn	pigpen; pigsty

- 11 画
- 合体字
- 口部
- 1-4年级

"㔾"不是"巳"。

圈圈圈圈圈圈圈圈圈圈圈

全(全) quán

全	quán	complete; entire
全部	quánbù	whole; total
周全	zhōuquán	thorough; comprehensive

- 6 画
- 合体字
- 人部
- 1-4年级

全全全全全全全

权(权) quán

权力	quánlì	power; authority
政权	zhèngquán	power; regime
所有权	suǒyǒuquán	ownership

- 6 画
- 合体字
- 木部
- 1-4年级

权权权权权权

泉 (泉)

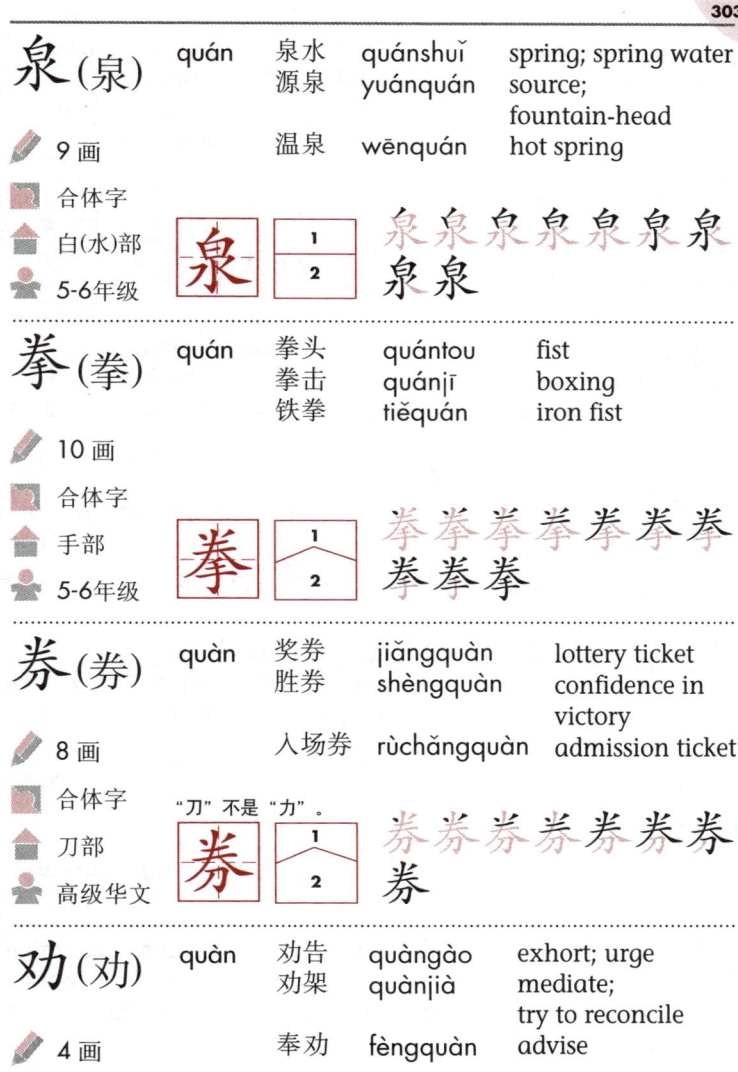

quán

泉水	quánshuǐ	spring; spring water
源泉	yuánquán	source; fountain-head
温泉	wēnquán	hot spring

- 9 画
- 合体字
- 白(水)部
- 5-6年级

拳 (拳)

quán

拳头	quántou	fist
拳击	quánjī	boxing
铁拳	tiěquán	iron fist

- 10 画
- 合体字
- 手部
- 5-6年级

券 (券)

quàn

奖券	jiǎngquàn	lottery ticket
胜券	shèngquàn	confidence in victory
入场券	rùchǎngquàn	admission ticket

- 8 画
- 合体字

"刀"不是"力"。

- 刀部
- 高级华文

劝 (劝)

quàn

劝告	quàngào	exhort; urge
劝架	quànjià	mediate; try to reconcile
奉劝	fèngquàn	advise

- 4 画
- 合体字
- 又(力)部
- 1-4年级

缺(缺)

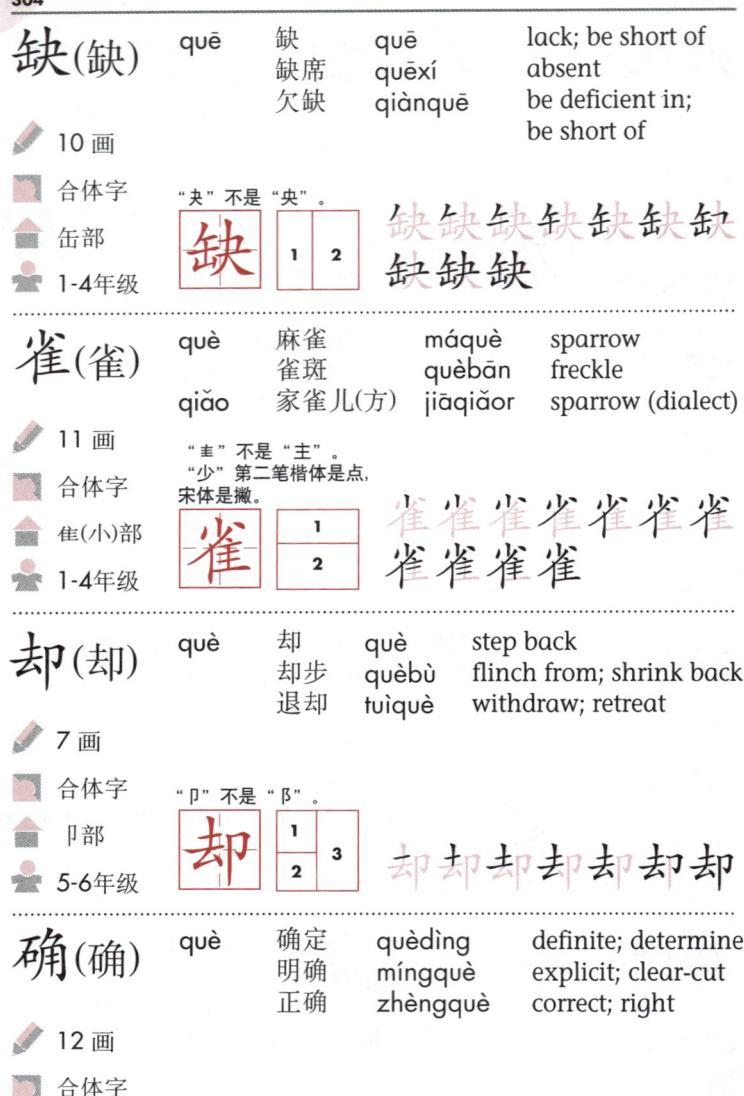

- 10 画
- 合体字
- 缶部
- 1-4年级

quē	缺	quē	lack; be short of
	缺席	quēxí	absent
	欠缺	qiànquē	be deficient in; be short of

"夬"不是"央"。

雀(雀)

- 11 画
- 合体字
- 隹(小)部
- 1-4年级

què	麻雀	máquè	sparrow
	雀斑	quèbān	freckle
qiǎo	家雀儿(方)	jiāqiǎor	sparrow (dialect)

"主"不是"主"。
"少"第二笔楷体是点，宋体是撇。

却(却)

- 7 画
- 合体字
- 卩部
- 5-6年级

què	却	què	step back
	却步	quèbù	flinch from; shrink back
	退却	tuìquè	withdraw; retreat

"卩"不是"阝"。

确(确)

- 12 画
- 合体字
- 石部
- 5-6年级

què	确定	quèdìng	definite; determine
	明确	míngquè	explicit; clear-cut
	正确	zhèngquè	correct; right

群 (群)

qún

群	qún	group; team
群岛	qúndǎo	archipelago
人群	rénqún	crowd

- 13 画
- 合体字
- 羊部
- 1-4年级

裙 (裙)

qún

裙子	qúnzi	skirt
围裙	wéiqún	apron
连衣裙	liányīqún	dress; pinafore

- 12 画
- 合体字
- 衤部
- 1-4年级

燃 (燃)

rán

燃烧	ránshāo	burn; in flames
燃料	ránliào	fuel
点燃	diǎnrán	ignite; kindle

- 16 画
- 合体字
- 火部
- 高级华文

然 (然)

rán

然而	rán'ér	yet; but
忽然	hūrán	all of a sudden
竟然	jìngrán	unexpectedly; to one's surprise

- 12 画
- 合体字
- 灬部
- 1-4年级

染 (染)

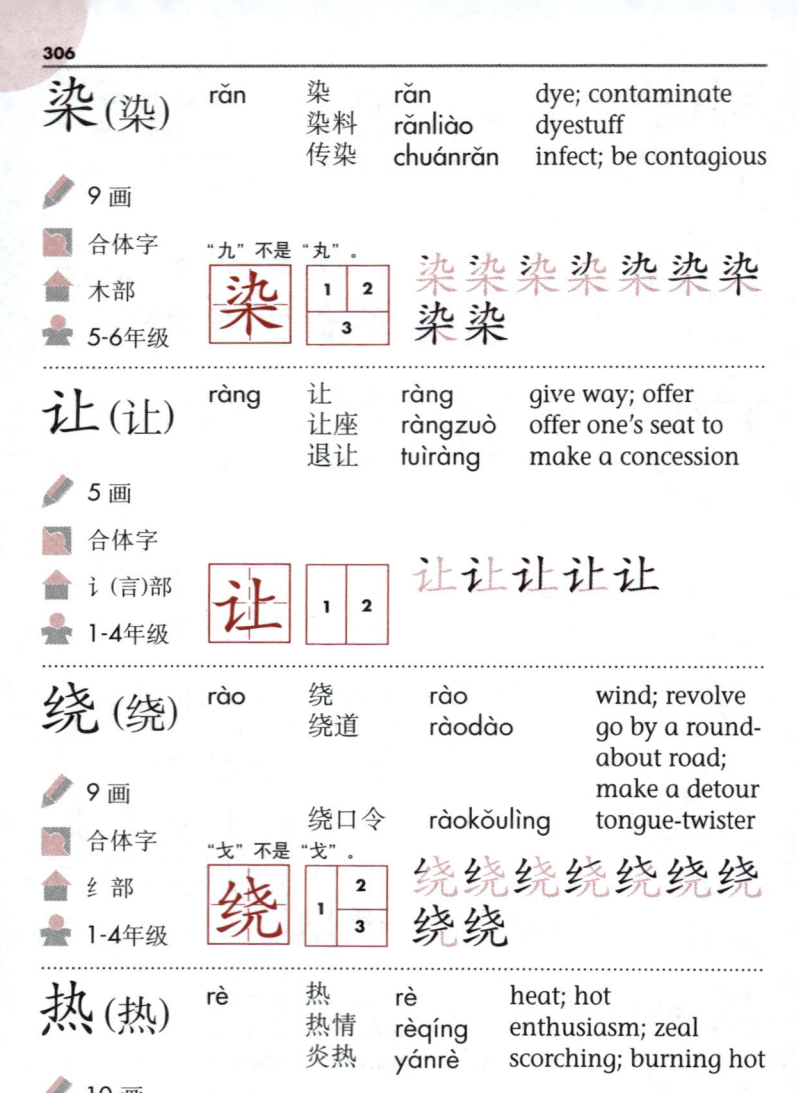

rǎn

染	rǎn	dye; contaminate
染料	rǎnliào	dyestuff
传染	chuánrǎn	infect; be contagious

- 9 画
- 合体字
- 木部
- 5-6年级

"九"不是"丸"。

染染染染染染染染染

让 (让)

ràng

让	ràng	give way; offer
让座	ràngzuò	offer one's seat to
退让	tuìràng	make a concession

- 5 画
- 合体字
- 讠(言)部
- 1-4年级

让让让让让

绕 (绕)

rào

绕	rào	wind; revolve
绕道	ràodào	go by a roundabout road; make a detour
绕口令	ràokǒulìng	tongue-twister

- 9 画
- 合体字
- 纟部
- 1-4年级

"戋"不是"戈"。

绕绕绕绕绕绕绕绕绕

热 (热)

rè

热	rè	heat; hot
热情	rèqíng	enthusiasm; zeal
炎热	yánrè	scorching; burning hot

- 10 画
- 合体字
- 灬部
- 1-4年级

"丸"不是"九"。

热热热热热热热热热热

307

人 (人)

rén

人	rén	human being; person
人才	réncái	talented person; person of ability
老人	lǎorén	old man or woman; the aged

- 2 画
- 独体字
- 人部
- 1-4年级

人 | 1

人人

仁 (仁)

rén

仁爱	rén'ài	kind-heartedness
花生仁	huāshēngrén	shelled peanut
一视同仁	yīshìtóngrén	regard all with equal favour

- 4 画
- 合体字
- 亻部
- 5-6年级

仁 | 1 | 2

仁仁仁仁

任 (任)

rén

任(姓氏)	Rén	Ren (a Chinese surname)

rèn

责任	zérèn	duty; responsibility
任凭	rènpíng	no matter; at one's discretion

- 6 画
- 合体字
- 亻部
- 5-6年级

"壬"不是"王"。

任 | 1 | 2

任任任任任任

忍 (忍)

rěn

忍	rěn	endure; tolerate
忍耐	rěnnài	exercise patience
残忍	cánrěn	cruel; ruthless

- 7 画
- 合体字
- 心部
- 5-6年级

"刃"不是"刀"。
"心"第二笔楷体是卧钩，宋体是竖弯钩。

忍 | 1 / 2

忍忍忍忍忍忍忍

认 (认) rèn

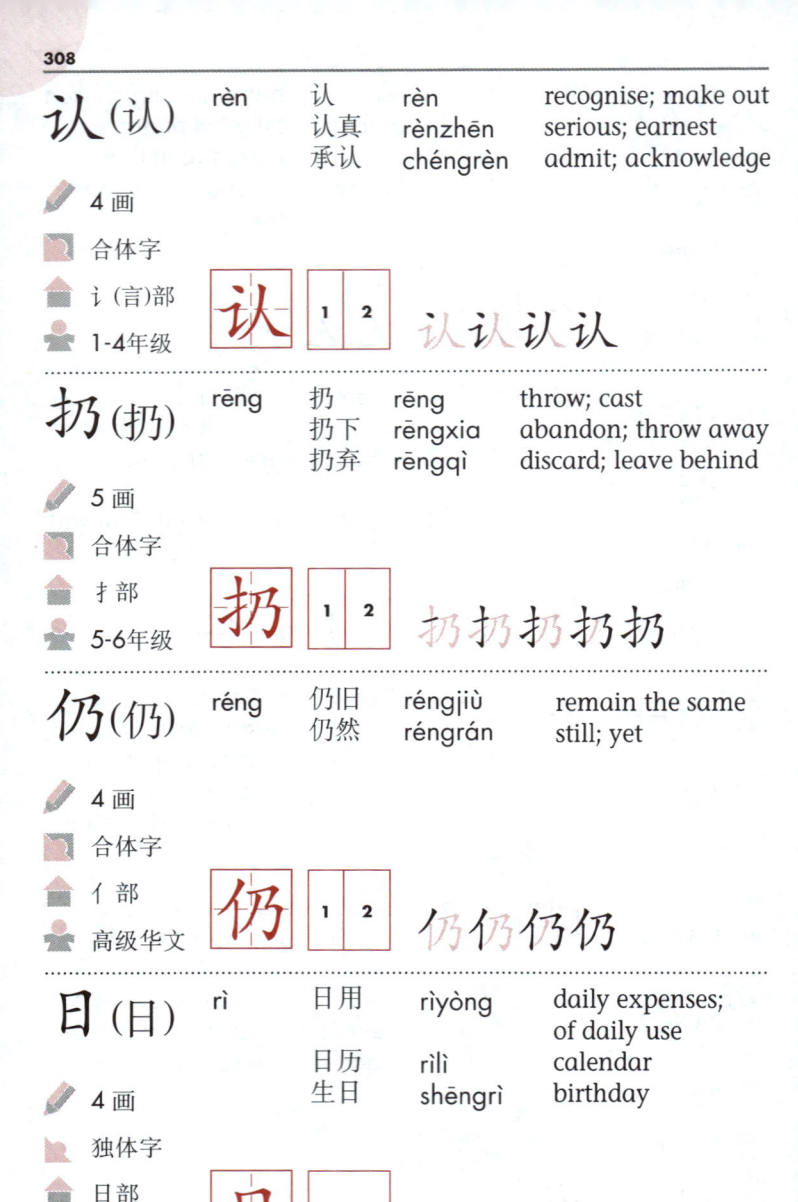

认	rèn	recognise; make out
认真	rènzhēn	serious; earnest
承认	chéngrèn	admit; acknowledge

- 4 画
- 合体字
- 讠(言)部
- 1-4年级

认认认认

扔 (扔) rēng

扔	rēng	throw; cast
扔下	rēngxia	abandon; throw away
扔弃	rēngqì	discard; leave behind

- 5 画
- 合体字
- 扌部
- 5-6年级

扔扔扔扔扔

仍 (仍) réng

| 仍旧 | réngjiù | remain the same |
| 仍然 | réngrán | still; yet |

- 4 画
- 合体字
- 亻部
- 高级华文

仍仍仍仍

日 (日) rì

日用	rìyòng	daily expenses; of daily use
日历	rìlì	calendar
生日	shēngrì	birthday

- 4 画
- 独体字
- 日部
- 1-4年级

日日日日

溶 (溶)

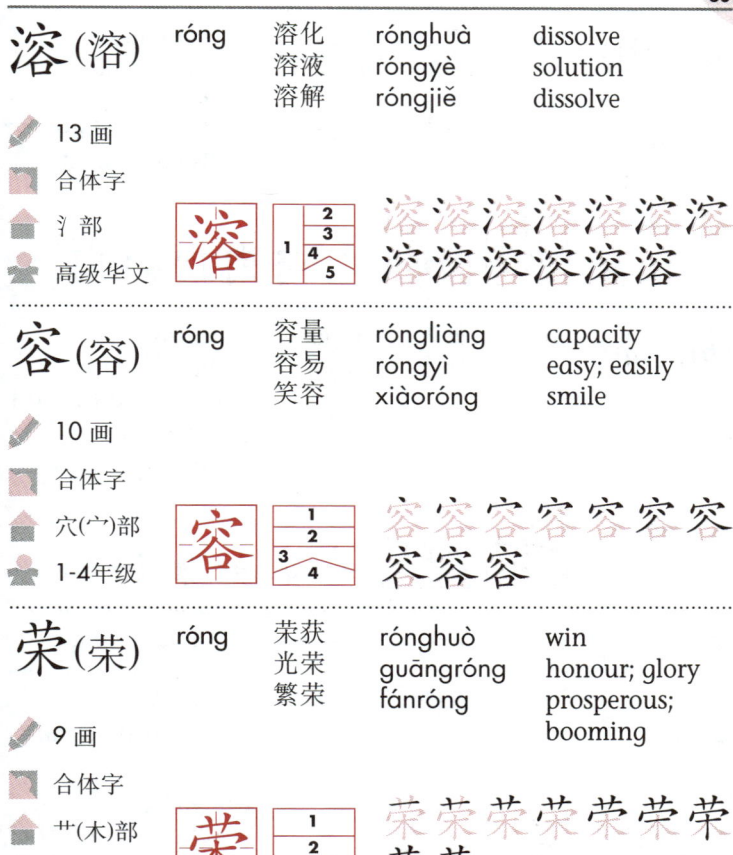

róng

溶化	rónghuà	dissolve
溶液	róngyè	solution
溶解	róngjiě	dissolve

- 13 画
- 合体字
- 氵部
- 高级华文

溶溶溶溶溶溶溶溶溶溶溶溶溶

容 (容)

róng

容量	róngliàng	capacity
容易	róngyì	easy; easily
笑容	xiàoróng	smile

- 10 画
- 合体字
- 穴(宀)部
- 1-4年级

容容容容容容容容容容

荣 (荣)

róng

荣获	rónghuò	win
光荣	guāngróng	honour; glory
繁荣	fánróng	prosperous; booming

- 9 画
- 合体字
- 艹(木)部
- 5-6年级

荣荣荣荣荣荣荣荣荣

柔 (柔)

róu

柔软	róuruǎn	soft; lithe
柔道	róudào	judo
温柔	wēnróu	gentle and soft

- 9 画
- 合体字
- 木(矛)部
- 1-4年级

"矛"不是"予"。

柔柔柔柔柔柔柔柔柔

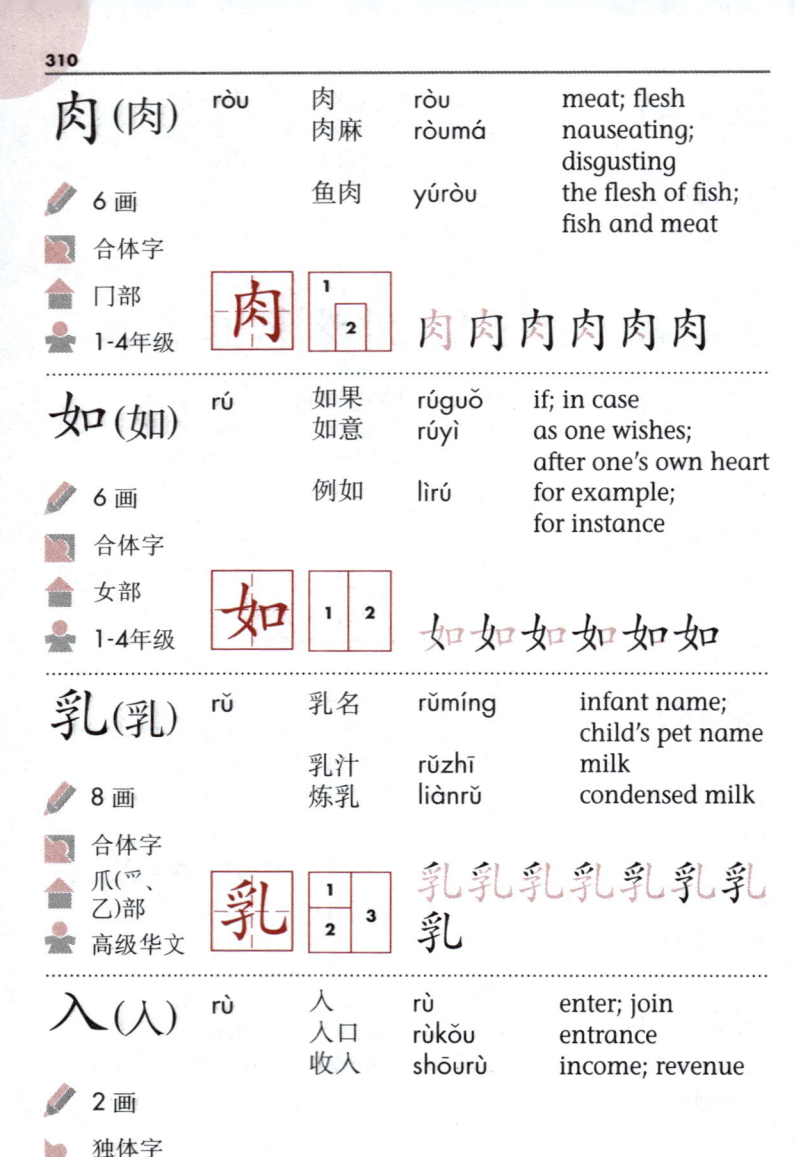

肉 (肉)	ròu	肉	ròu	meat; flesh
		肉麻	ròumá	nauseating; disgusting
6 画		鱼肉	yúròu	the flesh of fish; fish and meat
合体字				
冂部				
1-4年级				

肉肉肉肉肉肉

如 (如)	rú	如果	rúguǒ	if; in case
		如意	rúyì	as one wishes; after one's own heart
6 画		例如	lìrú	for example; for instance
合体字				
女部				
1-4年级				

如如如如如如

乳 (乳)	rǔ	乳名	rǔmíng	infant name; child's pet name
		乳汁	rǔzhī	milk
8 画		炼乳	liànrǔ	condensed milk
合体字				
爪(爫、乙)部				
高级华文				

乳乳乳乳乳乳乳乳

入 (入)	rù	入	rù	enter; join
		入口	rùkǒu	entrance
2 画		收入	shōurù	income; revenue
独体字				
人(入)部				
1-4年级				

入入

软 (软)

ruǎn	软	ruǎn	soft
	软弱	ruǎnruò	weak; feeble
	柔软	róuruǎn	soft; lithe

- 8 画
- 合体字
- 车(欠)部
- 1-4年级

弱 (弱)

ruò	弱	ruò	weak; inferior
	弱小	ruòxiǎo	small and weak
	瘦弱	shòuruò	thin and weak; emaciated

- 10 画
- 合体字
- 弓部
- 1-4年级

洒 (洒)

sǎ	洒	sǎ	sprinkle; spray
	洒扫	sǎsǎo	sprinkle water and sweep the floor
	飘洒	piāosǎ	float; drift

- 9 画
- 合体字
- 氵部
- 5-6年级

"西" 不是 "酉"。

塞 (塞)

sāi	塞	sāi	stuff; fill in
sài	边塞	biānsài	frontier fortress
sè	闭塞	bìsè	ill-informed; inaccessible

- 13 画
- 合体字
- 宀(土)部
- 1-4年级

赛 (赛) sài

赛	sài	contest; surpass
赛跑	sàipǎo	race
比赛	bǐsài	match; competition

- 14 画
- 合体字
- 宀(贝)部
- 1-4年级

三 (三) sān

三	sān	three
三角形	sānjiǎoxíng	triangle
三言两语	sānyān-liǎngyǔ	in a few words; in one or two words

- 3 画
- 独体字
- 一部
- 1-4年级

伞 (伞) sǎn

伞	sǎn	umbrella
伞兵	sǎnbīng	paratrooper
阳伞	yángsǎn	parasol; sunshade

- 6 画
- 合体字
- 人部
- 1-4年级

散 (散) sǎn / sàn

松散	sōngsǎn	loose; inattentive
散步	sànbù	go for a stroll; take a walk
解散	jiěsàn	dismiss; disband

- 12 画
- 合体字
- 攵部
- 1-4年级

"攵" 不是 "夂"。

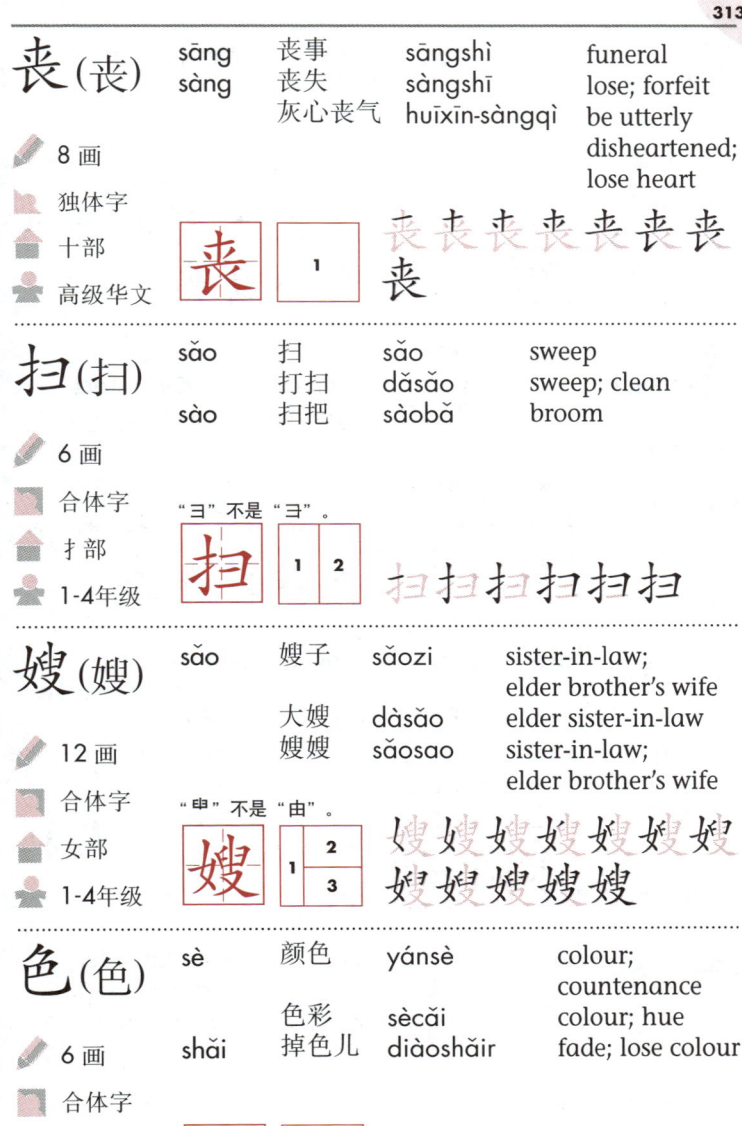

| 丧(丧) | sāng
sàng | 丧事
丧失
灰心丧气 | sāngshì
sàngshī
huīxīn-sàngqì | funeral
lose; forfeit
be utterly disheartened; lose heart |

- 8 画
- 独体字
- 十部
- 高级华文

| 扫(扫) | sǎo

sào | 扫
打扫
扫把 | sǎo
dǎsǎo
sàobǎ | sweep
sweep; clean
broom |

- 6 画
- 合体字
- 扌部
- 1-4年级

"ヨ" 不是 "∃"。

| 嫂(嫂) | sǎo | 嫂子

大嫂
嫂嫂 | sǎozi

dàsǎo
sǎosao | sister-in-law; elder brother's wife
elder sister-in-law
sister-in-law; elder brother's wife |

- 12 画
- 合体字
- 女部
- 1-4年级

"甶" 不是 "由"。

| 色(色) | sè

shǎi | 颜色

色彩
掉色儿 | yánsè

sècǎi
diàoshǎir | colour; countenance
colour; hue
fade; lose colour |

- 6 画
- 合体字
- 刀(⺈)部
- 1-4年级

啬 (啬)

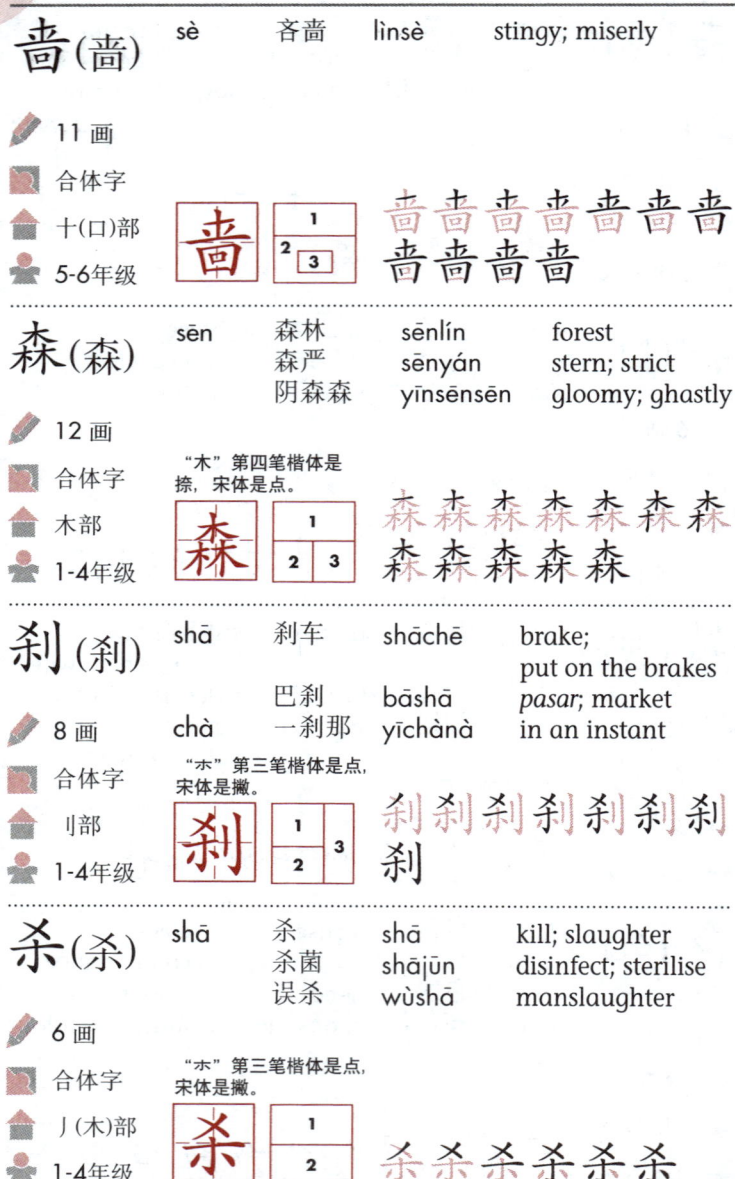

sè　　吝啬　　lìnsè　　stingy; miserly

- 11 画
- 合体字
- 十(口)部
- 5-6年级

森 (森)

sēn　　森林　　sēnlín　　forest
　　　　森严　　sēnyán　　stern; strict
　　　　阴森森　yīnsēnsēn　gloomy; ghastly

- 12 画
- 合体字
- 木部
- 1-4年级

"木"第四笔楷体是捺，宋体是点。

刹 (刹)

shā　　刹车　　shāchē　　brake; put on the brakes

chà　　巴刹　　bāshā　　*pasar*; market
　　　　一刹那　yīchànà　in an instant

- 8 画
- 合体字
- 刂部
- 1-4年级

"朩"第三笔楷体是点，宋体是撇。

杀 (杀)

shā　　杀　　　shā　　　kill; slaughter
　　　　杀菌　　shājūn　　disinfect; sterilise
　　　　误杀　　wùshā　　manslaughter

- 6 画
- 合体字
- 丿(木)部
- 1-4年级

"朩"第三笔楷体是点，宋体是撇。

沙 (沙)

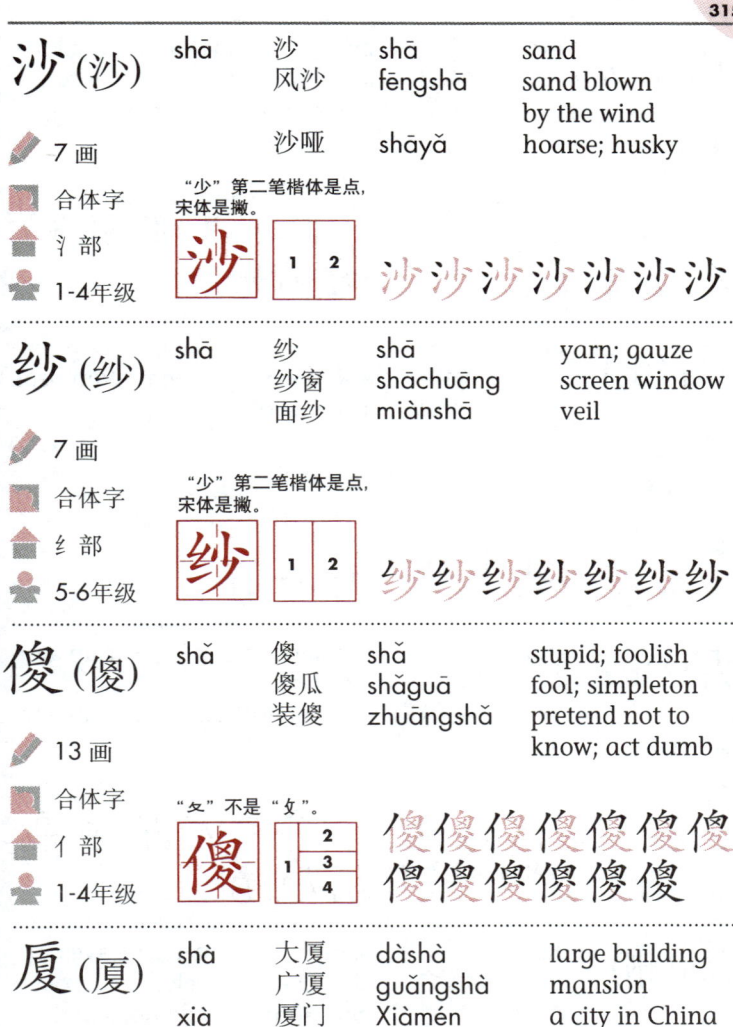

shā	沙	shā	sand
	风沙	fēngshā	sand blown by the wind
	沙哑	shāyǎ	hoarse; husky

- 7 画
- 合体字
- 氵部
- 1-4年级

"少"第二笔楷体是点，宋体是撇。

沙 沙 沙 沙 沙 沙 沙

纱 (纱)

shā	纱	shā	yarn; gauze
	纱窗	shāchuāng	screen window
	面纱	miànshā	veil

- 7 画
- 合体字
- 纟部
- 5-6年级

"少"第二笔楷体是点，宋体是撇。

纱 纱 纱 纱 纱 纱 纱

傻 (傻)

shǎ	傻	shǎ	stupid; foolish
	傻瓜	shǎguā	fool; simpleton
	装傻	zhuāngshǎ	pretend not to know; act dumb

- 13 画
- 合体字
- 亻部
- 1-4年级

"夂"不是"夊"。

傻 傻 傻 傻 傻 傻 傻 傻 傻 傻 傻 傻

厦 (厦)

shà	大厦	dàshà	large building
	广厦	guǎngshà	mansion
xià	厦门	Xiàmén	a city in China

- 12 画
- 合体字
- 厂部
- 5-6年级

"夂"不是"夊"。

厦 厦 厦 厦 厦 厦 厦 厦 厦 厦 厦 厦

晒 (晒)

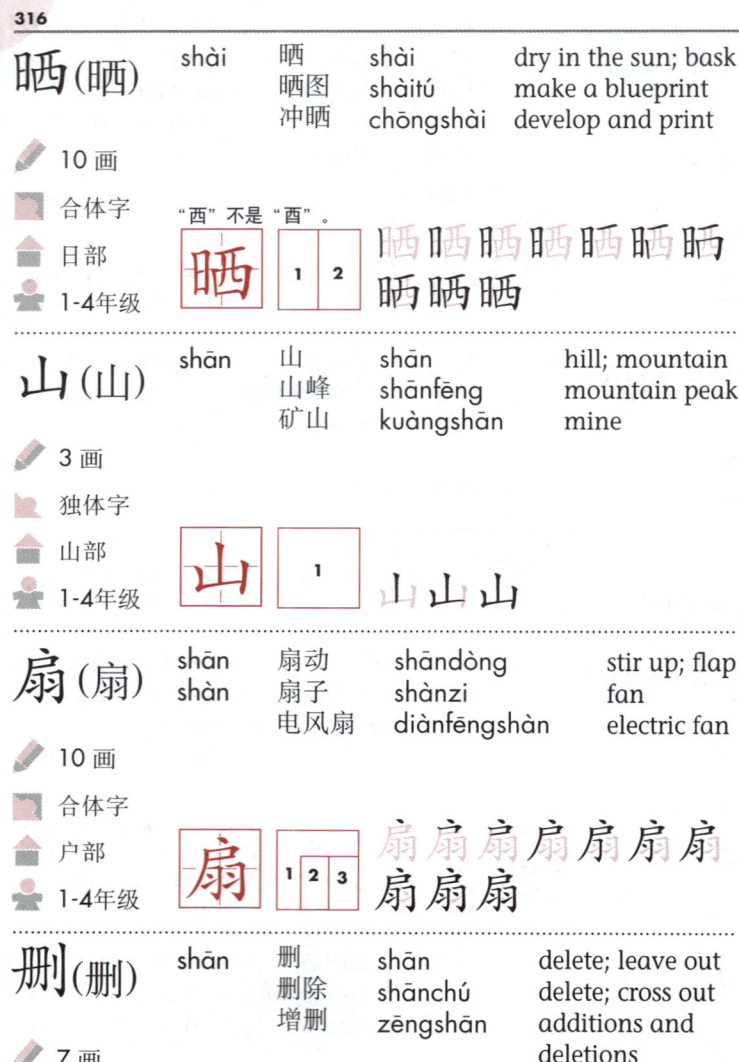

shài

晒	shài	dry in the sun; bask
晒图	shàitú	make a blueprint
冲晒	chōngshài	develop and print

- 10 画
- 合体字
- 日部
- 1-4年级

"西"不是"酉"。

晒 | 1 | 2

晒 晒 晒 晒 晒 晒 晒 晒 晒 晒

山 (山)

shān

山	shān	hill; mountain
山峰	shānfēng	mountain peak
矿山	kuàngshān	mine

- 3 画
- 独体字
- 山部
- 1-4年级

山 | 1

山 山 山

扇 (扇)

shān
shàn

扇动	shāndòng	stir up; flap
扇子	shànzi	fan
电风扇	diànfēngshàn	electric fan

- 10 画
- 合体字
- 户部
- 1-4年级

扇 | 1 | 2 | 3

扇 扇 扇 扇 扇 扇 扇 扇 扇 扇

删 (删)

shān

删	shān	delete; leave out
删除	shānchú	delete; cross out
增删	zēngshān	additions and deletions

- 7 画
- 合体字
- 刂部
- 5-6年级

删 | 1 | 2

删 删 删 删 删 删 删

闪 (閃)

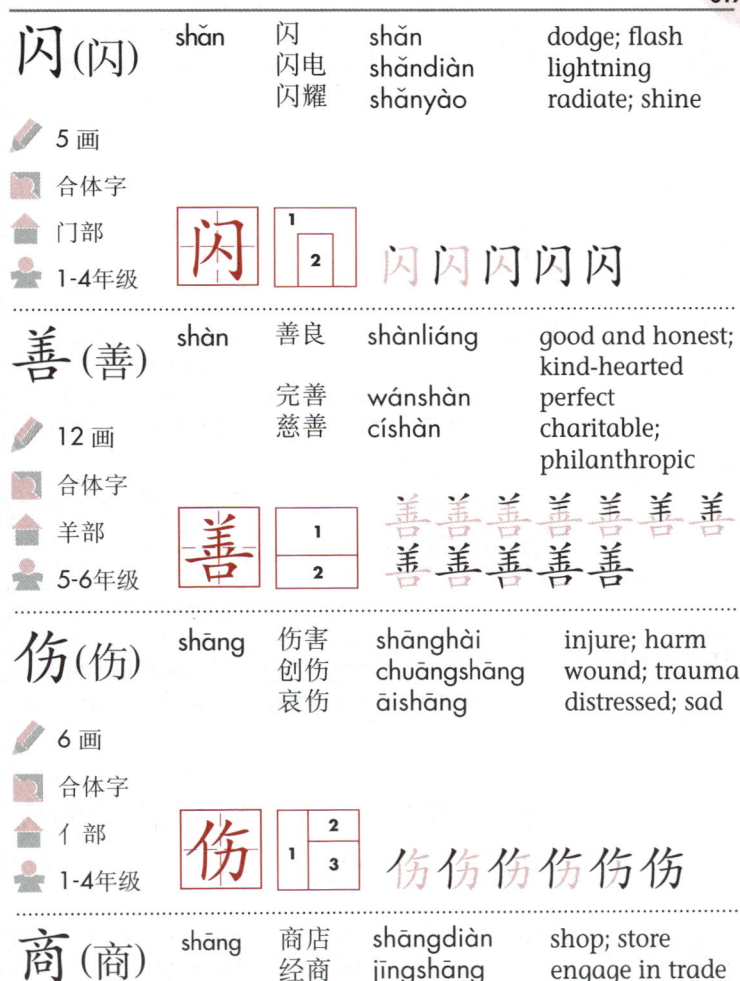

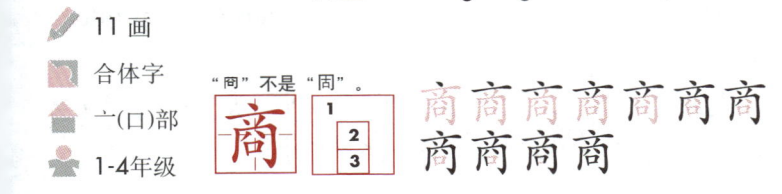

shǎn

闪	shǎn	dodge; flash
闪电	shǎndiàn	lightning
闪耀	shǎnyào	radiate; shine

- 5 画
- 合体字
- 门部
- 1-4年级

闪闪闪闪闪

善 (善)

shàn

善良	shànliáng	good and honest; kind-hearted
完善	wánshàn	perfect
慈善	císhàn	charitable; philanthropic

- 12 画
- 合体字
- 羊部
- 5-6年级

善善善善善善善善善善善

伤 (傷)

shāng

伤害	shānghài	injure; harm
创伤	chuāngshāng	wound; trauma
哀伤	āishāng	distressed; sad

- 6 画
- 合体字
- 亻部
- 1-4年级

伤伤伤伤伤伤

商 (商)

shāng

商店	shāngdiàn	shop; store
经商	jīngshāng	engage in trade
商量	shāngliáng	consult; discuss

- 11 画
- 合体字
- 亠(口)部
- 1-4年级

"冏" 不是 "同"。

商商商商商商商商商商商

上(上)	shǎng shàng	上声 上面 上课	shǎngshēng shàngmian shàngkè	falling-rising tone above; on top of attend class; go to class

- 3 画
- 独体字
- 卜(卜、一、丨)部
- 1-4年级

上 上 上

赏(赏)	shǎng	赏 奖赏 欣赏	shǎng jiǎngshǎng xīnshǎng	bestow a reward; award award; reward appreciate; admire

- 12 画
- 合体字
- 贝部
- 5-6年级

赏 赏 赏 赏 赏 赏 赏 赏 赏 赏 赏

尚(尚)	shàng	尚且 风尚 高尚	shàngqiě fēngshàng gāoshàng	even prevailing custom noble; lofty

- 8 画
- 合体字
- 小(⺌)部
- 5-6年级

尚 尚 尚 尚 尚 尚 尚 尚

烧(烧)	shāo	烧 燃烧 发烧	shāo ránshāo fāshāo	burn; cook burn; kindle have a fever; have a temperature

- 10 画
- 合体字
- 火部
- 1-4年级

"戈"不是"戈"。

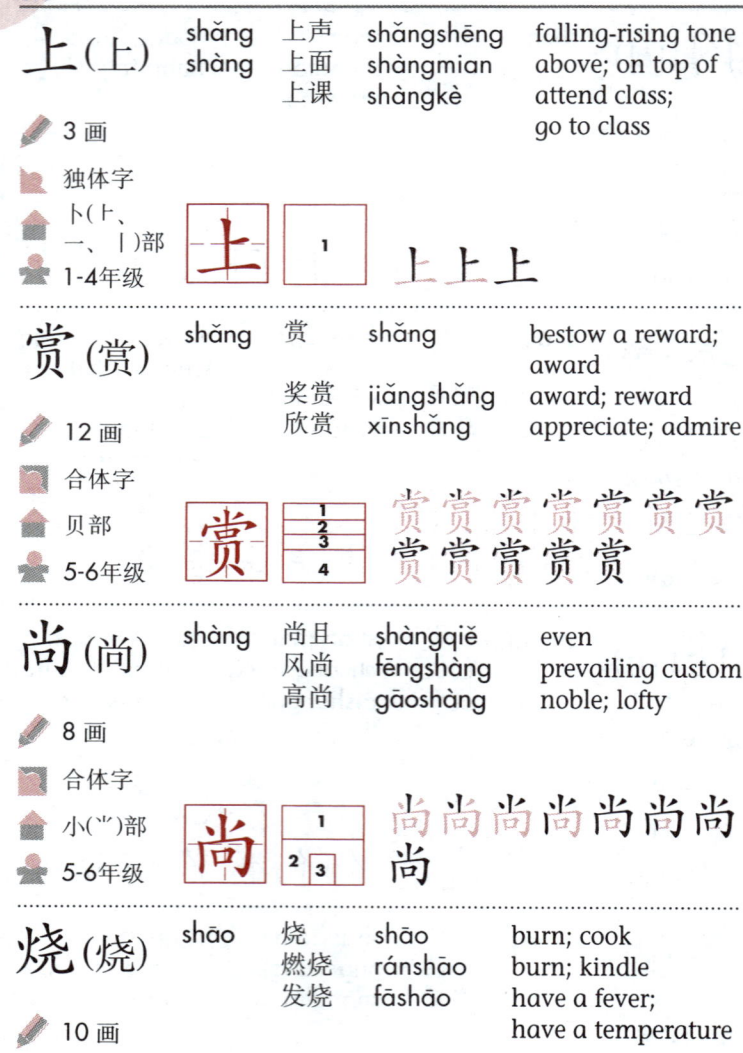

烧 烧 烧 烧 烧 烧 烧 烧 烧 烧

少 (少)

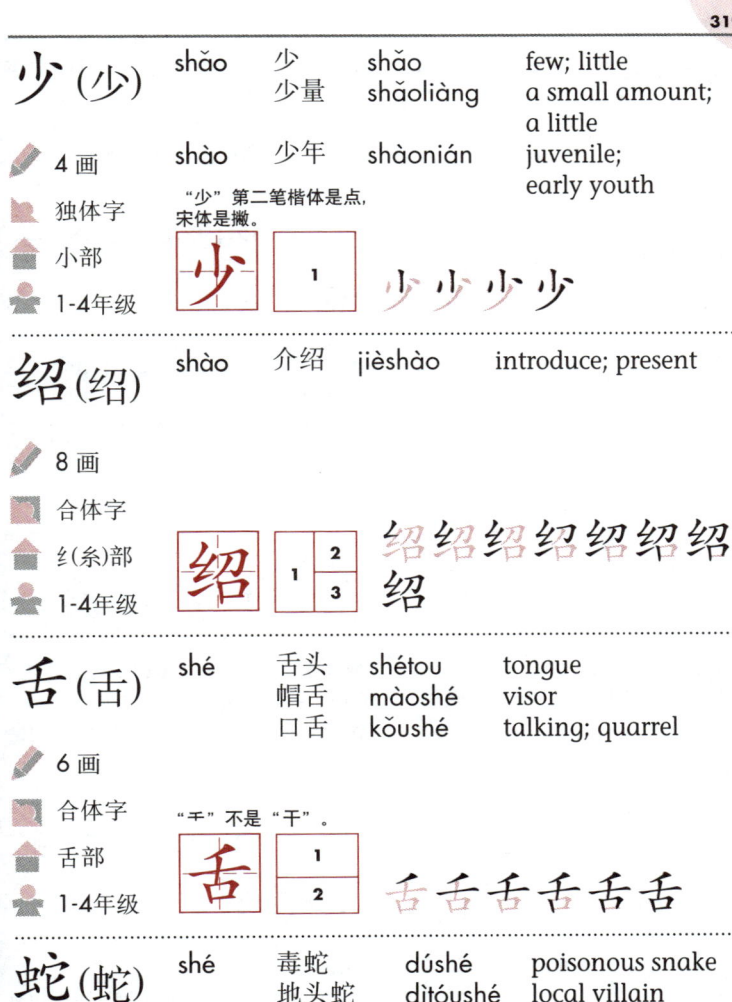

- 4 画
- 独体字
- 小部
- 1-4年级

shǎo	少	shǎo	few; little
	少量	shǎoliàng	a small amount; a little
shào	少年	shàonián	juvenile; early youth

"少"第二笔楷体是点，宋体是撇。

少 少 少 少 少

绍 (绍)

- 8 画
- 合体字
- 纟(糸)部
- 1-4年级

| shào | 介绍 | jièshào | introduce; present |

绍 绍 绍 绍 绍 绍 绍 绍

舌 (舌)

- 6 画
- 合体字
- 舌部
- 1-4年级

shé	舌头	shétou	tongue
	帽舌	màoshé	visor
	口舌	kǒushé	talking; quarrel

"千"不是"干"。

舌 舌 舌 舌 舌 舌

蛇 (蛇)

- 11 画
- 合体字
- 虫部
- 1-4年级

| shé | 毒蛇 | dúshé | poisonous snake |
| | 地头蛇 | dìtóushé | local villain |

"匕"不是"七"。

蛇 蛇 蛇 蛇 蛇 蛇 蛇 蛇 蛇 蛇

舍 (舍)

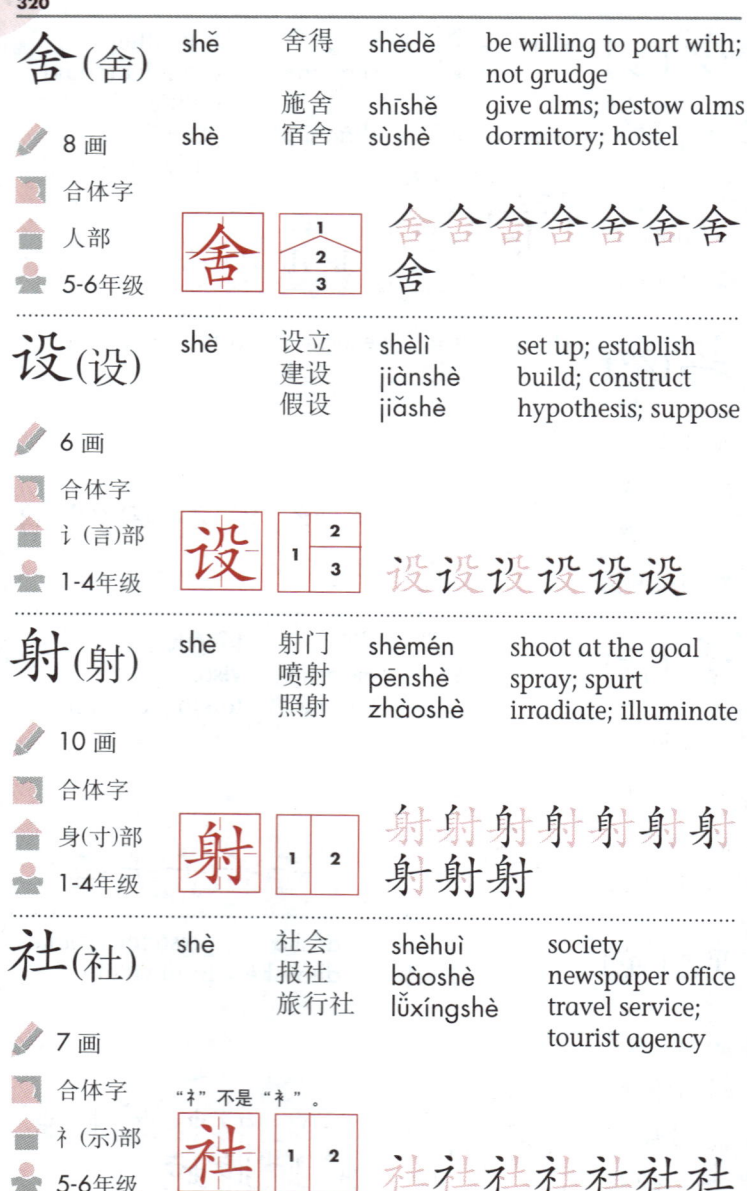

shě 舍得 shědé be willing to part with; not grudge
shè 施舍 shīshě give alms; bestow alms
宿舍 sùshè dormitory; hostel

- 8 画
- 合体字
- 人部
- 5-6年级

舍舍舍舍舍舍舍舍

设 (設)

shè 设立 shèlì set up; establish
建设 jiànshè build; construct
假设 jiǎshè hypothesis; suppose

- 6 画
- 合体字
- 讠(言)部
- 1-4年级

设设设设设设

射 (射)

shè 射门 shèmén shoot at the goal
喷射 pēnshè spray; spurt
照射 zhàoshè irradiate; illuminate

- 10 画
- 合体字
- 身(寸)部
- 1-4年级

射射射射射射射射射

社 (社)

shè 社会 shèhuì society
报社 bàoshè newspaper office
旅行社 lǚxíngshè travel service; tourist agency

- 7 画
- 合体字
- 礻(示)部
- 5-6年级

"礻" 不是 "衤"。

社社社社社社社

申(申) shēn

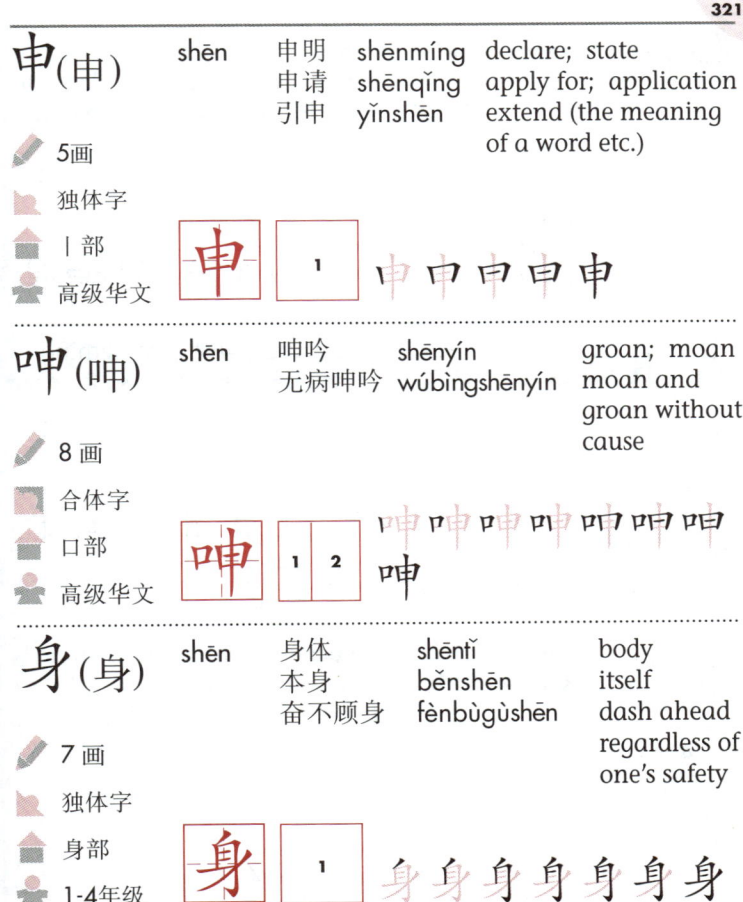

申明	shēnmíng	declare; state
申请	shēnqǐng	apply for; application
引申	yǐnshēn	extend (the meaning of a word etc.)

- 5画
- 独体字
- 丨部
- 高级华文

申 | 丨 申 口 曰 曰 申

呻(呻) shēn

呻吟	shēnyín	groan; moan
无病呻吟	wúbìngshēnyín	moan and groan without cause

- 8画
- 合体字
- 口部
- 高级华文

呻 | 1 2 | 呻 呻 呻 呻 呻 呻 呻

身(身) shēn

身体	shēntǐ	body
本身	běnshēn	itself
奋不顾身	fènbùgùshēn	dash ahead regardless of one's safety

- 7画
- 独体字
- 身部
- 1-4年级

身 | 1 | 身 身 身 身 身 身 身

深(深) shēn

深	shēn	deep
深刻	shēnkè	profound
深入	shēnrù	go deep into

- 11画
- 合体字
- 氵部
- 1-4年级

深 | 1 2/3/4 | 深 深 深 深 深 深 深 深 深 深 深

伸 (伸)

shēn	伸	shēn	extend; stretch
	延伸	yánshēn	extend; elongate
	伸懒腰	shēnlǎnyāo	stretch one's limbs

- 7 画
- 合体字
- 亻部
- 1-4年级

伸伸伸伸伸伸伸

甚 (甚)

shén	甚么	shénme	what; something
shèn	甚至	shènzhì	even; go so far as to

- 9 画
- 独体字
- 一(其)部
- 高级华文

甚甚甚甚甚甚甚甚甚

什 (什)

shén	什么	shénme	what; something
shí	什物	shíwù	sundry; odds and ends

- 4 画
- 合体字
- 亻部
- 1-4年级

什什什什

神 (神)

shén	神	shén	god; deity
	神话	shénhuà	mythology
	精神	jīngshen	vigour; vitality

- 9 画
- 合体字
- 礻(示)部
- 1-4年级

"礻" 不是 "衤"。

神神神神神神神神神

审(審)	shěn	审判	shěnpàn	judge; trial
		审查	shěnchá	examine; investigate
		评审	píngshěn	evaluate; pass judgement on

- 8 画
- 合体字
- 宀部
- 高级华文

审 审审审审宀宀宀审

| 婶(嬸) | shěn | 婶婶 | shěnshen | aunt; auntie |

- 11 画
- 合体字
- 女部
- 高级华文

婶 婶婶婶婶婶婶婶婶婶婶婶

慎(愼)	shèn	慎重	shènzhòng	careful; cautious
		谨慎	jǐnshèn	careful; circumspect
		审慎	shěnshèn	cautious; prudent

- 13 画
- 合体字
- 忄部
- 高级华文

"且"不是"且"。

慎 慎慎慎慎慎慎慎慎慎慎慎慎慎

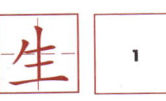

生(生)	shēng	生	shēng	raw; unfamiliar
		生吃	shēngchī	eat (something) raw
		卫生	wèishēng	hygiene; sanitation

- 5 画
- 独体字
- 丿部
- 1-4年级

生 生生生生生

声 (声) shēng

声音	shēngyīn	sound; voice
响声	xiǎngshēng	sound; noise
鸦雀无声	yāquèwúshēng	in dead silence

- 7 画
- 合体字
- 士部
- 1-4年级

"士" 不是 "土"。

升 (升) shēng

升	shēng	rise; hoist
升学	shēngxué	enter a higher school
提升	tíshēng	promote; advance

- 4 画
- 独体字
- 丿部
- 1-4年级

牲 (牲) shēng

牲口	shēngkou	livestock
畜牲	chùsheng	beast; brute
牺牲	xīshēng	sacrifice; die

- 9 画
- 合体字
- 牛(牛)部
- 5-6年级

甥 (甥) shēng

| 甥女 | shēngnǚ | niece |
| 外甥 | wàisheng | nephew |

- 12 画
- 合体字
- 丿部
- 5-6年级

绳(绳)

shéng

| 绳子 | shéngzi | rope; cord |
| 绳之以法 | shéngzhīyǐfǎ | enforce law upon |

- 11 画
- 合体字
- 纟(糸)部
- 1-4年级

绳绳绳绳绳绳绳绳绳绳绳绳

省(省)

shěng / xǐng

省	shěng	province
省会	shěnghuì	provincial capital
反省	fǎnxǐng	self-reflection

- 9 画
- 合体字
- 目(小)部
- 1-4年级

"少"第二笔楷体是点，宋体是撇。

省省省省省省省省省

胜(胜)

shèng

胜	shèng	win; succeed
胜利	shènglì	victory; success
优胜	yōushèng	championship; superior

- 9 画
- 合体字
- 月部
- 1-4年级

胜胜胜胜胜胜胜胜胜

剩(剩)

shèng

剩	shèng	remain; leave (over)
剩余	shèngyú	surplus; remainder
过剩	guòshèng	surplus; excess

- 12 画
- 合体字
- 刂部
- 1-4年级

剩剩剩剩剩剩剩剩剩剩剩剩

326

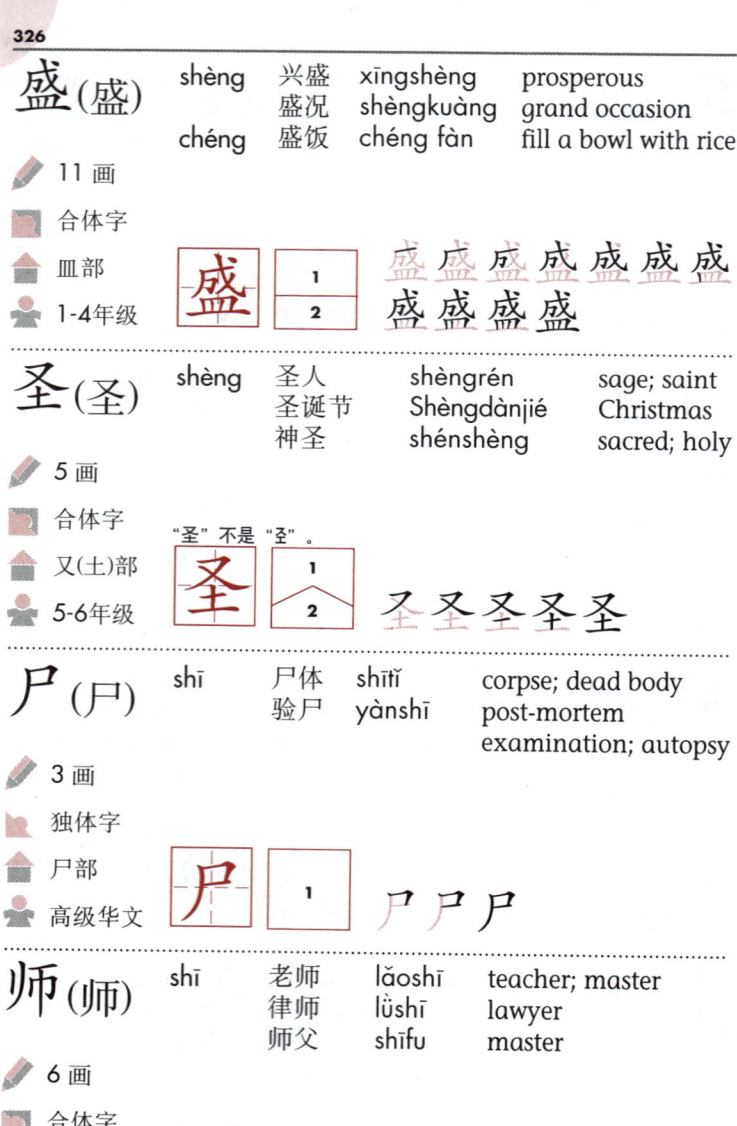

盛 (盛)

shèng　兴盛　xīngshèng　prosperous
　　　　盛况　shèngkuàng　grand occasion
chéng　盛饭　chéng fàn　fill a bowl with rice

- 11 画
- 合体字
- 皿部
- 1-4年级

圣 (圣)

shèng　圣人　shèngrén　sage; saint
　　　　圣诞节　Shèngdànjié　Christmas
　　　　神圣　shénshèng　sacred; holy

- 5 画
- 合体字
- 又(土)部
- 5-6年级

"圣" 不是 "圣"。

尸 (尸)

shī　尸体　shītǐ　corpse; dead body
　　　验尸　yànshī　post-mortem examination; autopsy

- 3 画
- 独体字
- 尸部
- 高级华文

师 (师)

shī　老师　lǎoshī　teacher; master
　　　律师　lǜshī　lawyer
　　　师父　shīfu　master

- 6 画
- 合体字
- 丨(巾)部
- 1-4年级

"帀" 不是 "帀"。

狮 (狮) shī

狮子	shīzi	lion
舞狮子	wǔ shīzi	perform a lion dance
鱼尾狮	yúwěishī	Merlion

- 9 画
- 合体字
- 犭部
- 1-4年级

"币" 不是 "币"。

失 (失) shī

失望	shīwàng	lose hope; disappointed
失败	shībài	be defeated; fail
遗失	yíshī	lose; lost

- 5 画
- 独体字
- 丿部
- 1-4年级

湿 (湿) shī

湿	shī	wet; humid
潮湿	cháoshī	moist; damp
湿巴刹	shībāshā	wet market

- 12 画
- 合体字
- 氵部
- 1-4年级

施 (施) shī

施肥	shīféi	spread manure
施舍	shīshě	give alms
实施	shíshī	put into effect

- 9 画
- 合体字
- 方部
- 5-6年级

诗 (詩)

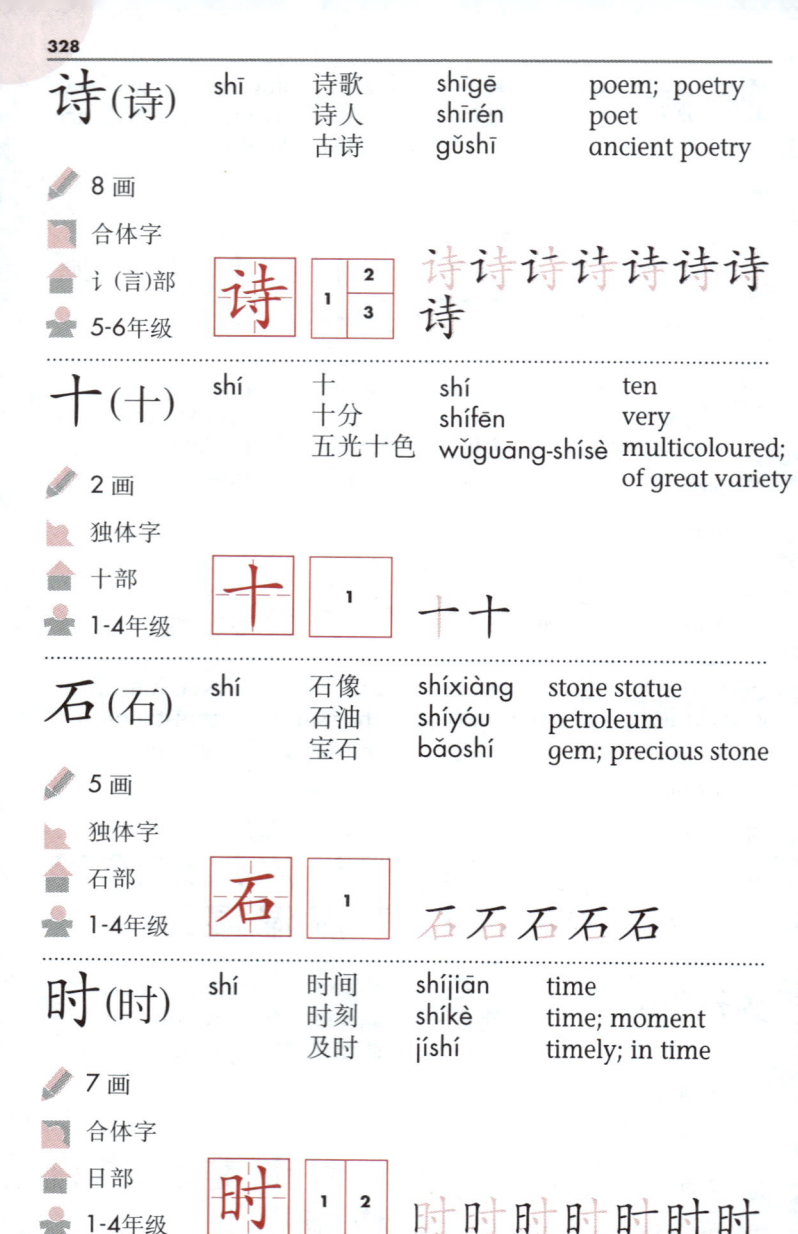

shī

诗歌	shīgē	poem; poetry
诗人	shīrén	poet
古诗	gǔshī	ancient poetry

- 8 画
- 合体字
- 讠(言)部
- 5-6年级

诗 诗 诗 诗 诗 诗 诗 诗

十 (十)

shí

十	shí	ten
十分	shífēn	very
五光十色	wǔguāng-shísè	multicoloured; of great variety

- 2 画
- 独体字
- 十部
- 1-4年级

十 十

石 (石)

shí

石像	shíxiàng	stone statue
石油	shíyóu	petroleum
宝石	bǎoshí	gem; precious stone

- 5 画
- 独体字
- 石部
- 1-4年级

石 石 石 石 石

时 (時)

shí

时间	shíjiān	time
时刻	shíkè	time; moment
及时	jíshí	timely; in time

- 7 画
- 合体字
- 日部
- 1-4年级

时 时 时 时 时 时

拾 (拾)

shí

拾	shí	pick up
收拾	shōushi	put in order
道不拾遗	dàobùshíyí	honesty prevails throughout society

- 9 画
- 合体字
- 扌部
- 1-4年级

拾 拾 拾 拾 拾 拾 拾 拾 拾

食 (食)

shí

食物	shíwù	food; edibles
粮食	liángshi	grain; cereals
日食	rìshí	solar eclipse

- 9 画
- 合体字
- 饣(食)部
- 1-4年级

食 食 食 食 食 食 食 食 食

识 (识)

shí / zhì

识字	shízì	learn to read
常识	chángshí	common sense
标识	biāozhì	mark; sign

- 7 画
- 合体字
- 讠(言)部
- 1-4年级

识 识 识 识 识 识 识

实 (实)

shí

实	shí	solid; true
实用	shíyòng	practical; pragmatic
老实	lǎoshi	honest; frank

- 8 画
- 合体字
- 宀部
- 1-4年级

实 实 实 实 实 实 实 实

使(使)

shǐ

使用	shǐyòng	make use of; apply
大使	dàshǐ	ambassador
假使	jiǎshǐ	if; in case

- 8 画
- 合体字
- 亻部
- 1-4年级

使使使使使使使

始(始)

shǐ

始终	shǐzhōng	throughout
开始	kāishǐ	begin; start
原始	yuánshǐ	primitive; original

- 8 画
- 合体字
- 女部
- 1-4年级

始始始始始始始

史(史)

shǐ

历史	lìshǐ	history; past records
校史	xiàoshǐ	school history
史书	shǐshū	history book

- 5 画
- 独体字
- 口部
- 5-6年级

史史史史史

驶(驶)

shǐ

| 行驶 | xíngshǐ | travel |
| 驾驶 | jiàshǐ | drive; pilot |

- 8 画
- 合体字
- 马部
- 5-6年级

驶驶驶驶驶驶驶

势(勢)	shì	势力	shìlì	force; influence
		形势	xíngshì	situation
		手势	shǒushì	gesture; sign

- 8 画
- 合体字
- 力部
- 高级华文

"丸"不是"九"。

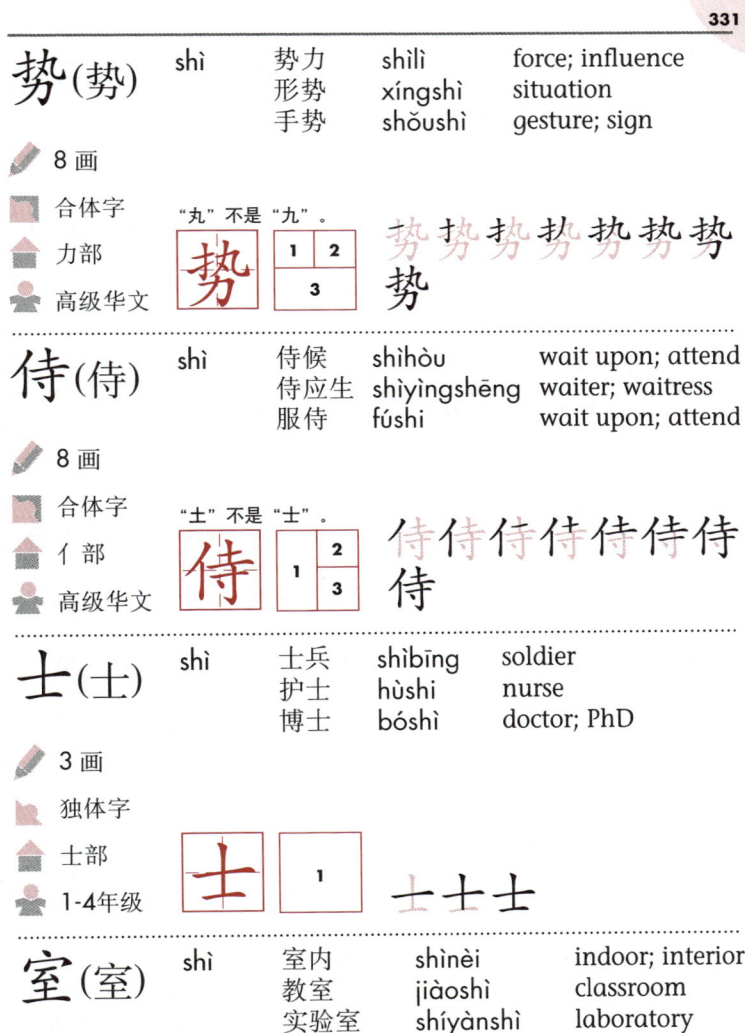

势 势 势 势 势 势 势 势

侍(侍)	shì	侍候	shìhòu	wait upon; attend
		侍应生	shìyìngshēng	waiter; waitress
		服侍	fúshi	wait upon; attend

- 8 画
- 合体字
- 亻部
- 高级华文

"土"不是"士"。

侍 侍 侍 侍 侍 侍 侍 侍

士(士)	shì	士兵	shìbīng	soldier
		护士	hùshi	nurse
		博士	bóshì	doctor; PhD

- 3 画
- 独体字
- 士部
- 1-4年级

士 士 士

室(室)	shì	室内	shìnèi	indoor; interior
		教室	jiàoshì	classroom
		实验室	shíyànshì	laboratory

- 9 画
- 合体字
- 宀部
- 1-4年级

室 室 室 室 室 室 室 室 室

是(是) shì

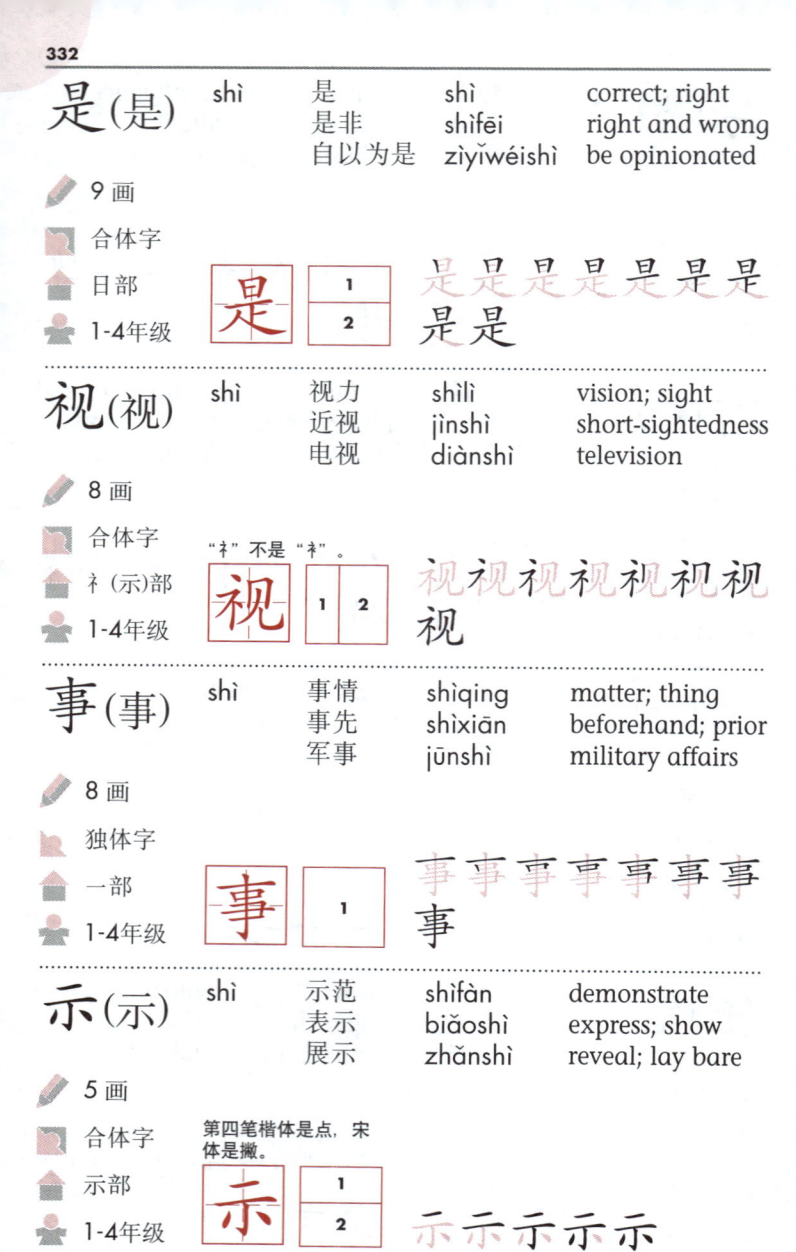

是	shì	correct; right
是非	shìfēi	right and wrong
自以为是	zìyǐwéishì	be opinionated

- 9 画
- 合体字
- 日部
- 1-4年级

是是是是是是是是是

视(视) shì

视力	shìlì	vision; sight
近视	jìnshì	short-sightedness
电视	diànshì	television

- 8 画
- 合体字
- "礻" 不是 "衤"。
- 礻(示)部
- 1-4年级

视视视视视视视视

事(事) shì

事情	shìqing	matter; thing
事先	shìxiān	beforehand; prior
军事	jūnshì	military affairs

- 8 画
- 独体字
- 一部
- 1-4年级

事事事事事事事事

示(示) shì

示范	shìfàn	demonstrate
表示	biǎoshì	express; show
展示	zhǎnshì	reveal; lay bare

- 5 画
- 合体字
- 第四笔楷体是点，宋体是撇。
- 示部
- 1-4年级

示示示示示

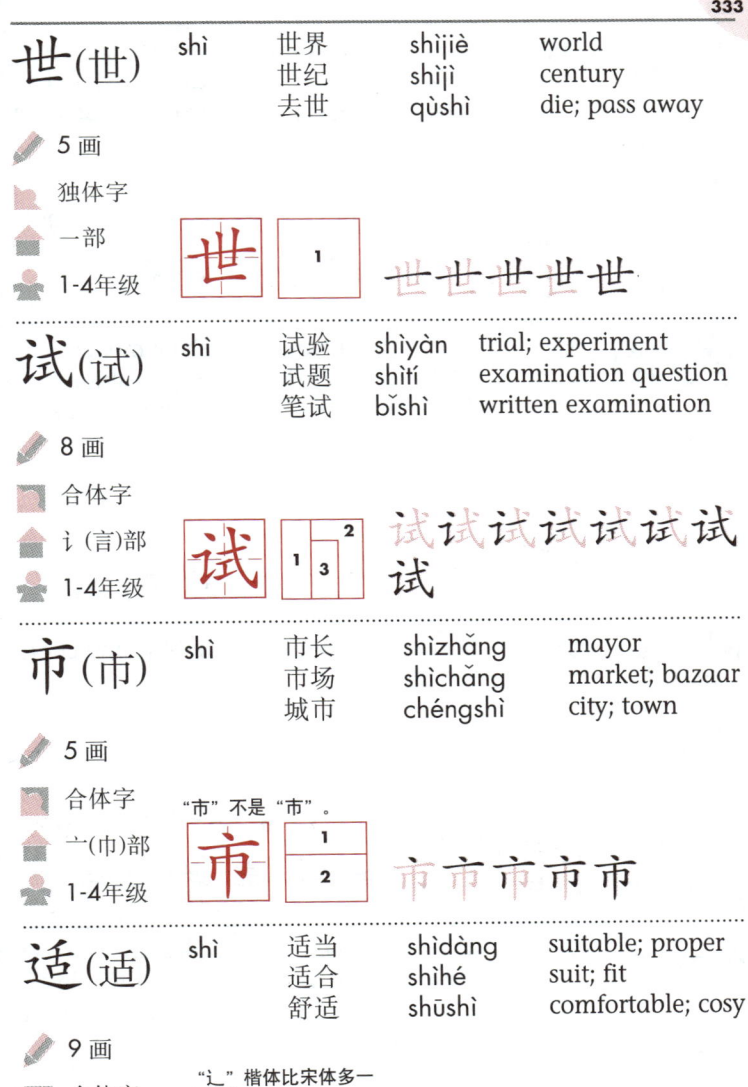

世(世)	shì	世界	shìjiè	world
		世纪	shìjì	century
		去世	qùshì	die; pass away

- 5 画
- 独体字
- 一部
- 1-4年级

世世世世世

试(试)	shì	试验	shìyàn	trial; experiment
		试题	shìtí	examination question
		笔试	bǐshì	written examination

- 8 画
- 合体字
- 讠(言)部
- 1-4年级

试试试试试试试试

市(市)	shì	市长	shìzhǎng	mayor
		市场	shìchǎng	market; bazaar
		城市	chéngshì	city; town

- 5 画
- 合体字
- 亠(巾)部
- 1-4年级

"市" 不是 "市"。

市市市市市

适(适)	shì	适当	shìdàng	suitable; proper
		适合	shìhé	suit; fit
		舒适	shūshì	comfortable; cosy

- 9 画
- 合体字
- 辶部
- 1-4年级

"辶" 楷体比宋体多一个弯曲。

适适适适适适适适适

释 (释)

shì

释放	shìfàng	release; set free
释疑	shìyí	clear up doubts
解释	jiěshì	explain; interpret

- 12 画
- 合体字
- 采部
- 5-6年级

"丰" 不是 "丰"。

释释释释释释释释释释释释

式 (式)

shì

式样	shìyàng	style; model
方式	fāngshì	way; fashion
仪式	yíshì	ceremony; rite

- 6 画
- 合体字
- 弋(工)部
- 5-6年级

式式式式式式

嗜 (嗜)

shì

| 嗜好 | shìhào | hobby; addiction |

- 13 画
- 合体字
- 口部
- 5-6年级

嗜嗜嗜嗜嗜嗜嗜嗜嗜嗜嗜嗜

饰 (饰)

shì

饰物	shìwù	ornaments
饰演	shìyǎn	play the role of
装饰	zhuāngshì	decorate; adorn

- 8 画
- 合体字
- 饣(食)部
- 5-6年级

饰饰饰饰饰饰饰饰

收 (收)

shōu

收	shōu	receive; accept
收获	shōuhuò	harvest; gain
丰收	fēngshōu	bumper harvest

- 6 画
- 合体字
- 攵 部
- 1-4年级

"攵" 不是 "夂"。

收 收 收 收 收 收

手 (手)

shǒu

手	shǒu	hand
手段	shǒuduàn	means; method
动手	dòngshǒu	get to work; hit out

- 4 画
- 独体字
- 手部
- 1-4年级

手 手 手 手

守 (守)

shǒu

守候	shǒuhòu	expect; wait for; keep watch
看守	kānshǒu	watch; warder
防守	fángshǒu	defend; guard

- 6 画
- 合体字
- 宀部
- 1-4年级

守 守 守 守 守 守

首 (首)

shǒu

首尾	shǒuwěi	the head and the tail; the beginning and the end
首要	shǒuyào	of the first importance
元首	yuánshǒu	head of state

- 9 画
- 合体字
- 八(丷)部
- 5-6年级

首 首 首 首 首 首 首 首 首

寿 (寿)

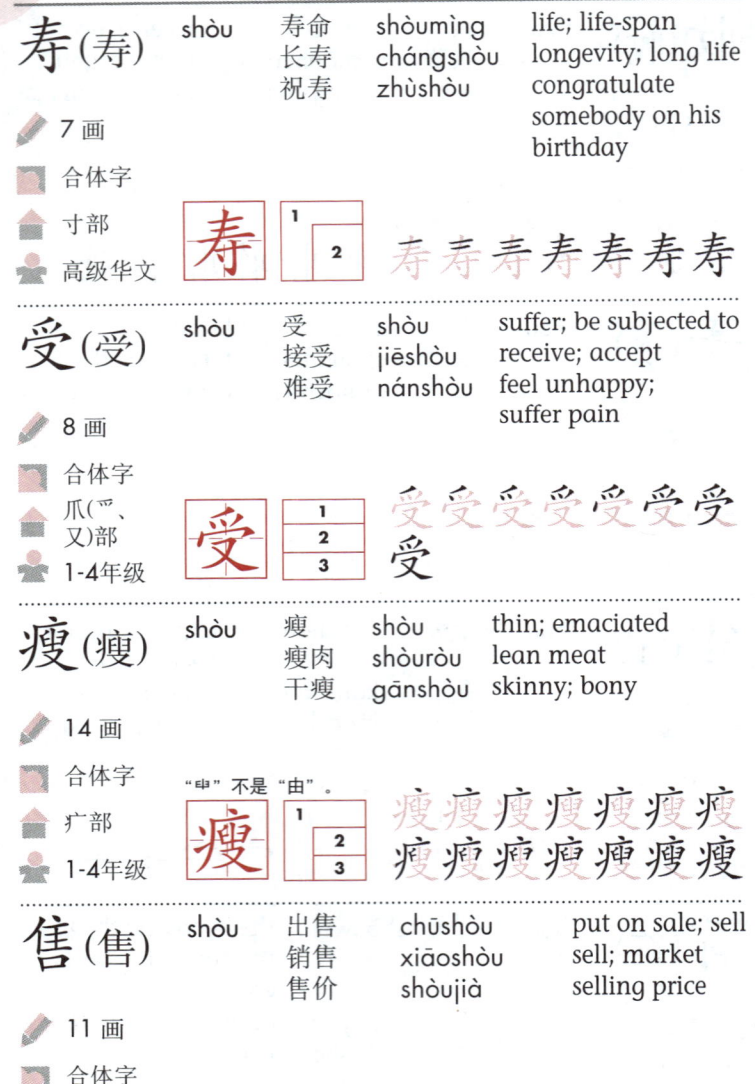

shòu

寿命	shòumìng	life; life-span
长寿	chángshòu	longevity; long life
祝寿	zhùshòu	congratulate somebody on his birthday

- 7 画
- 合体字
- 寸部
- 高级华文

寿寿寿寿寿寿寿

受 (受)

shòu

受	shòu	suffer; be subjected to
接受	jiēshòu	receive; accept
难受	nánshòu	feel unhappy; suffer pain

- 8 画
- 合体字
- 爪(爫、又)部
- 1-4年级

受受受受受受受受

瘦 (瘦)

shòu

瘦	shòu	thin; emaciated
瘦肉	shòuròu	lean meat
干瘦	gānshòu	skinny; bony

- 14 画
- 合体字
- 疒部
- 1-4年级

"申"不是"由"。

瘦瘦瘦瘦瘦瘦瘦瘦瘦瘦瘦瘦瘦瘦

售 (售)

shòu

出售	chūshòu	put on sale; sell
销售	xiāoshòu	sell; market
售价	shòujià	selling price

- 11 画
- 合体字
- 隹(口)部
- 1-4年级

售售售售售售售售售售售

兽(兽)

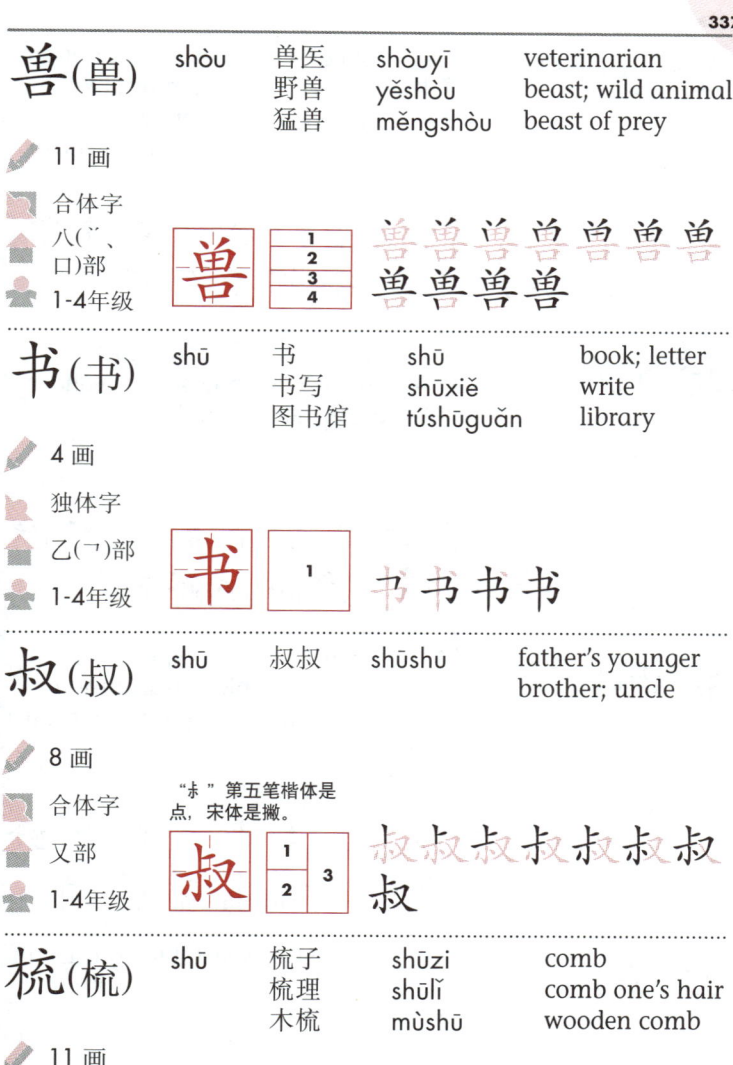

shòu

兽医	shòuyī	veterinarian
野兽	yěshòu	beast; wild animal
猛兽	měngshòu	beast of prey

- 11 画
- 合体字
- 八(丷)、口部
- 1-4年级

兽 兽 兽 兽 兽 兽 兽 兽 兽 兽 兽

书(书)

shū

书	shū	book; letter
书写	shūxiě	write
图书馆	túshūguǎn	library

- 4 画
- 独体字
- 乙(乛)部
- 1-4年级

书 书 书 书

叔(叔)

shū

| 叔叔 | shūshu | father's younger brother; uncle |

- 8 画
- 合体字
- 又部
- 1-4年级

"朩"第五笔楷体是点，宋体是撇。

叔 叔 叔 叔 叔 叔 叔 叔

梳(梳)

shū

梳子	shūzi	comb
梳理	shūlǐ	comb one's hair
木梳	mùshū	wooden comb

- 11 画
- 合体字
- 木部
- 1-4年级

"㐬"不是"亡"。

梳 梳 梳 梳 梳 梳 梳 梳 梳 梳

舒 (舒)

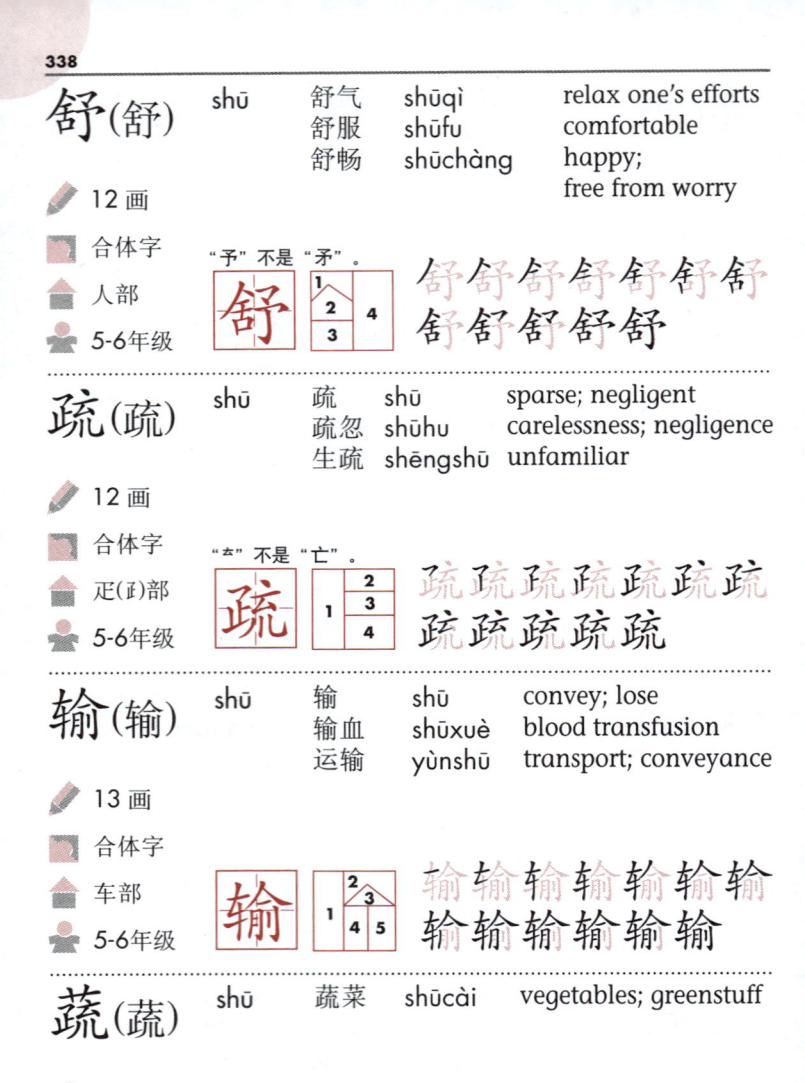

shū

舒气	shūqì	relax one's efforts
舒服	shūfu	comfortable
舒畅	shūchàng	happy; free from worry

- 12 画
- 合体字
- 人部
- 5-6年级

"予"不是"矛"。

疏 (疏)

shū

疏	shū	sparse; negligent
疏忽	shūhu	carelessness; negligence
生疏	shēngshū	unfamiliar

- 12 画
- 合体字
- 疋(乛)部
- 5-6年级

"云"不是"亡"。

输 (输)

shū

输	shū	convey; lose
输血	shūxuè	blood transfusion
运输	yùnshū	transport; conveyance

- 13 画
- 合体字
- 车部
- 5-6年级

蔬 (蔬)

shū

| 蔬菜 | shūcài | vegetables; greenstuff |

- 15 画
- 合体字
- 艹部
- 5-6年级

"云"不是"亡"。

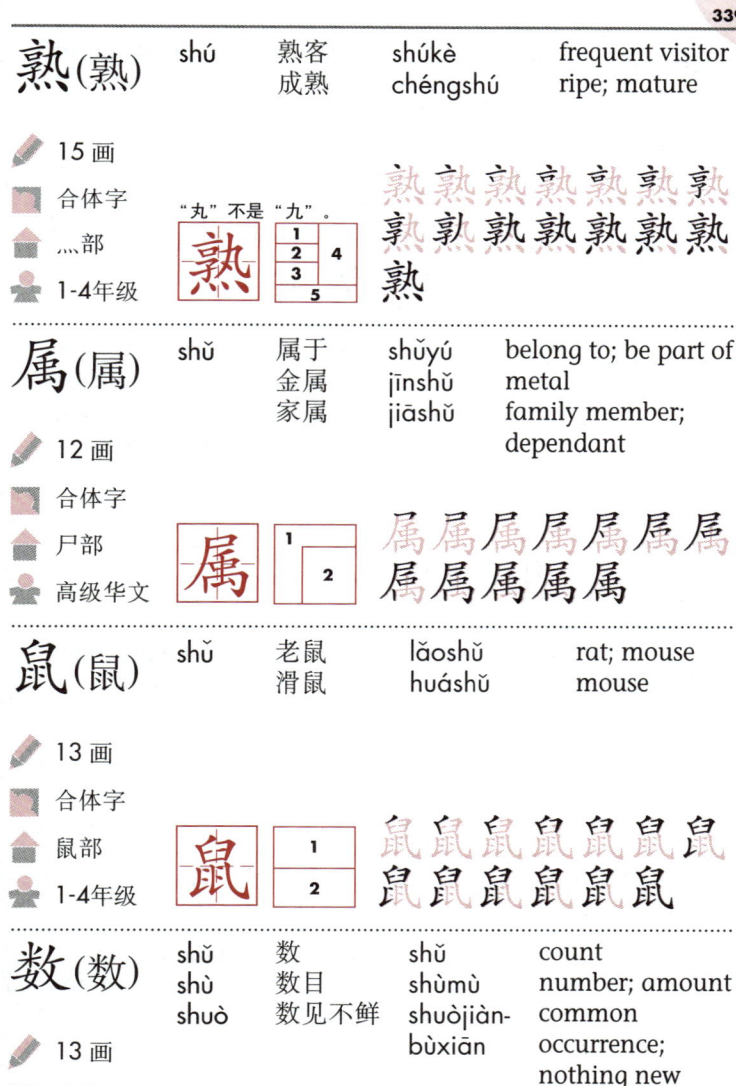

| 熟(熟) | shú | 熟客
成熟 | shúkè
chéngshú | frequent visitor
ripe; mature |

- 15 画
- 合体字
- 灬部
- 1-4年级

"丸" 不是 "九"。

| 属(属) | shǔ | 属于
金属
家属 | shǔyú
jīnshǔ
jiāshǔ | belong to; be part of
metal
family member; dependant |

- 12 画
- 合体字
- 尸部
- 高级华文

| 鼠(鼠) | shǔ | 老鼠
滑鼠 | lǎoshǔ
huáshǔ | rat; mouse
mouse |

- 13 画
- 合体字
- 鼠部
- 1-4年级

| 数(数) | shǔ
shù
shuò | 数
数目
数见不鲜 | shǔ
shùmù
shuòjiàn-
bùxiān | count
number; amount
common occurrence; nothing new |

- 13 画
- 合体字
- 攵部
- 1-4年级

树 (樹) shù

树木	shùmù	trees; plants
树立	shùlì	set up; establish
果树	guǒshù	fruit tree

- 9 画
- 合体字
- 木部
- 1-4 年级

树 | 1 2 3

树 树 树 树 树 树 树 树 树

术 (術) shù

手术	shǒushù	surgical operation
战术	zhànshù	(military) tactics
术语	shùyǔ	technical terms; terminology

- 5 画
- 独体字
- 木部
- 1-4 年级

术 | 1

术 术 术 术 术

漱 (漱) shù

| 漱口 | shùkǒu | rinse the mouth; gargle |

- 14 画
- 合体字
- 氵部
- 1-4 年级

"束" 不是 "束"。

漱 | 1 2 3 4

漱 漱 漱 漱 漱 漱 漱 漱 漱 漱 漱 漱 漱 漱

束 (束) shù

束	shù	bind; tie
束手	shùshǒu	have one's hands tied
约束	yuēshù	keep within bounds; restrain

- 7 画
- 独体字
- 一(木)部
- 5-6 年级

束 | 1

束 束 束 束 束 束 束

刷(刷)

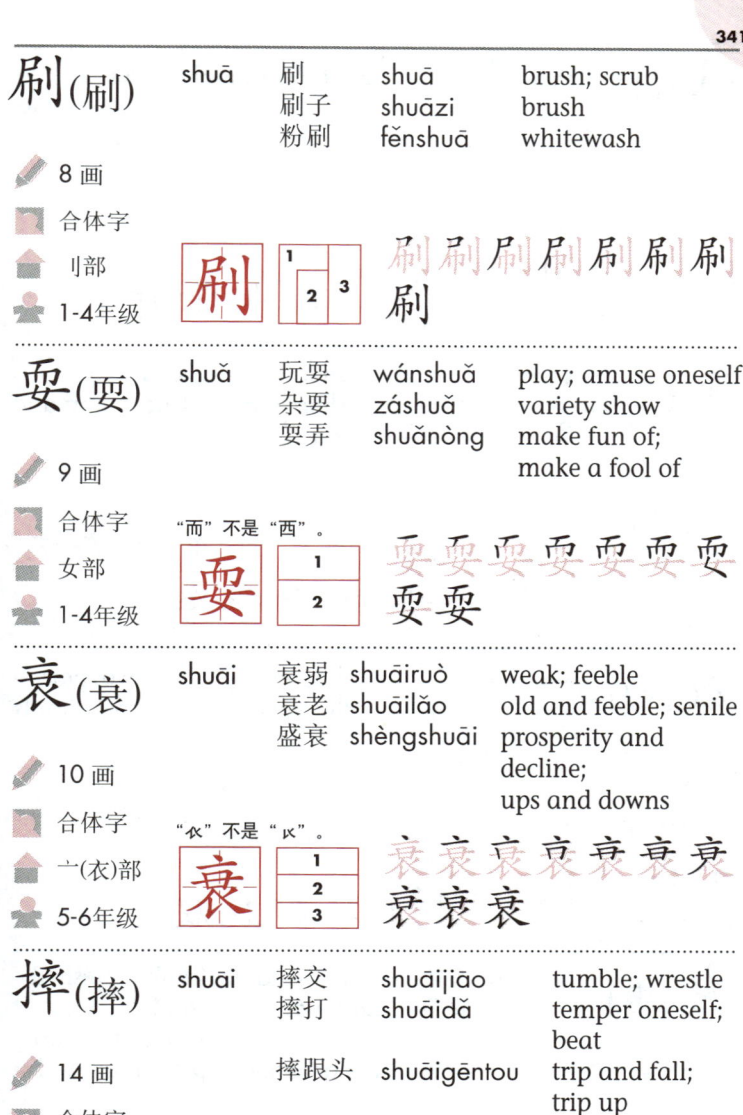

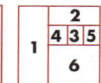

shuā

刷	shuā	brush; scrub
刷子	shuāzi	brush
粉刷	fěnshuā	whitewash

- 8 画
- 合体字
- 刂部
- 1-4年级

耍(耍)

shuǎ

玩耍	wánshuǎ	play; amuse oneself
杂耍	záshuǎ	variety show
耍弄	shuǎnòng	make fun of; make a fool of

- 9 画
- 合体字
- 女部
- 1-4年级

"而"不是"西"。

衰(衰)

shuāi

衰弱	shuāiruò	weak; feeble
衰老	shuāilǎo	old and feeble; senile
盛衰	shèngshuāi	prosperity and decline; ups and downs

- 10 画
- 合体字
- 一(衣)部
- 5-6年级

"衣"不是"𠂇"。

摔(摔)

shuāi

摔交	shuāijiāo	tumble; wrestle
摔打	shuāidǎ	temper oneself; beat
摔跟头	shuāigēntou	trip and fall; trip up

- 14 画
- 合体字
- 扌部
- 5-6年级

帅 (帥)

shuài	长得帅	zhǎng de shuài — look handsome
	元帅	yuánshuài — marshal

- 5 画
- 合体字
- 巾部
- 高级华文

"丿" 不是 "丨"。

帅 帅 帅 帅 帅

率 (率)

shuài	率	shuài — lead
	率领	shuàilǐng — lead; command
lǜ	效率	xiàolǜ — efficiency

- 11 画
- 合体字
- 亠部
- 高级华文

率 率 率 率 率 率 率 率 率 率 率

双 (雙)

shuāng	双	shuāng — two; pair
	双手	shuāngshǒu — both hands

- 4 画
- 合体字
- 又部
- 1-4 年级

双 双 双 双

爽 (爽)

shuǎng	爽快	shuǎngkuai — frank; refreshed
	直爽	zhíshuǎng — candid; straightforward
	凉爽	liángshuǎng — pleasantly cool

- 11 画
- 合体字
- 大(一)部
- 1-4 年级

爽 爽 爽 爽 爽 爽 爽 爽 爽 爽 爽

343

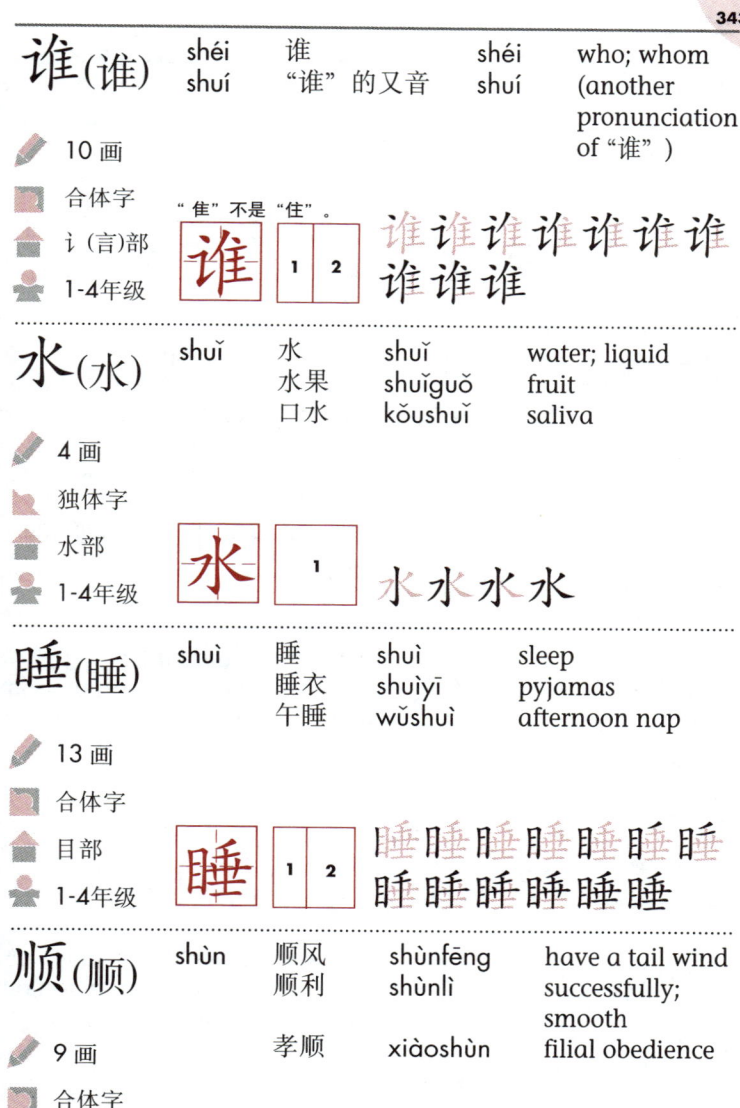

谁 (谁)

shéi	谁	shéi	who; whom
shuí	"谁"的又音	shuí	(another pronunciation of "谁")

- 10 画
- 合体字
- 讠(言)部
- 1-4年级

"隹"不是"住"。

谁 谁 谁 谁 谁 谁 谁 谁 谁 谁

水 (水)

shuǐ	水	shuǐ	water; liquid
	水果	shuǐguǒ	fruit
	口水	kǒushuǐ	saliva

- 4 画
- 独体字
- 水部
- 1-4年级

水 水 水 水

睡 (睡)

shuì	睡	shuì	sleep
	睡衣	shuìyī	pyjamas
	午睡	wǔshuì	afternoon nap

- 13 画
- 合体字
- 目部
- 1-4年级

睡 睡 睡 睡 睡 睡 睡 睡 睡 睡 睡 睡

顺 (顺)

shùn	顺风	shùnfēng	have a tail wind
	顺利	shùnlì	successfully; smooth
	孝顺	xiàoshùn	filial obedience

- 9 画
- 合体字
- 页部
- 1-4年级

顺 顺 顺 顺 顺 顺 顺 顺

说(说)

shuō	说	shuō	speak; talk
	说明	shuōmíng	explain
shuì	游说	yóushuì	peddle an idea

- 9 画
- 合体字
- 讠(言)部
- 1-4年级

说说说说说说说说说

撕(撕)

sī	撕	sī	tear; rip
	撕毁	sīhuǐ	tear up; tear to shreds
	撕票	sīpiào	kill the hostage

- 15 画
- 合体字
- 扌部
- 高级华文

撕撕撕撕撕撕撕撕撕撕撕撕撕撕撕

司(司)

sī	司令	sīlìng	commander
	公司	gōngsī	company; corporation
	官司	guānsī	lawsuit

- 5 画
- 合体字
- 乙(𠃋、口)部
- 1-4年级

司司司司司

思(思)

sī	思想	sīxiǎng	thought; ideology
	思考	sīkǎo	ponder over; reflect on
	意思	yìsi	meaning; opinion

- 9 画
- 合体字
- 田(心)部
- 1-4年级

"心"第二笔楷体是卧钩，宋体是竖弯钩。

思思思思思思思思思

丝 (丝)

sī

丝带	sīdài	silk ribbon
丝毫	sīháo	the slightest amount or degree; a bit
肉丝	ròusī	shredded meat

- 5 画
- 合体字
- 一部
- 5-6年级

"纟" 不是 "幺"。

丝 丝 丝 丝 丝

私 (私)

sī

私人	sīrén	private; personal
私立	sīlì	private; privately run
自私	zìsī	selfish

- 7 画
- 合体字
- 禾部
- 5-6年级

私 私 私 私 私 私 私

斯 (斯)

sī

| 斯文 | sīwén | refined; gentle |
| 慢条斯理 | màntiáosīlǐ | unhurriedly; an easy manner |

- 12 画
- 合体字
- 斤(其)部
- 5-6年级

斯 斯 斯 斯 斯 斯 斯 斯 斯 斯 斯 斯

死 (死)

sǐ

死	sǐ	die; pass away
死记	sǐjì	mechanical memorising
拼死	pīnsǐ	risk one's life; make a desperate fight

- 6 画
- 合体字
- 一(歹)部
- 1-4年级

死 死 死 死 死 死

四 (四)

sì

四	sì	four
四周	sìzhōu	on all sides
四分五裂	sìfēn-wǔliè	fall apart; be rent by disunity

- 5 画
- 独体字
- 口部
- 1-4年级

四 四 四 四 四 四

寺 (寺)

sì

寺庙	sìmiào	monastery
寺院	sìyuàn	temple
清真寺	qīngzhēnsì	mosque

- 6 画
- 合体字
- 土(寸)部
- 5-6年级

"土"不是"士"。

寺 寺 寺 寺 寺 寺

似 (似)

sì
shì

好似	hǎosì	as if; be like
似是而非	sìshì'érfēi	specious
似的	shìde	as ... as; like

- 6 画
- 合体字
- 亻部
- 5-6年级

似 似 似 似 似 似

松 (松)

sōng

松	sōng	pine; loose
松树	sōngshù	pine
放松	fàngsōng	relax; slacken

- 8 画
- 合体字
- 木部
- 1-4年级

松 松 松 松 松 松 松 松

诵 (诵)

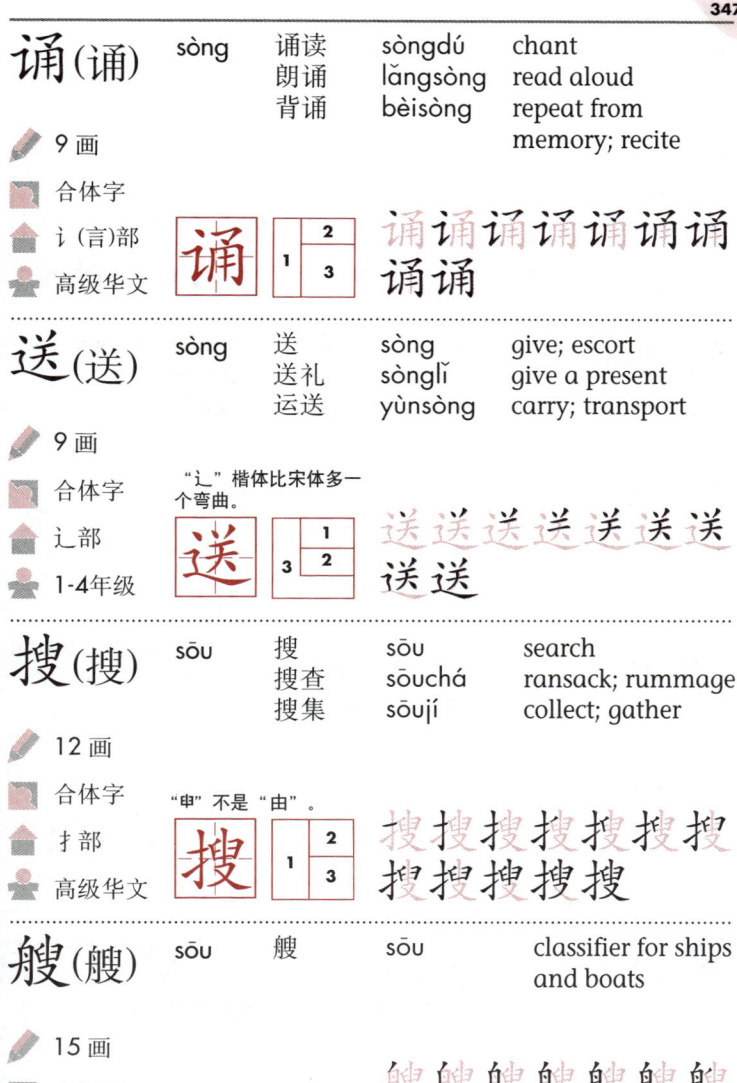

sòng

诵读	sòngdú	chant
朗诵	lǎngsòng	read aloud
背诵	bèisòng	repeat from memory; recite

- 9 画
- 合体字
- 讠(言)部
- 高级华文

诵 诵 诵 诵 诵 诵 诵 诵 诵

送 (送)

sòng

送	sòng	give; escort
送礼	sònglǐ	give a present
运送	yùnsòng	carry; transport

- 9 画
- 合体字
- 辶部
- 1-4年级

"辶"楷体比宋体多一个弯曲。

送 送 送 送 送 送 送 送 送

搜 (搜)

sōu

搜	sōu	search
搜查	sōuchá	ransack; rummage
搜集	sōují	collect; gather

- 12 画
- 合体字
- 扌部
- 高级华文

"申"不是"由"。

搜 搜 搜 搜 搜 搜 搜 搜 搜 搜 搜 搜

艘 (艘)

sōu

| 艘 | sōu | classifier for ships and boats |

- 15 画
- 合体字
- 舟部
- 5-6年级

"申"不是"由"。

艘 艘 艘 艘 艘 艘 艘 艘 艘 艘 艘 艘 艘

嗽 (嗽)

sòu　　咳嗽　　késou　　cough

- 14 画
- 合体字　"束"不是"朿"。
- 口部
- 1-4年级

俗 (俗)

sú

俗气	súqì	vulgar; in poor taste
习俗	xísú	custom; convention
通俗	tōngsú	popular

- 9 画
- 合体字
- 亻部
- 5-6年级

宿 (宿)

住宿	zhùsù	get accommodation
sù		
xiǔ	住一宿	zhù yī xiǔ	stay for one night
xiù	星宿	xīngxiù	constellation

- 11 画
- 合体字
- 宀部
- 高级华文

肃 (肃)

sù

肃立	sùlì	stand as a mark of respect
肃清	sùqīng	eliminate; mop up
严肃	yánsù	solemn; serious

- 8 画
- 独体字
- 聿部
- 高级华文

诉 (訴)

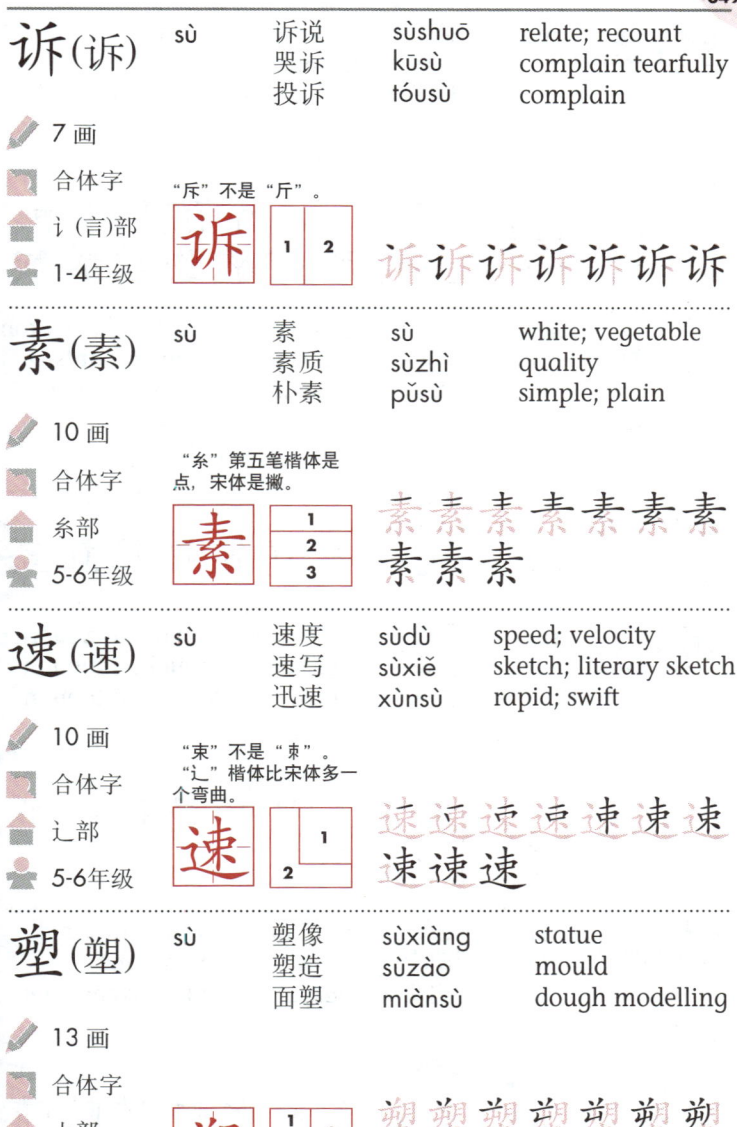

sù

诉说	sùshuō	relate; recount
哭诉	kūsù	complain tearfully
投诉	tóusù	complain

- 7 画
- 合体字
- 讠(言)部
- 1-4年级

"斥"不是"斤"。

诉 诉 诉 诉 诉 诉 诉

素 (素)

sù

素	sù	white; vegetable
素质	sùzhì	quality
朴素	pǔsù	simple; plain

- 10 画
- 合体字
- 糸部
- 5-6年级

"糸"第五笔楷体是点，宋体是撇。

素 素 素 素 素 素 素 素 素 素

速 (速)

sù

速度	sùdù	speed; velocity
速写	sùxiě	sketch; literary sketch
迅速	xùnsù	rapid; swift

- 10 画
- 合体字
- 辶部
- 5-6年级

"束"不是"朿"。
"辶"楷体比宋体多一个弯曲。

速 速 速 速 速 速 速 速 速 速

塑 (塑)

sù

塑像	sùxiàng	statue
塑造	sùzào	mould
面塑	miànsù	dough modelling

- 13 画
- 合体字
- 土部
- 5-6年级

塑 塑 塑 塑 塑 塑 塑 塑 塑 塑 塑 塑 塑

酸 (酸)

酸	suān	acid; sour
酸疼	suānténg	ache
寒酸	hánsuān	miserable and shabby

- 14画
- 合体字
- 酉部
- 1-4年级

"夂" 不是 "攵"。

算 (算)

算	suàn	calculate; reckon
算帐	suànzhàng	do accounts
打算	dǎsuan	plan; intend

- 14画
- 合体字
- 竹(⺮)部
- 1-4年级

"卝" 不是 "艹"。

虽 (雖)

虽然	suīrán	though; although
虽说	suīshuō	though; although
虽则	suīzé	though; although

- 9画
- 合体字
- 口(虫)部
- 1-4年级

随 (隨)

随便	suíbiàn	casual; informal
随时	suíshí	at anytime
跟随	gēnsuí	follow; come after

- 11画
- 合体字
- 阝部
- 1-4年级

"辶" 楷体比宋体多一个弯曲。

隧 (隧)

suì 隧道 suìdào tunnel

- 14 画
- 合体字
- 阝部
- 高级华文

"辶" 楷体比宋体多一个弯曲。

岁 (岁)

suì 岁月 suìyuè years; time
周岁 zhōusuì first birthday
压岁钱 yāsuìqián money given to children as a lunar New Year gift

- 6 画
- 合体字
- 山(夕)部
- 1-4年级

碎 (碎)

suì 碎石 suìshí broken stones; crushed stones
破碎 pòsuì broken; tattered
粉碎 fěnsuì smash; shatter

- 13 画
- 合体字
- 石部
- 1-4年级

孙 (孙)

sūn 孙子 sūnzi grandson
子孙 zǐsūn descendants
徒子徒孙 túzǐ-túsūn adherents

- 6 画
- 合体字
- 子(孑)部
- 1-4年级

"小" 第二笔楷体是点，宋体是撇。

损 (损) sǔn

损害	sǔnhài	harm; damage
损伤	sǔnshāng	injure; harm
破损	pòsǔn	torn; worn

- 10 画
- 合体字
- 扌部
- 5-6年级

缩 (缩) suō

缩	suō	contract; shrink
缩短	suōduǎn	shorten; curtail
压缩	yāsuō	compress; condense

- 14 画
- 合体字
- 纟(糸)部
- 5-6年级

所 (所) suǒ

所有	suǒyǒu	own; possess; all
所以	suǒyǐ	therefore
诊所	zhěnsuǒ	clinic; dispensary

- 8 画
- 合体字
- 斤部
- 1-4年级

锁 (锁) suǒ

锁	suǒ	lock
锁链	suǒliàn	shackles; fetters
连锁	liánsuǒ	chain; interlock

- 12 画
- 合体字
- 钅(金)部
- 5-6年级

他(他) tā

他	tā	he; him
他们	tāmen	they; them

- 5画
- 合体字
- 亻部
- 1-4年级

他他他他他

她(她) tā

她	tā	she; her
她们	tāmen	they; them

- 6画
- 合体字
- 女部
- 1-4年级

她她她她她她

它(它) tā

它	tā	it
它们	tāmen	they; them

- 5画
- 合体字
- 宀部
- 1-4年级

"匕"不是"七"。

它它它它它

踏(踏)

tā	踏实	tāshi — steady and sure
tà	踏	tà — step on; stamp on

- 15画
- 合体字
- 足(⻊)部
- 1-4年级

"氺"不是"水"。

踏踏踏踏踏踏踏踏踏踏踏踏踏踏踏

塔 (塔) tǎ

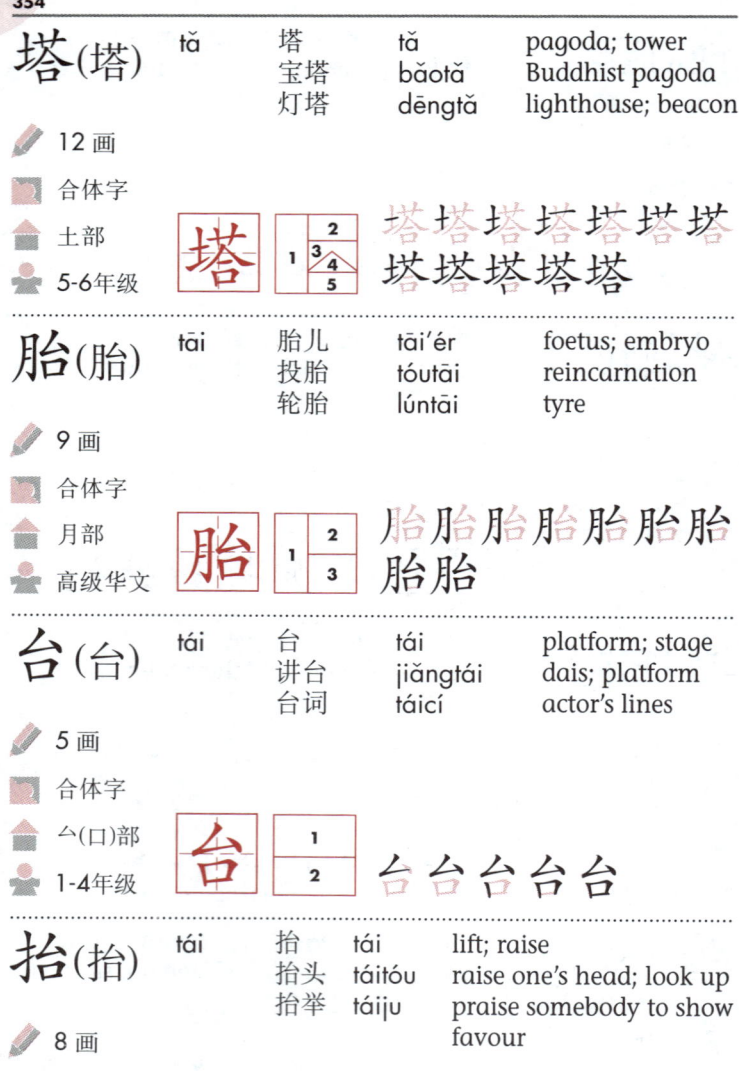

塔	tǎ	pagoda; tower
宝塔	bǎotǎ	Buddhist pagoda
灯塔	dēngtǎ	lighthouse; beacon

- 12 画
- 合体字
- 土部
- 5-6年级

塔塔塔塔塔塔塔塔塔塔塔塔

胎 (胎) tāi

胎儿	tāi'ér	foetus; embryo
投胎	tóutāi	reincarnation
轮胎	lúntāi	tyre

- 9 画
- 合体字
- 月部
- 高级华文

胎胎胎胎胎胎胎胎胎

台 (台) tái

台	tái	platform; stage
讲台	jiǎngtái	dais; platform
台词	táicí	actor's lines

- 5 画
- 合体字
- 厶(口)部
- 1-4年级

台台台台台

抬 (抬) tái

抬	tái	lift; raise
抬头	táitóu	raise one's head; look up
抬举	táiju	praise somebody to show favour

- 8 画
- 合体字
- 扌部
- 1-4年级

抬抬抬抬抬抬抬抬

汰 (汰)

tài　　淘汰　táotài　discard; eliminate

- 7 画
- 合体字
- 氵部
- 高级华文

汰 | 1 | 2

汰 汰 汰 汰 汰 汰 汰

太 (太)

tài
- 太　　　tài　　　　excessively; too
- 太平　　tàipíng　　peace and tranquillity
- 老太太　lǎotàitai　old lady; one's mother

- 4 画
- 独体字
- 大部
- 1-4年级

太 | 1

太 太 太 太

态 (态)

tài
- 态度　tàidù　　manner; attitude
- 动态　dòngtài　trends; developments
- 丑态　chǒutài　ugly performance; buffoonery

- 8 画
- 合体字
- 心部
- 1-4年级

"心"第二笔楷体是卧钩，宋体是竖弯钩。

态 | 1 / 2

态 态 态 态 态 态 态 态

贪 (贪)

tān
- 贪图　tāntú　　covet; hanker after
- 贪污　tānwū　　corruption; graft
- 贪心　tānxīn　　greed; avarice

- 8 画
- 合体字
- 贝(人)部
- 1-4年级

贪 | 1/2 / 3

贪 贪 贪 贪 贪 贪 贪 贪

摊 (攤)

tān

摊	tān	spread out
摊派	tānpài	apportion
收摊	shōutān	pack up the stall; wind up the day's business

- 13 画
- 合体字
- 扌部
- 1-4年级

滩 (灘)

tān

河滩	hétān	riverside; sandbank
沙滩	shātān	sandy beach; shoal
险滩	xiǎntān	dangerous shoals

- 13 画
- 合体字
- 氵部
- 1-4年级

谈 (談)

tán

谈话	tánhuà	conversation; talk
谈心	tánxīn	heart-to-heart talk
座谈	zuòtán	have an informal discussion

- 10 画
- 合体字
- 讠(言)部
- 1-4年级

痰 (痰)

tán

| 痰 | tán | phlegm; sputum |
| 吐痰 | tǔ tán | spit; expectorate |

- 13 画
- 合体字
- 疒部
- 1-4年级

坦 (坦)

tǎn

坦白	tǎnbái	candid; frank
坦率	tǎnshuài	straightforward
平坦	píngtǎn	level; smooth

- 8 画
- 合体字
- 土部
- 5-6年级

坦 坦 坦 坦 坦 坦 坦 坦

炭 (炭)

tàn

| 炭 | tàn | charcoal |
| 煤炭 | méitàn | coal |

- 9 画
- 合体字
- 山(火)部
- 高级华文

炭 炭 炭 炭 炭 炭 炭 炭 炭

探 (探)

tàn

探望	tànwàng	look about; visit
探听	tàntīng	try to find out
试探	shìtan	sound out; probe

- 11 画
- 合体字
- 扌部
- 1-4年级

"冖" 不是 "宀"。

探 探 探 探 探 探 探 探 探 探 探

叹 (叹)

tàn

叹气	tànqì	sigh; have a sigh
感叹	gǎntàn	sigh with feeling
赞叹	zàntàn	highly praise; gasp in admiration

- 5 画
- 合体字
- 口部
- 5-6年级

叹 叹 叹 叹 叹

汤 (汤) tāng

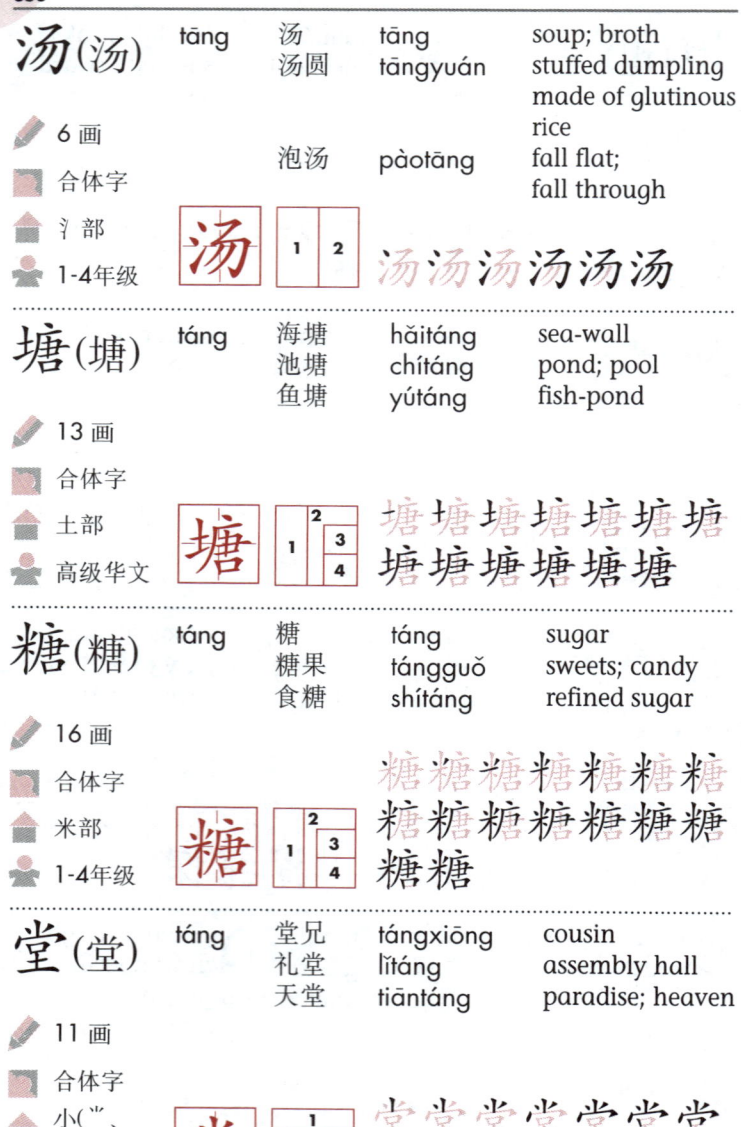

汤	tāng	soup; broth
汤圆	tāngyuán	stuffed dumpling made of glutinous rice
泡汤	pàotāng	fall flat; fall through

- 6 画
- 合体字
- 氵部
- 1-4年级

塘 (塘) táng

海塘	hǎitáng	sea-wall
池塘	chítáng	pond; pool
鱼塘	yútáng	fish-pond

- 13 画
- 合体字
- 土部
- 高级华文

糖 (糖) táng

糖	táng	sugar
糖果	tángguǒ	sweets; candy
食糖	shítáng	refined sugar

- 16 画
- 合体字
- 米部
- 1-4年级

堂 (堂) táng

堂兄	tángxiōng	cousin
礼堂	lǐtáng	assembly hall
天堂	tiāntáng	paradise; heaven

- 11 画
- 合体字
- 小(⺌、土)部
- 1-4年级

躺(躺)	tǎng	躺 躺椅	tǎng tǎngyǐ	lie; recline deckchair

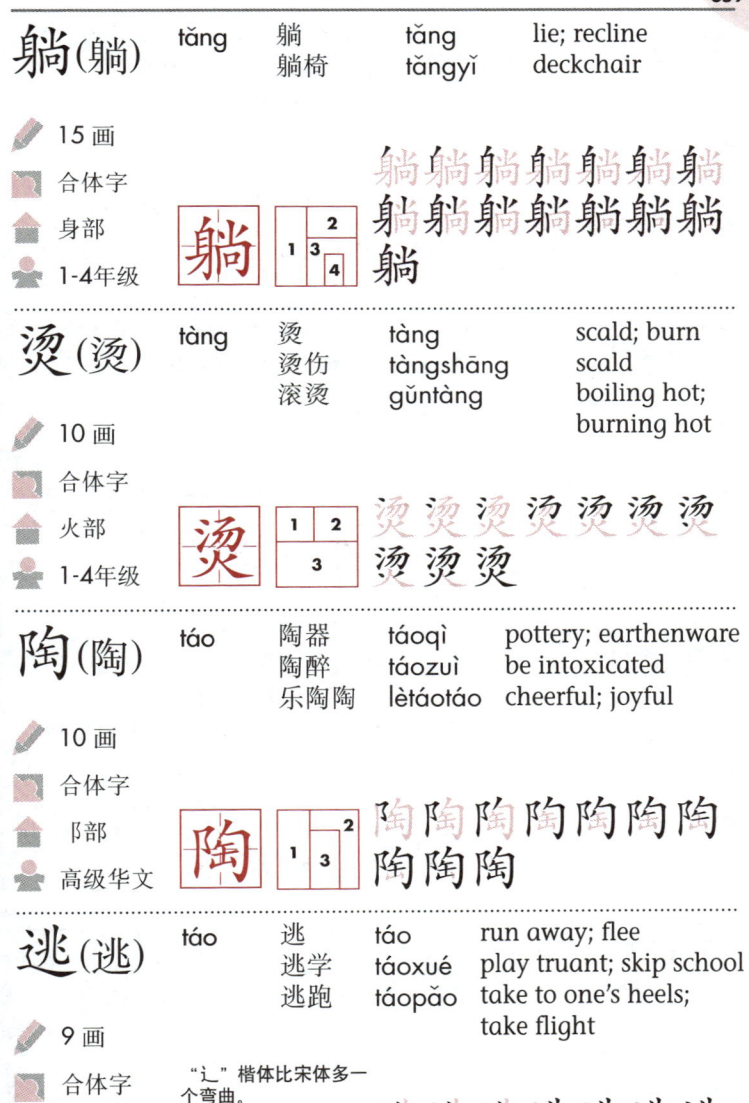

- 15 画
- 合体字
- 身部
- 1-4年级

躺躺躺躺躺躺躺躺躺躺躺躺躺躺躺

烫(烫)	tàng	烫 烫伤 滚烫	tàng tàngshāng gǔntàng	scald; burn scald boiling hot; burning hot

- 10 画
- 合体字
- 火部
- 1-4年级

烫烫烫烫烫烫烫烫烫烫

陶(陶)	táo	陶器 陶醉 乐陶陶	táoqì táozuì lètáotáo	pottery; earthenware be intoxicated cheerful; joyful

- 10 画
- 合体字
- 阝部
- 高级华文

陶陶陶陶陶陶陶陶陶陶

逃(逃)	táo	逃 逃学 逃跑	táo táoxué táopǎo	run away; flee play truant; skip school take to one's heels; take flight

- 9 画
- 合体字
- 辶部
- 1-4年级

"辶" 楷体比宋体多一个弯曲。

逃逃逃逃逃逃逃逃逃

桃(桃)

táo

桃花	táohuā	peach blossom
桃红	táohóng	pink
羊桃	yángtáo	starfruit

- 10 画
- 合体字
- 木部
- 5-6年级

桃桃桃桃桃桃桃桃桃桃

萄(萄)

táo

| 萄糖 | táotáng | glucose; dextrose |
| 葡萄 | pútáo | grape |

- 11 画
- 合体字
- 艹部
- 5-6年级

萄萄萄萄萄萄萄萄萄萄萄

淘(淘)

táo

淘金	táojīn	pan gold
淘汰	táotài	eliminate through selection
淘气	táoqì	naughty; mischievous

- 11 画
- 合体字
- 氵部
- 5-6年级

淘淘淘淘淘淘淘淘淘淘淘

讨(討)

tǎo

讨	tǎo	beg for; demand
讨论	tǎolùn	discuss; talk over
检讨	jiǎntǎo	self-criticism; review

- 5 画
- 合体字
- 讠(言)部
- 1-4年级

讨讨讨讨讨

套 (套)

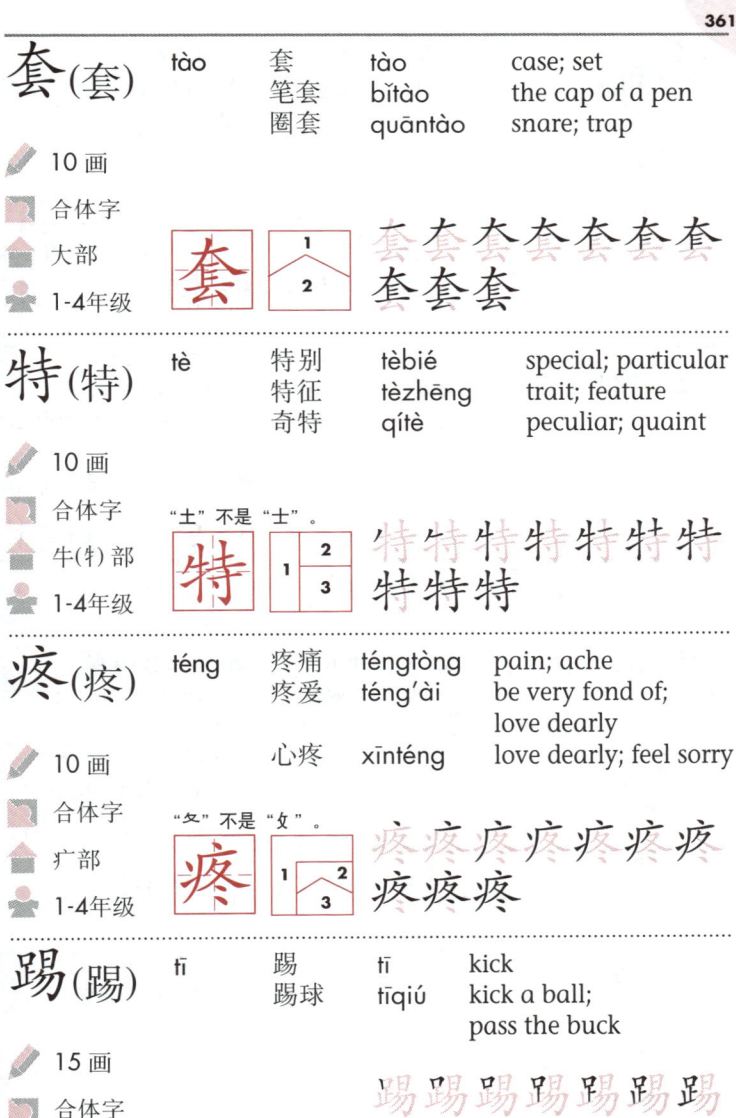

tào

套	tào	case; set
笔套	bǐtào	the cap of a pen
圈套	quāntào	snare; trap

- 10 画
- 合体字
- 大部
- 1-4年级

特 (特)

tè

特别	tèbié	special; particular
特征	tèzhēng	trait; feature
奇特	qítè	peculiar; quaint

- 10 画
- 合体字
- "土"不是"士"。
- 牛(牛)部
- 1-4年级

疼 (疼)

téng

疼痛	téngtòng	pain; ache
疼爱	téng'ài	be very fond of; love dearly
心疼	xīnténg	love dearly; feel sorry

- 10 画
- 合体字
- "夂"不是"夊"。
- 疒部
- 1-4年级

踢 (踢)

tī

| 踢 | tī | kick |
| 踢球 | tīqiú | kick a ball; pass the buck |

- 15 画
- 合体字
- 足(𧾷)部
- 1-4年级

梯 (梯)

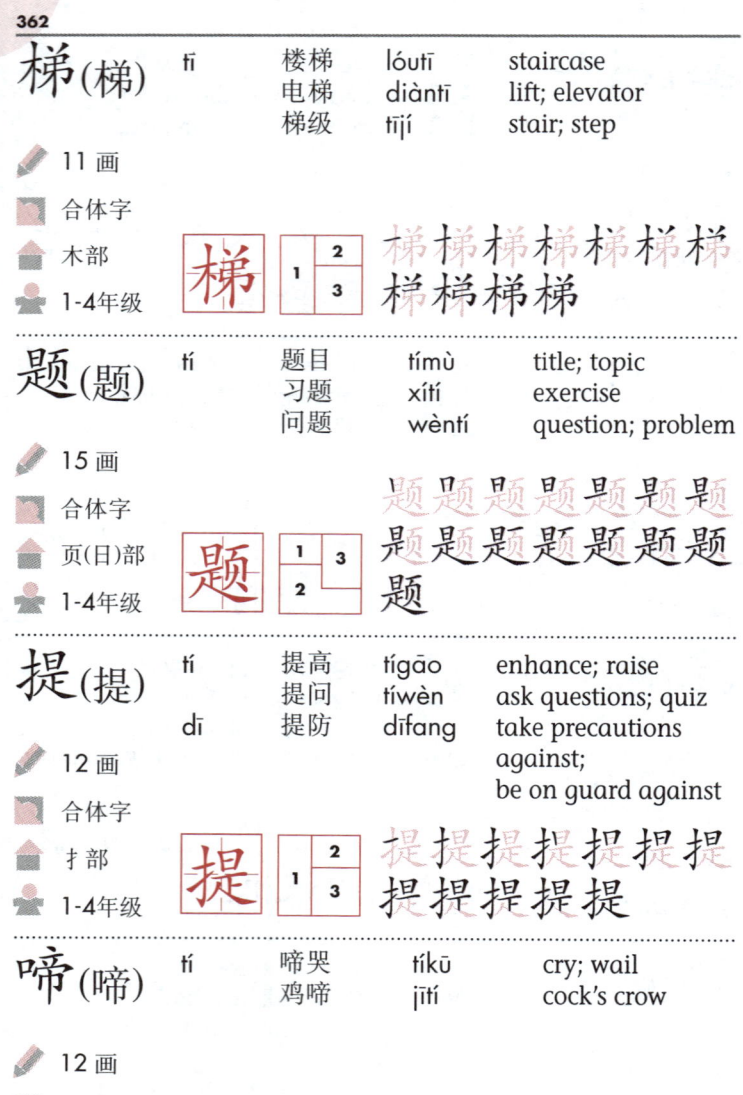

tī

楼梯	lóutī	staircase
电梯	diàntī	lift; elevator
梯级	tījí	stair; step

- 11 画
- 合体字
- 木部
- 1-4年级

题 (题)

tí

题目	tímù	title; topic
习题	xítí	exercise
问题	wèntí	question; problem

- 15 画
- 合体字
- 页(日)部
- 1-4年级

提 (提)

tí

| 提高 | tígāo | enhance; raise |
| 提问 | tíwèn | ask questions; quiz |

dī

| 提防 | dīfang | take precautions against; be on guard against |

- 12 画
- 合体字
- 扌部
- 1-4年级

啼 (啼)

tí

| 啼哭 | tíkū | cry; wail |
| 鸡啼 | jītí | cock's crow |

- 12 画
- 合体字
- 口部
- 1-4年级

体 (体) tǐ

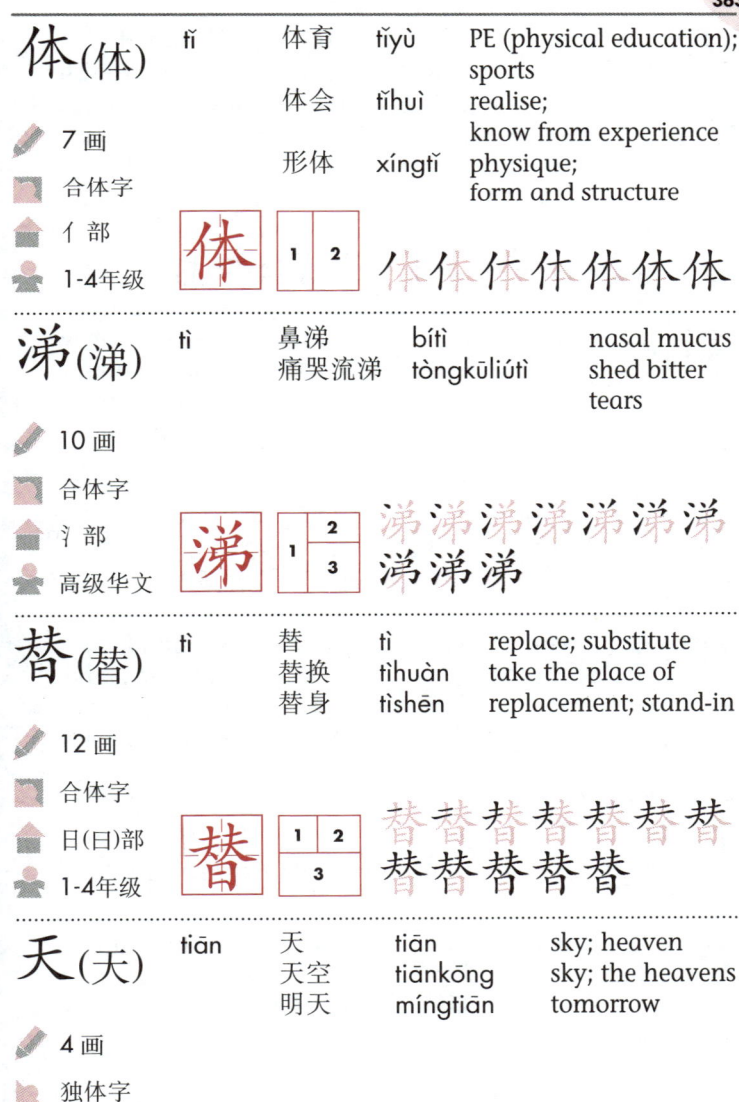

体育	tǐyù	PE (physical education); sports
体会	tǐhuì	realise; know from experience
形体	xíngtǐ	physique; form and structure

- 7 画
- 合体字
- 亻部
- 1-4年级

体体 仁 什 休 休 体

涕 (涕) tì

| 鼻涕 | bítì | nasal mucus |
| 痛哭流涕 | tòngkūliútì | shed bitter tears |

- 10 画
- 合体字
- 氵部
- 高级华文

涕涕涕涕涕涕涕涕涕涕

替 (替) tì

替	tì	replace; substitute
替换	tìhuàn	take the place of
替身	tìshēn	replacement; stand-in

- 12 画
- 合体字
- 日(日)部
- 1-4年级

替替替替替替替替替替替替

天 (天) tiān

天	tiān	sky; heaven
天空	tiānkōng	sky; the heavens
明天	míngtiān	tomorrow

- 4 画
- 独体字
- 一(大)部
- 1-4年级

天 天 天 天

添 (添)

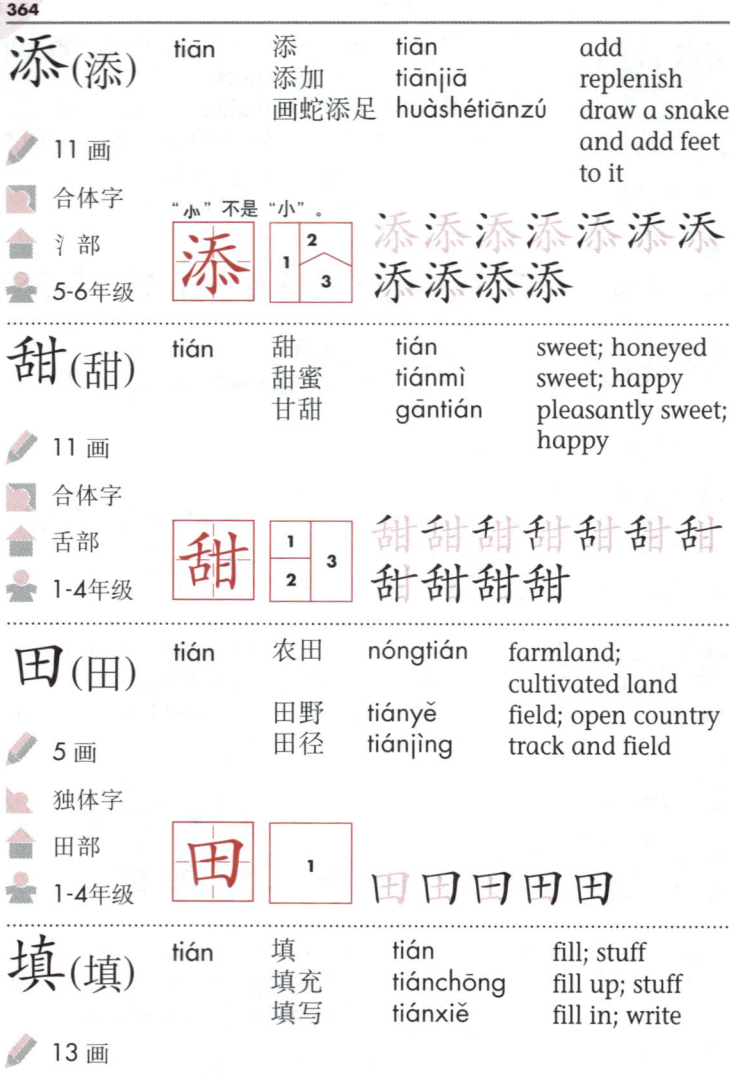

tiān

添	tiān	add
添加	tiānjiā	replenish
画蛇添足	huàshétiānzú	draw a snake and add feet to it

- 11 画
- 合体字
- 氵部
- 5-6年级

"㣺" 不是 "小"。

添添添添添添添
添添添添

甜 (甜)

tián

甜	tián	sweet; honeyed
甜蜜	tiánmì	sweet; happy
甘甜	gāntián	pleasantly sweet; happy

- 11 画
- 合体字
- 舌部
- 1-4年级

甜甜甜甜甜甜甜
甜甜甜甜

田 (田)

tián

农田	nóngtián	farmland; cultivated land
田野	tiányě	field; open country
田径	tiánjìng	track and field

- 5 画
- 独体字
- 田部
- 1-4年级

田田田田田

填 (填)

tián

填	tián	fill; stuff
填充	tiánchōng	fill up; stuff
填写	tiánxiě	fill in; write

- 13 画
- 合体字
- 土部
- 5-6年级

"具" 不是 "且"。

填填填填填填
填填填填填填

挑(挑)

tiāo 挑 tiāo choose; select
挑选 tiāoxuǎn choose; pick out
tiǎo 挑拨 tiǎobō instigate; sow discord

- 9 画
- 合体字
- 扌部
- 1-4年级

挑挑挑挑挑挑挑挑挑

条(条)

tiáo 条 tiáo strip; item
条理 tiáolǐ proper arrangement
收条 shōutiáo receipt

- 7 画
- 合体字
- 夂(木)部
- 1-4年级

"夂"不是"夊"。
"朩"不是"木"，第三笔楷体是点，宋体是撇。

条条条条条条条

调(调)

tiáo 调整 tiáozhěng adjust; regulate
调皮 tiáopí naughty; mischievous
diào 调换 diàohuàn exchange; swop

- 10 画
- 合体字
- 讠(言)部
- 5-6年级

调调调调调调调调调调

跳(跳)

tiào 跳 tiào jump; leap
跳舞 tiàowǔ dance
心跳 xīntiào heartbeat

- 13 画
- 合体字
- 足(𧾷)部
- 1-4年级

跳跳跳跳跳跳跳跳跳跳跳跳跳

贴 (贴)

tiē

贴	tiē	paste; stick
贴补	tiēbǔ	subsidies; allowance
体贴	tǐtiē	show consideration for; give every care to

- 9 画
- 合体字
- 贝部
- 1-4年级

贴 贴 贴 贴 贴 贴 贴 贴 贴

帖 (帖)

tiē
tiě
tiè

妥帖	tuǒtiē	proper; appropriate
请帖	qǐngtiě	invitation card
字帖	zìtiè	copybook (for calligraphy)

- 8 画
- 合体字
- 巾部
- 5-6年级

帖 帖 帖 帖 帖 帖 帖 帖

铁 (铁)

tiě

铁	tiě	iron
铁拳	tiěquán	iron fist
地铁	dìtiě	underground railway; MRT (Mass Rapid Transit)

- 10 画
- 合体字
- 钅(金)部
- 1-4年级

铁 铁 铁 铁 铁 铁 铁 铁 铁 铁

听 (听)

tīng

听	tīng	listen; hear
听从	tīngcóng	comply with; obey
动听	dòngtīng	pleasant to listen to

- 7 画
- 合体字
- 口部
- 1-4年级

"斤"不是"乒"。

听 听 听 听 听 听 听

厅 (厅) tīng

厅	tīng	hall
大厅	dàtīng	hall
餐厅	cāntīng	dining hall; canteen

- 4 画
- 合体字
- 厂部
- 1-4年级

厅厅厅厅

蜓 (蜓) tíng

| 蜻蜓 | qīngtíng | dragonfly |

- 12 画
- 合体字
- 虫部
- 高级华文

"壬"不是"王"。

蜓蜓蜓蜓蜓蜓蜓蜓蜓蜓蜓蜓

庭 (庭) tíng

庭院	tíngyuàn	courtyard
家庭	jiātíng	family; household
法庭	fǎtíng	court; tribunal

- 9 画
- 合体字
- 广部
- 1-4年级

"壬"不是"王"。

庭庭庭庭庭庭庭庭庭

停 (停) tíng

停	tíng	cease; pause
停顿	tíngdùn	stop; halt
调停	tiáotíng	mediate; intervene

- 11 画
- 合体字
- 亻部
- 1-4年级

停停停停停停停停停停

亭(亭) tíng

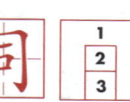

亭子	tíngzi	pavilion; kiosk
岗亭	gǎngtíng	sentry box
书亭	shūtíng	book-kiosk; bookstall

- 9 画
- 合体字
- 亠部
- 5-6年级

亭亭亭亭亭亭亭亭亭

通(通) tōng

通	tōng	open up; connect
通知	tōngzhī	notify; inform
交通	jiāotōng	traffic; communications

- 10 画
- 合体字
- 辶部
- 1-4年级

"辶"楷体比宋体多一个弯曲。

通通通通通通通通通通

同(同) tóng

同	tóng	same; similar
同学	tóngxué	classmate; schoolmate
异同	yìtóng	similarities and differences

- 6 画
- 合体字
- 冂部
- 1-4年级

同同同同同同

童(童) tóng

儿童	értóng	children
童话	tónghuà	fairy tale
返老还童	fǎnlǎo-huántóng	rejuvenation

- 12 画
- 合体字
- 立(里)部
- 1-4年级

童童童童童童童童童童童童

铜 (铜)

tóng

铜	tóng	copper
铜管乐	tóngguǎnyuè	brass music
黄铜	huángtóng	brass

- 11 画
- 合体字
- 钅(金)部
- 5-6年级

桶 (桶)

tǒng

桶	tǒng	pail; bucket
水桶	shuǐtǒng	water bucket
饭桶	fàntǒng	fathead

- 11 画
- 合体字
- 木部
- 1-4年级

统 (统)

tǒng

统一	tǒngyī	unify; integrate
统治	tǒngzhì	rule; dominate
传统	chuántǒng	tradition

- 9 画
- 合体字
- 纟(糸)部
- 5-6年级

筒 (筒)

tǒng

| 话筒 | huàtǒng | microphone; megaphone |
| 传声筒 | chuánshēngtǒng | megaphone; mouthpiece |

- 12 画
- 合体字
- 竹(⺮)部
- 5-6年级

痛 (痛)

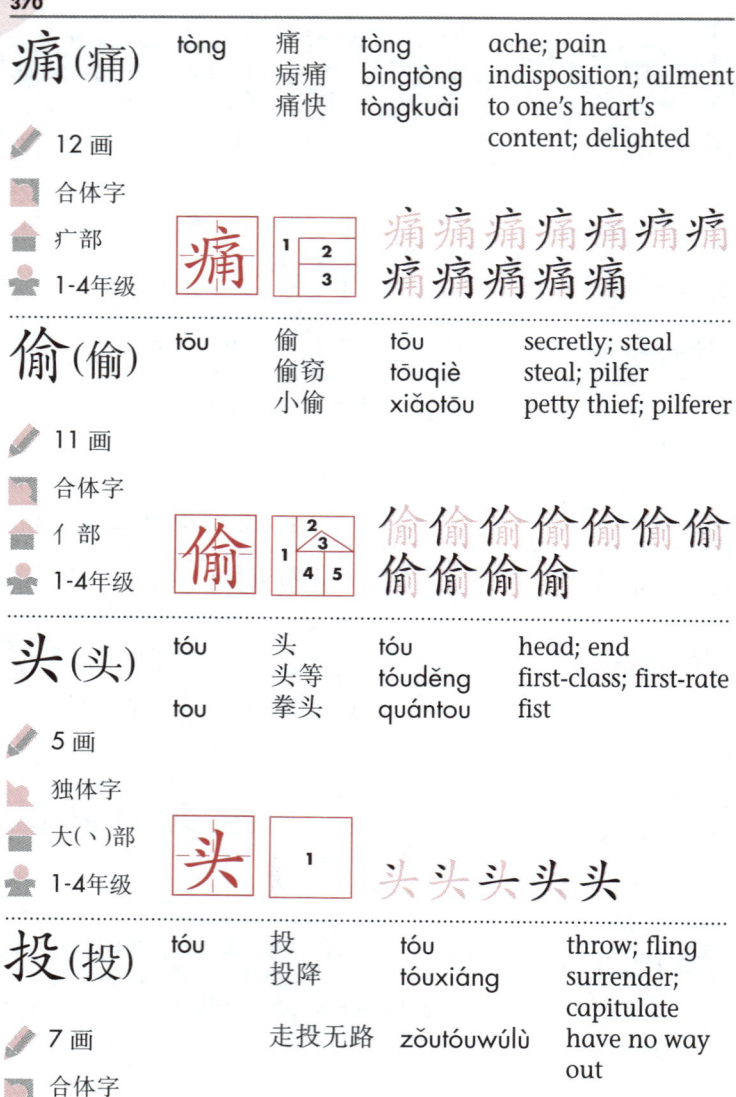

tòng

痛	tòng	ache; pain
病痛	bìngtòng	indisposition; ailment
痛快	tòngkuài	to one's heart's content; delighted

- 12 画
- 合体字
- 疒部
- 1-4年级

痛痛痛痛痛痛痛痛痛痛痛痛

偷 (偷)

tōu

偷	tōu	secretly; steal
偷窃	tōuqiè	steal; pilfer
小偷	xiǎotōu	petty thief; pilferer

- 11 画
- 合体字
- 亻部
- 1-4年级

偷偷偷偷偷偷偷偷偷偷偷

头 (头)

tóu
tou

头	tóu	head; end
头等	tóuděng	first-class; first-rate
拳头	quántou	fist

- 5 画
- 独体字
- 大（丶）部
- 1-4年级

头头头头头

投 (投)

tóu

投	tóu	throw; fling
投降	tóuxiáng	surrender; capitulate
走投无路	zǒutóuwúlù	have no way out

- 7 画
- 合体字
- 扌部
- 1-4年级

投投投投投投投

透 (透) tòu

透明	tòumíng	transparent
透彻	tòuchè	thorough; penetrating
直透	zhítòu	non-stop; through

- 10 画
- 合体字
- 辶部
- 5-6年级

"辶" 楷体比宋体多一个弯曲。

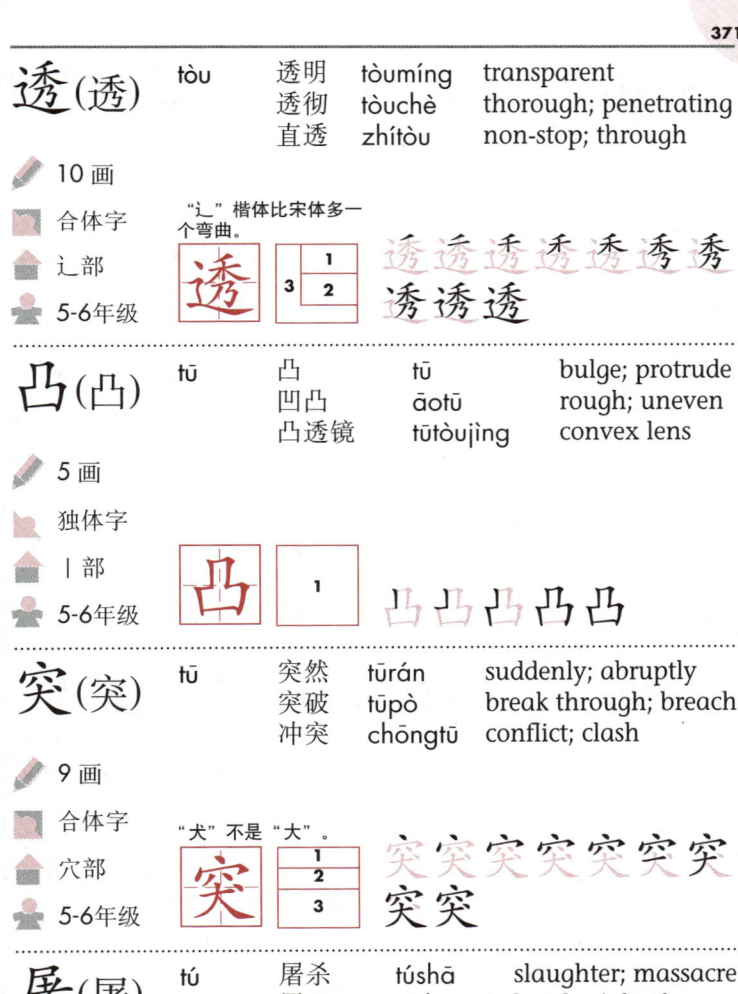

凸 (凸) tū

凸	tū	bulge; protrude
凹凸	āotū	rough; uneven
凸透镜	tūtòujìng	convex lens

- 5 画
- 独体字
- | 部
- 5-6年级

突 (突) tū

突然	tūrán	suddenly; abruptly
突破	tūpò	break through; breach
冲突	chōngtū	conflict; clash

- 9 画
- 合体字
- 穴部
- 5-6年级

"犬" 不是 "大"。

屠 (屠) tú

屠杀	túshā	slaughter; massacre
屠刀	túdāo	butcher's knife
屠夫	túfū	butcher

- 11 画
- 合体字
- 尸部
- 高级华文

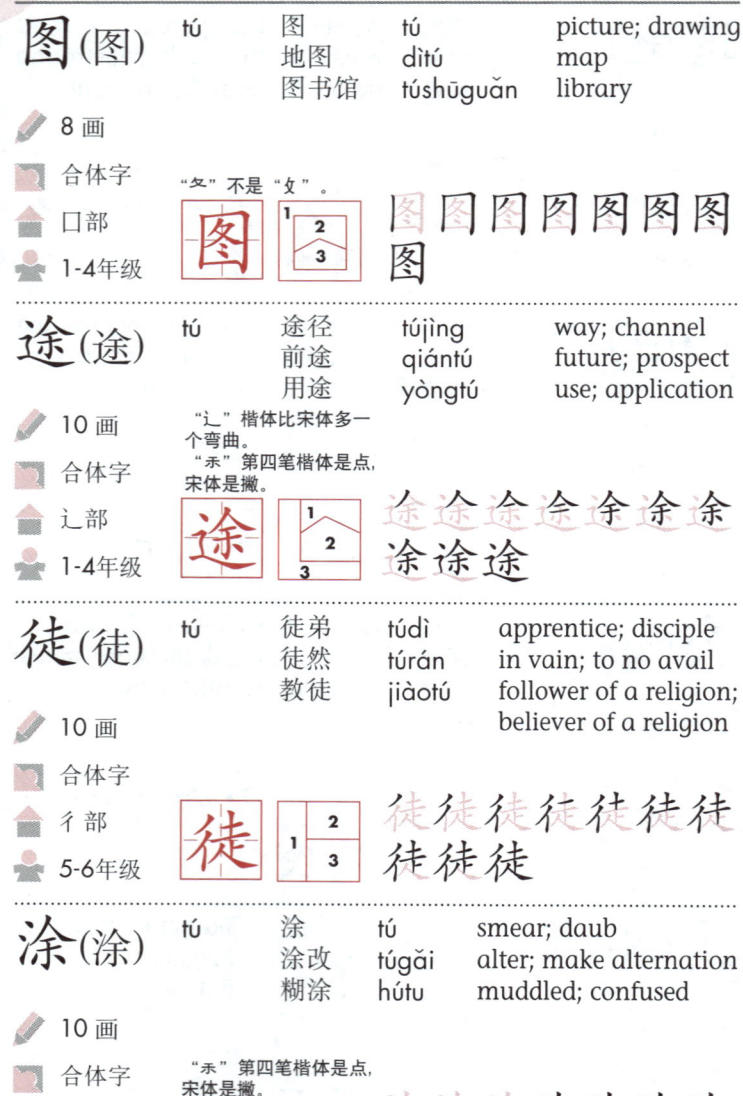

图 (图)

tú

图	tú	picture; drawing
地图	dìtú	map
图书馆	túshūguǎn	library

- 8 画
- 合体字
- 口部
- 1-4年级

"夂"不是"攵"。

途 (途)

tú

途径	tújìng	way; channel
前途	qiántú	future; prospect
用途	yòngtú	use; application

- 10 画
- 合体字
- 辶部
- 1-4年级

"辶"楷体比宋体多一个弯曲。
"禾"第四笔楷体是点，宋体是撇。

徒 (徒)

tú

徒弟	túdì	apprentice; disciple
徒然	túrán	in vain; to no avail
教徒	jiàotú	follower of a religion; believer of a religion

- 10 画
- 合体字
- 彳部
- 5-6年级

涂 (涂)

tú

涂	tú	smear; daub
涂改	túgǎi	alter; make alternation
糊涂	hútu	muddled; confused

- 10 画
- 合体字
- 氵部
- 5-6年级

"禾"第四笔楷体是点，宋体是撇。

土 (土)

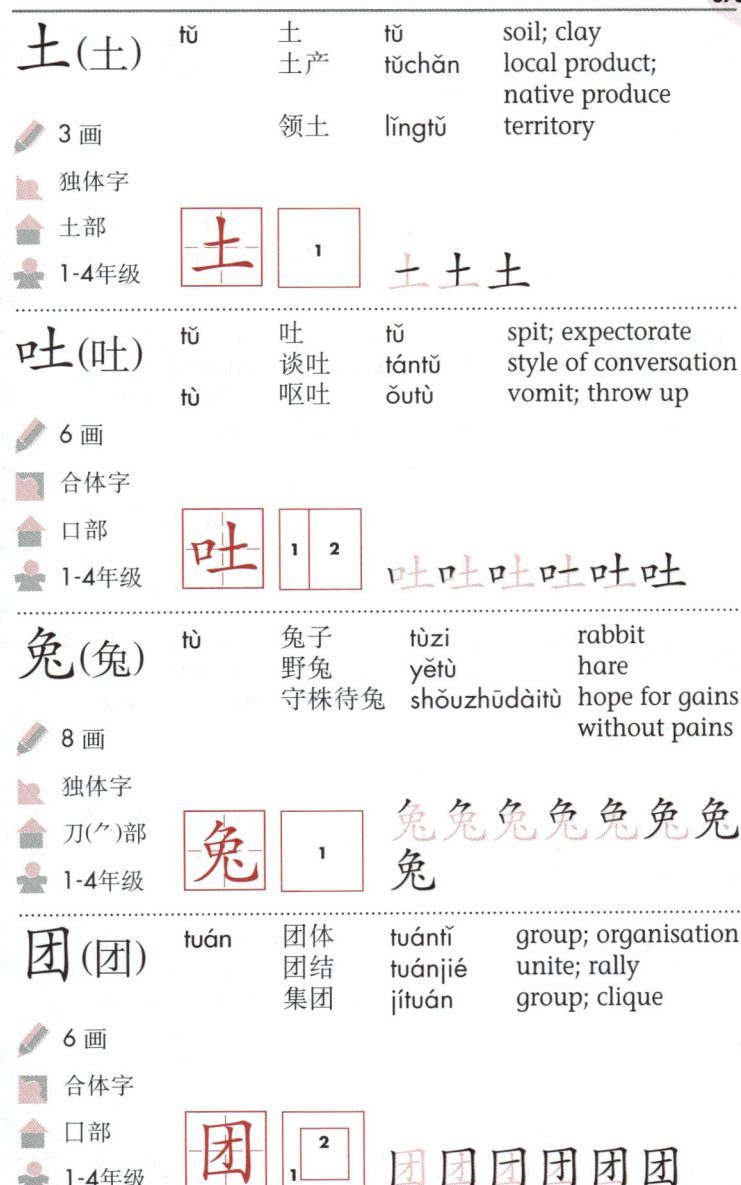

tǔ

土	tǔ	soil; clay
土产	tǔchǎn	local product; native produce
领土	lǐngtǔ	territory

- 3 画
- 独体字
- 土部
- 1-4年级

土 土 土

吐 (吐)

tǔ / tù

吐	tǔ	spit; expectorate
谈吐	tántǔ	style of conversation
呕吐	ǒutù	vomit; throw up

- 6 画
- 合体字
- 口部
- 1-4年级

吐 吐 吐 吐 吐 吐

兔 (兔)

tù

兔子	tùzi	rabbit
野兔	yětù	hare
守株待兔	shǒuzhūdàitù	hope for gains without pains

- 8 画
- 独体字
- 刀(宀)部
- 1-4年级

兔 兔 兔 兔 兔 兔 兔 兔

团 (团)

tuán

团体	tuántǐ	group; organisation
团结	tuánjié	unite; rally
集团	jítuán	group; clique

- 6 画
- 合体字
- 口部
- 1-4年级

团 团 团 团 团 团

推 (推)

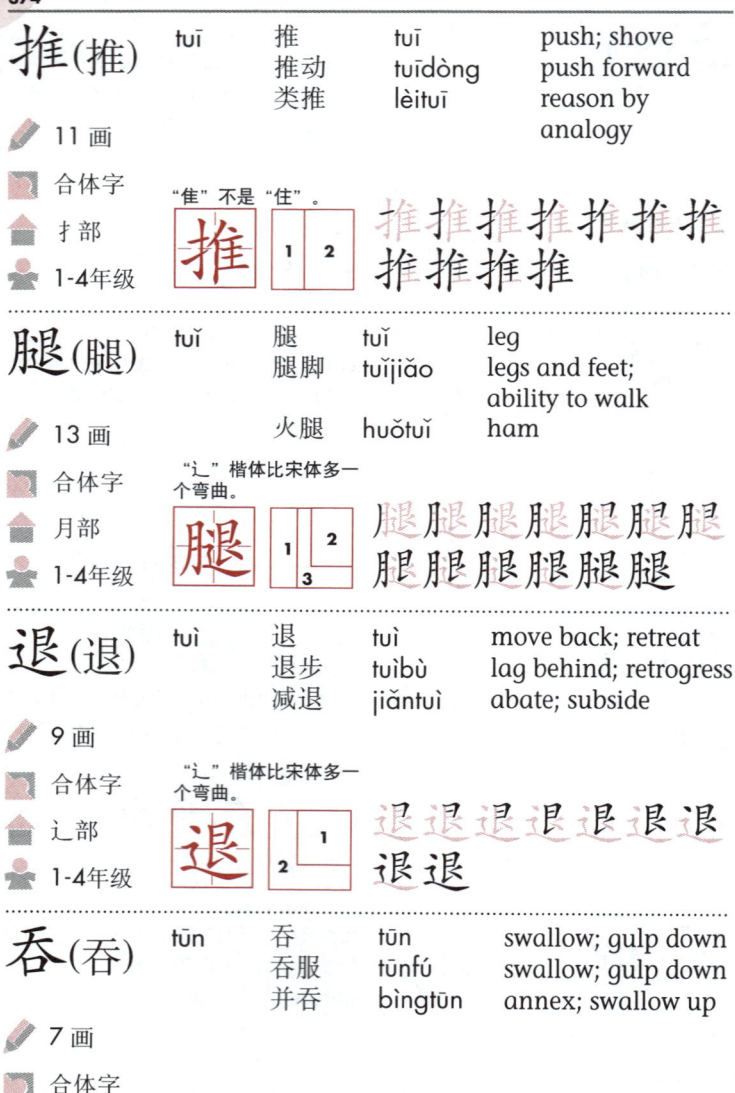

tuī

推	tuī	push; shove
推动	tuīdòng	push forward
类推	lèituī	reason by analogy

- 11 画
- 合体字
- 扌部
- 1-4年级

"隹"不是"住"。

腿 (腿)

tuǐ

腿	tuǐ	leg
腿脚	tuǐjiǎo	legs and feet; ability to walk
火腿	huǒtuǐ	ham

- 13 画
- 合体字
- 月部
- 1-4年级

"辶"楷体比宋体多一个弯曲。

退 (退)

tuì

退	tuì	move back; retreat
退步	tuìbù	lag behind; retrogress
减退	jiǎntuì	abate; subside

- 9 画
- 合体字
- 辶部
- 1-4年级

"辶"楷体比宋体多一个弯曲。

吞 (吞)

tūn

吞	tūn	swallow; gulp down
吞服	tūnfú	swallow; gulp down
并吞	bìngtūn	annex; swallow up

- 7 画
- 合体字
- 口部
- 1-4年级

托 (托)

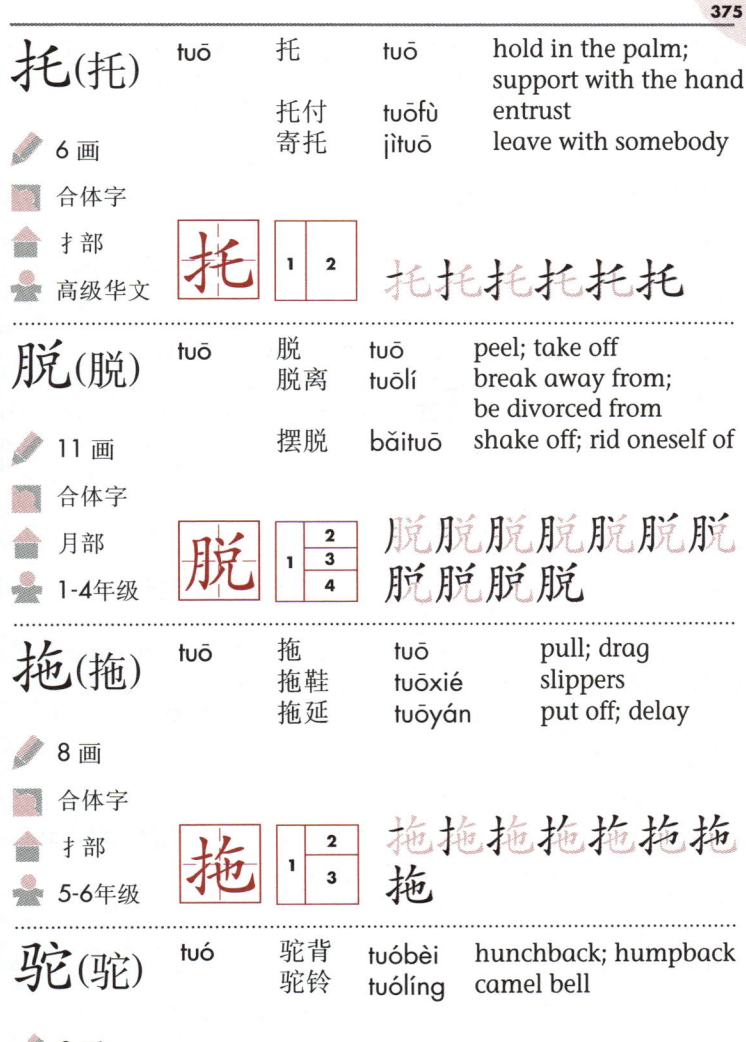

tuō

托	tuō	hold in the palm; support with the hand
托付	tuōfù	entrust
寄托	jìtuō	leave with somebody

- 6 画
- 合体字
- 扌部
- 高级华文

托托托托托托托

脱 (脱)

tuō

脱	tuō	peel; take off
脱离	tuōlí	break away from; be divorced from
摆脱	bǎituō	shake off; rid oneself of

- 11 画
- 合体字
- 月部
- 1-4年级

脱脱脱脱脱脱脱脱脱脱脱

拖 (拖)

tuō

拖	tuō	pull; drag
拖鞋	tuōxié	slippers
拖延	tuōyán	put off; delay

- 8 画
- 合体字
- 扌部
- 5-6年级

拖拖拖拖拖拖拖拖

驼 (驼)

tuó

| 驼背 | tuóbèi | hunchback; humpback |
| 驼铃 | tuólíng | camel bell |

- 8 画
- 合体字
- 马部
- 高级华文

驼驼驼驼驼驼驼驼

妥 (妥)

tuǒ

| 妥当 | tuǒdàng | appropriate; proper |
| 稳妥 | wěntuǒ | safe; reliable |

- 7 画
- 合体字
- 爪(爫、女)部
- 高级华文

蛙 (蛙)

wā

青蛙	qīngwā	frog
蛙泳	wāyǒng	breaststroke
井底之蛙	jǐngdǐzhīwā	as ignorant as a frog living at the bottom of a well

- 12 画
- 合体字
- 虫部
- 1-4年级

挖 (挖)

wā

挖	wā	dig; excavate
挖掘	wājué	dig out; excavate
挖苦	wākǔ	ridicule; satirise

- 9 画
- 合体字
- 扌部
- 1-4年级

娃 (娃)

wá

娃娃	wáwa	baby; child
娃娃鱼	wáwayú	giant salamander
洋娃娃	yángwáwa	doll

- 9 画
- 合体字
- 女部
- 1-4年级

瓦(瓦)

wǎ

瓦	wǎ	tile
瓦解	wǎjiě	disintegrate
瓦斯	wǎsī	gas

- 4 画
- 独体字
- 瓦部
- 高级华文

瓦 | 1

瓦瓦瓦瓦

袜(袜)

wà

袜子	wàzi	socks; stockings
短袜	duǎnwà	socks
丝袜	sīwà	silk stockings

- 10 画
- 合体字
- 衤部
- 1-4年级

"衤"不是"礻"。
"末"不是"未"。

袜 | 1 | 2

袜袜袜袜袜袜袜袜袜袜

歪(歪)

wāi

歪	wāi	crooked
歪曲	wāiqū	distort
歪歪扭扭	wāiwāiniǔniǔ	crooked; askew

- 9 画
- 合体字
- 一部
- 1-4年级

歪 | 1 | 2

歪歪歪歪歪歪歪歪歪

外(外)

wài

外	wài	outside; outward
外国	wàiguó	foreign country; foreign lands
另外	lìngwài	moreover; besides

- 5 画
- 合体字
- 夕(卜)部
- 1-4年级

外 | 1 | 2

外 夕 夕 外 外

湾 (湾)

wān

港湾	gǎngwān	harbour
海湾	hǎiwān	gulf; bay
波斯湾	Bōsīwān	the Persian Gulf

- 12 画
- 合体字
- 氵部
- 高级华文

"弯"第五笔楷体是点，宋体是撇。

弯 (弯)

wān

弯	wān	curved; bend
弯腰	wānyāo	bend down; stoop
转弯	zhuǎnwān	make a turn; turn a corner

- 9 画
- 合体字
- 弓(一)部
- 1-4年级

"亦"第五笔楷体是点，宋体是撇。

玩 (玩)

wán

玩	wán	play; have fun
玩笑	wánxiào	joke; jest
游玩	yóuwán	amuse oneself; go sightseeing

- 8 画
- 合体字
- 王部
- 1-4年级

完 (完)

wán

完毕	wánbì	finish; complete
完全	wánquán	complete; whole
完美	wánměi	perfect; consummate

- 7 画
- 合体字
- 宀部
- 1-4年级

丸 (丸)

wán

丸子	wánzi	a round mass of food
药丸	yàowán	pill
定心丸	dìngxīnwán	something capable of settling somebody's mind at ease

- 3 画
- 独体字
- 丿(丶)部
- 1-4年级

丿 九 丸

顽 (顽)

wán

顽皮	wánpí	naughty; mischievous
顽强	wánqiáng	indomitable; tenacious
凶顽	xiōngwán	savage and stubborn; fierce and tough

- 10 画
- 合体字
- 页部
- 1-4年级

顽 顽 顽 顽 顽 顽 顽 顽 顽 顽

晚 (晚)

wǎn

晚上	wǎnshang	evening; night
晚安	wǎn'ān	good night
傍晚	bàngwǎn	at dusk; at nightfall

- 11 画
- 合体字
- 日部
- 1-4年级

晚 晚 晚 晚 晚 晚 晚 晚 晚 晚 晚

碗 (碗)

wǎn

碗	wǎn	bowl
碗橱	wǎnchú	cupboard
饭碗	fànwǎn	rice bowl; means of livelihood

- 13 画
- 合体字
- 石部
- 1-4年级

"㔾" 不是 "巳"。

碗 碗 碗 碗 碗 碗 碗 碗 碗 碗 碗 碗 碗

万 (万)

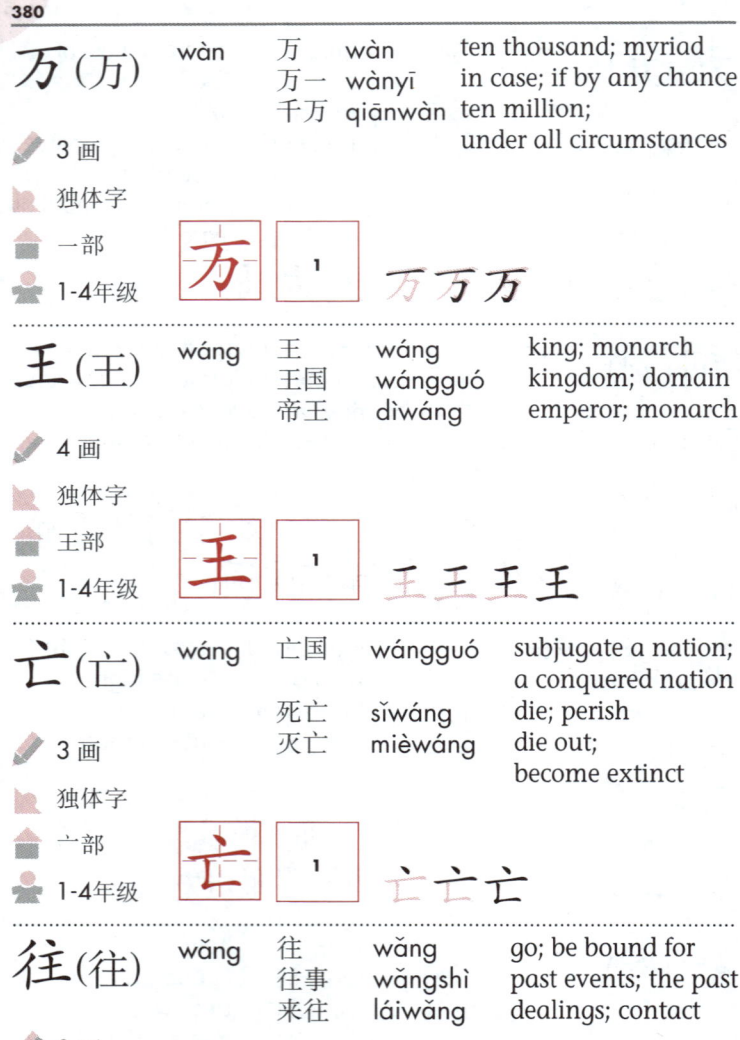

wàn

万	wàn	ten thousand; myriad
万一	wànyī	in case; if by any chance
千万	qiānwàn	ten million; under all circumstances

- 3 画
- 独体字
- 一部
- 1-4年级

万 万 万

王 (王)

wáng

王	wáng	king; monarch
王国	wángguó	kingdom; domain
帝王	dìwáng	emperor; monarch

- 4 画
- 独体字
- 王部
- 1-4年级

王 王 王 王

亡 (亡)

wáng

亡国	wángguó	subjugate a nation; a conquered nation
死亡	sǐwáng	die; perish
灭亡	mièwáng	die out; become extinct

- 3 画
- 独体字
- 亠部
- 1-4年级

亡 亡 亡

往 (往)

wǎng

往	wǎng	go; be bound for
往事	wǎngshì	past events; the past
来往	láiwǎng	dealings; contact

- 8 画
- 合体字
- 彳部
- 1-4年级

往 往 往 往 往 往 往 往

网 (網)

wǎng

网	wǎng	net; network
漏网	lòuwǎng	slip through the net; escape unpunished
网际网络	wǎngjìwǎngluò	internet

- 6 画
- 合体字
- 冂部
- 1-4年级

忘 (忘)

wàng

忘	wàng	forget; neglect
忘我	wàngwǒ	selfless; oblivious of oneself
健忘	jiànwàng	forgetful; have a bad memory

- 7 画
- 合体字
- 心部
- 1-4年级

"心"第二笔楷体是卧钩，宋体是竖弯钩。

望 (望)

wàng

望	wàng	gaze into the distance; expect
望远镜	wàngyuǎnjìng	telescope; binoculars
威望	wēiwàng	prestige

- 11 画
- 合体字
- 王(月)部
- 1-4年级

危 (危)

wēi

危险	wēixiǎn	danger; peril
危急	wēijí	critical
居安思危	jū'ān-sīwēi	be prepared for danger in times of peace

- 6 画
- 合体字
- 刀(⺈)部
- 1-4年级

"㔾"不是"巳"。

威 (威) wēi

威严	wēiyán	dignified; majestic
威信	wēixìn	prestige; popular trust
权威	quánwēi	authority; authoritativeness

- 9 画
- 合体字
- 女(戈)部
- 5-6年级

威威威威威威威威威

微 (微) wēi

微笑	wēixiào	smile
细微	xìwēi	minute; tiny
稍微	shāowēi	a little; slightly

- 13 画
- 合体字
- "攵"不是"夂"。
- 彳部
- 5-6年级

微微微微微微微微微微微微微

为 (为)

wéi
| 行为 | xíngwéi | conduct; behaviour |
| 人为 | rénwéi | artificial; man-made |

wèi
| 因为 | yīnwèi | because; on account of |

- 4 画
- 独体字
- 、部
- 1-4年级

为为为为

围 (围) wéi

围	wéi	enclose; besiege
围巾	wéijīn	muffler; scarf
包围	bāowéi	surround; encircle

- 7 画
- 合体字
- 口部
- 1-4年级

围围围围围围围

维 (维)

wéi

维持	wéichí	keep; preserve
维修	wéixiū	keep in good repair; maintain
思维	sīwéi	thought; thinking

- 11 画
- 合体字
- 纟(糸)部
- 1-4年级

"隹" 不是 "住"。

维维维维维维维维维维维

委 (委)

wěi

委派	wěipài	appoint; delegate
委曲	wěiqū	feel wronged
委员会	wěiyuánhuì	committee; council

- 8 画
- 合体字
- 禾(女)部
- 高级华文

委委委委委委委委

尾 (尾)

wěi

尾巴	wěiba	tail
结尾	jiéwěi	ending
虎头蛇尾	hǔtóu-shéwěi	in like a lion and out like a lamb

- 7 画
- 合体字
- 尸部
- 1-4年级

尾尾尾尾尾尾尾

伟 (伟)

wěi

伟大	wěidà	great; mighty
伟人	wěirén	great man
雄伟	xióngwěi	grand; magnificent

- 6 画
- 合体字
- 亻部
- 1-4年级

伟伟伟伟伟伟

未(未) wèi

未来	wèilái	future
未免	wèimiǎn	rather; inevitably
从未	cóngwèi	never

- 5 画
- 独体字
- 一(木)部
- 高级华文

笔顺：1

未 二 丰 未 未

味(味) wèi

味道	wèidao	taste; flavour
趣味	qùwèi	interest; delight
风味	fēngwèi	flavour

- 8 画
- 合体字
- 口部
- 1-4年级

"未"不是"末"。

笔顺：1 2

味 味 味 味 味 味 味 味

卫(卫) wèi

卫生	wèishēng	hygiene; sanitation
保卫	bǎowèi	defend; safeguard
警卫	jǐngwèi	guard

- 3 画
- 独体字
- 卩部
- 1-4年级

笔顺：1

フ卫卫

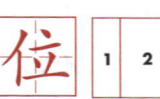

位(位) wèi

位置	wèizhi	location; position
坐位	zuòwèi	seat; place
岗位	gǎngwèi	post; station

- 7 画
- 合体字
- 亻部
- 1-4年级

笔顺：1 2

位 位 位 位 位 位 位

喂(喂)

wèi

喂养	wèiyǎng	feed; raise
喂奶	wèinǎi	breast-feed
喂，过来！	wèi, guòlai	Hey, come here!

- 12 画
- 合体字
- 口部
- 1-4年级

"氏"不是"衣"。

胃(胃)

wèi

胃	wèi	stomach
胃口	wèikǒu	appetite
开胃	kāiwèi	whet the appetite

- 9 画
- 合体字
- 田(月)部
- 5-6年级

慰(慰)

wèi

安慰	ānwèi	comfort; console
慰问	wèiwèn	convey greetings to
慰劳	wèiláo	bring gifts and greetings to

- 15 画
- 合体字
- 心部
- 5-6年级

"心"第二笔楷体是卧钩，宋体是竖弯钩。
"示"第四笔楷体是点，宋体是撇。

温(温)

wēn

温度	wēndù	temperature
温柔	wēnróu	sweet; tender; gentle
体温	tǐwēn	body temperature

- 12 画
- 合体字
- 氵部
- 1-4年级

文 (文) wén

- 4 画
- 独体字
- 文部
- 1-4年级

文章	wénzhāng	essay; article
语文	yǔwén	language and literature; Chinese
华文	Huáwén	Chinese; Mandarin

文 文 文 文

蚊 (蚊) wén

- 10 画
- 合体字
- 虫部
- 1-4年级

| 蚊子 | wénzi | mosquito |
| 蚊帐 | wénzhàng | mosquito net |

蚊 蚊 蚊 蚊 蚊 蚊 蚊 蚊 蚊 蚊

闻 (闻) wén

- 9 画
- 合体字
- 门部
- 5-6年级

闻	wén	smell
闻名	wénmíng	well-known; famous
新闻	xīnwén	news

闻 闻 闻 闻 闻 闻 闻 闻 闻

纹 (纹) wén

- 7 画
- 合体字
- 纟(糸)部
- 5-6年级

纹路	wénlù	lines; veins
笑纹	xiàowén	lines on one's face when one smiles
花纹	huāwén	decorative pattern

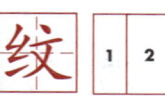

纹 纹 纹 纹 纹 纹 纹

稳 (稳) wěn

稳　wěn　steady; firm
稳固　wěngù　firm; stable
安稳　ānwěn　smooth and steady; peacefully

- 14 画
- 合体字
- 禾部
- 5-6年级

"ヨ"不是"彐"。
"心"第二笔楷体是卧钩，宋体是竖弯钩。

稳稳稳稳稳稳稳
稳稳稳稳稳稳稳

问 (问) wèn

问　wèn　ask; inquire
问答　wèndá　questions and answers
访问　fǎngwèn　visit; interview

- 6 画
- 合体字
- 门部
- 1-4年级

问问问问问问

翁 (翁) wēng

渔翁　yúwēng　old fisherman
富翁　fùwēng　man of wealth
主人翁　zhǔrénwēng　master

- 10 画
- 合体字
- 羽部
- 1-4年级

翁翁翁翁翁翁翁
翁翁翁

蜗 (蜗) wō

蜗牛　wōniú　snail
蜗居　wōjū　humble abode

- 13 画
- 合体字
- 虫部
- 高级华文

"内"不是"内"。

蜗蜗蜗蜗蜗蜗蜗
蜗蜗蜗蜗蜗蜗

窝 (窝)

wō

窝藏	wōcáng	harbour; shelter
被窝	bèiwō	quilt folded to form a sleeping bag
酒窝	jiǔwō	dimple

- 12 画
- 合体字
- 穴部
- 1-4年级

"内"不是"内"。

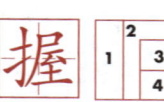

我 (我)

wǒ

我	wǒ	I; me
我们	wǒmén	we; us
忘我	wàngwǒ	oblivious of oneself; selfless

- 7 画
- 独体字
- 丿(戈)部
- 1-4年级

卧 (卧)

wò

卧室	wòshì	bedroom
卧倒	wòdǎo	drop to the ground; take a prone position
仰卧	yǎngwò	lie on one's back

- 8 画
- 合体字
- 臣部
- 高级华文

握 (握)

wò

握	wò	hold; grasp
握手	wòshǒu	shake hands
把握	bǎwò	be fully prepared for; assurance

- 12 画
- 合体字
- 扌部
- 1-4年级

| 巫(巫) | wū | 巫婆 | wūpó | witch; sorceress |
| | | 巫族 | Wūzú | Malay |

- 7 画
- 合体字
- 工(一、人)部
- 高级华文

巫 巫 巫 巫 巫 巫 巫

屋(屋)	wū	屋子	wūzi	room; house
		屋顶	wūdǐng	roof; housetop
		组屋	zǔwū	HDB flat

- 9 画
- 合体字
- 尸部
- 1-4年级

屋 屋 屋 屋 屋 屋 屋 屋 屋

乌(乌)	wū	乌黑	wūhēi	pitch-black
		乌龟	wūguī	tortoise
		乌合之众	wūhézhīzhòng	a motley crowd

- 4 画
- 独体字
- 丿部
- 1-4年级

乌 乌 乌 乌

污(污)	wū	污水	wūshuǐ	sewage; foul water
		污染	wūrǎn	pollute; contaminate
		贪污	tānwū	corruption; graft

- 6 画
- 合体字
- 氵部
- 5-6年级

污 污 污 污 污 污

无(无)

wú

无	wú	nothing; nil
无耻	wúchǐ	shameless; impudent
毫无	háowú	not in the least; not at all

- 4 画
- 独体字
- 一(二)部
- 1-4年级

无 无 无 无

五(五)

wǔ

五	wǔ	five
五金	wǔjīn	metals; hardware
五光十色	wǔguāng-shísè	multicoloured

- 4 画
- 独体字
- 一部
- 1-4年级

五 五 五 五

午(午)

wǔ

上午	shàngwǔ	morning; forenoon
端午	duānwǔ	the Dragon Boat Festival
午饭	wǔfàn	lunch; midday meal

- 4 画
- 独体字
- 丿(十)部
- 1-4年级

午 午 午 午

舞(舞)

wǔ

舞蹈	wǔdǎo	dance
舞台	wǔtái	stage; arena
鼓舞	gǔwǔ	inspire; hearten; encourage

- 14 画
- 合体字
- 丿部
- 1-4年级

舞 舞 舞 舞 舞 舞 舞
舞 舞 舞 舞 舞 舞 舞

391

伍 (伍)
wǔ

伍	wǔ	five; army
队伍	duìwǔ	troops; contingent
落伍	luòwǔ	fall behind the ranks; drop behind

- 6 画
- 合体字
- 亻部
- 1-4年级

伍伍伍伍伍伍

武 (武)
wǔ

武器	wǔqì	weapon; arms
武术	wǔshù	martial arts
威武	wēiwǔ	powerful

- 8 画
- 合体字
- 一(止)部
- 5-6年级

武武武武武武武武

物 (物)
wù

物品	wùpǐn	article; goods
物产	wùchǎn	products; produce
公物	gōngwù	public property

- 8 画
- 合体字
- 牛(牜)部
- 1-4年级

物物物物物物物物

务 (务)
wù

事务	shìwù	work; routine
服务	fúwù	be in the service of; give service to; serve
务必	wùbì	must; be sure to

- 5 画
- 合体字
- 夂(力)部
- 1-4年级

务务务务务

误(误)

wù

错误	cuòwù	mistake; error
延误	yánwù	delay; put off
误用	wùyòng	misuse

- 9 画
- 合体字
- 讠(言)部
- 1-4年级

雾(雾)

wù

雾	wù	fog; mist
雾气	wùqì	mist; vapour
烟雾	yānwù	smog; haze

- 13 画
- 合体字
- 雨(⻗)部
- 5-6年级

悟(悟)

wù

觉悟	juéwù	consciousness
领悟	lǐngwù	comprehend; grasp
悟性	wùxìng	power of understanding; comprehension

- 10 画
- 合体字
- 忄部
- 5-6年级

熄(熄)

xī

| 熄灭 | xīmiè | put out; die out |
| 熄灯 | xīdēng | put out the light |

- 14 画
- 合体字

"心"第二笔楷体是卧钩，宋体是竖弯钩。

- 火部
- 高级华文

锡 (锡)

xī 锡矿 xīkuàng tin ore
锡盘 xīpán tin tray; tin plate

- 13 画
- 合体字
- 钅(金)部
- 高级华文

锡锡锡锡锡锡锡锡锡锡锡锡锡

西 (西)

xī 西 xī west; Occidental
西医 xīyī Western medicine
东西 dōngxi thing; creature

- 6 画
- 独体字
- 西部
- 1-4年级

西西西西西西

吸 (吸)

xī 吸 xī inhale; breathe in
吸收 xīshōu absorb; assimilate
呼吸 hūxī breathe; respire

- 6 画
- 合体字
- 口部
- 1-4年级

吸吸吸吸吸吸

希 (希)

xī 希望 xīwàng hope; wish
希奇 xīqí rare; strange

- 7 画
- 合体字
- 巾(丿)部
- 1-4年级

希希希希希希希

息(息) xī

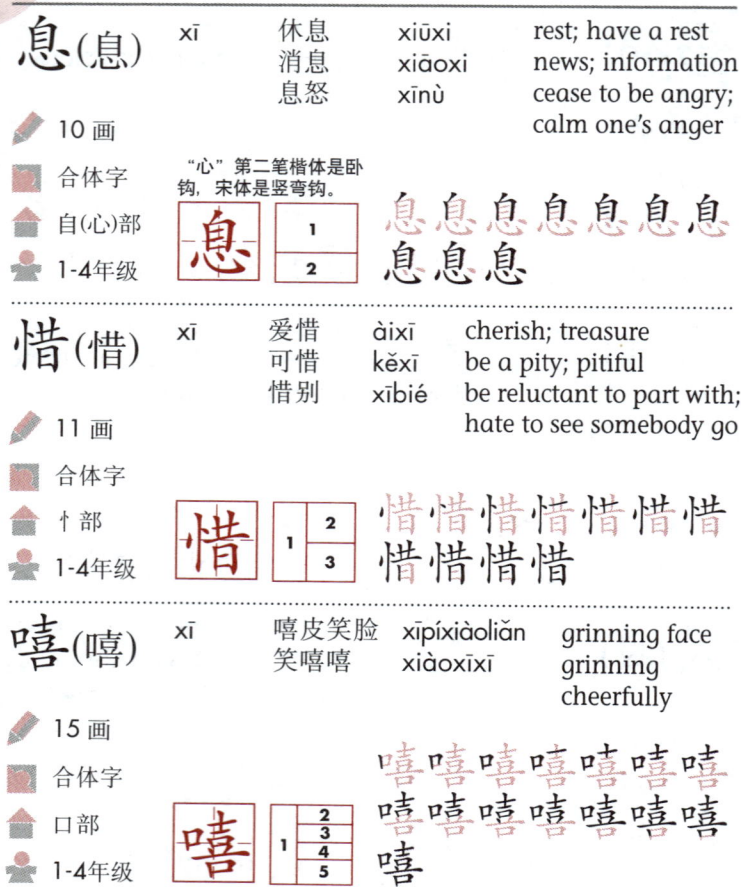

休息	xiūxi	rest; have a rest
消息	xiāoxi	news; information
息怒	xīnù	cease to be angry; calm one's anger

- 10 画
- 合体字
- 自(心)部
- 1-4年级

"心"第二笔楷体是卧钩，宋体是竖弯钩。

惜(惜) xī

爱惜	àixī	cherish; treasure
可惜	kěxī	be a pity; pitiful
惜别	xībié	be reluctant to part with; hate to see somebody go

- 11 画
- 合体字
- 忄部
- 1-4年级

嘻(嘻) xī

| 嘻皮笑脸 | xīpíxiàoliǎn | grinning face |
| 笑嘻嘻 | xiàoxīxī | grinning cheerfully |

- 15 画
- 合体字
- 口部
- 1-4年级

稀(稀) xī

| 稀少 | xīshǎo | scarce; rare |
| 稀疏 | xīshū | few and scattered; sparse |

- 12 画
- 合体字
- 禾部
- 5-6年级

夕 (夕) xī　夕阳　xīyáng　the setting sun
　　　　　前夕　qiánxī　eve
　　　　　除夕　chúxī　New Year's Eve

- 3 画
- 独体字
- 夕部
- 1-4年级

夕　夕夕夕

牺 (牺) xī　牺牲　xīshēng　lay down one's life for; sacrifice

- 10 画
- 合体字
- 牛(牛)部
- 5-6年级

牺　牺牺牺牺牺牺牺牺牺

席 (席) xí　席子　xízi　mat
　　　　　缺席　quēxí　absent; absence
　　　　　主席　zhǔxí　chairman; chairperson

- 10 画
- 合体字
- 广部
- 高级华文

席　席席席席席席席席席席

媳 (媳) xí　媳妇　xífù　daughter-in-law; son's wife
　　　　　儿媳　érxí　daughter-in-law; son's wife

- 13 画
- 合体字
- 女部
- 高级华文

"心"第二笔楷体是卧钩，宋体是竖弯钩。

媳　媳媳 媳 媳 媳 媳 媳 媳 媳 媳 媳

习(習) xí

习惯	xíguàn	habit; custom
习题	xítí	exercises
学习	xuéxí	study; learn

- 3 画
- 独体字
- 乙(乛)部
- 1-4年级

习习习

洗(洗) xǐ

洗	xǐ	wash; bathe
洗礼	xǐlǐ	baptism; severe test
冲洗	chōngxǐ	rinse; develop

- 9 画
- 合体字
- 氵部
- 1-4年级

洗洗洗洗洗洗洗洗洗

喜(喜) xǐ

喜事	xǐshì	joyous occasion
恭喜	gōngxǐ	congratulations
欢天喜地	huāntiān-xǐdì	with boundless joy; overjoyed

- 12 画
- 合体字
- 士(口)部
- 1-4年级

喜喜喜喜喜喜喜喜喜喜喜喜

戏(戲) xì

戏剧	xìjù	drama; play
游戏	yóuxì	recreation; game
把戏	bǎxì	jugglery; trick

- 6 画
- 合体字
- 又(戈)部
- 1-4年级

戏戏戏戏戏戏

细 (细)

	xì	细	xì	thin; trifling
		细心	xìxīn	with care; attentive
		仔细	zǐxì	carefully; attentively

- 8 画
- 合体字
- 纟(糸)部
- 1-4年级

细 细 细 细 细 细 细 细

系 (系)

	xì	系统	xìtǒng	system; systematic
		关系	guānxì	relation; relationship
	jì	系	jì	tie; fasten

- 7 画
- 合体字
- 糸(丿)部
- 5-6年级

第六笔楷体是点，宋体是撇。

系 系 系 系 系 系 系

虾 (虾)

	xiā	虾	xiā	shrimp
		龙虾	lóngxiā	lobster

- 9 画
- 合体字
- 虫部
- 1-4年级

虾 虾 虾 虾 虾 虾 虾 虾

瞎 (瞎)

	xiā	瞎	xiā	blind
		瞎说	xiāshuō	talk irresponsibly

- 15 画
- 合体字
- 目部
- 1-4年级

瞎 瞎 瞎 瞎 瞎 瞎 瞎 瞎 瞎 瞎 瞎 瞎 瞎 瞎 瞎

侠 (侠) xiá

侠客	xiákè	chivalrous man; swordsman
侠义	xiáyì	chivalrous
武侠	wǔxiá	knight-errant; swordsman

- 8 画
- 合体字
- 亻部
- 高级华文

侠侠侠侠侠侠侠侠

下 (下) xià

下班	xiàbān	go off work; knock off
下级	xiàjí	subordinate; lower level
低下	dīxià	low; lowly

- 3 画
- 独体字
- 一部
- 1-4年级

下下下

吓 (吓)

xià
- 吓人 xiàrén — frighten; intimidate
- 吓唬 xiàhu — scare; frighten

hè
- 恐吓 kǒnghè — menace; threaten

- 6 画
- 合体字
- 口部
- 1-4年级

吓吓吓吓吓吓

夏 (夏) xià

夏天	xiàtiān	summer
夏历	xiàlì	lunar calendar
华夏	Huáxià	China

- 10 画
- 合体字
- 夂(一)部
- 1-4年级

夏夏夏夏夏夏夏夏夏夏

先 (先)

xiān

先	xiān	before; first
先进	xiānjìn	advanced; developed
预先	yùxiān	in advance; beforehand

- 6 画
- 合体字
- 儿部
- 1-4年级

先先先先先先

鲜 (鮮)

xiān

鲜	xiān	fresh; tasty
鲜美	xiānměi	delicious; tasty
新鲜	xīnxiān	fresh; novel

- 14 画
- 合体字
- 鱼(魚)部
- 1-4年级

鲜鲜鲜鲜鲜鲜鲜鲜鲜鲜鲜鲜鲜鲜

仙 (仙)

xiān

| 仙人 | xiānrén | celestial being; immortal |
| 水仙 | shuǐxiān | narcissus |

- 5 画
- 合体字
- 亻部
- 1-4年级

仙仙仙仙仙

闲 (閑)

xián

闲	xián	idle; unoccupied
闲谈	xiántán	chat; chit-chat
空闲	kòngxián	leisure; free time

- 7 画
- 合体字
- 门部
- 1-4年级

闲闲闲闲闲闲闲

衔 (衔)

xián

衔	xián	hold in the mouth; harbour
衔接	xiánjiē	link up; join
头衔	tóuxián	title

- 11 画
- 合体字
- 彳部
- 5-6年级

衔 衔 衔 衔 衔 衔 衔 衔 衔 衔

贤 (贤)

xián

圣贤	shèngxián	sage; man of virtues
先贤	xiānxián	sage of the ancient times
贤良	xiánliáng	able and virtuous

- 8 画
- 合体字
- 贝部
- 5-6年级

"ıı" 不是 "ıj"。

贤 贤 贤 贤 贤 贤 贤 贤

险 (险)

xiǎn

险情	xiǎnqíng	dangerous situation
危险	wēixiǎn	dangerous; perilous
保险	bǎoxiǎn	insurance; safe

- 9 画
- 合体字
- 阝部
- 1-4年级

险 险 险 险 险 险 险 险 险

显 (显)

xiǎn

显示	xiǎnshì	demonstrate; display
显著	xiǎnzhù	notable; remarkable
明显	míngxiǎn	obvious; evident

- 9 画
- 合体字
- 日部
- 5-6年级

显 显 显 显 显 显 显 显 显

现 (現)

xiàn

现在	xiànzài	now; at present
发现	fāxiàn	find; discover
出现	chūxiàn	appear; emerge

- ✏️ 8 画
- 合体字
- 王部
- 1-4年级

线 (綫)

xiàn

线	xiàn	thread; string
线索	xiànsuǒ	clue; thread
光线	guāngxiàn	ray; beam

- ✏️ 8 画
- 合体字
- 纟(糸)部
- 1-4年级

限 (限)

xiàn

限制	xiànzhì	restrict; limit
界限	jièxiàn	bounds; dividing line
局限	júxiàn	limitation; confine

- ✏️ 8 画
- 合体字
- 阝部
- 5-6年级

献 (獻)

xiàn

献	xiàn	donate; dedicate
献花	xiànhuā	present a bunch of flowers
贡献	gòngxiàn	contribute; devote

- ✏️ 13 画
- 合体字
- 犬部
- 5-6年级

羡 (羡)

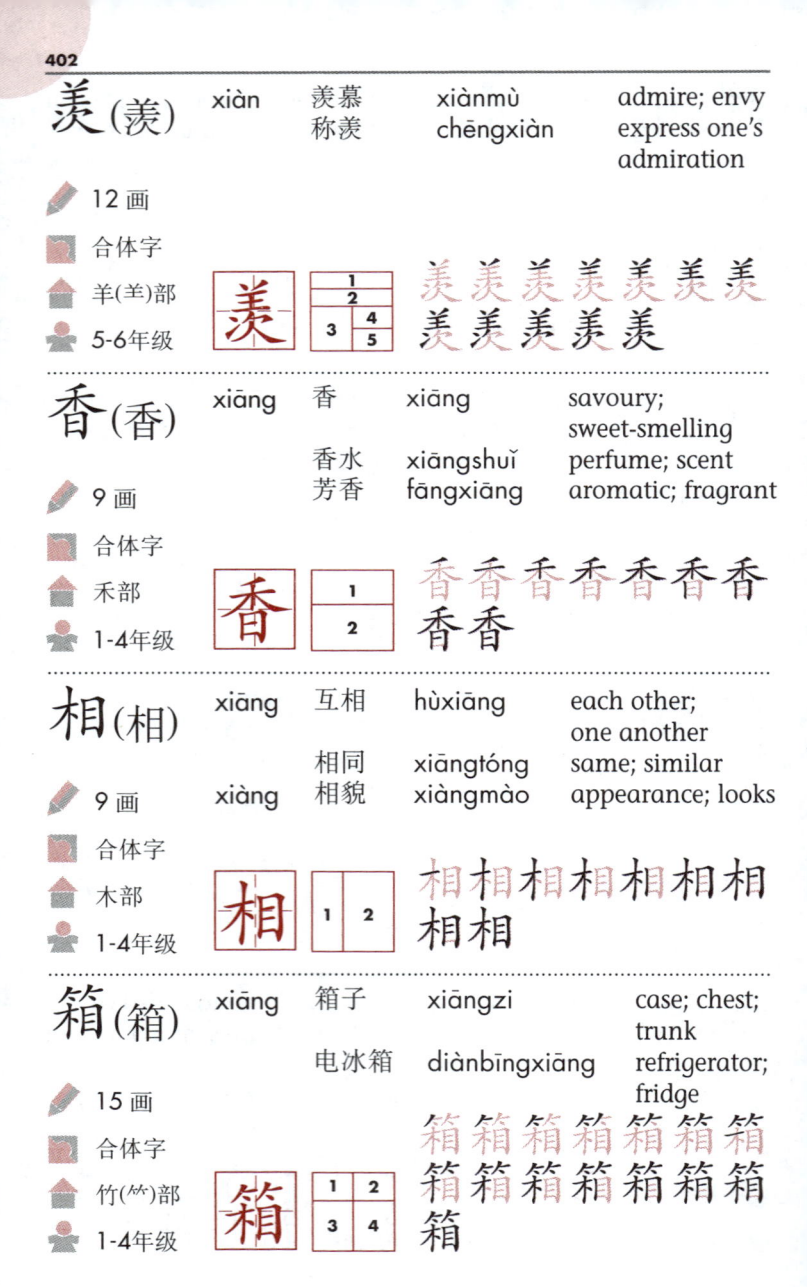

xiàn

| 羡慕 | xiànmù | admire; envy |
| 称羡 | chēngxiàn | express one's admiration |

- 12 画
- 合体字
- 羊(䒑)部
- 5-6年级

香 (香)

xiāng

香	xiāng	savoury; sweet-smelling
香水	xiāngshuǐ	perfume; scent
芳香	fāngxiāng	aromatic; fragrant

- 9 画
- 合体字
- 禾部
- 1-4年级

相 (相)

xiāng

| 互相 | hùxiāng | each other; one another |
| 相同 | xiāngtóng | same; similar |

xiàng

| 相貌 | xiàngmào | appearance; looks |

- 9 画
- 合体字
- 木部
- 1-4年级

箱 (箱)

xiāng

| 箱子 | xiāngzi | case; chest; trunk |
| 电冰箱 | diànbīngxiāng | refrigerator; fridge |

- 15 画
- 合体字
- 竹(⺮)部
- 1-4年级

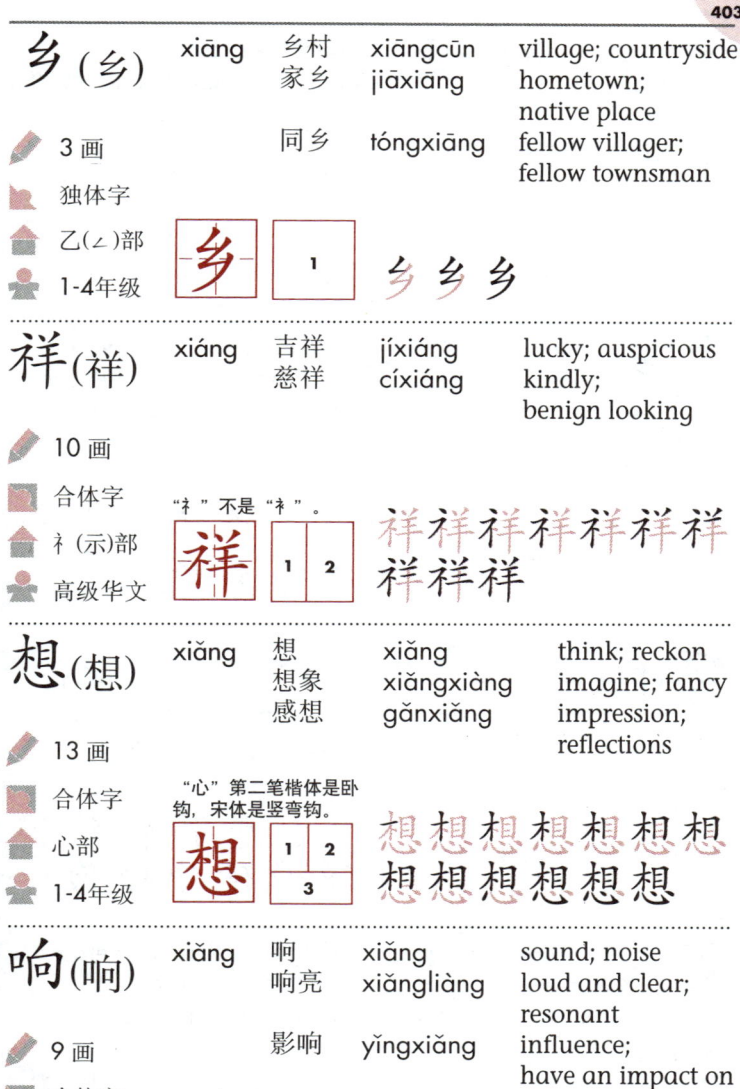

乡 (乡)	xiāng	乡村 家乡	xiāngcūn jiāxiāng	village; countryside hometown; native place
3 画 独体字 乙(乙)部 1-4年级		同乡	tóngxiāng	fellow villager; fellow townsman

乡 | 1

乡 乡 乡

祥(祥)	xiáng	吉祥 慈祥	jíxiáng cíxiáng	lucky; auspicious kindly; benign looking
10 画 合体字 礻(示)部 高级华文				

"礻" 不是 "衤"。

祥 | 1 | 2

祥 祥 祥 祥 祥 祥 祥 祥 祥 祥

想(想)	xiǎng	想 想象 感想	xiǎng xiǎngxiàng gǎnxiǎng	think; reckon imagine; fancy impression; reflections
13 画 合体字 心部 1-4年级				

"心" 第二笔楷体是卧钩, 宋体是竖弯钩。

想 | 1 | 2 |
| 3 |

想 想 想 想 想 想 想 想 想 想 想 想

响(响)	xiǎng	响 响亮	xiǎng xiǎngliàng	sound; noise loud and clear; resonant
9 画 合体字 口部 1-4年级		影响	yǐngxiǎng	influence; have an impact on

响 | 1 | 2 | 3

响 响 响 响 响 响 响 响

享(享) xiǎng

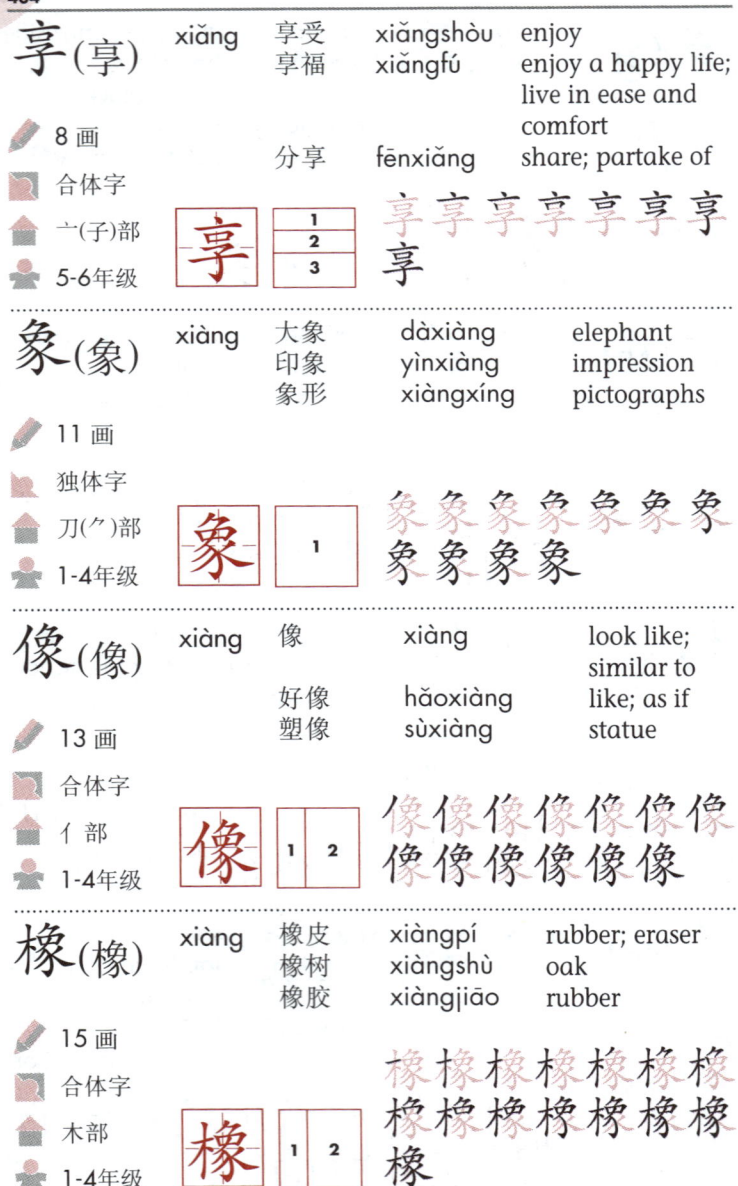

享受	xiǎngshòu	enjoy
享福	xiǎngfú	enjoy a happy life; live in ease and comfort
分享	fēnxiǎng	share; partake of

- 8 画
- 合体字
- 亠(子)部
- 5-6年级

象(象) xiàng

大象	dàxiàng	elephant
印象	yìnxiàng	impression
象形	xiàngxíng	pictographs

- 11 画
- 独体字
- 刀(⺈)部
- 1-4年级

像(像) xiàng

像	xiàng	look like; similar to
好像	hǎoxiàng	like; as if
塑像	sùxiàng	statue

- 13 画
- 合体字
- 亻部
- 1-4年级

橡(橡) xiàng

橡皮	xiàngpí	rubber; eraser
橡树	xiàngshù	oak
橡胶	xiàngjiāo	rubber

- 15 画
- 合体字
- 木部
- 1-4年级

向 (向)

xiàng

向	xiàng	to; towards
向导	xiàngdǎo	guide
方向	fāngxiàng	direction; orientation

- 6 画
- 合体字
- 丿(口)部
- 1-4年级

向向向向向向

巷 (巷)

xiàng

巷	xiàng	lane
巷战	xiàngzhàn	street fighting
街头巷尾	jiētóu-xiàngwěi	streets and lanes

- 9 画
- 合体字
- 己(巳、一)部
- 5-6年级

巷巷巷巷巷巷巷巷巷

项 (项)

xiàng

项链	xiàngliàn	necklace
项目	xiàngmù	item; project
款项	kuǎnxiàng	a sum of money; fund

- 9 画
- 合体字
- 工(页)部
- 5-6年级

项项项项项项项项项

销 (销)

xiāo

销售	xiāoshòu	sell; market
销毁	xiāohuǐ	destroy by melting or burning
经销	jīngxiāo	deal in; sell

- 12 画
- 合体字
- 钅(金)部
- 高级华文

销销销销销销销销销销销销

消 (消)

xiāo

消毒	xiāodú	disinfect; sterilise
消息	xiāoxi	news; information
取消	qǔxiāo	cancel; call off

- 10 画
- 合体字
- 氵部
- 1-4年级

消消消消消消消消消消

削 (削)

xiāo
xuē

削	xiāo	pare; sharpen
削价	xuējià	cut prices; lower the price
削弱	xuēruò	weaken; cripple

- 9 画
- 合体字
- 刂部
- 5-6年级

削削削削削削削削削

小 (小)

xiǎo

小	xiǎo	small; petty
小吃	xiǎochī	snack; refreshments
矮小	ǎixiǎo	short and small; undersized

- 3 画
- 独体字
- 小部
- 1-4年级

第二笔楷体是点，宋体是撇。

小小小

晓 (曉)

xiǎo

| 晓得 | xiǎode | know |
| 报晓 | bàoxiǎo | herald the break of day |

- 10 画
- 合体字
- 日部
- 5-6年级

"戈"不是"戈"。

晓晓晓晓晓晓晓晓晓晓

407

校 (校)

xiào
- 学校 xuéxiào — educational institution; school
- 少校 shàoxiào — lieutenant commander; major

jiào
- 校对 jiàoduì — proofread; collate

- 10 画
- 合体字
- 木部
- 1-4年级

笑 (笑)

xiào
- 笑 xiào — smile; laugh
- 笑容 xiàoróng — smiling expression; smile
- 可笑 kěxiào — laughable; ridiculous

- 10 画
- 合体字
- 竹(⺮)部
- 1-4年级

"夭" 不是 "天"。

孝 (孝)

xiào
- 孝顺 xiàoshùn — show filial obedience
- 孝敬 xiàojìng — give presents (to one's elders or superiors)
- 带孝 dàixiào — in mourning

- 7 画
- 合体字
- 子部
- 1-4年级

效 (效)

xiào
- 效果 xiàoguǒ — effect; result
- 效力 xiàolì — render a service to; serve
- 收效 shōuxiào — yield results; bear fruit

- 10 画
- 合体字
- 攵部
- 5-6年级

"攵" 不是 "夂"。

些 (些) xié

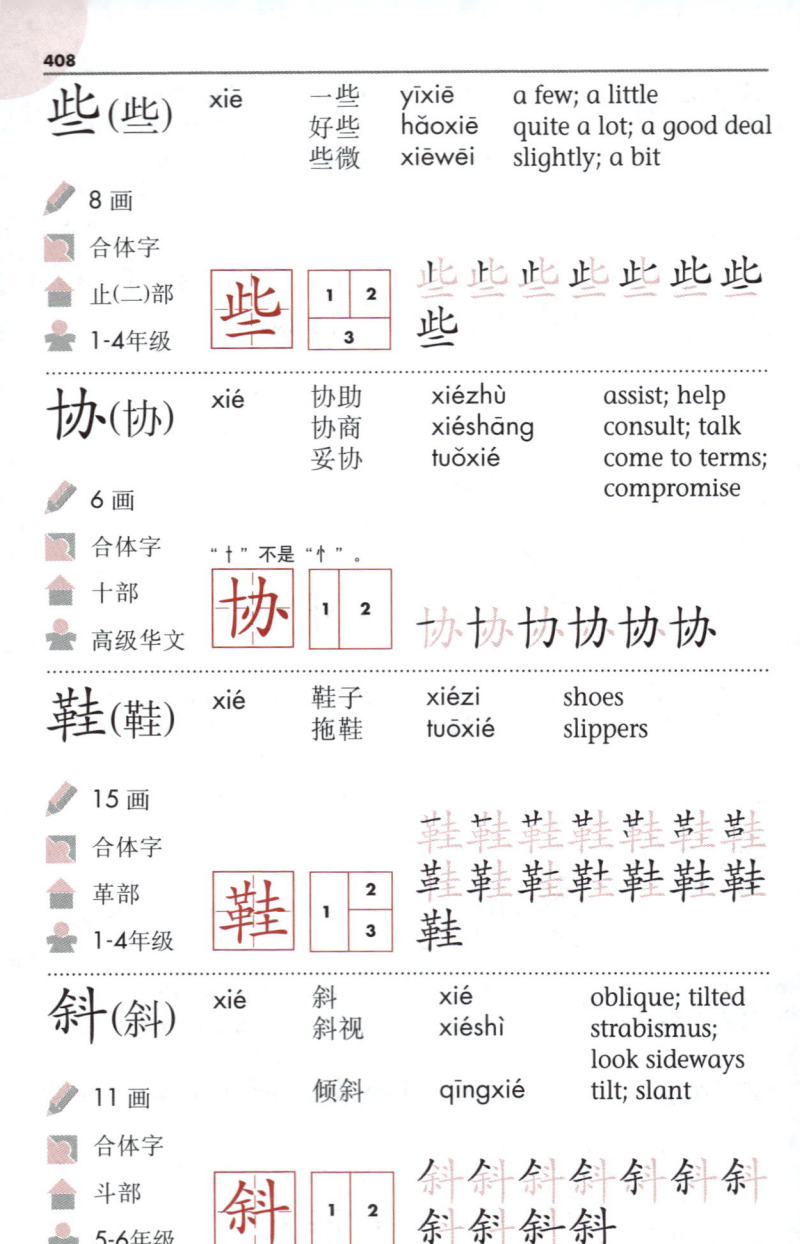

一些	yīxiē	a few; a little
好些	hǎoxiē	quite a lot; a good deal
些微	xiēwēi	slightly; a bit

- 8 画
- 合体字
- 止(二)部
- 1-4年级

协 (协) xié

协助	xiézhù	assist; help
协商	xiéshāng	consult; talk
妥协	tuǒxié	come to terms; compromise

- 6 画
- 合体字
- 十部
- 高级华文

"忄" 不是 "㇀"。

鞋 (鞋) xié

| 鞋子 | xiézi | shoes |
| 拖鞋 | tuōxié | slippers |

- 15 画
- 合体字
- 革部
- 1-4年级

斜 (斜) xié

斜	xié	oblique; tilted
斜视	xiéshì	strabismus; look sideways
倾斜	qīngxié	tilt; slant

- 11 画
- 合体字
- 斗部
- 5-6年级

写 (寫)

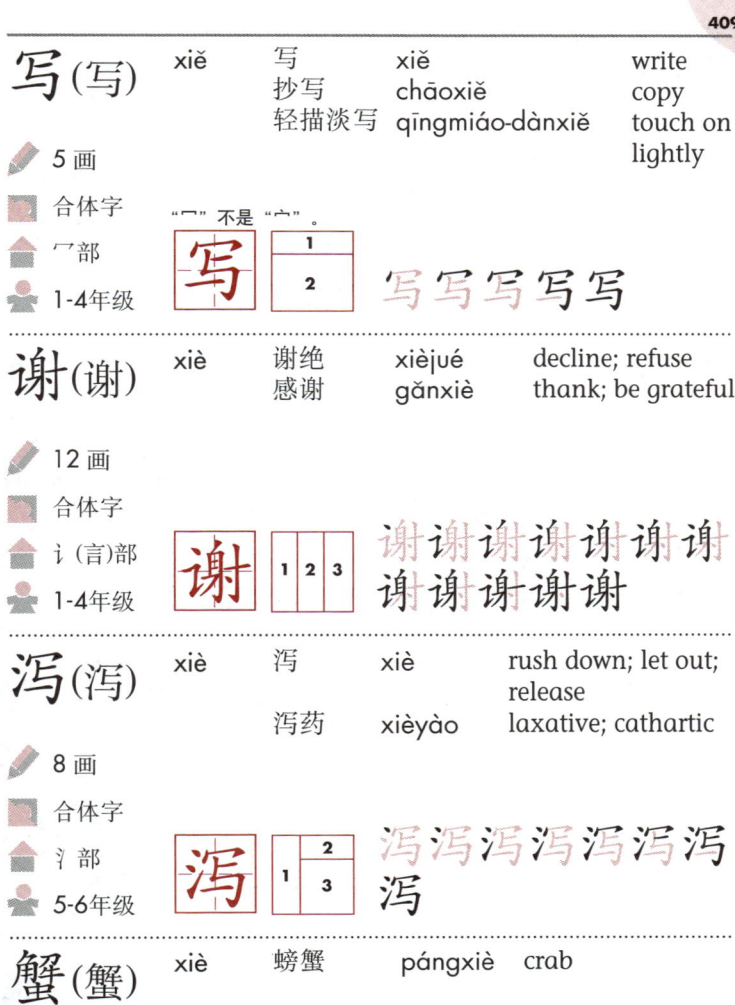

xiě

写	xiě	write
抄写	chāoxiě	copy
轻描淡写	qīngmiáo-dànxiě	touch on lightly

- 5 画
- 合体字
- 冖部
- 1-4年级

"冖"不是"宀"。

写　写写写写写

谢 (謝)

xiè

| 谢绝 | xièjué | decline; refuse |
| 感谢 | gǎnxiè | thank; be grateful |

- 12 画
- 合体字
- 讠(言)部
- 1-4年级

谢　谢谢谢谢谢谢谢谢谢谢谢谢

泻 (瀉)

xiè

| 泻 | xiè | rush down; let out; release |
| 泻药 | xièyào | laxative; cathartic |

- 8 画
- 合体字
- 氵部
- 5-6年级

泻　泻泻泻泻泻泻泻泻

蟹 (蟹)

xiè

| 螃蟹 | pángxiè | crab |

- 19 画
- 合体字
- 虫部
- 5-6年级

蟹　蟹蟹⺈角角角角蟹蟹蟹蟹解解解蟹蟹蟹蟹

薪(薪)

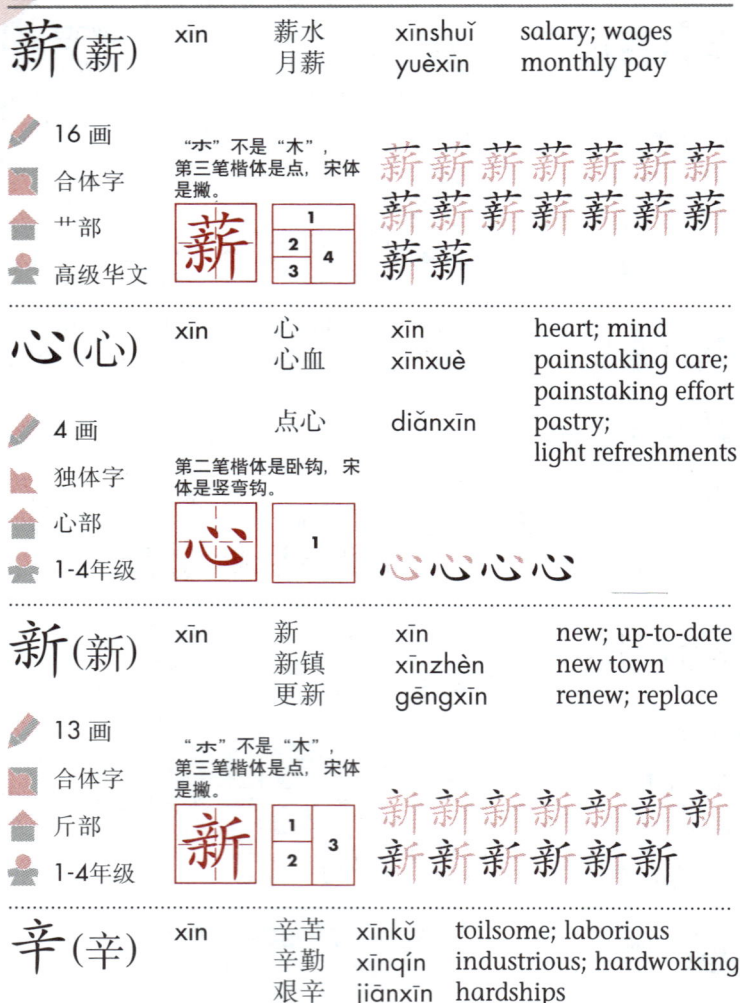

xīn

| 薪水 | xīnshuǐ | salary; wages |
| 月薪 | yuèxīn | monthly pay |

- 16 画
- 合体字
- 艹部
- 高级华文

"朩"不是"木"，第三笔楷体是点，宋体是撇。

薪薪薪薪薪薪薪
薪薪薪薪薪薪薪
薪薪

心(心)

xīn

心	xīn	heart; mind
心血	xīnxuè	painstaking care; painstaking effort
点心	diǎnxīn	pastry; light refreshments

- 4 画
- 独体字
- 心部
- 1-4年级

第二笔楷体是卧钩，宋体是竖弯钩。

心心心心

新(新)

xīn

新	xīn	new; up-to-date
新镇	xīnzhèn	new town
更新	gēngxīn	renew; replace

- 13 画
- 合体字
- 斤部
- 1-4年级

"朩"不是"木"，第三笔楷体是点，宋体是撇。

新新新新新新新
新新新新新新

辛(辛)

xīn

辛苦	xīnkǔ	toilsome; laborious
辛勤	xīnqín	industrious; hardworking
艰辛	jiānxīn	hardships

- 7 画
- 合体字
- 辛部
- 1-4年级

辛辛辛辛辛辛辛

欣(欣)

xīn

欣喜	xīnxǐ	joyful
欢欣	huānxīn	rejoice
欣欣向荣	xīnxīnxiàngróng	flourishing

- 8 画
- 合体字
- 欠(斤)部
- 5-6年级

欣欣欣欣欣欣欣欣

信(信)

xìn

信	xìn	trust; faith
信任	xìnrèn	trust; have confidence in
相信	xiāngxìn	believe in; have faith in

- 9 画
- 合体字
- 亻部
- 1-4年级

信信信信信信信信信

兴(兴)

xīng
xìng

兴奋	xīngfèn	be excited; excitement
兴趣	xìngqù	interest

- 6 画
- 合体字
- 八部
- 1-4年级

兴兴兴兴兴兴

星(星)

xīng

星星	xīngxing	star
星期	xīngqī	week
明星	míngxīng	movie star

- 9 画
- 合体字
- 日部
- 1-4年级

星星星星星星星星星

猩 (猩)

xīng　猩猩　xīngxing　orangutan

- 12 画
- 合体字
- 犭部
- 1-4年级

猩猩猩猩猩猩猩猩猩猩猩

行 (行)

xíng　行走　xíngzǒu　walk
　　　行为　xíngwéi　conduct; behaviour
háng　银行　yínháng　bank

- 6 画
- 合体字
- 彳部
- 1-4年级

行行行行行行

形 (形)

xíng　形状　xíngzhuàng　form; shape
　　　队形　duìxíng　formation
　　　整形　zhěngxíng　plastic surgery

- 7 画
- 合体字
- 彡部
- 1-4年级

形形形形形形形

刑 (刑)

xíng　刑罚　xíngfá　penalty; punishment
　　　刑期　xíngqī　term of imprisonment; prison term
　　　鞭刑　biānxíng　caning

- 6 画
- 合体字
- 刂部
- 5-6年级

刑刑刑刑刑刑

型 (型) xíng

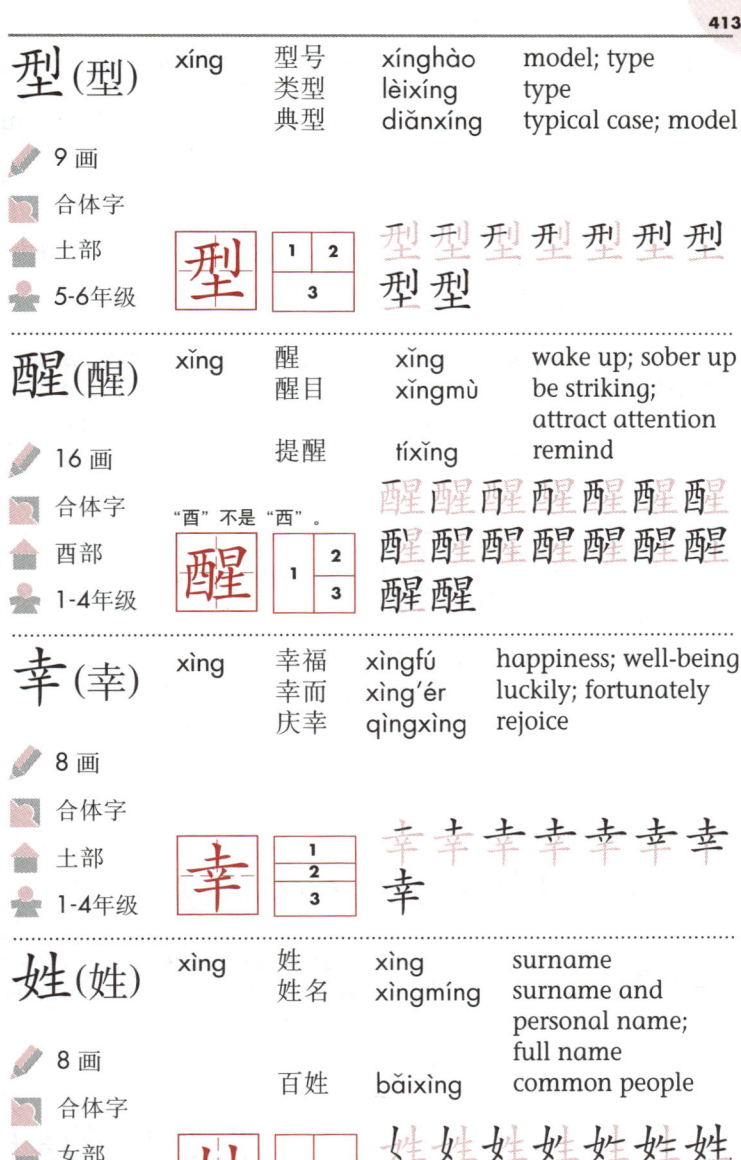

型号	xínghào	model; type
类型	lèixíng	type
典型	diǎnxíng	typical case; model

- 9 画
- 合体字
- 土部
- 5-6年级

醒 (醒) xǐng

醒	xǐng	wake up; sober up
醒目	xǐngmù	be striking; attract attention
提醒	tíxǐng	remind

- 16 画
- 合体字
- 酉部
- 1-4年级

"酉" 不是 "西"。

幸 (幸) xìng

幸福	xìngfú	happiness; well-being
幸而	xìng'ér	luckily; fortunately
庆幸	qìngxìng	rejoice

- 8 画
- 合体字
- 土部
- 1-4年级

姓 (姓) xìng

姓	xìng	surname
姓名	xìngmíng	surname and personal name; full name
百姓	bǎixìng	common people

- 8 画
- 合体字
- 女部
- 1-4年级

性(性)

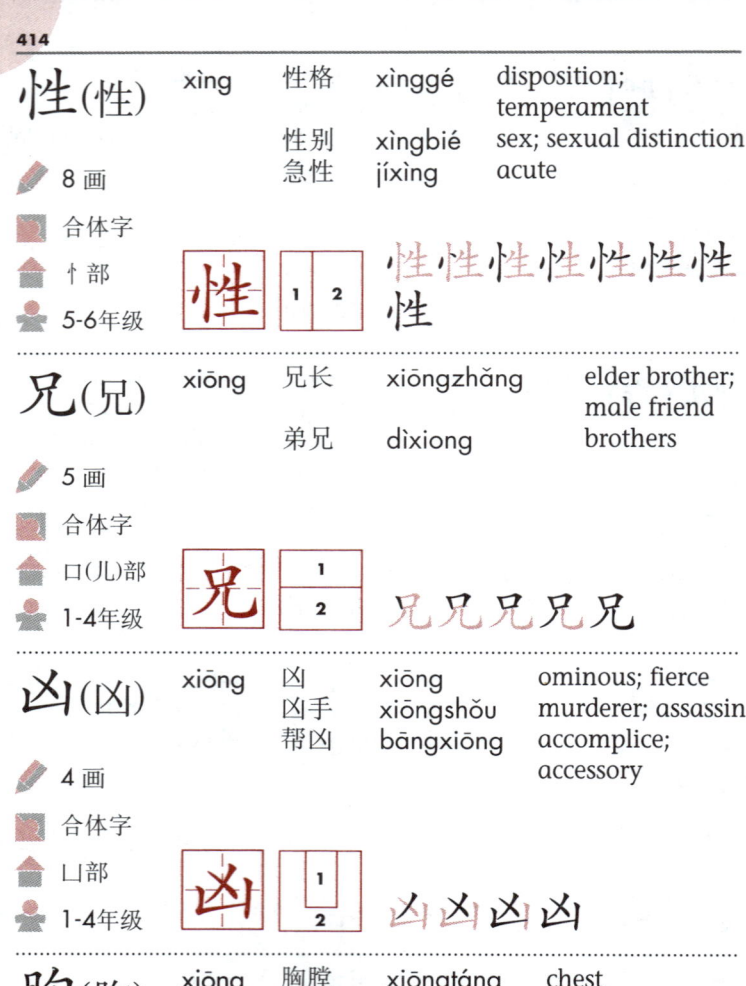

xìng

性格	xìnggé	disposition; temperament
性别	xìngbié	sex; sexual distinction
急性	jíxìng	acute

- 8 画
- 合体字
- 忄部
- 5-6年级

性性性性性性性性

兄(兄)

xiōng

| 兄长 | xiōngzhǎng | elder brother; male friend |
| 弟兄 | dìxiong | brothers |

- 5 画
- 合体字
- 口(儿)部
- 1-4年级

兄兄兄兄兄

凶(凶)

xiōng

凶	xiōng	ominous; fierce
凶手	xiōngshǒu	murderer; assassin
帮凶	bāngxiōng	accomplice; accessory

- 4 画
- 合体字
- 凵部
- 1-4年级

凶凶凶凶

胸(胸)

xiōng

| 胸腔 | xiōngtáng | chest |
| 心胸 | xīnxiōng | breadth of mind |

- 10 画
- 合体字
- 月部
- 5-6年级

"匈" 不是 "匋"。

胸胸胸胸胸胸胸胸胸胸

雄(雄)	xióng	雄鸡	xióngjī	cock; rooster
		雄伟	xióngwěi	grand; magnificent
		英雄	yīngxióng	hero; heroine

- 12 画
- 合体字
- 隹部
- 1-4年级

"隹"不是"住"。

| 熊(熊) | xióng | 熊猫 | xióngmāo | panda |
| | | 黑熊 | hēixióng | black bear |

- 14 画
- 合体字
- 灬部
- 1-4年级

休(休)	xiū	休息	xiūxi	rest; have a rest
		休养	xiūyǎng	recuperate; convalesce
		退休	tuìxiū	retire; retirement

- 6 画
- 合体字
- 亻部
- 1-4年级

修(修)	xiū	修理	xiūlǐ	repair; mend
		修改	xiūgǎi	revise; amend
		进修	jìnxiū	take a refresher course; engage in advanced studies

- 9 画
- 合体字
- 亻部
- 1-4年级

"亻"不是"彳"。
"攵"不是"夂"。

羞 (羞)

xiū

害羞	hàixiū	be bashful; be shy
羞惭	xiūcán	be ashamed
羞耻	xiūchǐ	shame; sense of shame

- 10 画
- 合体字
- 羊(羊)部
- 5-6年级

秀 (秀)

xiù

秀丽	xiùlì	beautiful; pretty
新秀	xīnxiù	new talent
优秀	yōuxiù	excellent; splendid

- 7 画
- 合体字
- 禾部
- 5-6年级

袖 (袖)

xiù

| 袖子 | xiùzi | sleeve |
| 领袖 | lǐngxiù | leader |

- 10 画
- 合体字
- "衤"不是"礻"。
- 衤部
- 5-6年级

锈 (锈)

xiù

锈	xiù	rust
铁锈	tiěxiù	iron rust
不锈钢	bùxiùgāng	stainless steel

- 12 画
- 合体字
- 钅(金)部
- 5-6年级

嗅 (嗅)

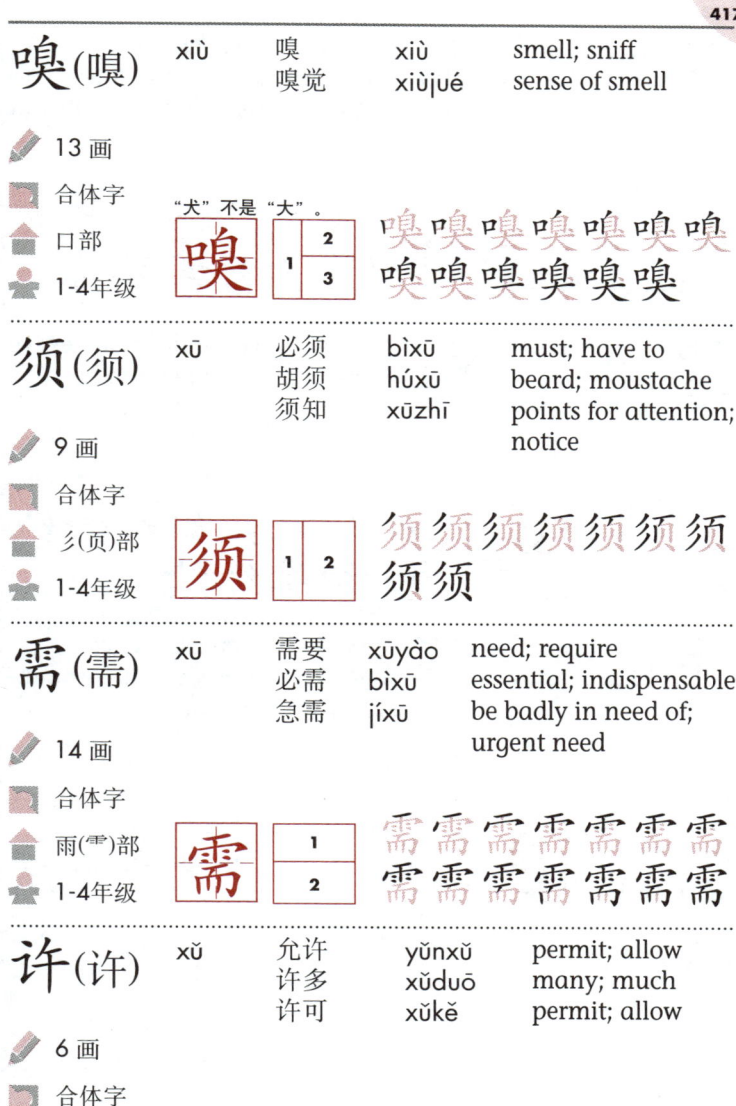

| xiù | 嗅 | xiù | smell; sniff |
| | 嗅觉 | xiùjué | sense of smell |

- 13 画
- 合体字
- 口部
- 1-4年级

"犬"不是"大"。

须 (须)

xū	必须	bìxū	must; have to
	胡须	húxū	beard; moustache
	须知	xūzhī	points for attention; notice

- 9 画
- 合体字
- 彡(页)部
- 1-4年级

需 (需)

xū	需要	xūyào	need; require
	必需	bìxū	essential; indispensable
	急需	jíxū	be badly in need of; urgent need

- 14 画
- 合体字
- 雨(⻗)部
- 1-4年级

许 (许)

xǔ	允许	yǔnxǔ	permit; allow
	许多	xǔduō	many; much
	许可	xǔkě	permit; allow

- 6 画
- 合体字
- 讠(言)部
- 1-4年级

蓄 (蓄) xù

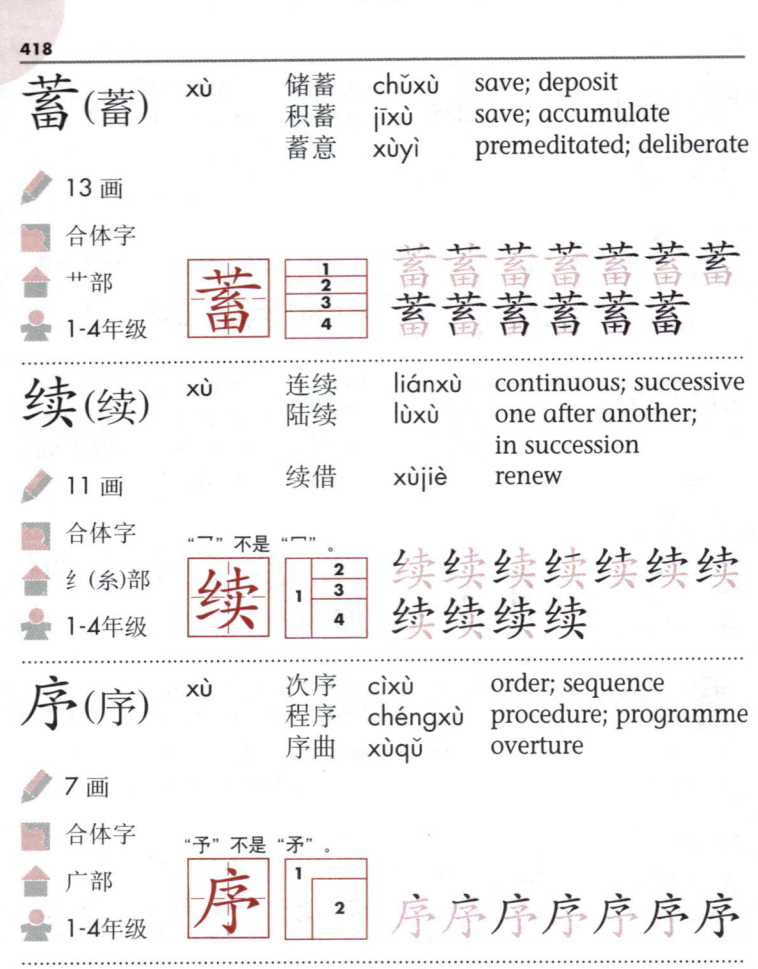

储蓄	chǔxù	save; deposit
积蓄	jīxù	save; accumulate
蓄意	xùyì	premeditated; deliberate

- 13 画
- 合体字
- 艹部
- 1-4年级

续 (续) xù

连续	liánxù	continuous; successive
陆续	lùxù	one after another; in succession
续借	xùjiè	renew

- 11 画
- 合体字
- 纟(糸)部
- 1-4年级

"⺈" 不是 "⼍"。

序 (序) xù

次序	cìxù	order; sequence
程序	chéngxù	procedure; programme
序曲	xùqǔ	overture

- 7 画
- 合体字
- 广部
- 1-4年级

"予" 不是 "矛"。

婿 (婿) xù

| 女婿 | nǚxu | son-in-law |
| 夫婿 | fūxù | husband |

- 12 画
- 合体字
- 女部
- 5-6年级

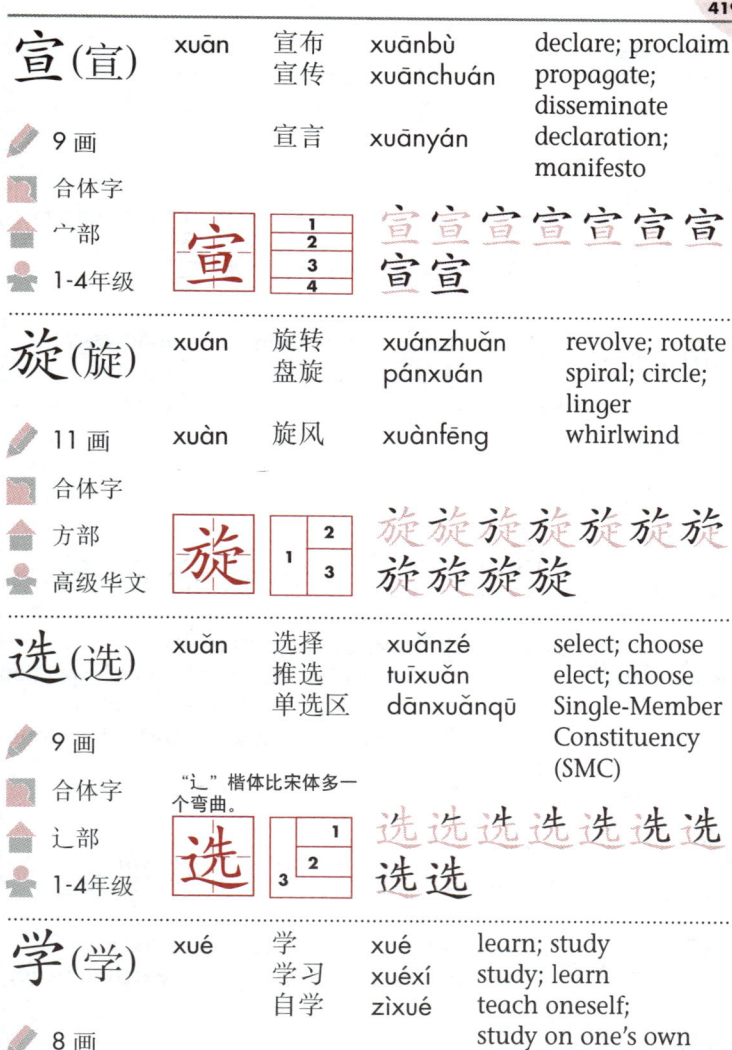

宣(宣)	xuān	宣布 宣传 宣言	xuānbù xuānchuán xuānyán	declare; proclaim propagate; disseminate declaration; manifesto
9画 合体字 宀部 1-4年级				

宣宣宣宣宣宣宣宣宣

旋(旋)	xuán xuàn	旋转 盘旋 旋风	xuánzhuǎn pánxuán xuànfēng	revolve; rotate spiral; circle; linger whirlwind
11画 合体字 方部 高级华文				

旋旋旋旋旋旋旋旋旋旋旋

选(选)	xuǎn	选择 推选 单选区	xuǎnzé tuīxuǎn dānxuǎnqū	select; choose elect; choose Single-Member Constituency (SMC)
9画 合体字 辶部 1-4年级				

"辶"楷体比宋体多一个弯曲。

选选选选选选选选选

学(学)	xué	学 学习 自学	xué xuéxí zìxué	learn; study study; learn teach oneself; study on one's own
8画 合体字 子部 1-4年级				

学学学学学学学学

雪 (雪)

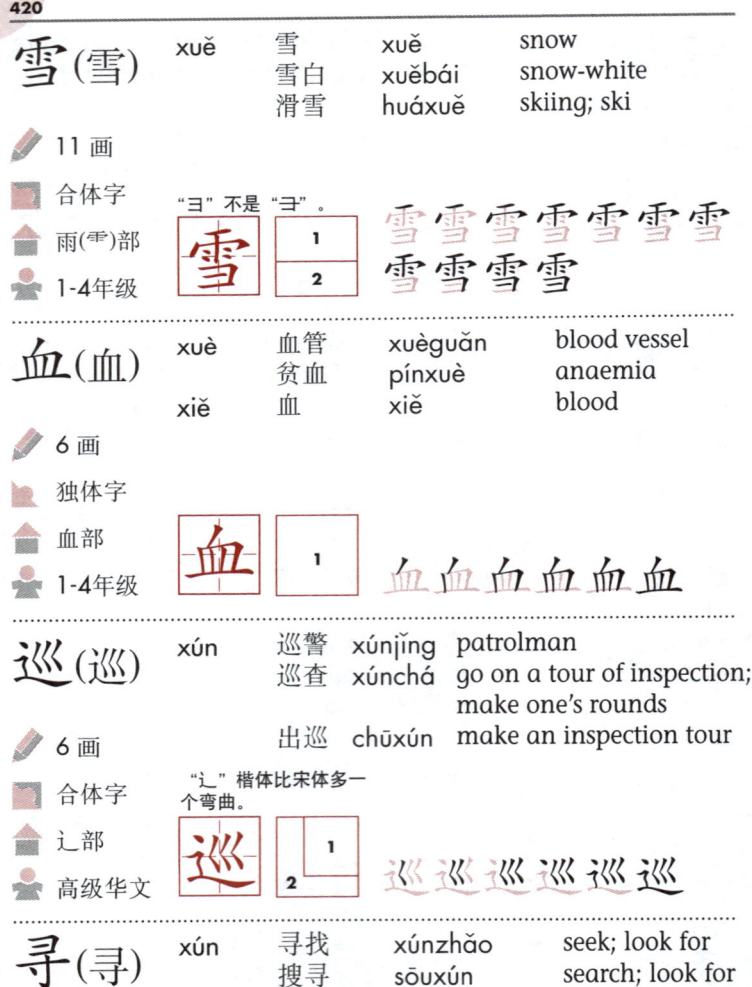

xuě

雪	xuě	snow
雪白	xuěbái	snow-white
滑雪	huáxuě	skiing; ski

- 11 画
- 合体字
- 雨(⻗)部
- 1-4年级

"彐" 不是 "ヨ"。

雪雪雪雪雪雪雪雪雪雪雪

血 (血)

xuè

| 血管 | xuèguǎn | blood vessel |
| 贫血 | pínxuè | anaemia |

xiě

| 血 | xiě | blood |

- 6 画
- 独体字
- 血部
- 1-4年级

血血血血血血

巡 (巡)

xún

巡警	xúnjǐng	patrolman
巡查	xúnchá	go on a tour of inspection; make one's rounds
出巡	chūxún	make an inspection tour

- 6 画
- 合体字
- 辶部
- 高级华文

"辶" 楷体比宋体多一个弯曲。

巡巡巡巡巡巡

寻 (寻)

xún

| 寻找 | xúnzhǎo | seek; look for |
| 搜寻 | sōuxún | search; look for |

- 6 画
- 合体字
- 彐(寸)部
- 1-4年级

寻寻寻寻寻寻

询 (询)

xún | 询问 xúnwèn — ask about; inquire
查询 cháxún — inquire about

- 8 画
- 合体字
- 讠(言)部
- 5-6年级

询 询 询 询 询 询 询 询

讯 (讯)

xùn | 通讯 tōngxùn — communication
音讯 yīnxùn — message
审讯 shěnxùn — interrogate; question

- 5 画
- 合体字
- 讠(言)部
- 高级华文

"孔"不是"凡"。

讯 讯 讯 讯 讯

训 (训)

xùn | 教训 jiàoxùn — lesson; chide
培训 péixùn — cultivate; train
训育 xùnyù — moral education (in school)

- 5 画
- 合体字
- 讠(言)部
- 1-4年级

训 训 训 训 训

迅 (迅)

xùn | 迅速 xùnsù — rapid; swift
迅猛 xùnměng — swift and violent

- 6 画
- 合体字
- 辶部
- 5-6年级

"孔"不是"凡"。

迅 迅 迅 迅 迅 迅

呀 (呀)

yā / ya — 呀，迟到了！ yā, chídàole — Oh, it's late!
来呀！ láiya — Come here!

- 7 画
- 合体字
- 口部
- 1-4年级

呀呀呀呀呀呀呀

鸭 (鸭)

yā — 鸭 yā — duck; drake
鸭蛋 yādàn — duck's egg; zero
鸭舌帽 yāshémào — peaked cap

- 10 画
- 合体字
- 鸟部
- 1-4年级

鸭鸭鸭鸭鸭鸭鸭鸭鸭鸭

鸦 (鸦)

yā — 乌鸦 wūyā — crow
鸦雀无声 yāquèwúshēng — silence reigns; in perfect silence

- 9 画
- 合体字
- 鸟部
- 1-4年级

鸦鸦鸦鸦鸦鸦鸦鸦鸦

压 (压)

yā — 压力 yālì — pressure; overwhelming force
压制 yāzhì — suppress; stifle
积压 jīyā — keep long in stock; overstock

- 6 画
- 合体字
- 厂部
- 1-4年级

压压压压压压

牙 (牙)

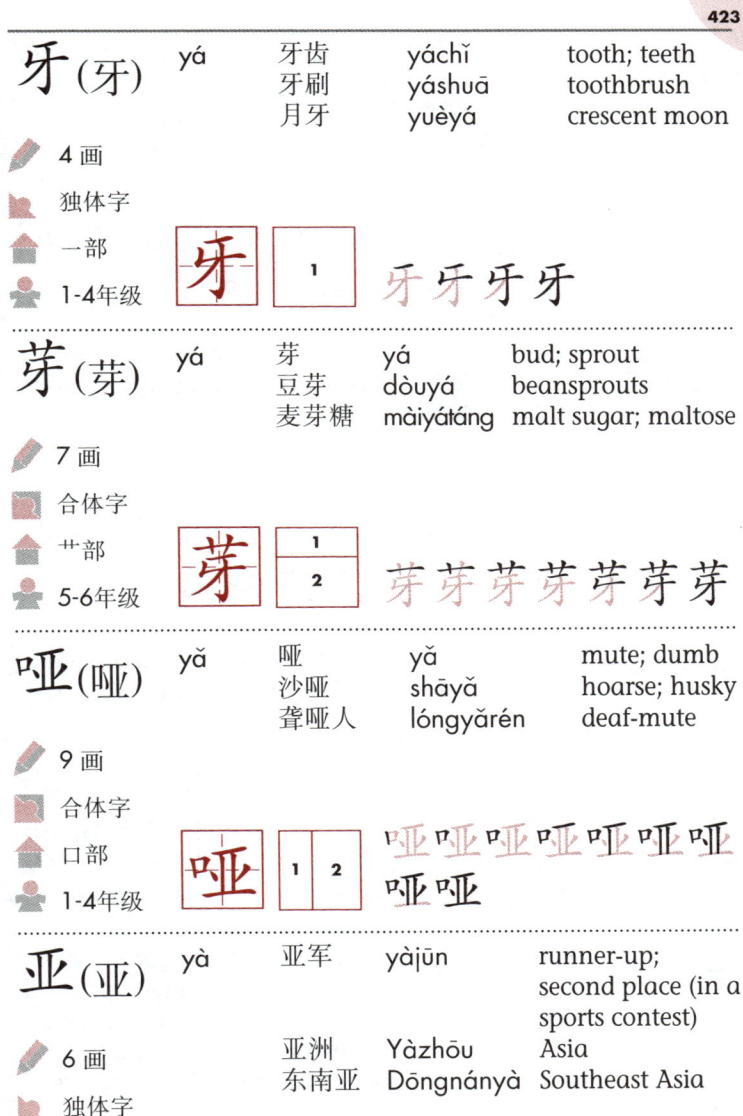

yá

牙齿	yáchǐ	tooth; teeth
牙刷	yáshuā	toothbrush
月牙	yuèyá	crescent moon

- 4 画
- 独体字
- 一部
- 1-4年级

牙 | 1 | 牙 𠂩 牙 牙

芽 (芽)

yá

芽	yá	bud; sprout
豆芽	dòuyá	beansprouts
麦芽糖	màiyátáng	malt sugar; maltose

- 7 画
- 合体字
- 艹部
- 5-6年级

芽 | 1 / 2 | 芽 芽 芽 芽 芽 芽 芽

哑 (啞)

yǎ

哑	yǎ	mute; dumb
沙哑	shāyǎ	hoarse; husky
聋哑人	lóngyǎrén	deaf-mute

- 9 画
- 合体字
- 口部
- 1-4年级

哑 | 1 | 2 | 哑 哑 哑 哑 哑 哑 哑 哑 哑

亚 (亞)

yà

亚军	yàjūn	runner-up; second place (in a sports contest)
亚洲	Yàzhōu	Asia
东南亚	Dōngnányà	Southeast Asia

- 6 画
- 独体字
- 一部
- 1-4年级

亚 | 1 | 亚 亚 亚 亚 亚 亚

烟 (烟) yān

烟	yān	smoke; cigarette
烟花	yānhuā	fireworks
烟雾	yānwù	smog; mist

- 10 画
- 合体字
- 火部
- 1-4年级

淹 (淹) yān

淹	yān	flood; inundate
淹没	yānmò	submerge; inundate
淹埋	yānmái	bury; drown

- 11 画
- 合体字
- 氵部
- 1-4年级

颜 (颜) yán

| 颜色 | yánsè | colour; countenance |
| 容颜 | róngyán | appearance; looks |

- 15 画
- 合体字
- 页部
- 1-4年级

言 (言) yán

言论	yánlùn	expression of one's (political) views; speech
语言	yǔyán	language
花言巧语	huāyán-qiǎoyǔ	sweet words

- 7 画
- 合体字
- 言部
- 1-4年级

沿(沿)	yán	沿途	yántú	on the way; throughout the journey
8 画		沿海	yánhǎi	coastal; littoral
合体字		床沿	chuángyán	the edge of a bed
氵部				
1-4年级				

严(严)	yán	严格	yángé	strict; rigorous
7 画		严重	yánzhòng	grave; critical
独体字		尊严	zūnyán	dignity; sanctity
一部				
1-4年级				

盐(盐)	yán	盐	yán	salt
10 画		盐水	yánshuǐ	salt solution; brine
合体字		精盐	jīngyán	refined salt
皿部				
1-4年级				

延(延)	yán	延长	yáncháng	lengthen; prolong
6 画		延期	yánqī	postpone; put off
合体字		拖延	tuōyán	delay; procrastinate
廴部				
5-6年级				

"正"不是"正"。

炎 (炎) yán

炎热	yánrè — scorching; blazing
发炎	fāyán — inflammation
消炎	xiāoyán — dephlogisticate; diminish inflammation

- 8 画
- 合体字
- 火部
- 5-6年级

研 (研) yán

研究	yánjiū — research; discuss
研制	yánzhì — develop
科研	kēyán — scientific research

- 9 画
- 合体字
- 石部
- 5-6年级

掩 (掩) yǎn

掩	yǎn — cover; hide
掩盖	yǎngài — cover; conceal
遮掩	zhēyǎn — envelop; cover up

- 11 画
- 合体字
- 扌部
- 高级华文

眼 (眼) yǎn

眼睛	yǎnjīng — eye
枪眼	qiāngyǎn — embrasure
心明眼亮	xīnmíng-yǎnliàng — see and think clearly

- 11 画
- 合体字
- 目部
- 1-4年级

演 (演) yǎn

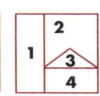

演	yǎn	evolve; perform
演讲	yǎnjiǎng	lecture; make a speech
扮演	bànyǎn	play the part of; act

- 14 画
- 合体字
- 氵部
- 1-4年级

厌 (厭) yàn

厌烦	yànfán	be sick of; be fed up with
厌恶	yànwù	detest; be disgusted with
讨厌	tǎoyàn	disgusting; repugnant

- 6 画
- 合体字
- "犬"不是"大"。
- 厂部
- 1-4年级

燕 (燕) yàn

燕子	yànzi	swallow
燕窝	yànwō	edible bird's nest
海燕	hǎiyàn	(storm) petrel

- 16 画
- 合体字
- 灬部
- 1-4年级

验 (驗) yàn

验收	yànshōu	check and accept; check before acceptance
试验	shìyàn	trial; experiment
测验	cèyàn	test

- 10 画
- 合体字
- 马部
- 5-6年级

宴 (宴) yàn

宴会	yànhuì	banquet; dinner party
宴席	yànxí	banquet; feast
婚宴	hūnyàn	wedding dinner

- 10 画
- 合体字
- 宀部
- 5-6年级

央 (央) yāng

| 中央 | zhōngyāng | central authorities; centre |
| 央求 | yāngqiú | plead; implore |

- 5 画
- 独体字
- 丨(大)部
- 5-6年级

羊 (羊) yáng

羊	yáng	sheep
羊肉	yángròu	mutton
山羊	shānyáng	goat

- 6 画
- 独体字
- 羊部
- 1-4年级

阳 (阳) yáng

阳光	yángguāng	sunlight; sunshine
阳性	yángxìng	positive; masculine gender
太阳	tàiyáng	the Sun

- 6 画
- 合体字
- 阝部
- 1-4年级

洋 (洋) yáng

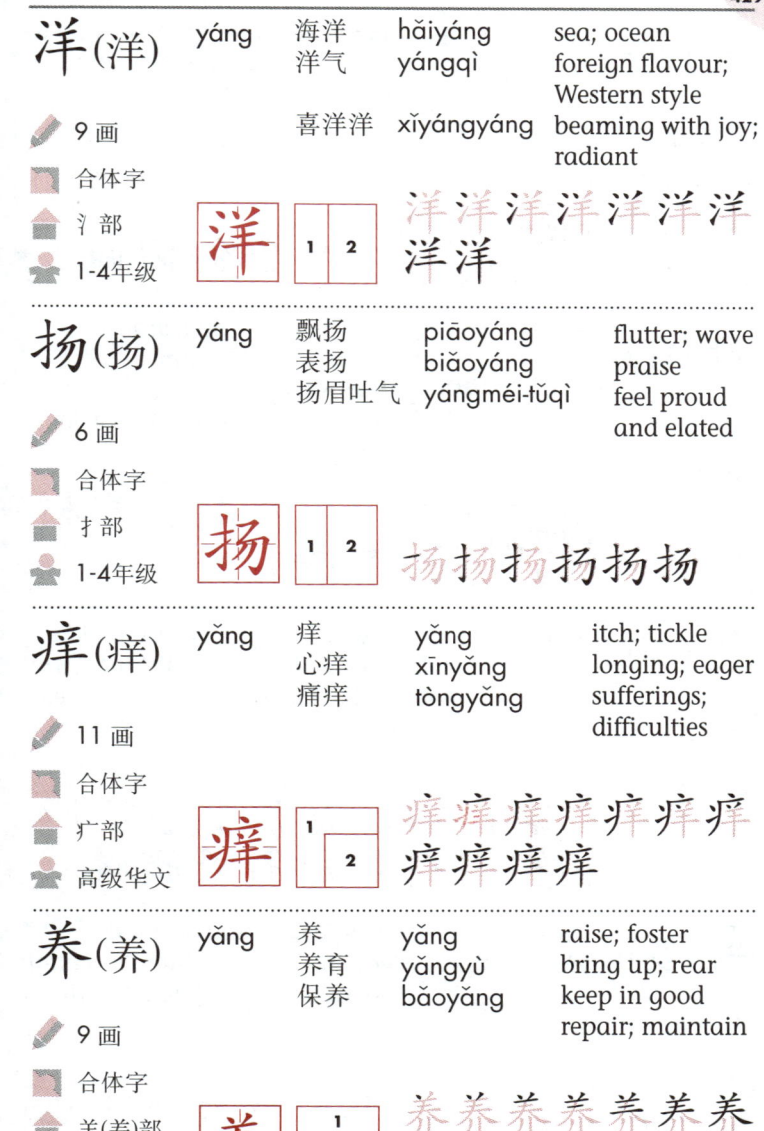

- 9 画
- 合体字
- 氵部
- 1-4年级

海洋	hǎiyáng	sea; ocean
洋气	yángqì	foreign flavour; Western style
喜洋洋	xǐyángyáng	beaming with joy; radiant

扬 (扬) yáng

- 6 画
- 合体字
- 扌部
- 1-4年级

飘扬	piāoyáng	flutter; wave
表扬	biǎoyáng	praise
扬眉吐气	yángméi-tǔqì	feel proud and elated

痒 (癢) yǎng

- 11 画
- 合体字
- 疒部
- 高级华文

痒	yǎng	itch; tickle
心痒	xīnyǎng	longing; eager
痛痒	tòngyǎng	sufferings; difficulties

养 (養) yǎng

- 9 画
- 合体字
- 羊(䒑)部
- 1-4年级

养	yǎng	raise; foster
养育	yǎngyù	bring up; rear
保养	bǎoyǎng	keep in good repair; maintain

仰 (仰) yǎng

仰望	yǎngwàng	look up at; look up to
仰慕	yǎngmù	admire; look up to
信仰	xìnyǎng	faith; belief

- 6 画
- 合体字
- 亻部
- 5-6年级

"卬" 不是 "卯"。

仰 仰仰仰仰仰

样 (樣) yàng

样子	yàngzi	appearance; manner
榜样	bǎngyàng	example; model
模样	múyàng	appearance; look

- 10 画
- 合体字
- 木部
- 1-4年级

样 样样样样样样样样样

腰 (腰) yāo

腰	yāo	waist; middle
腰身	yāoshēn	waistline; girth
伸懒腰	shēnlǎnyāo	stretch oneself

- 13 画
- 合体字
- 月部
- 1-4年级

腰 腰腰腰腰腰腰腰腰腰腰腰腰

要 (要) yāo / yào

要求	yāoqiú	ask; demand
要紧	yàojǐn	important; essential
将要	jiāngyào	(be) going to; will

- 9 画
- 合体字
- 覀(女)部
- 1-4年级

"覀" 不是 "西"。

要 要要要要要要要要

431

妖 (妖)

yāo

妖怪	yāoguài	monster
妖气	yāoqì	evil and fraudulent
照妖镜	zhàoyāojìng	monster-revealing mirror

- 7 画
- 合体字
- 女部
- 5-6年级

邀 (邀)

yāo

| 邀请 | yāoqǐng | invite |
| 特邀 | tèyāo | specially invite |

- 16 画
- 合体字
- 辶部
- 5-6年级

"夂"不是"夊"。
"辶"楷体比宋体多一个弯曲。

遥 (遥)

yáo

遥远	yáoyuǎn	distant; faraway
遥望	yáowàng	look into the distance
遥控	yáokòng	remote control; telecontrol

- 13 画
- 合体字
- 辶部
- 高级华文

"辶"楷体比宋体多一个弯曲。

摇 (摇)

yáo

摇	yáo	shake; rock
摇摆	yáobǎi	sway; swing
动摇	dòngyáo	vacillate; waver

- 13 画
- 合体字
- 扌部
- 1-4年级

咬 (咬) yǎo

咬	yǎo	bite
咬耳朵	yǎo'ěrduo	whisper
咬牙切齿	yǎoyá-qièchǐ	gnash one's teeth

- 9 画
- 合体字
- 口部
- 1-4年级

药 (药) yào

药	yào	medicine; drug
药片	yàopiàn	tablet
中药	zhōngyào	traditional Chinese medicine

- 9 画
- 合体字
- 艹部
- 1-4年级

耀 (耀) yào

| 耀眼 | yàoyǎn | dazzling |
| 照耀 | zhàoyào | shine upon |

- 20 画
- 合体字
- 小(⺌、羽、隹)部
- 5-6年级

椰 (椰) yē

椰子	yēzi	coconut
椰枣	yēzǎo	date palm
椰浆饭	yējiāngfàn	*nasi lemak*

- 12 画
- 合体字
- 木部
- 1-4年级

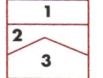

爷(爷)

yé

| 爷爷 | yéye | grandfather; grandpa |
| 老天爷 | lǎotiānyé | God; Heaven |

- 6 画
- 合体字
- 父部
- 1-4年级

也(也)

yě

| 也 | yě | also; too |
| 也许 | yěxǔ | perhaps; maybe |

- 3 画
- 独体字
- 乙(乛)部
- 1-4年级

野(野)

yě

野外	yěwài	open country; field
野生	yěshēng	wild; uncultivated
粗野	cūyě	boorish; uncouth

- 11 画
- 合体字
- 里部
- 1-4年级

"予"不是"矛"。

液(液)

yè

| 液体 | yètǐ | liquid |
| 血液 | xuèyè | blood |

- 11 画
- 合体字
- 氵部
- 高级华文

"夂"不是"夊"。

叶 (葉) yè

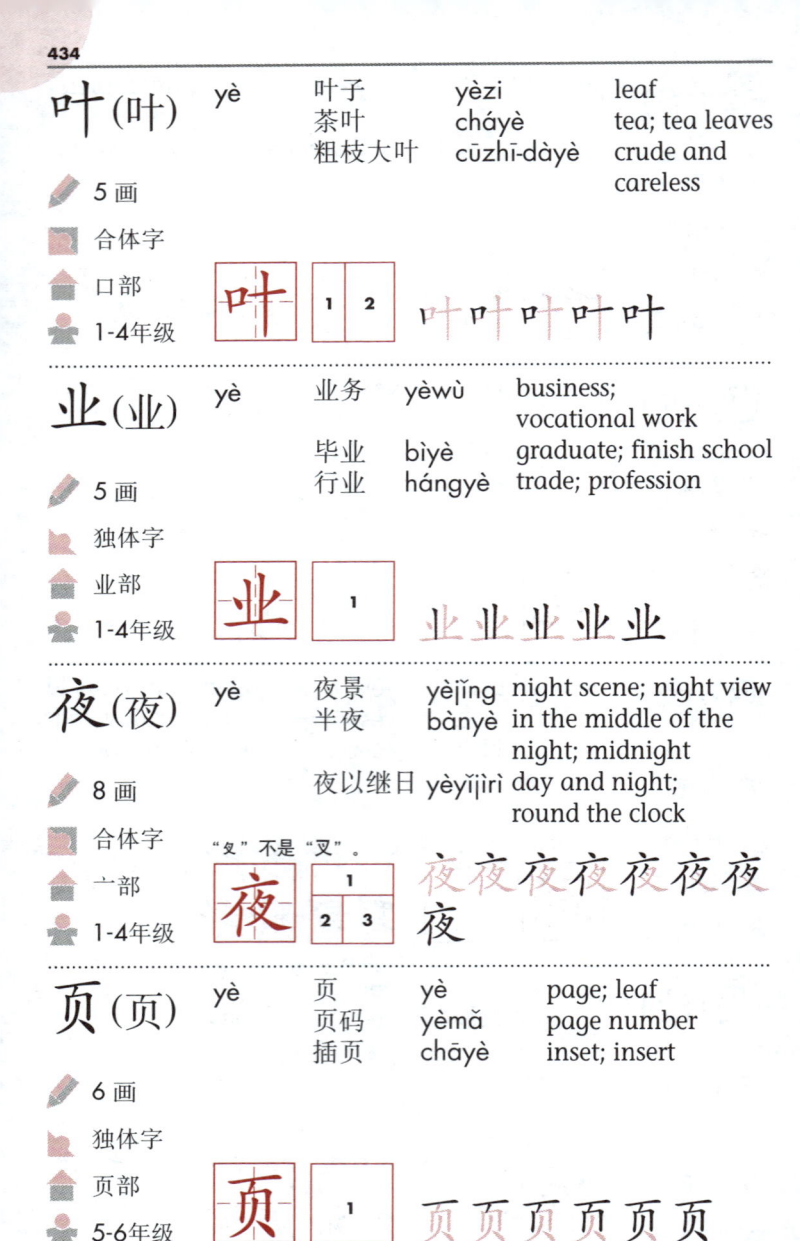

叶子	yèzi	leaf
茶叶	cháyè	tea; tea leaves
粗枝大叶	cūzhī-dàyè	crude and careless

- 5 画
- 合体字
- 口部
- 1-4年级

叶 ① ②

叶 叶 叶 叶 叶

业 (業) yè

业务	yèwù	business; vocational work
毕业	bìyè	graduate; finish school
行业	hángyè	trade; profession

- 5 画
- 独体字
- 业部
- 1-4年级

业 ①

业 业 业 业 业

夜 (夜) yè

夜景	yèjǐng	night scene; night view
半夜	bànyè	in the middle of the night; midnight
夜以继日	yèyǐjìrì	day and night; round the clock

- 8 画
- 合体字
- 亠部
- 1-4年级

"夕" 不是 "叉"。

夜 ① ② ③

夜 夜 夜 夜 夜 夜 夜 夜

页 (頁) yè

页	yè	page; leaf
页码	yèmǎ	page number
插页	chāyè	inset; insert

- 6 画
- 独体字
- 页部
- 5-6年级

页 ①

页 页 页 页 页 页

一 (一)

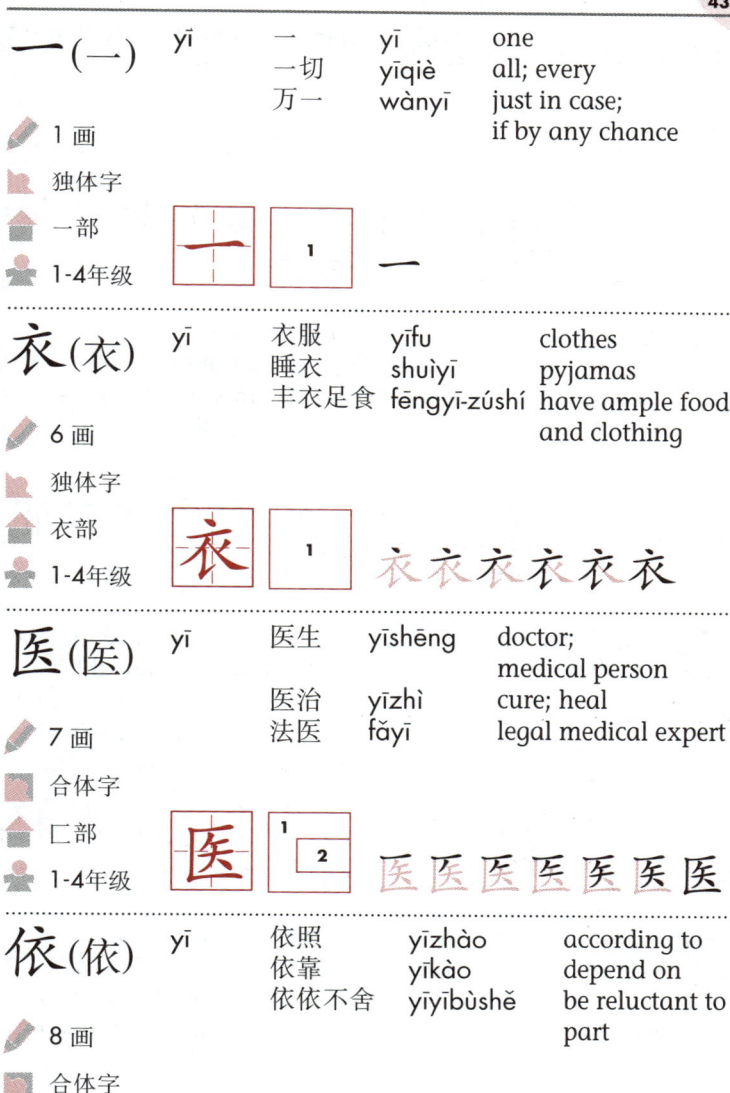

yī

一	yī	one
一切	yīqiè	all; every
万一	wànyī	just in case; if by any chance

- 1 画
- 独体字
- 一部
- 1-4 年级

一

衣 (衣)

yī

衣服	yīfu	clothes
睡衣	shuìyī	pyjamas
丰衣足食	fēngyī-zúshí	have ample food and clothing

- 6 画
- 独体字
- 衣部
- 1-4 年级

衣 衣 衣 衣 衣 衣

医 (医)

yī

医生	yīshēng	doctor; medical person
医治	yīzhì	cure; heal
法医	fǎyī	legal medical expert

- 7 画
- 合体字
- 匚部
- 1-4 年级

医 医 医 医 医 医 医

依 (依)

yī

依照	yīzhào	according to
依靠	yīkào	depend on
依依不舍	yīyībùshě	be reluctant to part

- 8 画
- 合体字
- 亻部
- 1-4 年级

依 依 依 依 依 依 依 依

姨(姨)

yí

| 姨妈 | yímā | maternal aunt; aunt |
| 阿姨 | āyí | auntie |

- 9 画
- 合体字
- 女部
- 1-4年级

姨 姨 姨 姨 姨 姨 姨 姨 姨

宜(宜)

yí

便宜	piányi	cheap
适宜	shìyí	suitable; fit
时宜	shíyí	appropriate to the occasion

- 8 画
- 合体字
- 宀部
- 1-4年级

宜 宜 宜 宜 宜 宜 宜 宜

移(移)

yí

移动	yídòng	move; shift
移风易俗	yífēng-yìsú	change the prevailing habits and customs
转移	zhuǎnyí	transfer; divert

- 11 画
- 合体字
- 禾部
- 1-4年级

移 移 移 移 移 移 移 移 移 移

疑(疑)

yí

疑问	yíwèn	query; doubt
猜疑	cāiyí	be suspicious; have misgivings
可疑	kěyí	suspicious; dubious

- 14 画
- 合体字
- 丿(矢)部
- 1-4年级

疑 疑 疑 疑 疑 疑 疑 疑 疑 疑 疑 疑 疑

仪(儀)

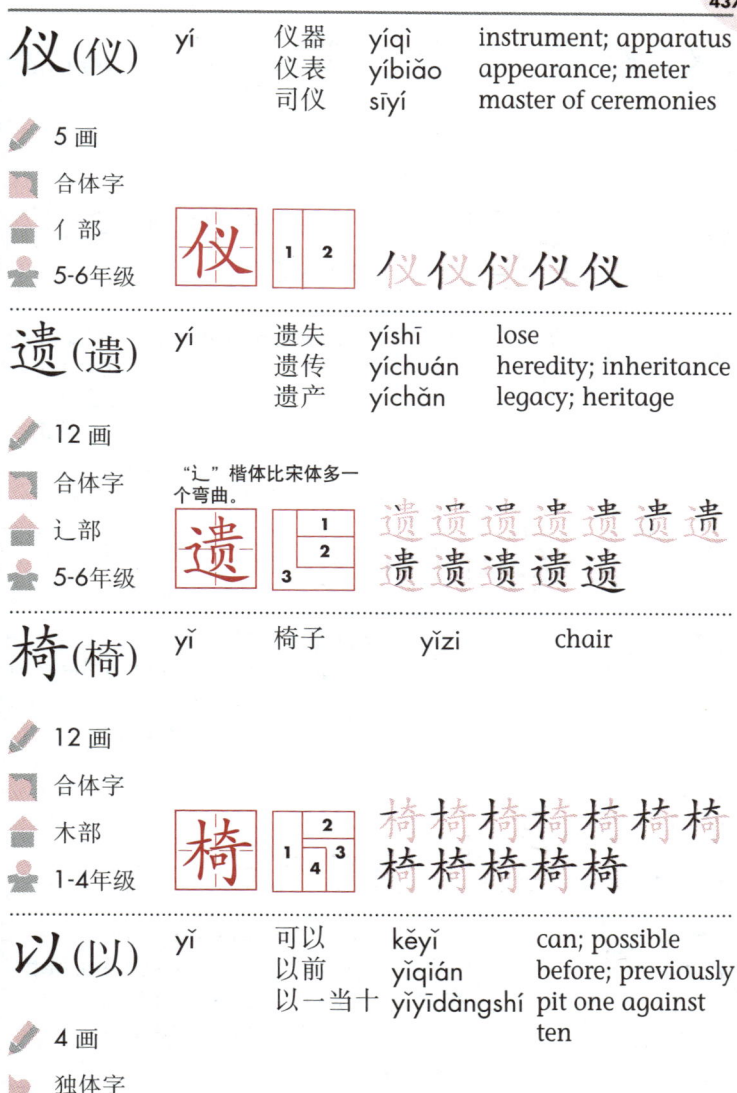

yí

仪器	yíqì	instrument; apparatus
仪表	yíbiǎo	appearance; meter
司仪	sīyí	master of ceremonies

- 5 画
- 合体字
- 亻部
- 5-6年级

仪 仪 仪 仪 仪 仪

遗(遺)

yí

遗失	yíshī	lose
遗传	yíchuán	heredity; inheritance
遗产	yíchǎn	legacy; heritage

- 12 画
- 合体字
- 辶部
- 5-6年级

"辶"楷体比宋体多一个弯曲。

遗 遗 遗 遗 遗 遗 遗 遗 遗 遗 遗

椅(椅)

yǐ

| 椅子 | yǐzi | chair |

- 12 画
- 合体字
- 木部
- 1-4年级

椅 椅 椅 椅 椅 椅 椅 椅 椅 椅 椅

以(以)

yǐ

可以	kěyǐ	can; possible
以前	yǐqián	before; previously
以一当十	yǐyīdàngshí	pit one against ten

- 4 画
- 独体字
- 人(乙)部
- 1-4年级

以 以 以 以 以

蚁 (蚁) yǐ

| 蚂蚁 | mǎyǐ | ant |
| 白蚁 | báiyǐ | termite; white ant |

- 9 画
- 合体字
- 虫部
- 1-4年级

蚁 | 1 | 2

蚁蚁蚁蚁蚁蚁蚁蚁蚁

乙 (乙) yǐ

| 甲乙丙丁 | jiǎ yǐ bǐng dīng | A, B, C and D; the first, the second, the third and the fourth |

- 1 画
- 独体字
- 乙部
- 1-4年级

乙 | 1

乙

已 (已) yǐ

已经	yǐjīng	already
已往	yǐwǎng	previously; in the past
早已	zǎoyǐ	long ago; for a long time

- 3 画
- 独体字
- 己(已)部
- 1-4年级

已 | 1

已已已

意 (意) yì

意思	yìsi	meaning; idea
意外	yìwài	unexpected; mishap
注意	zhùyì	pay attention to; take notice of

- 13 画
- 合体字
- 心部
- 1-4年级

"心"第二笔楷体是卧钩，宋体是竖弯钩。

意 | 1 | 2 | 3

意意意意意意意意意意意意

439

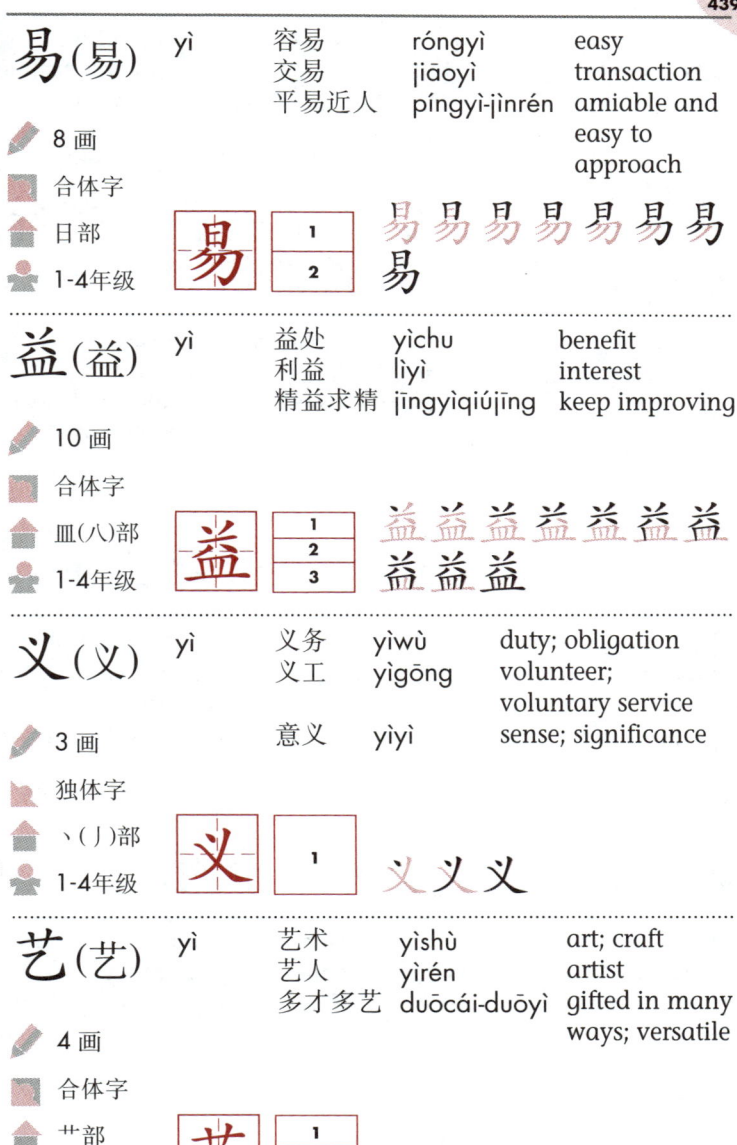

易 (易) yì

容易	róngyì	easy
交易	jiāoyì	transaction
平易近人	píngyì-jìnrén	amiable and easy to approach

- 8 画
- 合体字
- 日部
- 1-4年级

易 易 易 易 易 易 易 易

益 (益) yì

益处	yìchu	benefit
利益	lìyì	interest
精益求精	jīngyìqiújīng	keep improving

- 10 画
- 合体字
- 皿(八)部
- 1-4年级

益 益 益 益 益 益 益 益 益 益

义 (义) yì

义务	yìwù	duty; obligation
义工	yìgōng	volunteer; voluntary service
意义	yìyì	sense; significance

- 3 画
- 独体字
- 、(丿)部
- 1-4年级

义 义 义

艺 (艺) yì

艺术	yìshù	art; craft
艺人	yìrén	artist
多才多艺	duōcái-duōyì	gifted in many ways; versatile

- 4 画
- 合体字
- 艹部
- 5-6年级

艺 艺 艺 艺

谊 (谊)

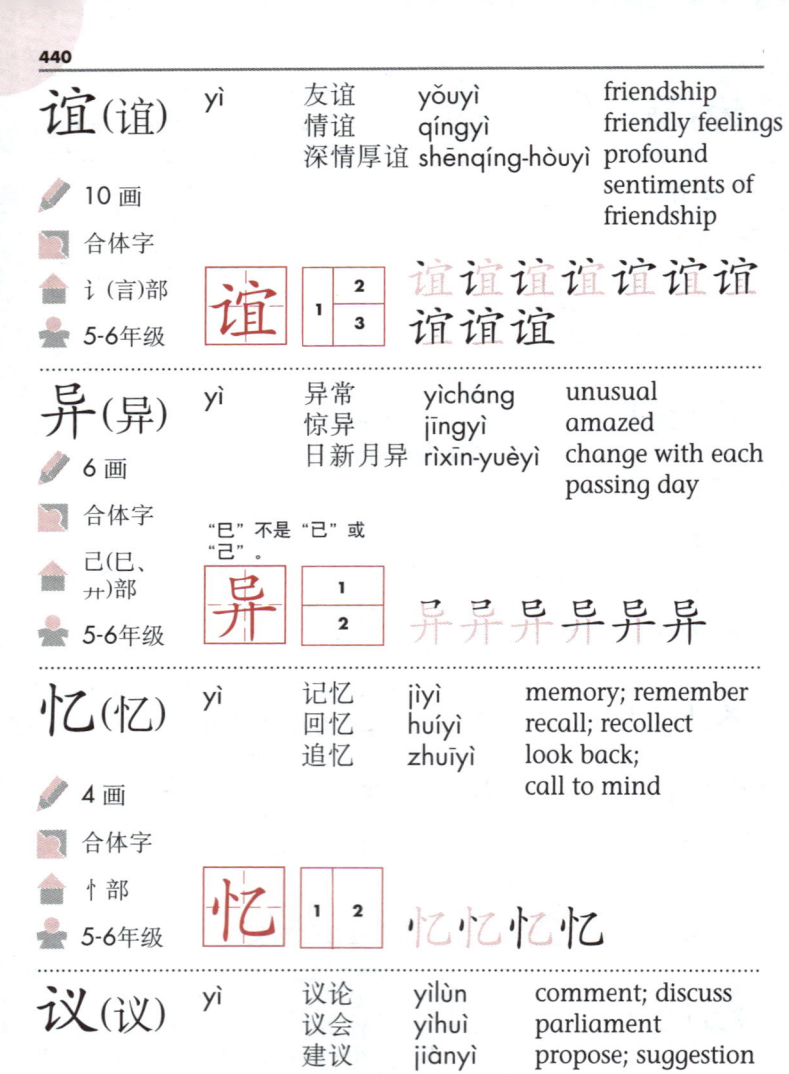

yì

友谊	yǒuyì	friendship
情谊	qíngyì	friendly feelings
深情厚谊	shēnqíng-hòuyì	profound sentiments of friendship

- 10 画
- 合体字
- 讠(言)部
- 5-6年级

谊谊谊谊谊谊谊谊谊谊

异 (異)

yì

异常	yìcháng	unusual
惊异	jīngyì	amazed
日新月异	rìxīn-yuèyì	change with each passing day

- 6 画
- 合体字
- 己(巳、廾)部
- 5-6年级

"巳"不是"已"或"己"。

异异异异异异

忆 (憶)

yì

记忆	jìyì	memory; remember
回忆	huíyì	recall; recollect
追忆	zhuīyì	look back; call to mind

- 4 画
- 合体字
- 忄部
- 5-6年级

忆忆忆忆

议 (議)

yì

议论	yìlùn	comment; discuss
议会	yìhuì	parliament
建议	jiànyì	propose; suggestion

- 5 画
- 合体字
- 讠(言)部
- 5-6年级

议议议议议

因 (因) yīn

因此	yīncǐ	therefore; consequently
因为	yīnwèi	because; on account of
原因	yuányīn	cause; reason

- 6 画
- 合体字
- 口部
- 1-4年级

因因因因因因

音 (音) yīn

音乐	yīnyuè	music
音信	yīnxìn	mail; message
声音	shēngyīn	sound; voice

- 9 画
- 合体字
- 音部
- 1-4年级

音音音音音音音音音

阴 (阴) yīn

阴天	yīntiān	overcast sky; cloudy sky
阴谋	yīnmóu	plot; scheme
光阴	guāngyīn	time

- 6 画
- 合体字
- 阝部
- 1-4年级

阴阴阴阴阴阴

吟 (吟) yín

| 吟诵 | yínsòng | chant; recite |
| 呻吟 | shēnyín | moan; groan |

- 7 画
- 合体字
- 口部
- 高级华文

"今"不是"令"。

吟吟吟吟吟吟吟

银(银)

yín

银行	yínháng	bank
银幕	yínmù	(motion picture) screen
水银	shuǐyín	mercury; quicksilver

- 11 画
- 合体字
- 钅(金)部
- 1-4年级

银 银银银银银银银 银银银银

引(引)

yǐn

引	yǐn	lead; draw
引导	yǐndǎo	guide; lead
吸引	xīyǐn	attract; fascinate

- 4 画
- 合体字
- 弓部
- 5-6年级

引 引引引引

饮(饮)

yǐn

饮食	yǐnshí	food and drink; diet
饮料	yǐnliào	drink; beverage
冷饮	lěngyǐn	cold drink

- 7 画
- 合体字
- 饣(食)部
- 5-6年级

饮 饮饮饮饮饮饮饮

蚓(蚓)

yǐn

| 蚯蚓 | qiūyǐn | earthworm |

- 10 画
- 合体字
- 虫部
- 5-6年级

蚓 蚓蚓蚓蚓蚓蚓蚓蚓蚓

印 (印)

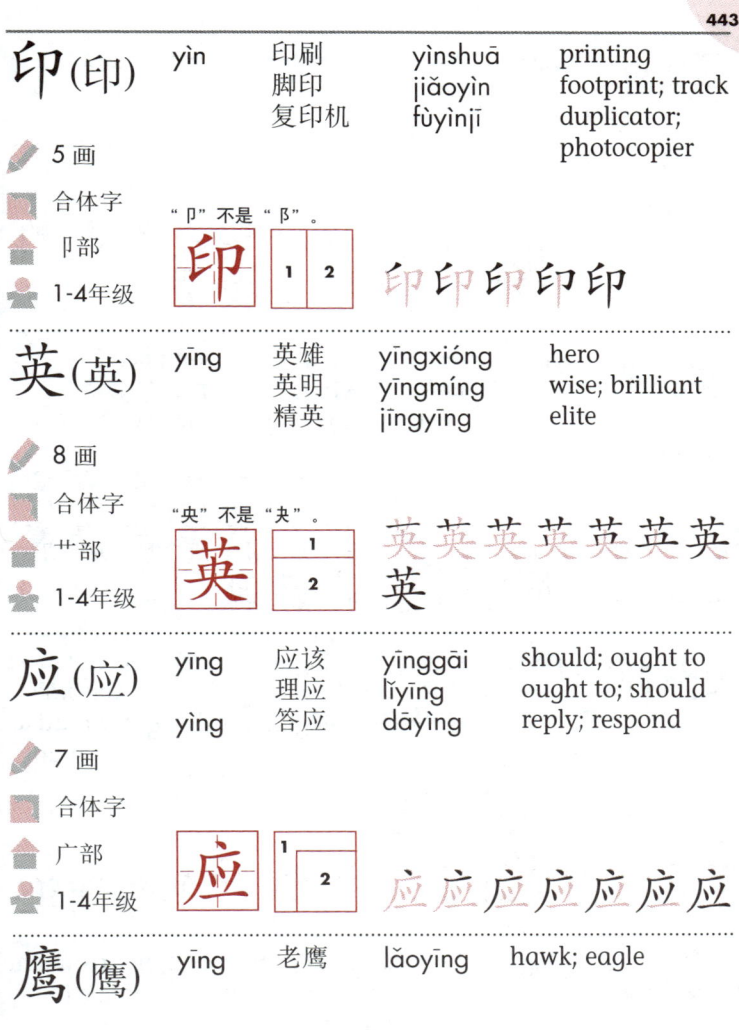

yìn

印刷 yìnshuā printing
脚印 jiǎoyìn footprint; track
复印机 fùyìnjī duplicator; photocopier

- 5 画
- 合体字
- 卩部
- 1-4年级

"卩"不是"阝"。

印印印印印

英 (英)

yīng

英雄 yīngxióng hero
英明 yīngmíng wise; brilliant
精英 jīngyīng elite

- 8 画
- 合体字
- 艹部
- 1-4年级

"央"不是"夬"。

英英英英英英英英

应 (应)

yīng
应该 yīnggāi should; ought to
理应 lǐyīng ought to; should
yìng
答应 dāyìng reply; respond

- 7 画
- 合体字
- 广部
- 1-4年级

应应应应应应应

鹰 (鹰)

yīng

老鹰 lǎoyīng hawk; eagle

- 18 画
- 合体字
- 鸟(广)部
- 1-4年级

"鸟"不是"乌"。

鹰鹰鹰鹰鹰鹰鹰鹰鹰鹰鹰鹰鹰鹰鹰

婴 (嬰)

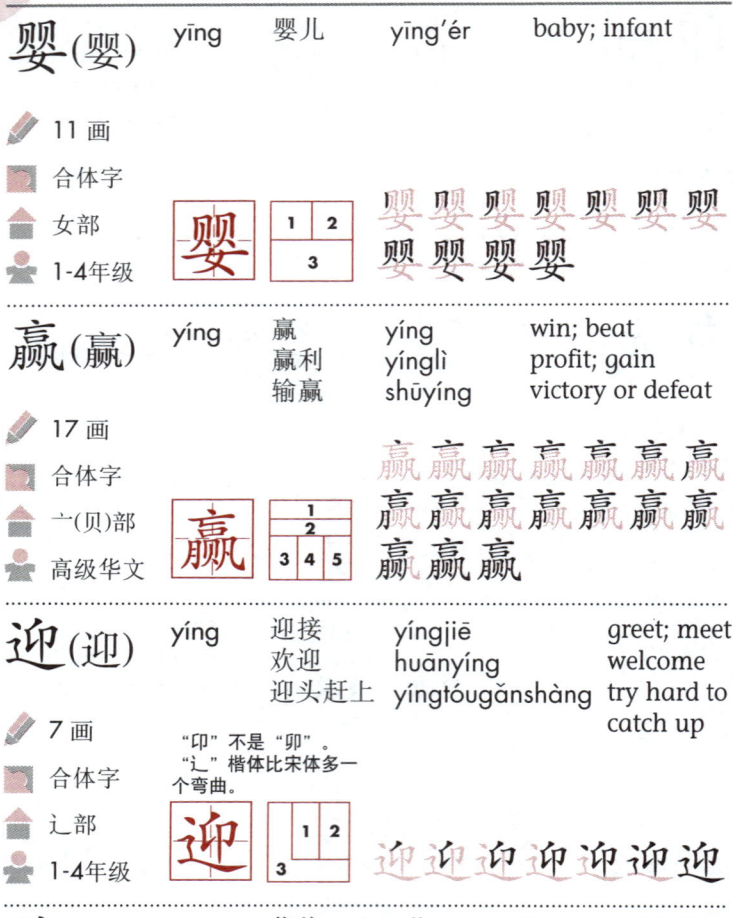

yīng 婴儿 yīng'ér baby; infant

- 11 画
- 合体字
- 女部
- 1-4年级

赢 (贏)

yíng
赢　　yíng　　win; beat
赢利　yínglì　　profit; gain
输赢　shūyíng　 victory or defeat

- 17 画
- 合体字
- 亠(贝)部
- 高级华文

迎 (迎)

yíng
迎接　　　yíngjiē　　　　　greet; meet
欢迎　　　huānyíng　　　　welcome
迎头赶上　yíngtóugǎnshàng　try hard to catch up

"印"不是"卯"。
"辶"楷体比宋体多一个弯曲。

- 7 画
- 合体字
- 辶部
- 1-4年级

营 (營)

yíng
营养　yíngyǎng　nutrition; nourishment
经营　jīngyíng　manage; engage in
露营　lùyíng　　camp

- 11 画
- 合体字
- 艹(口)部
- 5-6年级

蝇 (蠅)

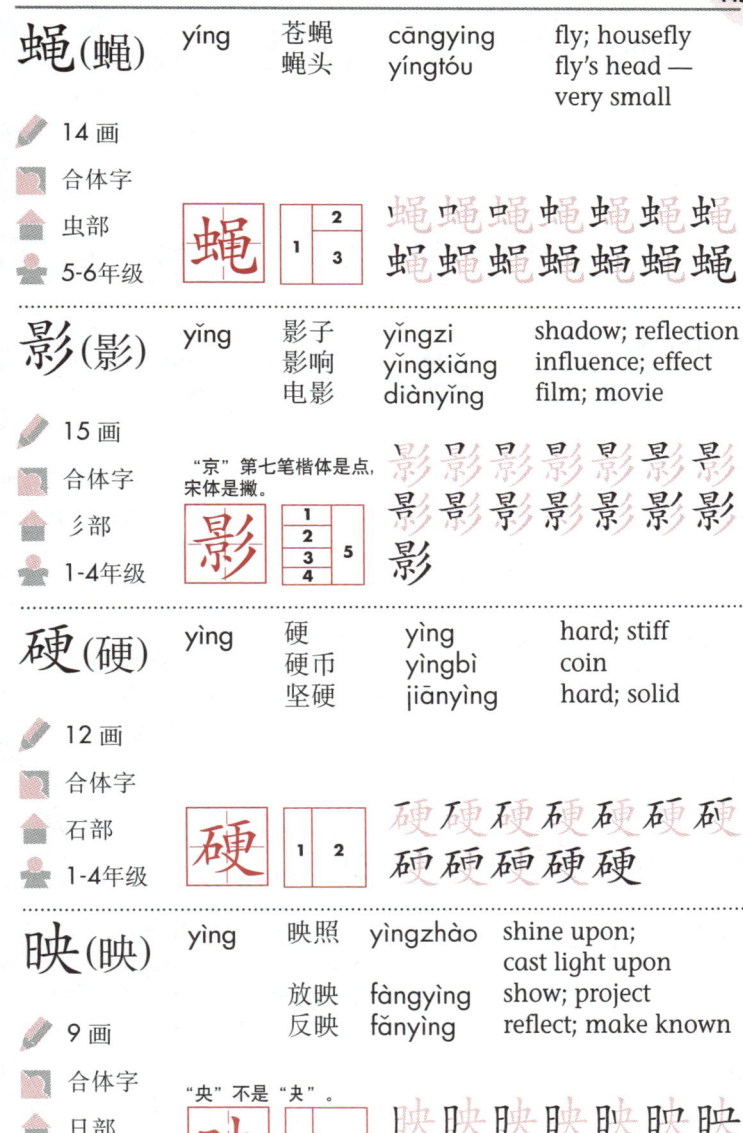

yíng

| 苍蝇 | cāngying | fly; housefly |
| 蝇头 | yíngtóu | fly's head — very small |

- 14 画
- 合体字
- 虫部
- 5-6年级

影 (影)

yǐng

影子	yǐngzi	shadow; reflection
影响	yǐngxiǎng	influence; effect
电影	diànyǐng	film; movie

- 15 画
- 合体字
- 彡部
- 1-4年级

"京"第七笔楷体是点，宋体是撇。

硬 (硬)

yìng

硬	yìng	hard; stiff
硬币	yìngbì	coin
坚硬	jiānyìng	hard; solid

- 12 画
- 合体字
- 石部
- 1-4年级

映 (映)

yìng

映照	yìngzhào	shine upon; cast light upon
放映	fàngyìng	show; project
反映	fǎnyìng	reflect; make known

- 9 画
- 合体字
- 日部
- 5-6年级

"央"不是"夬"。

佣 (佣)

- yōng
- yòng

雇佣	gùyōng	employ; hire
菲佣	fēiyōng	Filipino maid
佣金	yòngjīn	commission; brokerage

- 7 画
- 合体字
- 亻部
- 5-6年级

佣 佣 佣 佣 佣 佣 佣

拥 (拥)

- yōng

拥护	yōnghù	support; uphold
拥抱	yōngbào	embrace; hug
蜂拥	fēngyōng	swarm; flock

- 8 画
- 合体字
- 扌部
- 5-6年级

拥 拥 拥 拥 拥 拥 拥 拥

泳 (泳)

- yǒng

游泳	yóuyǒng	swim
蛙泳	wāyǒng	breaststroke
泳装	yǒngzhuāng	swimsuit; bathing suit

- 8 画
- 合体字
- 氵部
- 1-4年级

泳 泳 泳 泳 泳 泳 泳 泳

勇 (勇)

- yǒng

勇敢	yǒnggǎn	brave
英勇	yīngyǒng	heroic
见义勇为	jiànyìyǒngwéi	ready to fight for a just cause

- 9 画
- 合体字
- 力部
- 1-4年级

勇 勇 勇 勇 勇 勇 勇 勇 勇

447

永 (永)

yǒng

| 永远 | yǒngyuǎn | perpetually; forever |
| 永久 | yǒngjiǔ | permanent; everlasting |

- 5 画
- 独体字
- 、部
- 1-4年级

永 | 1 | 永 永 永 永 永

用 (用)

yòng

用	yòng	use; employ
使用	shǐyòng	make use of; use
用功	yònggōng	hardworking; studious

- 5 画
- 独体字
- 用部
- 1-4年级

用 | 1 | 用 用 用 用 用

忧 (忧)

yōu

忧愁	yōuchóu	depressed; worried
担忧	dānyōu	worry; be anxious
分忧	fēnyōu	share someone's worries or burdens

- 7 画
- 合体字
- 忄部
- 高级华文

忧 | 1 | 2 | 忧 忧 忧 忧 忧 忧 忧

优 (优)

yōu

优良	yōuliáng	fine; good
优点	yōudiǎn	merit; advantage
优先	yōuxiān	have priority; take precedence

- 6 画
- 合体字
- 亻部
- 5-6年级

优 | 1 | 2 | 优 优 优 优 优 优

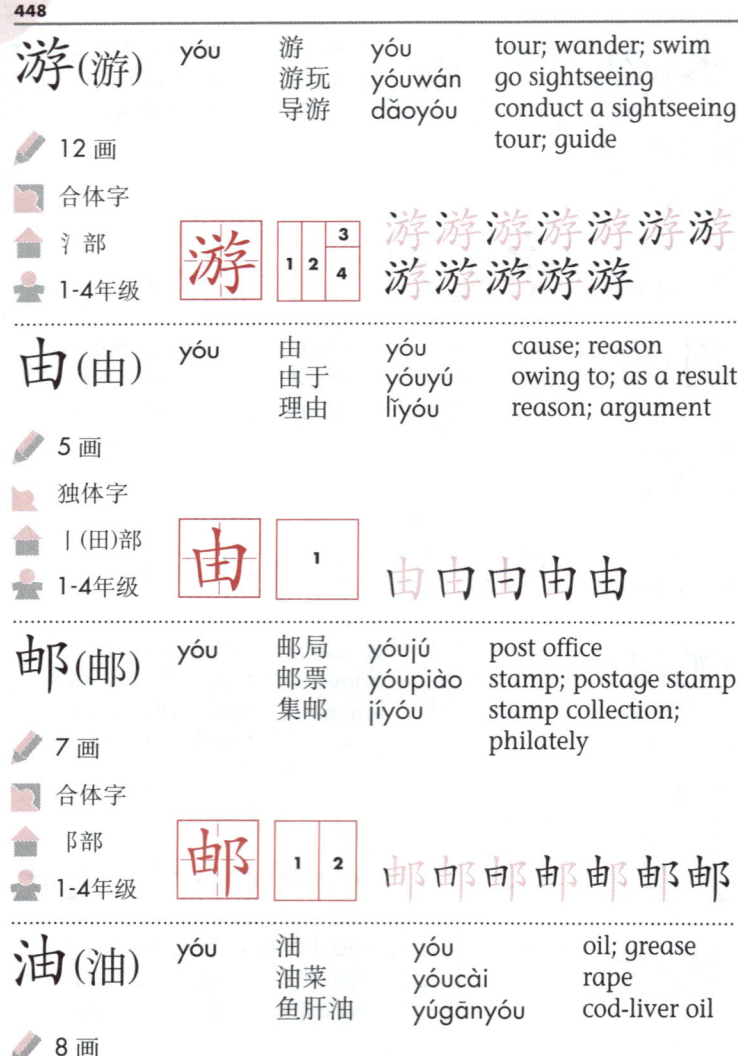

游 (游)

yóu

游	yóu	tour; wander; swim
游玩	yóuwán	go sightseeing
导游	dǎoyóu	conduct a sightseeing tour; guide

- 12 画
- 合体字
- 氵部
- 1-4年级

由 (由)

yóu

由	yóu	cause; reason
由于	yóuyú	owing to; as a result
理由	lǐyóu	reason; argument

- 5 画
- 独体字
- 丨(田)部
- 1-4年级

邮 (邮)

yóu

邮局	yóujú	post office
邮票	yóupiào	stamp; postage stamp
集邮	jíyóu	stamp collection; philately

- 7 画
- 合体字
- 阝部
- 1-4年级

油 (油)

yóu

油	yóu	oil; grease
油菜	yóucài	rape
鱼肝油	yúgānyóu	cod-liver oil

- 8 画
- 合体字
- 氵部
- 1-4年级

| 尤(尤) | yóu | 尤其 | yóuqí | especially; particularly |

- 4 画
- 独体字
- 尤部
- 5-6年级

尤 尤 尤 尤

友(友)	yǒu	友好	yǒuhǎo	friendly; amiable
		朋友	péngyou	friend
		良师益友	liángshī-yìyǒu	good teacher and helpful friend

- 4 画
- 合体字
- 一(又)部
- 1-4年级

友 友 友 友

有(有)	yǒu	有	yǒu	have; possess
		有趣	yǒuqù	interesting; amusing
		富有	fùyǒu	rich; wealthy

- 6 画
- 合体字
- 一(月)部
- 1-4年级

有 有 有 有 有 有

| 又(又) | yòu | 又 | yòu | again; time and again |

- 2 画
- 独体字
- 又部
- 1-4年级

又 又

右 (右)

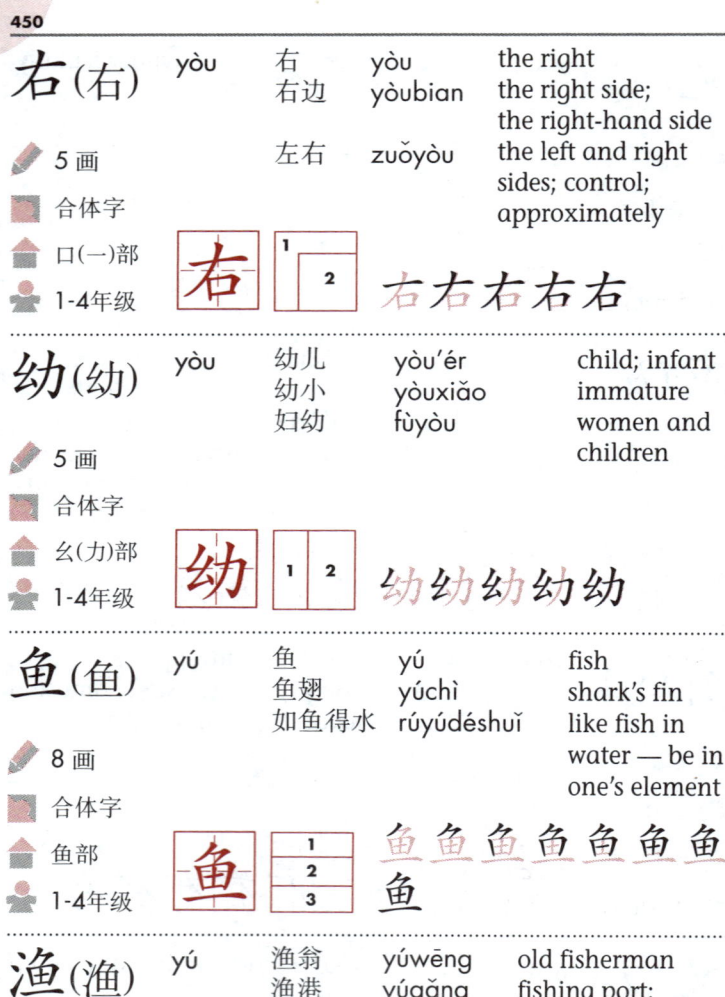

yòu

右	yòu	the right
右边	yòubian	the right side; the right-hand side
左右	zuǒyòu	the left and right sides; control; approximately

- 5 画
- 合体字
- 口(一)部
- 1-4年级

右右右右右

幼 (幼)

yòu

幼儿	yòu'ér	child; infant
幼小	yòuxiǎo	immature
妇幼	fùyòu	women and children

- 5 画
- 合体字
- 幺(力)部
- 1-4年级

幼幼幼幼幼

鱼 (鱼)

yú

鱼	yú	fish
鱼翅	yúchì	shark's fin
如鱼得水	rúyúdéshuǐ	like fish in water — be in one's element

- 8 画
- 合体字
- 鱼部
- 1-4年级

鱼鱼鱼鱼鱼鱼鱼鱼

渔 (渔)

yú

| 渔翁 | yúwēng | old fisherman |
| 渔港 | yúgǎng | fishing port; fishing harbour |

- 11 画
- 合体字
- 氵部
- 1-4年级

渔渔渔渔渔渔渔渔渔渔

愉(愉) yú 愉快 yúkuài joyful; cheerful

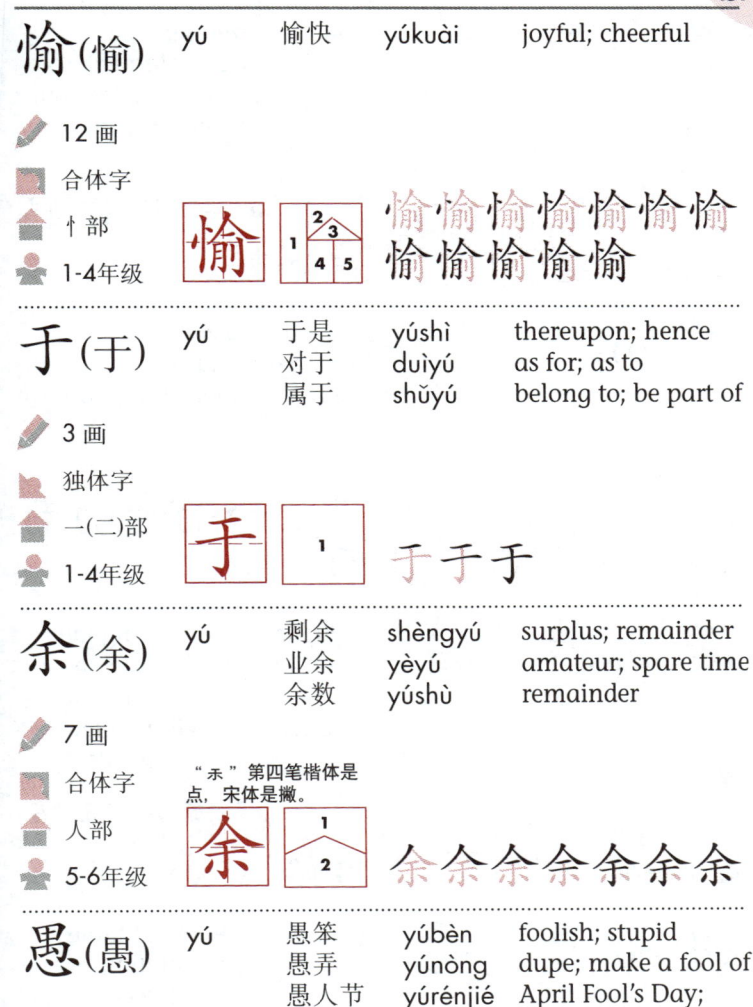

- 12 画
- 合体字
- 忄部
- 1-4年级

愉 愉 愉 愉 愉 愉 愉 愉 愉 愉 愉 愉

于(于) yú
于是　yúshì　thereupon; hence
对于　duìyú　as for; as to
属于　shǔyú　belong to; be part of

- 3 画
- 独体字
- 一(二)部
- 1-4年级

于 于 于

余(余) yú
剩余　shèngyú　surplus; remainder
业余　yèyú　amateur; spare time
余数　yúshù　remainder

- 7 画
- 合体字
- 人部
- 5-6年级

"禾"第四笔楷体是点，宋体是撇。

余 余 余 余 余 余 余

愚(愚) yú
愚笨　yúbèn　foolish; stupid
愚弄　yúnòng　dupe; make a fool of
愚人节　yúrénjié　April Fool's Day; All Fools' Day

- 13 画
- 合体字
- 心部
- 5-6年级

"心"第二笔楷体是卧钩，宋体是竖弯钩。

愚 愚 愚 愚 愚 愚 愚 愚 愚 愚 愚 愚 愚

娱 (娱)

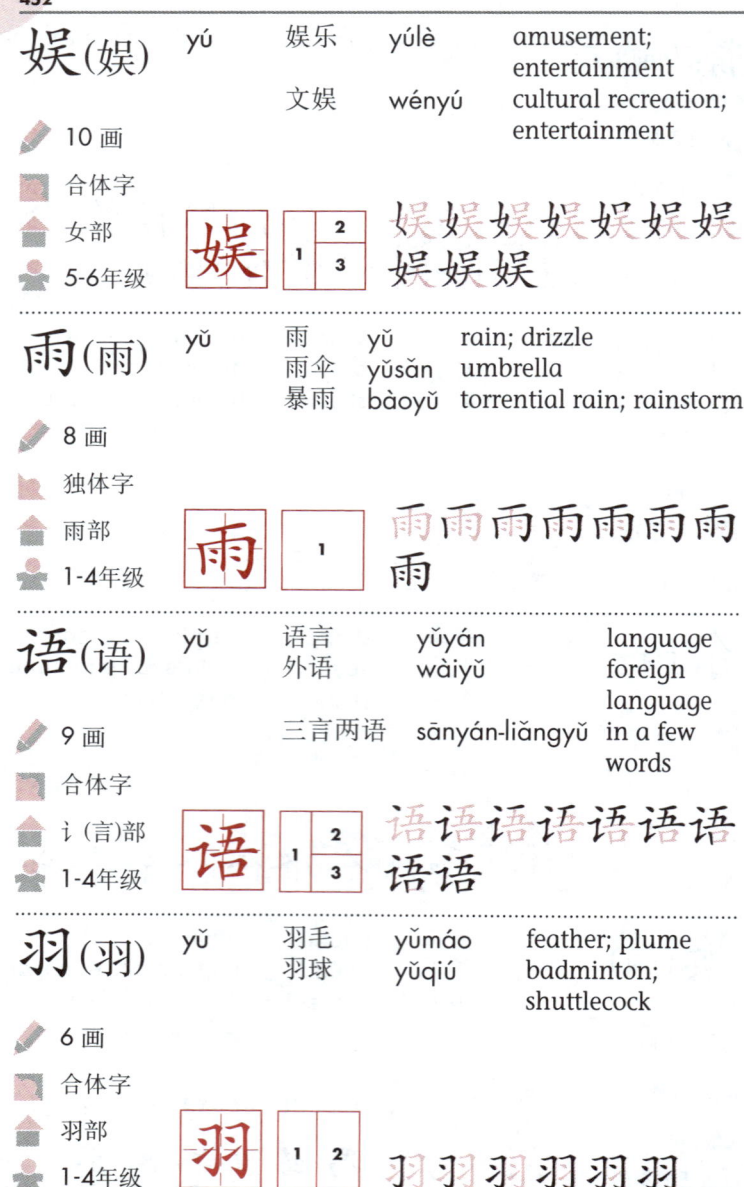

yú

| 娱乐 | yúlè | amusement; entertainment |
| 文娱 | wényú | cultural recreation; entertainment |

- 10 画
- 合体字
- 女部
- 5-6年级

娱娱娱娱娱娱娱娱娱娱

雨 (雨)

yǔ

雨	yǔ	rain; drizzle
雨伞	yǔsǎn	umbrella
暴雨	bàoyǔ	torrential rain; rainstorm

- 8 画
- 独体字
- 雨部
- 1-4年级

雨雨雨雨雨雨雨雨

语 (语)

yǔ

语言	yǔyán	language
外语	wàiyǔ	foreign language
三言两语	sānyán-liǎngyǔ	in a few words

- 9 画
- 合体字
- 讠(言)部
- 1-4年级

语语语语语语语语语

羽 (羽)

yǔ

| 羽毛 | yǔmáo | feather; plume |
| 羽球 | yǔqiú | badminton; shuttlecock |

- 6 画
- 合体字
- 羽部
- 1-4年级

羽羽羽羽羽羽

453

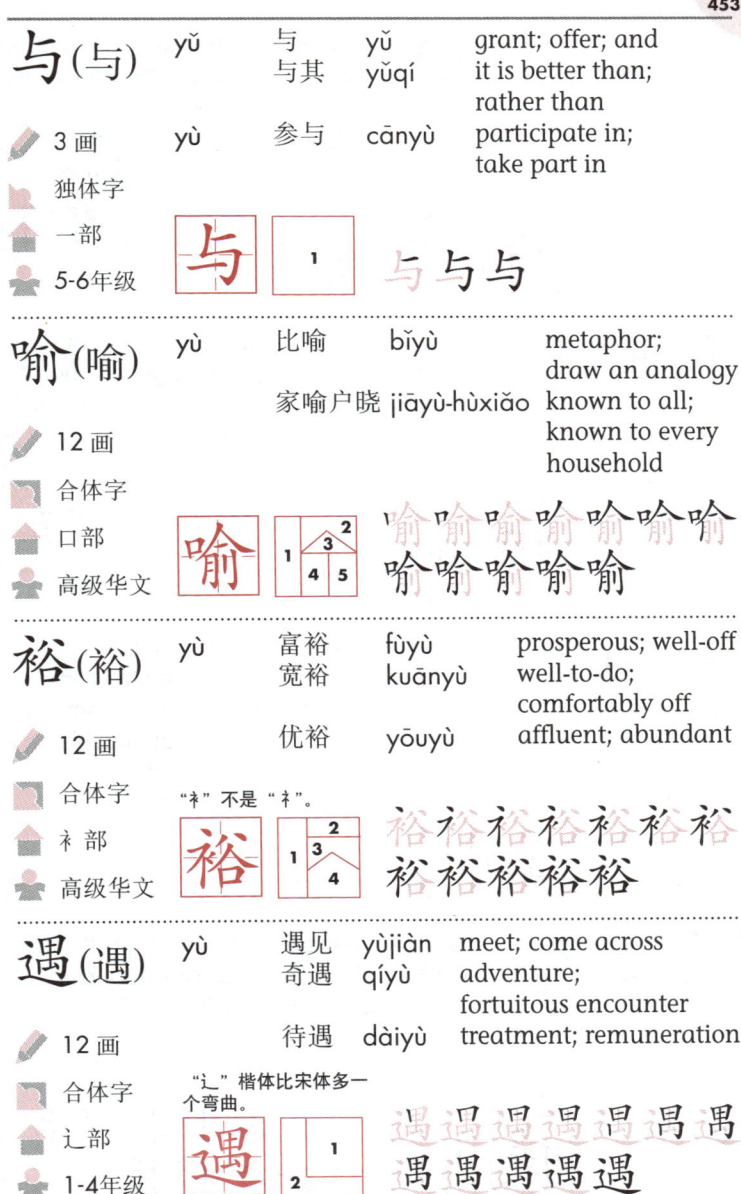

与 (与) yǔ

与	yǔ	grant; offer; and
与其	yǔqí	it is better than; rather than
参与	cānyù	participate in; take part in

yù

- 3 画
- 独体字
- 一部
- 5-6年级

与 与 与

喻 (喻) yù

比喻	bǐyù	metaphor; draw an analogy
家喻户晓	jiāyù-hùxiǎo	known to all; known to every household

- 12 画
- 合体字
- 口部
- 高级华文

喻 喻 喻 喻 喻 喻 喻 喻 喻 喻 喻

裕 (裕) yù

富裕	fùyù	prosperous; well-off
宽裕	kuānyù	well-to-do; comfortably off
优裕	yōuyù	affluent; abundant

- 12 画
- 合体字
- 衤部
- 高级华文

"衤"不是"礻"。

裕 裕 裕 裕 裕 裕 裕 裕 裕 裕 裕

遇 (遇) yù

遇见	yùjiàn	meet; come across
奇遇	qíyù	adventure; fortuitous encounter
待遇	dàiyù	treatment; remuneration

- 12 画
- 合体字
- 辶部
- 1-4年级

"辶"楷体比宋体多一个弯曲。

遇 遇 遇 遇 遇 遇 遇 遇 遇 遇 遇

育(育) yù

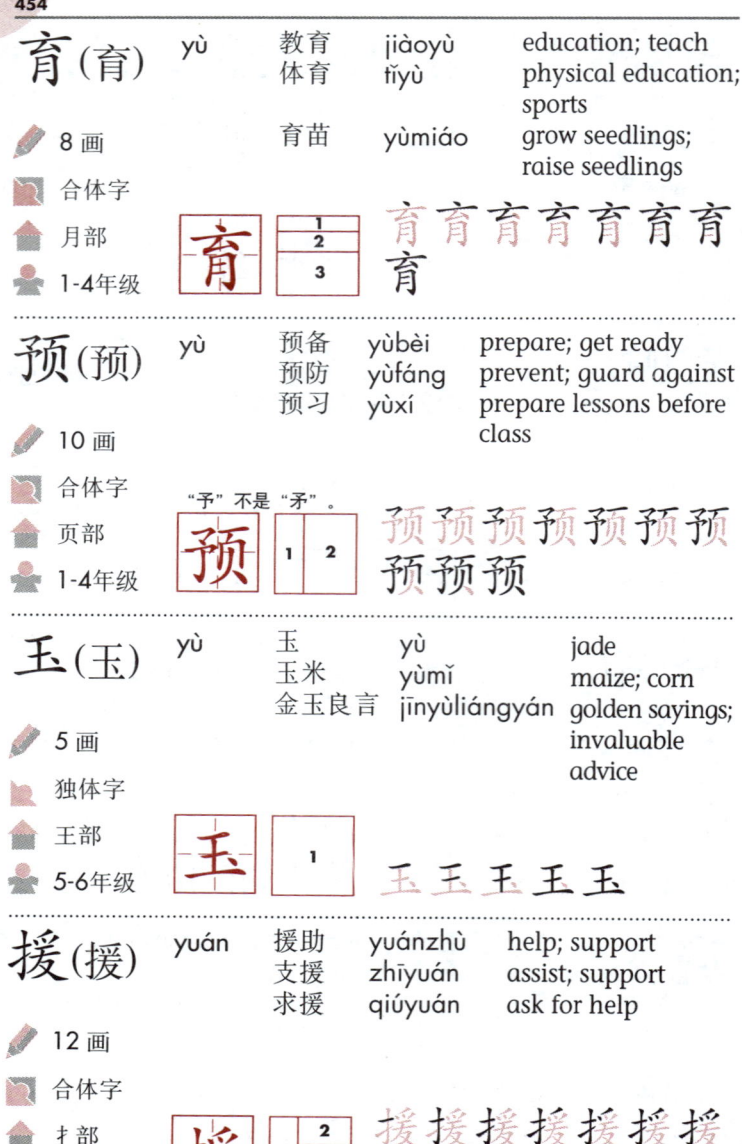

教育	jiàoyù	education; teach
体育	tǐyù	physical education; sports
育苗	yùmiáo	grow seedlings; raise seedlings

- 8画
- 合体字
- 月部
- 1-4年级

预(预) yù

预备	yùbèi	prepare; get ready
预防	yùfáng	prevent; guard against
预习	yùxí	prepare lessons before class

- 10画
- 合体字
- 页部
- 1-4年级

"予"不是"矛"。

玉(玉) yù

玉	yù	jade
玉米	yùmǐ	maize; corn
金玉良言	jīnyùliángyán	golden sayings; invaluable advice

- 5画
- 独体字
- 王部
- 5-6年级

援(援) yuán

援助	yuánzhù	help; support
支援	zhīyuán	assist; support
求援	qiúyuán	ask for help

- 12画
- 合体字
- 扌部
- 高级华文

园 (园) yuán

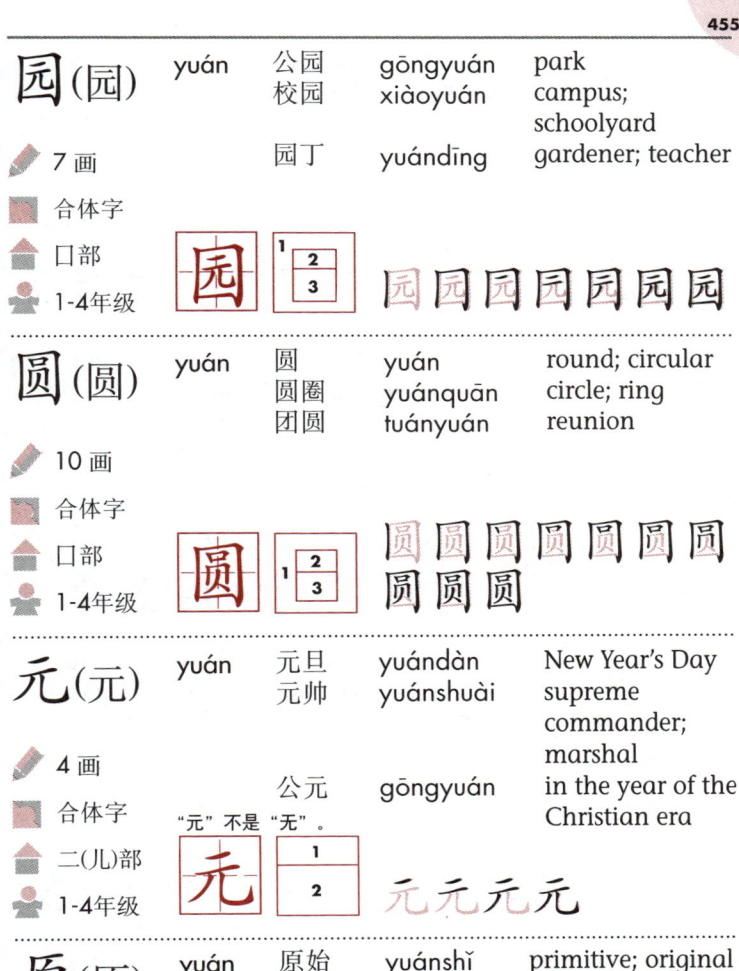

公园	gōngyuán	park
校园	xiàoyuán	campus; schoolyard
园丁	yuándīng	gardener; teacher

- 7 画
- 合体字
- 口部
- 1-4年级

园园园园园园园园

圆 (圆) yuán

圆	yuán	round; circular
圆圈	yuánquān	circle; ring
团圆	tuányuán	reunion

- 10 画
- 合体字
- 口部
- 1-4年级

圆圆圆圆圆圆圆圆圆圆

元 (元) yuán

元旦	yuándàn	New Year's Day
元帅	yuánshuài	supreme commander; marshal
公元	gōngyuán	in the year of the Christian era

- 4 画
- 合体字
- "元"不是"无"。
- 二(儿)部
- 1-4年级

元元元元

原 (原) yuán

原始	yuánshǐ	primitive; original
原因	yuányīn	cause; reason
草原	cǎoyuán	grasslands; prairie

- 10 画
- 合体字
- "白"不是"日"。
- "小"第二笔楷体是点，宋体是撇。
- 厂部
- 1-4年级

原原原原原原原原原原

| 员(員) | yuán | 员工
动员
售货员 | yuángōng
dòngyuán
shòuhuòyuán | staff; personnel
mobilise; arouse
shop assistant |

- 7 画
- 合体字
- 口(贝)部
- 1-4年级

| 源(源) | yuán | 源泉
起源
资源 | yuánquán
qǐyuán
zīyuán | source; fountain-head
origin; stem from
natural resources;
resources |

- 13 画
- 合体字
- 氵部
- 5-6年级

"白"不是"日"。
"小"第二笔楷体是点，宋体是撇。

| 远(遠) | yuǎn | 远
远方
长远 | yuǎn
yuǎnfāng
chángyuǎn | far; distant
distant place
long-term;
long-range |

- 7 画
- 合体字
- 辶部
- 1-4年级

"辶"楷体比宋体多一个弯曲。

| 院(院) | yuàn | 院子
医院
电影院 | yuànzi
yīyuàn
diànyǐngyuàn | courtyard
hospital
cinema |

- 9 画
- 合体字
- 阝部
- 1-4年级

愿 (愿) yuàn

愿意	yuànyì	be willing; would like
愿望	yuànwàng	aspiration; wish
志愿	zhìyuàn	wish; volunteer

- 14 画
- 合体字
- 心部
- 1-4年级

"白"不是"日"。
"小"第二笔楷体是点，宋体是撇。
"心"第二笔楷体是卧钩，宋体是竖弯钩。

愿 愿 愿 愿 愿 愿 愿 愿 愿 愿 愿 愿 愿

怨 (怨) yuàn

怨恨	yuànhèn	resentment; grudge
怨言	yuànyán	complaint; grumble
埋怨	mányuàn	blame; complain

- 9 画
- 合体字
- 心部
- 5-6年级

"㔾"不是"巳"。
"心"第二笔楷体是卧钩，宋体是竖弯钩。

怨 怨 怨 怨 怨 怨 怨 怨

约 (约) yuē

约束	yuēshù	restrain; bind
大约	dàyuē	appoximately; about
合约	héyuē	agreement; contract

- 6 画
- 合体字
- 纟(糸)部
- 1-4年级

约 约 约 约 约 约 约

月 (月) yuè

月亮	yuèliang	the moon
岁月	suìyuè	years
日新月异	rìxīn-yuèyì	change with each passing day

- 4 画
- 独体字
- 月部
- 1-4年级

月 月 月 月

越(越)

yuè

越过	yuèguò	cross; surmount
超越	chāoyuè	surpass; transcend
优越	yōuyuè	superior; advantageous

- 12 画
- 合体字
- 走部
- 1-4年级

"戉"不是"戊"。

阅(阅)

yuè

阅读	yuèdú	read
阅览	yuèlǎn	reading
检阅	jiǎnyuè	review; inspect

- 10 画
- 合体字
- 门部
- 5-6年级

云(云)

yún

云	yún	cloud
云雾	yúnwù	cloud and mist; mist
愁云	chóuyún	gloom; melancholy

- 4 画
- 合体字
- 二部
- 1-4年级

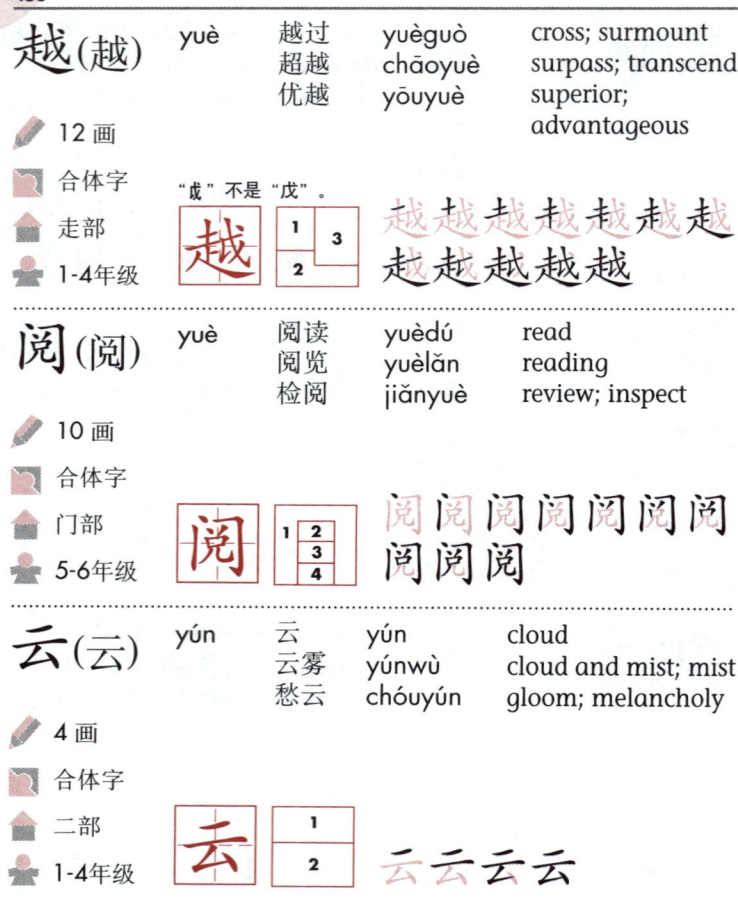

孕(孕)

yùn

孕育	yùnyù	breed; be pregnant with
孕妇	yùnfù	pregnant woman
怀孕	huáiyùn	be pregnant

- 5 画
- 合体字
- 子部
- 高级华文

运 (运)

	yùn	运	yùn	transport; carry
		运动	yùndòng	motion; movement
		幸运	xìngyùn	good luck; fortunate

- 7 画
- 合体字
- 辶部
- 1-4年级

"辶" 楷体比宋体多一个弯曲。

运运运运运运运

杂 (杂)

	zá	杂费	záfèi	miscellaneous expenses
		杂志	zázhì	magazine
		复杂	fùzá	complicated; complex

- 6 画
- 合体字
- 木部
- 1-4年级

"朩" 不是 "木"，第三笔楷体是点，宋体是撇。

杂杂杂杂杂杂

栽 (栽)

	zāi	栽培	zāipéi	cultivate; grow
		栽种	zāizhòng	plant; grow
		盆栽	pénzāi	potted plants; *bonsai*

- 10 画
- 合体字
- 木(戈)部
- 高级华文

栽栽栽栽栽栽栽栽栽栽

灾 (灾)

	zāi	灾害	zāihài	calamity; disaster
		火灾	huǒzāi	fire
		天灾人祸	tiānzāi-rénhuò	natural and man-made calamities

- 7 画
- 合体字
- 宀部
- 1-4年级

灾灾灾灾灾灾灾

载 (載)

zǎi	一年半载	yīnián-bànzǎi	a year or so
	记载	jìzǎi	record in writing
zài	载体	zàitǐ	carrier

- 10 画
- 合体字
- 车(戈)部
- 1-4年级

载载载载载载载
载载载

在 (在)

zài	在	zài	in; at
	现在	xiànzài	now; at present
	自在	zìzài	comfortable; at ease

- 6 画
- 合体字
- 一(土)部
- 1-4年级

在在在在在在

再 (再)

zài	再	zài	again; once more
	再见	zàijiàn	goodbye; see you again
	一再	yīzài	again and again; repeatedly

- 6 画
- 独体字
- 一部
- 1-4年级

再再再再再再

赞 (贊)

zàn	赞美	zànměi	praise; eulogise
	赞助	zànzhù	support; sponsor
	称赞	chēngzàn	praise; acclaim

- 16 画
- 合体字
- 贝部
- 1-4年级

赞赞赞赞赞赞赞
赞赞赞赞赞赞赞
赞赞

脏 (臟)

zāng	脏	zāng	dirty; filthy
	肮脏	āngzāng	dirty; foul
zàng	心脏	xīnzàng	heart

- 10 画
- 合体字
- 月部
- 1-4年级

葬 (葬)

zàng	葬礼	zànglǐ	burial rites; funeral
	葬送	zàngsòng	ruin; spell an end to
	埋葬	máizàng	bury

- 12 画
- 合体字
- 艹部
- 高级华文

早 (早)

zǎo	早	zǎo	early; ahead of time
	早餐	zǎocān	breakfast
	提早	tízǎo	shift to an earlier time; be earlier than planned

- 6 画
- 合体字
- 日部
- 1-4年级

燥 (燥)

zào	干燥	gānzào	dry; arid
	枯燥	kūzào	dull and dry; uninteresting

- 17 画
- 合体字
- 火部
- 高级华文

造(造)

zào

造	zào	make; build
造句	zàojù	make sentences
创造	chuàngzào	create; bring about

- 10 画
- 合体字
- 辶部
- 1-4年级

"辶"楷体比宋体多一个弯曲。

造造造造造造造造造造

皂(皂)

zào

肥皂	féizào	soap
香皂	xiāngzào	scented soap; toilet soap
皂白	zàobái	black and white; right and wrong

- 7 画
- 合体字
- 白部
- 1-4年级

皂皂皂皂皂皂皂

择(择)

zé

| 选择 | xuǎnzé | select; choose |
| 饥不择食 | jībùzéshí | a hungry person is not picky and choosy |

- 8 画
- 合体字
- 扌部
- 5-6年级

"扌"不是"丰"。

择择择择择择择择

则(则)

zé

规则	guīzé	rule; regulation
原则	yuánzé	principle
否则	fǒuzé	otherwise; or else

- 6 画
- 合体字
- 刂(贝)部
- 5-6年级

则则则则则则

责(責)

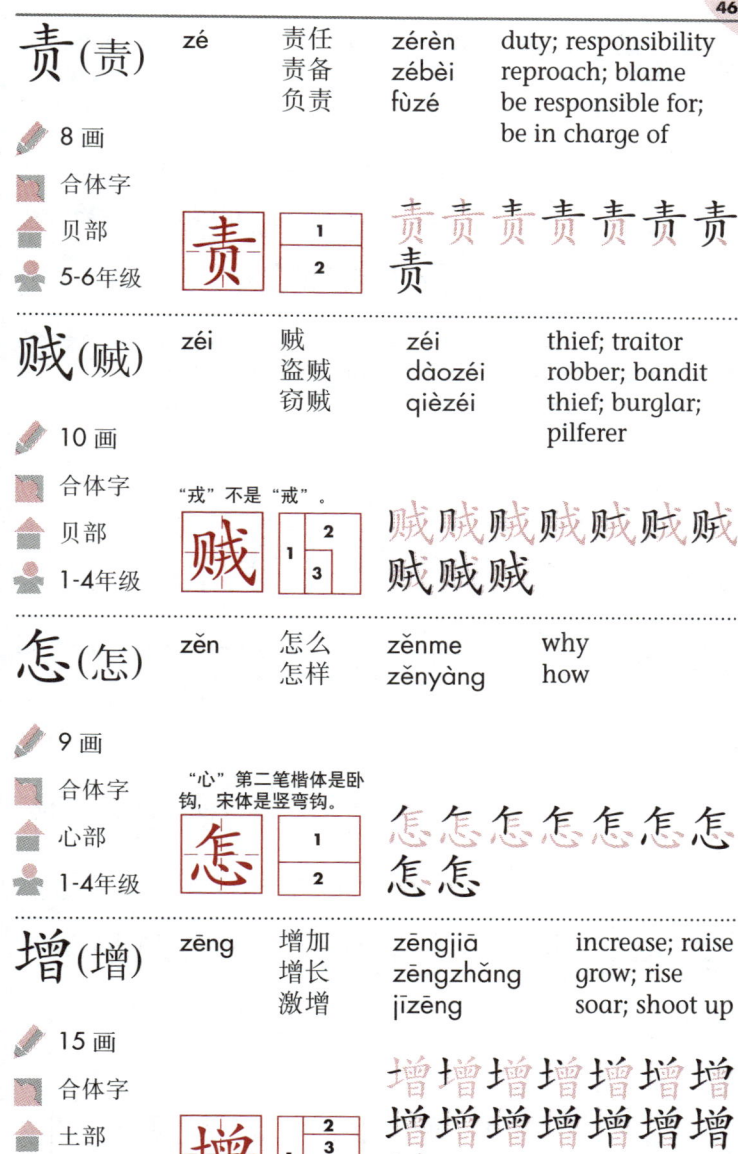

zé

责任	zérèn	duty; responsibility
责备	zébèi	reproach; blame
负责	fùzé	be responsible for; be in charge of

- 8 画
- 合体字
- 贝部
- 5-6年级

贼(賊)

zéi

贼	zéi	thief; traitor
盗贼	dàozéi	robber; bandit
窃贼	qièzéi	thief; burglar; pilferer

- 10 画
- 合体字
- 贝部
- 1-4年级

"戎"不是"戒"。

怎(怎)

zěn

| 怎么 | zěnme | why |
| 怎样 | zěnyàng | how |

- 9 画
- 合体字
- 心部
- 1-4年级

"心"第二笔楷体是卧钩，宋体是竖弯钩。

增(增)

zēng

增加	zēngjiā	increase; raise
增长	zēngzhǎng	grow; rise
激增	jīzēng	soar; shoot up

- 15 画
- 合体字
- 土部
- 1-4年级

赠 (赠)

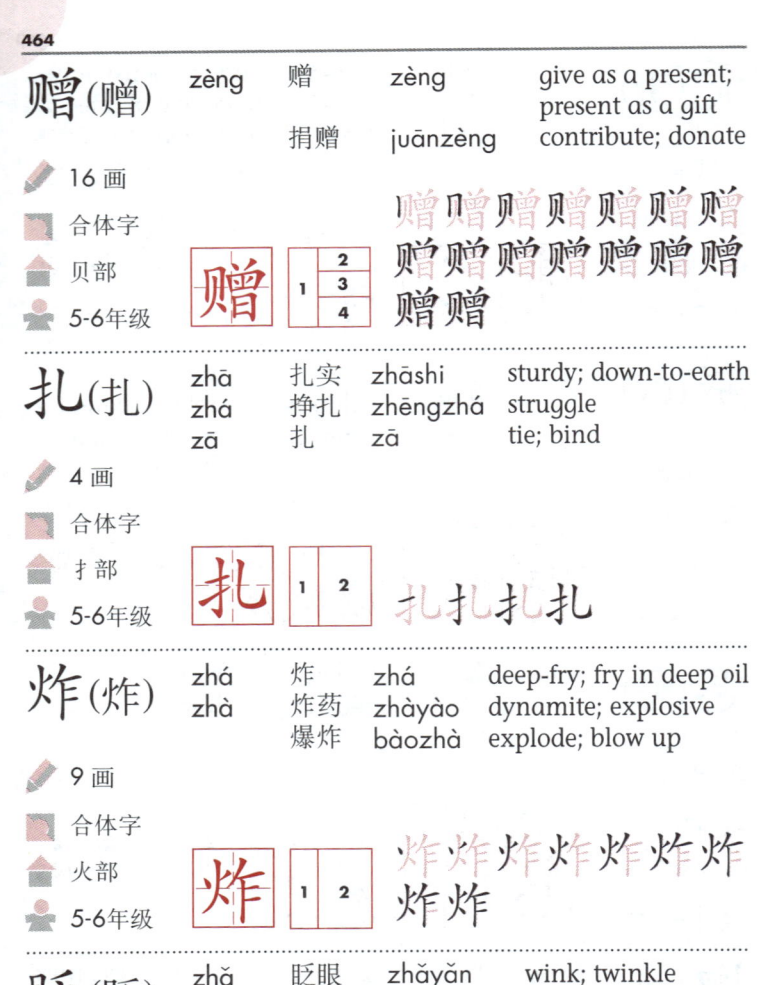

zèng

| 赠 | zèng | give as a present; present as a gift |
| 捐赠 | juānzèng | contribute; donate |

- 16 画
- 合体字
- 贝部
- 5-6年级

扎 (扎)

zhā
zhá
zā

扎实	zhāshi	sturdy; down-to-earth
挣扎	zhēngzhá	struggle
扎	zā	tie; bind

- 4 画
- 合体字
- 扌部
- 5-6年级

炸 (炸)

zhá
zhà

炸	zhá	deep-fry; fry in deep oil
炸药	zhàyào	dynamite; explosive
爆炸	bàozhà	explode; blow up

- 9 画
- 合体字
- 火部
- 5-6年级

眨 (眨)

zhǎ

| 眨眼 | zhǎyǎn | wink; twinkle |

- 9 画
- 合体字
- 目部
- 1-4年级

465

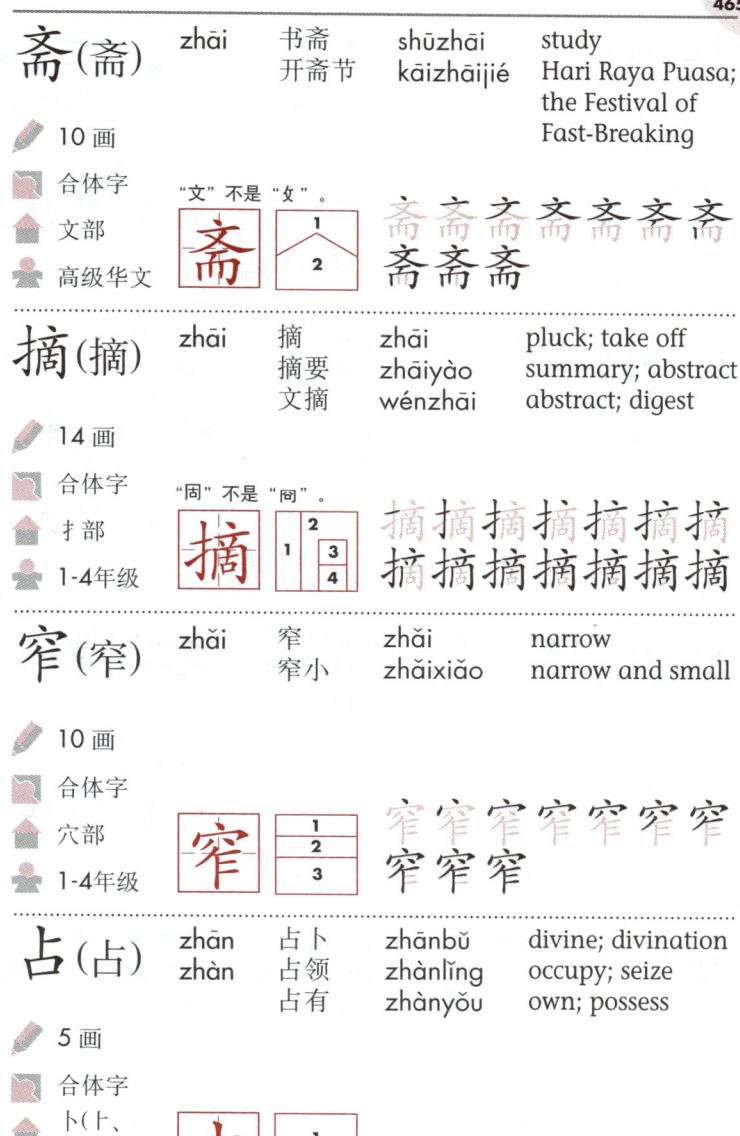

斋 (斋) zhāi

| 书斋 | shūzhāi | study |
| 开斋节 | kāizhāijié | Hari Raya Puasa; the Festival of Fast-Breaking |

- 10 画
- 合体字
- 文部
- 高级华文

"文"不是"攵"。

斋 斋 文 文 文 斋 斋 斋 斋 斋 斋

摘 (摘) zhāi

摘	zhāi	pluck; take off
摘要	zhāiyào	summary; abstract
文摘	wénzhāi	abstract; digest

- 14 画
- 合体字
- 扌部
- 1-4年级

"商"不是"問"。

摘 摘 摘 摘 摘 摘 摘 摘 摘 摘 摘 摘 摘

窄 (窄) zhǎi

| 窄 | zhǎi | narrow |
| 窄小 | zhǎixiǎo | narrow and small |

- 10 画
- 合体字
- 穴部
- 1-4年级

窄 窄 窄 窄 窄 窄 窄 窄 窄 窄

占 (占) zhān / zhàn

占卜	zhānbǔ	divine; divination
占领	zhànlǐng	occupy; seize
占有	zhànyǒu	own; possess

- 5 画
- 合体字
- 卜(卜、口)部
- 1-4年级

占 占 占 占 占

展 (展) zhǎn

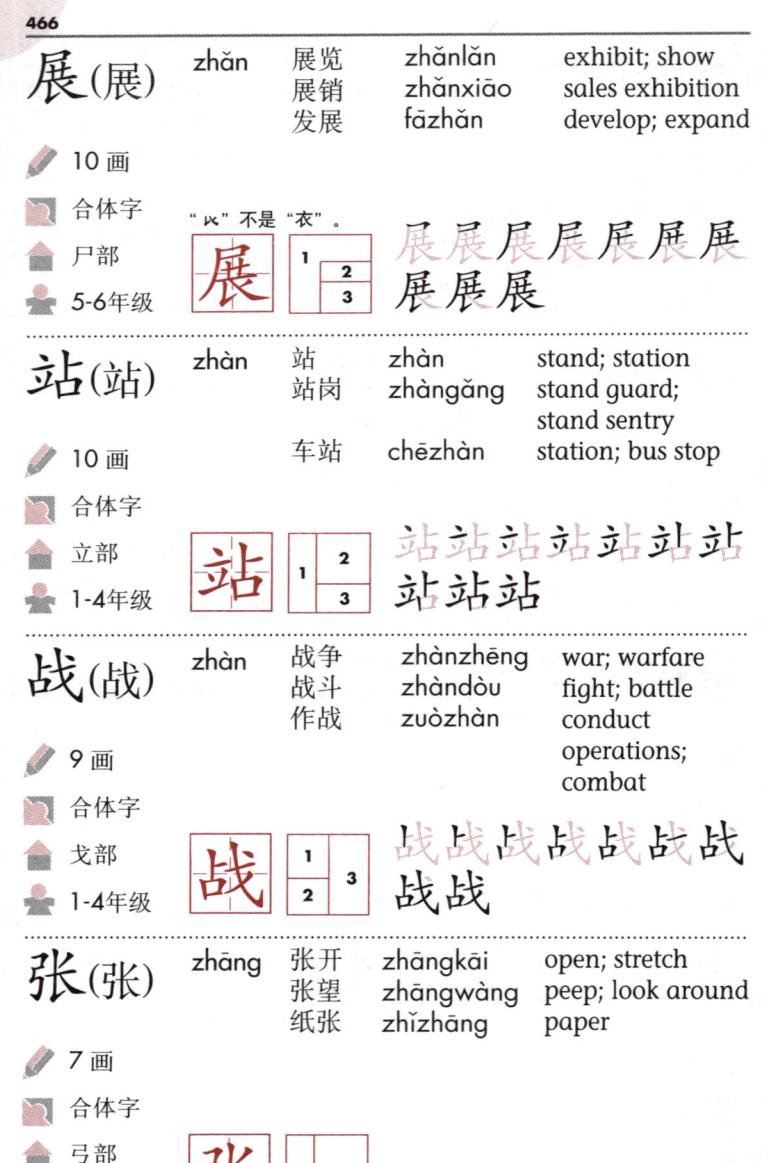

展览	zhǎnlǎn	exhibit; show
展销	zhǎnxiāo	sales exhibition
发展	fāzhǎn	develop; expand

- 10 画
- 合体字
- 尸部
- 5-6年级

"㠯" 不是 "衣"。

展展展展展展展展展展

站 (站) zhàn

站	zhàn	stand; station
站岗	zhàngǎng	stand guard; stand sentry
车站	chēzhàn	station; bus stop

- 10 画
- 合体字
- 立部
- 1-4年级

站站站站站站站站站站

战 (战) zhàn

战争	zhànzhēng	war; warfare
战斗	zhàndòu	fight; battle
作战	zuòzhàn	conduct operations; combat

- 9 画
- 合体字
- 戈部
- 1-4年级

战战战战战战战战战

张 (张) zhāng

张开	zhāngkāi	open; stretch
张望	zhāngwàng	peep; look around
纸张	zhǐzhāng	paper

- 7 画
- 合体字
- 弓部
- 1-4年级

张张张张张张张

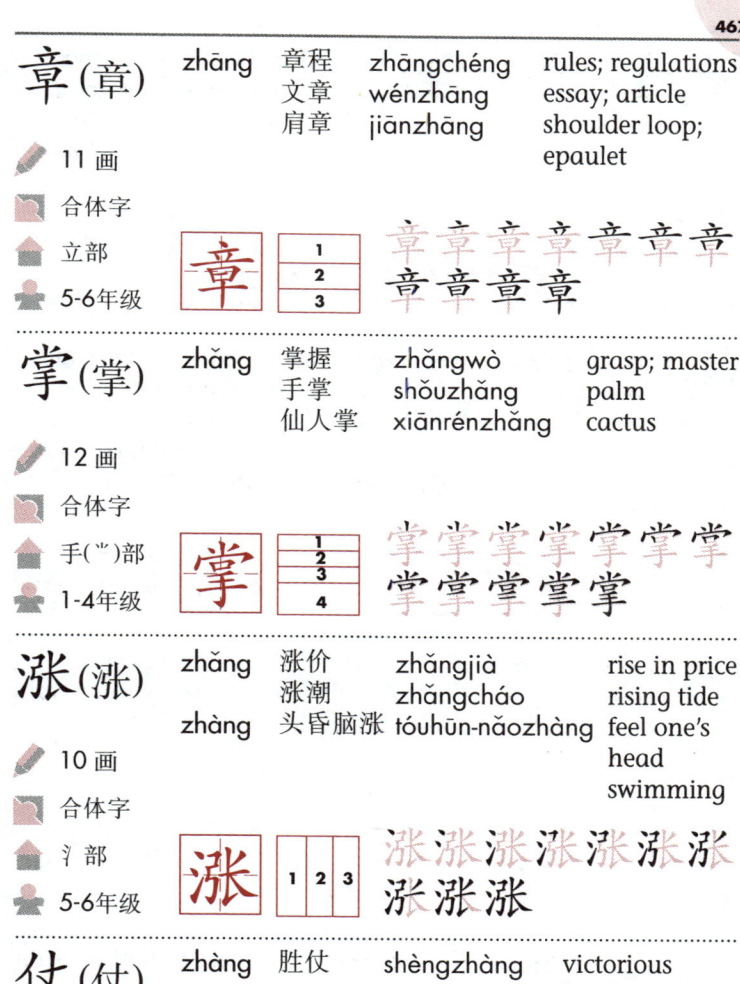

| 章(章) | zhāng | 章程
文章
肩章 | zhāngchéng
wénzhāng
jiānzhāng | rules; regulations
essay; article
shoulder loop; epaulet |

- 11 画
- 合体字
- 立部
- 5-6年级

章章章章章章章章章章章

| 掌(掌) | zhǎng | 掌握
手掌
仙人掌 | zhǎngwò
shǒuzhǎng
xiānrénzhǎng | grasp; master
palm
cactus |

- 12 画
- 合体字
- 手(龵)部
- 1-4年级

掌掌掌掌掌掌掌掌掌掌掌

| 涨(涨) | zhǎng

zhàng | 涨价
涨潮
头昏脑涨 | zhǎngjià
zhǎngcháo
tóuhūn-nǎozhàng | rise in price
rising tide
feel one's head swimming |

- 10 画
- 合体字
- 氵部
- 5-6年级

涨涨涨涨涨涨涨涨涨

| 仗(仗) | zhàng | 胜仗

仗义 | shèngzhàng

zhàngyì | victorious battle
uphold justice |

- 5 画
- 合体字
- 亻部
- 1-4年级

仗仗仗仗仗

丈 (丈)

zhàng | 丈夫 zhàngfu — husband
一落千丈 yīluòqiānzhàng — extremely rapid decline

- 3 画
- 独体字
- 一部
- 1-4年级

丈 | 1 | 丈丈丈

帐 (帐)

zhàng | 帐目 zhàngmù — items of an account; accounts
欠帐 qiànzhàng — bills due; outstanding accounts
蚊帐 wénzhàng — mosquito net

- 7 画
- 合体字
- 巾部
- 5-6年级

帐 | 1 2 | 帐帐帐帐帐帐帐

招 (招)

zhāo | 招手 zhāoshǒu — beckon; wave
招待 zhāodài — receive; entertain
花招 huāzhāo — trick; game

- 8 画
- 合体字
- 扌部
- 1-4年级

招 | 1 2 3 | 招招招招招招招招

找 (找)

zhǎo | 找 zhǎo — try to find; look for
寻找 xúnzhǎo — look for; seek
找钱 zhǎoqián — give change

- 7 画
- 合体字

右边是"戈"不是"弋"或"戊"。

- 扌部
- 1-4年级

找 | 1 2 | 找找找找找找找

469

爪(爪)

zhǎo	爪牙	zhǎoyá	lackey; accomplice
	脚爪	jiǎozhǎo	paw; claw
zhuǎ	爪子	zhuǎzi	claw; talon

- 4 画
- 独体字
- 爪部
- 1-4年级

爪 爪 爪 爪

照(照)

zhào	照	zhào	shine; illuminate
	照顾	zhàogù	look after; care for
	按照	ànzhào	according to; in accordance with

- 13 画
- 合体字
- 灬部
- 1-4年级

照 照 照 照 照 照 照 照 照 照 照 照 照

遮(遮)

zhē	遮	zhē	screen; cover
	遮盖	zhēgài	hide; cover
	一手遮天	yīshǒuzhētiān	hoodwink the public

- 14 画
- 合体字
- 辶部
- 高级华文

"辶"楷体比宋体多一个弯曲。

遮 遮 遮 遮 遮 遮 遮 遮 遮 遮 遮 遮 遮 遮

折(折)

zhē	折跟头	zhēgēntou	turn a somersault
zhé	折纸	zhézhǐ	paper-folding
shé	折本	shéběn	lose money in business; run a deficit

- 7 画
- 合体字
- 扌部
- 1-4年级

右边是"斤",不是"斥"。

折 折 折 折 折 折 折

者(者)

zhě

读者	dúzhě	reader
学者	xuézhě	scholar; man of learning
或者	huòzhě	or; maybe

- 8 画
- 合体字
- 日部
- 1-4年级

这(这)

zhè
zhèi

这	zhè	this
这样	zhèyàng	so; this way
这(口语音)	zhèi	this (pronunciation used in oral Chinese)

- 7 画
- 合体字
- 辶部
- 1-4年级

"辶"楷体比宋体多一个弯曲。

蔗(蔗)

zhè

| 甘蔗 | gānzhè | sugar cane |
| 蔗糖 | zhètáng | cane sugar; sucrose |

- 14 画
- 合体字
- 艹部
- 5-6年级

真(真)

zhēn

真	zhēn	true; genuine
真理	zhēnlǐ	truth
认真	rènzhēn	serious; earnest

- 10 画
- 合体字
- 十(八)部
- 1-4年级

中间是"且",不是"且"。

针 (針)

zhēn

针	zhēn	needle; stitch
针对	zhēnduì	be aimed at
方针	fāngzhēn	guiding principle; policy

- 7 画
- 合体字
- 钅(金)部
- 1-4年级

针 针 针 针 针 针 针 针

珍 (珍)

zhēn

珍珠	zhēnzhū	pearl
珍惜	zhēnxī	treasure; cherish
袖珍	xiùzhēn	pocket-sized; pocket

- 9 画
- 合体字
- 王部
- 1-4年级

珍 珍 珍 珍 珍 珍 珍 珍 珍

枕 (枕)

zhēn

| 枕头 | zhěntou | pillow |
| 抱枕 | bàozhěn | bolster |

- 8 画
- 合体字
- 木部
- 1-4年级

右边是"尤",不是"冘"。

枕 枕 枕 枕 枕 枕 枕 枕

诊 (診)

zhěn

诊所	zhěnsuǒ	clinic
门诊	ménzhěn	out-patient service
急诊	jízhěn	emergency treatment

- 7 画
- 合体字
- 讠(言)部
- 5-6年级

诊 诊 诊 诊 诊 诊 诊

振 (振)

zhèn

| 振动 | zhèndòng | vibration |
| 振奋 | zhènfèn | be inspired with enthusiasm; stimulate |

- 10 画
- 合体字
- 扌部
- 高级华文

振振振振振振振振振振

阵 (陣)

zhèn

阵地	zhèndì	position; front
阵容	zhènróng	battle array; line-up
出阵	chūzhèn	go into battle; pitch in

- 6 画
- 合体字
- 阝部
- 1-4年级

阵阵阵阵阵阵

镇 (鎮)

zhèn

镇静	zhènjìng	calm; composed
镇压	zhènyā	suppress; repress
市镇	shìzhèn	cities and towns

- 15 画
- 合体字
- 钅(金)部
- 5-6年级

右边中间是"且",不是"且"。

镇镇镇镇镇镇镇镇镇镇镇镇镇镇镇

争 (爭)

zhēng

争	zhēng	contend; dispute
争气	zhēngqì	try to bring credit to; try to make a good showing
战争	zhànzhēng	war; warfare

- 6 画
- 独体字
- 刀(⺈)部
- 1-4年级

中间是"⺕",不是"彐"。

争争争争争争

筝 (箏)

zhēng | 风筝 | fēngzheng | kite
| 古筝 | gǔzhēng | a Chinese zither with 21 or 25 strings

- 12 画
- 合体字
- 竹(⺮)部
- 1-4年级

中间是 "ヨ", 不是 "彐"。

筝筝筝筝筝筝筝筝筝筝筝筝

正 (正)

zhēng | 正月 | zhēngyuè | first month of the lunar calendar
zhèng | 正当 | zhèngdāng | just when; just the time for
| 端正 | duānzhèng | upright; correct

- 5 画
- 独体字
- 一(止)部
- 1-4年级

正正正正正

征 (征)

zhēng | 征服 | zhēngfú | conquer; subjugate
| 征求 | zhēngqiú | solicit; ask for
| 应征 | yìngzhēng | be recruited; respond to a call for something

- 8 画
- 合体字
- 彳部
- 5-6年级

征征征征征征征征

挣 (掙)

zhēng | 挣扎 | zhēngzhá | struggle
zhèng | 挣钱 | zhèngqián | earn money; make money
| 挣脱 | zhèngtuō | struggle to get free; throw off

- 9 画
- 合体字
- 扌部
- 5-6年级

右中是 "ヨ", 不是 "彐"。

挣挣挣挣挣挣挣挣挣

睁(睜)

zhēng 睁　　zhēng　　　　open
睁眼瞎　zhēngyǎnxiā　illiterate person

- 11 画
- 合体字
- 目部
- 5-6年级

右中是"ㅋ"，不是"ㅋ"。

蒸(蒸)

zhēng 蒸　　　zhēng　　　　evaporate; steam
蒸笼　　zhēnglóng　　food steamer
水蒸汽　shuǐzhēngqì　steam;
　　　　　　　　　　　water vapour

- 13 画
- 合体字
- 艹(灬)部
- 5-6年级

整(整)

zhěng 整理　zhěnglǐ　　straighten out;
　　　　　　　　　　put in order
调整　tiáozhěng　adjust; revise

- 16 画
- 合体字
- 一(止)部
- 1-4年级

上右是"攵"，不是"攴"。

政(政)

zhèng 政府　zhèngfǔ　　government
政治　zhèngzhì　politics
邮政　yóuzhèng　postal service

- 9 画
- 合体字
- 攵部
- 1-4年级

右边是"攵"，不是"攴"。

证(証)

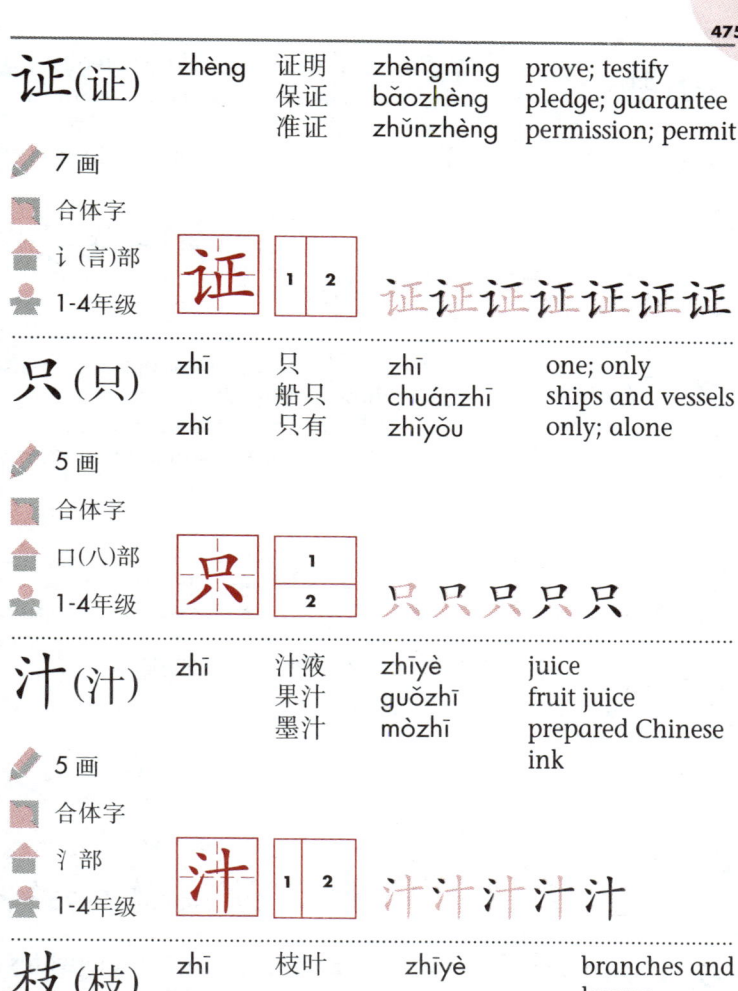

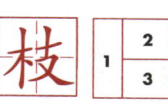

zhèng

证明	zhèngmíng	prove; testify
保证	bǎozhèng	pledge; guarantee
准证	zhǔnzhèng	permission; permit

- 7 画
- 合体字
- 讠(言)部
- 1-4年级

证证证证证证证

只(只)

zhī

只 zhī — one; only
船只 chuánzhī — ships and vessels

zhǐ

只有 zhǐyǒu — only; alone

- 5 画
- 合体字
- 口(八)部
- 1-4年级

只只只只只

汁(汁)

zhī

汁液	zhīyè	juice
果汁	guǒzhī	fruit juice
墨汁	mòzhī	prepared Chinese ink

- 5 画
- 合体字
- 氵部
- 1-4年级

汁汁汁汁汁

枝(枝)

zhī

| 枝叶 | zhīyè | branches and leaves |
| 粗枝大叶 | cūzhī-dàyè | crude and careless |

- 8 画
- 合体字
- 木部
- 1-4年级

枝枝枝枝枝枝枝枝

知 (知)

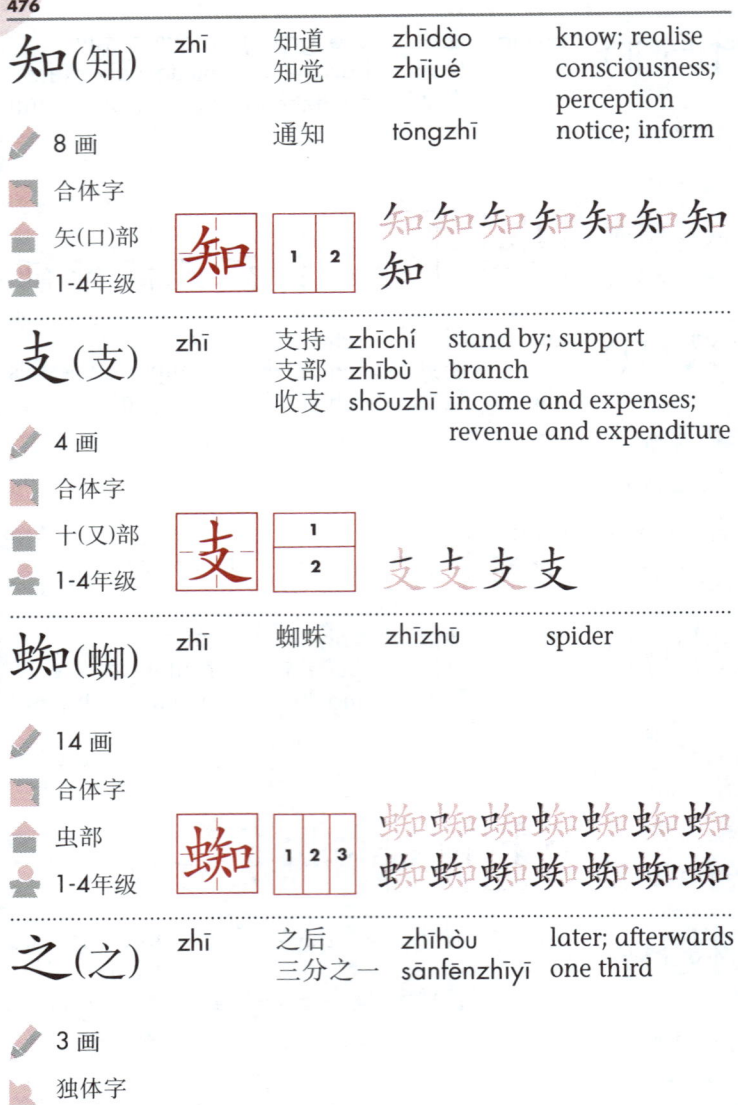

zhī

知道	zhīdào	know; realise
知觉	zhījué	consciousness; perception
通知	tōngzhī	notice; inform

- 8 画
- 合体字
- 矢(口)部
- 1-4年级

知知知知知知知知

支 (支)

zhī

支持	zhīchí	stand by; support
支部	zhībù	branch
收支	shōuzhī	income and expenses; revenue and expenditure

- 4 画
- 合体字
- 十(又)部
- 1-4年级

支支支支

蜘 (蜘)

zhī

| 蜘蛛 | zhīzhū | spider |

- 14 画
- 合体字
- 虫部
- 1-4年级

蜘蜘蜘蜘蜘蜘蜘蜘蜘蜘蜘蜘蜘蜘

之 (之)

zhī

| 之后 | zhīhòu | later; afterwards |
| 三分之一 | sānfēnzhīyī | one third |

- 3 画
- 独体字
- 、部
- 1-4年级

之之之

织 (织)

zhī

织	zhī	weave; knit
织造	zhīzào	weaving
组织	zǔzhī	organisation; tissue

- 8 画
- 合体字
- 纟(糸)部
- 5-6年级

执 (执)

zhí

执行	zhíxíng	carry out; execute
争执	zhēngzhí	disagree; dispute
固执	gùzhí	obstinate; stubborn

- 6 画
- 合体字 右边是"丸",不是"九"。
- 扌部
- 高级华文

直 (直)

zhí

直	zhí	straight; frank
直接	zhíjiē	direct; immediate
简直	jiǎnzhí	simply; at all

- 8 画
- 合体字 下边是"且",不是"且"。
- 十部
- 1-4年级

值 (值)

zhí

值班	zhíbān	on duty
值得	zhídé	be worthy of; deserve
价值	jiàzhí	value; worth

- 10 画
- 合体字 右下是"且",不是"且"。
- 亻部
- 1-4年级

植(植)

zhí

植物	zhíwù	plant; flora
种植	zhòngzhí	plant; grow
移植	yízhí	transplant; grafting

- 12 画
- 合体字
- 木部
- 1-4年级

右下是"直",不是"且"。

职(职)

zhí

职业	zhíyè	occupation; vocation
职员	zhíyuán	staff member; functionary
辞职	cízhí	hand in one's resignation; resign

- 11 画
- 合体字
- 耳部
- 1-4年级

侄(侄)

zhí

| 侄子 | zhízi | nephew; brother's son |
| 叔侄 | shūzhí | uncle and nephew |

- 8 画
- 合体字
- 亻部
- 1-4年级

纸(纸)

zhǐ

纸	zhǐ	paper
纸箱	zhǐxiāng	carton; cardboard box
报纸	bàozhǐ	newspaper

- 7 画
- 合体字
- 纟(糸)部
- 1-4年级

右边是"氏",不是"氐"。

指 (指) zhǐ

指	zhǐ	finger; point
指挥	zhǐhuī	command; direct
食指	shízhǐ	index finger

- 9 画
- 合体字
- 扌部
- 1-4年级

指指指指指指指指

止 (止) zhǐ

止痛	zhǐtòng	relieve pain; stop pain
停止	tíngzhǐ	stop; cease

- 4 画
- 独体字
- 止部
- 1-4年级

止止止止

址 (址) zhǐ

地址	dìzhǐ	address
遗址	yízhǐ	ruins; relics
原址	yuánzhǐ	former address

- 7 画
- 合体字
- 土部
- 5-6年级

址址址址址址

稚 (稚) zhì

稚气	zhìqì	childishness
幼稚	yòuzhì	naive; puerile
幼稚园	yòuzhìyuán	kindergarten

- 13 画
- 合体字
- 禾部
- 高级华文

右边是"隹", 不是"住"。

稚稚稚稚稚稚稚稚稚稚稚稚

志 (志)

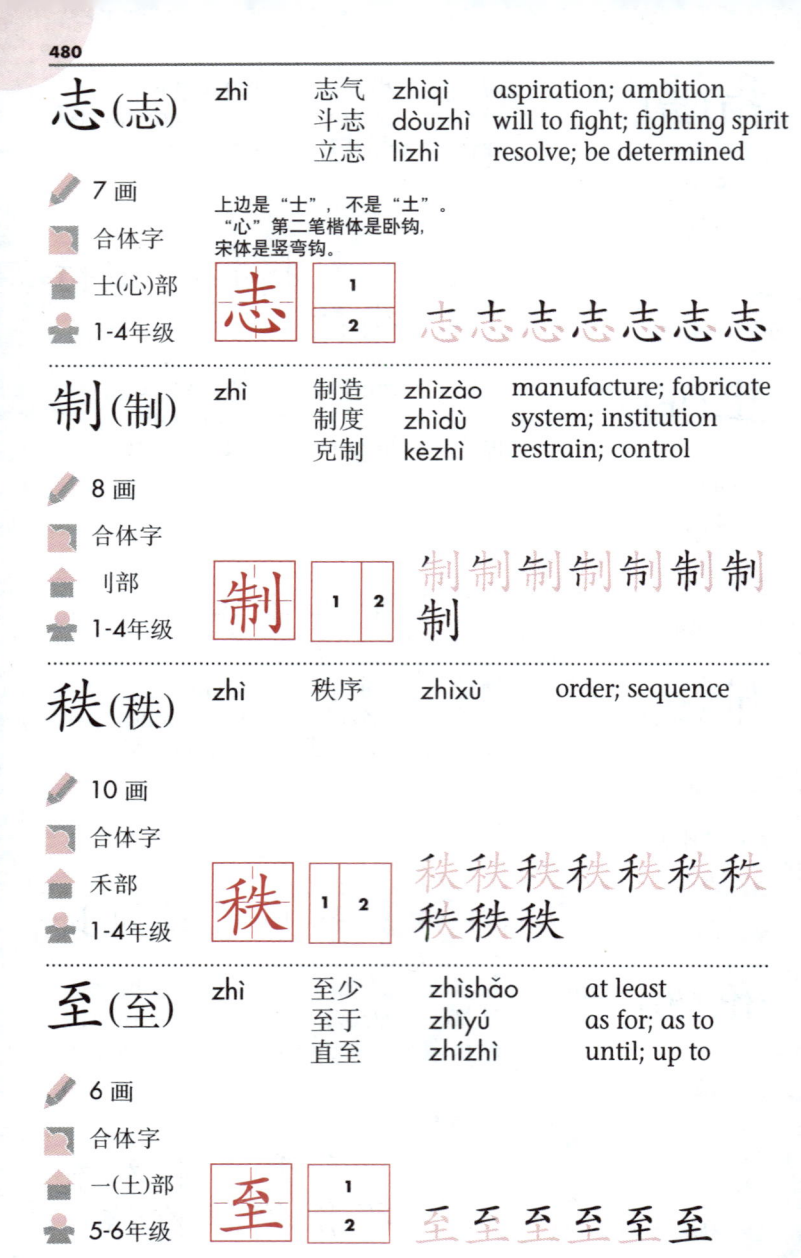

zhì

志气	zhìqì	aspiration; ambition
斗志	dòuzhì	will to fight; fighting spirit
立志	lìzhì	resolve; be determined

- 7 画
- 合体字
- 士(心)部
- 1-4年级

上边是"士",不是"土"。
"心"第二笔楷体是卧钩,
宋体是竖弯钩。

志志志志志志志

制 (制)

zhì

制造	zhìzào	manufacture; fabricate
制度	zhìdù	system; institution
克制	kèzhì	restrain; control

- 8 画
- 合体字
- 刂部
- 1-4年级

制制制制制制制制

秩 (秩)

zhì

| 秩序 | zhìxù | order; sequence |

- 10 画
- 合体字
- 禾部
- 1-4年级

秩秩秩秩秩秩秩秩秩秩

至 (至)

zhì

至少	zhìshǎo	at least
至于	zhìyú	as for; as to
直至	zhízhì	until; up to

- 6 画
- 合体字
- 一(土)部
- 5-6年级

至至至至至至

治 (治)

- zhì
- 8 画
- 合体字
- 氵部
- 5-6年级

治理	zhìlǐ	govern; bring under control
治疗	zhìliáo	treat; cure
医治	yīzhì	cure; heal

治治治治治治治治

致 (致)

- zhì
- 10 画
- 合体字
- 攵部
- 5-6年级

致敬	zhìjìng	salute; pay tribute to
景致	jǐngzhì	view; scenery
细致	xìzhì	meticulous; painstaking

致致致致致致致致致致

置 (置)

- zhì
- 13 画
- 合体字
- 罒部
- 5-6年级

位置	wèizhi	position; place
装置	zhuāngzhì	installation; device
设置	shèzhì	set up; establish

下边是"且",不是"且"。

置置置置置置置置置置置置置

质 (质)

- zhì
- 8 画
- 合体字
- 贝部
- 5-6年级

质量	zhìliàng	quality
性质	xìngzhì	nature; character
体质	tǐzhì	physique; constitution

质质质质质质质质

智 (智)

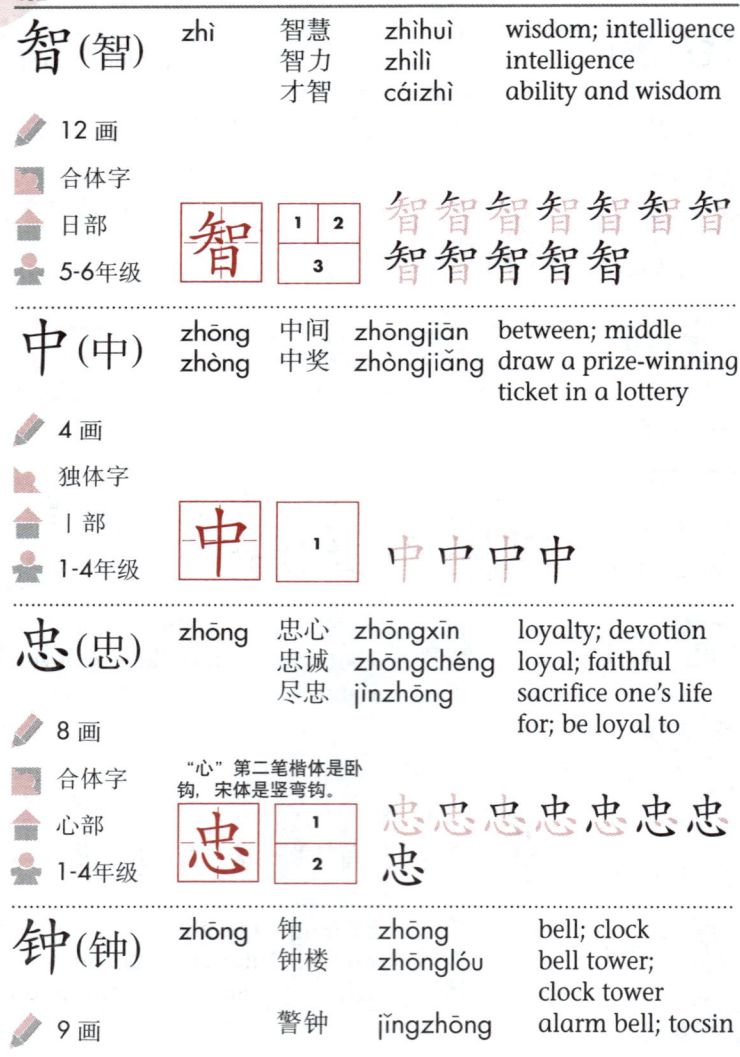

zhì

智慧	zhìhuì	wisdom; intelligence
智力	zhìlì	intelligence
才智	cáizhì	ability and wisdom

- 12 画
- 合体字
- 日部
- 5-6年级

中 (中)

zhōng
zhòng

| 中间 | zhōngjiān | between; middle |
| 中奖 | zhòngjiǎng | draw a prize-winning ticket in a lottery |

- 4 画
- 独体字
- 丨部
- 1-4年级

忠 (忠)

zhōng

忠心	zhōngxīn	loyalty; devotion
忠诚	zhōngchéng	loyal; faithful
尽忠	jìnzhōng	sacrifice one's life for; be loyal to

- 8 画
- 合体字
- 心部
- 1-4年级

"心"第二笔楷体是卧钩，宋体是竖弯钩。

钟 (鐘)

zhōng

钟	zhōng	bell; clock
钟楼	zhōnglóu	bell tower; clock tower
警钟	jǐngzhōng	alarm bell; tocsin

- 9 画
- 合体字
- 钅(金)部
- 1-4年级

终 (終)

zhōng

| 终点 | zhōngdiǎn | terminal point; destination |
| 始终 | shǐzhōng | from beginning to end; throughout |

- 8 画
- 合体字
- 纟(糸) 部
- 1-4 年级

右上是"夂",不是"攵"。

种 (種)

zhǒng

| 种子 | zhǒngzi | seed |
| 特种 | tèzhǒng | particular kind |

zhòng

| 种田 | zhòngtián | till the land; farm |

- 9 画
- 合体字
- 禾部
- 1-4 年级

肿 (腫)

zhǒng

肿	zhǒng	swelling; swollen
浮肿	fúzhǒng	dropsy; oedema
红肿	hóngzhǒng	red and swollen

- 8 画
- 合体字
- 月部
- 5-6 年级

重 (重)

zhòng

| 重 | zhòng | weight; heavy |
| 重要 | zhòngyào | important; significant |

chóng

| 重复 | chóngfù | repeat; duplicate |

- 9 画
- 独体字
- 丿部
- 1-4 年级

众 (众)

zhòng

众多	zhòngduō	multitudinous; numerous
公众	gōngzhòng	the public
大众化	dàzhònghuà	in a popular style; popularise

- 6 画
- 合体字
- 人部
- 1-4年级

众 众 众 众 众 众

州 (州)

zhōu

| 州 | zhōu | administrative division; prefecture |
| 神州 | Shénzhōu | the Divine Land (a poetic name for China) |

- 6 画
- 独体字
- 、部
- 高级华文

州 州 州 州 州 州

舟 (舟)

zhōu

| 龙舟 | lóngzhōu | dragon boat |
| 木已成舟 | mùyǐchéngzhōu | what is done cannot be undone |

- 6 画
- 独体字
- 舟部
- 高级华文

舟 舟 舟 舟 舟 舟

周 (周)

zhōu

| 周围 | zhōuwéi | around; round |
| 周刊 | zhōukān | weekly publication; weekly |

- 8 画
- 合体字
- 冂(口)部
- 1-4年级

周 周 周 周 周 周 周 周

洲 (洲)

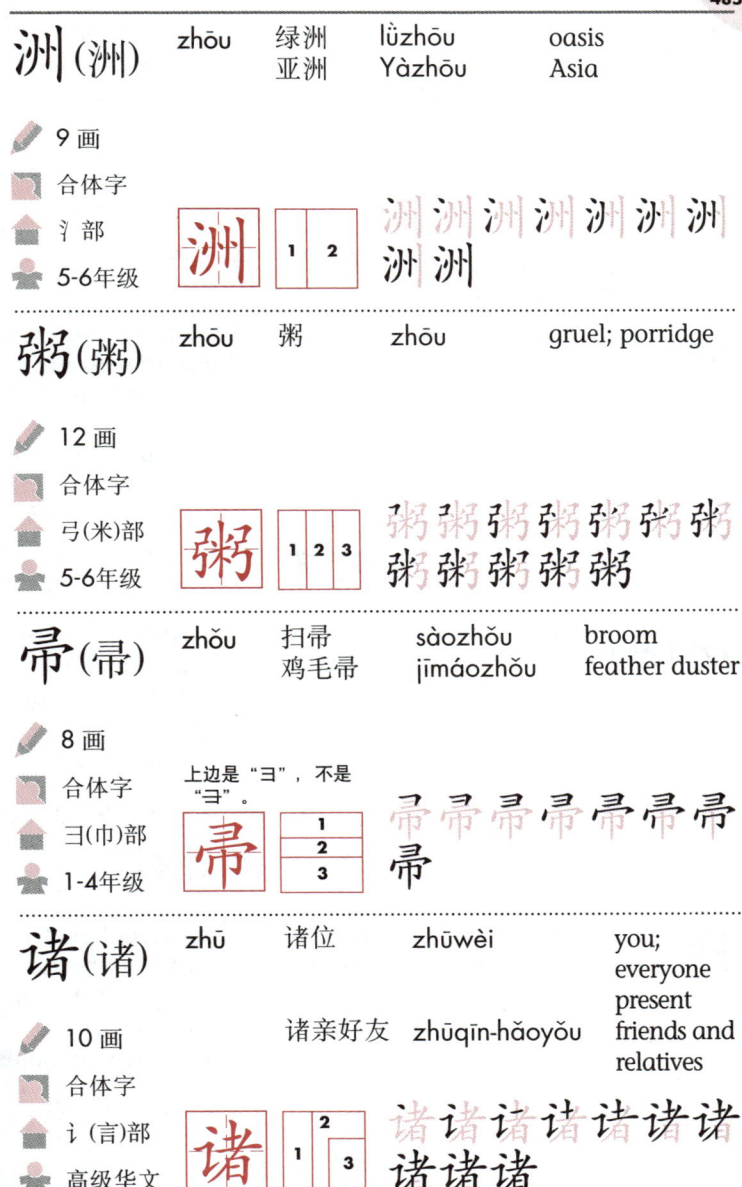

zhōu　　绿洲　　lǜzhōu　　oasis
　　　　亚洲　　Yàzhōu　　Asia

- 9 画
- 合体字
- 氵部
- 5-6年级

粥 (粥)

zhōu　　粥　　zhōu　　gruel; porridge

- 12 画
- 合体字
- 弓(米)部
- 5-6年级

帚 (帚)

zhǒu　　扫帚　　sàozhou　　broom
　　　　鸡毛帚　jīmáozhǒu　feather duster

- 8 画
- 合体字

上边是"彐"，不是"ヨ"。

- 彐(巾)部
- 1-4年级

诸 (諸)

zhū　　诸位　　zhūwèi　　you; everyone present

　　　　诸亲好友　zhūqīn-hǎoyǒu　friends and relatives

- 10 画
- 合体字
- 讠(言)部
- 高级华文

486

猪 (猪) zhū

猪	zhū	pig; swine
猪肉	zhūròu	pork
野猪	yězhū	wild boar

- 11 画
- 合体字
- 犭部
- 1-4年级

珠 (珠) zhū

珠算	zhūsuàn	calculation with an abacus; reckoning by the abacus
珍珠	zhēnzhū	pearl
圆珠笔	yuánzhūbǐ	ballpoint pen

- 10 画
- 合体字
- 王部
- 1-4年级

蛛 (蛛) zhū

| 蜘蛛 | zhīzhū | spider |
| 蛛丝马迹 | zhūsī-mǎjì | thread of a spider and trail of a horse — clues; traces |

- 12 画
- 合体字
- 虫部
- 1-4年级

株 (株) zhū

| 株 | zhū | individual plant |
| 守株待兔 | shǒuzhūdàitù | wait by a tree for the appearance of hares — hope for gains without pains |

- 10 画
- 合体字
- 木部
- 5-6年级

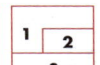

竹(竹)	zhú	竹子	zhúzi	bamboo
		竹竿	zhúgān	bamboo pole
		爆竹	bàozhú	firecracker; fireworks

- 6 画
- 独体字
- 竹部
- 1-4年级

竹竹竹竹竹竹

烛(烛)	zhú	蜡烛	làzhú	candle
		香烛	xiāngzhú	joss sticks and candles
		烛光	zhúguāng	candlelight

- 10 画
- 合体字
- 火部
- 5-6年级

烛烛烛烛烛烛烛烛烛烛

主(主)	zhǔ	主要	zhǔyào	main; major
		主意	zhǔyi	idea; decision
		主任	zhǔrèn	director; head

- 5 画
- 独体字
- 、(王)部
- 1-4年级

主主主主主

煮(煮)	zhǔ	煮	zhǔ	boil; cook
		一锅煮	yīguōzhǔ	treat different persons or things alike

- 12 画
- 合体字
- 灬部
- 1-4年级

煮煮煮煮煮者者者者煮煮煮

蛀 (蛀) zhù

蛀	zhù	eat; bore through
蛀虫	zhùchóng	moth; weevil
蛀齿	zhùchǐ	decayed tooth; dental caries

- 11 画
- 合体字
- 虫部
- 高级华文

蛀 蛀 蛀 蛀 蛀 蛀 蛀 蛀 蛀 蛀 蛀

住 (住) zhù

住	zhù	live; stay
住宿	zhùsù	get accommodation; stay
记住	jìzhu	remember; learn by heart

- 7 画
- 合体字
- 亻部
- 1-4年级

住 住 住 住 住 住 住

助 (助) zhù

帮助	bāngzhù	help; aid
助手	zhùshǒu	assistant; aide
助威	zhùwēi	boost the morale of; cheer for

- 7 画
- 合体字
- 力部
- 1-4年级

助 助 助 助 助 助

注 (注) zhù

注意	zhùyì	pay attention to; take note of
注射	zhùshè	inject; injection
关注	guānzhù	show solicitude for; pay close attention to

- 8 画
- 合体字
- 氵部
- 1-4年级

注 注 注 注 注 注 注 注

祝 (祝)

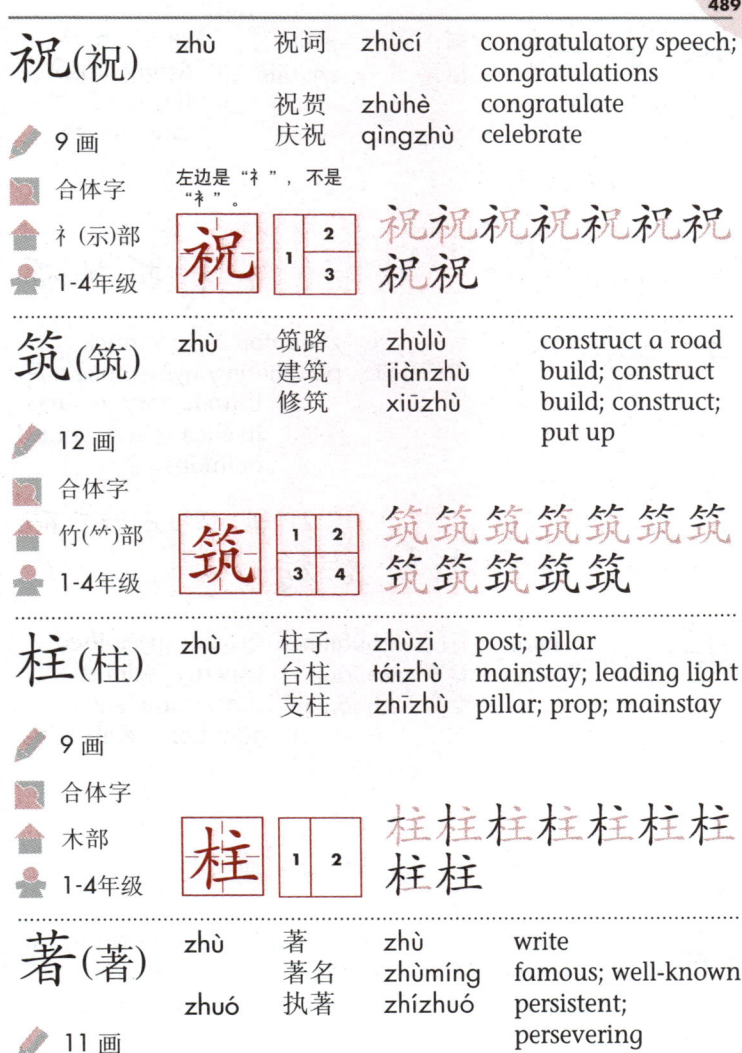

- zhù
- 9 画
- 合体字
- 礻(示)部
- 1-4年级

祝词	zhùcí	congratulatory speech; congratulations
祝贺	zhùhè	congratulate
庆祝	qìngzhù	celebrate

左边是"礻"，不是"衤"。

筑 (築)

- zhù
- 12 画
- 合体字
- 竹(⺮)部
- 1-4年级

筑路	zhùlù	construct a road
建筑	jiànzhù	build; construct
修筑	xiūzhù	build; construct; put up

柱 (柱)

- zhù
- 9 画
- 合体字
- 木部
- 1-4年级

柱子	zhùzi	post; pillar
台柱	táizhù	mainstay; leading light
支柱	zhīzhù	pillar; prop; mainstay

著 (著)

- zhù
- zhuó
- 11 画
- 合体字
- 艹部
- 5-6年级

著	zhù	write
著名	zhùmíng	famous; well-known
执著	zhízhuó	persistent; persevering

抓 (抓)

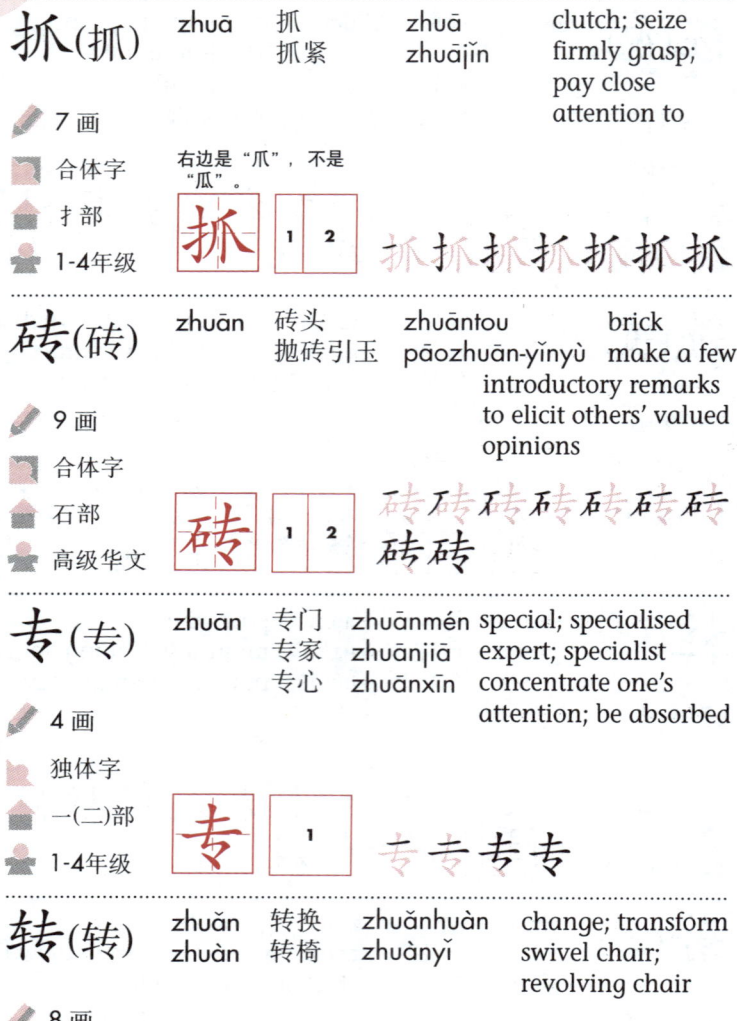

zhuā 抓 zhuā clutch; seize
抓紧 zhuājǐn firmly grasp; pay close attention to

- 7 画
- 合体字
- 扌部
- 1-4年级

右边是"爪",不是"瓜"。

砖 (砖)

zhuān 砖头 zhuāntou brick
抛砖引玉 pāozhuān-yǐnyù make a few introductory remarks to elicit others' valued opinions

- 9 画
- 合体字
- 石部
- 高级华文

专 (专)

zhuān 专门 zhuānmén special; specialised
专家 zhuānjiā expert; specialist
专心 zhuānxīn concentrate one's attention; be absorbed

- 4 画
- 独体字
- 一(二)部
- 1-4年级

转 (转)

zhuǎn 转换 zhuǎnhuàn change; transform
zhuàn 转椅 zhuànyǐ swivel chair; revolving chair

- 8 画
- 合体字
- 车部
- 1-4年级

赚(赚)

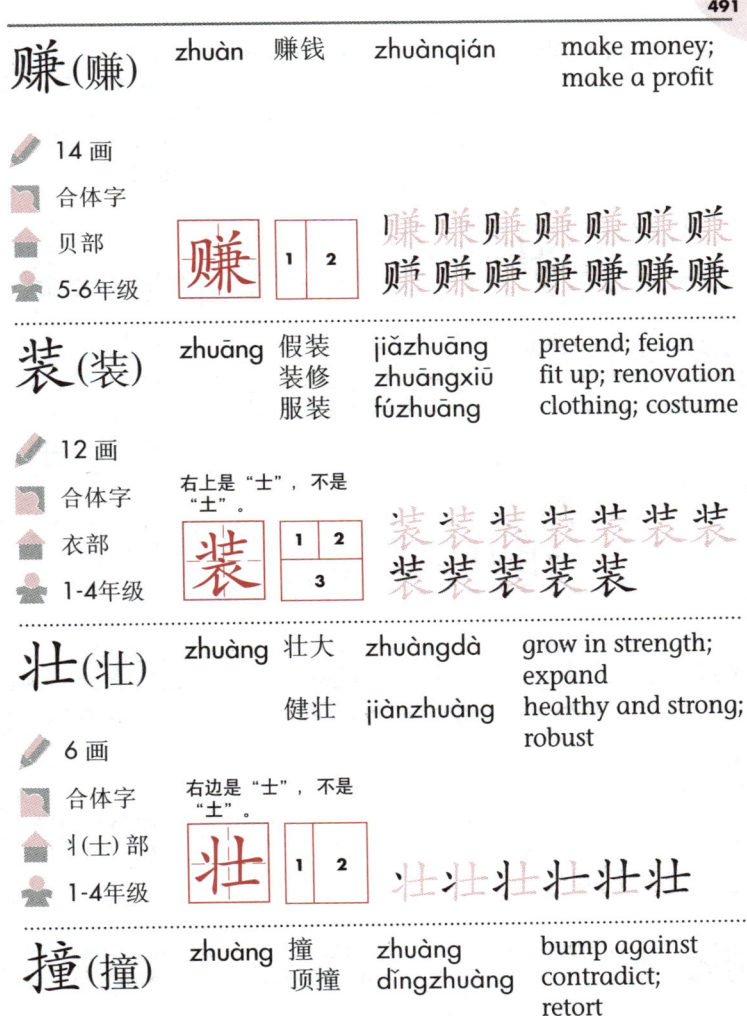

zhuàn　赚钱　zhuànqián　make money; make a profit

- 14 画
- 合体字
- 贝部
- 5-6年级

装(装)

zhuāng
- 假装　jiǎzhuāng　pretend; feign
- 装修　zhuāngxiū　fit up; renovation
- 服装　fúzhuāng　clothing; costume

- 12 画
- 合体字
- 衣部
- 1-4年级

右上是"士"，不是"土"。

壮(壮)

zhuàng
- 壮大　zhuàngdà　grow in strength; expand
- 健壮　jiànzhuàng　healthy and strong; robust

- 6 画
- 合体字
- 丬(士)部
- 1-4年级

右边是"士"，不是"土"。

撞(撞)

zhuàng
- 撞　zhuàng　bump against
- 顶撞　dǐngzhuàng　contradict; retort

- 15 画
- 合体字
- 扌部
- 1-4年级

状(状)

zhuàng 状况 zhuàngkuàng condition; state of affairs
形状 xíngzhuàng shape; form
告状 gàozhuàng bring a lawsuit against

- 7 画
- 合体字
- 丬(犬)部
- 5-6年级

右边是"犬"，不是"大"。

状 状状状状状状状

追(追)

zhuī 追 zhuī chase after
追求 zhuīqiú seek
急起直追 jíqǐ-zhízhuī rouse oneself to catch up

- 9 画
- 合体字
- 辶 部
- 1-4年级

"自"不是"启"。
"辶"楷体比宋体多一个弯曲。

追 追追追追追追追追

准(准)

zhǔn 准 zhǔn allow; grant
准确 zhǔnquè accurate; precise
批准 pīzhǔn ratify; approve

- 10 画
- 合体字
- 冫部
- 1-4年级

"隹"不是"住"。

准 准准准准准准准准准

捉(捉)

zhuō 捉 zhuō capture; catch
捉弄 zhuōnòng tease; make fun of
捕捉 bǔzhuō seize; catch

- 10 画
- 合体字
- 扌部
- 1-4年级

捉 捉捉捉捉捉捉捉捉捉

桌 (桌)

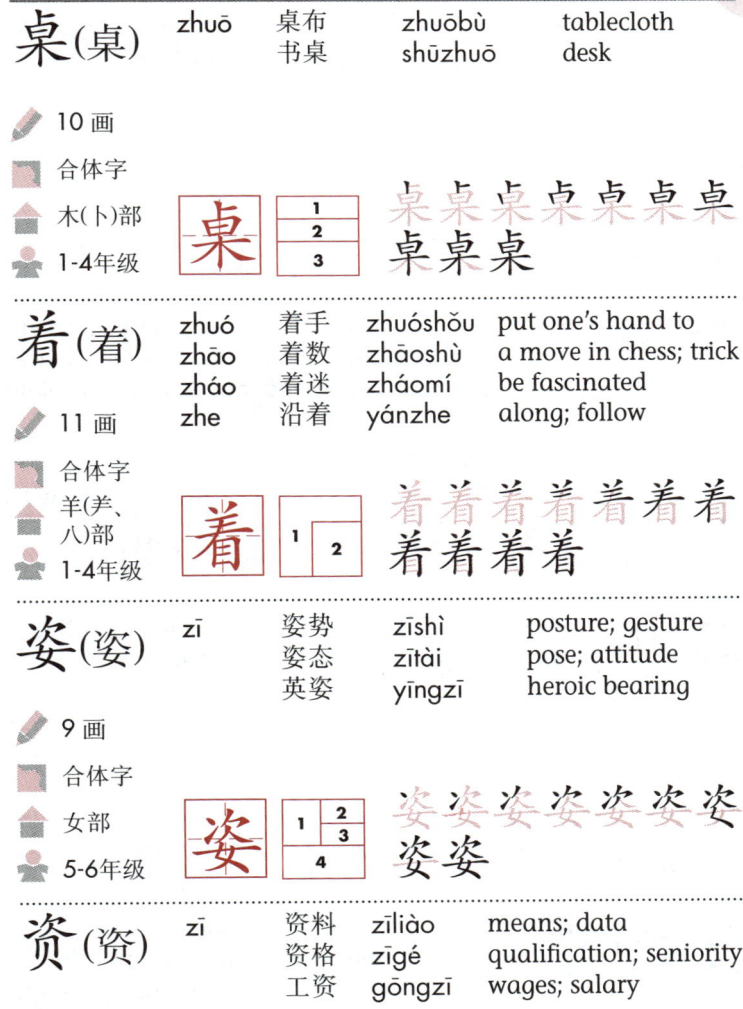

| zhuō | 桌布 | zhuōbù | tablecloth |
| | 书桌 | shūzhuō | desk |

- 10 画
- 合体字
- 木(卜)部
- 1-4年级

桌桌桌桌桌桌桌桌桌桌

着 (着)

zhuó	着手	zhuóshǒu	put one's hand to
zhāo	着数	zhāoshù	a move in chess; trick
zháo	着迷	zháomí	be fascinated
zhe	沿着	yánzhe	along; follow

- 11 画
- 合体字
- 羊(丷、八)部
- 1-4年级

着着着着着着着着着着着

姿 (姿)

zī	姿势	zīshì	posture; gesture
	姿态	zītài	pose; attitude
	英姿	yīngzī	heroic bearing

- 9 画
- 合体字
- 女部
- 5-6年级

姿姿姿姿姿姿姿姿姿

资 (资)

zī	资料	zīliào	means; data
	资格	zīgé	qualification; seniority
	工资	gōngzī	wages; salary

- 10 画
- 合体字
- 贝部
- 5-6年级

资资资资资资资资资资

子(子)

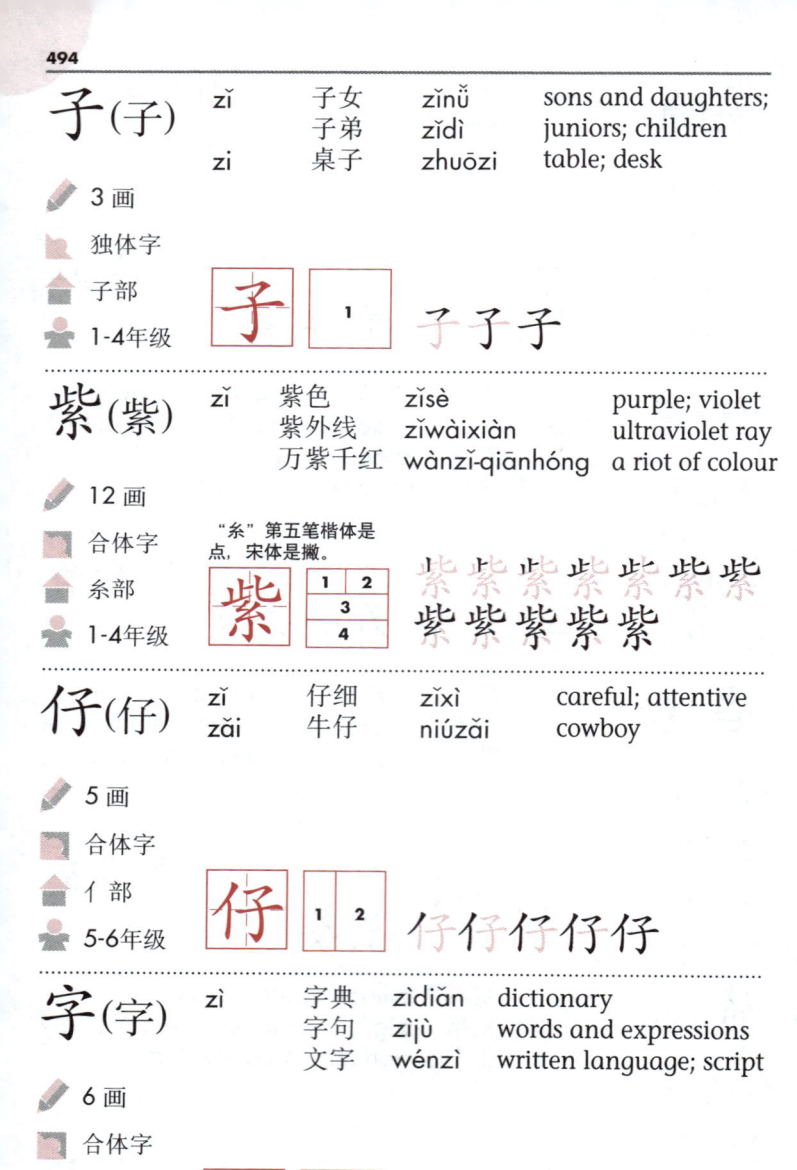

zǐ	子女	zǐnǚ	sons and daughters;
	子弟	zǐdì	juniors; children
zi	桌子	zhuōzi	table; desk

- 3 画
- 独体字
- 子部
- 1-4年级

子了子

紫(紫)

zǐ	紫色	zǐsè	purple; violet
	紫外线	zǐwàixiàn	ultraviolet ray
	万紫千红	wànzǐ-qiānhóng	a riot of colour

- 12 画
- 合体字
- 糸部
- 1-4年级

"糸"第五笔楷体是点，宋体是撇。

紫紫紫紫紫紫紫紫紫紫紫紫

仔(仔)

| zǐ | 仔细 | zǐxì | careful; attentive |
| zǎi | 牛仔 | niúzǎi | cowboy |

- 5 画
- 合体字
- 亻部
- 5-6年级

仔仔仔仔仔

字(字)

zì	字典	zìdiǎn	dictionary
	字句	zìjù	words and expressions
	文字	wénzì	written language; script

- 6 画
- 合体字
- 宀部
- 1-4年级

字字字字字字

自(自) zì

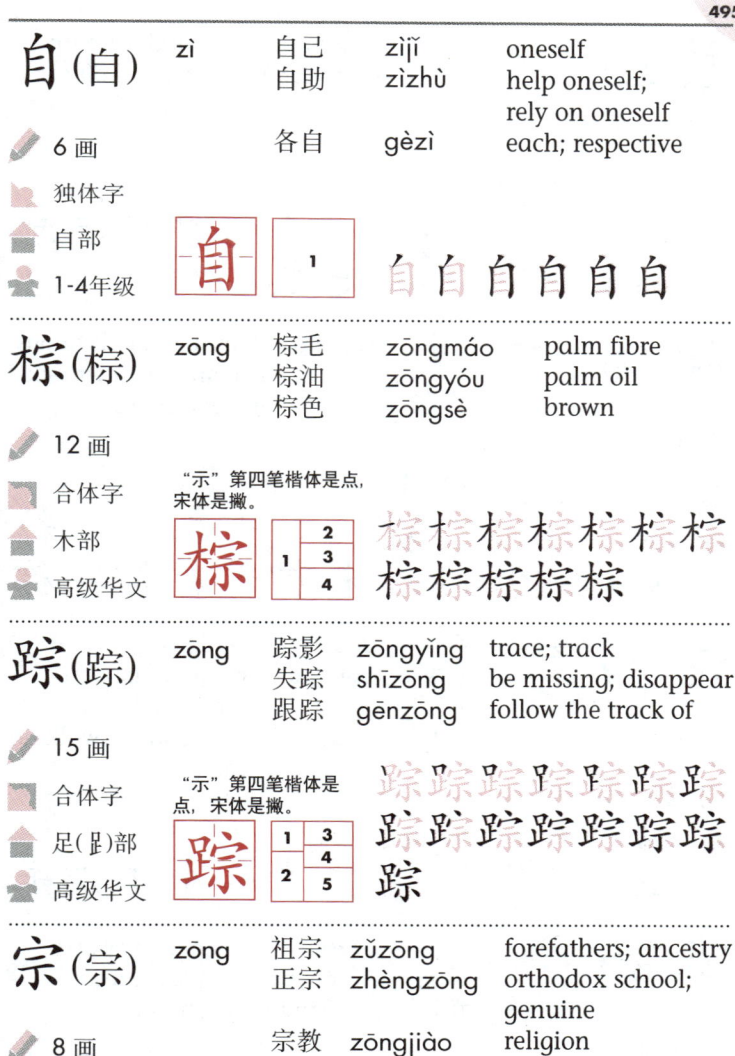

自己	zìjǐ	oneself
自助	zìzhù	help oneself; rely on oneself
各自	gèzì	each; respective

- 6 画
- 独体字
- 自部
- 1-4年级

自 自 自 自 自 自

棕(棕) zōng

棕毛	zōngmáo	palm fibre
棕油	zōngyóu	palm oil
棕色	zōngsè	brown

- 12 画
- 合体字
- 木部
- 高级华文

"示"第四笔楷体是点，宋体是撇。

棕 棕 棕 棕 棕 棕 棕 棕 棕 棕 棕 棕

踪(踪) zōng

踪影	zōngyǐng	trace; track
失踪	shīzōng	be missing; disappear
跟踪	gēnzōng	follow the track of

- 15 画
- 合体字
- 足(⻊)部
- 高级华文

"示"第四笔楷体是点，宋体是撇。

踪 踪 踪 踪 踪 踪 踪 踪 踪 踪 踪 踪 踪 踪 踪

宗(宗) zōng

祖宗	zǔzōng	forefathers; ancestry
正宗	zhèngzōng	orthodox school; genuine
宗教	zōngjiào	religion

- 8 画
- 合体字
- 宀部
- 5-6年级

"示"第四笔楷体是点，宋体是撇。

宗 宗 宗 宗 宗 宗 宗 宗

总 (总)

zǒng	总	zǒng	total; sum up
	总部	zǒngbù	general office
	一总	yīzǒng	altogether; in all

- 9 画
- 合体字
- 心部
- 1-4年级

"心"第二笔楷体是卧钩，宋体是竖弯钩。

总总总总总总总总总

粽 (粽)

zòng	肉粽	ròuzòng	dumpling of glutinous rice and meat wrapped in reed leaves

- 14 画
- 合体字
- 米部
- 5-6年级

"示"第四笔楷体是点，宋体是撇。

粽粽粽粽粽粽粽粽粽粽粽粽粽粽

走 (走)

zǒu	走	zǒu	walk; go
	走狗	zǒugǒu	running dog; servile follower
	竞走	jìngzǒu	heel-and-toe walking race

- 7 画
- 合体字
- 走部
- 1-4年级

走走走走走走走

奏 (奏)

zòu	奏	zòu	play; perform
	奏乐	zòuyuè	play music
	节奏	jiézòu	rhythm

- 9 画
- 合体字
- 一(大)部
- 5-6年级

"夫"不是"天"。

奏奏奏奏奏奏奏奏奏

租 (租) zū

租	zū	rent; hire
租金	zūjīn	rent; rental
出租	chūzū	hire; let

- 10 画
- 合体字
- 禾部
- 1-4年级

租租租租租租租租租

足 (足) zú

足球	zúqiú	football
充足	chōngzú	adequate
美中不足	měizhōngbùzú	a blemish in an otherwise perfect thing

- 7 画
- 合体字
- 足部
- 1-4年级

足足足足足足足

族 (族) zú

种族	zhǒngzú	race
家族	jiāzú	clan; family
贵族	guìzú	noble; aristocrat

- 11 画
- 合体字
- 方部
- 1-4年级

族族族族族族族族族族族

组 (组) zǔ

组长	zǔzhǎng	head of a group
小组	xiǎozǔ	group
改组	gǎizǔ	reorganise; reshuffle

- 8 画
- 合体字
- 纟(糸)部
- 1-4年级

组组组组组组组组

祖 (祖) zǔ

祖先	zǔxiān	ancestry; forebears
祖宗	zǔzong	forefathers; ancestors
外祖父	wàizǔfù	maternal grandfather

- 9 画
- 合体字
- 礻(示)部
- 1-4年级

左边是"礻",不是"衤"。

阻 (阻) zǔ

阻止	zǔzhǐ	prevent; hold back
阻力	zǔlì	obstruction; resistance
劝阻	quànzǔ	advise somebody not to do something; dissuade somebody from

- 7 画
- 合体字
- 阝部
- 5-6年级

钻 (鑽)

zuān
钻	zuān	drill; bore
钻研	zuānyán	study intensively; dig into

zuàn
电钻	diànzuàn	electric drill

- 10 画
- 合体字
- 钅(金)部
- 1-4年级

嘴 (嘴) zuǐ

嘴	zuǐ	mouth
多嘴	duōzuǐ	speak out of turn; shoot off one's mouth

- 16 画
- 合体字
- 口部
- 1-4年级

最 (最) zuì

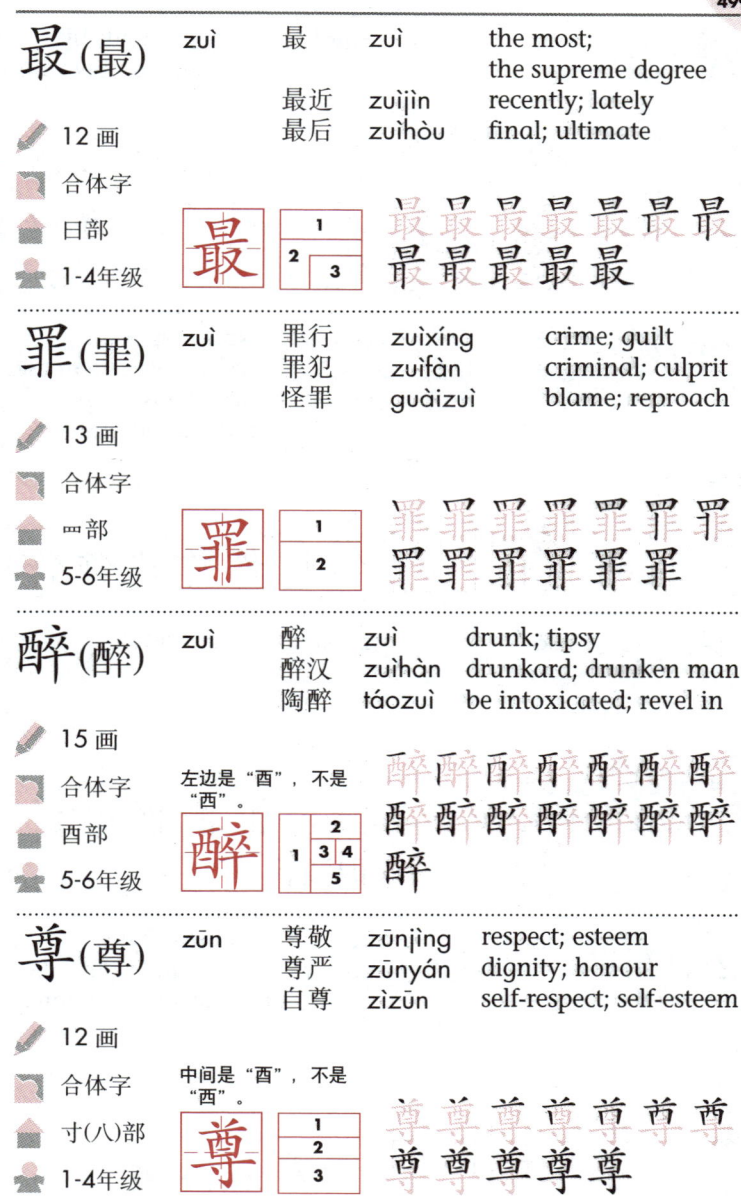

最	zuì	the most; the supreme degree
最近	zuìjìn	recently; lately
最后	zuìhòu	final; ultimate

- 12 画
- 合体字
- 日部
- 1-4 年级

罪 (罪) zuì

罪行	zuìxíng	crime; guilt
罪犯	zuìfàn	criminal; culprit
怪罪	guàizuì	blame; reproach

- 13 画
- 合体字
- 罒部
- 5-6 年级

醉 (醉) zuì

醉	zuì	drunk; tipsy
醉汉	zuìhàn	drunkard; drunken man
陶醉	táozuì	be intoxicated; revel in

- 15 画
- 合体字
- 左边是"酉"，不是"西"。
- 酉部
- 5-6 年级

尊 (尊) zūn

尊敬	zūnjìng	respect; esteem
尊严	zūnyán	dignity; honour
自尊	zìzūn	self-respect; self-esteem

- 12 画
- 合体字
- 中间是"酉"，不是"西"。
- 寸(八)部
- 1-4 年级

遵(遵)

zūn 遵守 zūnshǒu obey; abide by
     遵从 zūncóng obey; comply with

- 15 画
- 合体字
- 辶 部
- 5-6年级

"辶" 楷体比宋体多一个弯曲。
中间是 "酉"，不是 "西"。

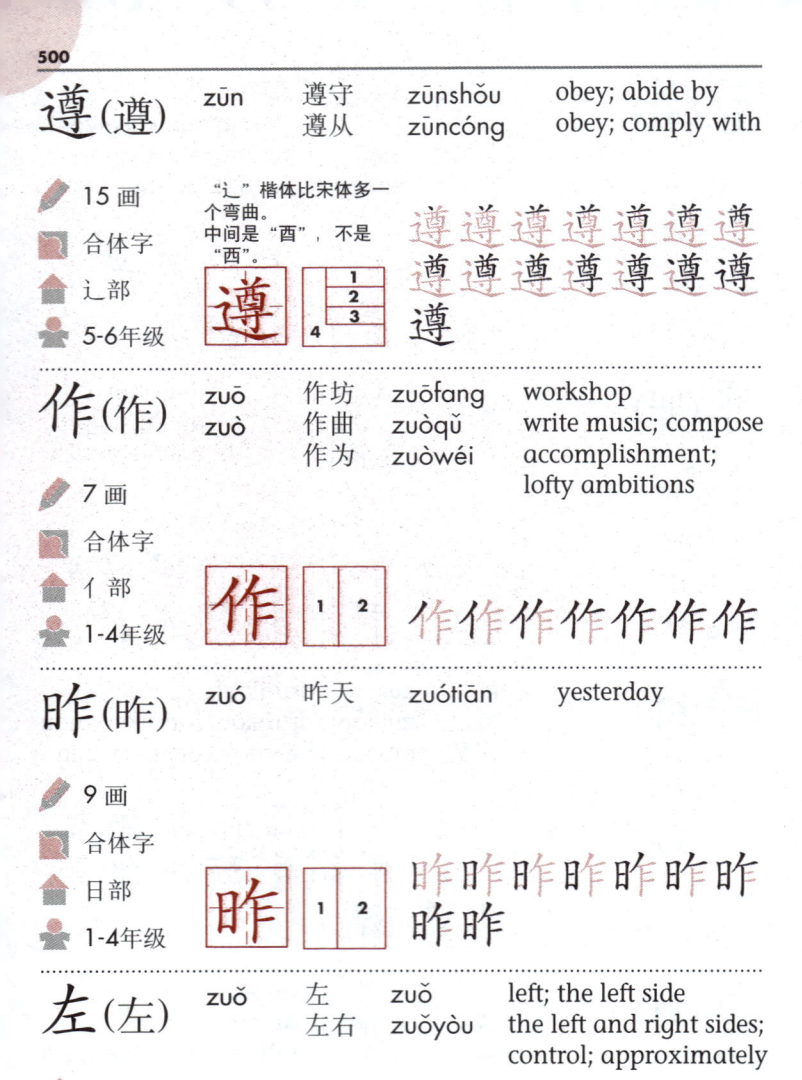

作(作)

zuō 作坊 zuōfang workshop
zuò 作曲 zuòqǔ   write music; compose
     作为 zuòwéi   accomplishment; lofty ambitions

- 7 画
- 合体字
- 亻部
- 1-4年级

昨(昨)

zuó 昨天 zuótiān yesterday

- 9 画
- 合体字
- 日部
- 1-4年级

左(左)

zuǒ 左   zuǒ   left; the left side
     左右 zuǒyòu   the left and right sides; control; approximately

- 5 画
- 合体字
- 一(工)部
- 1-4年级

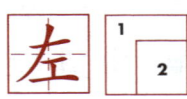

坐 (坐) zuò

坐	zuò	take a seat; sit
坐位	zuòwèi	a place to sit; seat
坐享其成	zuòxiǎngqíchéng	sit idle and enjoy the fruits of others' work

- 7 画
- 合体字
- 土部
- 1-4年级

坐坐坐坐坐坐坐

做 (做) zuò

做	zuò	make; do
做作	zuòzuò	affected; artificial
小题大做	xiǎotí-dàzuò	make a fuss over a trifling matter

- 11 画
- 合体字
- 亻部
- 1-4年级

"夂" 不是 "夊"。

做做做做做做做做做做做

座 (座) zuò

座谈	zuòtán	have an informal discussion
星座	xīngzuò	constellation

- 10 画
- 合体字
- 广部
- 1-4年级

座座座座座座座座座座

附录
Appendices

一　汉字笔形名称表
Strokes of Chinese Characters

【说明】本表所列笔形共分30类，以宋体为依据，以本字典所收2000字为范围。

单笔笔形

笔形类别	名称	例字
一	横	一 丛 大
丨	竖	个 卫 门
丿	撇	人 千 月
丶	点	广 办 区
㇏	捺	人 之 瓜
㇀	提	打 汗 地

复笔笔形

笔形类别	名称	例字
㇕ ㇖	横折	口 马 今
㇇	横撇	又 冬 子
㇇	横钩	买 觉 欠
㇉	横折折	凹
㇋	横折弯	朵 没
㇎	横折提	讲
㇆	横折钩	书 永 有
㇈	横折斜钩	风 飞 讯
乙 ㇌	横折弯钩	亿 九 几

笔形类别	名称	例字		
ㄋ	横撇弯钩	陪	邻	
ㄣ	横折折折	凸		
ㄋ	横折折撇	及	建	
ㄋ	横折折折钩	仍	场	
ㄴ	竖提	长	以	饱
丨	竖钩	小	手	利
ㄴ	竖折	山	母	巨
ㄴ	竖弯	四	西	酒
ㄴ	竖弯钩	己	儿	*心
ㄣ	竖折撇	专		
ㄣ	竖折折钩	马	与	弓
ㄥ	撇折	台	私	给
ㄑ	撇点	女	巡	式
ㄟ	斜钩	我	浅	
㇂	左弯钩	家	狼	

*"心"的第二笔，楷体是 ㇁，称为卧钩；宋体是竖弯钩。

二 汉字偏旁名称表
Components of Chinese Characters

【说明】 1. 本表列举常用偏旁共109个。有的偏旁有几种不同的叫法，本表只取较为通行的名称。
2. 本表按偏旁笔画数排列，笔画数相同的，依笔形次序排列。

偏旁	名称	例字	偏旁	名称	例字
厂	厂字头	历 厅 厚	巾	巾字旁	帆 帐 布
匚	三框栏	区 匠 医	山（屾）	山字旁	峰 岸 岛
刂	立刀旁	到 列 别	彳	双人旁	得 行 街
冂（ ）	同字框	同 网 周	彡	三撇儿	形 彩 参
亻	单人旁	你 位 住	犭	反犬旁	狂 独 狗
八（丷）	八字头	公 分 关	夕	夕字旁	外 名 多
人	人字头	会 今 命	夂	折文旁	冬 夏 备
勹	包字头	句 勾 包	饣	食字旁	饭 饮 馆
冫	两点水	次 冷 冲	广	广字头	床 店 度
冖	秃宝盖	写 军 冠	爿	将字旁	壮 状 将
讠	言字旁	读 说 论	忄	竖心旁	快 忙 怕
卩	单耳旁	印 却 即	门	门字框	问 闷 闹
阝	双耳旁		氵	三点水	江 活 游
	（左耳旁）	队 防	宀	宝盖头	安 定 家
	（右耳旁）	那 邻 都	辶	走之底	这 过 送
力	力字旁	加 动 努	尸	尸字头	居 屋 层
又（乂）	又字旁	对 支 圣	弓	弓字旁	引 张 强
廴	建字底	建 延	子	子字旁	孩 孙 孔
工（工）	工字旁	功 巧 贡	女	女字旁	好 妈 要
扌（土）	提土旁	地 城 块	纟（糸）	绞丝旁	红 约 紧
扌	提手旁	操 担 捉	马（马）	马字旁	骑 驶 骂
艹	草字头	花 草 英	王（王）	王字旁	玩 珠 琴
寸	寸字旁	封 耐 寻	青	青字头	责 素 毒
廾	弄字底	弄 异 弃	耂	老字头	考 孝 者
口	口字旁	唱 只 占	木（木）	木字旁	校 枝 查
囗	大口框	园 图 国	车（车）	车字旁	轻 较 军

偏旁	名称	例字	偏旁	名称	例字
戈	戈字旁	划 战 成	穴	穴宝盖	空 穿 穷
瓦	瓦字旁	瓶	衤	衣字旁	初 袖 被
止(止)	止字旁	此 肯 齿	耳(耳)	耳字旁	取 聪 聋
日	日字旁	时 明 晚	𢦏	栽字头	栽 裁 载
贝	贝字旁	财 贩 贫	西	西字头	要 票 覆
牛(牛、牜)	牛字旁	物 告 牵	页	页字旁	顺 项 烦
攵	反文旁	收 改 教		虎字头	虎 虑
斤	斤字旁	新 所 欣	虫	虫字旁	虾 虹 蝇
爫(爪)	爪字头	受 爱 爬	缶	缶字旁	缺 缸 罐
父	父字头	爸 爹 爷	舌	舌字旁	甜 乱 辞
月	月字旁	胞 肥 期	𥫗	竹字头	笑 笔 等
欠	欠字旁	次 欢 歌	臼	臼字头	舅
方	方字旁	放 旗 旁	舟	舟字旁	船 般 航
火(火)	火字旁	灯 灵 灰	衣	衣字旁	装 袋 裂
灬	四点底	点 热 照	羊(䒑、𢆉)	羊字旁	群 差 美
户	户字头	房 扇 扁	龹	卷字头	卷 券 拳
礻	示字旁	礼 社 视	𥸤(米)	米字旁	粒 粗 类
心	心字底	志 思 想	羽	羽字旁	翅 翁
夫	春字头	奉 奏	纟	绞丝底	紧 繁 累
石	石字旁	破 碍 研	走	走字旁	起 超 趁
𫩷	常字头	常 尝 赏	酉	酉字旁	配 酸 醒
目	目字旁	眼 睡 眉	里	里字旁	野
田	田字旁	略 男 畜	𧾷(足)	足字旁	跑 跟 跌
罒	四字头	罗 罢 罪	身	身字旁	躲 躺
皿	皿字底	益 盐 盛	角	角字旁	解 触
钅	金字旁	错 铜 铃	鱼(鱼)	鱼字旁	鲜
矢	矢字旁	知 短 矮	革	革字旁	鞋 鞭
禾(禾)	禾字旁	和 秋 香			
白	白字旁	的 泉 皂			
鸟	鸟字旁	鸡 鸭 鸽			
疒	病字头	疼 痕 疲			
立(立)	立字旁	站 端 童			

三 汉字结构类型表
Types of Character Structures

结构类型		基本图形	例字
独体		1	东 雨 非
合体	左右结构	1 | 2	加 始 数
	左中右结构	1 | 2 | 3	班 粥 街
	上下结构	1 / 2	艺 华 露
		1 / 2	公 各
		1 / 2 | 3	品 晶
	上中下结构	1 / 2 / 3	京 总 算
		1 / 2 / 3	参 巷
		1 / 2 / 3	合 夸
	半包围结构	⌐ 1, 2	历 病 庭
		¬ 2, 1	司 栽 或
		⌐ 1, 2 ⌐	达 延 造
		1 / 2	医 匠 匪
		⎡1⎤ 2	向 风 周
		⎡1⎤ 2	凶
	全包围结构	⎡1⎤ 2 ⎣_⎦	国 图 圆
	镶嵌结构	1 | 2 / 3	坐
		1 / 2 | 3	乖
		1 / 2 | 3	乘 爽

四 部首总表
Radical Index

【说明】1. 本表所收部首限于本字典对 2 000 字的部首归类，共有181类。
2. 本表按部首笔画数目多少排列。笔画数目相同的，按起笔笔形的顺序排列。

部首	例字	部首	例字
一画		卩（㔾）	卫 印 却
一 丨 丿	一 七 才 中 北 电 九 升 重	阝（在左）	队 阳 陪
丶	之 为 州	阝（在右）	邦 那 邮
乙（乛、㇆、乚）	乙 也 习	凵	凶 击 画
二画		刀（⺈）	刀 切 危
二	二 云 亏	力	力 加 努
十	十 协 直	厶	参 能 台
厂	厂 厅 原	又（ㄡ）	又 双 叔
匚	区 巨 匪	廴	延 建
卜（⺊）	卜 外 桌	三画	
刂	刚 创 剧	工	工 功 贡
冂	内 同 网	土	土 地 坐
亻	仁 份 促	士	士 志 声
八（⺌）	八 公 并	艹	艺 花 苗
人（入）	人 今	艹（在下）	异 弄 弃
勹	勾 匆 包	大	大 奇 奖
儿	儿 先 兄	尢	尤 就
几（几）	几 凡 凭	扌	打 托 报
亠	亡 交 离	寸	寸 封 寿
冫	冲 冰 决	弋	式
冖	写 冠 军	小（⺌）	小 少 尝
讠	计 认 访	口	口 叶 另
		囗	因 回 图
		巾	巾 帅 帐

部首	例字	部首	例字
山	山 峰 岗	瓦	瓦 瓶
彳	行 往 得	止	止 此 步
彡	形 彩 影	支	敲
犭	狗 猪 猫	日	日 早 时
夕	夕 多 梦	曰(⊟)	冒 最
夂	冬 条 夏	水(氺)	水 浆 泉
饣	饥 饭 饼	贝	贝 财 责
爿	壮 状 将	见	见 规 觉
广	广 庆 应	牛(牜、⺧)	牛 物 靠 拳
门	门 闪 问	手(扌)	手 拜 毫
氵	汁 汉 汽	毛	毛
忄(㣺)	忙 快 恭	气	气
宀	宁 安 实	攵	收 政 效 牌
辶(辶)	边 过 近	片	片 版 断 采
彐(ヨ、彑)	归 录 灵	斤	斤 所 爬 采
尸	尸 尺 屋	爪(爫)	爪 爷 肚 爸
己(巳)	己 已 导	父	父
弓	弓 张 弯	月(⺼)	月 肚 育
女	女 好 姿	欠	欠 款 歌
子(孑)	子 孙 学	风	风 飘
纟	红 纪 纷	殳	段 毁
马	马 驶 驾	文	文 斋 齐 旗
幺	幼	方	方 施 烟
四画		火	火 灯 斜 料
王	王 现 班	斗	斗 斜 烈 照 扇
木	木 枝 哭 杂	灬	点 扁 祝
犬	献 残 死	户	户 扁 社 念
歹	歹 轮 轰	礻	礼 忠
车	车 成 戒 战	心	心 律
戈	戈	聿(肀、⺻)	肃
比	比 毕		

部首	例字	部首	例字
五画		虍 虫	虎 虑 虫 虾 蟹
示	示 禁 票	缶	缸 缺 罐
石	石 砖 砍	舌	舌 甜 辞
龙	龙 聋	竹（⺮）	竹 竿 笔
业	业	臼	舅
目	目 看 眼	自	自 臭 息
田	田 略 留	血	血
罒	四 罚 置	舟	舟 航 船
皿	盆 盐 监	衣	衣 袋 裁
钅	钉 钟 铁	羊（⺷、⺸）	羊 养 美
矢	短 矮 知	米	米 粉 类
禾	稻 季 乘	艮（⻖）	既 良 垦
白	白 的 皇	羽	羽 翅 翻
瓜	瓜	糸	素 紧 紫
用	用	**七画**	
鸟	鸟 鸡 鸭	麦	麦
疒	疗 病 疼	走	走 赶 起
立	立 产 亲	赤	赤
穴	穷 穿 窗	豆	豆 登
衤	补 初 袜	酉	配 酸 酱
疋（⺪）	疏 蛋 楚	辰	唇
皮	皮	里	里 野 量
矛	矛 柔	足（⻊）	足 距 踏 踩 躺
母	母 每 毒	身	身 躲
六画		釆	
耒	耕	谷	谷 释
老	老 考	豸	豹 貌 触 解
耳	耳 聪 聚	角	角
臣	臣 卧 覆	言	言 警 辣 辩
西（覀）	西 覆 顶 要 顺	辛（⾟）	辛
页	页		

部首	例字
八画	
青	青 静
其	其 期 基
雨(⻗)	雨 雪 雷
齿	齿 龄
隹	雄 雀 集
金	金 鲜 鳄
鱼	鱼 鲜 鳄
九画	
革	革 鞋
骨	骨
鬼	鬼 魔
食	食 餐
音	音
十一画	
麻	麻 磨
鹿	鹿
十二画以上	
黑	黑 默 墨
鼠	鼠
鼻	鼻